Jochen Schlüter

JESUS

Roman

Jochen Schlüter

Jesus – Die Autobiographie

Roman
(frei nach Luther)

© Jochen Schlüter, Wilhelmshaven, 2002
Alle Rechte liegen bei dem Autor.

Herstellung: Books on Demand GmbH, Norderstedt

ISBN 3-8311-2724-7

Danksagung

Mein *aufrichtiger* Dank gilt jenen armen Kreaturen, die sich der wenig ergötzenden Aufgabe annahmen, das Skript Korrektur zu lesen; Als da wären:
Sylke, Silke & Arne und der Ulf. In Zungen: Mille Gracie!
Ferner danke ich dem Verfasser folgender kleiner Zeilen, denn ohne sein Präsent (nämlich einer Taschenbibel nach Luther) wäre das folgende "blasphemische Pamphlet" wahrscheinlich niiiiiiiiiiiiie entstanden (glaube ich) ....
Und: Jesus spricht: "Wer nicht wider uns ist, der ist für uns." (Markus 9, 40)

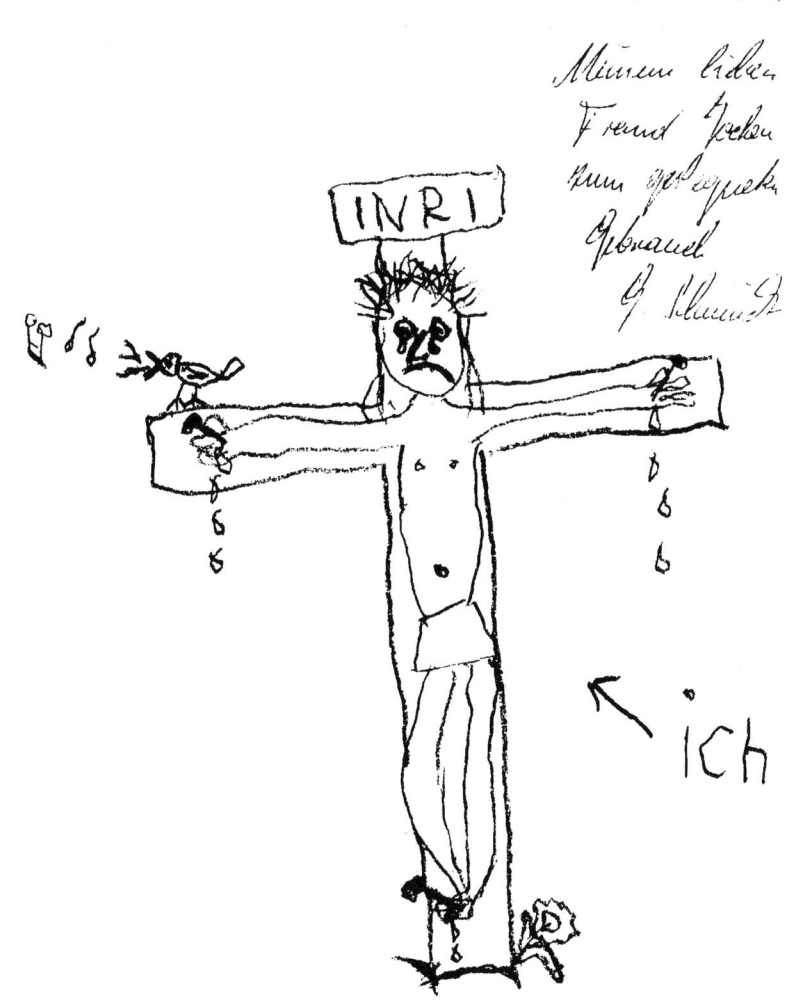

Lieber Leser, dies ist die *einzig wahre* "Übersetzung" des Neuen Testaments!
Sei also "gewarnt"....

Vorwort

"Woooooooolke!"
"Gut gemacht, MEIN SOHN! Jetzt schlägt es aber dreizehn - zu null für UNS!"
"DU, DAD, was meinst DU, sollten WIR das Spiel nicht lieber jetzt beenden? ICH meine ja bloß - ICH finde die dreizehn ist eine so schöne runde Zahl. Aber ICH weiß ja auch wo ICH bin! Deshalb geschehe nicht MEIN, sondern DEIN Wille ...."
"Wohl gesprochen, SOHNEMANN! Aber DU hast, glaube ICH, Recht - schließlich bin ICH auch nicht mehr der ALLERJÜNGSTE! Alle Engel mal hierher und hören: WIR beenden das Spiel an dieser Stelle, denn ihr hättet sowieso keine Chance, gegen UNSZWEIBEIDEN eine Wolke zu schießen!"
"Die letzte Wolke war aber Abseits! Die güldet nicht!"
"*Luzi*, halt den Rand! ICH sprach: "Es werde das Spiel vorbei!, und allso geschehe es! Außerdem, was zum *Teufel* ist denn ein "Abseits"? So einen Müll habe ICH garantiert nicht erschaffen!"
WIR machten UNS auf den Heimweg, Richtung Wolkenkuckucksheim.
Vergnügt tollte ICH neben DADDY her, der milde lächelnd auf MICH herab sah! ICH wußte, ICH war hier bei UNS schon EIN ganz BESONDERER. PAPS hatte es MIR oft genug erzählt: "DU bist MEIN lieber eingeborener SOHN, MEIN EIN und ALLES!"
DADDY hatte MICH so lieb, wie ein VATER SEINEN SOHN nur lieb haben kann. ICH durfte bei UNS im Himmel so ziemlich alles machen was ICH wollte, nur aus "HERRschergeschäften" (so nannte ER sie) sollte ICH MICH heraushalten. Ansonsten aber war VATI ein gnädiger GOTT, weshalb ICH MICH des öfteren fragte, woher MEINE plötzlichen Wutausbrüche kamen.
ICH hatte die Cherubimen mal tuscheln hören, daß DAD in SEINER Jugend auch ein kleiner UNGESTÜM gewesen sei, der zum Beispiel mal eine SEINER ganzen Schöpfungen hatte ertrinken lassen, bloß weil sich diese hartnäckig weigerte, IHM zu huldigen ....
Aber die Cheru - *bi* - *Men* waren, wie ihr Name schon unmißverständlich klar macht, eine Ausnahmeerscheinung im Himmel, die sich die Zeit mit "Körperspielen" und Tratsch vertrieben, sofern sie nicht gerade gegen UNS Fußball spielen mußten. Ansonsten waren sie recht umgängliche "Kerle", mit denen MAN schon mal so aus Jux dem einen oder anderen Menschen erscheinen konnte, um ein bißchen Schabernack zu treiben ....
ICH hüpfte und tollte über das grüne Gras, in der Ferne konnte ICH schon die Zinnen unseres Luftschlosses erkennen: "Rosarote Wolke 7" - das war UNSERE Adresse. DAD hatte sie MICH auswendig lernen lassen, denn der Himmel war an und für sich schon ein Ort, in dem SICH ein GOTTESSOHN verlaufen konnte - vor allem, wenn Himmelskunde nicht gerade zu den stärksten Fächern DESSELBEN zählten: "MIR doch egal wo die anderen wohnen ...", pflegte ICH zu sagen, "... Hauptsache, ICH finde den Weg nach Hause!"
Wieder hob ICH zu einem gewaltigen Luftsprung ab, doch mit der Landung auf beiden Füßen war es diesmal vergammelter Nektar. Etwas traf MICH schmerzhaft am Schienbeinen so, daß ICH, vor Schmerz aufschreiend, darniederstrauchelte. Mit Zornes- und Schmerzenstränen in den Augen sah ICH MICH um. *Luzifer* hatte MIR von hinten in die Haxen getreten, und zwar mit *seinen* Fußballschuhen an! *Er* feixte *sich* einen, als wäre *er* der *Leibhaftige*: "Tja, jesus,

das hast du jetzt davon! Hast wohl gedacht, *ich* würde *mich* nicht zur Wehr setzen, wenn du nach eigenem Gutdünken das Spiel beendest, was?"
Der hatte die Frechheit, MEINEN NAMEN ohne die korrekte Form der Anrede auszusprechen! ICH flippte aus! Noch bevor DAD überhaupt mit bekam, was gerade vor sich ging, schrie ICH den *Bolzerbub* an: "*Du*, MEIN *Lieber*, hast jetzt ein ernstes Problem! ICH verbanne *dich* aus dem Himmel! Hinfort sollst *du* in der Hölle wohnen, die *du dir* aber erst einmal *selbst* erschaffen mußt!"
DAD (der mittlerweile doch (langsam aber sichER - ER war halt nicht mehr der JÜNGSTE) mitbekommen hatte, was gespielt wurde) sagte:
"Wenn MEIN SOHN so was sagt, dann müßte schon ein Wunder geschehen, damit SEINE Worte nicht erfüllt würden! Also *Luzi*, tschüß und tschaulomm! Viel Spaß in der Hölle!"
Und sofort war *er* vor MEINEN staunenden Augen hinweg genommen, ICH hörte *ihn* lediglich noch kreischen: "Das zahl *ICH* dir heim! Wir sehen uns wieder, verlaß´ dich drauf!"
"Wenn aus Abend und Morgen der nächste Tag geworden ist, werden WIR UNS mal ausführlich unterhalten müssen, MEIN SOHN ...!"
Den restlichen Tag war ICH von GOTT verlassen, denn DAD redete kein Wort mehr mit MIR.
Nach einer Noctem (in der ICH sehr schlecht geschlafen hatte) mümmelte ICH am nächsten Morgen MEINE Frühstückscerealien (Nektar und Ambrosia - das gab es übrigens auch Mittags und Abends - igittiGOTT!) in MICH hinein. Schließlich nahm auch PAPS auf SEINEM Thron Platz. Ohne weitere Umschweife kam ER zur Sache:
"DU hast eines MEINER wichtigsten Gebote übertreten, als DU dachtest, DU könntest hier den HERRscher rauslassen. ICH kann aber gut verstehen, daß es DICH schon länger in den Fingern juckt, mal DEIN eigenes Leben zu leben, denn ICH bin ein gnädiger GOTT! So will ICH DICH auf die Erde senden, auf der DU tun und lassen kannst, was DU willst - DU wirst schon sehen, wohin DICH DEIN Verhalten führt. Nach einer Zeitspanne, die nur ICH, in MEINER unendlichen Weisheit allein kenne, werde ICH DICH aber wieder bei MIR aufnehmen. Damit DU es auf Erden aber nicht allzu einfach hast, werde ICH DIR eine Amnesie verpassen die sich gewaschen hat: DU sollst DIR DEINER himmlischen Herkunft nicht bewußt sein, sondern unter ärmlichsten Verhältnissen aufwachsen - und gnade DIR ICH, wenn DU nicht irgendwann von selbst anfängst, MIR zu huldigen ... dann wird DEIN irdisches Martyrium wesentlich länger dauern, als DU es DIR vorstellen kannst!"
"DAD, ICH bitte DICH; das kannst DU nicht machen! ICH in ärmlichen Verhältnissen? - ICH meine, willst DU MICH umbringen? So was überlebe ICH doch niemals!"
"ICH aber sprach, DU kommst auf die Erde, und deshalb geschehe es also! Das ist MEIN letztes Wort in dieser Angelegenheit!"
Heidenei, da saß ICH aber ganz schön in der Patsche! - Ach was - so schlimm konnte es doch eigentlich gar nicht werden ... die Menschen würden MICH ja bestimmt nicht gleich kreuzigen ....
Außerdem waren DAD´s Amnesien doch eher partieller Natur; wie SEINE gesamte Schöpfung hatten auch die Krankheiten ihre Vergänglichkeit ... schon allein deshalb, weil ER auch "Ärzte" und "Wunderheiler" erschaffen hatte ... ICH würde MICH schon beizeiten MEINER Herkunft entsinnen.
Zuerst hatte ICH das Gefühl zu schrumpfen, anschließend umgab MICH Finsternis; der Rest

war (vorerst) seliges Vergessen ....

Erstes Kapitel

Die Geburt Jesu Christi geschah aber also. Als Maria, seine Mutter, dem Joseph vertrauet war, erfand sich's, ehe er sie heimholte, daß sie schwanger war von dem heiligen Geist.
Matthäus 1,18

Nunja, ich kannte den Heiligen Geist eigentlich nie persönlich ... Woher hätte ich auch sollen? Deshalb weiß ich natürlich nicht, welche Techniken des Ehebruchs er als angenehm, oder wie Ihr heute sagen würdet, "geil", empfand. Tatsache zumindest ist, daß auch schon "in der guten alten Zeit" sich die Leute gegenseitig "einfleischten", als gäbe es keinerlei Bosheit auf der Welt. Ich will meine Mutter nicht schlecht machen ..! GOTT bewahre!
Der Zimmermann (auch ihn zu denunzieren liegt mir ferne) war nun allerdings ein selten einfältiges Exemplar Eurer Spezies. Ich persönlich glaube zwar, daß die beiden schon vor der Hochzeit gut zu Vögeln waren, aber das konnten sie meinen Großeltern auf keinen Fall erzählen: so was stockkonservatives wie die beiden habe ich, außer in den Häusern, in denen die Leute VATI ehr(t)en, nie gesehen! Die beiden haben zwei meiner Onkels steinigen lassen, bloß weil die ihren Teller nicht leeressen wollten ... Von wegen: "Woanders verhungern die Kinder, aber du blablabla ... und außerdem hast du dann Schuld, wenn morgen kein schönes Wetter ist!" Das Übliche eben, wenn's den Leuten zu gut geht. Sich um GOTTeswillen in fremde Angelegenheiten einmischen: "Wir müssen uns doch auch *mal* um anderer Leute Probleme kümmern"; so nannten sie es. Und so "halfen" meine Großeltern - ungefragt - anderen Leuten bei der Beseitigung der Probleme, die diese ohne sie nie gehabt hätten.
Aber ich entschwebe ....
Zurück zu meinen Eltern: die konnten meinen Großeltern also unmöglich die Wahrheit bezüglich meiner Empfängnis erzählen. Demzufolge, wie Matthäus so passend schreibt, "erfand sich´s", wie meine Zeugung vonstatten gegangen sein sollte. Der Zimmermann wollte eigentlich mit meiner Ma(ria - kleines Wortspiel am Rande der an und für sich dramatischen Ereignisse) nach lecker Holland fahren, um mich dort fachmännisch entfernen zu lassen. Doch Kaiser Augustus vereitelte dieses Vorhaben, denn er erfand sich´s eine Volkszählung, bei der jeder Mann (GOTT, wie sexistisch) an seinen Geburtsort zu reisen hatte. Somit war meine Abtreibung also hinfällig. Nach und nach geriet auch meine Ma zunehmend in Bedrängnis, alldiweil sie sich nicht so ganz 100%ig sicher war, ob mich auch wirklich der Zimmermann gezeugt hatte. Sie setzte den Ärmsten vermutlich dermaßen unter Drogen (in vino veritas - haha!), daß er schließlich ihre spinnerten G´schichten von erschienenem Engel und der "Vergenuß*ferke-lung*" (nein, wie *unrein* !) durch den heiligen Geist glaubte. Zumindest tat er so als ob. ("Dea heilije Jeist (HJ) kam über mir; ick lag unten und *konnte* mir nicht ERwehren ...")
Denn seien wir vernunftbegabten Wesen doch einmal ganz ganz ehrlich: die ganze Story grenzt ja schon doch so ziemlich sehr stark an eine unbefleckte Empfängnis; naja ... wer´s glaubt wird selig ....

Es ranken sich ja ohnehin mannigfaltige Anekdoten um meine Geburt. Ein paar der hahnebüchesten seien mal eben im Vorüberschreiben zerrissen:
Als mir meine Mutter die Schote von den heiligen drei Königen erzählte, konnte ich mir ein herzhaftes Auflachen nur mit allergrößter Mühe verkneifen. Vermutlich waren die drei Vögel stockbesoffen, als sie auf die "Schnapsidee" kamen, wie die Depperten einem Stern hinterherzulaufen. Erstens weiß jeder, der nur einen Furz weit Ahnung von Astronomie hat, daß Sterne im Verlauf einer Nacht ihre Stellung am Firmament zu ändern pflegen; zweitens drängt sich einem doch unweigerlich die Frage auf, warum bloß diese drei Clowns des einmaligen Phänomens gewahr wurden. Und außerdem: wenn sich ein Stern so dicht über der Erde befindet, daß man ihn als Hinweisschild auf eine einzige Hütte interpretieren kann, ist er ja wohl so klein, daß er keinerlei Beachtung finden dürfte. Falls er, au contrair, so groß ist, daß ihn jeder sieht, wären bei einem solchen Jahrtausendereignis aller Wahrscheinlichkeit nach Himmel und Menschen zugegen gewesen ... will sagen: die Sensation wäre der Himmelskörper und nicht irgendein neugeborenes Balg gewesen.
Da meine Eltern aber nur arme *Teufel* waren, kamen die Geschenke von Balthasar und Co. natürlich gut an; die Hotelrechnung, bzw. Stallmiete, war noch nicht gezahlt ....
Allerdings hatten die drei Zecher auf dem Hinweg noch einen kleinen Abstecher zu good old Herodesboy gemacht, um ihm von ihrer unglaublichen Entdeckung zu erzählen. Das fiel ihnen auch jetzt, kurz vor ihrer Abreise, wieder siedend heiß ein. Der Zimmermann war, als alter Steuerbetrüger, noch nie gut auf seinen König zu sprechen gewesen, weshalb wir uns auch bei Nacht und Nebel aus dem Staube machten. Vorab ließ ich mir natürlich noch von Hirten und anderem Gesocks huldigen, die den Tipp, doch mal bei uns reinzuschneien, natürlich auch von den Weisen bekommen hatten.(Sie gaben allerdings „himmlische Heerscharen" als Infoquelle an – einfältige Gemüter eben, deswegen aber besonders selig, wie ich später predigen würde.)
Obwohl die "Weisen" uns versprochen hatten, nicht wieder bei Herodes vorbei zu reiten, startete jener kurz nach unserer Flucht ein unglaubliches Massaker unter den Neugeborenen dieser Region, da er hoffte, so den vermeintlichen zukünftigen König der Juden gleich mit erledigen zu können.
Meine Ma und der Zimmermann türmten also mit Kind und Kegel in Richtung Ägypten, um dort um Asyl anzusuchen, zumindest für so lange, bis Herodes in den Staub gebissen hätte. (Übrigens: die Ägypter, ihreszeichens absolute Cracks auf dem Gebiet der Sternenforschung, hatten von dem am Firmament bezüglich meiner Geburt stattfindenden Jahrtausendphänomen nichts mitbekommen, was den kritischen Beobachter der geschilderten Ereignisse stutzen machen dürfte ... irgendwie interessant, gell?!)
Von nun an lebten wir von der Sozialhilfe und kleineren Gaunereien in Ägypten. Wahrlich, ich sage Euch, daß wir weiß GOTT nicht viel Kohle hatten. Aber wie alle Menschen, gab auch Herodes im Laufe der Zeit den Löffel ab und wir konnten wieder nach Hause; da verstand man wenigstens auch wieder die Sprache der Leute!
Deswegen sind auch in Ägypten keine bisher überlieferten "Wunder" passiert; meine Eltern konnten sie einfach niemandem erzählen (von aufschreiben mal ganz zu schweigen ...) Wer konnte damals schon schreiben? Der Hieroglyphen waren weder Maria noch der Zimmermann mächtig! Die Ägypter aber schon! Aber dazu komme ich später zu schreiben ....
Aber jetzt, wo wir wieder in der guten alten Heimat waren, wehte ein frischerer Wind. (Aus

Nordost, wenn ich mich recht entsinne.) Dummerweise konnten wir nicht zurück nach Bethlehem, denn dort saß jetzt Herodes Sohn faul und gierig auf dem Thron. (Ein Reim, ein Reim; GOTT, bin ich sprachbegabt!) Dieser Vogel (ein Aasgeier eben) war auch bloß ein Produkt seiner verko(r)ksten Erziehung. Wir konnten also davon ausgehen, daß er uns nicht gerade wohlgesonnen war. Sein Name war so unglaublich beschissen, daß er mir beim besten Willen nicht mehr einfällt. Er steht aber im "Buch der Bücher"... Irgendwie eine Mischung aus sintflutlichem Mehr*personen*(?)beförderungsmittel und Pflanzensaft saugendem Ungeziefer. (Ach ja, jetzt fällt´s mir doch just wieder ein: "Archelaus" – auf so einen Namen muß Prinzenvater erst mal kommen ...!)

Joseph mußte irgendwas falsch verstanden haben, was seinen "Traum" anbelangte (auf den ich aber auch noch ausführlicher zu schreiben kommen werde). Zudem verstand der Mann nun mal kein Ägyptisch (?)schon gar nicht in Bildersprache!

Aber zurück zu dem Königskind: kein Mensch gibt seinen Kindern solche Namen! Wenn ich auch nur geahnt hätte, wie doll ich mich später mal Herodes wegen erschrecken sollte; also, ich wäre *auf der Stelle* Prophet geworden - nebenbei nicht einer der schlechtesten Berufe damals ... Zimmermann war ungefähr so, wie in Eurer heutigen Zeit Aushilfspenner.

Aber lassen wir das ....

Also zogen wir nach Nazareth, womit wir zwei Fliegen mit einer Klappe schlugen: wir entgingen dem neuen König und dessen Schergen - und erfüllten so ganz nebenbei noch die Prophezeiungen, die der interessierte Leser dieser Zeilen ruhig mal im NT (was soviel wie *Neues Testament* heißt) nachlesen sollte! (Was für ein Zufall, daß wir uns genau der Prophezeiung entsprechend verhielten?! Da hatte wohl jema(ria)nd die HS – die Heilige Schrift also – besonders aufmerksam gelesen ....)

Und jetzt, in Nazareth sollte die Luft brennen -, aber höchstgradig.

Ergänzung zum ersten Kapitel

Als ich Euch eben erzählte, daß in Ägypten nichts Bemerkenswertes geschehen sei, habe ich natürlich (Herr der Wahrheit hin oder her) ein bißchen geflunkert. - Nicht daß ich das regelmäßig tun würde, es ist halt nur so, daß ich hier und da die Ereignisse in eine sinnvollere Verkettung unglücklicher Umstände einfasse, um Euch Ungläubige nicht zusätzlich zu verwirren.

In Ägypten hatte ich gar keine so schlechte Zeit: der *böse* König Herodes war weit weg, ich hatte ein paar Spielkameraden, und wir stellten die verrücktesten Dinge an. Bei so harmlosen Spielchen wie "Wer kann am weitesten laufen" und so war ich immer der Sieger. Auch hatte ich bei sämtlichen Wettbewerben bei denen es darauf ankam, seine rhetorischen Fähigkeiten unter Beweis zu stellen, immer die Nase vorn. Das ließ mich dann auch mit der Zeit etwas überheblich werden – ich legte mir also eine Charaktereigenschaft zu, die ich, wenn ich sie denn bei anderen bemerkte – zum Erbrechen fand. Deswegen gewöhnte ich mir arrogantes Verhalten auch schnell wieder ab – ein Pluspunkt an meiner Erscheinung, an dem sich bis zum heutigen Tage nichts geändert hat. Aber schon in meiner Kindheit fiel mir auf, dass Überheblichkeit den großen Nachteil mit sich bringt, daß der, der ihr einmal anheim gefallen ist, sehr tief fallen kann. So entdeckten meine Freunde und ich irgendwann das Spiel "Weitpinkeln". Ein an und für sich harmloser Spaß unter Kindern, aber ich verlor dauernd. Irgendwie schien meine Vorhaut beim "Wasserlassen auf Distanz" dem von mir ausgeschiedenen Strahl im Wege zu sein. Dieser Umstand allein hätte mich nicht mißmutig gestimmt, aber auch bei meinen ersten ehebrecherischen Aktivitäten mit mir selbst klappte nicht alles so, wie ich es mir erträumte. Ich schenkte aber diesem "Problemchen" keine große Aufmerksamkeit, denn ich wollte meine Ma(ria ... eines meiner Lieblingswortspiele) nicht beunruhigen; außerdem gab es bei uns zu Hause ohnehin schon genug Streß: Meine Ma und der Zimmermann hatten sich ständig in den Plünnen, weshalb ich mich genötigt sah, so viel Zeit wie möglich außerhalb des Etablissements zu verbringen.

Es war ständig das gleiche Trauerspiel: Der Zimmermann hatte erfahren, daß vor sehr langer Zeit mal ein Jude namens "Joseph" in Ägypten gelebt und dem PHARAO dessen verwirrteste Träume gedeutet hatte. Den alten Holzwurm nervte aber ganz besonders, daß Maria bei jeder passenden und unpassenden Gelegenheit die Geschichte meiner Empfängnis wieder herunterbetete, was ihr natürlich im Kreise der Familie (Freunde hatten die beiden nicht) immer wieder die größtmögliche Huldigung einbrachte - denn wer von dem Gesindel konnte schon die Anekdote zum Besten geben, von einem Geist (noch dazu von einem "Heilijen"!) geschwängert worden zu sein. Meine Großeltern sowie meine Onkel und Tanten waren regelmäßig hin und weg. Jedes Mal wenn meine Ma mit ihrer Geschichte am Ende war, sahen sie Joseph forschend an und fragten: "Und, Schwager (oder "Schwiegersohn" - je nach dem), hast du auch so eine *spannende* Geschichte auf Lager?"

Natürlich kam der Zimmermann dann immer böse ins Schwitzen, denn sein Traum mit dem erschienen Engel und so weiter war gegen Marys Schote nur Kleckerkram. Und so begab es sich dann auch, daß sich die beiden regelmäßig in die Haare kriegten, was - sehr zum Leidwesen Josephs - bei ihm mit der Zeit zu einer ziemlich argen Glatze führte, mit der ihn Ma(ma) auch immer wieder gerne aufzog. Sie mit ihrer pechschwarzen Löwenmähne.

Dann hieß es immer: "Jesulein, jeh doch ma´ eben in deene Kamma, deen Anähra und deene Mutta ham wat zu bequatschen!" Dann lief ich hurtig in mein Zimmerlein und kletterte dort aus dem Fenster (eine Übung, die mir später noch mal zugute kommen sollte), um mich mit Klaus und Oskar zu treffen.

Oskar war ein komischer Vogel (für die ich später noch eine gewisse Affinität entwickeln sollte - ganz im Gegensatz zu Klaus!). Der Junge schien ein noch schlechteres (oder gar kein) zu Hause zu haben, denn er lungerte den lieben langen Tag in der Nähe meines Fensterleins herum. Sogar des Nachts, wenn alle Vögel schliefen. Ich konnte keinen Schritt machen, ohne daß er mir nachfolgte, was an und für sich ganz angenehm war (und außerdem blieb ihm nichts anderes übrig, denn "Gehen" war ja nun – wie schon erwähnt – meine Königs(der Juden – kleiner Lacher gefällig?)disziplin), mir aber, wenn ich mal Wasser trinken (oder lassen) wollte, ziemlich auf die Nerven ging.

"Jesus, willst du heute mal das Wasser mit mir teilen? Ich hab´ da von einem alten Juden gehört, der machte das auch *immer*! Sagen wir fifty - fifty?"

Ich antwortete stets, da ich noch keinen Plan bezüglich irgendwas hatte:

"Du wirst dich wundern ... laß uns erst mal zu Oskar *gehen* und dann weiter*sehen*!"

"Boa, kannst du aber toll reimen", pflegte er dann zu sagen und ich konnte natürlich nicht

umhin, ihm aus Laibeskräften (huch – ein Vokalspielchen) zuzustimmen.
Oskar war der Sohn eines ägyptischen Hofschreibers. Auch er hatte nur Ärger mit seinen Eltern: Er ließ es sich nicht nehmen, in jeder Situation seinen Mostrich dazuzugeben. Wenn jemand *immer* das letzte Wort haben mußte, dann war das Oskar! Das verlieh unserer Freundschaft eine gewisse Würze. Könnte man sagen. Dauernd dackelte *ich ihm* hinterher!
Eines schönen Diems schlenderten wir durch Gizehs Gassen, als Oskar auf die Idee kam, dass wir uns doch ein paar Scherze mit den Bettlern dieser Stadt erlauben könnten.
Klaus mußte als Erster. Er stellte sich einem Blinden gegenüber auf und schnitt die lustigsten Grimassen, die ich bis dato gesehen hatte. Irgendwann vertrieben uns ein paar Passanten.
Als nächster mußte ich: ich suchte mir einen Gelähmten aus, der in seiner Ecke hockte und die Leute um Almosen ersuchte. Keck baute ich mich vor ihm auf und machte Faxen. Das war ja eine zeitlang ganz witzig, aber irgendwann begann mich der **Leibhaftige** zu reiten: ich trat dem Mann (immerhin spürte er doch als Gelähmter nichts!) mit voller Wucht in die Klöten! Da hättet Ihr den "Gelähmten" aber mal sehen sollen! Mit hochrotem Gesicht sprang er, sich die Weichteile haltend, auf und schrie dabei wie am Stecken. Es folgte eine Verfolgungsjagd, die an Spannung nichts vermissen ließ. Kreuz (aua) und quer durch die Gassen, bis wir endlich aus der Stadt heraus waren.
Klaus war von diesem Moment an davon überzeugt, daß ich "heilende Füße" hätte.
Oskar hingegen (in der Stadt konnten wir uns ja zumindest heute nicht mehr sehen lassen) beschloß, diese Wundertat für die Nachwelt aufzuzeichnen. Frech wie er war, suchte er sich die gefährlichste aller nur erdenkbaren Mutproben aus: Pyramidengraffiti! Sein Hämmerchen und seinen Meißel hatte er stets dabei, und kaum hatten wir eine passende Pyramide gefunden, begann er auch schon mit der Arbeit.
Er war gerade fertig, als ihm ein Erwachsener auf die Schulter tippte:
"Was macht ihr denn hier, ihr Lausebengel? Seid ihr des **HORUS** kesse Beute? Was fällt euch ein, hier an der Nasenwurzel herumzuschmieren?"
"Lies die Schmierereien erst mal, bevor du dich aufregst!", erwiderte Oskar, und dann gaben wir Fersengeld. Aus der Ferne beobachteten wir, wie die "Pyramide" an der Sphinx angebracht wurde.
(Im Laufe der Jahre muß wohl Wasser in die von Oskar eingeritzten Kerben eingedrungen sein, was die gesamte Konstruktion etwas instabil machte, was erklärt, warum die Sphinx heute keine Nase mehr hat.)
Danach bauten wir am Nil noch aus Matsch die einen oder anderen Imperien nach, welche wir uns aber zum Schluß in einer gewaltigen Schlammschlacht gegenseitig um die Ohren warfen.
Total verdreckt kam ich zu Hause an, was Maria ihre klassischen Sprüche des Entsetzens ausrufen ließ:
"Jesus, du siehst ja aus wie een Samarita! Wie oft hab ick dir det schon jesacht, det du deene juten Sabbatsandalen nich zum Spielen anziehen solls´! Wenn deene Tante Elisabeth damals jewußt hätte, wat ick für Scherereien mit dir ham würde, hätte ihr det unjeborene Kind bestimmt nich´ im Leibe rumjehüpft und ihr dabei fast die Leber zatrümmert! Ick wußte ja jleich, dat det een schlechtet Omen war, aber uff mir wollte natürlich ma´ wieda keener hörn ... jell, Joseph; sprich doch du ooch eenmal ´n Machtwort!"
Anschließend mußte ich wieder ohne Abendbrot ins Bett.

So zogen die Tage ins Ägyptenland, bis schließlich der Zimmermann eines Abends, voll wie ein Sternhagel, in die Hütte kam, um uns eine unglaubliche Geschichte von einem GOTT reinzudrücken, der ihm erzählt hatte, wir könnten wieder zurück in die Heimat, denn Herodes hätte den Löffel abgegeben. Ich traute dem Frieden ja nicht; das roch mir eher nach einem Aufbegehren des Joseph, der auch mal einen tollen Traum erzählen wollte, ohne das Maria etwas Ähnliches erlebt hatte. Wie dem auch sei. - Am nächsten Tag brachen wir in Richtung Nazareth auf.

Ich durfte mich nicht einmal mehr von meinen Freunden verabschieden. Ich meine, Klaus hing sowieso in der Nähe ab, so daß ich ihm wenigstens noch zum Abschied winken konnte. Aber ich hätte doch zu gern gewußt, was Oskar für eine Anekdote in die "Pyramide" geritzt hatte. War das wirklich die Geschichte des von mir vollbrachten "Wunders" gewesen? Falls ja, erklärt das natürlich, warum keiner mehr was davon weiß, denn mit der Nase ging ja auch die Überlieferung meiner Wundertat flöten ....

Zweites Kapitel

Und da die Tage ihrer Reinigung nach dem Gesetz des Mose vollendet waren, brachten sie ihn nach Jerusalem, auf daß sie ihn darstellten dem HERRn, (...)
Lukas 2,22

Mit "Ihn" bin natürlich ich gemeint. Logisch.
Erklärend muß ich aber vorab einige der wohlgewählten Worte verlieren: Zu meiner Zeit waren die Priester nicht einfach nur Frömmigkeit heuchelnde Betbrüder, sie ersetzten streckenweise auch den Arzt, bzw. Wunderheiler. Meine Ma(ria ... ich mach´s halt doch gern, dieses kleine Spiel mit Silben) hatte, entgegen meiner bisherigen Vermutungen doch etwas von meinem "Pinkelproblem" (von dem anderen mal ganz zu schweigen) mitbekommen. Auch deshalb (nicht allein aus den spirituellen Gründen, die sie vorschob) schleifte sie mich zu den Priestern, die dann auch nichts besseres zu tun hatten, als sofort die Diagnose "Phimose" (ein Reim, ein Reim) zu stellen. Eigentlich hatte ich ja gar nicht, aber dennoch schlecht abgeschnitten. Seit diesem Tag haßte ich sogenannte GOTTesmänner wie die Lepra ... aber ich greife vorweg ....
Was Euch aber wirklich in Erstaunen versetzen dürfte ist, daß mir hier bereits die ersten Absonderlichkeiten (im übrigen Verlauf der Historie als "Wunder" bezeichnet) untergejubelt wurden. Entweder hatten die Geschichtenschreiber (die ich ja später selbst zu "Evangelisten" ernennen sollte) alle ganz gewaltig einen im Tee (und glaubt mir nur dieses eine Mal – sie hatten!), oder ich erfand damals die physische Schizophrenie: glaubt man den bisherigen Erzählungen des NT´s (was natürlich "Neuen Testament´s" meint), waren meine Eltern unmittelbar nach den leidigen Huldigungsaktionen der verschiedenen Bevölkerungsschichten mit mir umgehenst nach good old Egyptland abgehauen. Nun soll auf einmal noch genug Zeit gewesen sein, sich erst mal innerlich (und auch sonst) zu reinigen und mich noch in den Tempel zu schleifen, damit mein "richtiger" DAD mich kennenlernen konnte. Wenn ich tatsächlich GOTTes Sohn sein sollte, kannte er mich ja nun wohl schon ein paar Jahrmillionen lang; alles in

allem also eine ziemlich schwindelige Aktion, die sich da so vor sich hin erfand. Als ob das ganze Reinigen und so´n Zeug nicht schon schlimm genug gewesen wäre, kam auf einmal noch so ein hipper Opp mit Zauselbart in die Chapel gestürmt, voll des heiligen (Wein-) Geistes, um allen Anwesenden mal wieder etwas von GOTTes unglaublicher Güte, Gnade, Weisheit und diesem ganzen anderen Firlefanz vorzustammeln. Und diese armen Schafe (vergl. "Der HERR ist mein Hirte ...") hatten natürlich nichts besseres zu tun, als ihm jedes Wort einzeln von den Lippen zu lutschen und für bare Münze zu nehmen. Hätte er dieses Geschwafel auf offener Straße rausgelassen, hätten sie ihn aller Wahrscheinlichkeit nach für senil erklärt und/oder mit Schimpf und Schande aus der Stadt gejagt ....

So warfen sie ihn nicht einmal in hohem Bogen aus dem Tempel, sondern lauschten seiner verbalen Exkrementeentsorgung mit wie Flitzebogen gespannten Minen.

Der Knilch hieß übrigens Simeon. Er war von dem Glauben besessen, nicht ins Gras zu beißen ohne vorher den Messias zu Gesicht bekommen zu haben; deshalb hing er auch auf jeder "Vorstellung eines Neugeborenen vor dem HERRn" rum, die sich allerdings nicht als normale Vorstellung (im Sinne von: "Guten Tag GOTT, darf ich DIR eben meinen Sohn vorstellen?"), entpuppte, sondern vielmehr ein sehr schmerzhaftes und blutiges Ritual war. "Schnippschnapp, ist die Vorhaut ab". (Schon wieder ein Reim! Boa, bin ich gut, fast schon GÖTTlich!) Schon allein bei der Vorstellung an eine solche Vorstellung ziehen sich anderen Leuten mehr als nur die Weichteile zusammen! Aber ich stellte mich nicht weiter babyhaft an ... immerhin wurde ich ja nicht gekreuzigt ....

Aber ich schwiff ab; da ging wohl mein Zünglein mit mir durch ....

Wenn also ein Neugeborenes in den Tempel geschleift wurde, um ihm einzelne Teile seines Genitalbereiches zu amputieren, war auch Simeon zur Stelle. Genauso verhielt es sich mit Hanna, einer vierundachtzigjährigen Witwe, die ebenfalls Tag und Nacht in dem frommen Gemäuer abhing. (Wahrscheinlich tat sie das bloß, um bei, bzw. mit Simeon noch mal zu dem einen oder anderen Ehebruch zu kommen, aber das ist purer Spekulatius.) Da diesbezüglich aber anscheinend nicht allzu viel lief, schlug die arme alte Frau die Zeit eben mit Beten und Fasten tot.

Als Simeon mit seinen Pauschalhuldigungen loslegte, fiel ihm Hanna sofort ins Wort, und zwar unterstützenderdings; endlich hörte ihr jemand mal nicht aus purer Galanterie zu, sondern sie wurde für voll genommen ... ein gefundenes Manna!

"Wir sind uns ganz sicher ...", lamentierten die beiden im Duett drauflos,"...daß das der Sohn GOTTes ist, der Messias, der Erlöser, undsoweiterundsoweiter ...."

Ich schätze mal, diese Show wurde von den beiden bei jeder Beschneidung abgezogen, um bei den Glaubenstouristen (welche damals "Pilger" gerufen wurden) ein paar Almosen zu ergaunern. Frischgebackene Eltern sind (besonders wenn das Balg gerade schreit wie am Spieß (welcher damals auch "Stecken" genannt wurde), da es keine Vorhaut mehr an demselben hat) nun mal nur bedingt zurechnungsfähig ... Nicht so meine! Die waren ja mit diesem "GOTTes Sohn Zeug" von Anfang an hausieren gegangen; da kamen ihnen diese beiden betagten "Erleuchteten" natürlich gerade recht. Wie dem Wunderdoktor der hypochondrisch Gelähmte. Sie wechselten einen "Siehste, wir haben´s ja schon immer gewußt" - Blick und spendeten den beiden Alten reichlich von ihrer nur spärlich vorhandenen Kohle.

Zu dieser Zeit hat mich ja noch keiner nach meiner Meinung gefragt, aber ich fand diese ganze

"Messiaschose" nicht so dolle ... außerdem hatte ich verhältnismäßig dicke Eier (woraus ich "messerscharf" - wie passend, in dieser Situation - schloß, daß wohl eher Ostern als mein Geburtstag sein müßte). Mein lieber HERR Gesangsverein ... Nichtsdestotrotz hat mich dieses Erlebnis nachhaltig geprägt: erstens wollte ich unbedingt, wissen wie es ist, ohne Vorhaut die (nicht geschlossene) Ehe zu brechen, und zweitens ärgerte es mich maßlos, daß ich nicht nach meiner Meinung gefragt wurde. Deshalb neigte ich von diesem Moment an dazu, ungefragt meinen Senf dazuzugeben: eine Angewohnheit, die meine "Jünger" auch heute noch mit Vorliebe praktizieren: einfach mitschnacken, erst recht, wenn´s um anderer Leute Angelegenheiten geht.

Da ich jetzt gerade, ich möchte fast sagen "wie durch ein Wunder" beim Thema bin, würde ich vorschlagen, die Situation beim Schopf zu ergreifen, und das nächste Kapitel den Anfängen meiner Klugscheißerei zu widmen.

Ergänzungen zum zweiten Kapitel

12)Ond wo der Heiland noch wieder heimkomme´ isch, hatter g´schproche ond g´sagt:
13)"Dehs isch jetztle aber auch mein allerphimoseschter Geburtschtag quä!"

Nathanael 3,12 "ond"13

Naja, so oder so ähnlich wird es dann wohl gewesen sein; immerhin steht es so geschrieben. (Bevor der bibelkundige Student dieser Lektüre jetzt einen Filmriß kriegt, sei vorweg angemerkt: Mensch, mit Deiner Bibel ist alles in Ordnung! Daß Du das Evangelium des Nathanael nicht zu finden vermagst, ist kein - ich wiederhole: *kein* Wunder! Lies nur fleißig in *diesem* Büchlein weiter, und alles wird seine Erklärung finden!)
Irgend etwas hatte mein Zeitempfinden durcheinander gebracht. Zugegeben, nach der Zirkumzisiose (der Beschneidung) ging es mir nicht so besonders blendend, aber dazu muß ich Euch wohl doch erst mal erklären, was das ist. Ich sehe mich daher genötigt, Euch meinen gesamten Geburtstag zu beschreiben - ausgenommen natürlich die "heiligen Aktionen" im Tempel.
Früh am Morgen, kurz nach dem Erwachen, rieb ich mir HERRzlichst meinen Schlaf aus den Äugelein. In mein Zimmer drang ein mir völlig unbekanntes Geräusch: "Joseph, jetz´ hörste mir ma zu: wenn ick sage, der Junge wird seim VATER vorgestellt, denn wird der ooch seim VATER vorgestellt! Wir beede wissen, det du nich´ der Erzeujer vonne Blage bis´. Also hälste dir jetz´ jeschlossen, und wickels´ die Teile in Jeschenkpapier!" Und Joseph erwiderte: "Ja, meine Liebe, das mach ich doch gerne!"
Die beiden waren das letzte mal vor ca. einem Jahr so freundlich zueinander gewesen. Auch daß meine Geschwister sich zankten (soviel zum Thema "*Jungfrau* Maria" - daß ich nicht lache! Haha!!!), belastete die beiden Großen nicht weiter. Ich tat es den frühen Morgenstunden gleich: mir dämmerte allmählich, was das heute für ein Tag war: mein Geburtstag! Gerade als ich begriff, flog meine Ma ins Zimmer und rief: "Heazlichen Jlückwunsch, meen Jroßer! Heute is´ dein 13tea! Findste det nich´ knorke?"
(Bevor sich der Bibelleser aufregt: mir ist klar, daß im NT geschrieben steht, es handelte sich

um meinen 12. Geburtstag. Darauf kann ich nur erwidern: werter Leser, hattest *Du* an diesem Tag den Deiner Ehren, oder bist Du vielleicht meine Mutter? - Na also!")
"Komm ma her, ick hab´ dir wat janz Schickes anläßlich dieset Tajes jeschneidat! Hier, zieh det ma´ uff die Schnelle an, denn kannste ooch deine Jeschenke auspacken jehn!"
Mit diesen Worten überreichte sie mir einen widerlich geschnittenen Umhang, eine weite Hose (alle Säume mit irgendeinem Fellzeugs umnäht) und eine nach oben spitz zulaufende Mütze (mit "Bommel" dran), die nur in ihren Alpträumen entfernte Verwandtschaft mit einer Kippa hatte. Ich sah in diesen Klamotten unmöglich aus, aber Maria war begeistert: "Süüüüüüß sieht er aus, meen kleener, knuddelijer Jeburtstags - Weihnachtsmann!"
Mon DIEU, so albern hatte ich noch nie ausgesehen, aber Maria versicherte mir, daß "ick" ihr noch *dankbar* sein würde ... vor allem für die viel zu weiten Hosen! Ich schluckte meine Verärgerung ob dieser Kleidung herunter und eilte erst auf die Toilette (auf der zwar nicht viel, das bißchen aber dafür umso schmerzhafter lief (ich hoffte, daß Ma (na, Ihr wißt schon) nichts von meinem schmerzgepeinigtem Stöhnen mitbekam) und anschließend zu meinen Geschenken. Sie lagen unter einem kleinen Bäumchen, an dem Joseph just einige Kerzen entzündete - genau dreizehn! Gleich als er damit geendigt hatte, mußte ich sie wieder auspusten, "... bevor der gesamte Baum abbrennt, den brauchen wir nachher noch als Feuerholz zum Kochen ...."
Während ich dem Baum die (Lebens)Lichter (ich und mein verspieltes Züngelein) ausblies (später sollte ich so was im wahrsten Sinne des Wortes nur mit ebensolchem vollbringen), sollte ich mir etwas wünschen. Ich tat also, und verkündete der versammelten Mannschaft anschließend: "Ich wünsche mir, daß es heute Spanferkel gibt!"
Bevor ich vor Freude strahlen konnte, schlug mir der Zimmermann so heftig auf die rechte Wange, daß mein Kopf auf die gegenüber liegende Seite flog. Anschließend haute er mir auf die linke, weil ich ihm wieder (wenn auch mit tränenden) in die Augen schauen sollte.
"Bist du denn des *Satans* kesse Beute, dir ein so unreines Essen zu wünschen?", brüllte er mich an. Ich hielt ihm erneut die rechte Wange hin: "Willst du noch mal zuschlagen - ich meine ja nur: doppelt hält vielleicht besser!"
Ma(ma-ria) hielt ihn zurück, sagte aber zu mir: "Ach meen Junge; du darfs´ doch solche Wünsche nich´ aussprechen ... denn dann jehen die doch jar nich´ in Erfüllung! Du mußt dir sowat im Vaborjenen wünschen, weßte? Haste uns zum Beispiel ma´ jesacht, dette so´ne schnieke Kutte ham wills, wie de jetz´ eene trächst?"
"Nein!" (Ich hatte mir niiiiie so ein Dingsbums gewünscht!!!).
"Na siehste, und jetz´ haste eene jekricht! - Jenauso wie alle deine Jeschenke. Du has´ uns nie erzählt watte dia wünschs´, und nu hastet doch allet jekricht! Pack doch ma´ aus!"
Die Geschenke gingen so einigermaßen: "Der Schatz im See Tiberias" und "Unter Geiern" von einem gewissen "Rabbi Schalmei" (dem Äquivalent zu Eurem heutigen Karl May). Ich überflog schnell den Klappentext von "Der Schatz im See Tiberias": Es ging um Schweinehirten, Samariter und Römer, die dauernd im Clinch miteinander lagen, hier und da aber auch echte Männerfreundschaften untereinander entwickelten, die sie durch den Austausch von Körperflüssigkeiten (meistens Blut) besiegelten. Das andere Buch: "Unter Geiern" handelte ausschließlich von Vögeln. Der Untertitel lautete: "Der kleine Hobbyornithologe".
("Jell, Jesus, det findste doch bestimmt mordsinteressant, bei deine´ Höhenangst ...")
Das tollste aber war ein Bauer, mit echten Vögeln drin: "Das sind Spatzen ...", erklärte mir

Joseph, "... sie säen und sie ernten nicht, und trotzdem haben sie immer genug zu picken. Das Beste aber ist: sie kosten nur zwei Pfennige das Stück - sonst hätten wir uns das auch gar nicht leisten können - bei meinem Einkommen!"
Zum Frühstück gab es keine Geburtstagstorte ("... das ganze Geld ist für die Sperlinge draufgegangen ... so hat´s halt bloß für einen Christstollen gereicht ...") und ich mußte, wie immer, ganz unten am Tisch sitzen ("... wejen deine Höhenangst, Junge, du weißt schon ..."); aber ich durfte zum ersten Mal in meinem Leben Wein trinken - *der war richtig **lecker***! Als ich schon einen kleinen Schwips hatte, erzählte mir Maria, daß wir heute noch in den Tempel müßten, damit mich mein VATER mal so richtig kennen lernen konnte. (Häh?)
Vorher durfte ich aber noch raus, ein bißchen spielen (- natürlich ohne die guten Sabbatsandalen!), dafür aber mit meinen Geschwistern und den Vögeln.
Kaum waren wir draußen, fingen meine Geschwister an, mich wegen meiner Kleidung zu hänseln und zu greteln: "Nur Feiglinge müssen so bescheuerte Klamotten anziehen, damit man sie gleich erkennt!"
"Ich bin kein Feigling!"
"Dann kletter doch mal auf diesen Baum!" "Das heißt "klettere" ...", belehrte ich sie, "... beHERRscht ihr kein hebräisch, oder bereitet euch lediglich der korrekt angewandte Imperativ Schwierigkeiten?" Aber auch meine Wortgewandtheit nutzte mir diesmal nichts, denn irgendwann hatten sie mich dann doch so weit. Ich stieg, gegen die Angst und Übelkeit ankämpfend, auf den Baum, kam aber des sich meines Bewußtseins bemächtigenden Schwindelgefühls wegen nur auf ungefähr vier Fuß Höhe. Dann fiel ich hernieder, wobei ich mir (GOTTseidank) die neuen Kleider zerriß. Meine Ma(ria) tobte zwar ein bißchen wegen der vielen Arbeit die sich damit gemacht hatte, aber ich hatte ja "Jebuatstach", da durfte ich (fast) alles ....
Dann ging es in den Tempel. Mein GOTT, war der Weg lang! Immer wieder fragte ich meinen Ernährer, ob wir jetzt *endlich* da seien. Um mich zu beschäftigen, spielte er mit mir mannigfaltige Spiele. Zum Beispiel, "Ich sehe was, was du nicht siehst". Ich gewann dauernd, weil ich bessere Augen hatte als er.
Was im Tempel geschah, wißt Ihr ja schon aus dem vorhergegangenen Kapitel. Und die blutigen Details meiner Vorhautamputation erspare ich Euch; Ma hatte eben doch mitbekommen, daß ich Schwierigkeiten beim Pullern (und "Beten" - aber dazu "komme" (was für ein Witz!) ich später noch ausführlicher) hatte, weshalb sie den chirurgischen Eingriff mit "Det war nötich!" begründete.
Den Rest kennt Ihr soweit ja schon ....

Vier Tage später ...

... waren meine Spatzen tot. Ich hatte vollviel in den "Schalmeien" gelesen. (Sogar selbst noch zwei weitere "zugelegt" - was in Zungen gesprochen ist, und soviel heißt wie, "ungefragt ausleihen", daß es mir gar nicht aufgefallen war, wie schlecht es den Piepmätzen ging.)
Mit den (schlafenden?) Vögeleinichens in der Hand, lief ich zum Zimmermann. Er solle sie gefälligst wieder reparieren. Er aber war ein grausamer Welcher: "Hast du die Viecher denn

nicht gefüttert?"
"Gefüttert?", frug ich ahnungslos. "Wieso denn gefüttert? *Du* hast doch gesagt, daß sie weder säen noch ernten würden, und trotzdem immer was zu picken hätten! Ich habe sie genau beobachtet ...", log ich munter drauf los, "... sie haben nie gesät oder geerntet, deshalb ging ich davon aus, daß sie genug zum Picken hätten! Ich konnte doch nicht weissagen, daß sie irgendwann ..."
"DeinVATER, was bist du bescheuert ...", rief der Zimmermann lachend aus, "... ist dir noch nicht aufgefallen, daß auch du weder sähst noch erntest, und doch immer was zu essen hast? Woher glaubst denn du, kommt das ganze Essen, das du jeden Tag in dich hineinschlingst? Meinst du, wir leben in den Zeiten des AT (was, wie Ihr ja mittlerweile begriffen haben dürftet, nur in "Steno – Zungen" gesprochen ist und nichts anderes meint als "Altes Testament"), in denen der HERR Manna vom Himmel regnen ließ? Ich glaube, es wird allerhöchste Zeit, dir klarzumachen, wie das Leben funktioniert! Morgen früh fängst du eine Lehre bei mir an! Von dem Geld das du da verdienst, kannst du dir im Handumdrehen auch neue Spatzen kaufen!"
Ich war geschockt! Mit so vielen schlechten Nachrichten auf einmal hatte ich nicht gerechnet!
"Aber vorher machst du noch die Vögel heile, ja?", versuchte ich erneut mein Glück.
Er lachte Tränen: "Jesus, du bist mir schon so einer! Was tot ist, das ist tot, daran kann man nichts ändern! - Du bist mir wahrlich schon so einer ...!"
Weinend rannte ich aus dem Zimmer, den Tod meiner Vögel nicht wahr haben wollend! Auf was für einer Welt lebten wir denn, wenn es nicht möglich sein sollte, tote Geschöpfe (die lediglich so aussahen, als schliefen sie) wieder zum Leben zu erwecken! Mir kam eine brillante Idee: immerhin hatte ich in Ägypten einen Gelähmten wieder gehend gemacht - da wäre es doch gelacht, wenn ich es nicht schaffen würde, schlafende Vögel (ganzkörpergelähmte Vögel) zu erwecken! Ich experimentierte den ganzen Nachmittag an meinen gefiederten Freunden herum: ich streichelte sie, ich wärmte sie in meinen Händen, ich versuchte, ihnen den Odem des Lebens wieder einzuhauchen - nichts half! In meiner Verzweiflung praktizierte ich dieselbe Heilmethode wie bei dem Bettler: Ich legte einen nach dem anderen auch den Boden, sagte: "Ich befehle dir, stehe auf und fliege!", und trat dem reglosen Tier zwischen die Beine. - Sie flogen! Einer nach dem anderen! Leider bloß bis an unsere Hauswand, an der sie beim Herabfallen schmierige Streifen hinterließen.
Ich hatte diese Art der Veterinärmedizin an allen Vögeln durchpraktiziert - erfolglos - als mir jemand auf die Schulter packte: "Junger Mann, so geht das aber nicht! Glaub mir, ich bin ein Samariter - und ein barmherziger dazu - und ich habe schon viele kranke Leute auf meinem Eselchen mitgenommen und gesund gepflegt. Aber: dot is´ dot - da beißt das keinem zwölfjährigen Judenbengel den Schwanz oder die Vorhaut ab!"
"Ich bin aber schon dreizehn!", schrie ich den verhassten Menschen an, und rannte in mein Kämmerlein, um mich ausführlich mit dem "Kleinen Hobbyornithologen" zu beschäftigen.
Während ich las, erfuhr ich allerhand Wissenswertes:
a) Ich konnte keine Wunder vollbringen; das konnte nur der HERR!
b) Ein Tritt zwischen die Beine, macht kein totes Geschöpf zu einem Springinsfeld.
c) Ein Tritt in die Weichteile macht (von Ausnahmen abgesehen) niemanden zum Springinsfeld. (Das wollte ich mal am Zimmermann ausprobieren, dachte ich.)
d) Alle Lebewesen (auch die nicht regelmäßig arbeitenden) müssen regelmäßig essen.

e) Vögel haben keine Höhenangst (was sie zu netten Geschöpfen (des HERRn) macht).
f) Nicht alle Samariter sind schlechte Menschen. Und
g) auch ohne zu arbeiten kommt man ganz gut durch, wenn der HERR für einen sorgt.
Am nächsten Tag begann

... meine Lehrzeit ...

in der ich beim Zimmermann zu Ebensolchem ausgebildet werden sollte.
Muttchen drehte schon morgens an der Orgel, als sie meines "Unausgeschlafenheit par excellence" repräsentierenden Gesichtsausdruckes gewahr wurde. Umgehenst HERRschte sie Joseph an: "Wat macht´n det Jüngelchen so früh det Morjens am Küchentisch? Du hast´n doch nich´ etwa inne Lehre jenommen? Joseph entgegnete ihr zuwider. Da flippte sie völlig aus: "Ja sach ma´, biste denn von alle jute Jeister - HJ inklusive - verlassen? Der Junge seines VATERs jeht nich´ uffm Bau malochen! Ick jloobe, dir brennt der Kittel, aba janz jewaltig und lichterloh! *Mein* Kind macht keene Lehre als Schreina; dafür is´ der Junge doch viel zu bejabt!"
"Erstens ist er das nicht, zweitens gammelt der sowieso den ganzen Tag rum und kommt nur auf dumme Gedanken - wie Veterinärmedizin - und drittens muß er langsam aber sicher mal was fürs Leben lernen! Handwerk hat hölzernen Boden! Basta!"
Ma(ria) gab nach - Premiere!
Mürrisch folgte ich dem Zimmermann in seine Werkstatt: "Ich will so was nicht lernen! Ich bin viel zu intelligent, um mich mit niederen Arbeiten beschäftigen zu müssen!"
Joseph griff mich am Hinterkopf und drückte mein Ohr auf die Hobelbank:
"Jetzt hör mir mal gut zu Bürschchen! Deine Mutter mag dich ja verGÖTTern, aber hier HERRscht jetzt ein anderes Klima! Du wirst, wenn du hier noch weiterhin zu wohnen gedenkst, etwas zum Familienunterhalt beitragen. Du wirst jetzt - ob dem *HERRn* das paßt oder nicht, ist mir egal - diesen Balken hier hobeln! Der ist für ein Kreuz, also streng dich an, damit er schön uneben wird, denn der gekreuzigt werdende GOTTeslästerer soll es doch nicht allzu bequem da oben haben ...."
Schon bei den Worten "da oben" wurde mir ganz schwindelig, was aber nicht ausschließlich an der Wortwahl des Joseph lag. Er ließ meinen Kopf los, und mir tat das Ohr weh! Blut und Wasser flossen heraus, denn ein dicker Dorn steckte in meinem Gehörgang.
"Aua, menno, du hast mir weh getan ...", rief ich, "... jetzt habe ich einen Dorn im Ohr! Das hast du ja toll hingekriegt! Ich melde mich krank! --- Meld!!!!"
Der Zimmermann hatte weniger Humor, als ich in meinen schlimmsten Träumen zu befürchten gewagt hatte: "Ich hatte schon mal einen *Balken* im Auge! Stell dich nicht so an! Mach den Balken rau! Wenn du krank bist, dann hol dir einen *gelben* Schein - sonst prügel ich dich *grün* und *blau*!"
Ich tat mein Bestes - glaubt mir wenigstens - dieses eine Mal.
Hinterher war der Balken so glatt, daß man einen Babypopo hätte darüber ziehen können, ohne das Kind dabei zu verletzen. (Gekreuzigte taten mir irgendwie leid ... wenn ich schon so viel Streß mit der Zubereitung des Querbalkens hatte - wie mußten sich dann erst diese armen Leute

fühlen ....)
Joseph war *stock*sauer (was Wunder, bei seinem Beruf) und schickte mich aufs Dach. Ich sollte einen "Vierfürst" bauen. Natürlich fiel ich runter – aber holterdipolter! Als ich unten angekommen war, sagte Joseph: "Mein lieber ZEBAOTH, dich sollte man da oben wirklich festnageln, dann gewöhnst du dich vielleicht mal an die schöne Aussicht. Also gut, du hast gewonnen, für heute ist Feierabend. Laß uns mal nach Hause gehen, Maria hat auch sicher schon was zu essen fertig." Nach kurzem Überlegen fügte er hinzu: "Tja, Jesulein mein, Lehrjahre sind nun mal keine HERRenjahre ... aber ich hatte mal den Traum, daß du in meine Reißnägel treten würdest ...."
Jetzt hatte ich seine Faxen aber endgültig dicke: "Deine Träume interessieren niemanden hier - hast du das noch nicht geschnallt?!"
Die ganze Noctem über hatten sich Maria und mein "Chef" unter anderem dieses Traumes wegen in den Plünnen; ich konnte nicht schlafen, und schrieb deshalb eine "Krankmeldung". Währenddessen troff Glibberkram aus meinem Ohr auf das Zettelchen. Seitdem hieß das Ding bei uns wahrlich "Gelber Schein". Aber am nächsten Tag brauchte ich nicht zu arbeiten ... GÖTTlich, wahrlich!
Aber am Übernächsten - und am Überübernächsten - und am Überüberübernächsten undsoweiterundsoweiter schon. Ich mußte dauernd arbeiten, und meinen Händen ging es dadurch nicht wesentlich besser. Sie wurden ganz rau - aber damit hätte ich leben können. Das Schlimmste war, daß sich auf meinem ganzen Körper Pickel und Pusteln bildeten, die Maria (nach guten Zureden meinerseits) als "Holzallergie" deklarierte. Jedes Mal wenn ich ein Stück Holz bloß sah (selbst aus der Ferne, was mir meiner guten Augen wegen nicht schwerfiel) begann mein Körper allergisch darauf zu reagieren. Nur auf des THORs Balken konnte ich mich, obwohl dieser auch gezimmert war, einigermaßen entspannen.
Retrospektiv würde ich sagen, daß mir diese Allergie (und die daraus resultierende Arbeitsunfähigkeit) das Kreuz (autsche!) gebrochen haben. (Wenn´s mal so gewesen wäre ... haha, ich schrei mich vor Lachen hinfort; am geschicktesten in himmlische Sphären. "Wenn ich ein Vöglein wär und auch zwei Flüglein hätt ...".)
Aber jetzt komme ich *wahrlich* auf die Anfänge meine Schlauschnackerei zu sprechen:

Drittes Kapitel

Und alle, die ihm zuhörten, verwunderten sich seines Verstandes und seiner Antworten.
Lukas 2,47

Stimmt. Nee, also jetzt mal ganz wahrlich! Das war mein erster öffentlicher Auftritt vor verblüfft werden wollenden Auditorium. Im Grunde genommen wollte ich aber lediglich meine rhetorischen Fähigkeiten testen.
Schon damals hatten die Menschen die dubiose Angewohnheit, sich bei besonders großen religiösen Festen in die Tempel und Synagogen der umliegenden Städte und Dörfer zu verirren. (Das macht ein Großteil von Euch ja heute noch so.) Deshalb dachten auch Maria und der

Zimmermann, sie müßten anläßlich des Passahfestes mal wieder den guten alten Tempel von innen sehen, obwohl sie sich ja sonst doch lieber von diesem Gemäuer fernzuhalten pflegten. Wir also, ich Kind mit Kegeln, ab nach Jerusalem, mal ein bißchen fromm tun. Ich fand die Großstadt so dermaßen mui, daß ich beschloß, noch ein paar Tage länger zu bleiben; in einem Kuhdorf wie Nazareth war das Freizeitangebot für heranwachsende Jugendliche nun wirklich nicht gerade der Reißer vor dem HERRn. Deshalb ging ich zu Maria, to tell her (ich redete schon als kleiner Knabe hin und wieder ganz gern in Zungen - so zum Zeitvertreib quasi), daß ich schon mal mit meinen Kumpels (die ich zu jener Zeit noch nicht "Jünger" nannte - was lediglich im Altersunterschied seine Begründung gefunden hätte) in Richtung Heimat vorausginge. Hat sie mir (obwohl ich gar keine Kumpels hatte) sofort geglaubt. Als vermeintlicher "Sohn GOTTes" hat man es natürlich wesentlich leichter, seine Mutter un peu (diese Zungen!) anzuschwindeln. Da ich wußte, daß meine Ernährer es nicht eine Sekunde länger als unbedingt erforderlich im GOTTeshaus aushalten würden, versteckte ich mich im "Allerheiligsten".
Klappte eins A! Kaum hatten sich die beiden verdünnisiert, kam ich aus meinem Versteck. Die Sache, so raffiniert sie auch geplant war, hatte nur einen klitzekleinen Haken:
Da ein fünfzehnjähriger Knabe (nix 12 Jahre alt - ihr ward ja nicht dabei - oder?!), der mutterseelenallein durch den Tempel lustwandelt, auffällt, war es nur eine Frage der Zeit, bis der erste Tempeldiener meiner Person gewahr wurde und mich - hastdunichtgesehen - zu den Priestern schleifte. Da saß ich nun erstmal ganz schön in einer der vielen möglichen Patschen. Mutters Sohn (geschweige denn GOTTes Sohn) war natürlich nicht der Dümmste seiner Artgenossen. So heulte ich den Leutchen sehr theatralisch was vor: "Ich hab´ meine Mammi verloren, buhuhu undsoweiter". Boa, das zog wie Schmidtz´s Katze! Jetzt war ich für die Typen der King (zwar in Zungen, aber noch nicht der der Juden; who cares - jeder fängt mal klein an, gell?).
Mit meinem unvergleichlichen kindlichen Charme wickelte ich mir die Brüder in Nullkommanichts um den kleinen Finger und brabbelte allen möglichen "frommen" Kauderwelsch, der mir gerade so durch den Schädel schoß. Da merkte ich auch zum ersten Mal, wieviel Spaß es macht, klugzuschnacken. Natürlich "verwunderten" sich die Leute. Ich selbst verstand ja nicht die Hälfte dessen, was ich da verzapfte. Aber ich kapierte ziemlich schnell, daß, je verwirrter man daherstammelte, das Auditorium wuchs, bis es schließlich die Ausmaße des "Maximum" erreichte.
Gerade als mir die ganze Schote tatsächlich Spaß zu machen begann, (den ursprünglich geplanten Ausflug durch Jerusalems Gassen (und den durchs Rotlichtmilieu) hatte ich mir mittlerweile schon von der Backe geputzt) tauchten - wie hätte es anders sein können - natürlich! - meine Erzeugerin und mein Ernährer wieder auf. Mein GOTT! Ich konnte es Mary schon von weitem ansehen (ich hatte nämlich vorzügliche Augen), daß es Streß geben würde. Auch die Blicke des Zimmermanns konzentrierten sich ausschließlich auf meine Vierbuchstaben. Na denn, Prost Mahlzeit! Jetzt war mein GÖTTliches Improvisationstalent gefragt ....
"JOTTchen Jesus, wir ham uns solche Sorjen um dir jemacht ...", fing meine Ma an, "... wir dachten, du wolltest mit deine Kumpels vorausjehen ...". Und der Zimmermann sagte (von ihm hatte ich meine Begabung für Sprache bestimmt nicht geerbt): "Vielen Dank, ihr lieben Pharisäer, daß ihr auf unseren Balg (auch wenn er wohl kaum mein eigen Fleisch und Blut ist) aufgepaßt habt. GOTT segne euch." Mir zischte er (im Geiste schon die Geißel bedienend) zu: "Wart´s ab Bürschchen, wenn wir erst zu Hause sind, dann kannst du aber dein blaues "Wun-

der" erleben!" Maria untermalte diese Drohung mit permanentem Wehklagen wie: "Frucht meines Leibes; bist sonst doch immer sooo artich; wat ham wa bloß falsch jemacht; kann mir mal *eener* sagen, wat ick noch allet tun soll; ick jloobe, dem Jungen jeht det eenfach ville zu jut ... ", etc, etc ....
Wie schon geschrieben: guter Rat war mir jetzt mit Gold aufwiegbar geworden. Ich verfiel auf eine kleine List, ihrer beider Naivität (von Dummheit redet man bei den einen selbst fütternden Händen nicht) ausnutzend und hub an und spruch: "Wisset ihr denn nicht, daß ich im Hause DESSEN sein muß, den als meinen VATER auszugeben ihr euch Zeit meines Lebens erdreistet?"
Blahblahblah.
Natürlich haben die beiden aufgrund ihrer Einfältigkeit kein Wort von dem Gesagten verstanden, aber egal. Wir gingen nach Hause und dort angekommen, bekam ich dann eben doch keinen Hinternvoll. Bingo! Stattdessen hockte ich wieder in Nazareth rum, ohne etwas von Jerusalem (von dessen Rotlichtmilieu mal ganz zu schweigen) gesehen zu haben. Tolle Wurst.
Aber das sollte noch kommen! Das schwor ich mir bei mir selbst und bei GOTT.
Von nun an begann ich, meine Ausflüge in Nazareths Umgebung etwas umfangreicher zu gestalten. So kam es dann auch nicht allzu überraschend, daß ich plötzlich Johannes gegenüberstand. Der Kerl war ein Knaller vor dem HERRn, genau meine Wellenlänge.

Viertes Kapitel

Und er bekannte und leugnete nicht, und bekannte: "Ich bin nicht der Christus."

Johannes 1,20

Überraschend konnte Johnboy so was bekennen, bzw. nicht leugnen, da er ja nur einer der vielen Einsiedler war, die tagelang nichts anderes zu tun hatten, als sich in der Einsamkeit und somit in ihrer eigenen Gedankenwelt zu bewegen zu können getan ... haben ... taten ... tun ... zu hatten ... getan ..; wo war ich???
Ach ja, ich war bei Johnboy. Der alte Heuschreckenfresser hockte also den lieben langen Tag in "seiner" Wüste (bzw. einem, einer Wüste sehr ähnlich sehenden Ort) rum, und taufte alles und jeden, der oder das ihm gerade über den Weg lief. Als sehr hilfreich erwies es sich diesbezüglich, daß der Jordan in unmittelbarer Nähe vorüberstrudelte; denn auch wenn die Leute SEINERzeit noch nicht allzu viel Wert auf Körperhygiene legten, war doch niemand bereit (von einigen Besessenen einmal abgesehen), sich im Staub des Bodens zu wälzen und sich hinterher als "getauft" zu bezeichnen zu lassen ... haben ... würden ... na, Ihr wißt ja Bescheid!
Aber zurück zu Johannes: er taufte einfach alles! Von der Heuschrecke, sofern er sie nicht (oder bevor er sie) zu Mittag aß, bis hin zum sich im Fluß herumtreibenden Mikroorganismus; kaum bekam Johannes etwas zwischen die Finger wurde es getauft. Böse Zungen (also solche, die ihren Eignern Ärgernis bereiteten, ohne daß diese in ihnen gesprochen hätten) behaupteten sogar, er hätte schon ahnungslose Kieselsteine getauft und ihnen erzählt, sie seien Kinder GOTTes –reinkarnationstechnisch betrachtet.

Na, der kam mir gerade recht! Nachdem er gerade aus reiner Unterbeschäftigung heraus seinen Pint zwischen die Finger bekommen, und ihn zu "GOTTes Werkzeug auf Erden" getauft hatte, lief ich ihm bei einem meiner Ausflüge durch Nazareths Umgebung über den Weg. Genauer gesagt, lief ich ihm geradewegs *in* den Fluß hinein. (*Übers* Wasser zu laufen, wollte ich später einmal ausprobieren; so etwas jetzt schon zu machen, wäre ja Perlen vor die Säue (welche als unreine Paarzeher galten) zu werfen gewesen.) Ich dachte aber so bei mir: "Wenn der Typ so raus ist, alles und jeden zu GOTTes Kind zu machen, dann schade ich ja niemandem, wenn ich auch davon provitiere." ("Provitieren" kommt, glaube ich, von "Provit", was wiederum von "Profi" abgeleitet wird; mit dieser Sorte von Etymologie kenne ich mich nicht ganz so 100%ig aus ... es könnte sich aber auch um ein Wortspiel mit dem Begriff "Prophet" handeln - in diesem Fall hätte ich also von Johnnys Taufsucht "prophetiert".)
Also wurde ich jetzt ganz offiziell zu "GOTTes Sohn."
Johannes war gut; richtig gut! Was besseres als er hätte mir nicht passieren können.
Ich schildere die Taufszene mal aus meiner rein subjektiven Sicht:
Der Mensch da taufte also jeden. "Bingo", dachte ich so bei mir, während ich in die Kloake (damals noch landläufig als "Fluß" bezeichnet) stieg. Ich machte meine Augen zu (machten ja alle - was Wunder bei dem Wasser) und dachte weiter an nichts Böses, außer daran, kein Wasser zu schlucken. Plötzlich flippte Johannes total aus (wahrscheinlich kriegte er gerade einen Eiweißflash; ausschließlich Heuschrecken zu knabbern kann der Gesundheit einfach nicht zuträglich sein) und rief der staunenden Menge zu: "Ich sehe eine weiße Taube ("Schwäne" kannte er wohl nicht), die sich auf dem Kopf dieses Jünglings darniederläßt." Spätestens seit diesem Augenblick waren mir Tauben ein wenig suspekt, aber Schwamm (oder *Schwan* - haha) drüber.
"Gepriesen sei der HERR! Ruft: "Halleluja!", wenn auch ihr den HERRn preisen und ihm nachfolgen wollt!" "Begeisterung" ist ein zu harmloses, sprich: "unschuldiges" Wort, um die Reaktion der Massen beschreiben zu wollen. Sie wälzten sich im Staub (wohl um sich hinterher noch mal taufen zu lassen) und kreischten ihr "Halleluja, gepriesen sei der HERR", in die ruhige Landschaft, als gelte es, den lieben GOTT auf die Erde zu holen.
Bevor ich Johannes noch fragen konnte, welcher *Teufel* ihn gerade ritt, blubberte er mich in dem Brackwasser unter. Ich war vollauf damit beschäftigt, nichts von der Drecksjüche zu schlucken und bekam so natürlich auch nichts vom frenetischen Jubel der Leute mit.
Ich wurde wieder "aufgetauft", und, nachdem ich den brackigen Geschmack im Mund und das Wasser aus den Ohren losgeworden war, vernahm ich weiterhin der Menschen Gekreisch: "HERR, wie unendlich bist DU in DEINER unendlichen Gnade, daß DU uns endlich DEINEN unendlich liebenswerten Sohn geschickt hast, auf daß die Tyrannei der römischen Besatzer endlich ein Ende finden möge!"
Ob die Umstehenden auch die Taube sahen, ist für mich bis heute unter der Rubrik "Mysterien meiner Existenz" abgelegt, also praktisch so was wie ein Buch mit sieben Siegeln.
Aber ich war jetzt nicht nur ein Stückchen meiner Vorhaut los, sondern außerdem offiziell zum "Sohn GOTTes" erklärt worden. Wüßte ich es nicht besser, würde ich sagen, ich fing damals schon ein bißchen damit an, mich für wen Besonderen zu halten.
Wie dem auch war; ich trocknete mich in der lieben, guten, warmen Sonne, die GOTTDERALLMÄCHTIGE jeden Tag wieder auf uns hernieder scheinen ließ. Danach hatte ich Hunger

und ging heim. Das war nämlich ein ganz schön aufregender Tag gewesen ....

Fünftes Kapitel

Lies: Lukas 3,23 bis 38
Wer *das* glaubt, glaubt mehr als ich; also auch den Rest dieses Buches, denn das ist doch noch abenteuerlicher als die Geschichte von meiner Zeugung!

Sechstes Kapitel

Jesus aber, voll des heiligen Geistes, kam wieder von dem Jordan und ward vom Geist in die Wüste geführt und ward vierzig Tage lang vom **Teufel** versucht. Und er aß nichts in diesen Tagen, und da sie ein Ende hatten, hungerte ihn.

Lukas 4,1&2

Na, das kannste aber tippen, alter Leser, ey!
Natürlich hatte sich meine Taufe in Windeseile rumgesprochen und die damit zusammenhängenden wundersamen Ereignisse machten noch schneller die Runde durchs Dorf.
Ich sah mich also genötigt, Johannes noch einmal aufzusuchen, denn meine Ma(ria) und der Zimmermann hatten sich schon wieder in den Plünnen. Deshalb gab es auch nichts Gekochtes oder Gebratenes oder Geopfertes. War also nichts mit "zu Hause Hüngerchen stillen". Stattdessen tauchte ich mitten in der Nacht bei meinem neu gewonnenen Kumpel auf, um ihn zu einem "Taufgelage" einzuladen. Schon damals waren nach Taufen GÖTTliche Zechgelage angesagt, ich hatte es bloß kurz mal ein Stückchen weit vergessen. Recht schnell überzeugte ich Johnny davon, daß Wein wesentlich wohlschmeckender und auch angenehmer berauschend sei, als Heuschrecken en masse.
Also machten wir uns hinweg und stürmten, ohne jede Vorwarnung die nächste Pinte, um das eine und andere Amphörchen zu leeren. John hatte sich noch ein gutes Dutzend harmloser Krabbeltierchen als Wegzehrung eingesteckt, aber nachdem ich ihm ein gutes Stückchen Opferlamm versprochen hatte, entließ er die armen Kreaturen wieder in die Freiheit, ohne daß diese wußten, welch grausamem Schicksal sie entgangen waren.
Im "Lustigen Pharisäer", der einzigen Kneipe in ganz Nazareth, gab es alles, was zur Zeit des römischen Imperiums an physischem Gaudium angesagt war: Wein, Weib, Gesang, Brot und Spiele, hier und da auch mal eine kleine Ausgeißelung, etc.
Die ersten paar Weinschläuche leerten Johannes und ich schneller, als daß der Wirt neue hätte anbringen können. Wasser stand pauschal auf den Tischen. Wenn man nur aus Wasser hätte Wein machen können ... ich hätte den ganzen Jordan molekularisch umstrukturiert, auch auf die Gefahr hin, in GOTTes biologisches Gleichgewicht einzugreifen; denn wie es schon geschrieben stand: Wasser gab´s damals wie Sand inner Wüste. (Später wollte ich, so trug ich mir

ergänzend in mein Terminkalenderchen ein, nicht nur mal über das Wasser und über den Jordan gehen, sondern unbedingt aus H2O Wein machen ... oder aus Dreck Grillgut ... oder aus Steinen Brot ....)

Auf jeden Fall hatten John und ich einen Haufen Spaß dabei, den Wirt wie eine Tanzmaus zwischen dem Tresen und unserem Tisch kursieren zu lassen. Dabei sollte er die Neuigkeiten bezüglich meiner Taufe in seinem Bistro ganz frisch aufgebrüht verbreiten.

Nach jedem Schläuchlein zerrte sich Johnny wieder mannigfaltige Leckereien des soeben geopferten Lammes rein, wobei er es allerdings nicht versäumte, mich bei meinen Verhandlungsgesprächen mit den weiblichen Professionellen zu unterstützen. John (angestachelt durch seinen extremen Eiweißgehalt im Blut) brauchte denn auch nicht allzu lange, um eine der Damen zu einer "Erbguttaufe" im Wüstensand zu überreden. Der Alkohol unterstützte natürlich seine Einfleischungsbereitschaft. (Hätte ich einen morbiden Humor gehabt, würde ich jetzt gesagt haben, daß ihn der Alk irgendwie letztendlich ein bißchen kopflos machte. Aber über einen solchen Humor verfügte ich nicht, außerdem würde ich sonst noch geschehende Ereignisse vorwegnehmen. (Also gut, ich laß mich mal breitschlagen: das Johnny eine der Bräute mit stockbesoffenem Schädel abschleppte, erwies sich später als folgenschwerer Fehler. Die Hure arbeitete nämlich auch beim König als Hofprostituierte. Sie "steckte" dann auch einer der königlichen Wachen Johannes´ Versteck.) Im Grunde verlor der Gute also nur wegen der durch Alkohol und Eiweiß ausgelösten fleischlichen Gelüste seinen Kopf ... dumm gelaufen!)

Ich hingegen zechte fröhlich weiter. Kurz bevor der Arzt (oder von mir aus auch "der Wunderheiler") kam, machte ich mich zu fortgeschrittener Stunde auf den Heimweg; immerhin hatte ich (zu dieser Zeit noch) eine Lehre beim Zimmermann zu bewerkstelligen, und sollte deswegen morgen früh pünktlich in der Werkstatt erscheinen. Ich sollte lernen, wie man Kreuze zusammenbaut, deren einzelne Bestandteile dieser Sadist vorher extra rau gehobelt hatte; na, da hatte ich aber eine Lust drauf ....

Vielleicht führten mich deshalb die Wege des HERRn, die ja schon alttestamentarisch (AT - technisch) unergründlich waren, mit meinen Füßen (dem stehenden Singular derselben meinetwegen auch) auf andere Pfade ....

Ihr müßt Euch meinen Schock vorstellen: als ich am nächsten Morgen erwachte, nahm ich zuerst an, im Wald zu stehen, jedoch belehrte mich eine eingehendere Untersuchung meiner unmittelbaren Umgebung eines Besseren: ich hatte wirklich *animal*ischen Brand, sah meilenweit nur Staub und Sand! (Schon wieder ein Reim; GOTT, ich bin schon so einer ....)

Da die Sonne schon hoch am Himmel stand (in dem auch der HERR wohnt), schloß ich messerstschärfstens daraus, den offiziellen Arbeitsbeginn bereits verschlafen zu haben.

Also muß ich mich wohl (wieder mal) ohne "Gelben Schein" krank melden, dachte ich so bei mir, und beschloß, mich erst einmal vornehmlich um das Finden des Heimweges zu kümmern ... hätte ich doch aus Steinen Brot machen können, dann hätte ich am Abend zuvor eine ganze Eselskarrenbahn aus Brotkrümeln hergestellt, bloß um jetzt so schnell wie möglich nach Hause zu finden! Aber eben dieses zu tun war leichter gesagt als getan.

Immerhin hatte ich noch einen ganz schönen Schädel mit mir rumzutragen. So war es auch kein Wunder (wahrlich, ich sage Euch: "*Kein* Wunder!"), daß ich mich immer tiefer in die Wüste hinein verirrte.

Die Tage und Nächte kamen und gingen, ohne daß ich auch nur die Andeutung einer menschli-

23

chen Behausung fand. Später wurde mir gesagt, ich sei vierzig Tage auf Tour gewesen; GOTTseidank war ich nicht verheiratet, denn ich hätte einer Frau niemals glaubwürdig erzählen können, was mir in dieser Zeit so alles passiert war (und das trotz meiner brillanten rhetorischen Fähigkeiten!).

In meiner Kindheit hatte ich ja GOTTseidank die Bücher des jüdischen Äquivalents zu Karl May geradezu verschlungen. So wußte ich mir in dieser, für mein Leben durchaus bedrohlichen Situation natürlich auch zu helfen: ich entwickelte mich stante pede zum Kakteenvampir und lutschte den organischen Wasserspeichern den Saft aus den Getrieben. Das schmeckte zwar noch viel schlimmer als "Jordan", aber bei GOTT, was will Mann machen ... wahrlich! Bei Johnboy (GOTT hab ihn selig) hatte ich ja mitbekommen, daß Heuschrecken zwar nicht besonders schmackhaft (wenn auch knusprig) waren, nichtsdestotrotzdem aber einen nicht unerheblichen Nährwert besaßen. Also klaubte ich mir im Vorüberschlendern hier und da eine auf und aß sie. (Mit aus geschmackstechnischen Gründen zugehaltener Nase.)

Da ich das noch niiiiie (obacht: Ich benutze absichtlich fünf "i", was zwar nicht meiner Glückszahl, dafür aber genau der Anzahl der *geschriebenen* Evangelien entspricht; aber dazu zu gegebener Stunde!) jemandem erzählt habe, hält sich bis heute hartnäckig das Gerücht, ich wäre fastend in der Wüste unterwegs gewesen. Alles Homburg (bzw. Humbug)!

Dummerweise waren das aber nicht die einzigen Komplikationen mit denen ich mich auf meiner Odyssee herumzuprügeln hatte: Halluzinationen, im Volksmund auch scherzhaft als "FATA Morganen" bezeichnet, suchten mich immer wieder heim und raubten mir Verstand und Sinne: so sah ich mich mannigfaltigen Grünlandschaften gegenübergestellt, ich glaube, selbst Jerusalem war irgendwann auch dabei, und nicht selten wünschte ich mir, diese Städte sollten doch mir gehören, auf daß ich endlich was zu essen oder trinken bekäme.

Ich sah Jerusalem aus der Vogelperspektive (was mich etwas schwindeln machte – der Höhe wegen, wißt Ihr): das war vielleicht niedlich! Die Menschen sahen alle wie Ameisen aus. Ameisen hätte ich Heuschrecken gegenüber bestimmt vorgezogen - einfach mal was Neues.

Schließlich war mein Körper so ausgemergelt, daß mir selbst ein Stein wie ein Laib lecker Fladen (von Brot, nicht von Kuh!) vorkam ... aber reingebissen oder so etwas auch nur laut gedacht habe ich nie ... ich war zwar hungrig und durstig, aber nicht meschugge! Zum Glück war ich ja nun doch ein bemerkenswert zähes Kerlchen. Ich biß die Zähne (ob mit oder ohne Heuschreck dazwischen) zusammen und wanderte "auf *Teufel* komm raus" weiterhin strammen Schrittes unter sengender Sonne weiter durch die Einöde. Manchmal war ich sogar der Meinung, der *Leibhaftige* erschiene mir. Aber mit ein paar flott heruntergezitierten Bibelsprüchen wurde ich auch dieser vertrackten Situationen HERR. (Der jüdische "Karl May" erwies sich als denkbar ungeeignete Zitatensammlung; schade eigentlich.)

Irgend- aber fragt mich nicht "Wie?" (haha), fand ich dann doch den Weg nach Hause.

Ria - meine Ma - erkannte mich zuerst nicht wieder (ich hatte in dieser Zeit stark pubertiert), glaubte sie, mich doch bereits seit mehreren Wochen getrost im Reich der Toten wähnen zu dürfen. Zugegeben: ich sah auch wie der Tod auf Latschen aus. Zuerst nahm sie an, ich sei von den Toten auferstanden, um ihr noch einmal kurz zu erscheinen und ihr wichtige Instruktionen für ihr weiteres Leben zu geben. Der Zimmermann erwies sich als Pragmatiker (Männer!). Anstatt mich sofort anzuschnauzen, wo ich denn gewesen sei; er und meine Mutter hätten sich ja so waaaaahnsinnig um mich gesorgt; er würde mir die unentschuldigte Fehlzeit sofort von

der Ausbildungsvergütung abziehen; undsoweiter-undsoweiter, nahm er mich fest in seine Arme und schluchzte mir einen vor, wie glücklich er doch sei, den verlorenen Sohn wieder zu Hause zu haben. Ria und meinen Geschwistern trug er auf, mir neue Klamotten zu besorgen, denn ich sähe ja "wie ein Samariter" aus.
Außerdem sollten sie gefälligst in die Hufe kommen und beim Metzger um die Ecke ein frisches Opferlamm kaufen und,"... ach ja, bevor ich´s vergesse ...", wenn sie schon dabei seien, sollten sie auch gleich noch ein paar Schläuchlein "Winzers Bester" mitbringen. (Damals konnte sich kaum ein Nullachtfuffzehnsterblicher "Gaudium Caesaris" leisten – das war ein *höllisch* guter, aber leiderGOTTes auch *teuflisch* kostspieliger Tropfen.) Maria betrachtete ihn in diesem gütigen Augenblick, als sei ihr gerade der heilige Geist erschienen.
Frisch geduscht, neu eingekleidet, sattgespiesen und mit einem ziemlichen Schwips im Schädel, berichtete ich dann der versammelten Familie, was ich so alles erlebt hatte.
Muttchen glaubte - klar wie die von ihr zubereitete Kloßbrühe - alles was ich zum Besten gab. Der Zimmermann hielt die Schote für das, was sie war: ein Hirngespinst. Bei meinen Geschwistern aber war ich völlig unten durch. Erstens waren sie neidisch; ihretwegen war noch nie ein Faß aufgemacht worden, und zweitens hielten sie mich jetzt mehr als zuvor für ein verzogenes Muttersöhnchen, das ich ja wahrscheinlich auch war. Aber immerhin waren die beiden Erwachsenen glücklich und freuten sich. Ich war also wieder einmal mit einer unglaublichen Geschichte durchgekommen. Das, finde ich, hatte ich doch fein hingekriegt. (Ich eben: der BeHERRscher des Ausformulierten!)
Ich ahnte zu diesem Zeitpunkt noch nicht, wie nachhaltig mich dieses Erlebnis geprägt hatte. Aber ich konnte eben nicht hellsehen, gell?!

Siebentes Kapitel

Nachdem aber Johannes gefangen gelegt war, kam Jesus nach Galiläa und predigte dort das Evangelium GOTTes.

Markus 1,14

Hatte ich eigentlich schon mal erwähnt, daß ich nicht nur der Meister des gesprochenen Wortes, sondern auch gleich dem HERRn der Wahrheit war? Falls nicht, wird es jetzt allerhöchste Zeit, genau das nachzuholen: (meistens) bin ich wirklich ein Wahrheitsfanatiker. Wenn mir nicht gerade ein bißchen schwindelig zumute ist, flunkere ich auch nicht rum. In diesem speziellen Fall aber *muß* ich Euch die Wahrheit sagen, ob ich will oder nicht. Wißt Ihr, es war nämlich so:
Nachdem Johannes eingekerkert worden war, zog ich tatsächlich durch die Gegend und predigte munter in den himmelblauen Tag hinein; was hätte ich auch sonst schon großartig machen können?
Die Arbeit beim Zimmermann wurde immer beschissener: ständig hatte ich Holzsplitter in den Fingern (und das bei meiner Allergie!), das Rumgemecker ob meiner Arbeitsmoral wurde auch immer schlimmer; kurz und gut: mein Leben war zu diesem Zeitpunkt echt kein Nektarschlek

ken. Hinzu kam noch, daß die Wüstensonne mein Gehirn ein bißchen ausgedörrt hatte, denn ich verspürte den unwiderstehlichen Drang, meine Ansichten über den Sinn des Lebens unters Volk zu bringen. Allerdings wollte ich mir zuvor eine kleine "Laibwache" zulegen, anstatt es so wie der alte Heuschreckenbräter zu halten, der ja vor lauter vorbeiströmenden Gesindel gar nicht mehr genau zwischen Freund und Feind zu differenzieren wußte. Und da ich, wie ja schon erwähnt, meine Freizeit doch vornehmlich in Nazareths Umgebung verbracht hatte, wußte ich natürlich auch, wo ich meine Pappenheimer suchen mußte. Wer bei uns im Dorf nicht Schreiner, Tagelöhner oder Hobbyprophet geworden war, hatte sich für den Beruf des Fischers entschieden. Und das war nun wahrlich ein undankbarer Job! Ich flanierte scheinbar ziellos am Seeufer entlang, aber der "Menschenfischer" in mir war hellwach. Ich spruch fast jeden an, ob er nicht "die Berufung" in sich fühle, mit mir und ein paar anderen coolen Jungs durch die Weltgeschichte zu tingeltangeln, ein paar Bräute aufzureißen, trotzdem aber ungebunden zu bleiben und sich jeden Abend das Megabrett (und das trotz meiner Holzallergie – autsche!) zu geben. Außerdem könnten sie dann statt Fischen lieber Menschen fangen. Das klang zwar fast wie "Römer vs Juden" beim guten "Rabbi Schalmei", war aber in den meisten (allen) Fällen doch ein Schlag ins Wasser.
Da ich gerade so schön beim "die reine Wahrheit und nichts als die Wahrheit" erzählen bin, sei noch folgendes angemerkt:
Zu dieser Zeit war Johannes noch lange nicht im Knast!
Keiner von uns beiden hatte auch nur die geringste Ahnung, was ihm für ein Schicksal bevorstand! Denn meine ersten Jünger sollte ich ihm ja "ausspannen". Und das kam so:

Achtes Kapitel

Und er ging auf einen Berg und er rief zu sich, welche er wollte, und die gingen hin zu ihm. Und er ordnete zwölf, das sie bei ihm sein sollten und das er sie aussendete, zu predigen ...
Markus 3,13&14

Eins muß ich gleich zu Beginn dieses Kapitels klarstellen: der gute Markus hatte - trotz seines organisatorischen Talents (auf das ich aber auch später ausführlich zu schreiben komme) - wie auch seine Kollegen - ein ernstes Problem damit, die Realität so darzustellen, wie sie wa(h)r (ich nun wieder). Ich meine, es wird jedem aufmerksamen und fleißigen Bibelleser nicht entgangen sein, daß die Jungs dazu neigten, die Tatsachen ganz nach ihrem Gutdünken zu verdrehen ... Also *ich* würde so was niiiiie machen! (Fünf "i" – you know?!)
Ich hatte ja nach der Bergpredigt (von der ich Euch bevor der Hahn dreimal kräht - also im nächsten Kapitel - berichten will) ein paar hundert Jünger zusammen. Ich mußte aber nach dem vorangegangenen Predigtmarathon nun wieder ein paar loswerden, um ihre Anzahl für meine Zwecke zu optimieren. (Glückszahltechnisch betrachtet.)
Außerdem heißt die "Bergpredigt" so, weil ich sie von einem Berg herabhielt; ich brauchte also nicht mehr auf eben jenen hinaufzusteigen ....
Nachdem das geklärt wäre, will ich Euch, der Vollständigkeit halber, die lustigsten Schoten in

punkto Jüngerberufung innerhalb eines einzigen Kapitels erzählen.
Nach meinem wüsten Trip (oder auch "Wüstentrip", GOTTchen, was für eine Wortgewandtheit) trieb ich mich also wieder mal in Nazareths Umgebung rum. Natürlich schaute ich auch bei Johannes vorbei, der sich zu meiner großen Überraschung mittlerweile selbst ein paar Jünger zugelegt hatte. (Jünger war damals auch nicht gerade einer der schlechtesten Berufe, sofern man keine Lust hatte, einer geregelten Arbeit nachzugehen.) Mit zweien seiner Anhänger überraschte ich ihn beim Mittagessen. Heute gab es bei ihnen "Heuschrecken am Spieß, israelische Art" (was soviel wie "roh am Stecken" bedeutet). Johannes, der gerade sein x-tes Krabbeltierchen vom Ast lutschte, sah mich schon von weitem und begann aufgeregt, seinen Leuten in die Seite zu stoßen:
"Mmmmph, daff ...", hustete er die letzten Beinchen herunterwürgend,"... daff ift daf Lamm GOTTef".
Seine Jünger blickten verwirrt auf ihre Grashüpferstäbchen, denn dieser Tauffanatiker hatte es in seinem Eiweißkoller versäumt, auf mich, oder wenigstens grob in meine Richtung zu zeigen.
"Häh?"
Johannes hatte sich vor lauter Aufregung verschluckt. Ich, inzwischen bei dem illustren Grüppchen angelangt, schlug ihm herzhaft ins Kreuz (autsch!) (was damals eine völlig unbekannte Therapie gegen das Verschlucken war), auf daß er den letzten Rest vom Heuschreck ausspein sollte. Zu meiner eigenen und auch der Überraschung aller Anwesenden, funktionierte diese Methode vorzüglich. Seine Freunde gafften mich an, als wäre ich just vom Himmel gefallen.
"Das, ...", hob Johannes nach ausführlichem Abhusten an (ich beschloß in diesem Moment, später irgendwann mal ein paar Worte zum Thema "Rauchen und Verschlucken" zu verlieren), "... meine lieben Freunde und Kupferstecher, ist GOTTes Lamm. In echt und ehrlich!" Zu mir gewandt fügte er hinzu: "Ich weiß zwar nicht genau wie du mich vor dem Erstickungstod bewahrt hast, aber trotzdem danke. Ich war wohl ein bißchen zu gierig beim Essen."
"Nichts für ungut ...", erwiderte ich leger und schlenderte weiter meines Weges; auf ausführlichere Konversation verspürte ich nicht die geringste Lust.
Ohne von mir behaupten zu können, an Verfolgungswahn gelitten zu haben, beschlich mich nach kurzer Zeit das ungute Gefühl, verfolgt zu werden.
Abrupt blieb ich stehen und wandte mich um. Und siehe da:, Die beiden Spezis die eben noch so "jüngerlich" diniert hatten, waren mir auf den Fersen. (Hätte ich es nicht besser gewußt, wäre ich wahrscheinlich auf die Idee gekommen, hellsehen zu können.) Noch bevor ich sie nach ihrem Begehr fragen konnte, sagten sie einfach "Rabbi" zu mir, was soviel heißt wie "Meister", aber von der ursprünglichen Bedeutung her nicht mehr meint als "Alter Nazarener" - zumindest rein etymologisch betrachtet ....
"Was du da eben an Johannes getan hast grenzt schwer an ein Wunder. Laß uns doch bitte dir nachfolgen." Ich ließ mich, da mir auf die Dauer allein doch etwas langweilig war, von den beiden breitschlagen. Zu drei Mann hoch marschierten wir weiter.
Wir plauschten so über das tägliche Einerlei, wie zum Beispiel das Wetter oder die bevorstehende Steuererhöhung, kurz, über GOTT und die Welt. Sie erzählten, nachdem wir uns besser kennengelernt hatten, auch von ihren Verwandten und Bekannten. Relativ flott fiel mir auf, daß die beiden den Grips nicht gerade mit SCHÖPF(ER)löffeln (hach, bin ich gut aufgelegt!) sich einverleibt hatten. Wenn Dummheit also genetisch bedingt wäre, könnten ihre Verwandten ja

ähnlich naiv sein ... Bei ihren Freunden war ich mir diesbezüglich absolut sicher. Also riet ich beiden, ihren Leutchen doch mal von mir zu erzählen, was sie auch von HERRzen gern taten. (Ich, ne, also ehrlich!)
Tja, so kam ich zu meinen ersten beiden Jüngern und sandte sie auch sofort wieder aus. Leider habe ich nie erfahren, ob Johannes wegen dieser Ausspannerei sauer oder so was auf mich war. Schade eigentlich, but *I* never felt sorry ....
Am nächsten Tag schleppte Andiboy doch tatsächlich seinen Bruder Simon mit an; der war an Einfältigkeit nun wirklich nur schwerlich zu übertreffen! Um sein deswegen angeknacktes Ego etwas aufzupeppen, benannte ich ihn kurzerhand in Kephas um, was soviel wie "Fels" heißt, um. Inspiriert zu diesem Namen wurde ich durch seine massive, allerdings wenig bewachsene Gestalt – falls Ihr wißt, was ich meine. Somit hatte ich einen Jünger mehr; wenn das so weiter ging, hatte ich bald meine "Zwölf Jünger" beisammen. (Auf zwölf wollte ich unbedingt kommen, denn dann wären wir zusammen ja 13 gewesen, was, wie durch ein Wunder, haargenau meiner persönlichen Glückszahl entsprochen hätte.) Schauten wir mal ....
"So, meine lieben Jünger ...", sagte ich, "... es wird Zeit, daß wir in Galiläa und Umgebung mal anfangen, ein bißchen auf die Kacke zu hauen, bevor wir in sie treten, *nachdem* wir sie zuvor zum Dampfen brachten ... da gibt´s ...", fügte ich nach erneutem kurzen Überlegen hinzu, "... auch den einen oder anderen rattenscharfen Puff ... hab ich gehört ..." Na, da hättet Ihr meine Jünger mal sehen sollen! Im Laufschritt, Marsch, Marsch auf die nächste Stadt zu. Kopflos wie frisch enthauptete Hühner (gegen die ich – weil ja Vögel – nichts hatte), aber folgsam wie die Lemminge: eine bis jetzt für meine Zwecke perfekt geeignete Gefolgschaft ... wenn man *so* will. Nachdem ich sie reorientiert hatte, ging´s los; nur hatten sie völlig differente Ansichten, was meine Vorstellung von der Formation "Gänsemarsch" anbelangte. (Hühner, vor allem kopflose, verstehen halt nichts von Gänsen – die mir natürlich, weil Piepmätze, ebenfalls sehr sympathisch waren.)
Und so ging es ab in die Richtung, in der ich die nächstgelegene Stadt vermutete: meine Jünger hatten einen solchen Affenzahn drauf, daß ich unmöglich Schritt halten konnte. Alle paar hundert Meter kamen sie deswegen wieder zu mir zurückgelaufen. Und als ob ich hellsehen könnte, fragten sie mit kindischer Impertinenz: "Meister, sind wir bald da?" Nach zwei Stunden kroch ich nervlich auf dem Zahnfleisch. Somit war reisen mit den Jüngern, wie Ihr Euch sicherlich vorstellen könnt, gewiß kein Vergnügen, geschweige denn ein Spaziergang. - Mei, gingen die mir auf die Osterutensilien! So ging das den ganzen Weg: "Meister, sind wir schon daha?", "Meister, kannst du uns nicht mal bloß so zum Zeitvertreib weissagen, ob wir bald da sind?", "Herr, willst du mal aus meinen Handlinien lesen, wie weit es noch ist?", "Herr, ich hab da vorne einen Baum gesehen, der hatte genau dreihundertzweiundneunzig Blätter; sind das noch so viele Schritte?" Ich fragte mich, woher sie Kondition und Zeit nahmen, unterwegs auch noch Blätter zu zählen. Gerade war Kebap (diesen Namen hatte ich aus lauter Angenervtsein inzwischen Kephas gegeben) wieder an der Reihe, mit puterrotem Kopf auf mich zugerannt zu kommen: "Meister ...", keuchte er, schwer um Odem ringend, "... da vorne am Wegesrand lungert Phillippus rum. Wir haben ihm von unserem Vorhaben erzählt und er würde, wenn er dürfte, gern mitkommen. Darf er, Jesus? Ooooch, bittebittebitte, ja?"
Ich war diesem kindlichen Charme gegenüber hilflos: "Ist doch ein freies Land - mal abgesehen von der römischen Besatzung - klar, von mir aus ... warum nicht?!"

Zum Glück war Phillippus nicht ganz so notgeil wie der Rest der Bande. Er lief, gemütlich mal ein Steinchen an den Straßenrand kickend, neben mir her, und pflegte Konversation mit seinem neuen Chef. Zu Philip gewand sagte ich: "Du, Philip, ich freu mich total." Und Phil erwiderte: "Du, das find ich brutal stark von dir, daß du das jetzt so offen und angstfrei gesagt hast." Er war allem Anschein nach halt lieb und sehr unkompliziert gestrickt. So konnte er auch nicht ahnen, wie sehr mich der Anblick des *Straßen*randes euphorisierte: wir mußten uns, wenn ich mich ausschließlich an der Wegbreite orientierte, dem nächsten größeren Ort nähern.

Nach einigem Plaudern erzählte mir Phil schließlich von seinem Kumpel Nathanael (der von seinen weniger brutal guten Freunden auch "Thaddäus" gerufen würde) der echt voll der gute Mensch sei, irgendwie total wertvoll und knuffig und so und der noch nie was Böses getan hätte, nee echt jetzt. "Der hätte bestimmt auch ´ne unheimliche Lust mitzukommen." Da es kaum noch schlimmer werden konnte, willigte ich ein.

(Ihre Unselbstständigkeit, ihre Unfähigkeit, selbst Entscheidungen zu treffen, fing mich zu interessieren an; außerdem war es das Beste, was mir hätte passieren können: niemand würde eigenmächtig handeln und mir hinterher die Schuld in die Schuhe (oder besser: in die Sandalen) schieben.)

"Gehe also hin zu dem, den *du* Nathanael nennst und richte ihm folgendes aus: "Höre, denn mein Rabbi und alter Nazarener spricht: "Olé, wir gehn ins Puff nach Galiläa." Alles klar?"

Und schwupps --- ward Philip in einer Riesenstaubwolke vor meinen Augen hinweggenommen. Ich überlegte mir eine passende Begrüßung für Thaddäus - der noch nicht zu meinen guten Freunden zählte - denn schließlich hing es von ihr ab, ob auch er mir nachfolgen würde, bzw. mit den anderen vorausliefe, um allen Menschen zu erzählen, wie toll ich doch sei. Um die, für diese Überlegungen unerläßliche Ruhe zu haben, ließ ich die anderen "Wer zuerst eine Stadt sieht, darf sich was wünschen" spielen. (Wünschen durften sie solange sie wollten, ob sie´s schließlich auch kriegten, war eine andere Frage ... haha, ich lach mich tot!)

Die Dinge, die ich über Thaddimaus wußte, waren recht spärliche: er lag fast den lieben langen Tag unter einem Baum rum (vermutlich einem Feigenbaum, denn die Vegetation war in unseren Breitengraden weder besonders üppig, noch auffallend mannigfaltig), außerdem tat er nichts Böses. (Wer schläft, sündigt bekanntlich HERRzlich wenig. – Da leck mich doch einer ....) Ferner war er Phils "brutal wertvoller Freund". Das waren recht dürftige Informationen, aber mit einem bißchen an rhetorischem Geschick, würde ich ihn schon um den kleinen Finger wickeln ... naiv mußte er ja sein, denn unter Bäumen schlafend sieht man nicht viel von der Welt. ("Metropole" konnte dieser *unter* einem Baum lebende Vogel vermutlich nicht einmal aussprechen ...) Auch dürfte ihn das ewige Relaxen ziemlich schwach gehalten haben, denn ich konnte nicht davon ausgehen, daß Thaddi dort tagtäglich sein Fitnessprogramm zur körperlichen Ertüchtigung absolvierte.

Gerade, als mich die Jünger (denen mein selbstausgedachtes Spiel zu langweilig wurde) wieder einmal nerven wollten, tauchte auch Phil mit "Nathanael" an seiner Seite auf ... Dieser "Mann" war nicht einmal das optische Äquivalent eines Hemdes, er war ein absoluter Schwachmat! Er erweckte den Anschein, daß der leichteste Lufthauch ihn hinweg zu heben vermochte!

"Tachdäus, äh - ich meine natürlich Tach, Thaddäus ...", begrüßte ich ihn," ... du hast doch sicher nichts dagegen, wenn ich dich der Einfachheit halber Nathanael nenne? Nicht? Oh Cherubi - man! Natürlich hast du nichts dagegen, denn du bist ja einer, der nie was Böses tut

(was mich bei deinem Körperbau nicht wundert - vermutlich fehlen dir *jegliche* Energien - somit auch die kriminellen); und sich gegen meine Person aufzulehnen wäre schon ganz schön böse. Is´ doch schön, daß wir mal ganz offen darüber reden konnten."
Nathan war im Gegensatz zu den anderen ein recht ausgeschlafener Bursche (was Wunder, bei seinem "Hobby") wenn auch ein etwas schmächtigerer.
Anstatt seinem Freund einfach zu glauben das ich supertoll sei und das als Tatsache zu akzeptieren, stellte mir der Knilch doch einfach eine Frage:
"Woher kennst du mich, Rabbi?" GOTTimhimmelseigepriesen war ich auf diese Eventualität vorbereitet: "Ich kannte dich schon, bevor dich Philip unter dem Feigenbaum wegholte, unter dem du lagst."
Das saß! Nathan (anscheinend wohl doch eine weitere Ausgeburt an fleischgewordener Naivität) war hin und weg. "Übrigens, meine Lieben ...", beantwortete ich die noch ungestellte Frage meiner Jünger, "... sind wir in zehn Minuten da", was eine doppelte Euphorie auslöste: jetzt waren alle davon überzeugt, ich könne hellsehen, außerdem war der Weg ins "gelobte Land" nicht mehr weit. Das war es zumindest, was ich sie glauben machen wollte, denn ich hatte keine Ahnung davon, wie lange "Zehn Minuten" eigentlich sind. (Wollte ich Prophet oder Zeitansager werden? Also!)
Meine Jünger liefen jetzt rückwärts vor mir her und waren vor Ehrfurcht völlig baff.
"Er kann Gedanken lesen", hörte ich sie tuscheln.
Das Glück war mir hold: in der Ferne tauchten die Stadtmauern von "Irgendwo" auf. Da meine Schäfchen noch immer rückwärts liefen, konnte ich mir den Spaß nicht verkneifen:
ich blieb stehen, schloß die Augen, faßte mir mit Daumen und Zeigefinger an die Augenlider und sagte (daß ganze mit theatralischer Geste unterstreichend): "Ich kann die Mauern jener Stadt sehen, in die uns der HERR senden will". Jetzt drehten sich alle um, konnten aber dennoch nichts erkennen. Tja, ein Hellseher war ich mit Sicherheit nicht, dafür aber ganz schön weitsichtig. Sollte ich jemals älter als 50 Jahre werden, würde ich ganz schöne Probleme mit der Optik bekommen. Augenärzte gab es damals noch nicht und ich hatte keine Lust darauf, daß mir meine Augen einmal Ärgernis bereiten sollten ... also durfte ich *niemals* 50 werden ....
Schließlich und endlich waren wir in der Stadt. Auf der Suche nach dem hiesigen Freudenhaus bummelten wir durch die Straßen, ohne jedoch das Objekt unserer Begierde ausfindig machen zu können. Als wären wir hinweg gehoben worden, standen wir plötzlich am Ufer eines Sees. Die Fischer hier sahen noch unzufriedener aus, als die bei mir zu Hause. Angeberei liegt mir ja nicht, aber bei dieser besonderen Geschichte der Jüngerberufung will ich mal eine Ausnahme machen. Viele Leute glauben nämlich (auch heute noch), es handele sich um eines meiner ersten Wunder, aber ich (Wahrheitsfanatiker, der ich bin) will Euch mal die Fakten reindrücken:
Den Fisch(erotter - ha, was für ein Wortgefühl!) in mir strich ich am Ufer des Sees entlang. Die Fischer hatten mega - unzufriedene Gesichter und flickten ihre Netze. (Das hätten sie wahrscheinlich schon vor den miserablen Fischzügen der letzten Nacht machen sollen, aber ich hielt ausnahmsweise mal mein vorlautes Mundwerk und dachte mir lieber meinen Teil.) Aus der Stadt waren mir, wie ich zu meinem Entzücken bemerkte, bereits die ersten Passanten nachgelaufen. Es waren zwar noch nicht so viele, wie später dann, aber ich quatschte trotzdem einen der Fischer an, er solle mich auf den See hinausrudern, damit diese Leute mich besser verstün-

den. Da der Vogel (den ich irgendwie (schon allein deshalb?) sympathisch fand) das sofort tat, hatte ich keinerlei Bedenken, ihn später auch zu meiner Crew zählen zu können. Aber erstmal mußte ich eine gelungene Predigt hinlegen ....

Ich predigte also das Blaue vom Himmel in den See hinunter. Als ich geendigt hatte, frug ich Petrus, so hieß mein Fährmann, warum er denn so mißmutig dreinblicke. "Ach Meister ...", entgegnete er, "... wir haben die Nacht durchmaloocht und nichts gefangen."
Kunststück, dachte ich, mit diesen zerfledderten Netzen! Im weiteren Gesprächsverlauf stellte sich heraus, daß er und seine Gesellen an einer, allem Augenschein nach, sehr seichten Stelle gefischt hatten, nur weil sie´s da noch nie probiert hatten. (Petrus war wohl ein kleiner Experimentierer vor dem HERRn!) Der erfahrene Zimmermann in mir wußte: an Stellen, an denen sich das Wasser an der Oberfläche ruhig verhält, ist das Gewässer mui tief. Ich wies auf eine dieser Stellen, und hieß Petrus, seine Netze dort auszuwerfen.
Geheißen, getan.
Die Netze rissen fast und die Kähne der Brüder buddelten beinahe ab, so viele Fische fingen sie. Die Begeisterung von Petrus und den seinen kannte kein Ende, weshalb ich ihr ein solches setzte, indem ich sie alle aufforderte, mir gefälligst zu *folgen*.
(Ich hoffte, wenigstens *sie* würden sich daran halten und nicht auch noch vor mir herlaufen.)
Später, ich hatte hier und da schon was gepredigt und auch etwas rumgewundert, mußte ich mir (da mir Kebap abhanden gekommen war) einen neuen Jünger berufen. An einer Zollstation begegnete ich dann Matthäus, einem Loser ohne Ende. Er hing den ganzen Tag am Zoll ab, nur um wenigstens ab und zu ein paar neue Gesichter zu sehen. Klar, daß auch er mir ohne Fragen zu stellen hinterher rannte (dazu aber später).
Nach einigen Wochen des Herumpredigens hatte ich solche Massen von Jüngern, daß das mit meiner persönlichen Glückszahl nicht mehr zu vereinbaren war. Daher kam mir die Situation nach der Bergpredigt gerade recht; jetzt konnte ich die Spreu vom Weizen trennen. Ich ließ alle, die mir folgen wollten, in Reih und Glied antreten. Nach der Sondierungsaktion waren die, die ich aussortiert hatte, von diesem Umstand nicht sonderlich begeistert, aber für sie hatte ich einen "Spezialauftrag". (Doch auch dazu später.)
Bei Judas´ Einstellung hatte ich ein ungutes Gefühl, aber er war der einzige, der mir nicht ständig in den Hintern kroch; irgendwie hatte ich deshalb einen **Narren** an ihm gefressen. So durfte auch er sich ab jenem Tag als Jünger bezeichnen. Ich weiß bis heute nicht, welcher **Leibhaftige** mich damals ritt ....
Schließlich und endlich hatte ich meine zwölf Jünger beisammen, und das war gut. Wir waren jetzt wieder dreizehn Personen, und da konnte doch im Grunde genommen gar nichts mehr schiefgehen. Oder?
P.S.: Judas schlug, kaum daß die Selektion abgeschlossen war, vor, wir sollten uns doch "Die wilde Dreizehn" nennen, was ihm allerdings Buhrufe seitens der restlichen Jünger und einen strafenden Blick von mir einbrachte.
Meine erste Aktion als Leader of the pack war, die "Jünger" weiterhin Jünger zu nennen, während die "Zwölf Jünger" mit sofortiger Wirkung in den Stand eines "Apostels" befördert wurden. Das hätte auch die Unterscheidung viel leichter gemacht, wenn ich mich daran gehalten hätte ....

Neuntes Kapitel

Da er aber das Volk sah, ging er auf einen Berg und setzte sich; und seine Jünger traten zu ihm.
Matthäus 5,1

Boa, ey. Angesichts dieser Volksmassen, die vorbeigeströmt gekommen waren, mußte ich mich tatsächlich erstmal auf meinen Vierbuchstaben niederlassen. Mit einem so unglaublichen Erfolg meiner Werbekampagne (bestehend aus predigen und rumwundern) hatte ich in meinen kühnsten Träumen nicht gerechnet! Hätte es Michael Jackson schon gegeben, wäre dieser nicht wegen seiner "Pigmentstörung", sondern vor Neid erblaßt. Solche Menschenansammlungen waren mir bis dato gänzlich unbekannt gewesen. Echt. Ganz in Wahrlichkeit. Fast hätte mir, dem Meister des gesprochenen Wortes, ebensolches gefehlt! Das wäre aber peinlich geworden - beim ZEUS! ... Oh, Entschuldigung - beim DAD!
Natürlich hatte ich kräftig die Werbetrommel gerührt, eine umfangreiche Werbeaktion durchgezogen, bevor ich mich auf den Berg begab: Ich war durch die Dörfer gelatscht, hatte ein paar "Kranke" geheilt, viel gepredigt und mir auf diese Art eine riesige Fangemeinde zugelegt. Und eben diese saß jetzt unter mir; Menschensohn sah den Berg vor Menschen nicht, die jetzt Wunder was erwarteten. Eine solche Chance, "Predischt en gros" (also, diese Zungen ...) halten zu können, durfte ich mir nicht entgehen lassen ....
(Von meiner Werbestrategie (Wunder etc.) werde ich später ausführlich berichten, alldiweil ich so was ganz gerne in einem Abwasch erledige. Das habe ich den Evangelisten voraus: klare Linie, feste Preise. Nur wenn ich es zur Rettung meiner selbst brauchte, redete ich entweder Erschwindeltes oder Kauderwelsches. Aber auch dazu später ... äh, wiederhole ich mich bisweilen und mitunter sogar überhaupt?)
Was ich aber jetzt vom Stapel (bzw. vom Berg – so viel Zeit mußte noch sein, sonst hätte ich ja gleich wieder aufhören können!) ließ, war an Langweiligkeit kaum zu übertreffen.
Ihr wißt ja, daß alle Theorie grau ist ....

Neuna - Seligpreisungen

Um eine Rede von solch gewaltigen Ausmaßen wie ich sie plante, formvollendet durchziehen zu können, muß man natürlich ein paar Tricks beherrschen; sonst macht das Auditorium in kürzester Zeit die Sandale. Da meine gesamte Zuhörerschaft (gelinde gesagt) aus Trotteln bestand - wieso sonst legten sie ein dem Lemming ähnliches Verhalten an den Tag, wenn es darum ging, mir (einem Wildfremden) hinterherzulaufen - beschloß ich, sie erst einmal dafür zu loben und gleichzeitig ihr Gruppengefühl, Märtyrer zu sein, zu festigen.
Also hub ich an und spruch: "Selig sind die geistig Armen, denn das Himmelreich ist ihrer!" (Raffiniertes kleines *Teufel*chen (äh, GOTTessöhnchen) das ich war! Da beleidigte man die Leute, und die freuten sich noch darüber! Glaubten sogar, einer Elitetruppe anzugehören, die alle Eigentumsrechte in punkto Himmelreichbesitzes hatte. Andererseits: die Jungens und Mädels waren ohnehin schon so abgehoben, daß sie in höheren Gefilden (vgl. "Himmlische Sphären") schwebten. Solche Verlierertypen kriegten auf der Erde natürlich nichts gebacken, noch nicht einmal einen Heuschreck. Das ist ja wohl jedem, dessen Ei Kju den einer gemeinen

Obstfliege übersteigt, klar wie Kloßbrühe (auch wenn sie ungebacken sein sollte ... die Kloßbrühe). Und ein Himmelreich läßt sich schnell versprechen, immerhin kann niemand nachprüfen, ob das nicht "wie sich was wünschen dürfen" ist. Nur noch gemeiner, weil weniger realitätsbezogen. Aber die stehenden Ovationen rissen trotzdem erstmal nicht ab, so groß war die Freude ob des Gesagten.)
Das fängt ja gut an, dachte ich bei mir, dann gib ihnen mal ein bißchen mehr Stoff.
Und "Stoff" gab ich ihnen! Beim ODIN ... oh, Verzeihung, PAPS.
Ich sprach also weiter von der Seligkeit und erklärte ihnen, wer alles "selig" sei; denn diese Wortwahl erschien mir taktisch klüger zu sein, als "selig" durch "naiv" zu ersetzen, was vielleicht doch ein bißchen zu dreist gewesen wäre. Selbst diese Schafe hätten dann vermutlich gemerkt, was ich von ihnen hielt. So ergoß ich mich verbal weiter in leeren Versprechungen, deren Einhaltung zu meinen Lebzeiten nicht erforderlich sein würde und somit für mich nicht zum Problem würde werden können.
Nun kannte ich ja nicht bloß "Rabbi Schalmei", den "Kleinen Ornithologen" und meine Pappenheimer aus Nazareth, sondern auch die Menschen an und für sich recht gut: was zum Mekkern fand sich, wenn man nur richtig suchte, an jeder Straßenecke. Natürlich riß niemand deswegen öffentlich sein Maul auf, sondern behielt seine Wut und seinen Kummer lieber für sich. Diese (im Grunde völlig bescheuerte) Verhaltensweise galt es nun meinem Auditorium als noble Geste zu verkaufen. Schlaues Kerlchen und Hobbypsychotherapeut der ich war, spruch ich davon, daß die Traurigen getröstet (was Wunder), und daß die Barmherzigen selbst auch irgendwann mal Barmherzigkeit erfahren würden.
Der Pöbel hatte sich noch nicht beruhigt, als ich zu einem neuerlichen Geniestreich ausholte: "Selig sind, die da hungert nach Gerechtigkeit, denn sie sollen gesättigt werden."
("Gerechtigkeit" zu pauschalisieren war - zugegeben - ungeheuer raffiniert von mir, da sie eine sehr individuelle Angelegenheit ist. Jeder fühlt sich in irgend einer Hinsicht ungerecht behandelt, aber ... ach, es war mir doch schnurzpiepegal gewesen (und ist es heute noch!), wer wann auf welche Art und Weise durch wen auch immer Gerechtigkeit zu erfahren glaubte. Ich finde, das muß ein jeder mit sich selbst ausmachen, nicht wahr?)
"Selig sind die, die ein reines Gewissen haben, denn sie werden GOTT sehen!" (Das war schon wieder superspitze von mir! Wer von Euch armen Sündern hat denn bitte schon eine blütenweiße Weste, häh? Wohl keiner! Also seid Ihr selber schuld, wenn Ihr GOTT nicht zu sehen kriegt! Heute wie damals hätte selbstverständlich niemand zugegeben, schon fleißig gesündigt zu haben ... klar. Aber so fühlte sich jeder persönlich angesprochen.) Ich erzählte noch was von den Friedfertigen, die den Sanftmütigen zwar in nichts nachstünden, nur hob ich gedanklich schon ab. So behauptete ich frech wie Oskar (Ihr wißt noch von dem Spielkameraden aus Ägypten?), daß die Friedfertigen in den Himmel kämen, während sich die Sanftmütigen die Erde zu teilen hätten, da sie ja ihr Besitztum wäre. Keiner merkte den Schwindel. Bis heute nicht!
(Wow, I´ve been committed adultery perfect! - Nanuchen – rede ich da etwa in Zungen, or what?!)
Nachdem ich also den scheinbar logischen Zusammenhang zwischen Himmel und Erde ausformuliert hatte, war es nun allerhöchste Eisenbahn (GOTT würde jemanden so was noch erfinden lassen), die Leute auf meine Person zu fixieren. Klarzumachen war ihnen, daß sie, solange sie

mir brav folgten, dafür nach dem Tod (ganz wichtig: erst *nach* dem Tod, vgl. "leere Versprechungen") von GOTT dafür belohnt würden.
Flauschig wie die Schäfchenwölkchen, butterweich, ach, was rede ich da ..? *Blumig* entrieselten die Silben meiner geschmeidigen Kehle, als ich ihnen erklärte, daß ein jeder, der um der Gerechtigkeit willen verfolgt würde, in den Himmel käme. Genauso erginge es jenen, die um meinetwillen das gleiche Schicksal zu ertragen hätten. Aber das sei nur halb so wild, es sei im Gegenteil sogar ein Grund zur Freude, denn später, im Himmel, würde alles gut. Der Zusammenhang wurde von meinen Zuhörern sofort begriffen: wer an mich glaubt und deswegen verfolgt wird, erfährt definitiv eine ungerechte Behandlung; wer aber um der Gerechtigkeit willen verfolgt wird, kommt in den Himmel! Das hieß (und heißt) im Klartext: macht um GOTTes willen was *ich* will (oder tut, was Ihr für meinen Willen haltet) und Ihr kommt alle, alle in den Himmel. An und für sich war das schon brillant genug, aber ich konnte meine Zunge einfach nicht mehr bändigen und so setzte ich noch einen drauf: "Seid fröhlich und getrost, selbst wenn ihr eurer Nachfolge wegen ein- oder zweimal umgebracht werden solltet. So ist das auch den Propheten ergangen, und die sind jetzt alle im Himmel ... das schwör´ ich euch!"
Jetzt hatte ich alle Katzen im Sack. (Dort konnten sie auch den armen, kleinen Vögeln nicht mehr an die Federn!) Jeder hielt sich plötzlich für einen Propheten (konnte sich zumindest mit einem identifizieren) und freute sich schon darauf, zu leiden, was das Zeug hielt. Und damit noch nicht genug! Seit diesem Tag glaubt(e) jeder, je beschissener es ihm ginge, umso besser würde er mir dienen, was ihm natürlich eine viel exquisitere Belohnung im Himmel garan*tier*(t)e Von diesem Augenblick an waren die Massen Wachs in meinen Händen. Sie würden mir nachlaufen, alles tun und sich alles anhören was ich zum Besten gab, nur um in den Himmel zu kommen ... was oder wo der auch immer sein mochte.
BINGO!

Matth. 5,1 - 5,12

Neunbe - Salz, Licht, Gesetzesinterpretation und vom Rauchen
Ich hatte mich so richtig schön warmgeredet ... jetzt hatte ich so viel Zeit ich wollte ... ich wollte auch noch einiges erzählen ... auf in den Kaaaaaaaaaaaampf, Attackeeeeeeeeeeee! (Mit je zwölf Vokalen - also, wenn *das* kein Zeichen ist ....)
"Wahrlich ich sage euch, Rauchen ist teuer; und ungesund ist es auch. Außer es rauche eines Jemandes Kamin, der da ein Brot bäckt, zu sättigen seine Familie ... oder der im Winter heizen will, auf daß es warm werde in seiner Hütte. Rauchen darf sonst nur dein Altar, wenn du bringst ein Opferlamm dar deinem GOTT, der da ist dein HERR, welcher heißt ZEBAOTH und ist von GOTTes Gnaden. Rauchen dürft ihr ferner, wenn ihr eines Tages Amerika entdeckt habt (welches mein VATER im Himmel erschuf) und ihr diesem "Genuß" frönen müßt, um den dort wohnenden Heiden (verdammt seien sie) eure christlichen Absichten ihnen gegenüber zu bekündigen. Ich sage euch, wer meinen Worten keine Beachtung schenkt, der gehe hinaus und stecke sich alldort selbst in Brand, auf daß er rauche - dann kann er nämlich mal selber sehen, wie weit er kommt, mit *seinem* Latein!"
(Hups, da war es schon passiert: ich hatte meiner Zeit um ca.2000 Jahre vorausgegriffen. Komisch, daß solche Ausrutscher nicht überliefert wurden ...) Die Leute vor mir sahen aus wie

ein riesiges Fragezeichen. Diese Hornochsen, dachte ich, verstehen einfach nichts vom Job eines Propheten. Aber im eigenen Land galt ich ja sowieso nicht viel ... Dummerweise war ich jetzt schon auf der leicht abgehobenen Schiene gelandet. Ich brauchte also schnell einen schlauen, leicht fehlzuinterpretierenden Spruch:
"Ääääh, wißt ihr, was mir gerade auffällt? Ihr seid nämlich das Salz der Erde ..."
(Und um die Frauen ein wenig zu beglücken, ließ ich dann "Den kleinen Hausmann" raushängen. Ich gab ihnen einen astreinen Haushaltstipp:)
"... denn stellt euch ma vor, ihr habt Salz inne Küche wah, det nüscht mehr taugt. Na? Siehste, dann schmeißte det wech!" (Hausfrauen redeten damals so, wie ich von meiner Ma(ria) wußte. Eine furchtbare Modeerscheinung, aber sie sparten jedem Mann das Geld für Eheringe: `ne Frau mit diesem Slang *mußte* verheiratet sein, da brauchte Mann keine Eheringe mehr, um die Familienverhältnisse abzuchecken.) "Da kannste nämmich ma´ kieken!" Die Männer und Singles verstanden kein Wort davon. Nicht etwa des Dialektes wegen, sondern weil´s eben nur Killifitti war. Um die erste allgemeine Verunsicherung noch zu steigern, erwähnte ich mit wichtig erhobenem Zeigefinger (nichtdestotrotz ohne jeden Sinnzusammenhang), daß eine Stadt, hoch oben auf dem Berg gelegen, weithin gut sichtbar wäre.
(Erwähnte ich schon, daß ich glaubte, "allwissend" gewesen zu sein? Dann habe ich gerade auch bestimmt *nicht* erwähnt, daß ich etwas zusammenhangslos sagte. Ich war nur schon wieder meiner Zeit voraus; ich wußte ja, daß ich mir so die perfekte Überleitung zum Thema "Licht und Sehen" erschaffen hatte. Jetzt wollte ich sie mal mit physikalischem Grundwissen aus dem Häuschen bringen.)
"Licht stellt man nicht unter einen Scheffel", (weil es sonst erstickt) "weil man es dann nicht sieht!" Alle waren baffer als baff. "Ihr seid das Licht der Welt", (Sonne, Mond und sonstige natürliche Lichtquellen wie Nordlichter oder Blitze einmal ausgeklammert) fuhr ich fort, "... also stellt euch nicht unter einen Scheffel", (denn dafür seid ihr viel zu groß; außerdem fehlen euch (noch - hups) die nötigen technischen Mittel, einen so großen Scheffel herzustellen) "da kann man euch doch nicht sehen" (und außerdem würdet ihr ersticken).
Jetzt hatte ich ja schon ganz schön auf den Dung gehauen, konnte aber wieder mal mein holdes Mündlein nicht halten, und mußte den Leuten *noch einen* draufgeben: "So soll euer Licht leuchten vor den Leuten, daß sie eure guten Werke sehen und euren VATER im Himmel preisen."
(Ich hatte es kommen sehen! Leider hatte ich in diesem Moment nicht an zukünftige Ereignisse gedacht; so ist es kein Wunder, daß viele Leute (trotz meiner Warnung vor den Gesundheitsschäden durch Rauchgenuß) diesen Satz im Mittelalter total falsch verstanden. Aber ich kann ja nun auch nicht *immer* an *alles* denken: gerade wenn man "allwissend" ist, ist das besonders schwierig! Aber das wußte ich ja vorher schon! - Als ich die Bergpredigt von mir gab war ich doch noch jung! Dreißig wollte ich aber mindestens werden (und nicht älter als fünfzig).)
Es tat not, sich noch nicht allzu offensichtlich mit Legisla-, Judika- oder Exekutive anzulegen; noch ein paar hübsch formulierte Sätze zur Gesetzestreue und alles wäre in Butter. Ich wollte das damals aktuelle Gesetz nicht auflösen - GOTT bewahre!; es hatte auch seine guten Seiten. Und *ich* wollte es schon gar nicht verändern! Das war nicht mein Ding ... war ich Juraprofessor oder Prophet?! Darum sollten sich die Leute mal selber kümmern. "Mauschelt nicht an bestehenden Gesetzen herum, außer ihr tut es zum Wohle für euch selbst ... aber vergeßt nicht: du

sollst deinen Nächsten lieben wie dich selbst!" (Vergebliche Liebesmüh: bei denen war jeder sich selbst der Nächste.) "Wenn ihr das trotzdem tut, kommt ihr dafür später nicht in den Himmel! Ätschbätschlangenase!"
Die Gesetzeshüter blickten mir freundlich gesonnen in die himmelblauen Äugelein. Mehr hätte ich in dieser Situation nicht machen können. Sollte ich mich vielleicht auf einen Berg hinwegheben, um nach ein paar Wochen wie Moses mit schlauen Sprüchen wiederzukommen? Die Leute hätten mich (trotz des Rauchverbotes) sofort verbrannt - ach nee, damals waren ja Steinigungen "cool". (Und zwar tatsächlich – also, im Gegensatz zu Verbrennungen!)
Meinen Popp-o (den (im wahrsten Sinne des Wortes) *tieferen* Sinn dieser Schreibweise werde ich Euch zu gegebener Seite erläutern) hatte ich gerettet und ein paar der damaligen Gesetze waren echt nicht schlecht:

Matth. 5,13- 5,16

Neunce - Schwören, Töten, Ehebrechen und Selbstverstümmeln

"Du *sollst* nicht töten!" Hat mal jemand (DAD?) gesagt. Na ja, das ist ja nun nichts neues. Eher eine alte Binsenweisheit, die allerdings völlig falsch überliefert wurde. So einen Quatsch hat ER nie gesagt, geschweige denn diktiert. ER hat gesagt, daß man nicht töten *sollte*, alldieweil es einfach nicht der feinen hebräischen Art entspricht. (Außer natürlich, es dient der Verteidigung, Restauration oder Durchsetzung SEINER Gebote und Anbetung.) Das war eins der Gebote, die ich für ganz in Ordnung hielt. Denn seien wir doch mal ehrlich zueinander: killen ist ein irre kompliziertes Unterfangen; es zieht mannigfaltige Probleme nach sich: wenn du nämlich keine Kohle hast, entpuppt sich schon die Beseitigung des Kadavers als schwieriges Unterfangen. Wenn sie dich finden, kriegst du auch noch Streß mit Miliz und Justiz ... außer du hast Kohle. Zu allem Überfluß nervt dich (trotz aller Kohle) eventuell auch noch ein schlechtes Gewissen.
Zu meiner Zeit gab es noch keine Beichtstühle und auch der Ablaßkasten war eigentlich (als solcher) noch nicht erfunden. Die einzige Möglichkeit der akkuraten Buße war eine anständig vollzogene Selbstgeißelung. Peinlich wurde es lediglich, wenn die Nachbarn sich nach der Ursache für die blutigen Striemen auf dem Rücken erkundigten. Wäre ich nicht Prophet geworden, hätte ich bestimmt so was praktisches wie "Perseel supra - für ein blütenreines Gewissen" erfunden und verkauft. Aber nein, anstatt Zaster zu scheffeln, mußte ich ja Pseudoheiliger werden. Damals gab es eben noch keine Berufsberatung beim Arbeitsamt ... obwohl ... bei *dieser* Art der Beratung wäre mir mein Schicksal auch nicht erspart geblieben ... hach GOTTchen ...!
Mit der Erläuterung des "Du solltest nicht töten", hatte ich auch meine potentiellen Widersacher (zumindest vorübergehend) verunsichert; kaum einer würde mich bei all diesen unangenehmen Folgeerscheinungen in einer stillen Seitengasse umlegen ... Wie hätte ich denn ahnen können, daß mich später ein ganzes Volk "erhöhen" wollte? (Und dann auch noch am Holze – autsch!) War ich etwa Hellseher? Nein, verdammt! Ich war Prophet und ein rhetorischer Tausendsassa. --- Was mir auch wieder einmal vorteilhaft zugute kam (vgl. "optimalster Extrasonderbonus" – ich schrei mich weg!), als ich aus dem Stehgreif eine Überleitung zum Thema "Ehebruch" ausklabüsterte:
Das schlechte Gewissen läßt sich bekanntermaßen durch vielerlei Aktivitäten aktivieren; so

zum Beispiel durch Fremdeinfleischen. "Fremdeinfleischen" hieß zu meiner Zeit nicht automatisch, 'ne andere Frau zu beglücken, sondern vielmehr, mit einer *unverheirateten* Frau das zu machen, was der HJ (welcher ist der "Heilje Jeist") mit Ma angestellt hatte; das hieß, mit einer Frau, die *mann selbst* noch nicht geehelicht hatte, "häppi" zu sein. Auf monogame Beziehungen legte damals nie*mann*d besonderes viel Wert. (Auch an dieser Stelle kann ich nicht umhin, mit Worten und Silben zu jonglieren – ich halt´s kaum aus!) Im Gegenteil, Polygamie zu betreiben war eine sehr beliebte Freizeitbeschäftigung. Es war lediglich eine Frage der finanziellen Situation des Einzelnen, mit wie vielen Frauen der eheliche Beischlaf parallel vollzogen werden konnte. (Denn füttern mußte *mann* die Frauen schon - wollte *mann* sich nicht der Nekrophilie schuldig machen. Dann konnte *mann* nämlich ein schlechtes Gewissen kriegen.) Das hieß im Klartext: solange vorher der Trauschein ausgestellt worden war, konnte man/frau "es" machen, bis der Messias kam, ohne "Ehebruch" zu begehen. Es war also ziemlich überflüssig, über Ehebruch zu reden, aber es machte sich immer gut, auch dieses Thema nicht unangeschnitten zu lassen, es also dem HERRn vorzustellen. (Vgl. auch "Zweites Kapitel".)

Wie ich zu Beginn dieses subversiven Schriftstücks bereits erwähnte, bin ich (im Gegensatz zum Zimmermann) bis heute nicht so ganz davon überzeugt, daß Ma(ria) von einem Geist (schon gar nicht von einem heiligen!) geschwängert worden war. Joseph hegte nur im Rausch seine Zweifel an ihrer Empfängnisversion, weshalb sich die beiden ab und an auch in die Plünnen kriegten. Das waren immer unangenehme Momente für mich gewesen: "Jesulein, jeh doch mal bitte in deene Kamma; ick muß mir mal in Ruhe mit deen Anähra unterhalten ...", pflegte Maria zu sagen, bevor dann zum wiederholten Male Töpfe und Teller durch die Küche flogen und Joseph sich ein Veilchen einfing. (Oder berichtete ich Euch schon davon ...?) Da die Monogamie zu Hause schon nicht klappte, war ich (welch Wunder) erst recht ein überzeugter Gegner der besiegelten polygamen Lebensgemeinschaften. Mir war es, wie der aufmerksame Leser dieser Lektüre ja mitbekommen haben dürfte, bisher nicht vergönnt gewesen, selbst sexuell aktiv zu werden (von gelegentlichen Selbstbefleckungen – die ich früher wie später als "beten" bezeichnete, einmal abgesehen). Daher bewegte ich mich auf rein theoretischem Territorium, als ich mich zum Thema "Ehebruch" äußerte:

"Ihr habt gehört, daß gesagt ist: "Du sollst nicht Ehebrechen!"", begann ich meinen theoretischen Exkurs in die Welt des praktizierten Körperflüssigkeitenaustausches. Das sagte sich natürlich leicht und somit auch frank und frei heraus - denn uneheliches Einfleischen zu verdammen fällt einem, der nicht einmal eheliches praktiziert hatte, nicht besonders schwer. Vous comprenez?! (Hach, diese (französischen) Zungentechniken!) Ich hatte sowieso nie vor, mich an eine Frau (geschweige denn an mehrere Frauen) zu binden. Ich ging ja ohnehin davon aus, mindestens dreißig, aber niemals fünfzig zu werden ... außerdem fand ich zu dieser Zeit Männer viel attraktiver; was glaubt Ihr denn, weshalb ich mir ausschließlich Jünger zugelegt hatte? Ich hatte ja noch mein Kindheitstrauma (meinen psychischen Rucksack) bei mir: Weiber machen sowieso nur Streß; ich brauchte mich lediglich der Kloppereien zwischen meinen Großfütterern zu entsinnen, um mir jeden Gedanken an Ehe sofort aus dem Kopf zu schlagen. (Aber in den Puff wollte ich trotzdem mal; da wollten einen die Frauen ja nicht erst heiraten ... Außerdem brauchen Philosophen (Propheten erst recht) sich nicht an selbstverfaßte Spielregeln zu halten!) Anstatt jetzt aber das soeben gesagte einfach so auf dem Berg stehen zu lassen, begann mein vorlautes Mundwerk damit, mir Ärgernis zu bereiten. Ich brabbelte wirres Zeug und kam, ohne selbst genau zu wissen wie, auf das positive Moment der Selbstverstümmelung zu sprechen: "Wenn du aber eine Frau ansiehst und spitz wirst, hast du bereits in Gedanken Ehebruch begannen (du alder goiler Bock!) ... rein theoretisch zumindest. Komme also nie auf die Idee, die Gedanken seien frei, du landest dann nämlich ganz schön schnell in der Hölle. (Was auch immer das sein mag, aber es klingt ganz schön schlimm ...) Streife also jedwede Form der Eigenverantwortlichkeit ab, denn überlege bitte mal logisch: hättest du die holde Maid nicht gesehen, wäre dein Genitalbereich nicht stimuliert worden. Daraus folgt: paß auf kleines Auge, was *du* siehst! Denn wenn *du* optische Eindrücke an das Gehirn lieferst, die sündige Gedanken auslösen, bist *du* nämlich man selber daran schuld! Nicht etwa das Gehirn; nein, nein, und nochmals nein, mein Freund! Das Gehirn läßt sich fürwahr (auch aufgrund chirurgischer Komplikationen) ungleich schwieriger entfernen als so ein klitzekleines Äugelchen, oder zwei, oder drei oder vier ... (Huchchen, da ging wohl mein Mundwerk mit mir durch ... peinlich, peinlich!) Es gibt mitnichten das klügere Gehirn sondern das schwächere Auge nach. Wenn dir also ...", rutschte es mir raus, "... dein rechtes Auge Ärgernis bereitet, so reiß es raus und schmeiß es zu dem schlechten Salz der Frauen, denn: besser einäugig (im Notfall blind) im Himmel abhängen, als sich das ganze Elend in der Hölle angucken zu müssen."

Das war natürlich blanker Schwachsinn, aber ich fuhr mit meinen rhetorischen Kahlschlag fort. Plötzlich (ich hörte mir selber mehr zu, als das ich bewußt artikulierte) fiel ich über die rechte Hand her: "Wenn die rechte Hand braune Fäkalien baut, hack sie dir ab, denn du kannst nichts für deine Hand. *Sie* wäre Schuld an dem Mist, aber *du* landetest im Fegefeuer."

Mei oh mei ..., wo nahm ich bloß diesen Firlefanz her? War es GÖTTliche Inspiration, GÖTTlicher Wahn, oder handelte es sich um non-spirituelle Besessenheit? Ich weiß es bis heute nicht, ehrlich gesagt.

Aber ich hatte Glück; bevor mir mein Mundwerk ernstes Ärgernis bereiten konnte (ich hätte es sonst konsequenter Weise amputieren müssen), hatte ich mich wieder unter Kontrolle: ich hackte, anstatt auf meiner Zunge, lieber noch ein bißchen auf dem Scheidungsrecht rum: "Wenn sich einer, außer weil sich seine Frau bereits einen anderen einverleibt, von ihr scheiden läßt, sorgt er automatisch dafür, daß *sie* die Ehe bricht; und wer eine Geschiedene hajottet (was züngisch für "HJet" ist), ist ebenfalls *ihres* Ehebruchs schuldig und das ist so, weil ich das sage."

Häh? Ich schätze, ich hatte meine Worte doch noch nicht so besonders gut unter Kontrolle, denn auf ein solches Wirrwarr (Inspiration durch GOTT hin oder her), muß man erstmal kommen ... Zum Glück braucht sich der Prophet, wenn er schon im eigenen Land nichts gilt, auch nicht mit der Interpretation des von ihm Geäußerten herumzuschlagen. Dafür gibts immer noch die Schriftgelehrten; denen kann man dann ja jederzeit Fehlinterpretation unterstellen (was ich später auch ganz gerne mal machte, wenn diese Leute die Frechheit besaßen, mich beim Wort zu nehmen).

(Mal ´n kleiner Denkanstoß: geh´n wir mal davon aus, Selbstverstümmelung sei GOTTeslästerlich ... was bitte soll der Mensch tun, der wegen bereiteter Ärgernisse seine rechte Hand mit der linken abhackt, nur um anschließend festzustellen, daß ihm dadurch die linke Hand Ärgernis bereitete? Soll er die jetzt auch abhacken, und wenn ja, *wie*? - Oder ist letzten Endes doch der Kopf an allem Schuld? Und wie hackt man sich den Kopf ohne Hände ab? ... Viel Spaß beim "Learning by doing"! *Das* wird ein Ärgernis ohne Ende für Euch. Das schwör ich Euch ... echt

geschworen!)
À propos "geschworen" (Konsequenz war noch nie meine Stärke, oder habe ich *je*(sus) was anderes behauptet???) "Du sollst nicht schwören ...", entfuhr es mir, "... nicht beim Himmel, nicht bei der Erde und schon gar nicht bei deinem Leben, denn du kannst Haare nicht schwarz oder weiß machen!"
(Dieser Ausspruch entbehrte natürlich (mal wieder) jedes Sinnzusammenhanges, aber immerhin klang es ganz süß und ließ mannigfaltige Interpretationsmöglichkeiten offen. Ferner gab es weder Wasserstoffperoxyd, noch sonstige Haarfärbemittel, ich hätte mich sonst auch eines anderen Wortgewählten bedient.) Jetzt hatte ich mich schon (fast) in Grund und Berg lamentiert; es wurde also allerhöchste Zeit, das Kapitel zu beenden, bevor ich weiter Unausgegorenes über Themen, von denen ich keine Ahnung hatte, von mir gab: "Eure Rede aber sei: Ja heißt ja; nein, nein. Was darüber ist, das ist vom *Übel* ... das schwör ich euch ...." Letzteres wurde nie überliefert ... GOTTseidank!

Matth. 5,17 - 5,37

Neunde - Lieblingsfeinde und übers Nettsein

Wenn ich auch nur ansatzweise geahnt hätte, daß das, was ich jetzt von mir geben würde, mich einmal in **Menschens** Küche bringen sollte, zumindest nicht unerheblich dazu beitragen sollte, hätte ich mein vorlautes Züngelein wahrscheinlich besser im Zaume gehalten. Aber ich, "selig" wie ein Neugeborenes, schnabbelte und brabbelte vor mich hin; eben so, als gäbe es *wirklich* kein Unrecht auf der Welt ....
(Erwähnte ich schon, daß ich mich selbst zu lieben pflegte (wie meinen Nächsten, haha)?)
Ich redete also in selbstretterischer Absicht, als ich den Anwesenden erläuterte, daß "Auge um Auge, Zahn um Zahn" ziemlicher Schwachsinn sei. Mal angenommen, Joseph würde irgendjemandes erstgeborenes Balg kreuzigen, welches Schicksal würde mich dann wohl ereilen? Nee wirklich, auf Kreuzigung stand ich schon seit meiner Lehre nicht so besonders; war eine echte Phobie von mir ... Darum versuchte ich, diese "Faustregel" zu meinen Gunsten zu ändern: "Wenn euch jemand auf die rechte Wange schlüge, hieltet ihm auch noch die linke hin", sagte ich in den HERRlichen, sonnigen Tag hinein. (Immerhin ging es um *meinen* Popp-es! Sollte Joseph doch kreuzigen, wen er wollte!) Daß ich auf diese Weise die Grundidee des "passiven Widerstandes" erfunden hatte, war mir nicht gleich bewußt (konnte ich etwa hellsehen, oder was?), aber nach einem kleinen Ausflug in die Psychologie, erschien es mir einleuchtend, daß ein potentieller Totschläger überrascht von seinem Opfer ablassen würde, setzte sich dieses wider Erwarten nicht zur Wehr, sondern trüge masochistische Ambitionen zur Schau.
"Wenn jemand deinen Rock will ...", erwähnte ich nebenbei, an die Bekleidung der Schotten denkend, "... so gib ihm auch deinen Mantel!"
Ich konnte so was natürlich mit Leichtigkeit sagen, war ich doch arm wie eine Tempelmaus .... Bei mir gab es weder Rock noch Mantel zu holen, schon allein deshalb, weil ich damals den Propheteneinheitslook trug: den praktischen Einteiler (einen Sack) und dazu passend, ein Paar formschöne Sandalen.
Ich wandte mich an meine Jünger: "Wenn dich jemand zwingt, eine Meile mit ihm zu gehen, so gehe mit ihm derer zwei, dann kann er nämlich mal sehen, wie das ist." Mein nächster schlauer

Spruch galt schon wieder dem Volk: "Liebe deine Feinde, denn gleiches mit gleichem zu vergelten ist, wie ich schon eingangs erwähnte, nicht die feine hebräische Art."
Heilandsack, dachte ich beim Betrachten meines Gewandes, da hast du mal wieder einen schönen Mumpitz verzapft! Das hatte natürlich keines von "meinen" Schafen kapiert. Ich beging deshalb den Fehler, mich selbst zu erklären, obwohl ich *eigentlich* hätte wissen müssen (auch ohne hellseherische Fähigkeiten zu besitzen), daß das jetzt sowieso nur wieder in unendlichem Kauderwelsch ausarten würde.(Aller Wahrscheinlichkeit nach würde ich mich sogar selbst in eine Zwickmühle bugsieren ... jaja, meine Zunge und das mir von ihr bereitete Ärgernis ....)
"Segnet, die euch hassen; tut wohl denen, die euch verfluchen; betet für die, die euch umbringen wollen; schenkt denen, die euch beklauen; heiratet, die euch vergewaltigen (Ehebruch - auch passiver - bleibt Ehebruch!); gebt denen Feuer, die euch (und sei es in der Pfeife) rauchen; reicht Hämmer denen, die euch (unangespitzt) in den Boden oder ans Kreuz (autsch!) hauen wollen und last not least: glaubet denen, die euch Ungläubige nennen!" (Na, das hatte ich doch allem Anschein nach fein hingekriegt ... Hätte ich denn ahnen können, daß *ich*, wenn auch indirekt das mit dem Hammer einmal so wörtlich nehmen würde?)
"Denn der HERR läßt sonnen und regnen über Gerechte und Ungerechte, gell?! Also seht ihr, da habt ihr´s nämlich!"
Da mein Auditorium zum Löwenanteil aus Analphabeten, Tagelöhnern, Hausfrauen, Fischern und Aussätzigen bestand, war es, um ihnen das eben Gesagte verständlich zu machen unumgänglich, noch eine Tasse voll Pseudologik aufzubrühen und ihnen diese kochend heiß zu servieren:
"Wenn ihr (wie GOTT es tut) alle Leutchen gleich behandelt, dann folgt daraus, daß ihr wie GOTT seid!", rief ich, die Arme in religiöser Verzückung in die Höhe reißend. "Versteht ihr denn nicht? Wenn - ihr - seien - wie - GOTT - der - da - wohnen - im - Himmel - dann - ihr - auch - wohnen - im - Himmel --- später mal."
Jetzt hatten sie´s gefressen! Ein unglaubliches "Hosiannah, gepriesen seien wir - ach ja, und natürlich auch der HERR - in der Höhe e *zeter* a" - Gerufe bestätigte mir, daß ich sie unter meiner Fuchtel hatte.
"Darum sollt ihr vollkommen sein, gleichwie euer (*mein*) VATER im Himmel vollkommen ist. Und Amen!"
Und dem brauchte ich erstmal nichts mehr hinzuzufügen.

Matth.5,38 - 48

Neune - Vom Arschkriechen
Mit "Ihr Ungläubigen!", leitete ich meine nächste Verbalattacke gegen meine Zuhörerschaft und nicht Anwesende ein. Das war sowohl rhetorisch als auch strategisch sehr gefickt eingeschädelt. "Habe ich euch nicht eben erzählt, daß ihr wie GOTT werden sollt? Na eben; siehste! Jetzt sperrt mal eure Lauscher angelweit auf, denn es folgt eine Belehrung über GÖTTliches Arschkriechen und zwar von jemandem, der weiß wie das geht, nämlich mir! Eben berichtete ich euch doch, wie sinnvoll es ist, Gutes zu tun. Jetzt gehe ich einen Schritt weiter: tut Gutes wie verrückt, aber macht das nicht wie ich, sondern heimlich, still und leise."

Was mir nämlich tierisch auf den (heiligen?) Geist ging, waren die Pharisäer und andere Superfromme, denen man an nahezu jeder Straßenecke begegnete: betend, fastend, spendend; überall hingen diese Brüder ab, anstatt sich in die Tempel und Synagogen zu verziehen, wo sie wenigstens nicht den Verkehr behinderten, bzw. das allgemeine öffentliche Bild, also den Gesamteindruck der urbanen Ruralität negativ beeinflußten. Echt. Pharisäer gingen mir mein Leben lang auf die zu Ostern (phimosierten oder zirkumzisierten?) Buntgefärbten; von denen hätte ich nicht den Rock genommen, geschweige denn den Mantel. Wahrlich, Feindesliebe ist eine nette Geschichte - aber mehr auch nicht! Die nahmen mich nämlich immer beim Wort und hatten somit keinerlei Schwierigkeiten, mich in die Enge zu treiben, was meiner Publizität natürlich nur abträglich war.
Ich frage Euch: welcher Klugschnacker läßt sich schon gern mit den eigenen Waffen schlagen? Außerdem konnte man dieser Bevölkerungsschicht mit Vernunftgründen leider nicht kommen, da sie die Bibel (die damals aktuelle Ausgabe davon, das "Alte Testament" (AT) also) in- und auswendig kannten. Das geschriebene Wort galt in ihren Kreisen *alles*, das gesprochene (zumindest solange es nicht von ihnen stammte) *nichts*. Scherzhaft erwähnte ich mal, daß diese Menschen irgendwann bestimmt mein Untergang, wenn nicht sogar mein Tod wären. Daß ich damit, obwohl ich es lediglich im übertragenen Sinne meinte, buchstäblich Recht behalten sollte, wußte ich natürlich ... (*nicht?*)! Später wurde mir das dann aber als "Leidensankündigung" ausgelegt. Schön gemacht ....
Demzufolge richtete sich meine jetzige Schimpfkanonade gegen diese schrägen Vögel (gegen die ich erstaunlicherweise etwas hatte, aber egal).
"Spendet, betet und fastet so lange und so viel ihr wollt. Geißelt euch (wenn nötig mit der linken Hand, falls euch die rechte durch eigenes zutun abhanden gekommen sein sollte) solange ihr lustig seid. Aber, verdammt noch mal (auch wenn *ihr* nicht fluchen sollt; bei *mir* ist das was anderes, denn es ist ein *gerechter* Fluch), tut das gefälligst bei euch zu Hause! Denn ...", fuhr ich fort, "... wer sich schon zu Lebzeiten vom Pöbel, also seinesgleichen feiern läßt, wird von GOTT ausgebuht. Auch der HERR ...", stellte ich diesmal den Scheinzusammenhang her, "... ist im Verborgenen. ER fastet und spendet alldort und wenn IHM mal ein bißchen nach beten zumute ist, glaubt ihr Ungläubigen allen Ernstes, ER baut SICH vor den Engeln und SEINESgleichen auf, um SICH SELBST zu huldigen? Wohl kaum, denn das wäre doch Superpanne. Seid deswegen vernünftig: wer ZEBAOTH in SEINE Vierbuchstaben kriechen will, soll nicht den Menschen dorthin kriechen, denn es steht zwar nicht geschrieben, ist aber trotzdem so: du kannst nicht an zwei Orten gleichzeitig sein, deshalb überlege dir, in wessen Darm du zu wohnen gedenkst."
Ich hatte vermutet, daß das den Menschen einleuchten würde; denn Menschendung ist einfach Kacke pur.(Vegetarierbrei, bestehend aus Nektar und Ambrosia hingegen, ist unvergleichlich wohlriechender!)
Hatte ich schon alles Wichtige gesagt? Sollte es das schon gewesen sein? Ich geriet ins Grübeln ... und wie ich da so stand und vor mich hingrübelte, fiel mir nichts besseres ein, als um eine "kluge Eingebung" zu bitten, äh, zu beten ... na, und da hatte ich sie auch schon, meine Eingebung: dieses ewige Rumgenöle in den Gebeten der Menschen tötete IHM wahrscheinlich bei kleinem den letzten Nerv. Stundenlang mußte ER SICH anhören, wie "Scheiße" es den Leuten ginge und das ER doch bitte, bitte helfen solle. (GOTT zu sein war echt auch kein Nektarschle-

cken ... Oder hieß das "Ambrosiaschlecken"?)
Jetzt mal in Zungen gesagt: Human behaviour: nörgel hier, bemängel da, motz rum über dies und das; "Mir geht´s ja so furchtbar schlecht, was soll ich nur tun, mein Goldfisch kann auch nicht mehr richtig pupsen, ich glaub der ist krank, ach, ich wünschte ich wäre tot! TU *DU DOCH AUCH ENDLICH MAL* WAS DAGEGEN!"
Mein GOTT, was mußte IHM das auf den Zeiger gehen – ich meine, jeder von uns hat doch sein Kreuzchen (autsch!) zu tragen! *Noch* hielt mich zwar niemand für GOTTes (laiblichen) Sohn, aber es war lediglich eine Frage der Zeit, bis sie auch auf diesen Klopper kämen; ich, der Sohn GOTTes, das mußte Menschensohn sich mal vorstellen: schon jetzt kamen sie an und erwarteten was "Wunder" von mir. Ich hätte von der Theorie in die Praxis wechseln müssen ... womöglich noch Tote auferwecken ... na, Prost Mahlzeit! Viele Leute wollten auch einfach nur "geheilt" werden. Wenn ich mit der Predigt fertig wäre, müßte ich mir ein paar festangestellte Jünger zulegen. (Notiz für mein Terminkalenderchen: "Achte drauf, daß du einen Arzt und /oder Wunderheiler unter die Jünger berufst.")
Aber ich schweife (ausnahmsweise) ab ....
Es ging also darum, den Menschen eine andere Art des Betens beizupulen, denn wäre ich GOTT (vorausgesetzt, es gibt IHN überhaupt), wäre mir dieses ewige Gejammer ein Dorn im Ohr! (Wie weh so was tut, hatte ich ja schon mitbekommen und sollte es später (zu allem Überfluß) noch einmal erfahren müssen. Wahrscheinlich, weil auch damals schon "doppelt besser" hielt.) Es stand aber zu befürchten, daß sie mich früher oder später zu ihrem Messias machen würden, dann hätte ich all diese "Gebete" an den Hacken ... nee, vielen Dank! Bei aller "Liebe"!)
Wieder einmal redete ich nicht ohne (begründeten) Eigennutz, als ich meine nächste These in die staunende Menge schleuderte:
"Und wenn ihr betet, sollt ihr nicht plappern wie die Heiden, denn sie glauben, viele Worte machen viel Erhörung des Gebeteten. Weit gefehlt, meine Lieben! Bei solchen Wortschwällen hat selbst der gnädigste aller GÖTTER (´tschuldigung!) nach kurzer Zeit die Faxen dicke. Außerdem weiß ER doch dann am Ende schon gar nicht mehr, womit ihr eigentlich angefangen habt!" Obwohl ich so frech war zu sagen: "Euer VATER weiß, was ihr bedürfet, ehe ihr IHN darum bittet", hatte ich doch noch die Dreistigkeit anzumerken, daß sie, wenn sie schon beten wollten, das gefälligst demütig zu tun hätten; so erschuf ich kurzerhand das "VATERunser". (Ich wortgewandtes kleines Weltmeisterlein, ich!)
Auf die Schnelle runtergebetet ging das etwa so:
"Lieber GOTT, DU bist der Tollste, den es gibt. Alles was DU sagst, geht ab. Gib uns zu essen. Vergib uns, wenn wir Fäkalien bauen. Sorg aber auch dafür, daß wir keine bauen, denn unsere Arme, Augen, Ohren und so´n Zeugs brauchen wir noch ein bißchen. Im Voraus schon mal Danke, denn DU bist wirklich das Beste, was so rumexistiert. Amen und Ende."
Eines sollten die Kleingläubigen auf gar keinen Fall vergessen: sie sollten GOTT um die Kleinigkeiten des täglichen Allerleis bitten, nicht etwa mich. Wenn ich es nicht geschafft hätte, ihnen ihre Wünsche zu erfüllen, hätten sie womöglich sonstewas mit mir angestellt.
Gegen GOTT hingegen traute sich niemand aufzumucken, denn auf "GOTTeslästerung" standen damals ein paar wirklich unangenehme Strafen; da war so eine kleine Kreuzigung am Sonntagnachmittag noch eines der kleinsten möglichen Übel, das könnt Ihr mir glauben, wahr-

lich, wahrlich!
"Wer also suchet ...", merkte ich an, "... der wird auch finden, egal was. Und wer nicht findet, der hat eben einfach nicht gründlich genug gesucht. Bittet, so wird euch gegeben." (Zugegeben, das war ganz schön dick aufgetragen, aber wen interessiert´s? Mich etwa? Pah!) "Klopfet an, so wird euch aufgetan - falls jemand zu Hause ist - logisch. Der, der euch auftut, weiß ja nicht, daß ihr nicht der Glücksbote der staatlichen Klassenlotterie seid, sondern nur betteln wollt, oder einfach ein bißchen klönen. Wer ahnt schon, daß ihr zu den Zeugen JEHOVAs gehört ..? So, und jetzt stellt euch bitte mal vor, euer Sohn kommt zu euch an und will sich ein Stückchen Fladenbrot schnorren, oder einen Fisch. Keiner von euch würde ihn mit einem Stein oder gar einer Schlange abspeisen. Genauso ist das bei eurem himmlischen VATER; seht ihr, da habt ihr es nämlich gesehen; oder auch nicht; oder was; oder sogar wer und mitunter auch teilweise überhaupt!
(Neiiiiiiiiiiiin, ich und mein Mundwerk schon wieder ....)

Matth.7

Neuneff - Setzt euch, nehmt euch einen Keks, macht es euch schön gemütlich ... entspannt euch doch einfach !

Ich weiß ja nicht ob es Euch schon aufgefallen ist, aber eigentlich hatte ich das Arbeiten nicht erfunden, will sagen, ich war im Prinzip ein ganz schön fauler Hund. Hätte ich bei IHM gewohnt, wäre ich, als GOTT die Arbeit erfand, im Himmel herumgelustwandelt oder hätte ein bißchen geratzt, schätze ich. Deswegen ging mir auch die ganze Malocherei auf den Wecker (den ich mir natürlich nie stellte). Nachdem ich meiner frisch erschaffenen Gemeinde verkündet hatte, daß sich GOTT ohnehin um ihre Belange kümmerte, war es nun an der Zeit, sie vom Reichwerden abzuhalten. Mir war klar, daß ein Mensch dem es supergut geht, keinen GOTT braucht, geschweige denn SEINEN Sohn. Vögel und Blumen hätten ja auch genug zu picken und anzuziehen, erläuterte ich. Weshalb also, in GOTTes Namen, sollten sich SEINE Kinnings wegen solcher Trivialitäten Gedanken machen? Tat ich ja auch nicht und war bisher immer 1-A durchgekommen. (Da hatte ich meinen Sperlingen von damals was voraus!) Aus meiner Sicht der Dinge, war es aus zwei Gründen müßig, Reichtümer anzusammeln: zum einen liefe man ja Gefahr, sich den Schädel zu machen, ob nicht ein freundlicher Dieb des Weges käme, dessen erklärtes Ziel es wäre, einem den Plunder abzunehmen; zum anderen könnten auch Rost (unser Geld erwies sich Umwelteinflüssen gegenüber als nicht besonders robust) oder Motten (vgl. mangelnde Resistenz gegen Schädlinge) über die Besitztümer herfallen, wie der *Teufel* über die arme Seele. Deswegen sollten sich die Brüder und Schwestern eben einfach keine Sorgen machen, sondern den lieben GOTT einen netten Mann sein lassen.
"Man kann nicht zwei GÖTT*ern* dienen (vgl. auch *Neune* - Arschkriechen), sondern man liebt den EINEN und haßt den *anderen*. Das Auge, mein Gutester, ist der Spiegel der Seele, vergiß dehs niat! Ist dein Auge also nicht hell sondern dunkel, dann ist eh alles für die körpereigene Sitzfläche, naja, du weißt ja Bescheid ...."
Ich selbst hatte mal wieder keine Ahnung, was ich damit hätte meinen können, aber Schwamm drüber. Manchmal hätte ich mir die Zunge herausreißen können, vor lauter Ärgernis. Zum Glück war ich nie sonderlich konsequent ... (Hatte ich so was schon mal angemerkt?)

Ich schloß daher dieses Kapitel, bevor es noch schlimmer kommen konnte, sinngemäß mit den Worten: "Tut Gutes und nervt weder euch noch andere, dann ist alles in Butter oder kommt da noch hin", ab. "Und wenn der heutige Tag nicht so dolle lief, ich meine, das kann ja mal vorkommen, dann macht euch keinen Kopf was morgen oder in zehn Jahren kommt, sondern denkt nur an heute; damit habt ihr mehr als genug zu schaffen ... Ist das jetzt endlich mal klar?"
Ich erhielt ein mürrisch gerauntes: "Jaha, ist ja gut, wir ham´s ja verstanden", zur Antwort, aber ich glaubte ihnen kein einziges Wort (ich Hobby-Ungläubiger, (oder auch "Thomas") ich).
Noch viel schlimmer aber war, daß Judas fünf Minuten nachdem ich geendigt hatte, mich fragte, was es morgen zum Abendbrot gäbe. Ich fand den Typen ja echt nett, aber dieses permanente Querulantentum ging mir langsam auf die Beschnittenen (was natürlich besser als gar kein angedeuteter Ehebruch war, zumal ich mir die Chancen, demnächst mal in einen Puff zu kommen, abzuschminken begann).
Judas unter die zwölf Apostel berufen zu haben, erwies sich als ein Fehler von mir (aber ich glaube, das erwähnte ich schon beiläufig). Da hatte ich einfach einen schlechten Tag und ein unglückliches Händchen gehabt ... hätte ich mich doch vorher dieses Händchens entledigt ....
Aber was noch alles kommen sollte, konnte damals keiner ahnen – geschweige denn hellsehen.
Matth.6,1 - 6,34

Neunge - Vom Einmischen
Während eines kurzen Päuschens stellte ich fest, daß die Aufnahmekapazität meines Publikums bald erschöpft war. Ich mußte mich also (was völlig untypisch für mich war), erstens kurz fassen und zweitens langsam zum Ende kommen. Erst recht, weil die Leute ohnehin höchstens die Hälfte des von mir Geäußerten verstanden.
"Richtet nicht, auf daß ihr nicht gerichtet werdet." Damit meinte ich eigentlich, daß sich jeder um seinen Müll anstatt den des Nachbarn kümmern sollte. Man muß nicht unbedingt GOTTes Sohn sein, um zu wissen, daß es aus dem Wald so herausschallt, wie man zuvor hineinrief. Die Quintessenz dieses Ausspruches war also am besten mit: "Da kümmer dich ma´ nich üm!", wiederzugeben, was aber, wie ich mit Schrecken feststellte, von niemandem begriffen wurde. Deshalb verfiel ich auf eine kleine List (ich rhetorisches Tausendsassächen), um dem Pöbel beizukommen: "Du siehst den Splitter im Auge deines Bruders, wirst aber des Balkens, steckend in deinem Auge nicht gewahr; du sagst sogar noch: "Warte mal eben, Brüderchen, ich will dir einen Splitter aus dem Auge ziehen!" Das geht doch gar nicht! Bei der Größe des Balkens in deiner Pupille, kommst du doch gar nicht dicht genug an deinen Bruder heran, um an ihm einen derart komplizierten chirurgischen Eingriff vorzunehmen. Aufgrund deines Dilettantismus´ würde das Augenlicht deines Bruders erheblichen Schaden nehmen. Und so was macht man einfach nicht! Erst mußt du üben, üben und nochmals üben, am besten an dir selbst. Wenn das mit dem Entfernen deines eigenen Balkens tadellos geklappt hat, dann kannst du immer noch an der Linse deines Bruders herumwunderdoktoren."
Und da war es passiert: ich hatte mich selbst um den Verstand geredet; ich zumindest kann mir die nun folgenden Worte nicht anders erklären (ich weiß ja auch nicht alles).
Selbst ich, obwohl ich der Redner war, mußte mir fast sprachlos vor Verwirrung lauschen.
"Das Heilige ist nichts für die Hunde; Perlen, die ihr nach meinen Ausführungen zum Thema

"Schätzesammeln" sowieso nicht besitzen dürftet, solltet ihr nicht vor die Säue werfen, denn diese dummen Schweine machen ohnehin nur immer alles kaputt. Sie würden euch zerreißen! Und unrein sind sie, soweit ich mich in der HS", (also der *H*eiligen *S*chrift) "auskenne, obendrein!"
Der letzte Satz hängte sich zwar von selbst an, aber mit solchen Satzfragmenten konnte man die Pharisäer zur Weißglut treiben: da hatten sie dann was zu grübeln, mein lieber Scholli! Ich war richtig gespannt, was sie da wohl hineininterpretieren würden ....
Vor allem aber hoffte ich, daß sie, bevor sie merkten, was für einen Klump ich da verzapft hatte, mir genug Zeit lassen würden, mich vor ihren Augen hinwegnehmen zu lassen (was damals gleichbedeutend war mit "sich aus dem Staube machen", oder über "alle Berge verschwinden" ... oder erzählte ich das schon?).
Da es aber mit meiner Logik merklich rapide bergab ging (sie sich also nicht *vor meinen Augen* sondern eher *hinterrücks* verabschiedete), sah ich mich mehr denn je genötigt, den Labermarathon zu beenden.

Matth.7,1 -7,11

Neunha - Religiöser Kauderwelsch und "Teststrecke" für erste Gleichungen (bzw.-nisse)
Nun aber, aufauf, hopphopp. Ich wollte zum Schluß noch ein bißchen für Unruhe sorgen, gleichzeitig aber einen Teil der von mir verursachten Verunsicherung verunsichern.
Der kategorische Imperativ erschien mir als Eröffnung meines Schlußplädoyers wie erschaffen: "Was du nicht willst, das man dir tu, das füg auch keinem andern zu!" Kurz und bündig und in Versform ... das prägt sich immer ein! Hab ich klasse gemacht. (Ich konnte schon gut dichten, wenn ich´s drauf anlegte.)
Ich hatte ja schon angemerkt, daß glückliche Leute keinen GOTT bräuchten, im krassen Gegensatz zu denen, denen es dreckig ging; und das waren ganz schön doll viele; kannste aber tippen! Es wurde Zeit, den starken Tobak auszupacken, also die ersten Gleichnisse aus dem Sackärmel zu schütteln. Hier war dann auch schon mein erstes Bilderrätsel:
"Gehet durch die enge Pforte auf den schmalen Weg, denn er führt zum Leben. Der breite Pfad hingegen, welcher sich hinter einer ebenso großzügig bemessenen Tür befindet, führt in die Verdammnis." Damit widersprach ich mir natürlich aufs brutalste, aber ratet mal, wem das schnurzpiepegal war ... Hatte ich vor kurzem noch Himmel und Hölle gepredigt, das sich der liebe GOTT schon um alles kümmern würde, so erzählte ich nun rotzfrech, daß sich jeder einzelne selber zu kümmern hätte. Na, was kümmert´s mich? Logik war noch nie ein kennzeichnend Merkmal meiner Monologe gewesen. (Oder habe ich etwa jemals das Gegenteil behauptet?) Warum hätte ich plötzlich mit (meinen) alten Traditionen brechen sollen? Das hätte die Leute doch nur verunsichert.
"Und hütet euch vor falschen Propheten!"
(Schön, daß ich fast gar keinen auf meine Person bezogenen Absolutismus predigte. Ich dankte GOTTimhimmel, daß ER mich sooooooooooooo (zwölf "o" – klar!) bescheiden gemacht hatte. Ich wußte ja nicht einmal, wie man "Krohskottzich" schreibt ....)
"Sie sind wie die Wölfe im Schafspelz, die ihr vorzüglich an ihren Früchten erkennen könnt. Denn: kann man von Dornengewächsen Früchte wie Feigen oder meinetwegen auch Trauben

ernten? Seht ihr! Da ein fauler Baum keine guten Früchte hervorbringen kann, oder andersrum ... ist auch egal ... hackt man den faulen Baum aus lauter Ärgernis um, und wirft ihn ins Feuer zum Rauchen." (Heute würde man wohl sagen, daß man den Baum auf pyrotechnischem Wege "entsorgt".) "Und darum sollt ihr sie an ihren Früchten erkennen. Alles klar?! Nicht? Macht nichts. Es kommen nun mal eh nicht alle in den Himmel, die in meinem Namen handeln. Im Gegenteil! Ha, das wäre ja auch viel zu einfach. Nee, nee, wenn jemand zu mir ankommt und sagt: "Hey, Jesus, alter Stinkstiebel, hab ich in deinem Namen nicht etwa Geister und so´n Zeug ausgetrieben?", werde ich antworten: "Mach dich mal schleunigst vom Acker, du kleines Sünderlein, du. Das könnte dir wohl so passen, was? Einfach in meinem Namen Gutes tun und gleich meinen, jetzt hättest du ´ne Platzkarte im Himmel, zum ewigen Nektar- und Ambrosiagenuß; nee, so ham wir nicht gewettet!"

Nur wer das tut, was ich sage, *außer* er tut es in meinem Namen", (Häh? Soviel zum Thema "Logik") "der gleichet dem Manne, der sein Haus auf dem Felsen baute; das war ´ne Unreinpaarzeherarbeit die er aber nicht in meinem Namen tat; und siehe da, boa ey, als es dem HERRn gefiel, es wie aus Scheffeln regnen zu lassen, da blieb sein Häuschen wie von Zaubererhand gehalten stehen. Und wankte nicht und die Wasser vermochten nicht, es hinfort zu spülen ... Spitzenqualität, gemacht von einer Koryphäe in Bauwissenschaften. Handwerk hat eben felsigen Boden. Wer jetzt aber glaubt, daß das Gute das ich sage, ohnehin nur Firlefanz sei und er es deshalb erst recht nicht tun müsse, oder wenn doch, dann wenigstens in meinem Namen, der gleicht einem absolut Vollbesessenen, der sein Eigenheim nämlich auf sandigem Untergrund errichtete. Das ging ihm zwar schnuckelig einfach von der Hand, und nach ein paar Stündchen stand das Schmuckstück, aber auf einmal ging so was von einem Platzregen nieder, also ehrlich jetzt mal, so was von einem Platzregen habe ich noch nie gesehen, geschweige denn ihr, ihr ungläubigen Übeltäter, daß dem faulen Handwerkerlein zeitgleich hören, sehen und das Häuslein vergingen. Baut deswegen keinen Schund, sondern anständige Häuser, wie der erste Mann. Ich als Sohn eines Zimmermanns muß es ja wohl wissen."

Jetzt war ich voll wie Amphore leer. Ich hatte fertig. Mehr fiel mir im Moment auch nicht ein. Und siehe da (ick hab´s ja jewußt ... vielleicht kann ich doch ein bißchen hellsehen?), das Volk war hin und wech: denn ich lehrte sie nicht auf die langweilige Art wie meine Lieblingsfeinde (die Pharisäer und Konsorten), sondern mit Köpfchen; und natürlich auch mit (zugegebener Maßen vielen, aber) einfachen Worten, die jeder Hans und Franz verstanden - was ich meinte - meistens zumindest - oder so.)

Tja, wenn sich der Intellekt artikulierte, mußte der Pöbel staunend schweigen ....

In meinem Terminkalenderchen trug ich ein, daß ich des öfteren Gleichnisse benutzen sollte, denn sie kamen gut an und sorgten für besseres Verständnis.

An diesem Abend war ich ziemlich kaputt, berief aber trotzdem noch meine zwölf Apostel.

Heidenei, was war ich doch an diesem Tag fleißig gewesen.

Aber danach hieß es für mich: husch, husch, ab inne Heia ....

Matth.7,12 - 7,29

Zehntes Kapitel

Der Wunderdoktor

Nachdem ich den Schönheitsschlaf des Gerechten beendigt hatte, wußte ich nicht so genau, was ich jetzt als nächstes Tolles machen sollte. Mir fiel lediglich auf, daß es Zeit wurde, von diesem Berg herunterzukommen, da mir die Höhenluft auf Dauer nicht so gut bekam, was vermutlich auch mit meiner Akrophobie zusammenhing. Demzufolge beeilte ich mich, den Abstieg zügig zu bewältigen. Ich machte mich aus dem Staube; pardon, will sagen: eine Wolke nahm mich vor den Augen meiner Frischberufenen hinweg (diesmal nicht Himmelwärts ... *noch nicht*! Das wollte ich später mal ausprobieren – Höhenangst hin oder sogar her).
Ich war recht schnell wieder vom Hügel herunter. Zu schnell, um eine Eingebung bezüglich meiner nächsten Aktion gehabt haben zu können. Bevor sich aber Verzweiflung ob dieser Misere meines Gemütszustandes bemächtigen konnte, griff mir das Schicksal unter Zuhilfenahme eines Aussätzigen unter die Arme (der HERR hilft eben doch den SEINEN):
Dieser Schmutzfink, der unter nichts anderem als gewöhnlicher Schuppenflechte litt, fiel vor mir auf die Knie, die Bitte äußernd, ihn doch im Vorüberwandeln zu heilen. Als ich ihn angewidert von mir wegschob, wurde er vor lauter aufwirbelndem Dreck fast vor meinen Augen hinweggehoben, also sagte ich zu ihm: "Sieh zu, daß du regelmäßig an die Sonne kommst und nutze doch, falls du gerade in der Nähe des Jordans sein solltest, die Zeit sinnvoll: nimm nicht nur ein Sonnen-, sondern überhaupt mal regelmäßig ein Bad! Laß dich doch am besten bei dieser Gelegenheit auch gleich von dem heuschreckenfressenden Bademeister taufen - und grüß ihn bitte recht HERRzlich von mir! Ansonsten bist du völlig gesund, würde ich sagen. Wenn du diesen meinen Rat befolgst, kannst du dich schon bald dem, im Tempel gerade Dienst habenden, Priester zeigen, damit er dir ein astreines Gesundheitszeugnis auszustellen vermag."
Der Typ sprang, wie vom wilden Affen gebissen, auf, als hätte ich gerade wer - weiß - was für ein *Wunder* an ihm vollbracht, dankte mir überschwenglichst und lief, GOTT preisend von dannen. Ich, eine große Baustelle - viel Arbeit - auf mich zukommen sehend (hellsehen zu können (falls man dazu in der Lage ist) kann auch ein Fluch sein!), brüllte ihm noch wie ein Izich hinterher, daß er keinem verraten sollte, das *ich* es gewesen war, der ihn "geheilt" hatte. Hörte er schon nicht mehr! Na, tolle Wurst! Ich mußte mir jetzt also doch (da ich keinen Jünger mit solchen Fähigkeiten zum Apostel berufen hatte; hatte ich voll vergessen ... wenn man nicht an *alles* denkt!) umgehenst die eine oder andere Heilpraktikermethode draufschaffen, denn die Besessenen und andere Hypochonder würden ab jetzt natürlich zu Hauf vorbeiströmen, um "gesund" zu werden.
Außerdem würde ich mir "inoffizielle Jünger" zulegen müssen, die hier und da mal einen Krankheitsfall simulieren sollten, bloß um von einer Sekunde auf die nächste von mir "geheilt" zu werden. Dazu brauchte ich aber etwas, das ich eigentlich nicht hatte, nämlich beaucoup du temps (und im passenden Moment weniger Zungen - Brüller!). Von diesem Berg wegzukommen hatte erstmal absolute Priorität. (Das mein zukünftiger Propagandachef über medizinische Grundkenntnisse verfügte, konnte ich ja zu diesem Zeitpunkt wahrlich nicht ahnen; auch des "Schauspielertrüppchens" entsann ich mich in diesem Momente nicht. Aber was es mit diesem auf sich hatte, schildere ich Euch noch ausführlich – ich wollte es nur schon am Rande erwähnt

gewußt wissen.)
So schlug ich meinen Apöstelchen vor, doch ein paar Tage in Kapernaum abzuhängen. ("Klar, da gehen wir dann auch mal in den Puff.") Mit 13 Mann hoch dackelten wir die erstbeste Ausfallstraße in Richtung Kapernaum los, meine Apostel sich nach wie vor in kindlicher Ungeduld übend, immer vorneweg, wohingegen ich es bei weitem nicht so eilig hatte. Im Gegenteil, ich bummelte und trödelte, was das Zeug hielt. Immerhin hatte ich meine Gedanken zu ordnen, denn eine so groß angelegte Volks"bekehrung" wie ich sie zu planen begann, erforderte eine wesentlich straffere Organisation, als hier und da mal von einem Hügelchen herunterzupredigen oder zufällig auftauchende Hypochonder zu heilen.
Wie von mir vorhergesehen (ein *bißchen* konnte ich ja manchmal doch hellsehen), liefen mir nach der Bergpredigt die Leute scharenweise nach. Fast jeder von ihnen ein Hypochonder, oder zumindest einer, der sich dafür hielt, oder es mal werden wollte; sie alle wollten von irgendwelchen Wehwehchen befreit werden. Ich hätte den Rest meines Lebens damit verbringen können. - Predigen hätte ab sofort nicht mehr zu meinen Freizeitaktivitäten gezählt werden können, ey, echt nicht, geschworen! Ich hieß alle Sorgenfälle an, sich hinten anzustellen, während die, die mir lediglich nachfolgen wollten, neben mir laufen durften. Auf diese Weise entstand ein Ring von Nichtgebrechlichen um mich herum. (Mit *Nach*folgen wars also vergorener Wein!) Aus ihrer Mitte sortierte ich flugs die geistig Armen aus, so daß ich mich schließlich im Kreise meiner gewieftesten Anhänger befand. Dieser Elitetruppe teilte ich nun durch die Blume mit, daß sie genau das sei: meine Elitetruppe unter den Auserwählten. Sie sollten aber auf keinen Fall meinen Zwölfen was davon erzählen, denn das hätte vermutlich nur böses Blut gegeben. Jedes Kind weiß ja, daß, wenn man schon Vetternwirtschaft betreibt, sich jeder einzelne Angestellte für die rechte Hand des Chefs halten muß. Die "rechte Hand "spurt dann einfach besser, weil sie nicht aufgrund irgendeines Ärgernisses abgetrennt werden möchte, wißt Ihr?!
"So ...", sagte ich, "... ihr seid jetzt alle ganz viele kleine rechte Hände von mir - toll, ne?! Aber erinnert euch ans Abhacken und den ganzen Klimbim, den ich gestern von dem Berg heruntererzählt habe. Ihr macht ab sofort folgendes: ihr haltet euch stets im Hintergrund und fallt um GOTTes Willen nur dann auf, wenn ihr von mir diesbezügliche Instruktionen erhalten habt. Ich werde mich ab jetzt mal des öfteren in die Einsamkeit hinwegnehmen, um, so werde ich vorgeben, zu beten. Stattdessen aber werdet ihr von mir aktuelle Order erhalten, die ihr, verdammt noch mal, auch ausführen werdet, weil ich euch sonst nämlich absäge, Verzeihung, abhacke. Basta!"
Das hatten alle verstanden; mit meinen Angestellten sollte ich vielleicht in Zukunft nur noch Tacheles reden – das schien mir einen Haufen Streß zu ersparen.
"Wie ihr ja wohl mitbekommen haben werdet ...", fuhr ich fort, "... sind wir auf direktem Weg nach Kapernaum. Eure Aufgabe dort ist es ...". Weiter kam ich nicht. Einer aus der "Eliteeinheit" unterbrach mich: "Alter Jude, wird das jetzt eine von den soeben von dir erwähnten Instruktionen? Ich frag nur sicherheitshalber, weil wir ja weder in der Einsamkeit sind, noch ich dich betend sehe ...."
Diese extreme Form von Stupidität hätte mich unter normalen Umständen schon kirre gemacht, aber ich hatte gute Laune und dachte deshalb in nullkommanix um:
"O.K. ...", sagte ich, den anderen mit nach oben verdrehten Augäpfeln zuzwinkernd, "... du bist aber ein ganz besonders pfiffiges kleines Kerlchen, was?"

Er nickte stolz: "Jaha, voll ey!"
"Ich auch, ich auch!", "Na und ich erst", fingen ein paar andere (wahrscheinlich gute Freunde des ersten Deppen) an anzugeben.
"Schön, ihr "besonderen" unter meinen Jüngern geht stante pede nach Kapernaum." Dann flüsterte ich ihnen meinen Plan in die Ohren. Sie freuten sich wie die Diebe. Ihr freudiges: "Au ja, das ist aber ein toller Streich!", und die weiteren Beifallsbekundigungen unterband ich mit einem rigorosen "Pssst!" und einem pantomimisch dargestellten Abhacken der rechten Hand. Freudig erregt hoben sie sich vor meinen Augen hinweg; *die* Deppen war ich los. Die neugierig fragenden Blicke der verbliebenen Crew beantwortete ich mit Geheimniskrämerei; sie sollten sich einfach überraschen lassen, sich aber ab sofort auch stillschweigend im Hintergrund halten. Der Rest der zurückzulegenden Wegstrecke verging wie im Flug; ich lernte viel über Besessenheit, indem ich mit Besessenen plauschte. Natürlich fragten mir auch meine Apostel bezüglich unserer Ankunft an unserem Reiseziel wieder Löcher in den Bauch. So kamen wir hastdunichtgesehen nach Kapernaum. Mein Versprechen, hier einen kleinen Abstecher in den Puff zu machen, konnte ich mir natürlich von der Backe putzen; es war einfach zu viel Gesocks, das andere Anforderungen an mich stellte, zugegen. Was für ein Dungspiel! Judas mußte natürlich auch seinen Senf dazugeben: "Jesus, sach mal, *du* hattest uns doch *versprochen*, daß wir hier mal endlich einen Stich machen dürften. Jetzt wird wieder nichts daraus! Also eins prophezeie *ich* dir: wenn das so weitergeht, kriegen wir früher oder später gewaltigen Streß miteinander." Ich vertröstete ihn und die anderen Jünger auf einen anderen Zeitpunkt, begann aber auch rumzuquengeln: "Oooooooooooooch, menno! Ich hatte mich so auf die Besichtigung der hiesigen Synagoge gefreut!"
"Aber danach gehen wir alle in den Puff, ja?"
"Na schön, meinetwegen."
Kaum hatten wir die Synagoge betreten, überkam es mich wieder: mein vorlautes Mundwerk. Ich schwafelte ewig und drei Tage lang von GOTT und der Welt ... die Zeit verging in Windeseile. Und dann kam es endlich; mir gingen schon fast die Worte aus (und das will bei mir echt was heißen, wie Ihr wißt!), als endlich einer meiner Spezialjünger seinen Job machte: "Was willst du denn hier?", keifte er mich an, und Geifer spritzte kreuz (autsche!) und quer durch den Tempel. "Du bist nur gekommen, um uns alle alle zu machen. Brauchst gar nicht wegzulaufen, ich kenn dich nämlich! Tjaha, das hättste jetz´ auch nich´ gedacht, wie? Du bist nämmich der heilige Sohn GOTTes. Das ist mal so sicher wie das Amen in dieser Synagoge!" (Meinsack, der war wirklich gut; ich hatte mit allem (Un-)möglichen gerechnet, aber nicht mit einem verkappten Schauspieler dieser Qualität unter meinen "Spezis". Bei meinem vorlauten Mundwerk! Hätte ich es nicht besser gewußt, hätte ich ihn *tatsächlich* für irre gehalten.)
"Ach halt doch du deine Backen!", HERRschte ich ihn an. Und mit wesentlich theatralischerer Geste (mit ausladender Armbewegung und allem Schickimicki und so): "Fahre aus, du unreiner Geist, du! Fahre hinfort und geh doch, wo du wohnst!"
Teufel auch, jetzt war ich aber auf die Reaktion gespannt!
Der Typ wälzte sich auf dem Boden, schrie wie am Spieß und strampelte mit allen, ihm zur Verfügung stehenden Gliedmaßen. Abrupt hielt er inne, faßte sich an den Kopf und schüttelte denselben, als ob er aus einem üblen Alptraum erwachte. Danach stand er auf, sah mich an und sagte: "Das war aber nett von dir. Danke, Jesus. Tschühüß.", und ging seines Weges. Auch

wenn er ein Idiot war, schauspielern konnte er, das mußte ihm der *Neid* lassen.
Die umstehenden Synagogengänger bauten Staunklötze. (Ja, was bin ich denn für einer?!) Ich ließ mich noch gebührend (ein bißchen) feiern, bevor ich mich aus dem Miniaturtempelchen absetzte.
Kaum war ich vor die Tür des Bethauses getreten, stürmten ein paar andere der vorausgeschickten Handlanger auf mich zu: "Herr ...," (meinen Namen hatten sie wohl schon vergessen) "... hilf unserem Hauptmann; sein Knecht ist voll der Kranke! Wir glauben, wenn du nicht hilfst, geht der bald über den Jordan." (Erneuter Eintrag ins Terminkalenderchen: "Wassertreten ausprobieren!" - Das stimmte mich jetzt aber doch ein wenig melancholisch; erinnerte mich der Jordan doch an den Heuschreckenfresser.) "Bitte, komm schnell mit. Es ist voll dringend!"
Da wurde ich aber sauer! Die hätten eigentlich einen "Todsterbenskranken" zu mir schleifen sollen, mit der Bitte, für dessen baldigste Genesung zu sorgen! (Ich erfuhr erst später, daß der "Kranke" im Puff ver*sackt* (Schenkelklopfer!) war.) Während ich noch überlegte, wie ich mich geschickt aus der Affäre ziehen könnte, betrat ein anderer meiner Gefolgsleute die Szene.
Er trug den letzten Schrei an oberwichtigem Hauptmannsfummel und sagte: "Herr Jesus,", (hey, *der* wußte meinen Namen noch!) "ich bin es nicht wert, daß du mich besuchen kommst, denn siehe, du könntest dich anstecken. Und außerdem, wenn ich zu einem meiner Männer sage: "Tu gefälligst dasunddas, aber hurtig!", dann tut er auch dasunddas ... aber hurtig! Und da hab ich so bei mir gedacht, da du ja viel mächtiger bist als ich, reicht´s doch eigentlich schon, wenn du sagst: "Werde gesund!", damit mein Knecht gesund wird!"
Na, aber heißa, hopsa, Lillebror! Ich hatte den Typen ja auch (fälschlicherweise, wie ich zu meiner Schande gestehen mußte) für einen Trottel gehalten, aber in diesem Moment hätte ich ihn herzigen und küssigen können - auf mannigfaltige Weise! (Aber das wollte ich dann doch lieber mit den Professionellen im Freudenhaus praktizieren ...) Dieser Mann (bzw. sein Plan) war trotz (oder sogar *wegen*) seiner Improvisation brillant! Der lieferte sogar den Text gleich mit! Kippa ab!!!
Ohne zu zögern ergriff ich die Situation beim Schopf (GOTTes Sohn ist ja nicht aus Dummsdorf!) und erzählte dem gaffenden Mob gleich noch ganz nebenbei was von optimalem GOTTvertrauen und - ach ja - ehe ich´s vergaß, daß der Knecht natürlich auch mal eben wieder gesund sei.
Noch Wochen später kursierte diese Anekdote von der "Wunderfernheilung" in ganz Kapernaum und Umgebung.
Ein paar Tage nach dieser Aktion ernannte ich den vermeintlichen Hauptmann zu meinem Propagandachef, den ich liebevoll "Propi" nannte. Der Kerl war Gold wert! (Ich hätte ihn natürlich auch "Profi" nennen können – immerhin profi*tier*te (haha) ich ja von ihm und seinen Künsten. (Vgl. "Viertes Kapitel")
Was nun folgte, könnte man auch getrost "Der Wunderdoktor, Klappe die zweite" nennen, vorausgesetzt, es hätte schon so etwas wie "Klappen" gegeben.
Es war später geworden, als ich angenommen hatte. Mein Magen meldete sich mit ungestümer Vehemenz. Damit wars auch vorerst vergorener Wein mit ´m Puffbesuch. Mein "gutes" Dutzend war genauso hungrig wie ich (lediglich Judas bildete eine Ausnahme) und hatte deshalb keinerlei Einwände gegen die Abänderung des Tagesplanes. Petrus fiel ein, daß seine Mutter gleich um die Ecke wohnte, und fragte, ob wir nicht alle dort einen kleinen Happen spachteln

gehen wollten. Das fand ich irgendwie nett von ihm, muß ich schon sagen.
Petrus war (ich glaube, ich erzählte Euch schon davon) nicht gerade mit Grips gefüttert worden. Das wirkte sich auch nachteilig auf seine korrekte Artikulation aus: es stellte sich nämlich heraus, daß seine "Mutter" lediglich seine Schwiegermutter war. Na, was 'ne Schote; wir hätten alle herzlich gut lachen können, wäre die arme, alte Frau nicht in Ohnmacht gefallen (die einer Synkope (was in Zungen "Kollaps" meint) verdammt nahe kam), als wir zu dreizehnt (die mitgekommenen Menschenmassen nicht mitgerechnet) vor ihrer Tür standen, und sie um ein Abendbrot anschnorrten. Sie hatte, ach wie überraschend, auch in keinster Weise mit unserem Auftauchen gerechnet; am allerwenigsten mit dem von Petrus, denn dieser Hallodri hatte sich meinetwegen die letzten paar Tage etwas rar gemacht. (Es kursierte sogar das Gerücht, er sei nicht, wie bisher üblich und deshalb vermutet, ins Bordell gegangen, sondern ob meiner attraktiven Existenz etwas "schwül" geworden, was er natürlich vehement von seiner Intimregion wies.)
Wie dem auch sei, die gute Frau sah uns vor sich stehen und kippte stumpf nach hinten weg. Da niemand hinter ihr stand, der sie hätte auffangen können, knallte ihr Hinterkopf mit einiger Wucht auf die Auslegeware, die zu meiner Zeit vornehmlich aus Fußboden bestand. Ich, hilfsbereit wie ich nun einmal war, hob sie auf und packte sie umgehenst in die Heia. Hinter uns schloß ich die Tür, spritzte ihr Wasser zwischen die (altersbedingten) Gesichtsrunzeln und ließ sie zu guter Letzt an meinen ungewaschenen Körperstellen riechen. So kam sie superduperschnell wieder zu sich, redete aber wirr ... kein Zustand also, den ein paar saftige Ohrfeigen nicht hätten beseitigen können. Leider GOTTes fiel sie wegen der Heftigkeit meiner (gut gemeinten!) Schläge immer wieder ins Hypophysäre (was "ins Komatöse" heißt), aber ich hatte ja massig Kraft in der "Armenkasse" und ... Hunger im Bauch!!!
Als sie *endlich* (ich war schon am verzweifeln!) dauerhaft ansprechbar war, zerstreute ich ihre Bedenken ob Petrus´ Homosexualität: ich versprach ihr, gleich nach dem Abendessen, welches sie doch auch mal allmählich vorbereiten könnte, mit den Jungs in den Puff zu gehen.
Tja, wie Schwiegermütter nun einmal sind, war sie nicht sonderlich vom Besuch ihres Schwiegersohnes begeistert, aber sie fuhr die gesamte Speisekammer auf. Wir spiesen und tranken für 5000! Während wir uns die Bäuche vollschlugen, erzählte ich den anderen, daß die Frau schon vor unserem Eintreffen Fieber gehabt hätte, aber daß ich dem Fieber, wie das eben so meine Art sei, knallhart Einhalt geboten hätte, und daß Thomas, falls er mir nicht glauben sollte, sich doch besser des Besessenen und des Hauptmanns entsönne. (Ich schätze, ich habe eine kleine Schwäche für/mit des Konjunktivs ... nobody´s perfect (und für "Zungen", aber dazu später; auch wenn diese Vorliebe auf´s Herbeste enttäuscht werden sollte ...)) Boa, so gut hatte ich schon lange nicht mehr gegessen (und getrunken). Pappsatt und ein bißchen angetüdelt sah ich mich in der Hütte nach ausreichend vorhanden seienden Schlafgelegenheiten für uns um. Zauberflott erkannte ich, geschulten (Adler-) Auges (auch bei uns zu Hause war´s ganz schön eng gewesen), daß hier zu wenig Platz für uns alle war. Hätte ich Wunder vollbringen können, wäre der Platzmangel kein Thema gewesen, aber so ....
Nachdem ich zusätzlich der Berge von Abwasch gewahr wurde, tat mir - ganz plötzlich - mein Knie weh. (Man müßte einen Geschirrspülsklaven erfinden, am besten einen elektrisch betriebenen, schoß es mir durch den Kopf, aber ich war zu müde, um diesen Gedanken weiterzuspinnen; außerdem sind Ideen, die man mit angeduntem Kopf kriegt, sowieso meistens für´s Gesäß!

Ich konnte ja nicht ahnen, daß der HERR noch jemanden "erfinden" würde, der die Elektrizität erfände ....)
"Los, Abgang!", befahl ich, zwar gähnend, aber nichtsdestotrotz nachdrücklich.
"In 'n Puff?", kam es von meinen, mittlerweile mehr als notgeilen Jüngern zurück. Als ob die schon mal mit beschwipsten Kopf einen "hochgekriegt" hätten. - Ende der Fahnenstange!
"Aber versprochen ist versprochen und wird auch nicht gebrochen!"
Da war nun selbst ich (auf einmal) mit meinem Hebräisch am Ende ....
Wir verließen das Haus, und draußen warteten noch immer die Möchtegernkranken. Beim Durchdrängeln legte ich ein paar von ihnen die Hand auf, was nicht mehr heißen will, als daß ich sie rüde beiseite schubste, oder ihnen sogar so heftige Schmerzen an anderen Gliedmaßen zufügte, daß sie ihre ursprünglichen Wehwehchen nicht mehr ad notamten (könnte ich doch auch meine Zungen nicht mehr zur Kenntnis nehmen ...), und sich deshalb kuriert wähnten. GOTT hilft eben den Tüchtigen - aber warum dann mir ...?
Irgendwie waren wir, statt ins Kapernaumer Vergnügungsviertel zu gelangen, wie von des HERRn Hand geführt, an einem See gelandet, der kleine Wellen zielstrebig Richtung Ufer schickte; ein merkwürdiger See fand ich – "blau wie ich" – blau wie ich war. Das war eine verzwickte Situation: vor uns Wasser, hinter uns die "Kranken". Für mich war´s am allerballerschlimmsten: um mich herum meine genital motivierten Adjutanten, Judas mittendrin: "Na, wo ist jetzt der Puff ...?"
Mir riß der Geduldsfaden: "Wer hat denn je gesagt, daß wir in Kapernaum das Freudenhaus besuchen, hä? Seeluft macht, weil das Fleisch schwach ist, willig, oder ist dem Herrn Judas das "Gerasener Freudenstübchen" nicht gut genug? Ich denke ...", herrschte ich meine Mannschaft jetzt pauschal an, "... ein paar von euch sind ausgebildete Schiffer, äh Fischer! Also laßt uns da vorne ein Boot kleptomanieren - auch wenn wir sonst keine haben - Manieren, meine ich - und dann ab mit euch in die Pinnen; legt euch in die Riemen, ihr Saftsäcke! Muß ich euch denn wirklich *alles* erst vorbeten?"
Aaaaargh, war ich genervt! Wir konfiszierten eins der Seevehikel und ließen uns vor aller Augen im Eiltempo hinwegnehmen.
Als hätte ich dem HERRn gelästert, kam es, wie es kommen mußte! Wenn ich im Kahn sitzend einen in demselben sitzen hatte, konnte es nur dumm laufen! (Nicht etwa, das ich zu pessimistischen Vorahnungen (hübsches Doppelmoppel, gell?) neigte, niiiiiiiiiiiiiie!) Ich war gerade eingepennt, da weckten mich meine Getreuen. Wir hatten, wie ich unschwer erkennen konnte, noch nicht die Mitte des Binnengewässers erreicht, als ein laues Lüftchen meine Anhängerschar in Panik geraten ließ. Sie waren ausschließlich von ihren unkontrollierbaren Hormonen gesteuert:
"Jesus, sieh doch nur! Wir sind in einen Sturm geraten! Ach, HERRjehchen!!! Jetzt guck dir mal dieses Unwetter an! Sag uns doch, was wir tun sollen!", rief Johannes (der Apostel - nicht der Täufer!) sich die (auffallend gepflegten) Hände entsetzt vor die Augen haltend. Der "Sturm" war nicht weiter beunruhigend, aber der Alk schlug just radikal bei mir an: "Sacht ma, wat is´ eintlich los? Seht zu, dat ihr über´n See rüberkommt, haltet die Backen, und weckt mich nicht dauernd ..." Ich drehte mich wieder auf die Seite (immerhin hatte ich den einzigen Liegeplatz an Bord ergattert), "... und macht mich erst wach, wenn *wahrlich* wat passiert!" (Hatte natürlich (der Zungen wegen) keiner von ihnen verstanden!)

Ich rappelte mich trotz der Müdigkeit noch mal hoch, um herzhaft den Vogel mit dem langen Hals über die Reling zu machen; anschließend fiel ich in einen traumlosen Schlaf, in dem mir vielerlei merkwürdige Bildnisse das Nichtträumen unmöglich machten ... Männer waren solche Memmen; ich sollte mir Jüngerinnen zulegen ... Mit diesen Gedanken entschlummerte ich seligerdings, diesmal träumend.

Und was ich träumte ... heidewixgar ... wollte gerade ein feuchter Traum werden, als ich jäh unterbrochen wurde. Judas sah ich zuerst, lächelnd. Die anderen Elf umstanden ihn mit ängstlichen Gesichtern. Er setzte mich davon in Kenntnis, daß aus dem anfangs lauen Lüftchen nun doch schon fast beinahe so etwas wie ein richtiger Sturm geworden sei.

Mühsam richtete ich meine bezechten Glieder halb auf. (*Teufelchen* auch, ich hatte mir die Schulter verlegen!) Meine Apostel hatten allem Anschein nach noch nie einen Sturm zu Gesicht bekommen: "Ich glaube, das hört bald wieder auf", lallte ich in die feige Runde, und entschlummerte umgehenst wieder.

Leider hörte das Unwetterchen nicht bald wieder auf, weshalb meine Getreuen mich erneut wachrüttelten. (Hatte ich schon erzählt, daß ich mit besoffenem Kopf manchmal den fiesen Möpp raushängen ließ?) Auf jeden Fall war ich jetzt schon zum zweiten Mal an diesem Abend stocksauer.

Ich stützte mich an der Reling ab und brüllte (eher die Weckaktionen meiner Jünger als den "Sturm" meinend): "Jetzt ist es aber bei Kleinem auch wirklich mal gut!"

Den Rest der Überfahrt wurde ich nicht mehr gestört. Als ich am anderen Ufer angekommen seiend erweckt wurde, hatte sich auch die Schlechtwetterfront verzogen.

Meine Jünger staunten nicht schlecht, ob dieses "Wunders". Da hatte ich ja unreines Borstentier gehabt ....

À propos Schwein: An diesem Tag hatte ich meiner bescheidenen Meinung nach schon genug gewundert, hatte aber die Rechnung ohne meinen Propagandachef gemacht!

Wir hatten uns ein flauschiges Feuerchen entfacht, die Klamotten zum Trocknen aufgehängt und es uns einfach gemütlich gemacht (ein Reim, ein Reim!), da stürmte aus dem anliegenden Wäldchen ein unglaublich verwahrloster Waldschrat (was im Grunde genommen eine nur logische Titulierung ist, wenn man sich überlegt, wo der Knilch hauste) auf uns zu: zerrissene Ketten an den Handgelenken und um den Hals tragend, genauso nackt wie wir, aber total verdreckt. Er hielt einen Stein in der Hand, den er sich mit schöner Regelmäßigkeit gegen den Schädel knallte. Er schlug, bei unserem illustren Grüppchen ankommend, zum wiederholten Male der Länge nach hin, vergaß auch die neuerliche "Steinigung" nicht und rief: "Was willst *du* hier, alter Neger?"

Ich - perplex: "Was bist du denn für einer?"

"Einer? Hah! *Wir* heißen Leguan, äh, *Legion*, denn wir sind ganz schön viele!"

"Ach ja? Und wie viele genau, wenn ich fragen darf?", fragte Thomas.

"Wir sind die wilden Dreizehn!"

"Das glaube ich ihnen nicht!", entgegnete Thomas, und Judas fügte (völlig überflüssiger Weise) hinzu, daß dem HERRn und auch Jesus solche Namen nicht wohlgefällig seien; er selbst könne das am besten beurteilen und auch ein Liedchen davon singen ... "und zwar dreizehnstimmig!", fügte er seiner Hinzufügung hinzu, wohl um sich bei mir Liebjünger zu machen.

Meine Jünger rissen ja ihre Klappen plötzlich ganz schön weit auf ....

Thomas musterte den Irren skeptisch, und auch ich glaubte, den Bekloppten aus der Synagoge unter all dem Schmadder wiederzuerkennen.
"Ach Herr, bitte quäle mich nicht", fuhr der, vom Dämon des "im Walde herumschratens" Besessene fort. "Ich bin so vielevieleviele unsaubere Geister, daß ich, da ich nur bis Dreizehn zählen kann, mich außerstande sehe, sie alle durchnummerieren, geschweige denn, ihnen Einhalt gebieten zu können!"
"Und was meinst du, kann ich da tun?", frug ich, bevor einer meiner Vorlauten erneut das Wort ergreifen konnte. Ein nervöses Augenzucken, in das ich ein Blinzeln hineininterpretierte, bemächtigte sich seiner Züge: "Wie wäre es denn, wenn wir vielenvielenvielen bösen Geister alle in die da hinten grasende Schweineherde einführen?"
Schweine mochte ich sowieso nicht, denn ich hatte ja noch nie eines essen dürfen, da sie angeblich "unrein" waren, und das, obwohl sie so lecker aussahen. Da sie also nicht zum Verzehr geeignet waren, waren sie (in meinen (Adler-) Augen) überflüssig, und deshalb (und auch in Ermangelung einer besseren Idee) gestattete ich es ... gönnerhaft! Augenblicklich fiel der Typ zu Boden, wand sich wie nix gutes, bevor er, wie vom Schlag getroffen, reglos liegenblieb. Nun folgte ein Naturschauspiel von beeindruckender Schönheit! Ich bin fast versucht zu sagen: ein Schauspiel für die GÖTTer! Fast unisono quiekte die Schweinebande auf und stürzte sich im Schweinsgalopp in den See. Ich war (mindestens) so baff wie meine Jünger! Es ist mir bis heute ein Mysterium, wie ich (bzw. Propi) das gemacht habe (bzw. hat). Zumindest entstand so das sprichwörtliche "arme Schwein". Egal. Der Zweck heiligte (das war auch schon damals so) die Mittel.
Kaum waren die (alten?) Säue ersoffen, benahm sich der "Geheilte" wieder normal, badete und ließ sich, als er damit geendigt hatte, von mir einen Sack geben (zum Anziehen, menno!). Zusätzlich wollte er sich noch meiner Truppe anschließen, was ich natürlich unmöglich gestatten konnte. (Von wegen "Glückszahl" und so.) Außerdem hatte ihn Thomas fast erkannt; das war mir zu risikoreich und zu unprofessionell.
Ich wies ihn an, in der Stadt zu bleiben und jedem zu erzählen, wie toll ich doch sei.
Ferner, Fuchs der ich war, verkaufte ich ihm diese Mogelpackung selbstverständlich als einen "Spezialauftrag", damit er sich drüber freuen sollte.
Ungefähr ein Stündchen später hatte ich das halbe Dorf (war nix mit "Stadt") zur Gesellschaft, die mich aber alle nur baten, mich doch gefälligst aus ihrer Präsenz zu subtrahieren, denn sie wären ein ruhiges kleines Dörfchen und gedächten, auch ein solches zu bleiben; Publicity und Gläubigentourismus, wie Pilger, bräuchten sie hier weißGOTT nicht und ihr Leben sei auch so schon anstrengend genug, außerdem seien sie auf so viele Gäste auch gar nicht vorbereitet; sie wüßten ja nicht, wie das woanders abliefe, aber sie hätten echt keinen Bock auf so viele Fremde bei sich im Ort und wollten wohl doch lieber ihre Ruhe haben, und ob ich denn kein Zuhause hätte, aber das sei ihnen auch scheißegal, Hauptsache wir würden unsere ausschweifenden FKK-Feten an anderen Stränden feiern und dort den Frauen mit unseren knackigen Körpern den Kopf verdrehen, sie seien, verdammt, zum *Teufel* und dreimal draufgespuckt und die Hacken zusammengeschlagen eine verflucht anständige Gemeinde, in der es ja noch nicht einmal ein anständiges Bordell gäbe und wenn wir hier nicht sofort verschwinden würden, gäbe es keine Anzeige in Rom, sondern eine sofortige Lynchjustiz, die unweigerlich erst mit einer Kreuzigung – "autsche" hin oder her - meiner Person ihr Ende fände.

Puh, das war harter Stoff, vor allem, wenn man meine Abneigung gegen Holzarbeiten bedenkt (die durch meine Lehre hervorgerufen worden war; oder sagte ich das schon?), ganz besonders, wenn´s ums Kreuzigen ging ....
Also verabschiedeten wir uns artig von den Gerasenern und ruderten zurück. Das war irgendwie ein spannender Tag gewesen. Keiner hatte mehr Lust, sich ehebruchtechnisch zu betätigen. Deshalb fielen alle erschöpft in den Sand und begannen, ihren Restrausch auszuschlafen.
Ich hingegen verzog mich erst noch in die Einöde, um zu beten ... nebenbei ernannte ich "Propi" noch mal zum "Propi", diesmal aber offiziell, mit Evangelium schreiben und allem Pi, Pa und Po. Is mir doch PuPe!
  Matth.8,1;8,5;8,23;8,28;Mark.1,21;4,35;5,1;8,40;Luk.4,31;4,38;5,12;7,1;8,22;8,26;Joh.4,43

Elftes Kapitel

<u>Pharisäer, die Ersten</u>

Mir war hundeelend. Es war saukalt, ich hatte einen Schweinehunger und einen Affenkater, weil, Durst wie eine tibetanische Bergziege. Meine Schäflein schliefen noch wie die Murmeltiere. Ungeachtet dessen hatte ich Hummeln im Hintern. Im Grunde genommen hätte ich unter diesen parthenogenesisch bedingten (also unschuldig "anderen" – heißt Ihr auch Joseph?) Umständen auf den Beruf des Zoodirektors umschulen können, aber stattdessen erweckte ich meine zwölf Siebenschläferchen aus ihren Träumen und stellte bei dieser Gelegenheit fest, daß Kebap (oder Simon oder so) sich über Nacht abgesetzt hatte. (Wahrscheinlich war er mit einer megantischen Morgenlatte und (berechtigten?) Zweifeln an meinen Versprechen aufgewacht.)
Mein Vorschlag, bei Petrus´ Schwiegermama zu frühstücken, stieß auf vorbildliche Nächstenliebe; lediglich Thomas hatte Zweifel daran, daß ich tatsächlich über soviel Dreistigkeit verfügte: "Ehrlich, Jesus? Boa, ich glaub´s nicht!"
Na gut, ein paar meiner Menschenfischer sollten ins Wasser gehen, zur Abwechslung Fische fangen, damit wir nicht wieder mit leeren Händen bei Petrus´ Verwandtschaft auftauchten, mal ganz abgesehen davon, daß wir am Vorabend, wie ich glaubte mich entsinnen zu können, tabularasa gemacht hatten. Fisch zum *Kater*frühstück war ohnehin *der* Trumpf **schlecht**hin, weil: keine Vögel. Petrus fuhr auch mit hinaus und ich zeigte mich generös (wie ich es häufig tue, wenn mir dadurch Vorteile erwachsen ...), und wiederholte das Wunder seines monströsen Fischzuges, damit es mir mit der verbliebenen Gefolgschaft nicht eines schönen Tages so erginge, wie mit Simonkebap (oder wie der auch immer geheißen hatte).
Bevor es bei Petrus´ Schwiegermama lecker Bratfisch mit Fladenbrötchen und Kaffee ("Dreckwasser am Stecken" – kleiner Scherz) gab, mußte ich die gute Eigenheimeignerin erst mal von einem unreinen Geist befreien (darin hatte ich ja nun Übung), denn diesmal *tobte sie* wie jeck, als wir erneut vor ihrer Tür standen. Aber heute hatten wir ja Fisch mitgebracht und deshalb durften wir nach dem Frühmahl noch des restlichen Weines in Täßchen frönen. Als dieser schließlich geleert war, machten wir uns frohen Mutes auf die Sandalen, gespannt der Dinge, derer uns an diesem Tag harrte. Während des Weges Strecke passierte das Klassische:

endloses Monologisieren und Grübeln meinerseits, nervtötendes "Frage- und Antwort - Spiel" seitens meiner Reisegefährten. Meine Hauptsorge war, ob mein frisch ernannter Propi seinen Job auch ernst genug nahm ... er nahm!!!

Nach ca. einer Stunde "*strammen torkelns*" (Leser beachte das Paradoxe dieses Wortspiels ... hach, bin ich gut!), gesellten sich zwei von dem unreinen Geist der Amaurose Geplagte zu uns (was nichts anderes heißt, als "zwei Blinde finden auch mal einen Heiland"), die unbedingt geheilt werden wollten. Leider hatte Propi diese Aktion etwas in den Sand gesetzt: über Auditorium Maximum mußte ich mich in dieser Situation fürwahr beklagen: Menschenleere, soweit das Auge reichte. (Was ja, zumindest in meinem Fall, sehr weit reichte, aber das erwähnte ich nebenbei schon.)

Im Vorbeischwanken legte ich ihnen geflissentlich die Hände auf, was sie (ein Wunder, ein Wunder!) sofort wieder sehen ließ. Später tauchte dann auch noch ein mutisurdidassener (sprich in Zungen: taubstummer) Besessener auf, dem dieselbe wundersame Heilung widerfuhr. (Da hätte ich mit der gleichen Anstrengung auch einen beinarmamputierten Querschnittsgelähmten heilen können!)

Aber alle hatten die Frechheit, sich ohne ein Wort des Lobpreises zu verlieren, vor meinen Augen hinwegzuheben. Obendrein geschah dies (wie gesagt) alles ohne Zuschauer. Also so was! (Ich stauchte Propi deswegen ein bißchen verschärft zusammen, aber er meinte, meine "Festen Jünger" (inklusive des Spezi-Kaders), würde ich jetzt nie wieder loswerden, was sich dann auch im Laufe der Jahre als richtig herausstellte.)

Am nächsten Tag waren die undankbaren "Geheilten" ohne festen Job ... das hatten sie nun davon! Bei der damaligen Arbeitsmarktsituation brauchten die ein Wunder, um wieder in Lohn und Brot zu geraten ....

Am späten Nachmitdiem erreichten wir *endlich* ein *Kuh*dorf, was schon Fügung zu sein schien, da wir (Achtung: GÖTTliches Wortspiel:) un*endlichen Kuh*ldampf hatten. Er war geradezu allmächtig. In dieser ruralen Landschaft war eh nie was los. Die Bauern strömten zuhauf herbei, während ich so vor mich hinpredigte. Ich vergaß nicht, den Leuten immer und immer wieder einzuschärfen, daß bei kleinem ja Essenszeit sei. Sofort (also nach der –zigsten Erinnerung an die Essenszeit) wurden wir vom wohlhabensten Bauern zum Picken eingeladen, aber (ick hab´s ja jeahnt) wa´ nattüsch´ nüscht mit lecker Happa machen! Die (Un-) gläubigen ließen mich einfach nicht in Ruhe, dabei befanden wir uns schon in der guten Stube des Bäuerleins. Vor meinem neuen "Wunder" mußte ich unbedingt etwas in den Magen kriegen - oder alle anderen mitfasten lassen - ich darbte immerhin auch schon lange genug! Krampfhaft versuchte ich all die Mühseligen und Beladenen wegzuschicken ... vergebliche Liebesmüh ....

GOTT, hatte ich eine Hüngrig- und Dürstig- nach der Gerechtigkeit. (Hach, da isses schon wieder, ich Schelm, ich!)

Propis mangelnder Einfallsreichtum ließ mir langsam aber sicher die Decke auf den Kopf fallen. In meiner himmelschreienden Verzweiflung rang ich meine Hände ´gennen VATERwärts, denn die Zeit drängte!

Da fiel mir doch wahrlich die Decke auf den Kopf ! Im wahrsten Sinne des Wortes: Palötzlich mußte ich aufscharecken, Ausrufungszeichen, Doppelpunkt

Huch-chen, was war denn jetzt passiert?! Da fiel mir ja – hoppala - erneut etwas auf mein heilig Haupt. Ja, ach DU GRUNDGÜTIGER! Da waren tatsächlich ein paar Komiker gerade

dabei, das Dach abzudecken! Und nicht nur deswegen schwanden meine Hoffnungen, die Hütte unversehrt verlassen zu können: ein Häuflein Pharisäer drängte sich, von den vielen Schaulustigen angelockt, mir den Weg versperrend (wer hätt´s erwartet?), auf mich zu. Zu allem Überfluß senkte sich eine Bare direkt vor meinen Augen HERRnieder. (GOTT, ich danke DIR, für diese meine rhetorische, mir von DIR eingegeben worden seiende Meisterleistung! Auch für die meines Propis.)
Äh - wo war ich?
Ach ja, bei den Pharisäern ... und "Der schwebenden Bare".
In diesem Bett lag, wie verabredet, ein Mann der Gicht gebrochen hatte, will sagen: ein Gichtbrüchiger. (Selbst wenn ich sonst nichts gekonnt hätte – aber mit Worten konnte ich schon!) Propi hatte sich mal wieder selbst übertroffen, worüber er sich auch durchaus im Klaren war. Er grinste wie ein Honigkuchenhoppapferd auf mich herab. Die Pharisäer waren zu überrascht, um etwas (mich überraschendes) sagen zu können.
Ich sagte zu dem Polyarthritiskranken: "Mein lieber Schwan (der ein netter Vogel, wenn auch als Jungtier häßlich ist), das ist aber eine Überraschung! Da *ich* glaube, daß *du* an *mich* glaubst, sind dir deine Sünden vergeben. Aber hallo!"
Daß die Pharisäer diese Provokation als GOTTeslästerung interpretieren würden, war sonnenklar (so wie GOTTesliebewiediesonneist!) und sie machten auch keinen Hehl daraus. Es heißt ja im Volksmunde, daß dem Glücklichen keine Stunde schlüge, mir schon!
Und zwar genau jetzt: "Wattdenn, wattdenn ...", prollte ich die Paris an, "... glaubt ihr etwa, daß Sündenvergeben ein Litzchen namens "Kinker" ist? (Ich war in Top-Form!) Warum sollte nur ZEBAOTH so was tun können? Ich kann Sünden vergeben solange und wem ich will, wetten das?! Jetzt paßt mal auf, ihr Quacksalbader. Es ist ja wohl voll der schwierigere Akt, jemanden gesund zu machen, als ihm seine lächerlichen Missetaten zu verzeihen!"
Ich sah den Krüppel an und spruch: "Los, Mann, steh auf, pack deine Siebensachen und Abmarsch durch die Mitte ... aller hopp!" (Meine französische Zunge holperte noch hier und da un peu ....)
Und er stand auf und ging weg, nachdem er sich gebührend bedankt hatte. Alle, die Paris inbegriffen, waren so perplex, daß sie erstmal (ohne es jemals finden zu können) das Weite suchten. Ohne auch nur einen Happen gegessen zu haben, machten wir, "Die glücklichen Dreizehn", es ihnen nach.

Matth.9;9,27; Mark.2; Luk.5,17

Zwölftes Kapitel

Sabbat ...

Hatte ich eigentlich schon mal erwähnt, daß das Schriftstück, das Ihr als "das Wort des HERRn" deklariert, nur ganz entfernt mit der damals geschehenen Realität zusammenhängt? Nicht? Oder doch? Ja klar!
Ich glaube schon ...

vor allem an mich ...
den Sohn ....
Dieses Kapitel soll Euch einmal mehr Beweis dafür sein, daß Eure Bibel Kauderwelsch ist ... zumindest was den historischen Ablauf der Dinge anbelangt.
Simon war 'n ganz Doofer! (Vor allem, weil ich doch gedacht hatte, der sei mir weggelaufen. Mußte wohl doch sein Namensvetter gewesen sein ...) Wir mußten ungefähr die siebte Brücke übergegangen haben (x-triem Scherzing ungemein), als wir an die x-te (gell?!) Grenze kamen. Mein Ego rotierte. Ums Verrecken brauchte ich einen Apostel! (Ich erwähnte bereits im achten Kapitel, daß ich einen an einer Grenze herumlungernden Mann "aufgabelte" – bzw. ihn "aufsteckte".) An eben jener Grenze befanden wir uns just.
Der Mann, dessen Name Matthäus war (was in Zungen soviel heißt wie Levi) folgte mir, wie auch schon erwähnt, *stehen*den (haha – ich kleiner Scherzfladen, oder auch –keks, je nach dem) Fußes. Und wieder war der HERR mit mir, denn ER ließ, was Wunder, meinen Magen knurren. Levi und seine Kumpels wollten gerade "Kaffee"pause machen. Mit lecker Kuchen, Wein, gebratenem Opferlamm und allen Cerealien die eben "in" waren.
Wir spiesen GÖTTlich, und mit vollgehauener Plauze, kam ich ins lamentieren. (Zugegeben, der Wein hatte mehr Schuld an meinem Redefluß als all die guten Gaben, die wir alle haben, und die Zöllner erst recht ... mir doch iv!)
Wie immer waren, wenn es irgendwo was umsonst zu Schnabulieren gab, weder ich (plus Anhang), noch die Pharisäer, oder gar die Gichtbrüchigen (von Johannes´(GOTT sei seiner armen Seele gnädig) Jüngern ganz zu schweigen) weit entfernt.
Überraschung: nicht die Paris, sondern die "Jünger" des Johannes laberten mich zu: Steinerweichend (auf das die Schrift erfüllt werden möge) starrten sie mich an, voll des Neides, den Du nicht gebären sollst in den unergründlichen Tiefen Deiner (ohnehin verlorenen) Seele. Sie hielten sich an die Gebote der Alten und fasteten schon etliche Tage. Nun mußten sie tatenlos mit ansehen, wie sich der "Messias" und dessen Spießgesellen die Bäuche vollschlugen, als existierte kein Äthiopien auf GOTTes Erde.
"Weltmeister, wieso müssen wir und die Pharisäer fasten, während deine Jünger und du sich erdreisten, sich die erlesensten Speisen in den Kopf zu schieben? Erleuchte uns diesbezüglich doch bitte mal." (Das war das erste Mal, daß ich mit "Weltmeister" angesprochen wurde. Deshalb trug ich auch in mein Notizkalenderchen ein: "Mal genau überlegen, wen ich alles erlösen will!")
Aus dem Augenwinkel heraus, sah ich zustimmend nickende Pharisäer, was deren Bärte lustig wippen machte.
Nicht zuletzt des Alkohols wegen war ich innerlich schon wieder auf 180, hielt aber mich und meine Zunge im Zaumzeug eingeschirrt. (Sonst hätte sie mir ja Ärgernis bereiten können, und die Folgen kennt Ihr ja ... Ab und an neige sogar ich zu Konsequenz - paradoxer Weise - obwohl ich mir doch gelegentlich (aber nur gaaaaaaaaaaaanz selten) widerspreche.)
Mit verkrampfter Entspanntheit entgegnete ich den Frustrierten unter ihnen: "Warum sollten denn bitte die Hochzeitsleute fasten, solange die Party steigt? Flickt ihr vielleicht auch alte Kleider mit neuen Flicken?"
Da ich schon wieder einen leeren Scheffel vor mir stehen hatte, fiel mir noch ein: "Füllt ihr etwa, verschwenderischer Dings, neuen Wein in alte Schläuche? Falls ja, mein GOTT, seid ihr

aber bescheuert, also wahrlich, ne!"
(Das "falls nicht" behielt ich lieber für mich; es hätte ja auffallen können, daß ich weder auf die Frage geantwortet, noch sonst irgendwas vernünftiges von mir gegeben hatte.) Mit vollem Bauch läßt´s sich locker übers Fasten reden, obwohl, oder *weil* eben jener in diesem Zustand sprichwörtlich ungern studiert.
Dummerweise (welch Paradoxon) fehlte den Paris der volle Bauch! "Ach ...", meinten sie, so aus dem Zusammenhang gerissen, als hätte *ich* das gesagt, "... und wie würdes´ du dat halten, wenn daine Jünger mit dir an ain´ Sabbat durch ain Kornfeld liefen und Hunger verspürten und deshalb die Ähr´n rausrissen und begönn´n, diese zwischen ihr´n Handflächen zu zermahlen, hinnerher vermittels Blasen die Sproi vom Waizen trennten, sie anschließend verspeisten, und mit dem fortführen, womit sie begonn´n, zum Hohne der vom HERRn gegebenen Gesetzmäßichkaiten?"
Uuuuuups! JEHOVAseidank war *ich* der Meister der artikulierten Rhetorik, ich hätte mich sonst in die Reihen derer einreihen lassen müssen, die in solchen Situationen dazu neigen, in die Bredouille hineinzuschliddern:
"Boooooaaah ...", staunte ich scheinheilig, "... da haben wir einen kleinen Abendkurs in angewandter Sprachbrillanz besucht, was? Und deswegen wähnen wir uns auch als besonders clever, gell? Wenn dem allso so wäre, daß meine *Jünger*, die sich bevorzugt *Apostel* rufen lassen, aber das nur am Rande, Ähren pflückten, sie zwischen ihren Händen zerrieben, die Spreu vom Weizen trennten und das gute Korn des HERRn äßen, dann wäre das für mich O.K(rubimen). Denn letzten Endes ist der Sabbat um des Menschen willen erschaffen worden, nicht au contrair. Wenn ihr darauf nicht klarkommt – sorry – aber dann seid ihr auf dem Holzweg."
Sie waren noch nicht überzeugt; ich mußte stärkere Geschütze auffahren. Tja, da fielen mir eigentlich nur ihre eigenen ein. Mir die Hand vor die Stirn schlagend donnerte (THOR (sorry, DAD) war mit mir!) ich los:
"Könnt ihr nicht lesen, oder lest ihr einfach nur die falschen, sprich: nicht *das* Buch der Bücher? HERRGOTTnochmal! Schon Daniel hat im Tempel, extremen Kohldampfes wegen, die Schaubrote, die ja nur für euresgleichen sind, verputzt und das hat keinen gestört. Es steht sogar geschrieben, daß selbst Priester - und das ist nichts anderes, als das was ihr seid, Herr - am Sabbat *im Tempel* einen drauf machten, und keiner erklärte sie für schuldig! Hier aber ist größeres als der Tempel, und wenn ihr das wüßtet, hättet ihr nicht einen so verdammt Unschuldigen wie mich verdammt! Also wirklich!"
Nach kurzer Pause, aber noch bevor ich Antwort von ihnen erwarten konnte, winkte ich Levi zu mir. So, daß es *jeder* Anwesende hören mußte, sagte ich zu ihm: "Matthäus, ich muß mal eben unbedingt den Reiher – welcher ist ein nettes unter den Geschöpfen GOTTes, weil Vogel - zum besten geben. Bring mich mal auf´s Klo, sonst landet die ganze Bescherung hier auf dem Tisch."
Da folgte mir Gevatter Levi nicht stehenden Fußes, im Gegentum: er wurde vor meinen Augen *fliegenden* Fußes hinweg genommen, so eilig hatte er es! Wir erreichten die Trissebude, die sich ca. hundert Fuß (gelaufene, nicht geflogene) von seiner Hütte entfernt befand. Ich war natürlich meilenweit davon entfernt, mich übergeben zu müssen, ich bitte Euch! Nach der Übung, die ich schluckspechttechnisch mittlerweile hatte! (Außerdem sind Spechte auch nur

Vögel, die mit ihrem Kopf durch die Wand wollen!) *Natürlich* handelte ich uneigennützig, als ich Matthäus versprach, er dürfte ein, mit allen Urheberrechten versehenes eigenes Evangelium über mich schreiben, wenn er jetzt bloß dafür Sorge trüge, daß sich meine Crew unauffällig bei ihm verzöge, um mir weiter nachzufolgen, er selbst inklusive – logisch! Er sollte den anderen ausrichten, wir träfen uns in einer guten Stunde in der Synagoge, ich würde noch ein bißchen beten gehen - in die Einöde. Levi meinte, das sei *begongt*, er meinte wahrscheinlich "gebongt". (Und dem hatte ich jetzt schon ein Evangelium versprochen, ach DUmeinliebermeinVATER ... das konnte ja "Eiter" werden!)
Beim "Beten" versprach ich Propi, der (ohne Zungen sondern wahrlich) Markus hieß, überflüssigerweise, da zum wiederholten Male, daß auch er ein eigenes Evangelium bekäme, wenn er mir heute noch zu einem Wunder verhülfe, und zwar in der Synagoge, so gegen acht Uhr abends. An diesem Tag hatte ich, retrospektiv betrachtet, meinen Spendierleinensack an ....
Leider hatte die Unterredung mit Propi etwas länger gedauert, als angenommen. Es war schon Viertel nach Sieben als ich mich auf den Weg zur Synagoge machte. Da hieß es, (auf ein Wunder wollte ich mich nicht unbedingt verlassen) die Siebenmeilensandalen zu schnüren, und dann hopphopphopp im Eiltempo querfeldein ....
Mit hängender Zunge (an der nicht allein der Brand schuld war) erreichte ich um kurz vor knapp die heilige Stätte. Meine Kom(chamig)pagnons (*endlich* mal wieder mit einer Wortjonglage aufwartend könnend) harrten meiner schon ungeduldig, vor allem Thomas: "Ich glaubte schon gar nicht mehr,dass du noch auftauchst! Aber was bitte soll noch größer als der Tempel sein?"
"Ja genau ...", stimmte ihm Judas zu, "... oder ist das auch nur wieder so ein leeres Versprechen von dir? Wenn du so weitermachst, komme ich mir langsam verraten und verkauft vor!"
Meine HERRen, die hatten vielleicht Sorgen - also *die* hätte ich auch gerne mal gehabt, aber *mich* fragte ja sowieso keiner, außer vielleicht: "Wann sind wir daha?; Wann gehn wir in Puhuff?; Kannst du mich bitte mal eben heilen?"
Ich mußte aufpassen! Levi gehörte erst frisch zu uns, und das mit den "leeren Versprechen" hatte ihn hellhörig gemacht. WeißGOTT, was ihm die anderen dem auf dem Weg hierher alles erzählt hatten ....
"Das größte Wunder an und für sich ...", log ich, "... ist, daß ich *überhaupt noch* unter euch weile. Ihr könnt euch das gar nicht vorstellen: der **Leibhaftige**, was soviel heißt wie der **Satan,** versuchte, mich zu versuchen! Ich stand, betend, mutterseelenallein in der wüsten Einöde, als *er* mir erschien. Ich hatte fast keine Chance gegen *ihn*! *Er* bot mir *alles* an: Wein, Weib, Gesang und nebenbei auch noch solche Kinkerlitzchen wie Gold en masse und eine klitzekleine Weltherrschaft. Das alles war nicht weiter verführerisch, aber ich hätte *sofort* mit euch allen eine Dauerkarte für den hölleneigenen Puff bekommen, und es heißt ja nicht umsonst, daß man im Puff ehebrechen kann wie der **Teufel**! Allein *euer* Seelenheil hielt mich davon ab, mich auf diesen Deal einzulassen, denn *er* ist der größte **Lüger** vor dem HERRn! Was "das Größere als der Tempel" betrifft, mein lieber Thomas, kann ich nur sagen: harre und staune der Dinge, die da kommen werden. Und Judas: Du mich auch!" (Das zuletzt Gesagte war, was ich zu diesem Zeitpunkt nicht ahnen konnte, ein schwerer Fehler!) "Und jetzt gehen wir in das Minitempelchen, damit ich euch und - da ich nämlich hellsehen kann (war ja voll gelogen), den bald eintreffenden Pharisäern - zeigen kann, wo der Hammer hängt!" (Bestimmt nicht *am Kreuz*! -

Aua!)
Ich trieb meine Dienerschaft in das Bethaus, denn mittlerweile war es schon kurz vor Acht, und ich mußte meine Worte erfüllen, die da besagten, daß die Paris *kurz nach* uns ankämen. Fürwahr, sie hätten sich fast noch an uns vorbeigedrängelt ... Da sich meine Jünger auf der Suche nach "dem Größeren" sofort verstreuten, bemerkte keiner die einlaufenden Pharisäer. In einer abgeschiedenen Nische wurde ich eines Krüppels gewahr, der zwar eine rheumatische Hand, aber auch ein blinzelndes Auge auf mich richtete. Er schickte sich an, die Synagoge zu verlassen, aber nicht, ohne an mir vorbeizukommen.
Ich frug die Paris, ob es schändlich sei, an einem Sabbat zu heilen, damit sie was gegen mich hätten haben können. (Die sogenannten "Evangelisten" waren zu dieser Zeit mit anderen Dingen beschäftigt, daher die grottenfalsche Überlieferung, weshalb auch der "Kranke" Zeter und Mordio schrie, damit sie auf ihn aufmerksam würden.) Als meine Leute um mich versammelt waren, frug ich die Paris weiter: "Welcher von euch würde das einzige Schaf, das er besitzt - mal abgesehen davon, daß Priester *eigentlich* offiziell keine Schafe besitzen - vielmehr besitzen sie ja *eigentlich* gar nichts - in eine Grube stürzen lassen, ohne ihm - und sei es am Sabbat - herauszuhelfen? Ist ein Mensch nicht viel mehr wert als so ein laufendes Wolleknäuel? Seht ihr, da könnt ihr es nämlich mal wieder sehen, wie das alles so ist ...!"
Am Sabbat wollte ich schon etwas Perfektionismus praktizieren, deshalb sagte ich dem "kranken" Mann, er solle seine Hand ausstrecken, und alles würde gut. Und er tat wie ihm geheißen war, und ging hinfort, genau wie die Pharisäer. Meine Jünger (außer Judas) waren beruhigt; sogar Thomas verstand *"Das Größere"*.
Jakobus war derjenige, der als Erster die Chapel verließ. Er erzählte mir, daß mir die Pharisäer ab heute nicht mehr besonders wohlgesonnen waren.
Das bringt mich zwangsläufig zu einer weiteren, mein Dasein nicht unerheblich betreffenden Episode ....

Matth.9,9;12;12,15; Mark.2,13;2,18;2,23;3; Luk.5,27;5,33;6

Dreizehntes Kapitel

<u>Klappe, Johannes, die Letzte</u>

Eigentlich sollte das ja das schönste, lustigste – ja HERRzallerliebste Kapitel werden – wegen meiner Lieblingszahl – wißt Ihr?! Stattdessen wird es die Einleitung zu einer der traurigsten Anekdoten schlechthin. Wahrlich zum "Vor – sich – hin - Buhuhuhen"!
Wir streunten durch Judäa.
Ziellos.
Eines schönen Tages kamen die Jünger des Johannes zu mir. Sie erzählten mir, daß ihr Chef zwar im Gefängnis säße, nichtsdestotrotz aber aufgrund ihrer eigenen Geschwätzigkeit, von meinen Wundertaten erfahren hätte. Nun ließ er anfragen, ob ich der sei, dessen er harre, oder ob zu harren er fortfahren solle.
"Harr, harr, harr!" (Da isses wieder!) Ein kehliges Lachen entfuhr Meinerderselben (hoppala,

gleich noch eins – waren aller schalechten Scherze letztendlich derer zawei?) ob dieser Fragestellung. Dem Mann mußte im Knast sterbenslangweilig sein. (Entwickelte ich da etwa morbiden Humor?) Wie sonst hätte er sich um solche Nebensächlichkeiten kümmern können? Wahr((heiligen)schein)lich (also wahrlich, ich bin schon so einer!) hatte er wohl nichts wichtigeres zu tun. Also, echt jetzt, wenn es um meinen Kopf ginge, hätte ich andere Dinge in demselben, als mir Gedanken darüber zu machen, ob nun irgendein Knilch, den ich mal im Jordan untergeblubbert hatte, der Messias sei oder nicht. Aber so war Johannes eben: immer ein bißchen weltfremd ....
"So gehet denn hin und berichtet ihm alles, was ihr hört und seht", sagte ich zu seinen Jüngern. (Johannes hatte mir ja immerhin die Möglichkeit zu einer weiteren Spontanpredigt eröffnet, deshalb wollte ich diesmal ausnahmsweise nur Nettes über *ihn* sagen. Aber vorher mußte ich noch was Nettes über *mich* sagen. (Ihr wißt ja, "konsequenzen" konnte ich so gut wie "nicht schreinern".) Mir war immerhin auch schon verdammt lange nicht mehr gehuldigt worden, was vermutlich damit zusammenhing, daß wir bis dato noch nicht im Puff gewesen waren.)
"Blinde sehen, Stumme reden, Lahme gehen, Aussätzige reinigen und Taube(n) hören." Jetzt haute ich ein bißchen sehr doll auf die Fäkalie: "Tote werden auferstehen ..." (Wie Propi *das* hinkriegen sollte, wußte ich zwar nicht, war mir aber auch egal.) Ich lenkte das Augenmerk jetzt auf meine letzte Äußerung: "... und den Armen wird das Evangelium gepredigt werden, ob sie wollen oder nicht!"
(Winnieh - haha) Puuh! Eine solche Weissagung ließ sich auch viel leichter erfüllen, als zum Beispiel einen solchen Schabernack mit Worten aus dem Ärmel zu schütteln wie den, der sich am Anfang dieses Satzes befindet.
Johannes, das war zumindest zu erwarten, würde es ohnehin nicht mehr allzu lange machen. Da er es aber irgendwie geschafft zu haben schien, selbst aus dem Knast noch herauszupredigen, huldigte ich *ihm* (was gänzlich meiner Natur entgegenlief), damit die vorhandenen Volksmassen meinen Worten auch weiterhin lauschen sollten:
"Warum seid ihr damals in die Wüste gegangen? Wolltet ihr einen Mann in weichen Kleidern, einen Irren, einen Propheten oder nur ein Stück Rohr, das sich im Winde biegt, sehen? Egal, was auch immer ihr sehen wolltet; *ich* sage euch, wessen ihr gewahr wurdet: eines Propheten nämlich, das schwöre ich beim Barte des eben erwähnten. Wer (noch) Ohren hat, der höre! Denn Johannes ist ein mui lecker Prophet, wie ihn die Welt bisher noch nicht gesehen hat, wahrlich jetzt!"
Ich schwiff anschließend noch in Kinderträumereien und anderen Killifitti ab, wies aber am Schluß meiner Ansprache darauf hin, daß jeder *selig* sei, der nicht Ärgernis an *mir* (wen interessierte denn nach meiner Rede noch Johannes?) nähme:
"Denn sehet, Johannes ist ein besonders Seliger (seines Geisteszustandes wegen), der am Jordan herumlungerte und darbte, mangels Speis und Trank. Und sehet, was hat ihm das letztendlich eingebracht? Er sitzt im Knast. Ich hingegen laufe durch die Gegend, bin ein Freßsack und Weinsäufer und habe nur Zöllner, Sünder und "Möchtemalgernehurenböcke" als Freunde. Johannes predigte euch Enthaltsamkeit und lebte sie euch vor! *Ich* predige euch die Verwirrung und praktiziere sie auch! Na, wer von uns beiden ist jetzt der Ehrlicherere? Da seht ihr es nämlich schon wieder einmal!"
Das war eine perfekte Überleitung zu einem Eigenlob, vor dem selbst GOTT höchstPERSÖN-

LICH vor Neid erblaßt wäre.
Aber bevor ich darauf zu sprechen komme (im nächsten Kapitel nämlich) muß ich noch ein paar Takte zu Johannes loswerden:

Vierzehntes Kapitel

<u>Klappe, Johannes, die Allerletzte</u>

Der Ärmste hatte vermutet, den Rest seiner Tage im Kerker zu verbringen, aber da hatte er sich geschnitten. Eine, nein, *die* verwöhnteste Schlampe am Königshof wünschte sich seinen Schädel auf einem Silbertablett - zum Geburtstag des Königs. Sie durfte sich nämlich, weil sie so toll "getanzt" hatte, wünschen was sie wollte ....
Wie krank muß frau denn bitte sein ....
Herodes hatte nun aber schon *geschworen*, der Professionellen jeden Wunsch zu erfüllen. (Daß Schwören nichts als Ärger bringt, war mir spätestens seit Johannes´ Dahinscheiden klar, aber jetzt war es ja noch nicht so weit, und deshalb fand ich Schwören einfach nur palöde und alpern.) Jetzt mußte der schräge Vogel (also hier sträubt sich mein Gemüte dann doch ein wenig) sich eben, wenn auch zähneknirschend, an seinen Schwur halten.
Daß die dumme Kuh besoffen war wie zehn Russen (was in Zungen gesprochen ist und eigentlich "wie zawölfe Jünger und ein Messias" heißt), interessiert nicht. So was wünscht frau sich einfach nicht! Wenn ich hätte Wunder wirken können, oder wenigstens Tote hätte wiederauferstehen lassen können, dann wäre das kein Problem für mich gewesen! Der Mann hatte keiner Heuschrecke was zuleide getan ... naja ... fast keiner ....
Tropsden! So was gehört sich unter zivilisierten Menschen einfach nicht! Also *ich* hätte das nie getan ... eher hätte ich mich (trotz aller Abneigungen dagegen) kreuzigen (autsche MENNO!) lassen.
So was machte mich schon damals immer irgendwie *echt* betroffen ....
Kein Grund, mir selbst zu huldigen und mich zu lobpreisen!
Nebenbei sei aber am Rande noch eben jenes erwähnt: stellt Euch bitte mal meinen Schreck vor, als ich vernahm, daß Herodes noch unter den Lebenden weilte! Ich dachte, der wäre tot! GRUNDGÜTIGER! Nur deswegen waren wir doch SEINERzeit aus Ähhh - gypten zurückgekehrt! Das war mal wieder typisch für den Zimmermann! Von wegen: "Wenn man seine zweibisdrei Schläuchlein Wein intus hat, kann man jeden GOTTes Sprache sprechen und verstehen. Glaubt mir, der HERR ist mir mit einem Falkenkopf getarnt im Traum erschienen. ER war inkognito unterwegs, ich erkannte und verstand IHN trotz SEINES Akzentes. ER sagte: "Jupp, so wahr MEIN Name HORUS (und jedes Kind kennt die korrekte Schreibweise: *HORUS*) ist, glaube MIR, Herodes ist weg vom Fenster." Also los Ria, nagel (bei diesem Wort durchzuckte es mich schmerzhaft) dem Esel die Siebenmeilenhufeisen an, und ab nach Hause."
Ich hatte so was nie geahnt! Kann denn ein GOTT mit *Falken*kopf ein **Lügner** sein? Der Ornitholge in mir war genauso entsetzt wie ich! Ich wollte es einfach nicht wahr haben; vielleicht hätten meine Eltern mich lieber Thomas nennen sollen ... aber dazu später, jetzt erstmal

zurück zu Johannes´ Kopf.
Tja, so wurde der alte Heuschreckenfresser letzten Endes eines blödsinnigen Schwures wegen, der einem ihm wohlbekannten Freudenmädchen gegeben worden war, ein bißchen Kopf los.
Aber immerhin, wurde sein Haupt auf einem Silbertablette noch lange am Hofe des Königs herumgereicht - und wenn er (der Hof) nicht gestorben ist, so reicht er noch immer ... den Kopf ... an sich ... äh - herum; - oder so ähnlich.
Den Rest des Kadavers vergruben die Anhänger des Geköpften mit viel Brimborium in der Erde, weil davon SEINERzeit genug herumlag.

Matth.11,7; Mark.6,14; Luk.3;7,24

Fünfzehntes Kapitel

<u>Eigenlob</u>

"Ich bin das Licht der Welt. Wer mir nachfolgt, der wird nicht wandeln in der Finsternis, sondern wird das Licht des Lebens haben."
Diesmal verhielt ich mich nicht einmal so widersprüchlich, wie es sonst meine Art war.
Niemand (GOTTes Sohn inklusive) sollte sein Licht unter einen Scheffel stellen! Hatte ich selbst mal gesagt.
Die Paris, die sich auch mal wieder zu uns gesellt hatten, konnten mir eine solche Dreistigkeit natürlich nicht ungestraft durchgehen lassen: "Du bist ain Angebä und ain Lüchnä!"
"Mitnichten ...", entgegnete ich, "... ganz im Gegenteil! Selbst wenn ich von mir selbst rede, so ist doch alles wahr, was ich sage, denn ich flüstere ja nicht. Und soll ich mal "den Judas" machen und euch verraten, warum das so ist? Dann spitzt mal die Ohren."
Die Worte entschwollen meinem Munde, daß selbst ich mich (wieder mal) zu meinen eigenen Zuhörern zählen konnte: "*Ich weiß nämlich, woher ich komme und wohin ich gehe. Ihr aber wißt das nicht!* Man ällebätsch!" (Welch unwahrscheinliche Weisheit!) "Ferner ist es doch so: *ihr* richtet nach dem Fleisch, *ich* richte aber niemanden, ihr elenden Sünder und Otterngezücht - äh, und falls ich doch rein zufällig mal jemanden richten sollte, so ganz aus Versehen - ich meine, niemand ist unfehlbar - so ist mein Gericht gerecht. Denn ich bin ein schizophrener Mensch, wie ihr wissen müßt, denn ich bin nicht allein, sondern JENER ist auch noch da ... In *eurem* Gesetz wird unter anderem erwähnt, daß zweier Leute Zeugnis der Wahrheit entspräche. Und jetzt zählt doch mal eins und EINS zusammen ... na, was kommt denn dabei raus? Ich und mein VATER machen zusammen zwEI! Seht ihr, da *habt* ihr´s schon wieder einmal." (Auch zu meiner Zeit nannte sich der Esel selbst zuerst, deswegen *zw*EI ...) Sie *hatten* bedauerlicherweise tatsächlich, *sahen* aber nicht, nämlich meinen VATER.
"Ach nee ...", bohrten sie, "... und *wo* isser denn, dain Pabbi? Zimmät grad ma wiedä Dachkräuze zusamm´ ‚wah?" Das tat mir natürlich weh, nicht nur kreuztechnisch, sondern vor allem, weil ich doch von "PABBA" und nicht von meinem Ernährer gesprochen hatte!
Da ich aber selber nicht so ganz exakt wußte, wo *genau* PAPI nun gerade war (der Himmel ist ein geräumiger welcher, wie Ihr wissen müßtet – außerdem waren meine geographischen

Kenntnisse ja unter allem paarzehigen Unreiner weiblichen Geschlechts), begann ich, um mich mehr oder weniger geschickt aus der Affäre zu ziehen, zu feixen was das Zeug hielt: "Ihr kennt meinen VATER nicht, ihr kennt meinen VATER nicht, seid ihr man voll blöde, nänänänänä. Seid ihr selber Schuhuld, könnt IHN gar nicht sehen, steht man nämlich vor euch! Bin ich ja man selber! Und ...", an dieser Stelle wurde ich totenernst, "... wenn ihr mich kennen würdet, so würdet ihr auch meinen VATER kennen ... WiR aber meine Herren, werden uns noch kennenlernen, das schwör ich euch!"
Langsam wurde es brenzlig, denn die Paris versteinerten. *Ich* mußte hier also so schnell wie möglich weg, bevor die sie ihre Köper benutzen und sich selbst zum Zwecke einer Steinigung auf mich warfen. (Zeit für ein Wortspiel war aber noch - da behaupte noch mal einer, ich wäre meiner Zunge nicht doch ab und zu HERR gewesen!) Auf mein Zeichen hin scharten sich meine Apostel um mich und ich ließ mich in einer Wolke aus Jüngern vor den Augen der Pharisäer hinwegnehmen. Was für ein Kunststück ..! Noch in der gleichen Nacht verließen wir die Stadt, und campierten unterm Sternenzelt.
Am nächsten Diem (was grammatikalisch richtiger "diei" heißen müßte – glaube ich), wir hatten die ersten Stunden desselben rumgecarpt und ein bißchen Wein getrunken, trat ein Pharisäer an mich heran: "Moin, Heiland!", begrüßte er mich betont locker und lässig. "Ich hab´ gestän daine Rede in´ Tämpel gehört und bin noigierig geword´n. Gern wüßt ich mehr übä daine Philosophie. Ob dat wohl möchlich wär´?"
Ich nahm den letzten Schluck aus meiner Amphore und der HERR war bei mir, denn siehe, ER ließ meinen Magen knurren.
"Du und daine Froinde sind natüllich zum Essen aingeladen - logo, das västeht sich ja wohl von selbä."
Achselzuckend erhob ich mich, pfiff mein Rudel zusammen und heftete mich (alle Zwölfe im *Gefolge*, boa, zum ersten Mal) an die Fersen des Gastgebers.
Donnerwetter, als Pharisäer lebte man nicht schlecht! Ich mußte schon zugeben: ich war beeindruckt! Allein das Eßzimmer wies Dimensionen auf, wie ich sie bisher nur aus alten mündlichen Überlieferungen kannte. Mein lieber Kokoschinski, ich mußte "wahrlich" sagen! (Hatte ich eigentlich erwähnt, daß die Menschen zu meiner Zeit unter anormaler Einfallslosigkeit litten? Nicht? *Kann gar nicht sein, denn ich glaube schon!* Diese veräußerte sich, um auf´s Thema zurückzukommen dadurch, daß es nicht besonders viele verschiedene Namen gab: unser Gastgeber hieß nämlich auch Simon. Das erwähne ich bloß, weil ich weissagen *könnte*, daß Ihr das sonst fehlinterpretiert - ich kenne doch meine Pappenheimer – angeblich war mir der doch weggelaufen. Aber da nannte ich den anderen noch "Kebap" – glaube ich ....)
Wir legten uns zu "Tische" und beplauschten, wie toll ich sei. Als wir uns dem Freßgelage näherten, dividierte ich die gesamte Diskussion durch einen Nenner: "Wir sind uns also darüber einig, daß ich der Beste bin, der zur Zeit prophetentechnisch so rumläuft!" Die erhoffte Bestätigung meiner Zusammenfassung blieb aber aus, denn eine Frau stürzte erst in den Raum und dann schnurstracks auf mich zu. Wie sie mich in diesem Riesenpalast gefunden hatte, blieb mir zeitlebens verschlossen. Menschensohn muß ja auch nicht *alles* wissen ... Sie zog eine so phantastische Show ab, daß ich zuerst annahm, sie sei eine von Propis Gesandten: Tränenüberströmt fiel sie zu meinen Füßen nieder und machte sie mit ihrem Rotz ganz naß. IgittiGOTT (Ihr wißt ja bescheid.) Sie, diesen Mißstand an meinem angeekelten Gesichtsaus-

druck ablesend, ließ jetzt ihre Haare herhalten. Mit ihnen wischte sie den ganzen Sabber von meinen Latschen, während sie es aber nicht versäumte, sie unterdessen mit Küssen zu bedecken. Hernach fischte sie eine Tube Creme aus ihrer Handtasche (die nichts anderes als ein kleiner Kartoffelsack war) und begann, von den Zehen aus zur Ferse hin massierend, die Salbe auf meinen Füßen zu verteilen. Das (fand ich) war eine irgendwie rührende Geste. Sie kniete zu meinen Füßen und frönte der GÖTTlichen Pediküre, denn sie knabberte mir (während sie mir die Füße "küsste") auch an den Zehnägeln, die wahrlich mal wieder gekürzt werden mußten.
Der mir gegenüberliegende Simon murmelte etwas in seinen Rauschbart. (Ich hatte, wie Ihr wißt, ver*teufelt* gute Augen; im Vergleich zu den Leistungen, die mein Gehör zu vollbringen befähigt war, hätte ich mich allerdings genauso gut als "blind" bezeichnen können! Mein Sack, konnte ich gut hören! Ich verfügte im Grund genommen über "Argusohren"!) Simon war sich sicher, daß ich ihn nicht hatte hören können, aber da hatte er sich getäuscht: "Wenn du wirklich ain Prohet wärst, denn wüßtest du, wen du da vor dir has´; und denn würdes´ du dich auch nich´ von der ollen Gammeltande betatschen lassen ...."
"Du, Simon ...", sprach ich ihn zu seiner Überraschung an, "... jetzt horch mal heä!"
"Sach an, Maistä und alder Schweyde!"
Erst klärte ich ihn darüber auf, daß ich es nicht besonders leiden mochte, mit "alter Schwede" angesprochen zu werden – es gäbe ja wahrlich genug Nationen auf der Welt - und ich schüttelte ein Gleichnis aus dem Ärmel, wie andere Leute das sonst mit Assen zu tun pflegen: "Stell´ dir mal vor, da wäre ein Gläubiger ..."
"... der käme dann in den Himmel, sofern er nicht nur deinetwegen glaubte!", rief Petrus.
Ich ignorierte diesen inkompetenten Zwischenruf.
"... und der hätte zwei Leute die ihm Geld schulden. Einer 500 Taler, der andere nur derer 50. Jetzt hatte aber keiner der beiden den Zaster, und der Gläubiger ("Es heißt: der Gläubig*e*", klugschiß Judas) gewönne obendrein noch im Lotto. ("Wer´s glaubt, wird selig!" - Das war (natürlich!) Thomas.) Deshalb erließe er den beiden die Schulden. Wer - erst gut zuhören - dann sagen - glaubst du, freute sich mehr darüber?"
"Der mehr Schuld´n hadde?", fragte Simon nach kurzem Grübeln unsicher. Er vermutete wohl eine meiner raffinierten Verbalfinten, aber da mußte ich ihn enttäuschen. Stattdessen *lobte ich ihn* (was mir nicht leicht über die Lippen ging, das kann ich Euch aber flüstern, ohne dabei zu lügen): "Richtig!" Er strahlte wie ein Christbaum.
(Ja, wir feierten auch schon Weihnachten, wie Ihr wißt. Das war ja mein Dilemma: ich kriegte, falls überhaupt etwas von dem was ich mir wünschte, immer nur die *Hälfte*, weil ich ja am selben Tag Geburtstag hatte - aber das wißt Ihr natürlich auch schon - manchmal habe ich den Eindruck, *Ihr* wäret die Allwissenden ... Ärgerlicherweise sollte ich mit der Zeit sogar mein richtiges Geburtsdatum vergessen – aber – und da könnt Ihr es mal wieder sehen – ich war Euch auch schon diesbezüglich um Jahre voraus!)
Simon wog sich tatsächlich in Sicherheit. Wir ließen das Essen kommen und es uns dann schmecken. Sogar die Frau wurde spontan dazu eingeladen und wir hatten viel zu lachen und zu trinken.
Aber die Pharisäer konnte ich einfach nicht ab! Ich *mußte* dem Gastgeber noch einen mit auf den Weg geben. Als wir alle satt und voll wie die Haubitzen waren, prollte ich ihn an:
"Ssso, du hass´ also geglaubt, du sssseissssst im Recht, wa? Ich will dir mal *wasssssagen*: Als

ich dein Haus betreten habe, hassst du mir da Wassssser für die Füße gegeben? Abba *sssie* hier (ich zeigte grob willfährig in die Richtung, in der ich die Fußfetischistin vermutete) hadd sse mir midd Trän'n gewwaschn (was bei meinem Fußgeruch nicht verwunderlich war, aber egal), un' hadd sse mmir dann midd i'an Haan wwieda abbetrocknet. *Du* hast mich nich` geküßßß´, als ich bai dir annkam; ddie Fffrau hadd mir die Fffüse fffömmlich *abbbgeleggt*! *Du ...*", holte ich zu meinem Vernichtungsschlag aus, "... hasss´ mir ja nich´ ma´ das Haupt gesssalbt, wassja nun wwwirklich kainnne Ummmsssstände gemacht hädde. *Ssie* had mir die Latschen einngekremt! Weisssse wassss? Die hadd viele Ssssünden, die ihr aaaale vergebn sind, und desssalb is´ die auch sso liebb ssssu mir! Dir sin´ deine Sünden abba noch lange nich´ vergeben, und nur darum magst du mich nämmich auch nich´."
Wir machten uns schleunigst aus dem Staub, denn jetzt hatte ich einen Feind mehr; einen *einflußreichen* Feind, mit vielen Freunden.
Na, das konnte ja noch heiter werden. Ich zumindest für meinen Teil war voll gespannt ... seid Ihr´s auch?
Später wandte ich mich an meine Gefolgschaft, zu der jetzt auch eine Frau zählte: Bevor ihr euch weiter wundert, weshalb ich Sünden vergebe, sage ich euch eins: ich habe mich letztens mit meinem DAD unterhalten, und ER meinte, daß man euch im Grunde genommen alle Sünden vergeben könnte, außer die Lästerungen über den heiligen Geist. Fragt mich bitte nicht warum das so ist. Nehmt es einfach als von GOTT gegeben hin und haltet euch dran. Alles klar?"

Mark.3,26; Luk.7,36; Joh.8,12

LOSWERDEN

Sechzehntes Kapitel

<u>Weibsvolk</u>

Es waren inzwischen wieder ein paar Wochen, vielleicht auch nur Tage vergangen; dem Glücklichen schlägt ja bekanntlich keine Stunde, und eines ist mal sicher: der Besoffene ist immer glücklich! Kommt eben einfach nur darauf an, wie der einzelne "Glück" definiert ... Propi hatte auch schon lange nichts mehr von sich hören lassen, ich hatte also schon lange kein Wunder mehr an einem seiner Hypochonder vollbracht.
Der Vorteil gegenüber dem bisherigen Rumreisen war, daß seit *Christi*ane (so hieß die holde Maid, die bei Simon aufgetaucht war wirklich!) sich uns angeschlossen hatte, keiner meiner Apostel mehr nach dem Puff fragte ... ein bißchen Anstand schienen sie also doch noch im Leibe zu haben. Aber ich merkte, daß jeder von meinen *Spieß*gesellen (haha, ich riß schon bessere Witzchen) scharf auf sie war. Auch wenn ich es nicht selbst bemerkt hätte, erfuhr ich es trotzdem. Judas verriet es mir; der Junge wurde mir zunehmend suspekt. Ich mußte meinen Leuten demnächst mal ein paar Tage Urlaub zukommen lassen, denn ich hatte ebenfalls (ohne, daß es mir vorher Ärgernis bereitet hätte) ein Auge auf die gute Frau geworfen, und zwar das rechte.
Zumindest, ich schwiff schon wieder ab, kam eines schönen Tages ein Gemeindevorsteher (mit dem absonderlich klingenden, aber immerhin elterlichen Einfallsreichtum vermuten lassenden Namen "Jairus") mit der Bitte zu mir, ich möge doch sein Töchterlein heilen, es läge in den letzten Zügen. (Da Eisenbahnen damals noch unbekannt waren (wie - zwangsläufig - Bahnhöfe auch), ging ich also davon aus, daß es dem Mädchen ziemlich übel ging.) Endlich war es wieder soweit! Propi hatte mich doch nicht im Stich gelassen! Ich sagte dem Manne meine Unterstützung zu, vielleicht gab es ja nach der Wunderheilung noch ein Weingelage ....
Meine Apostel hatten inzwischen gelernt, das Volk zusammenzutreiben und zum Mitkommen zu ermuntern, wenn ich, einen schrillen Pfiff ausstoßend, den Arm kreisförmig über meinem Haupte schwang. Ich wollte so den Heiligenschein symbolisieren, den ich mir in Kürze verdienen würde. Wir machten uns zu Jairus´ Töchterlein auf, das Volk im Schlepptau. Plötzlich riß jemand so sehr an meiner "Toga" (was "Sack" in Zungen ist), daß ich, den Gesetzen der Physik folgend, stehen blieb, bevor sie zerrisse: "Uuuuuiii, wer hat denn da an meinem Kittelchen gezupft", rief ich überrascht aus. "Mag es wohl eine Hand gewesen sein?"
"Du, Meister jetzt ...", wandte sich Phil an mich, "... ich glaube, daß ich mit voll dem gutem Gewissen behaupten kann, daß sich hier echt viel Volk rumtreibt, ne, und daß dich da irgendwie, also quasi nahezu *jeder* voll berühren kann ... zupfen am Kittelchen jetzt mal inklusive. Weißt du, Heiland, ich würde mir da echt keinen Kopf drum machen ...."
Ich HERRschte ihn (noch immer an eine von Propi ins Leben gerufene Aktion glaubend) an: "Sag mal, glaubst du vielleicht, ich bin bescheuert? Ich merke das doch, wenn eine Kraft an mir zerrt und somit etwas von der meinen verbraucht wird! Also, hätten Messjöh vielleicht die

Güte, weniger zu reden, und stattdessen lieber herauszufinden, wer mich da angelangt hat? Wäre das wohl *bitte* möglich???"

"Eeeeeyy Meister, wenn *du* das sagst, werde ich das jetzt mal voll spontan tun", sagte Phil zu mir, bevor er, mit erhobener Stimme ins Volk rief: "Duhu, sagt mal, hat da jetzt gerade irgendwer voll den Messias berührt oder nicht?" Und weil er meine Lektion gut gelernt hatte, fügte er mit drohend erhobenen Zeigefinger hinzu: "Wenn das jemand war, dann sollte der das jetzt lieber zugeben, weil der ansonsten voll den Ärger kriegt ... spätestens im Leben nach dem Tod!" Er war ja doch ein braver, braver (wenn auch naiver) kleiner Apostel.

Als sich herausstellte, wer mich am Rock gerissen hatte, wurde mir klar, warum ich von Propi so lange nichts mehr gehört hatte. Er hatte mitbekommen, daß ich eine Frau in meinen Kader berufen hatte, und "prompt" reagiert. Eine Zippe gestand, zu meinen Füßen kniend, unter Tränen, daß *ich* sie geheilt hätte. Propi wurde demnach immer besser; auch sie hatte ihren Text schon mitgebracht: "Ick habe nur den Saum *deines* Jewandes berührt, und schon bin ick, wie von Zauberhand, jesund jeworden, wah? Besteht da eijentlich 'n zwangsläufijer Zusamm'hang? Ick meene, wejen det Ding von wejen: *Jesu*s - *jesu*nd?"

"Wat fehlt'n dich?", fragte ich, endlich mal wieder laut in Zungen reden können.

"Ach weeßte ...", bekam ich als Antwort, "... ick hatte ewich und drei Tage meine Tabus, wat in Zungen jeredet nischt anneres wie "Taje" heeßt. Weeßte, det is´ voll nervich, wennde andauernd auslaufs´. Det jeht nu´ schon seit fast dreizehn Jahre so." (Propi hatte seine Schularbeiten gemacht. Außerdem war es ein netter Zug von ihm, an meine persönliche Glückszahl gedacht zu haben.) "Aber, Herr, ick danke dir wie eene Varückte!"

"Ha!" Triumphierend blickte ich in die Runde. "Bin ich nicht süperb?!" Hernach wandte ich mich erneut an die Frau, aber so, daß es jeder hören konnte: "Frau, deine Sünden sind dir, als Bonus quasi, weil du *sofort* jlaubtest, jleich mitvajeben. - Komm doch ma´ eben mit ... vielleicht kann ick dir noch gebrauchen ...."

Sie folgte mir, oder meinen Worten, nach. (Auf jeden Fall beging sie Ehebruch, denn diesen Slang hatten nur verheiratete Frauen drauf.)

Dreizehn (!) - ich hatte mitgezählt - Schritte später, kamen ein paar Diener von Jairus angehechelt: "Deine Tochter ist tot! Laß den Heiland lieber in Ruhe und komm mit zum Trauern." Schade, ich hatte gerade angefangen, mich warm zu reden ... ich ging trotzdem mit, denn bekanntlich stillt auch ein Leichenschmaus des Propheten Hüngerlein.

Als wir des Jairus Haus erreichten, standen draußen schon die Klageweiber. (Das war damals ein fast so einträglicher Beruf wie Prophet oder Jünger, denn die verdienten ihr Geld mit Heulen.) Dennoch war mir zuviel Gesocks in der Gegend. Mit ins Haus durften nur "meine" zwei Frauen, wie auch Petrus, Jakobus und Johannes, zu dem ich mich nach und nach irgendwie hingezogen fühlte; die anderen sollten die Massen draußen "in Schach" (was auch noch nicht erfunden worden war) halten. (Also ich und DAD haben im Himmel nie Schach gespielt – und alles, was PAPS nicht kennt, das gibt's dann gefälligst auch nicht! Hugh, ich habe gesprochen!)

Im Inneren des Hauses konnte ich agieren wie ich wollte: "Was heult ihr hier so rum ...", frug ich (nicht wenig provokant – zugegeben) die Trauergemeinde, "... was habt ihr denn für Probleme?" (Immerhin war ich noch davon überzeugt, daß es dem Mädchen an nix fehlte.)

Das änderte sich schlagartig, als ich die Göre sah! Propi hin oder her ... ich befand mich auf

verlorenem Posten! Dieser Dreizehn-(!)jährigen ging es *wirklich* schlecht!
GOTTimhimmel(wogenauauchimmer)seigepriesen, war *Christi*ane mit in das Zimmer gekommen. Die "Blutflüssige" war *ihr* nachgefolgt.
*Christi*ane kannte die Symptome. Ihr ging es, wie sie sagte, auch schon mal so. Sie war auch eine Pastorentochter im heiratsfähigen Alter von dreizehn Jahren gewesen. Das könne frau end - lethargisch machen ... Immer diese Anforderungen, die perfekte Tochter sein zu müssen, das hätte sie damals auch fertig gemacht. Von draußen hörte ich aufgrund meines GÖTTlichen Gehörs (ich hatte, ich schätze, ich sagte es schon mal, ein solches), daß das Mädchen jetzt schon verheiratet werden sollte, wogegen sie sich aber dermaßen auflehnte, daß sie ihr Zimmer schon seit Tagen nicht mehr verlassen hatte.
*Christi*ane wußte Rat: sie setzte sich auf die Bettkante und redete auf das Mädchen ein. Ruhig, aber aufmunternd, versuchte sie ihr klarzumachen, daß das Leben schön sei ... was für ein Blödsinn! Ich öffnete unterdessen die Zimmertür, um den staunenden Angehörigen zu erläutern, daß die Maid sich nur aufs Ohr gehauen hätte, was für allgemeine Heiterkeit sorgte, Trauer hin oder her.
Ich schloß die Tür wieder, und weil sich das Töchterlein (nach einer Ewigkeit des *christi*anischen Zuredens) immer noch nicht gerührt hatte, riß mir der Geduldsfaden:
"Mädchen, ich sage dir, hör auf zu markieren und steh auf! Deinen Alten les´ ich gleich die Leviten. Das schwör ich dir bei meinem Leben." (Hups, das war jetzt kein so besonders guter Einfall gewesen.)
Und siehe, alsbald stand das Mägdlein auf und wandelte umher. (Naja, "alsbald" ist ein recht weit gefaßter Begriff. Damals meinte das soviel wie "nach sechs bis acht Stunden".)
In der Zwischenzeit frönte ich den irdischen Genüssen: speisen und trinken bis der Wunderheiler kam. Zwischendrin haute ich dem Kind ein paar Backpfeifen, gar nicht vorher wissend, wieviel Spaß das machte, wenn man *tatsächlich* nach einem Schlag auf die rechte auch prompt die linke Wange hingehalten bekam. Es steckte halt doch mehr als ein prophetischer Märtyrer in mir. Aber als auch das auf die Dauer nicht zu wirken schien, drohte ich ihr an, in absehbarer Bälde andere Seiten aufzuziehen, falls sie nicht langsam spurte. Das wirkte dann *endlich* das beabsichtigte "Wunder".
Jetzt war "Prahlhans" Kammerdiener (nein, diese Spielereien mit unschuldigen Wörtlein), denn (zu Recht – wie ich fand) stolz auf meine Leistung seiend, rief ich die Eltern ins Zimmer: "Gebt ihr mal frische Klamotten und was vom guten gebratenen Opferlamm, ich glaube nämlich, die Kurze hat Hunger. Ach ja, und tut mir den Gefallen, niemandem zu erzählen, was ich hier heute Tolles gemacht habe." (Damit hatte ich dafür gesorgt, daß sie es überall rumtratschen würden! Ich hätte auch Werbefachmann werden können, bei diesen "prophetisch - diagnostischen" Fähigkeiten ....)
Da ich genug gegessen und getrunken hatte, verabschiedete ich mich artig, mit Handschlag *und* "Diener", und machte mich mit den meinen aus dem Staub.
Leider GOTTes hatte ich *bei meinem Leben* geschworen, ihren Eltern die Meinung zu violinen. (Ich war, nebenbei erwähnt, ein von GOTTes Gnaden begnadeter Geiger.) Das hatte ich aber in der Aufbruchsstimmung total vergessen. Neiiiiiiiiiiin, was ein Ärger! Hätte ich *geahnt*, daß mich dieses Versäumnis mal in arge Bedrängnis bringen sollte, hätte ich, als es mir später einfiel, auf dem Absatz kehrt gemacht.

Unterwegs heilte ich auf die Schnelle noch einen stummen Besessenen, der mir von Propi geschickt worden war. Das war wenigstens mal wieder ´ne sichere Angelegenheit.
So was wie heute Nachmittag mußte ich nicht unbedingt noch mal haben. Ich hatte nämlich ganz vergessen, nachzusehen, ob das Mädchen *tatsächlich* nur schlief ... Ich entwickelte so meine Zweifel, ob ich nicht vielleicht doch *wirkliche Wunder* zu vollbringen in der Lage war. Komisches Gefühl ....
Die Pharisäer zumindest waren von der Echtheit meiner Wunder überzeugt; sie dachten, nein: sie *glaubten*, ich triebe den **Teufel** mit dem **Beelzebub** aus. Die hatten Probleme!

Matth.9,18; Mark.5,21; Luk.8,40

Siebzehntes Kapitel

Hasta la vista

Eines schönen verregneten Diems hatte ich ganz schöne Depressionen. Lange schon hatte ich nichts anders mehr zu tun gehabt, als -zig Kranke zu heilen und meine Ansichten zum "Sinn des Lebens" unters Volk zu streuen. Sogar heute waren wieder ganze Heerscharen zu mir geströmt. Aufgrund des nur bedingt zum Ruhme GOTTes geeigneten Wetters hatte ich eigentlich damit gerechnet, heute mal frei zu haben, aber Pustekuchen! Im Grunde genommen hätte ich es ja wissen müssen, immerhin herrschte optimales Grippewetter ....
Wir hatten in einer kleinen Höhle Zuflucht gesucht, meine Jünger nervten mich wieder bezüglich eines Bordellbesuches und sogar *Christi*ane lag mir schon des längeren in den Ohren, wie es den nun eigentlich mal mit ein bißchen Ehebruch trotz fehlenden Trauscheins sei. Die Blutflüssige hatte sich irgendwo unterwegs abgesetzt, so konnte wenigstens sie mir weder an noch auf die Nüsse gehen.
Ich hatte zwar keinen Opferbock, wußte aber, was ich den Hypochondern schuldig war. Gerade wollte ich mit den täglichen Heilungen beginnen, als Judas an mich herantrat: "Sach mal, alter Schwede (er wußte, daß ich diese Anrede nicht leiden konnte, oder?), kannst *Du* mich mal verraten, was dieser Affenzirkus hier soll? Man kommt sich ja vor wie inner Judenschule ...."
Das war´s für mich! GOTT, hatte ich die Schnauze voll. Gestrichen voll, bis zum Stehkragen! Obwohl es ein ganz schön riskantes Unterfangen war, ging ich beten, am hellerlichten Regentag; ich hatte mit Propi einiges zu bekakeln ... (Wenn ich mir ansah, wie gierig meine lüsternen Schafe *Christi*ane begafften, wurde ich gelb vor Neid (ich hätte mir also durchaus einen "gelben Schein" beim Wunderheiler um die Ecke holen können). Alle folgten auf einmal nur noch ihr – und zwar *nach*! Etwas, das mir *so* erst selten gelungen war! Zugegeben ... sie hatte einen ver*teufel*t niedlichen Hintern ... irgendwie so ... maskulin ....)
Am frühen Abend kehrte ich vom "Beten" zurück, schickte *Christi*ane Brötchen kaufen und scharte den Rest meiner Gefolgschaft um mich:
"Hört mir zu, oh meine Apostel", begann ich meine Abschiedsrede. "Heute ist ein ganz besonderer Tag für euch. Ich habe festgestellt, daß ihr in den letzten Monaten viel gelernt habt. Deshalb lauschet meinen Worten, denn sehet, ich will euch hinaussenden in die umliegenden

Dörfer und Gemeinden, auf daß auch ihr hingehet und Kranke heilet. Möge meine Kraft mit euch sein. Dieses Spiel heißt: "Wer macht am meisten", und Sieger ist, wer am meisten gemacht hat, wenn ich komme und ihn abhole. Alles klar? Die Spielregeln sind folgendermaßen: ihr werdet in Zweierteams eingeteilt, jeder bekommt einen spitzen Stock und einen Rock." (Mal abgesehen davon, daß ich sowieso brillant reimen konnte, munterte dieser kleine Scherz meine müden Mannen wieder auf.) "Ansonsten gibt´s nichts. Keene Knete, nix zu fressen, nix zu saufen; hah, ihr kriegt nicht mal eine *leere* Tasche mit!" (Ich konnte auch ohne Alkohol sadistisch sein, wenn ich wollte.) Bevor mich einer der Einfaltspinsel danach fragen konnte, sicherte ich jedem von ihnen noch ein Paar Sandalen zu, die sie *ausnahmsweise* tragen dürften ....
"Jetzt wandert und wundert also ihr durch die Gegend, ich bin ja *sooooooooooooo stolz* auf euch, das könnt ihr euch gar nicht vorstellen, wahrlich! Aber, ein guter Hirte wie ich einer bin, entläßt seine Schäflein natürlich nicht ohne ein paar gute Schnorrertricks: wenn ihr in ein Haus geht, dann bleibt da, bis ihr wieder weggeht." (Mei, diese Logik und rhetorische Raffinesse!).
"An solchen Orten kann Apostel leben wie die Made im Speck. - In dem vom Lamm! Nicht dem vom Schwein! - Wo man euch aber nicht aufnehmen oder reden hören will, geht weiter, damit alle wissen, wie das ist! Diese Leute werden sich am Tag des jüngsten Gerichts noch wünschen, sie wohnten in Sodom oder in Gomorra, denn was dort damals abging ist ein Pappenstil gegen das, was diese Städte erwartet wenn der Sankt Nimmerleinstag gekommen ist, das schwör ich euch! Es verhält sich mit euch nämlich folgendermaßen: ich sende euch Schafe im Grunde wie quasi unter die Wölfe, deshalb sollt ihr so schlau wie die Schlangen sein (nicht so, wie die im Garten Eden - versteht sich von selbst) und auch nicht falsch, so wie die Tauben - nix gegen Vögel! Hütet euch aber vor den Menschen, denn sie werden allerlei Schindluder mit euch treiben. Die Eltern werden ihre Kinder töten und wenn sie das nicht beizeiten auf die Reihe kriegen, dann töten die Kinder eben ihre Eltern, ist mir doch egal. Und viele Menschen werden euch meinetwegen hassen, aber wenn ihr ihnen überantwortet werden werdet, so kümmert euch nicht darum was ihr sagen sollt, nein; macht es einfach wie ich: quatscht sie alle schwindelig mit dem was euch gerade so einfällt!"
"Das klingt ja soweit ganz nett ...", warf Judas ein, "... aber wie sollen wir die Menschen meiden, wenn wir sie doch heilen und bepredigen sollen? Entschuldige, alter Schwede, aber das ist doch alles ein bißchen zu widersprüchlich ... ich verstehe das irgendwie nicht so ganz!" (Der regte mich wahrlich auf!) Aber er hatte Recht - für mich lediglich ein Grund mehr, ihn zu ignorieren: "Fürchtet euch nicht vor denen die euch umbringen, sondern vor dem **Teufel**, der die Seele umbringt. Irgendwann werdet ihr das alles verstehen wenn ihr groß seid, denn vergeßt eines nie: zwei Sperlinge kosten noch immer einen Pfennig auf dem hiesigen Wochenmarkt und dennoch fällt keiner einfach aus Jux und Dollerei vom Himmel, sondern nur, weil GOTT das so will. Ich meine, nix gegen Vögel .... Immerhin sind auch eure Haare gezählt, wißt ihr? - Und wer jetzt "Ja und Amen" zu meinen Worten sagt, zu dessen Worten will ich später vor DAD auch "Ja und Amen" sagen.
Und - da wir gerade beim Thema sind - will ich noch anfügen, daß ihr *meinetwegen* gehaßt werden *müßt*! Wer nämlich Familienangehörige wie Vater, Mutter, Tochter oder Sohn mehr liebt als mich, der soll zur Hölle fahren. Und wer meinetwegen sein Leben verliert, ist sowieso aus dem Schneider, denn er wird sein Leben finden. Und wer das nicht kapiert, hat hier genauso wenig zu suchen wie im Bordell ... gell Judas - ich will ja keinen scharf angucken ... müssen!"

Anscheinend hatte Judas begriffen, was ich mit "schwindelig reden" meinte, und hielt die Backen. Danach bestimmte ich die Zweiergruppen. Freilich erst, nachdem ich Judas´ Vorschlag (er konnte eben doch nicht lange den Mund halten), doch erst "Piß-Pott" zu spielen und dann zu wählen, der dadurch repräsentierten Dummheit wegen abgelehnt hatte.
"Und jetzt ... macht euch vom Acker, beziehungsweise aus der Höhle! *Christ*iane bringt sowieso nur Brötchen für zwei mit. Tschüß und tschaulomm!"
(Sah ich beim Abschied eine Träne in Johannes´ Knopfloch?)
Tja, so zogen sie von Dannen, meine ach so treuen Mannen.(Habt ihr gemerkt, da wars schon wieder, das mit dem Reimen ....)
*Christ*iane und ich hatten einen wirklich romantischen Abend, aber ich war vom "Beten" so erschöpft, daß in Hinsicht Ehebruch nichts lief, sehr zu ihrem Ärgernis ... aber ich würde sie sowieso nicht mehr so schnell loswerden.
Jetzt blieb bloß noch zu hoffen, daß Propi sechs fähige Leute ausgewählt hatte, die meinen Jüngern genug "Kranke" schickten, damit auch sie wunderheilen könnten.
Gute Nacht, du schöne Gegend, ich war einfach zu müde ....

Matth.10,5;10,16;10,34; Mark.6,7; Luk.9

EINSAMMELN

Achtzehntes Kapitel

(H)urlaub

Ich hatte jetzt eine gute Zeit: keiner meiner Angestellten war noch zugegen, was ja in meinem Falle nicht unbedingt hieß, daß ich niemanden mehr bei mir hatte, mir zu huldigen, mich zu lobpreisen und - natürlich - mir *dienend* nachzufolgen. Falls *Christi*ane tatsächlich mal anfing, mich mit dummen Fragen zu nerven, hieß ich sie entweder in die Küche oder mir *an* (und nicht auf!) die Nüsse zu gehen. Letzteres klappte zwar irgendwie nicht so gut, doch dazu später ....
Aber ansonsten ... Heidenei, was ging es mir blendend! Die Sonne tat es GOTTes Liebe gleich: sie war immer und überall da; die Vögileinichens trällerten ein munter Lied nach dem anderen in den strahlblauen Himmel, unter dem *Christi*ane und ich unbeschwert wie zwei frisch Verliebte Teenager ausgelassen auf dem breiten und unsteinigen Pfade herumtollten und den Diem nach Leibeskräften carpten. Und nicht nur was das Herumtollen anbelangte, taten wir es den lustigen Hündchen am Nacktbadestrand gleich, wobei, wie schon angemerkt, ehebruchtechnisch nicht viel lief; aber dazu, wie auch schon erwähnt, komme ich später. (In diesem Zusammenhang das Verb "kommen" zu verwenden, scheint mir das Paradoxon an und für sich zu sein, gerade, wenn es sich um mich dreht ... aber dazu, wie geschrieben steht (von mir und soeben) später ....
Dem aufmerksamen Studenten dieser Lektüre wird nicht entgangen sein, daß sich mit dem "Verlust" meiner Apostel auch ein Stückchen meiner Entschlußfreudigkeit verabschiedet zu haben schien ....)
*Christi*ane und ich hatten nichtsdestotrotz einen Haufen Spaß, das heißt, sie hatte eigentlich wesentlich weniger Spaß als ich, denn ich ergoß mich (anstatt in ihr), in endlosen Monologen, denen sie aber ihre ungeteilte Aufmerksamkeit schenkte.
Ich genoß diese Tage der Unbeschwertheit, als gäbe es keinerlei Bosheit auf der Welt.
Wenn nur die Nächte nicht gewesen wären: *Christi*ane überhäufte mich mit Annäherungsversuchen und Zuneigungsbekundigungen, wobei diese allerdings nie zu den von ihr forcierten Liebesbeweisen führten, sondern stets mit einer schlaflosen Noctem für sie endeten. Sie wurde auch immer gereizter, was sie dadurch entlud, nicht mehr sich selbst die Schuld an meinem körperlichen Versagen zu geben, sondern langsam daran zu glauben (und mir natürlich dementsprechende Vorhaltungen zu machen), daß mit *mir* etwas nicht stimmen könnte, da sich mein Genie- (ein Wortspiel – ein Wortspiel; ich bin so glücklich!) -talbereich (im Gegensatz zu meinem feurigen Gemüte) nie zu erregen bequemte.
Eines Nachts jedoch geschah das Wunder! Wir hatten den lieben langen Tag niemanden gefunden, bei dem wir hätten schnorren können, was dazu führte, daß es abends eine besondere Delikatesse zu essen gab: in Prophetenkreisen nannten wir sie einfach nur "Dreck", oder, falls sich wenigstens diese "Delikatesse" organisieren ließ, "Dreck am Stecken".
Nachdem die Dunkelheit über unsere Höhle hereingebrochen war, fiel die holde Maid wieder über mich her. Heute Abend hatte es aber nur "Dreck aus der hohlen Hand" gegeben und in

Ermangelung von Servietten, hatte sich *Christ*iane nicht den Mund abgewischt. Als sie sich nun mir näherte, konnte ich nicht umhin zu bemerken, daß der Dreck um ihre Lippen herum im lustig flackernden Lichte des Feuerchens den Eindruck erweckte, sie litte an Hirsutismus. Angetörnt durch diesen vermeintlichen Damenbart entfachte sich auch etliches an Glut in meinen Lenden. Was für eine Nacht! Wir carpten und carpten dieselbe genauso erbarmungslos wie unsere, immer stärker zerschunden werdenden Leiber! Erstmals vergoß ich mein Erbmaterial in Gegenwart einer Frau, wobei ich allerdings außerhalb ihres Fleisches meines Ejakulats verlüstig wurde. Immerhin brachte ich es diesmal aber schon *an* die Frau, anstatt es, wie sonst beim "Beten" (was wollt Ihr?! Ich bin auch bloß ein Mensch(ensohn)), sinnlos in den Staub des Bodens zu schleudern.

Ein paar der kostbaren Tröpfchen führte sie sich oral zu "Gemüte", andere verrieb sie (Cleopatras "Eselsmilch" improvisierend) in der Vaginalgegend. Etliches spritzte, wie ich beobachtete, in ihr Haar, anderes klatschte auf ihre steinharten Brustwarzen.

Bevor ich entschlief, durchdachte ich mannigfaltige Möglichkeiten, wie ich anderen Leuten von diesem Wahnsinnsereignis in meinem Leben erzählen könnte, ohne Gefahr zu laufen, es in Tratsch ausarten zu lassen.

Ich träumte in dieser Nacht davon, es meinem Gliede gleich zu tun, und mich durch "von mir selbst provoziertem Beschiß" erhöhen zu lassen, und dann erwachte ich, von unglaublich guten Gerüchen erweckt.

Die ganze Höhle duftete nach "gebratenem Dreck". *Christ*iane kniete vor einem kleinen Feuerchen, auf dem in einer kleinen Amphore, Dreckwasser vor sich hinköchelte. (Heute nennt Ihr so was "Kaffee"; wir benutzten damals statt gemahlener Bohnen, in Dreck gemalte Bohnen ... naja ... so ausführlich hatte ich Euch die Zubereitungsweise dieses "Muselmanentrunkes" noch gar nicht geschildert - glaube ich mich entsinnen zu können ...) Sie strahlte wie ein Honigkuchenpferd, und nach einem ausgiebigen Frühstück, bot sie mir erneut ihre lehmverkrusteten Lippen dar. *Überraschend* wirkte dieser Anblick bei Tageslicht in keinster Weise wie ein Aphrodisiakum auf mich. Im Gegenteil: ich beschloß, irgendwann mal eine Predigt über geschminkte Frauen und das böse Erwachen am nächsten Morgen zu halten ... Dennoch gab ich ihr durch die Blume zu verstehen, daß sie sich ab jetzt nur noch von Dreck zu ernähren hätte; zumindest was das Abendbrot anbelangte - vorausgesetzt, sie bestünde auf die Ausführung ehebrecherischer Aktivitäten.

Während sie, auf allen Vieren durch dieselbe kriechend, die Höhle staubsaugte (sie wollte eben noch unbedingt einen Nachtisch), lief ich vor jener nervös auf und ab. Wie sollte ich den Menschen von den nächtlichen Erlebnissen erzählen, ohne dabei wegen Erregung öffentlichen Ärgernisses verhaftet zu werden? Ich kam zu dem Entschluß, verwirrte Geschichten zu erzählen, bei denen die Zuhörer gefälligst zwischen den Zeilen zu lesen hätten. (Das damals kaum ein Mensch lesen konnte, war mir entfallen, und so ist es auch kein Wunder (diesmal also wirklich nicht!), daß keiner die GOoD Message (Zungen: "Gute Nachricht") verstand, und ich mich hinterher genötigt sah, irgendwas Frommes in diese Geschichten hineinzuinterpretieren. Erstens ist Ehebruch schon eine ziemlich GÖTTliche Sache (wenn mann es richtig macht), und zweitens hatte ich nicht vor, wegen erzählens intimster Details, die damals dafür übliche Strafe zu bekommen; die hieß nämlich "Kreuzigung" und von meiner Holzallergie hab ich Euch ja schon erzählt ... ganz zu schweigen von meiner Akrophobie ....)

Chrissi (nach der letzten Nacht wollte ich ihr dann doch schon irgendeinen Kosenamen geben -

und obwohl dieser nicht von besonders großem Ideenreichtum Zeugnis ablegte – was ja aber (erwähnte ich es schon?) zu meiner Zeit nichts besonderes war - freute sie sich doch darüber wie ein kleines Kind über den ersten Lutscher ... à propos "Lutscher", das brachte mich auf eine Idee für die nächste Nacht), war nun endlich mit staubsaugen (und -wischen!) fertig und wir konnten zum nahegelegenen See, um ein bißchen baden zu gehen.
Wir plantschen lustig umineini, sie verlor dabei (GOTTseidank) die farbgebende erdene Pigmentierung an den Lippen und, so ganz nebenbei, strömte auch mal wieder das Volk herbei. Ich schwang mich in ein vorbeitreibendes Geisterfischerboot und hub an, dem Pöbel meine neuesten Erkenntnisse hinsichtlich des Ehebruchs zu verklickern.
"Jetzt paßt mal alle Obacht", fing ich an, während ich Chrissi in den Seelenverkäufer zog. "Ich bin wie dieses Boot: ich ziehe euer aller *Seelen* zu mir hinan in meinen *Seelen*verkäufer (wat heb´ wie lacht ...), auf daß niemand des Ertrinkens darbe." (Hoffentlich würde mich keiner beim Wort nehmen ...) "Denn dann sänke er auf den Grund der Finsternis, von dem es gibt kein Erretten, außer er begönne schon vorher einen GÖTTlichen Schwimmkurs, auf daß er mindestens den *Frei*(- Brüller! -)schwimmer erhielte, was ihm ein Ausharren an der Wasseroberfläche ermöglichte. Im übertragenen Sinne bin ich hier, euch eine andere Form des *Frei*schwimmens erlernen zu lassen, denn selig sind die, die doch tauchen, aber nicht untergehen, sprach schon der große BADEMEISTER."
Mit dieser rhetorischen Brillanz (die übrigens nur ich so exzellent und aus dem FF beherrschte), hatte ich sie sofort am Haken. (Ich kleines Menschenfischerlein, ich!) Jetzt wollten sie natürlich mehr wissen; denn als Fischer konnte man einen Freischwimmer immer gut gebrauchen. Na, die sollten sich wundern; immerhin wollte ich ja nur übers Einsamen in der Einsamkeit (war auch schon SEINERzeit ein alter Hut) quatschen ....
"Letzte Nacht verteilte ich meinen Samen!", wollte ich es gerade prollend in alle Welt hinausposaunen, besann mich aber letzten Momentes doch eines Besseren:
"Wer will fleißige Handwerker sehen, der muß nur zur Arbeit gehen". (Sakrale Gesänge waren schon damals "in".) "So sehet also dem fleißigen Manne zu, der seinen Samen verteilete. "Sämann" wird er vom Volke gerufen, und das zu Recht, denn immerhin besamet er Flächen, die die Größe eines menschlichen Körpers bei weitem zu übertreffen vermögen. Ich möchte sogar so weit gehen, zu behaupten, daß sein Saatgut auf keine einzeln daliegende Kuhhaut passe, denn Sodomie ist passé!" (Hach, mein Zünglein nun wieder ....)
"Und dennoch war sein Tagwerk damit nicht vollbracht. Schon bei des hellen Lichtes der Sonne Schein, besamete er mehr als bloß gewünschtes Gut. (Des Nachts erging es ihm similar, was eigentlich "simile" heißen müßte – aber, ach, mein Zünglein und ich waren manchmal nicht so besonders gut miteinander befreundet ...) Und dennoch fuhr er fort, Tagaus, Nachtein, diese Tätigkeit zu wiederholen.
Und siehe, da ihm besamen Spaß machte, achtete er nicht allzu genau darauf, wohin wieviel Saat fiel. Tägens wie Nächtens. Er dachte wahrscheinlich so bei sich: "Mein JEHOVA, ich hab ja genug von dem Plunder, und bevor ich es vor die unreinen Paarzeher werfe ...", aber da hatte er sich versäen. (HuchGOTTchen! - das war ja schon wieder eines!) Denn eines Tages konnte er nicht mehr säen (da konnte er es aber mal sehen – nämlich, wie das so ist) und hatte somit weder Job noch Kinder die ihn hätten ernähren können und so starb er des Todes, was, ganz nebenbei bemerkt, die häufigste Ursache des Ablebens ist.

Worauf ich aber hinaus will, ist eine andere Moral - wobei ihr euch auch diese mal in einer ruhigen Minute durch den Kopf gehen lassen solltet. Denn, sähet - äh - hörät (schweigät, ihr kritischen Läsar!), die eigentliche Geschichte ist diese: er säte also frohen Mutes in der Gegend herum, verschwenderisch Gene um sich schleudernd, und wie es dem HERRn so gefiel, landete eine nicht unbeachtliche Menge des Saatgutes auf nicht dafür vorgesehenen Plätzen:
a) Vieles spritzte, ich meine *fiel* auf den Weg, und die Vögel nahmen es auf oralem Wege zu sich;
b) etliches klatschte, *prallte* auf steinharte Knospen ... *steinharten Boden* wo es nach kurzem Erblühen umgehenst vertrocknete;
c) etliches landete im üppigen Haar - *ten* Dornengestrüpp, wo es nichts zu suchen hatte und alsbald erstickt wurde im Schlaf.
d) Etliches aber gelangte dorthin, wo es auch eigentlich landen sollte, und zeugte mannigfaltig Nachwuchs, etliches sogar ein-, ich meine *hundert*fältig."
(HERR, tu mir *das* nicht an!!!)
"Wer (noch) Ohren hat, der höre! Wer keine mehr hat, der lasse sich die entsprechendenden Passagen aus meiner (berühmten) Bergpredigt (*ohr*al - tja, ich kann doch nichts für meine verbalen Kapriolen - ich nun wirklich nicht; ha!) überliefern, obwohl es dann für ihn ja auch eigentlich egal ist.
(Anmerkung des Autors: keiner der Evangelisten hat sich von meinem damaligen Auditorium unterschieden. Niemand hat mich richtig verstanden, und das trotz der anschließenden Erklärungen! In jeder Bibel steht zu lesen, daß mich "die Jünger" danach blöde Fragen gefragt hätten. Ich *schwöre* Euch: richtig es muß heißen "die Jüngerin", denn außer Chrissi hatte ich niemanden dabei. (Am allerwenigsten die Evangelisten – obwohl – wo steckte Propi (den man ja auch "Markus" rief) eigentlich?) Was fast richtig überliefert wurde, ist ihre Frage.)
Man sah *Christ*iane genau an, daß sie wußte, wovon ich eigentlich redete. Scherzhaft fragte sie mich: "Sag mal, Jesulein, warum redest du eigentlich nicht endlich mal Tacheles mit den Leuten? Ich weiß ja, daß du sie für doof **hellst** (die Frau erdreistete sich eines Wortspiels – was für eine Unverfrorenheit; das war ja nun wahrlich nicht ihr Territorium!), ey, das ist *deine* Cervisia, aber mal ganz in echt, glaubst du nicht, daß du ihnen einfach bloß mal sagen solltest, wie geil ein guter Fick (ihre Ausdrucksweise fand ich wirklich unmöglich!) sein kann? Ich meine, wenn wir es einfach nur treiben, ohne dahinter irgendeinen "höheren" Scheiß zu vermuten ... Weißt du, so versteht dich doch kein normaler Mensch. Warum mußt du zu diesen Leuten, die den ganzen Tag keine andere Sorge haben, als die, wie sie ihre Familie satt machen sollen, auch noch in einem solchen Kauderwelsch reden? Sprich doch zu einfachen Leuten in einer einfachen Sprache. Deine Jünger mögen dich ja hier und da verstehen, obwohl du dich ihnen gegenüber auch wie der letzte Arsch aufführst. Aber Jessy, mal ohne Scheiß, warum mußt du "Gleichnisse" erfinden, um dich anderen Leuten gegenüber artikulieren zu können? Ich meine, wenn du über deplaziertes Sperma reden willst, erzähl den Leuten nichts von Sämännern."
Das saß, aber das ließ ich *Christ*iane natürlich nicht merken ... schon gar nicht vor den Leuten, die mittlerweile doch auch den *praktischen* Freischwimmer machen wollten, und deshalb bis an mein Boot herangeschwommen gekommen waren. Es wurde allerhöchste Eisenbahn (was auch immer "Eisenbahn" bedeuten mochte - Ihr wißt ja Bescheid), ihr den Mast abzusägen, bevor Fremde einen Streit zwischen uns mitbekamen, der eventuell sogar zum Verlust meiner Autorität

gegenüber den Massen hätte führen können.
"Dir ist es gegeben, die Geheimnisse des Himmelreichs zu verstehen", flüsterte ich ihr augenzwinkernd, aber dennoch aggressiv zu. Sie wandte sich noch während ich sprach von mir ab. Der Rest des Mobs klebte an meinen Lippen. Also ignorierte ich Chrissi vorerst; dem Rest schenkte ich meine Erklärung:
"GOTTes Wort ist wie der Samen. Wer von euch zu blöd ist, *meine* Worte zu verstehen, bei dem ist es wie mit dem Samen am Wege: die Brut wird ihn hinwegreißen - bitte nagelt mich später nicht auf diese Worte hin, bzw. wegen dieser Worte fest (nagelt mich am besten nie fest), wenn ich mal ein Gleichnis bringen sollte, bei dem die Vögel verdammt gut wegkommen.
Wer *mir* und *meinen* Worten spontan folgt, der ist wie das Steinige - bald geht er daran zugrunde und soll, verdammt noch mal, verdorren! Weil er einfach zu doof ist, sich in *meiner* Ideologie zu verwurzeln.
Wer sich sein ganzes Leben lang um andere sorgt, hat auch kein Chance, mir blind nachzufolgen. So geht´s einem mit gedanklichen Sorgen!
Wer mir zuhört und alles tut was ich sage, auch wenn er´s nicht versteht, der wird hundertfach Frucht tragen; dann hat er wenigstens einen Grund sich Sorgen zu machen - oder auch nicht ... ist mir doch schnuppe.
Im Moment hatte ich nämlich ganz andere Probleme! Wenn ich Chrissi nicht schleunigst würde beruhigen können, dann hätte es sich heute Abend mit "Dreck aus der hohlen Hand" und daraus resultierendem Ehebruch ....
Es mußten vereinzelt Pharisäer unter den Zuhörern sein, denn irgendwo aus der Masse heraus stellte jemand die Frage: "Ach, so ainfach is´ dat also, ja? Mann stroit sain´ Samen aus und alles wird gut, oder wat? Und vor allem: wat in GOTTes Namen hat dat midd´m Himmelraich zu tun? Entschuldige, du alder Schweyde, ich versteh´ dat nich´, *obwohl* ich Abitur hab´."
Ich war nicht nur genervt, ich war richtig sauer! Ich hatte Probleme mit Chrissi und irgendein dahergelaufener Akademiker wollte mich mit landwirtschaftlichen Problemstellungen aufs Glatteis führen.
"Mein ZEBAOTH noch mal ...", HERRschte ich den anonymen Anrufer an, "... es ist doch wirklich kinderleicht - ich werde sogar versucht, das Wort "Puppeneinfach" in diesem Zusammenhang zu gebrauchen! Du wirfst deinen Samen irgendwohin, begehst nachts die Ehe (oder den Bruch derselben - ich schielte zu Chrissi - keine Reaktion -) und nachdem einige Zeit vergangen ist, siehst du, was du angerichtet hast. Dann kommt nämlich der Sensenmann und mäht alles nieder. Worum sorgst du dich also?"
"Um dat Unkraut!", rief Anonymus.
Sollte das denn nie ein Ende haben?
"Stell dir vor, du bist der Chef. Und du und deine Sämänner säen nur guten Samen aus. Ein paar Tage später wächst Unkraut, das - nur ganz nebenbei - auch von GOTT erschaffen wurde, wie bescheuert aus dem Boden. Was sagst du deinen Leuten, wer Schuld daran sei? Der *Teufel*? GOTT? Mach dich nicht lächerlich! Es war doch der "Feind"! Wer auch immer das sein mag. Deine Knechte mögen dich fragen, was sie mit dem Unkraut machen sollen. Etwa ausrupfen? Du antwortest: "Nee du, laß mal. Laß mal wachsen, denn wenn wir es später durch den humanistisch – mechanischen (Wortspiel hin oder her) Mähdrescher jagen, *wird* alles gut. Dann sollen die "anderen" das nämlich sortieren; die sollen doch auch für ihr Geld arbeiten." Und wenn das

sortiert ist, verbrennst du den Schrott und den Weizen fährst du in deine Scheune ein. Damit *ist* doch alles gut."
Mei, hatte ich Faxen dicke ....
"Und außerdem ...", ergänzte (ohne Vögel ... hach) ich wichtigtuerisch, "... guck dir die verdammten Senfkörner an! Sind superduperklein, werden aber, trotz Unkräutern, so groß wie die Bäume, in denen sogar Vögel nisten können ... nix gegen Vögel (n) ...."
"Das versteh ich nicht!", rief irgendjemand dazwischen.
Ich antwortete mit meinem Lieblingsspruch seit der Bergpredigt: "Selig sind die geistig Armen! Amen."
Ich verabschiedete mich, denn Chrissi guckte mich sehr genervt an. Ich hatte mit ihr, das wußte ich auch ohne Hellseher zu sein, noch viel zu bereden ... und sie die eine und andere Schippe Dreck zu essen ....
Also ruderte ich flugs ans andere Ufer (ein Zeichen meine zwischenmenschliche Laufbahn betreffend?), denn immerhin standen da keine Leute rum. Während wir uns auf unsere Höhle zu bewegten, kickte ich ihr ab und zu aufmunternd einen Stein zu, den sie allerdings mürrisch in den Straßengraben schoß. In unserer Behausung angekommen, fragte ich sie, was denn nun eigentlich los sei.

Matth.13;13,24;13,31; Mark.3,7;4,4,26;4,30; Luk.8,4

Neunzehntes Kapitel

<u>Vom Sinn der Gleichnisse und (mal wieder) vom Licht</u>

"Toll, echt toll ...", sagte Chrissi, "... wenn man mit dir *mal* vernünftig reden will, dann verstehst du *natürlich* wieder *nichts*."
Irgendwie fühlte ich mich an Judas erinnert. Obwohl ich so viel gequirlte Fäkalien auf ein Mal aus seinem Mund noch nicht gehört hatte.
"Dann bin ich wahrscheinlich nicht nur nicht allwissend, sondern obendrein auch noch dumm wie Räuberdung", entfuhr es mir. (Erwähnte ich schon mal, daß mein Mundwerk mir hin und wieder arge Schwierigkeiten bereitete?) "Klär mich doch einfach auf ...."
"Also ...", fing *Christi*ane an, "... da sind die Blumen und die Bienen und die Schmetterlinge ..."
Na super; verarschen konnte ich mich eigentlich auch selbst! Was Wunder, wenn man bedenkt, daß ich den lieben langen Tag nichts anderes mit meinen Jüngern machte ....
"... und so kommen dann die kleinen Babys zur Welt. Aber jetzt mal in echt! Warum bringst du es nicht fertig, mit den Leuten so zu reden, daß es unmißverständlich ist? Diese ganze Gleichniskacke, ist doch im Grunde genommen nur Zeitschinderei, um den Tag totzuschlagen. *Du* magst ja den lieben langen davon Zeit haben, aber deine Zuhörer haben vielleicht ab und auch an noch was besseres zu tun, als deinen Exkursionen in die Welt der Rhetorik zu folgen ... arbeiten zum Beispiel: Fische fangen, säen und so. Die müssen doch ihre Familien sättigen!"
"Dann solln se nicht beten, sondern *ar*beten; anstatt den ganzen Tag in meiner Gegenwart rum zu hängen."

Die Frau ging mir gewaltig auf den Zeiger, und zwar auf den großen. War sie hier der Prophet, oder wer? Wenn ich nicht vorgehabt hätte, mit ihr heute noch ein bißchen die Ehe zu brechen, hätte ich mir eine Geißel gebastelt und sie aus der Höhle getrieben, unsere Behausung (oder besser: "Behöhlung" – ich Pedant, ich) also gereinigt. Tja, ich war aber eben auch nur ein Menschensohn und besaß als solcher nur schwaches Fleisch. Aus diesem Grunde behielt ich auch meine Meinung bezüglich ihrer Ausdrucksweise für mich.
"Das ist ja der Knackpunkt", erwiderte ich, mich zur Ruhe zwingend. "*Deswegen* benutze ich ja Gleichnisse! Ich wähle *bewußt* (hatte ich Euch schon erzählt, daß sich "Akrophobie" auch frank und frei mit "nicht schwindelfrei" übersetzen läßt?)Bilder, unter denen meine Zuhörer sich etwas vorstellen können, weil sie damit ihre Fladenbrötchen verdienen. Ehrlich! Ich kann mich bloß des Eindruckes nicht erwehren, daß du die Geschichte nicht so ganz verstanden hast. Guck mal ..." (endlich konnte ich normal reden und mußte nicht mit diesem "denn siehe" - Geschwafel loslegen), "... zähl doch einfach mal eins und eins zusammen: Der Samen ist doch eigentlich das Wort und ich bin der Sämann. Kapierst du das wirklich nicht?" (Boa, was konnte ich doch gut lügen! Soviel zum Thema "nicht schwindelfrei".) Chrissi guckte zwar ein wenig skeptisch, schien die Story aber gefressen zu haben. Um auf Nummer sicher zu gehen, würgte ich ihr noch einen rein: "Chrissi, du bist doch nicht doof! Stell dein Licht nicht unter einen Scheffel oder eine Bank! Andere Leute machen das doch auch mitnichten. Nimm zum Beispiel mal mich! Ich weiß, daß ich wahrhaft GÖTTlich bin, und mache ich etwa einen Hehl daraus? - Jetzt mal abgesehen von der Tatsache, daß ich allen und jedem erzähle ich sei es nicht. - Aber ansonsten ... und vergiß vor allem eins nicht: nach welcherlei Maß du mißt, wirst auch du gemessen und wer viel hat, der kriegt noch mehr, und wer wenig hat, dem wird sogar das Bißchen - das mit Absicht groß gesprochen wird - das er hat, auch noch weggenommen."
Was für ein hahnebüchener Unsinn, aber immerhin war Chrissi jetzt genauso verunsichert, wie mein sonstiges Auditorium. Da sie nichts mehr zu sagen hatte, aßen wir noch ein paar Hände voll Dreck und carpten ein bißchen die noctem vermittels Brechens der Ehe.

Mark.4,21; Luk.8,16

Zwanzigstes Kapitel

Streß und so

Ich hab´s gewußt! Das war so sicher wie das Amen in der Synagoge! Das konnte ja gar nicht anders kommen! *Teufel* auch, verdammt noch mal! Obwohl ich meinen Aposteln doch gesagt hatte, ich würde sie wieder einsammeln, kamen sie bei mir angetapert. Das war wohl genau dieselbe Sorte von Mißverständnis, wie das mit dem "nachfolgen". Und nun ratet mal, welche Jünger zuerst wieder zu Chrissi und mir zurückkehrten. GOTTseidank erst, nachdem *Christi*ane und ich mit dem, in letzter Zeit sowieso immer spärlicher gewordenen Ehebruch fertig waren.(Wir stritten uns neuerdings nämlich lieber, als miteinander den Diem oder die Noctem zu carpen, falls Ihr wißt, was ich meine ... Ansonsten ist Euch aber alles klar - oder?)
Natürlich Petrus. Gut, der war mir im Großen und Ganzen togal (ha, kleines Wortspiel am

Rande), aber er hatte, wie hätte es auch andreas (aller kleinen Wortspiele sind zwei ...) sein können, Judas im Schlepptau. Auf diese Pappnase hatte moi (also, diese Franzosen ...) ja nun gerade noch gewartet!
Als gäbe es sonst keinerlei Bosheit auf der Welt! Ich hatte für diese Nacht nur mit dem Besten gerechnet, denn ich hatte mein Tellerchen Dreck ganz ratzeputze leergegessen. Und jetzt dieser Gesichtseimer! HERRGOTTnochmal! Und als ob das noch nicht genug gewesen wäre, sahen Chrissi und ich wie die Erdferkel aus.
"Schalömmchen Rabbi ...", begrüßte mich Judas, "... na wie is´? Alles fit im Schritt?" Und zu *Christi*ane: "Ja, Heilandsack, wen haben wir denn da? Weißt´ Bescheid, holde Maid?" Dann machte die alte Hakennase doch tatsächlich einen "Diener" vor ihr und gab ihr einen Handkuß. Unglaublich! Der Vogel (nix gegen Federvieh!) war noch keine Minute in der Höhle und ich hätte ihn unter Zuhilfenahme einer selbstgebastelten Geißel schon zum **Leibhaftigen** jagen können.
Chrissi hingegen himmelte diesen linken Vogel (siehe oben) vom ersten Moment an an. War mir vorher gar nicht aufgefallen. Sie wischte sich mit dem Arm die Lippen sauber, bis diese fast bluteten. (Tja, "rote Lippen soll man küssen" – irgendwann mußte ich mit Chrissi mal über Schminke reden!) Judas troff bei diesem Anblick der Sabber aus den Lefzen.
"Hallöchen ihr zwei beiden ...", gab ich mich betont scheinheilig freundlich,"... wie war´s denn so auf der Piste? Erzählt doch mal."
"Boah, Meister ...", sprudelte Petrus los,"... wir haben voll viel gepredigt und -zig Kranke geheilt! War echt suuuper!" (Demzufolge hatte Propi also, zumindest was diese beiden anbelangte, ganze Arbeit geleistet.) "Ach ja, da fällt mir noch ein ...", plapperte der Berichterstatter nach einer kurzen Atempause weiter,"... wir waren auch noch ein bißchen im Puff; du bist doch deswegen nicht böse, oder?"
"*Du* mußt aber auch immer gleich alles verraten!", fauchte ihn Judas an.
Na spitze, endlich war mal wieder was los in der Höhle! Tolle Wurst. Hätte ja weiterhin so "gemütlich" bleiben können, wie es in den letzten Wochen gewesen war. Dann wäre ich zwar wahrscheinlich im Laufe der Jahre in Vergessenheit geraten, aber damit hätte ich zur Not auch noch *ewig* leben können ....
Das Schlimmste an der Geschichte war, daß es ab jetzt sehr zweifelhaft war, ob die beiden mir weiterhin huldigen und folgen würden. Der Ansporn hinsichtlich eines Bordellbesuches war ja nun gründlich im Eimer.
"Nee, nee, ist schon in Ordnung", bemerkte ich mit einer wegwerfenden Handbewegung. "Ist doch schön, daß wenigstens ihr Spaß hattet."
Chrissis Blick ob dieser meiner Bemerkung verhieß nichts Gutes. Wir hatten uns in letzter Zeit sowieso öfter in den Plünnen gehabt, als die Ehe gebrochen (aber das erwähnte ich ja schon). Bevor sie aber den Mund auch nur zum Luft holen aufmachen konnte, ordnete ich "Ruhe im Karton" an: "Jetzt wird geschlafen, morgen ist nämlich auch noch ein Tag, wahrlich, das sage ich euch."
Und damit war (zumindest für diese Nacht) erstmal Schicht im Schacht.

Nicht überliefert

Einundzwanzigstes Kapitel

Noch mehr Streß und so

Ich natürlich mal wieder Recht! Am nächsten Tag sollte tatsächlich auch wieder ein Tag sein, genauso wie am darauffolgenden und am nächsten und am übernächsten und am überübernächsten und am überüberübernächsten und an allen weiteren Tagen danach sollte auch schon wieder ein Tag sein. Die Tage selbst wollten kein Ende nehmen, begannen dafür aber viel zu früh. Mittlerweile waren noch mehr von meinen Aposteln zu mir zurückgekehrt und das Drama hatte seinen Höhepunkt noch lange nicht erreicht.
Nachdem Petrus und Judas wieder aufgetaucht waren, war das "lustige" Höhlenleben mit *Christi*ane sowieso endgültig vorbei. Wir zogen wieder durch die Städte, heilten und predigten aus Laibeskräften (kleine Plänkelei – Ihr wißt schon ...), und Petrus laberte mir auf den Wegen von einer Stadt ins nächste Dorf die Trommelfelle fransig. Judas hingegen schien sich immer besser mit Chrissi zu verstehen; wahrscheinlich erzählte er ihr von seinen Erlebnissen im Puff und von den Techniken die er dort erlernt hatte ... zumindest zuzutrauen war´s ihm allemal.
Und je mehr Jünger zurückkamen, umso weniger konnte ich mich um Chrissi kümmern, was, glaubt mir wenigstens dieses eine Mal, nicht nur meinen Lenden zu schaffen machte. Ich hätte mit Judas sonstewas machen können, mußte mir aber den ganzen Tag die Abenteuer der anderen anhören. Außerdem wurde ich je länger je mehr spitz wie Nachbars Lumpi (irgendwer hätte mal "Hosen" erschaffen können - bloß nicht solche, wie die von meiner Ma!); mein Sack (haha - kleines "Teekesselchen" gefällig?) beulte sich doch häufiger aus als mir lieb war, was besonders peinlich war, wenn ich gerade eine Predigt vor der versammelten Meute hielt. (Ehrlich: wenn ich den in die Finger kriege, der die Hormone erfunden hat ... ich garantiere für nichts ... ´tschuldige DAD, ist nichts persönliches, wie DU ja weißt?!)
Selbstverständlich glichen meine Predigten mit der Zeit immer mehr irgendwelchen "Offenbarungen", in denen ich wenig Löbliches zu sagen hatte.
Ich fiel über arme, unschuldige Städte her, anstatt die Menschen die in ihnen wohnten zusammenzustauchen; ich zog über die *Galli*läer (nicht eines meiner besten Wortspielchen, aber immerhin eins mit tieferem Sinn) im Allgemeinen her und reagierte meinen Frust jeden Tag noch derber ab als am vorhergegangenen.
An einem Donnerstag war es besonders übel:
Ich schwafelte mir grade mal wieder den Wolf (im Schafspelz) über die bösen Städte, und darüber, daß ihr Untergang nicht mehr ferne sei. Na gut - schwafeln ist etwas untertrieben; ich monologisierte - mittlerweile *schreiend* - über den Untergang der *ganzen Welt*, als einer meiner Apostel, ich glaube es war Jacko, an mich herantrat, daß meine Mutter und meine Brüder da seien.
"Meine Mutter und meine Brüder? Und womöglich auch noch meine Schwestern, was? Vielleicht auch noch der Zimmermann - ach was red ich - wahrscheinlich steht sogar mein VATER dahinten, dritte Reihe links, oder was?"
- "Nee, in echt jetzt ..."-
Na *das* wollte ich doch mal sehen ....
"Hört mal her Leute ...", schrie ich in die Massen,"... Jacko erzählt mir gerade, daß meine Familie da sei. Soll ich euch mal was fragen? *Wer* sind denn meine *wahren* Verwandten? Wißt ihr nicht?

Dann paßt mal mit gespitzten Ohren - sofern noch vorhanden - Obacht! Jetzt verklicker ich euch mal einen: *Ihr alle seid meine Familie!*"

Während ich die nächsten Sätze von mir gab, erhob ich meinen rechten Arm, hielt ihn über dem Pöbel ausgestreckt, und beschenkte die Welt in diesem Moment versehentlich mit einer Geste, die später von einem deutschen Staatsmann wieder aufgegriffen wurde und sich zu einem Zeichen der respektvollen Begrüßung mauserte, die Ihr Menschen übrigens bis heute nicht vergessen habt. Nur nennt Ihr diese Art Begrüßung heute nicht etwa "Jesusgruß", sondern Ihr benennt sie nach einem dilettantischen Hochstapler - bei Euch heißt das nämlich "Hitlergruß".
(Ironie der Historie: Der bekannteste Antisemit der Weltgeschichte – selbst Martin Luther ist in diesem Zusammenhang nicht halb so bekannt - läßt sich mit einer Geste huldigen, die von dem bekanntesten *Juden* der Weltgeschichte erschaffen wurde! Interessant, wah?!)
"Alle, die tun was mein VATERunserimhimmel will, sind meine wahren Mütter, Brüder oder Schwestern." (Da hatte ich mich wieder ganz schön bei den Frauen eingeschleimt ....)
Die "Väter" waren ziemlich sauer, aber Chrissi schenkte mir das erste Lächeln seit Wochen ... und Judas wurde gleichzeitig blaß vor Eifersucht. Er stellte sie so offen zur Schau, daß er *sich* damit verriet. Das heiterte mich natürlich auf. Allerdings egalisierte ich diese Gefühlsregungen beider wieder sofort, als ich mich sowohl mit strafenden Blicken der anderen Jünger, als auch denen meines Auditoriums und zugleich noch mit meinem frechen Mundwerk konfrontiert sah:
"Ich meine, ich habe *nur einen* VATERimhimmel, aber ihr Männer sollt *alle* meine Brüder heißen. Wer aber SEINEN Willen tuet - sprich: *meinen* Willen - der soll hinfort keine höllentechnischen Probleme mehr haben!"
Das kam gut an!
Ich wiederholte meine Frage: "Wer sind meine wahren Verwandten?"
Die Menge grölte (alle die Hand zum Jesusgruß erhoben): "Wir alle. *Heil, heil* dir, der du aus unserem *Land* kommst!"
Der Fanatismus der Massen begann mich zu erregen:
"*Heil-land, oder Heiland* ...", ordnete ich an,"... ist kürzer und geht leichter von der hoffentlich noch vorhandenen Zunge ...." (Ich und die meine ...!)
Aber die Masse fand das gut: "*Hei-land, Hei-land, Hei-land - tschatschatscha - Hei-land, Hei-land, Hei-land - tschatschatscha - Hei- ... undsoweiterundsoweiterundsoweiter ....*"
Die einzigen die nicht mitschrieen, waren meine *leiblichen* Verwandten ....
- Schade eigentlich, ich hatte doch noch ... ach, irgendwann mußte es auch mal gut sein .... Du **böses, böses** Mundwerk, du! Ich bin nun eben auch nur ein Menschensohn; qu´ est - ce que tu veux faire? (Diese Zungen ..!) Ich kann eben auch nicht aus meiner Haut.
Wie dem auch sei, ich predigte noch etwas weiter und, da es niemanden an diesem Tag gab, der hätte geheilt werden können, erfand ich noch schnell das "Segnen". Im Grunde war das nichts anderes als der Jesusgruß, bei dem allerdings die flache Hand am ausgestreckten Arm auf dem Haupt des Gegenüber zu liegen kam, verbunden mit der Aussage, daß ich denjenigen jetzt "segnen" würde, was soviel bedeutete, wie das Gegenteil von "verfluchen".
Retrospektiv betrachtet war das im Großen und Ganzen ein recht innovativer Nachmittag gewesen, was aber meine Laune zu heben nicht merklich befähigt war.
Langsam aber sicher wollte ich Feierabend machen, mußte also zum Ende kommen. Außerdem standen mir die Sinne nach gedämpften Kohl. (Diese Wortspiele – Kinder im HERRn – ich flipp

ja fast aus!) Irgendwas Positives sollte ich mir noch abringen, denn ich wollte mal wieder was anderes als Dreck zum Abendessen haben; dann törnte mich Chrissi eventuell auch nicht mehr so an.
"HERR, was bist DU doch spitze!", begann ich meinen Lobpreis des VATERs. (Wer jetzt behauptet, ich würde es wie ein Pharisäer halten und in aller Öffentlichkeit dem HERRn in den Hintern kriechen, ist ganz schön dreist und wird deswegen zur Strafe auch nicht gesegnet. Ällebätsch!)
"Denn seien wir doch mal ehrlich, es ist doch so: alles was ich weiß, weiß ich von DIR, ungelogen! Dennoch verhält es sich so, daß keiner DICH kennt, außer, ich erzähle ein paar Anekdoten von DIR. Andersherum kennt mich kein unreiner Paarzeher, denn kaum jemand ruft mich an oder interessiert sich für mich, außer, ich erzähle eben was von DIR - woraus man doch messerscharf schließen kann, daß keiner von uns ohne den anderen auskommt, was man in griechischen Zungen als "Symbiose" bezeichnet. Daher, meine lieben Jünger, laßt mich euch allen etwas offenbaren: bringt alle her zu mir, denen es dreckig geht, denn ich will sie erquicken – euch als Überbringer natürlich auch! Es ist halb so wild, sich mein Joch auf die Schultern zu packen, denn mein Joch ist voll sanft und meine Last ist ultra - light. Eure Seelen sollen Ruhe finden unter diesem meinem Joch, denn ich bin sanft- und auch sonst von HERRzen de- nämlich mütig. (Na, war das vielleicht nichts?) Man kann ohne zu übertreiben sagen, ich sei der Weichspüler unter den Folterknechten, ja geradezu von Natur aus friedfertig und unfähig auch nur einer Heuschrecke ein Leid zuzufügen ... was glaubt ihr, warum meine Apostel eher Dreck als Krabbeltierchen verspeisen? Seht ihr, da habt ihr es nämlich! Und jetzt ist für heute aus und Amen!"
Erstaunlicher Dings hatten meine Zuhörer keine weiteren Fragen mehr an mich, und so kam es, daß wir heute wirklich mal pünktlich Schluß machen konnten. Lediglich ein Mann, dem man seinen Wohlstand schon von weitem ansah, trat an mich mit einer Frage heran, nämlich der, ob wir Hunger und/oder Lust hätten, bei ihm noch eine Kleinigkeit zu spachteln. Überflüssig zu erwähnen, daß wir dieses Angebot auf keinsten Fall aus-, sondern uns stattdessen an seinem Tische die Bäuche vollschlugen.
Stunden und etliche Becherlein des guten Weines später verabschiedeten wir uns, denn die Nacht war lau und wir gedachten, unter dem freien, mit mannigfaltigen Sternchen überzogenen Himmelszelte zu nächtigen. Eine, unserem Einkommen angemessene Ruhestätte war schnell gefunden, und meine Gefolgschaft hatte es ähnlich eilig, in süßen Schlummer zu sinken. Ich hingegen wurde, von Gedanken gequält, vom Traumland ausgeschlossen. Der Krach mit Chrissi, Judas sowieso, und mein daraus resultierendes Unwohlsein machten es mir unmöglich, einzuschlafen. Nach scheinbar endlosem Hinundherwälzen beschloß ich, noch ein wenig "beten" zu gehen.
Bei Propi angelangt, begann ich erstmal ein großes Wehklagen. Der nicht unerhebliche Alkoholkonsum des Abends hatte mich (ach, überraschend) eher weinerlich denn aggressiv gemacht. Ich schütte(l)te Markus mein ganzes HERRz aus, erzählte hier und da auch von den Ereignissen der letzten Tage, damit er ein bißchen Schreibstoff für sein Evangelium bekäme.
Er hörte mir aufmerksam, mich nie unterbrechend zu, stellte nur vereinzelt Detailfragen und blickte mit zunehmender Erzähldauer immer besorgter aus der Toga. Schließlich hatte ich geendigt.
"Tja Scheff ...", sagte er bedauernd, "... das klingt nach einer ernsten Krise. Wenn du so weiter-

machst, bist du bald hirntot, weil deine Sorgen dich aufgefressen haben. - Andererseits bist du ein ganz schöner Depp. Erzählst dem Volk sie sollten sich keinen Kopf über ungelegte Eier machen, sollten sogar dein Joch auf sich nehmen weil es so schön leicht sei, bist aber selbst nicht in der Lage, auch nur die Hälfte des von dir Gepredigten in die Tat umzusetzen. Ein wenig schizophren der "Heiland", was? Sag mir doch mal, was dich aufheitern könnte."
Wir grübelten gemeinsam etliche Zeit herum, denn so aus dem Stehgreif wollte mir nichts G´scheites einfallen.
"Es müßte irgendwie ein *Knaller* werden ...."
"Ja, etwas super Extraordinäres ...."
"Was noch nie da war ...."
"Ein Megahammer!"
"Etwas, das dich von dem Streß mit *Christi*ane ablenkt und dir gleichzeitig dein unerschütterliches Selbstvertrauen wiedergibt."
"Genau! Irgendwas in dieser Richtung!"
"Eine Aktion, die Volks*massen* vorbeiströmen läßt ... HERRGOTT, was hatten wir denn noch nicht ...?"
Wir zermarterten uns das Hirn, bis es zu qualmen begann. GOTTseidank hatte Propi genug Wein mitgebracht, um den Brägen feucht zu halten, bevor er der Anstrengung wegen verdorrte. Trotzdem war ich mit meinem Hebräisch am Ende.
Die Nacht war schon fast vorbei, als ich zum x-ten Mal pinkeln ging. Nicht, daß ich mir nur den Kittel naßgemacht hätte; ich bepißte mich seit Neuestem mit schöner Regelmäßigkeit ... mir ging es damals eben einfach nicht so toll.
Die erste Morgenröte begann sich am Firmament zu etablieren, als es Propi endlich dämmerte: "Alter Finne, ich hab´s! Heureka! Das Ei des Kolumbus!" (Ein alter Kumpel von ihm, wie sich später herausstellte.)
"Wir lassen gnadenlos einen "richtigen" Toten auferstehen!"
"Und wie, zum *Teufel*, willst du das bewerkstelligen?", fragte ich neugierig. "Außerdem ...", fug ich resigniert hinzu, "... hatten wir das doch damals bei Jairus Töchterlein schon." (Zum einen hatte ich ihm zwar die Geschichte mit den Sperlingen stets verschwiegen; aber mir graute davor, einem Toten zwischen die Beine zu treten! Zum anderen erschauderte ich bei der Erinnerung an Jairus´ Tochter; ich wollte wahrlich nicht wissen, ob das ein Trick von Propi gewesen, oder es mit ihr tatsächlich schon zuende gegangen war.)
Mein Propagandachef strahlte mich triumphierend an: "Mitnichten!", rief er freudestrahlend aus. "Diesmal, Heili, holen wir die Leiche aus der Kiste. Dafür brauche ich allerdings Vorbereitungszeit. Du greifst dir, wenn ihr alle ausgepennt habt, deine Crew und marschierst trödelnden Schrittes nach Nain. Da seid ihr ´ne ganze Ecke unterwegs, und ich kann das Wunder bis dahin arrangieren."
"Glaubst du denn, daß dir dieser kurze Vorsprung reicht?", fragte ich skeptisch, natürlich ausschließlich von meinem Pessimismus gesteuert.
"Laß mich nur machen ...", entgegnete er, "... hab ich dich bisher schon mal enttäuscht?"
Das hatte er nachweislich nicht, deshalb verabschiedete ich mich ohne weitere Bedenken zu äußern, und gab mächtig Sandalengeld, um endlich in die Heia zu kommen. Mein Markus, auf "Züngisch" auch "Propi" genannt (oder erwähnte ich das schon?), würde das Ding schon

schaukeln ....
Beim Einschlafen glaubte ich, Geräusche eines verstohlen begangenen Ehebruchs zu wahrzunehmen, schenkte aberden akustischen Eindrücken meines ausgezeichneten Gehörs keine Beachtung.

Matth.11,20;11,26;12,46; Mark.3,21; Luk.8,19;10,13;13

Zweiundzwanzigstes Kapitel

Vor den Frauen

Schwitzend wie ein unreines Borstentier erwachte ich aus Träumen, in denen zwar viel Ehebruch, aber wenig *Christ*iane vorgekommen war. Ich interpretierte diese Schlafgeschichten als Ankündigungen auf zukünftige, positive Geschehnisse, denn Propis Optimismus hatte mich noch nicht verlassen. Außer Chrissi war keiner von meinen Apöstelchen zu sehen, weshalb ich sie auf einen herzhaften Klumpen Matsch zum Frühstück einlud.
Sich auf ungewohnte Art distanzierend, lehnte sie betont freundlich meine Einladung ab.
Da war doch was im Busch ....
Ich buk mir also selbst ein Sandtörtchen und wollte es gerade auf einen Stecken spießen, als ich fröhlichen Gelächters und nicht minder entspannt klingender Konversation gewahr wurde. In einiger Entfernung sah ich meine "Menschenfischer" zu unserem Lager zurückkehren ... und das mit einem *richtigen* Frühstück: "Frutti di Mare". Leckerleckerlecker!
Als sie feststellten, daß ich ihrer gewahr geworden war (nette Wortkonstellation diese; ich nun wieder ...), erhoben alle die Hand zum Jesusgruß und riefen aus der Ferne: "Heil, Heiland!"
Naja, meine Apostel eben ... sie mußten den neuen Gruß noch üben ...!
"Rat mal, wen wir am See getroffen haben - das glaubst du nie!"
See? (War wohl nichts mit "Frutti di *mare*".) War hier denn ein See in der Nähe? Oder hatten Propi und ich das Erdreich so übermäßig mit unserem Urin benetzt, gar getränkt? In diesem Fall äße ich dann doch lieber meinen selbstbackenen Sandkuchen ... aber Fische in Flüssigfäkalien zu fangen? Das wäre *wirklich* ein Wunder gewesen. Fast so, als könnte man aus Wasser Wein machen.
"Ich habe keine Ahnung ...", ergab ich mich, bevor ich sinnlose Ratespiele mit den Fischern spielen mußte, "... wen denn?"
"Thomas und Zöllnermut, genannt Matthäus, haben sich auch gerade einen kleinen Snack geangelt, genauer gesagt, haben einen kleinen Snack für sich und *ihre Jünger* geangelt."
Das glaubte ich tatsächlich nicht! (Fast hätte ich mich in "Thomas" unbenannt.) Die beiden hatten schon eigene Jünger? Dem mußte ich einen Riegel vorschieben, immerhin stand meine persönliche Glückszahl auf dem Spiel, so oder so.
Das Grüppchen erreichte Chrissi und mich.
"Alter Russe ...", fiel mir Thomas um den Hals, "... ich glaub´s nicht! Daß ich dich *hier* treffe!"
Und nachdem er *Christ*iane gesehen und gemustert hatte: "Und noch immer in so charmanter Begleitung, Heiland, Heiland, ich muß schon sagen ...."

(Judas schien ob der sich ins rote verwandelnden Gesichtsfarbe von Chrissi keinerlei Begeisterung zu empfinden.)
"Du, Messias, darf ich dir eben unsere Jünger vorstellen?", fuhr Thomas fort. "Sie heißen ...-"
"Nein, das darfst du nicht!", fuhr ich ihm über den Mund. "Weißt du, mein leerer Bauch studiert nicht gern ... ist halt so. Laßt uns doch erstmal essen. Ich hab ´ne tolle Idee: ihr geht die Meer-eß-früchte – ich meine, See – eß- (um ein Wortspielchen einflieseln zu lassen) -früchte braten und ich philosophiere ein bißchen mit euren Jüngern herum. Mal sehen, was die so auf dem Kasten haben."
Während sich meine Mannschaft um die von ihnen gefangenen kümmerten, machte ich meine Fische mit den Neuzugängen klar.
Schon nach sehr kurzer Zeit stellte sich heraus, daß einer der Neuen ein Schriftgelehrter war. Der hatte mir gerade noch gefehlt! Judas widersprach mir schon oft genug, und auch Thomas vom Gegenteil dessen, was er sich standhaft zu glauben weigerte, zu überzeugen, war kein Pappenstil! Jemand der sich in der Judaika und dem Talmut auskannte, war mir also ganz und gar nicht willkommen! All meine Versuche, ihn abzuwimmeln, schlugen fehl: "Herr, wo du hingehst, da will auch ich hingehen!"
Es wurde also Zeit für Trick 13. (Mein "Glückstrick", weil ohne Selbstüberlistung. Trick 17 minus vier Selbstüberlistungen macht Trick 13. Kleines Wort- und Rechenexempel am Rande. Tjaha – bei mir könnt Ihr noch was lernen!) Wortgewaltig hub ich an, ihn unangespitzt in die Selbstzweifel zu treiben, denen ich bis gestern noch hilflos ausgeliefert war:
"Die Füchse haben Gruben und die Vögel unter dem Himmel (gegen die ich übrigens nix habe) haben Nester. Aber der Menschensohn hat nichts, wo er sein Haupt des Abends bette! Alles klar?!" Nichts war dem Manne klar, aber "krohßkottzich" wie ich auftrat, zweifelte er eher an seiner Intelligenz als an der meinen. Und - Schwupps! - weg war er!
Die anderen beiden ließen sich aufgrund ihrer Einfältigkeit dadurch nicht beirren, hoben stattdessen sogar noch heftiger an, mir ihre Bereitschaft zur Nachfolge darzulegen. Ich hatte GLÜCK im *Unglück*. Als ich resignierte und deswegen nachgab, erwähnte der eine, er müsse nur noch mal eben schnell seinen Vater beerdigen (dieser war just verschieden), der andere wollte sich vorübergehend von seiner Familie verabschieden.
Jetzt hatte ich sie am Schlafittchen: "Laß doch die Toten die Toten begraben", erwähnte ich beiläufig", was selbst für diesen Einfaltspinsel zuviel war; zum anderen sagte ich: "Wer seine Hand an den Pflug legt und blicket doch zurück, der ist nicht geschaffen, daß Himmelreich GOTTes zu verkünden!" Das ergab - zugegeben - keinerlei Sinn, geschweige denn Verstand, aber es reichte, um auch den Rest von Thomas´ Jüngern in die Wüste ("Einöde" – ich krieg ja gleich ´ne Erektion!) zu schicken ....
Als mein Frühstück endlich fertig war, äußerte Thomas seine Zweifel ob der Geschichte, deretwegen seine Jünger mir nicht nachfolgen wollten. Judas war davon überzeugt, *ich* hätte *sie* verraten, was ich mit dem Spruch: "Besser, ich euch, als du mich", abtat. (GOTT, wie naiv kann der Messias eigentlich tun ....)
Danach gab´s lecker Frühstück, irgendwer hatte sogar Wein organisiert, und *Christi*ane hatte sogar selber Brötchen gebacken, zwar nur ganz kleine, aber diesbezüglich wollte ich sie mir später vorknüpfen.
Wir plauschten locker und entspannt vor uns hin, mal ganz ohne Religion, und als Chrissi den

Abwasch machte (Judas half ihr nicht!), erzählte ich, daß es jetzt und heute auf nach Nain ginge, vielleicht gäbe es dort einen anständigen Puff.
Keiner war, wie ich bei dieser Gelegenheit erfuhr, besonders interessiert an einem solchen Besuch, anscheinend hatten sich alle bisher zurückgekehrten Jünger schon bei ihrem Alleingang diese Fleischesfreude gegönnt ....
Ich mußte mir bei kleinem einen neuen Spruch einfallen lassen ... wahrlich!
Auf jeden Fall ging es jetzt aber ab nach Nain. Die Sonne zeigte ungefähr 15 Uhr 38 Minuten und beim nächsten "peep" 13 Sekunden – ("peep") - an. Wir konnten also getrost loströdeln ....
Obwohl es mir deutlich besser ging als in den vergangenen Tagen und Wochen (hätte es damals schon taugliche Kalender gegeben, würde ich sogar von Monaten sprechen; also mir kam es vor, als wären Jahre verstrichen), war der Weg nach Nain nicht besonders amüsant. Zwar hatten Matthäus und Thomas unglaubliche Geschichten von ihrer Dienstreise zu erzählen, dennoch achtete ich ausschließlich auf Judas und "meine" Holde. Die beiden hatten nicht mehr halb soviel zu scherzen, wie es anfangs der Fall gewesen war. Sie unterhielten sich für meinen Geschmack ein wenig zu ernst, als daß man den Eindruck von zwei Frischverliebten hätte gewinnen können. Die Konversation zwischen den beiden war angeregt intensiv, von Tiefgang gekennzeichnet, und ließ jede Art von Humor vermissen; stattdessen erlag ich dem Eindruck, die beiden unterhielten sich ähnlich angespannt, wie *Christi*ane und ich nach unserem ersten Ehebruch getan hatten, denn des öfteren hörte ich Judas seine Antworten mit "Nein, aber" beginnen. Natürlich war er meinen rhetorischen Fähigkeiten bei weitem unterlegen!
Trotzdem, und das war mir sehr suspekt, stritten sich die beiden nicht; keiner von ihnen erhob auch nur andeutungsweise die Stimme wider des/der Nächsten. Vielleicht schwammen meine Fälle ja doch vor meinen Augen davon ... Nach eines langen Weges Durststrecke (ich hatte Brand wie 'ne Bergziege - aber wie eine tibetanische!) sah ich dann, denn ich hatte nun mal die bestmöglichen Augen, von Ferne die Zinnen Nains.
Da war ich aber mal gespannt! Immerhin ist ja Vorfreude angeblich die schönste Freude. Und ich hatte mich schon sehr lange vorgefreut ....
Mein Einzug in Nain begann damit, daß ich Phil und Bartholomäus (was für ein bekloppter Name) wiedersah. (Eltern, die ihre Kinder so benannten, bewiesen zwar mehr Einfallsreichtum als ihre Zeit- oder Artgenossen, schlugen ihre Kinder aber bestimmt auch ....)
"Ey, du Heiland, ne, du mußt jetzt echt voll auf 'ne Leiche inner Kiste achten, weißt du", begrüßte mich Phil gewohnt umständlich, allerdings den Jesusgruß in formvollendeter Perfektion vorführend. (Wie hatte er von diesem Gruß erfahren? Von Propi oder durch den ALLMÄCHTIGEN? Hatte sich letzten Endes nur ein Cherubim einen Schabernack erlaubt ...?)
Als ob ich nicht selbst gewußt hätte, daß hier jemand eine Leiche im Keller oder in einer Grotte hatte!!! Aber so waren sie nun mal meine Apostel: immer einen schlauen Spruch auf den Lippen, wahrscheinlich lernten die Jungs einfach zu schnell von mir.
("Für den Fall einer Wiedergeburt ...", notierte ich diesen Abend in meinem Notizbüchlein, "... such dir einfach lustigere, dafür aber weniger lernbegierige Apostel.")
"Tach Phil, alte Labertasche", begrüßte ich ihn, Bartholomäus schenkte ich ein freundlich zugenicktes Lächeln mit all meinen blitzeblitzeweißen Zähnen.
Phil holte gerade Luft um zu einer neuen verbalen Anregung anzusetzen, als man einen gar schaurigen Singsang vernahm. Aus dem Stadttor quälte sich ein schwarzer Wurm, bestehend aus

einzelnen Leibern, angeführt von Klageweibern, die nach dem neusten Schrei der Trauermode gekleidet waren: schwarze Togen bis zum Boden. (Ein Schummelreim, ein Schummelreim, ich hatte es noch nicht verlernt. GOTT, bin ich toll!) Gefolgt wurden sie von den Kistenträgern, die aber anscheinend, entgegen jeder jüdischen Gepflogenheit, den Sarg noch nicht einmal dichtgenagelt hatten, so daß man uneingeschränkten Blick auf den jüngst verschiedenen Jüngling hatte. Hinter ihnen befand sich eine Ische, die vor Trauer nicht mehr wußte, ob sie zuerst Wasser oder Rotz heulen sollte - wahrscheinlich des Verstorbenen Mutter - wie ich messerscharf aus dem Alter der Frau zu schließen wagte. Dieser Anblick rührte mich extremst an. Diese ganze Heulerei und so ... das war eben nichts für einen so zart besaiteten Mann wie mich ... Forschen Schrittes näherte ich mich der Kiste (GOTT für jemanden wie Propi unter meinen Paladinen dankend), da passierte das Unfaßbare: ich konnte meine Neugier nicht bezähmen, ich *mußte* den Kadaver betatschen. Huijuijui, war der aber warm! Das konnte unmöglich nur von der Sonneneinwirkung herrühren. Nachdem ich mich auf diese Art versichert hatte, daß es sich wahrlich um Propis Inszenierung eines Trauerzuges handelte, registrierte ich dann auch gleich die entsetzten Blicke des umstehenden Volkes.
"Jüngling, ich sage dir, stehe auf, aber hopphopphopp, wenn ich bitten darf!"
Heidewitzka! Wie der geölte Blitz in Person schoß der Mann in die Höhe und begann sofort seine Mutter voll zulabern, was mir einen genervten Blick ihrerseits einbrachte. Jaja, die guten alten Jüdinnen: kein Wort des Dankes!
Aber den Mob hättet ihr mal sehen sollen! Der kriegte sich vor entsetzter Begeisterung nicht mehr ein! Keiner kam auf die Idee, den Schwindel zu hinterfragen, geschweige denn, ihn aufzudecken. Ich nannte die Leute damals eben nicht nur aus purer Langeweile "meine Schafe" ... nee, nee, das hatte schon einen *tieferen* Sinn.
Und, wie immer nach solchen Aktionen, betonte ich wieder ausdrücklich, daß das ja nun auch keine besondere Leistung, geschweige denn ein Wunder gewesen wäre. Und, auch wie immer, glaubte mir wieder kein Schwein, was wieder einmal erklärt, warum diese Tiere als unrein galten. Daran änderte auch die koscherste Schlachtung nichts. Aber das nur nebenbei.
Jetzt hatte ich natürlich den Superdupertrumpf im Ärmel: ich lud uns alle pauschal bei der Mutter des Jünglings zum Essen ein, denn wer sonst hätte den vorbereiteten Leichenschmaus aufessen sollen? Außerdem konnte ich auf diese Weise Propis Organisationstalent einer Zerreißprobe unterziehen. Aber beide (also Propi und der Leichenschmaus) waren einfach spitze: so lecker hatten wir alle schon lange nicht mehr gegessen ... also ehrlich, das Opferlamm war allererste Sahne, sprich: es war an der edelsten Zitze des Euters gesäugt worden! Zum Zechen war auch satt vorhanden; ich nutze meine gelockerte Zunge, um ein paar Gedanken zum Unkraut und Weizen zu rezitieren und nebenbei einige Worte bezüglich einer anstehenden großen Ernte zu verlieren.
Während wir noch ausgiebig zu Tische lagen, stellte ich fest, daß sich Chrissi mir zwar kaum merklich, aber stetig näherte. Sie hatte auch schon einiges weggezecht und mir schwante nichts Gutes. (Was aber nichts mit dem Vogel zu tun hat - im Gegenteil - es läuft geradezu auf's Paradoxon schlechthin hinaus ....)
"Duhu, Heiland ...", flüsterte sie bei mir angekommen seiend, "... hast du mal Zeit zum Reden ... so über alles?" Diese Frage gehörte ja nun genau zu der Kategorie Fragen, die ich überhaupt nicht abkonnte!
"Muß das sein?"

"Ja - ist auch nur ganz kurz, aber laß uns vorher eben nach draußen gehen."
Das wurde ja immer besser!
Draußen angekommen, bekam ich dann in der lauen Abendluft einiges zu hören; allerdings nicht, ohne vorher das klassische Frage- und Antwortspiel gespielt zu haben:
"Also Chrissi, was ist los?"
"Nichts ... eigentlich ...."
"Nun sag schon, du hast doch was ... du buckest doch kleine Brötchen ... ich meine, da ist doch was ...."
"Nein!"
Nach ungefähr einer dreiviertel Stunde war´s dann endlich soweit:
"Du musst aber versprechen, dass du nicht sauer wirst."
"O.K." (rubimen.)
"Judas und ich haben ein bißchen die Ehe gebrochen ... bist du jetzt wütend?"
Diese Schlampe! Diese elende Dreckshure! Ich hatte nicht übel Lust, sie etwas verschärft zu geißeln oder zu steinigen oder irgendwas in dieser Richtung! Dieses dumme, unreine, "Rüssel" -saugende statt -tragende Borstentier weiblichen Geschlechtes!
"Du ... *MISTÜCK!*", brüllte ich sie fassungslos an.
"Jetzt bist du ja *doch* böse ...", erwiderte sie, entrüstet die Fäuste in die Hüften stemmend, "... hätte ich mal lieber bloß nichts gesagt! Ich hab´s ja gleich gewußt! *Deswegen* hab ich schon heute Morgen *extra* kleine Brötchen gebacken, aber du hast natürlich mal wieder nichts gemerkt; wie immer. Typisch!"
"Hab ich man nämlich wohl gemerkt! Hab ich nämlich gerade – vor so zirka einer Stunde also – schon gesagt! Aber egal, laß uns nicht *darüber* streiten, sondern: Warum sollte ich mich nicht aufregen? Was glaubst du denn, wen du vor dir hast, hä? Den Messias oder wen? Glaubst du ich bin GOTTessohn oder wer?"
"Ja!", kam es trocken zurück.
- Zût alors! - Das war natürlich ein Argument!
Also riß ich mich am Riemen (obwohl es mir viel lieber gewesen wäre, *sie* hätte diesen Job übernommen)! Ich dachte so etwas wie "Wasdiekannkannichschonlange" und hätte sie, ohne ein weiteres Wort zu verlieren, im Regen stehen lassen - wenn denn der Himmel geweint hätte! So ließ ich sie eben einfach nur stehen, und zwar nachdem ich doch noch ein Wort (nämlich "Tschüß") verloren hatte. Und damit war das Thema für mich soweit erstmal durch.
Allerdings nur, bis ich wieder den "Speisesaal" betrat. Das Grinsen, das Judas mir gegenüber an den Tag legte, mit dem Wort "unverschämt" zu charakterisieren, wäre die Untertreibung des Jahres gewesen! Aber ich, Friedensfürst und Pillepalle der ich war, blieb völlig locker und entspannt. Ich flezte mich lässig auf mein Kissen, ließ mir Wein einschenken und aß noch ein knusprig Flügelchen von der vor mir liegenden gebratenen Friedenstaube. Während ich genüßlich an dem Teil herumknurpselte, ließ ich mein Adlerauge über die an dem Freßgelage teilnehmenden Personen schweifen. Mir fiel auf, daß nicht nur die dargebotenen Gaumenfreuden recht appetitlich anzusehen waren, sondern das auch die, die Köstlichkeiten darbietenden Weiblichkeiten, nicht einer gewissen Attraktivität entbehrten; zumindest einige von ihnen sahen sogar "recht gut" aus. Erst jetzt wurde ich gewahr, daß diese Tatsache auch einigen meiner Jünger nicht entgangen war.

Na, da konnte ich doch - dank meines Improvisationstalentes - Chrissi und Judas spontan einen auswischen ....
Ich entschloß mich zu einer mir bisher "unbekannten" Vorgehensweise, nämlich "auf in den Kaaaaaaaaaaaampf, Toreeeeeeeeeeeero", und zögerte keine Sekunde.

Matth.8,18;13,24;13,26; Luk.7,11;9,57

Dreiundzwanzigstes Kapitel

Frauen(im – haha!)"zimmer" (- naja -)

Ich schleimte, ich sülzte, ich log, ich schwafelte, ich berlinerte, ich umgarnte, ich baggerte, ich faszinierte, ich ließ sowohl den Casanova als auch den Marquis de Sade raushängen, ich machte Komplimente, ich umschwärmte die anwesende Weiblichkeit. Auf gut hebräisch: ich bezirzte die zugegen seienden Frauen nach allen Regeln der Kunst. (Nicht, daß ich "Zirze" oder sogar OdysZEUS (kann ich mit Worten und Religionen spielen oder wer?) je kennen gelernt hätte; dennoch waren mir diese Begrifflichkeiten durchaus geläufig – was heißt geläufig? Ich hab sie erschaffen, die Griechen haben bei mir geklaut. (Wer das Gegenteil behauptet kommt zur Strafe nicht in den Himmel!)
*Christi*ane und Judas kamen aus dem Staunen nicht heraus, denn ich zog wirklich *alle* Register der Verführungskunst, um die Zippen abzuschleppen. Auch meine restlichen Apostel erkannten ihren Rabbi nicht wieder, waren aber in keinster Weise auch nur halb so entrüstet wie Chrissi und Judas es ob meiner ihnen bisher unbekannten Vorgehensweise zu sein schienen. Ein paar Stunden später hatte ich meine ersten festen Jüngerinnen rekrutiert, hieß sie alle (auch meine männlichen Nachfolger), mir in die kühle Abendluft zu *folgen*, und befahl den Frauen, einen zum Aufbruch zu blasen ... Sie verstanden das als Wortspiel und amüsierten sich darüber köstlich. Mir und meinen Mannen war in keinster Weise zum Lachen zumute, denn: *das war eigentlich gar kein Wortspiel*! Statt auf *meine* flinke Zunge hatte ich eher auf die der Frauen spekuliert ....
Heidewitzka, was hatten wir dann aber doch noch für einen Spaß. Schnell fanden sich die ersten "Pärchen", nachdem wir die Frauen über die Ernsthaftigkeit meiner Worte aufgeklärt hatten, und ich hätte diesem illustren Treiben wohl noch bis in die frühen Morgenstunden zusehen können, wäre da nicht noch ein nächtliches Beten ange*standen* (aber wahrlich). Außerdem hatten die Frauen keinen Dreck gegessen, was mir jegliche Erektion unmöglich machte, allerdings glaubte ich an diesem Abend noch, meine Potenzprobleme fänden im übermäßigen Alkoholgenuß ihre Begründung.
In der Ferne nahm ich das Licht einer geschwenkten Öltaschenlampe wahr. Also sagte ich meinen Jüngern, sie sollten das mit dem Aufbruch vergessen, wir könnten nämlich genauso gut hier bei der Ex-Trauergemeinde pennen, wenn wir ohnehin schon mal da wären. Ich selbst müsse jetzt übrigens noch kurz zum Lobpreis meines VATERs in die Einöde.
"Wir sehen uns dann morgen beim Frühstück", verabschiedete ich mich und ließ mich von der Nacht vor den Augen meiner Gefolgschaft hinwegnehmen.
Der nächste Morgen war kein Zuckerschlecken ... wahrlich ... geschleckt wurden da ganz andere

Dinge ... (Zwar ohne "Aufbruch", deshalb aber nicht minder intensiv!)
Die Anwesenheit der Frauen wirkte sich durchaus positiv auf die Homogeni(tali)tät (mei, bin ich super) meiner Truppe aus ... wenn mir jemand so was vorher erzählt hätte, hätte ich ihm den Thomas präsentiert, ihm also kein Sterbenswort geglaubt. Die Jünger nervten mich nicht mehr mit ihren langweiligen Geschichtchen, sondern waren voll und ganz mit den Frauen beschäftigt, was mir eine Unmenge an Zeit einräumte, mich wieder mehr um mich und meine "Berufung" zu kümmern. Es war also allen geholfen. Selbst Judas und Chrissi schienen ausgeglichener zu sein, was aber vermutlich auch daran lag, daß ich "es" bisher mit noch keiner Madame aus dem gemischten Harem "gemacht" hatte.
Soweit, sogut.
Als verantwortlicher Leitwolf (im Schafspelz?) meiner Meute sah ich mich lediglich mit einem Problem konfrontiert: auch wenn ich früher (wie heute zu gegebener Stunde) das Gegenteil predigte, machte ich mir doch meine Sorgen, wie ich die alle durchfüttern sollte. Denn ein Ding stand mal fest: ich hatte ja weiter nie was gegen die Römer gehabt und ihres Anführers Prinzip von "Panem et circensis" leuchtete mir durchaus ein. Ich mußte also (mindestens) für Brot sorgen, wenn ich mir meine Anhänger- als ergebene Dienerschar erhalten wollte. Aber woher nehmen und nicht stehlen? Guter Rat war mindestens so teuer, wie es unsere Lebenshaltungskosten zu jener Zeit waren.
Es war ja in Ordnung, daß die Frauen für uns kochten, aber Tag für Tag Dreck oder Heuschrecken und andere Krabbeltierchen am Spieß; das ließ selbst den ergebensten aller Jünger (vor allem aber den hartgesottensten aller Verräter) über kurz oder lang zur Bestie werden, vor allem, weil sie alle ja nun ein durchaus geregeltes Liebesleben führten und somit das Versprechen, "Olé, wir gehn ins Puff nach Jerusalem" (heute besser bekannt als "Reise nach Jerusalem", bei der ja bekanntlich auch immer einer leer ausgeht), als Motivation, mir nachzufolgen, nicht mehr zog. Wir wanderten durch die Dörfer und Städte der umliegenden Gemeinden (zwischendrin tauchten auch Andreas und andere Jünger, deren Namen ich mir nie hatte merken können, wieder auf) und bepredigten und heilten, was Propi an Hypochondern auftrieb.
Immer mehr Leute folgten mir unaufgefordert, darunter auch etliche Frauen - klar - aber über kurz oder lang mußte das ganze in einem Desaster enden. Ich wurde ja kaum selber satt, so viele Leute rannten mir mittlerweile hinterher, und ich stellte fest, daß "teilen" *rein theoretisch* eine super soziale Sache war, daß aber in der Praxis doch der eigene Magen vorrangig behandelt werden mußte. Ich brauchte also *mehr* Leute mit Geld, dafür aber insgesamt *weniger* von ihnen. Ich sammelte demzufolge erstmal Frauen, die besser gekleidet waren als die Durchschnittszippen. Es war ein Leichtes, diese reichen, gelangweilten und deswegen frustrierten Frauen dazu zu bringen, mir nachzufolgen, uns zu bekochen und vor allem: für *uns* einzukaufen. (Und zwar von *ihrem* Geld!) Das war eine meiner leichtesten Übungen. Natürlich bekamen sie als Gegenleistung Ehebruch soviel sie wollten; das zu versprechen war kein Problem, denn mindestens einer meiner Apostel hatte immer Zeit und Lust. Ferner hatte sich meine Truppe zu einer Art "Sexuell freizügig existierender Lebensgemeinschaft" gemausert, was dafür sorgte, daß Eifersuchtsprobleme gar nicht erst entstanden.
Lediglich eine Frau schien, was ehebrecherische Aktivitäten anbelangte, im Mittelalter zu leben. Ihr hatte ich im Vorbeisegnen mal eben sieben Geister ausgetrieben, und seitdem war die gute Frau hoffnungslos in mich verknallt. Das war Ma - ria, die Magdalena hieß, was eindeutig der

Beweis dafür ist, daß ich mindestens einen Geist zuwenig ausgetrieben hatte. Ein bißchen schizophren war die Gute nach wie vor, aber daß sie auf die Anrede "Magdalena" bestand, änderte nichts an der Tatsache, daß Ehebruch mit ihr für mich nicht in Frage kam; ich hätte mir ja einen Ödipuskomplex nachsagen lassen können müssen ....
Summa summarum kann man aber sagen, daß uns die Frauen nicht ausschließlich von ihrer Habe Handreichungen taten (wie es Lukas, der kleine Schelm, in seinem Evangelium behauptet), sondern daß die Beweise der Zuneigung auch in physischen Handreichungen (und das ist hin und wieder wortwörtlich zu verstehen) ihren Ausdruck fanden.
Ich hatte jetzt so ungefähr (laßt mich nicht lügen, denn auch Eure Augen sollten aufpassen, *was* sie lesen) um die hundert Jünger im Schlepptau - also entschieden zu viele! (Bei 1300 hätte ich ja nichts gesagt; tausend mal soviel Glück – mein Leben wäre bestimmt ganz anders verlaufen ....)
An einem schönen Montagmorgen versammelte ich alle um mich und hub an und spruch: "Sehet, die Ernte ist groß, aber es sind nur wenige Arbeiter da, darum bittet den HERRn, daß ER sende Arbeiter in SEINE Ernte, denn sonst vergammelt das ganze gute Korn auf den Feldern zu Matschepampe. Ich will euch senden wie die Schafe unter die Wölfe ...", undsoweiter. *Eigentlich* neigte ich ja nicht dazu, mich zu wiederholen, aber heute machte ich mal eine Ausnahme. Meiner Zwölferbande hatte ich in weiser Voraussicht (manchmal konnte ich *tatsächlich*(?) hellsehen) gesagt, sie sollten sich, falls ihnen mal etwas bekannt vorkäme, sich sofort die Frauen greifen und sich mit ihnen absetzen, bis ich geendigt hätte. So machten sie es jetzt auch und so kam es, daß ausschließlich Männer meinen Worten Aufmerksamkeit zollten.
Ich wiederholte also die Worte die ich auch schon meinen Zwölfen reingedrückt hatte, bevor sie mir zu sehr auf die Nüsse gingen, und sandte auf diese Art zirka 70 Männer auf Promotion-Tour: "In die Wüste", und so. Allerdings unterstrich ich diesmal ausdrücklich, daß sie nicht zu mir zurückkommen sollten: "Erzählt überall, daß ich bald komme – äh - *erscheine* - und macht dieses den Rest eures Lebens lang, denn dies ist mein Wille, also der des HERRn!"
Und - Dschubbs - wurden alle innerhalb weniger Minuten vor meinen Augen hinweggenommen. Auf Nimmerwiedersehen, wie ich hoffte. Das hatte ich fein hingedeichselt! Ich war - ohne jetzt "krohskottzich" rumprotzen zu wollen - echt und zu Recht stolz auf mich!
Heute wollte ich nämlich faulenzen und mich lediglich den irdischen Genüssen hingeben; vielleicht konnte ich ja sogar eine der Frauen Dreck essen lassen, um. ... na - Ihr wißt schon ....
Leider verspürte keine meiner Jüngerinnen (außer Magdalena – die ja aber "tabu" war) mir gegenüber dererlei Ambitionen, weshalb ich mich erst des Spannens erfreute und hinterher in die Einöde ging. Ich wollte nur dafür sorgen, daß mir die rechte Hand kein Ärgernis, sondern höchstes Vergnügen bereitete, aber daraus wurde nichts. Gerade hatte ich meine Toga (die ja *auch* "Sack" hieß) angehoben, auf daß die Rechte ungehinderten Zugang (zu dem unter dem angehobenen Sacke Befindlichen) erlange, als mir Propi auf die Schulter tickte.
"Na, Heiland, willste auffen staubigen Boden hinbeten, or what?" (Der redete ja ganz schön dreist in Zungen daher, aber trotzdem ....)
Peinlich, peinlich ....
"Tja, also, ich - äh - meine - aber ...."
"Laß mal gut sein. Ist schon in Ordnung, Rabbi ... Aber paß mal auf ...", fuhr er nach einer kurzen Pause fort, "... ich hab da ein Ideechen. Wie wärs, wenn wir die Sache mit dem Toten perfektionieren? Ich hab da schon mal einen kleinen Plan gemacht, weil ich meine, daß die Sache in Nain

doch Kult war. Da reden die Leute noch in 1000 - ach was sag ich - in *2000* Jahren von. Willst du vielleicht ein bißchen unsterblich werden?"
Klar, das wollte ich! "Selbstverständlich!"
Ich lauschte also Propis Ausführungen mehr als gespannt, und als er geendigt hatte, konnte ich nicht umhin, ein bißchen Angst vor ihm zu haben. Ich wußte ja von meiner Professionalität wenn es darum ging, Leuten etwas vorzugaukeln, aber dieser Mann war *genial*! Hoffentlich kam er nicht irgendwann auf die Idee, mir Konkurrenz zu machen - ich wäre erbarmungslos abgestunken in Anbetracht seiner Fähigkeiten. (Hatte er bei Jairus seine Finger mit im Spiel gehabt und nur geübt, oder was? Später erzählte ich aus der Angst vor Propis Fähigkeiten mal etwas über die Gefahren, die falsche Propheten so mit sich brächten - allerdings ohne zu diesem Zeitpunkt zu ahnen, *wie gefährlich* er für mich zu bereits dieser Zeit schon war!) Nachdem wir Ort und Zeitpunkt für diese Aktion ausgeküngelt hatten, frönten wir noch des in Amphoren Gefüllten - deshalb kehrte ich auch erst ziemlich spät zu meinen Jüngern zurück - und das mächtig einen in der (Dornen)Krone habend. (*Hinterher* lacht man ja dann doch darüber ....)
Doch meine, durch Propis Vorhaben ausgelöste (alkoholbedingte) Euphorie wich beim Anblick meiner Jünger jähestem Entsetzen! Erst nahm ich an, ich sei schon so "erleuchtet" (von wegen: einen (Heiligenschein) über/in der (Dornen) Krone habend), daß ich nicht nur doppelt, sondern schon hundertfach sähe, aber ... *Satan* auch! Schon wieder hatte ich Jünger dazu gewonnen. Ich hatte jetzt mehr als heute Morgen - *bevor* ich die 70 wegschickte - am Hals, aber, wie mich mein (Adler)Auge wissen machte, immer noch deutlichst weniger als 1300. Bei näherer Betrachtung stellte sich heraus, daß die 70 mit ihrer gesamten Bekanntschaft zurückgekommen waren. Was hatte ich bloß falsch gemacht?
"Wass wollltt´nnn ihr hier?", lallte ich, mein Entsetzen hinter einer undeutlichen Zunge verbergend. "Habbich euch nich inne Wüsse gejacht?"
"Doch schon, Heiland. Aber weißt du, wir haben hier voll viele von Dämonen Besessene, Kranke, Mühselige und Beladene mitgebracht, die alle deiner Hilfe bedürfen. Mit den Geistern und Dämonen kommen wir soweit klar, denn die gehorchen uns; aber der Rest ...."
Das machte mich mit einem Schlag nüchtern, denn das hatte moi gerade noch gefehlt! Im Vollrausch Leute zu heilen, die *wirklich* krank waren, da sie *unmöglich* von Propi geschickt worden sein konnten. Kotz die Wand an! Ich mußte heute Morgen irgendwas Wichtiges zu erwähnen vergessen haben ... (Folgendes hat Lukas mal wieder voll in den falschen Hals gekriegt: "Jesu Jubelruf", nannte er diese Begebenheit. Wahrscheinlich konnte der Mann einfach nicht mit gesundem Sarkasmus umgehen ...) Ich entsann mich wieder dessen, was zu erwähnen ich des Morgens versäumt hatte: "Daß euch die Geister gehorchen freut mich ja für euch, wahrlich, ich könnte pauschal einen in den Staub abbeten! Aber *ihr* solltet doch keine Kranken heilen; dafür bin nämlich immer noch ich zuständig! *Ihr* solltet Werbung machen und Basta! Seid *ihr* denn nicht in der Lage, den Worten *eures* Heilands (Nach-)folge zu leisten? Sacht ma, ey! *Eure* Namen sind zwar im Himmel aufgeschrieben, aber das heißt nicht, daß *ihr* jetzt machen könnt, was *ihr* wollt, das wollen wir doch mal klarstellen und zwar ein für allemal! Im Himmel gibt es nämlich ein *rotes* Buch ...."
Zu den Kranken sagte ich: "Wenn ihr *wirklich* glaubt, dann wird euch euer Glaube heilen. Tschüß, ich will schlafen, ich hab morgen einen langen Tag vor mir."
Und siehe, alles Volk verzog sich aus meinem Dunstkreis, vor allem die ungehorsamen 70

Jünger. Dafür lallte ich dem HERRn noch einen kleinen Lobpreis vor dem Schlafengehen runter und der Tag war vorbei. (Tell me why I don´t like mondays ... also jetzt mal in Zungen ….)
Am Dienstag haben wir nur gesoffen und Kauderwelsch geredet, außerdem wehrte ich mich den lieben langen Tag gegen (Maria) Magdalenas Annäherungsversuche, denn mit *einem* Kater läßt sich schwerlich ehebrechen. Noah (was ja eigentlich "noch" heißen müßte – ein kleines Wortspiel - selbst in bezechtem Zustand!) schwieriger ist das mit einem ganzen Zoo in den Eingeweiden ... Ihr wißt ja, was ich meine ....
Am Dienstagabend kamen noch zwei von Propis Leuten auf einen Sprung und mit ein paar Amphörchen Wein vorbei. Nebenbei teilten sie mir mit, daß Kolumbus (der von seinen Freunden auch Lazarus genannt wurde und ein berühmtes - ja sprichwörtliches Genital besäße - und nebenbei ein alter Kumpel von Markus sei), krank darnieder läge, und daß seine Schwestern mich doch HERRzlichst bäten, ihn, den Lazarus - nicht den Markus! - vorübersegnend zu heilen. Irgendwie hatte ich aber (angeblich) überhaupt keinen **Bock** dazu. Mit abwinkender Handbewegung teilte ich allen Anwesenden mit, daß ich im Laufe der Woche mal vorbeikäme, um nach dem Rechten zu sehen - sie sollten sich keine Sorgen machen, alles würde nämlich gut werden. Das nahm mir zwar keiner ab, aber ich fuhr in meiner Pseudo-"Leckmicheineranmeinenvierbuchstaben - Stimmung" fort zu behaupten, daß eine so kleine Rhinitis acuta (was in Zungen gesprochen ist und "Schnupfen" meint) noch niemanden umgebracht hätte.
Danach war Ruhe und ich soff weiter. Und zwar Tag für Tag, bis ich dann am Freitag meinen Roadies mitteilte, daß es langsam an der Zeit wäre, mal Kolumbus (den mit dem berühmten Ei) einen Krankenbesuch abzustatten:
"Also Leute, auf nach Bethanien. Es wird allerhöchste Zeit, daß wir bei Lazarus auftauchen, denn der Guteste schläft einem Murmeltiere gleich, und es wird Zeit, daß ich ihn auferwecke."
"Ja Meister und alter Ägypter. Wenn er pennt, ist das doch mui lecker, denn dann wird es ihm alsbald besser gehen. - Außerdem sündigt der, der schläft, bekanntlich doch nicht! Was also willst du denn da?"
Luzifer auch, waren die beschränkt: "Der pooft nicht nur ´ne Runde ab, sondern der ist mausetot, ihr Vögelhasen! (Sorry, DAD, aber *das* wäre doch mal ne Erschaffung wert!) So blöd könnt doch nicht mal ihr sein, sondern höchstens die Pharisäer, menno ey! Ihr müßtet doch bei kleinem eigentlich mitbekommen haben, daß ich, wenn ich in einem solchen Zusammenhang das Wörtlein "Schlaf" benutze, von Kadavern rede - HERRGOTTnochmal!"
"Ach so ... müssen wir denn unbedingt am hellerlichten Tag und unter sengenster Sonne einen solchen Fußmarsch auf uns nehmen? Nachts ist es doch viel kühler."
Ich spürte es genau: wenn die weiterhin Widerworte gäben, würde mir bald die Kippa hochgehen: "Ich habe irgendwie das dubiose Gefühl ...", entgegnete ich mit einem gefährlichen Unterton in der Stimme, "... daß ich hier in letzter Zeit die Zügel zu sehr durchhängen, wenn nicht sogar schleifen ließ. Damit ist ab sofort Schluß, meine lieben Freunde und Kupferstecher. Wenn *ich* sage, "Es geht jetzt ab nach Bethanien", dann geht das jetzt auch ab nach Bethanien. Basta!"
Judas mußte an diesem Morgen einen Goliath gefrühstückt haben, denn er hatte einzuwenden, daß diese meine Worte an und für sich jegliches Anzeichen einer vernünftigen Begründung vermissen ließen. Der ging mir echt auf meine Säcke! (Kleidung wie Gehänge.) Aber ich hatte keine Lust, mich so kurz nach dem Frühstück schon mit ihm in die Plünnen zu kriegen ... immerhin waren wir ja nicht miteinander verheiratet ... Es war also wieder mal an der Zeit,

Kauderwelsch zu schnacken:
"Sind nicht des Tages zwölf der Stunden, wie ich der Jünger dieselbe Anzahl habe?"
Judas: "Der Nacht sind aber auch der Stunden zawölfe, man ällebätschundlangenase!"
Ich schrie ihn schon fast an (sehr zu Chrissis Mißfallen): "Wer aber des Tages wandelt, der stößet sich nicht den Zeh an spitzen Steinen, die der HERR in SEINER unendlichen Weisheit in des Wandersmannes Weg leget, denn er (der Müller, dessen größte Lust das Wandern ist) hat das Licht der Welt auf seiner Seite. Au contrair verhält es sich bei dem, der des Nachts die zu bewältigende Wegstrecke hinter sich zu bringen gedenket, denn er wandelt in der Finsternis, womit kein Licht in ihm ist, weshalb er sich stößet - wenn er *Glück* hat. Mit ein bißchen Pech strauchelt er 'gen Erdreich und brichet sich das Genicke, oder wenigstens das Bein. Und keiner soll kommen um ihm zu helfen – nicht mal der Esel eines Samariters soll seinen Pfad entlangschreiten - denn die Nacht ist zum Trinken, Schlafen und Ehebrechen erschaffen worden ... oder etwa nicht Judas?!"
Der Angesprochene und *Christ*iane senkten beschämt die rot werdenden Köpfe in Richtung Unterwelt.
"Das glaube ich aber nicht!", warf Thomas ein. "Ist die Nacht denn nicht auch zum Nacktbaden im See Genezareth - oder irgendeinem anderen See meinetwegen - gemacht worden?"
"Genau ...", ergänzten Petrus und Andreas fast unisono, "... oder um zum Beispiel Fische zu fangen, *wir* müssen das ja schließlich wissen, oder findest du nicht, Rabbi?"
Jetzt hatte ich die Faxen aber entgültig dicke: "Ach ja?", brüllte ich, "Wer hat denn nächtelang nichts gefangen, bis *ich* vorbeikam und euch zeigte, wie das geht, hä? Ein Zimmermann erklärte euch euren Job, und ihr reißt jetzt hier die Kiemen auf, als wäret ihr an meiner statt allwissend. Ist aber nicht, sage ich! Und Thomas, zu dir kann ich nur sagen: halt die Backen, oder ich flipp mal *richtig* aus! Echt! Boxt hier gerade der Hohepriester im Büßergewand, oder bekommt euch das regelmäßige "Einfleischwerden" nicht so gut? Ich kann zur Abwechslung auch die Weiber - im Zuge der E*mann*zipation - auf die Piste schicken, wenn *ich* will!"
"Ist ja schon gut Heiland, komm, reg dich ab!", beschwichtigten mich alle. "Du hast ja Recht."
Und Thomas ergänzte: "Entschuldigung, Jesus, du weißt, daß ich mit dir ziehe, um zu sterben. Also, nichts für ungut ...."
Na, das klang doch schon viel besser, und ein Viertelstündchen später waren wir auf dem Weg nach Bethanien.
Unterwegs grüßte, heilte und segnete ich noch einige Wegelagerer; die restliche Wanderzeit vertrieb ich mir mit predigen:
"Denn sehet, es ist gezählet ein jedes Sandkorn auf Mutter Erde. Und den Strahlen der so gütig auf uns herabscheinenden Sonne ergeht es nicht anders; denn wahrlich, ich sage euch: wer sein Fahrradflickzeug verlegt, der soll es finden von nun an nimmermehr, bis daß er anrufe den HERRn ZEBAOTH, auf daß ER ihm sage, daß ER auch nicht wisse, wo es sei; und erführe von IHM, daß er seinen Krimskrams gefälligst aufräumen solle, denn ER hätte besseres zu tun, als SICH um jeden Dreck (ob am Stecken oder nicht ist egal) zu kümmern. Wer aber suchet, der soll auch finden, wer da anklopft, dem soll aufgemacht werden, wenn jemand zu Hause ist; und wer "A" sagt, der soll auch einen Kreis drummalen, bevor er "-men" ergänzend hinzufügt, zum Lobe GOTTes, A - men." (Konsequenter (die ja im allgemeinen nicht meiner) Weise (entsprach) malte ich mit dem Zeigefinger einen Kreis in die Sphäre, die wir damals auch gern mit den Vorsilben

"Athmos" versahen, um so meinen Worten Nachdruck zu verleihen.) "Wer sich aber einschenket, der soll auch austrinken, außer es schmecket zum "Denreihermachen", denn der Krug - und wahrlich, das schwör ich euch - soll so lange zum Brunnen gehen, bis daß er zerreihere ob seiner Überbeanspruchung. Wer aber diese Worte höret und nicht verstehet, dem ist gegeben wie mir, denn auch ich habe da so meine Zweifel (meinen Thomas), ob alles, was ich sage, tatsächlich einen Sinn machet. Und siehe, es kamen zwei Nachtwächter zum HERRn und fragten IHN, weshalb sie des nachts zu wachen und sich dauernd die Zehen zu stoßen hätten, obwohl sowieso keines Menschensohnes Seele unterwegs sei. Und GOTT lächelte mild und spruch: "Keine Ahnung!" Und siehe, da kamen die himmlischen Heerscharen und sangen, daß der Rest der Worte GOTTes nicht konnte gehört werden von den Sterblichen. Und Adam sprach eines Tages zu Eva, und er sagte: "Wenn du schon einkaufen gehst, bring mir doch bitte was zum Spielen und was Spannendes und was zum Naschen mit." Und Eva, sich gerade ihr Ausgehfeigenblatt anziehend erwiderte ihm: "Kauf dir dein Spielzeug doch selber, denn das sind immerhin drei Wünsche auf einmal und das gibt's nun wirklich nicht ... frühestens Jahrtausende nach der Geburt von JAHWEs Sohn. Aber wenn du willst, bring ich dir einen Apfel mit."
"Den ...", sprach Adam, "... kann mir auch die ebenfalls vom HimmelHERRGOTT erschaffene Schlange pflücken!"
"Seisdrum ...", erwiderte Evchen, "... ich bin nicht gewillt, weiterhin dein Spielzeug zu sein; ich gehe jetzt lieber los, und verwirkliche mich selbst - dein Abendessen hängt an dem Baum mit der von dir eben erwähnten Schlange!" Und es ward ein großes Freudengelächter im Himmel bei den Engeln, Ohkeru*bi*Men all included."
Irgendwie hatte ich aber das Gefühl, daß mir niemand so richtig zuhörte.
Wie dem auch sei, wir hatten Bethanien fast erreicht, und deshalb ordnete ich eine Verschnaufpause an. "Überraschend" kam wieder einmal ein Haufen des Volkes vorbeigeströmt und wollte ein paar schlaue Sprüche von mir hören. Meine 70 Ausgesandten hatten (zumindest in der näheren Umgegend) gute Arbeit geleistet, vor allem, weil sie den Menschen auch gleich erzählt hatten, daß ich und meine stolzen Recken *grundsätzlich* Kohldampf schöben, weshalb uns, gefälligst und verdammt noch mal, immer Lebensmittel gereicht werden müßten, bevor ich mich zu einer spontanen Predigt oder Heilung rumkriegen ließe.
Wir schlugen uns also die Bäuche in den am Wegesrand stehenden Hüttchen voll, bevor ich ähnlich abstruse Wortgebilde wie die, die ich auf dem Weg hierher verfaßt hatte, meinen Mund verlassen ließ. Jetzt hatte ich wenigstens ein dankbareres Publikum, als meine Jüngerschar es war. Die Bauern hier hingen geradezu an meinen Lippen, wie die zum Tode Verurteilten am Kreuz (autschi!) – nämlich atemlos.
"Selig sind die Bocciaspieler, denn sie ernten keine der Kugeln die sie hinauswerfen auf die Erde, auf daß sie Samen trügen und dennoch haben sie jedes Spiel genug derselben, denn der HERR sorgt für sie. Selig sind die Fledermäuse, denn sie haben keine Federn wie die - mir durchaus sympathischen - Vögel unter dem Himmel und fliegen doch! Ich aber sage euch: alles was fliegt, muß irgendwann landen, um nicht weiterzufliegen, wie es den Wolken geschieht. Selig sind die Wolken, denn sie streichen keine Zimmerdecken und sind dennoch immer weiß, außer den Gewitterwolken. Auf diese aber hat JAHWE keinerlei Einfluß, den jedes Kind weiß, daß ODIN und THOR da die Finger im Spiel haben, welche sind nicht zu den himmlischen Heerscharen zu rechnen. Selig sind die Perlen, denn sie sollen vor die Säue geworfen werden, um ...."

Weiter kam ich nicht, denn irgendjemand rief: "Mumpitz!"
Mit Zornesröte im Antlitz drehte ich mich zu Judas um, der aber abwehrend die Hände hob.
Auch Thomas gestikulierte vehement seine Unschuld.
Da dämmerte es mir: es mußten, das war so sicher wie das "So sei es" im Tempel, auch Pharisäer zugegen sein.
"Was ist denn nun schon wieder los ...", rief ich in die Menge, "... wer hat hier was zu meckern?"
Eine Riege Paris trat vor, und teilte mir auf die ihnen typische Art mit, was sie von meiner Predigt hielten, nämlich nicht viel bis gar nichts.
Hach, das machte mich aber ärgerlich!
"So, ihr Klugschnacker versteht also meine Worte, beziehungsweise deren Sinn nicht. Soll ich euch mal den Judas machen? Tangiert es euch, daß die Schafe hier - ich meine: *meine Schäflein* - meine Worte durchaus korrekt zu interpretieren wissen, wohingegen ihr diesbezüglich mit Differenzen euch abzumühen genötigt seht? Werdet ihr langsam aber sicher der Tatsache gewahr daß eure Tempel leer bleiben weil alles Volk zu mir strömt? Die Menschen, die ich mir gefangen habe, werden es auch in Zukunft vorziehen, meinen Worten zu lauschen, anstatt sich mit den von euch ihnen auferlegten Doktrinen konfrontieren zu lassen. Alles was ich sage, wird mir direkt und unmittelbar vom VATERunserDERDUbistimhimmel suggeriert, denn ER und ich sind ein und dieselbe Person!"
Na, das ging ihnen jetzt aber ab wie Gülle!
Nachdem die Paris geschluckt hatten, hoben sie, denn Steinigung war, wie ich bereits erwähnte, damals eine der häufigsten Todesursachen bei Propheten, die ersten Kiesel auf, um sie in meine Richtung fliegen zu lassen.
"Wes Werkes wegen wünscht ihr mich zu steinigen?", frug ich, nicht ohne dabei einen Augenaufschlag hinzuzaubern, als wäre ich nicht befähigt, bis drei zu zählen.
Klar, da mußte auch dem friedfertigsten Pari die Kippanaht platzen ....
Haßerfüllt, aber bestimmt, teilten sie mir mit, daß es kein Problem mit meinen Taten gäbe, sondern daß mich mein freches Mundwerk in diese Bredouille gebracht hätte.
Ich hatte es ja schon immer geahnt! Über kurz oder lang würde mir mein scharfes Zünglein Ärgernis bereiten. Dennoch konnte ich - selbst in dieser für mich äußerst bedrohlichen Situation - meine Klappe nicht halten.
"Natürlich bin ich GOTT, denn selbst in eurem Gesetz steht: GOTT hat gesagt: "Ihr seid GÖTTer". Also regt euch nicht weiter auf, denn ich gebe nur wi(e)der! Jetzt laßt uns doch einen Schlußstrich unter die ganze Aktion ziehen, denn wenn selbst in GOTTes Wort schon die Leute als GÖTTer bezeichnet werden, die lediglich die Schrift gelesen haben, um wieviel mehr bin ich dann JAHWE, wo ich doch SEIN direkter Ableger bin?"
Der erste Kiesel traf mich an der Schulter.
Aua menno, das tut doch weh!", rief ich, mir die schmerzende Stelle reibend. "Ist ja schon gut! Hört ihr auf mit Steinen zu schmeißen, wenn ich euch verspreche, daß ich mir, die mir Ärgernis bereitende Zunge, im Laufe der nächsten Tage abschneide?"
Sie ließen sich auf diesen Kuhhandel ein, und ich verzog mich mit den Meinen zum Jordan, der glücklicherweise in unmittelbarer Nähe herumstrudelte. Dort machte ich weiter wie bisher, und die Menschen verglichen mich mit good old Johnboy. Allerdings kam ich (auch ohne Heuschrecken zu picken) bei diesen Vergleichen wesentlich besser weg als er.

John *war* für die Leute ein Mysterium - ich hingegen *präsentierte* ihnen solche am laufenden Band ... deshalb glaubten ja so viele an mich!
Am nächsten Tag wollte ich nach Bethanien. Meine Gefolgsleute warnten mich: "Gestern wärst du fast gesteinigt worden, und jetzt willst du da wieder langlatschen?"
"Ja. Punktum!"
Natürlich folgten sie mir. (Diesmal sogar richtig, denn keiner von ihnen hatte genug Mumm in den Knochen, um die Vorh(a)ut zu bilden. – Kein Wunder! Die wurde ja auch von den Paris abgeschnitten! – Vgl. "Phimosester Geburtstag".)
Lediglich Thomas hatte glaubensbedingte Probleme, aber er folgte mir ja sowieso nach, um auch selbst (mit mir zusammen?) zu sterben ... hatte er man nämlich selber gesagt!
(Hatte ich schon erwähnt, daß Lazarus´ Schwestern Maria (ein Zeichen?) und Martha (kein Zeichen?) hießen? Ich denke (also bin ich?), ich versäumte es bisher, Euch, meine Leserschaft, davon in Kenntnis zu setzen ... egal!)
Es schien, als sollten wir nie in Bethanien ankommen, denn noch bevor ich das Dorf von weitem sehen konnte, kam uns Martha entgegen.
Sie salutierte fast so, wie es sich, verdammt noch mal, gehörte: "Jesus Heil!"
"*Heiland*, Martha! Es muß heißen: *Heiland*!", korrigierte ich bestimmt, aber freundlich.
"Sorry, alta Balina, wa; aba die Trauer üba meen Bruda hat ma det Jehirn vanebelt, weeßte?! Der is nu nämmich schon seit´n paa Tage inne Jrube; er erlag eenem plötzlichen Anfall von Tod. Wennde hier jewesen wärst, denn wär det nich so abjejangen. Wo warst´n die janze Zeit?"
Ich schilderte ihr die dramatisierte Fassung meiner beinahe - Steinigung. Eine halbe Stunde später war sie voller Verständnis für meine kleine Verspätung von vier Tagen.
"Ach weeßte, wir ham die janzen Tage zu Hause jehockt und uff dir jewartet. Heute nu endlich kamen een paar vonne Trauerjäste mitte Nachricht an, det du uffm Weg zu uns bist. Da hab ick natürlich die Beene inne Hand jenommen und bin losjewetzt, dir entjejen. - Ick meene, Lazi is´ zwa nu schon abjenippelt, aba ick weeß, wennde die richtjen Worte findest, is´ det nu ooch nich sooooo tragisch."
Ich, ganz arg gönnerisch: "Dein Bruder wird auferstehen ...."
"Na, nu hör mir aba ma uff ...", sagte Martha, "... det weeß ick ooch, det der am Tach vonne jlobalen Uferstehung seene Jruft valäßt! Ick bin ja nich von jestan!"
Rücksicht auf ihren derangierten Geisteszustand nehmend, ging ich nicht weiter auf die, ihrer Entgegnung innewohnende Stupidität ein: "Martha, Martha, Martha ...", erwiderte ich, betrübt mein Lockenhaupt schüttelnd,"... du bist wirklich meene Sorgenmartha. *Ick* bin die Ufferstehung und det Leben. Wer an mir jloobt, der wird leben, selbst wenn er den Löffel abjejeben hat; und wer noch existiert und det im Jlooben an mir tut, der kratzt nie ab. Jloobste mir det?"
"Ick jloobe, dir brennt der Helm - aba davon ma janz ab - ick jloobe so ziemmich allet, watte sachst, denn ick habe, außa meene Schwesta, meen Häuschen und meen Leben nischt mehr zu valiern."
Das war doch schon mal eine grundsolide Verhandlungsbasis. "Na kiek ma ...", verarschte ich sie ein bißchen, "... det is doch schapitze ... wa Olle?"
Ich wandte mich meinen Aposteln zu und gab an, daß sich die Balken bogen, was nicht gleich Wunder passieren würde, bei dem die Ehre dabei zu sein, exklusiv für sie reserviert wäre. Martha tuschelte unterdes mit ein paar der Herumlungernden.

Noch während ich rumprotzte, wie toll ich doch sei und was ich genau gleich alles vollbringen würde, tauchte Maria (Marthas Schwester, wie Ihr Euch entsinnen müßtet) in der Ferne auf.
"Heiland, Heiland!", rief sie schon von weitem, mit beiden Armen heftig gestikulierend. (Auch sie hatte das Prinzip des Jesusgrußes anscheinend nicht so ganz begriffen, oder auch ob ihrer Trauer vergessen.) Endlich hatte sie mich erreicht, fiel zu meinen Füßen nieder, HERRzigte und küßte sie, während sie unter Tränen dieselbe Litanei herunterbetete, die ich zuvor schon von Martha gehört hatte: "Wenn du hier jewesen wärst etc ...."
Meine unendliche Güte und Friedfertigkeit wurden heute auf eine harte Probe gestellt; ich ließ mir allerdings den in mir aufkeimenden Zorn nicht anmerken. Ich war eben auch ein Meister der SelbstbeHERRschung - GOTTseidank.
"Nun hört mal kurz auf zu heulen und erzählt mir stattdessen lieber, wo ihr ihn begraben habt!" (Gerade so, als ob ich das nicht ohnehin schon lange wüßte!)
Wir machten uns auf die Sandalen, und das ziemlich gemächlich, alldiweil Lazarus es ja nicht eilig hatte; will sagen, er hatte sich für diesen Tag (offiziell) ohnehin nicht viel vorgenommen ... höchstens, erweckt zu werden ....
Die Grabeshöhle war mit einem schweren Stein versiegelt, der vor den Eingang der Gruft gerollt worden war. (Das gefiel mir sehr gut! "So ein Grab will ich auch mal haben!", schwärmte ich später Propi vor.)
Ich befahl ein paar Komparsen dieser Szene, den Stein wegzurollen, was ungeheuer theatralisch wirkte ... ich *mußte* später auch mal so beerdigt (oder "übererdigt" – kleines Wortspiel) werden, *unbedingt*!!!
Kaum war der Stein hinfort, wandten sich die Leute angewidert ab. Kein Wunder, der Grotte entströmte ein Mief, der seinesgleichen suchte, aber nicht so schnell finden würde! - Wahrlich, der Gestank trieb mir das Wasser in die Augen, was von den Umstehenden als Zeichen der Trauer ausgelegt wurde - da hatte ich aber Schwein (unrein oder nicht) gehabt! Martha überraschte mich mit einem Anflug von weiblicher Kombinationsgabe:
"JRUNDJÜTIJA, *er* mockat schon, denn er hat (an den Fingern abzählend) schon vier Tage jelejen."
Hoppala, da tat mir Lazarus aber Leid, denn zusammen mit einem schon vor Tagen verschiedenen Opferlamm vier Tage in einer Höhle zu verbringen, dürfte kein Zuckerschlecken gewesen sein ... Was hatte ihm Propi wohl für diese Aufopferungsbereitschaft versprochen? Unsterblichkeit etwa?
Ich ranzte Martha an: "Ach echt, stinkt er schon? Was du nicht sagst! Habe ich dir nicht eben noch erzählt, das alles gut werden würde, wenn du nur an mich glaubtest?"
"Tschuldigung, JOTTjesandter ...."
"Tschuldigung JOTTjesandter ...", äffte ich sie nach. "So, jetzt paßt mal gut auf, denn was jetzt kommt, seht ihr nicht alle Tage!
Danke, oh HERR, daß DU mich erhörst! Ich weiß, DU erhörst mich grundsätzlich, aber heute trage ich ganz schön dick auf, also sei gefälligst so gnädig, und oute mich nicht als Hoch(gabel)stapler!"
Ich legte eine kleine Kunstpause ein, um die Spannung ad absurdum zu treiben, bevor ich lauthals rief: "**LAZARUS, KOMM HERAUS!**"
Sich die Augen reibend, torkelte ein Todgeglaubter ins Tageslicht. Die Worte mit einer "Trara,

guckt mal alle her!" - Geste hochjubelnd, kündigte ich den Komparsen des Tages an: "Damunherrn, ich präsentiere ihnen erstmals: **Larzarus, den *EX* - Kadaver!** Applaus, wenn ich bitten darf!"
Und Lazarus zugewandt: "Lazi, das ist *dein* Applaus."
Glatte Lüge, denn das Publikum klatschte überhaupt nicht, so baff war es. Als schließlich die ersten Beifallsbekundigungen in Form lauthals gerufener "Hosiannah´s" sich in den Himmel erhoben, galten diese natürlich ausschließlich mir und meinen Wunderkräften.
Daß die Höhle nach wie vor nach totem Lamm stank, fiel niemandem auf. Ich lotste, um nicht doch noch entlarvt zu werden, alle Personen umgehenst von der Höhle weg. Und es war eine große Freude im Hause des Lazarus und seiner Schwestern.
Abschließend kann man aber doch guten Gewissens behaupten, daß die Geschichte (im wahrsten Sinne des Wortes) ´gen Himmel stank, nicht etwa, daß schon alles erzählt wäre, was zu erzählen Not tut. Da kamen ja noch ein paar Hammer:
Einen Leichenschmaus im ursprünglichen Sinne gab es heute natürlich nicht; eher einen Lebenschmaus. Es wurde geschlachtet, gebraten, gekocht, gedünstet, gebacken und Wein besorgt, was das Zeug hielt. Maria und Martha waren zwar nicht die wohlhabensten unter den Lebenden, aber ich hatte ja noch meine reichen Jüngerinnen, denen es eine Ehre war, anläßlich dieses Freudentages reichlich zu spenden.
Wir lagen zu Tische und frönten der Völlerei, streckenweise entwickelten sich sogar kleinere Essensschlachten und Wettfressen. Ich erfand an diesem Tag das "Amphorenschießen", weshalb ich nach relativ kurzer Zeit relativ stramm war.
Dementsprechend intelligent waren auch meine Monologe: Gepriesen seien die Hammelkotelettes, denn sie sollen nimmermehr an Stehimbißbuden feilgeboten werden; geheiligt seien die Schnittchen, denn sie sollen den darbenden Propheten zwischen den Mahlzeiten als Snack erquicken ... etc. Mir fiel auf, daß, egal wieviel Humbug ich von mir gab, Maria zu meinen Füßen kniete, während Martha wohl "Hallowach 5000" eingenommen hatte, denn sie rannte, jeden bedienend, durch die Wohnung, als ob ein Schwarm Hummeln in ihren Gedärmen seine Behausung aufzuschlagen sich bequemt hätte. Allerdings waren die Blicke, die sie der faulen Maria zuwarf, nicht gerade freundlicher Natur. Schließlich platzte es aus ihr heraus: "Sach ma Jesus, findste nich, det die Olle mir ooch ma helfen könnte? Ick maloch mir hier den Wolf untern Lämmern. und die hockt uffe Erde rum und himmelt dir an, als jäb´s keene Bosheit uffe Welt. Kannste der nich ma Bescheid stoßen, det se sich ooch ma bequemt, inne Küche mitzuhelfen? Ick werde sonst nämmich noch rammdösich; echt - det macht mir wuschich!"
Martha war wahrlich meine Sorgenmartha: "Ick weeß ...", teilte ich ihr mit, "... det du der Sorjen und Mühen viele hast, Martha, aber zabrich dir mal nich´ dein hübschet" (meine HERRen, was konnte ich lügen!) "Köpfchen, denn inne Realität tut nur eenes Not, und det hat Maria sich ausjesucht!"
Natürlich kam sich Martha verarscht vor. Selbst Judas fiel das auf: "Alter Schwede, die Frau hast Du wohl etwas verraten und verkauft wie?"
Ich ignorierte diese unqualifizierte (und freche) Bemerkung und wandte mich wieder Maria zu. Aber die war weg; spurlos vor meinem Hinterkopf - in einem Moment der Unaufmerksamkeit - hinweggehoben ... das grenzte für meine Begriffe schon an ***Teufel***werk. - ***Satan*** auch!
Noch während ich mir Gedanken machte, ob nicht tatsächlich der ***Leibhaftige*** seine Finger mit

im Spiel hätte, tauchte Maria auf ebenso wundersame Weise, auf die sie entschwunden war, wieder auf, und zwar in einem Pulk Schaulustiger, die überprüfen wollten, ob Lazi nicht das optische Äquivalent zu einem vergammelten Zombie bildete. Vor meinen Augen wurde Maria hinzugetan (des hab i ja grad gar noch niea g´seha!) und kniete auch sofort wieder vor meinen Latschen nieder. Echt heftich – wahrlich!
Eine Flasche des teuersten Nuttendiesels wurde von ihr geköpft und über meine Bezehten gegossen. Meinsack, da guckte ich aber sparsam aus der Wäsche. Sie verlor kein weiteres Wort, sondern begann, mir eine ausgiebige Reflexzonenmassage zu verabreichen, die sie damit beendete, daß sie mir die behandelten Körperregionen mit ihren Haaren abtrocknete.
Ich war sprachlos (was bei mir ja nicht oft vorkam). Die gesamte Hütte stank nach "Pumapisse".
Auf die Schnelle reflektierte ich die Geschehnisse und war gerade zu dem Schluß gekommen, daß bei kleinem eine Predigt über Fußfetischismus angemeldet sei, als sich Judas erneut zu Wort meldete: (Wenn der so weiter machte, sähe "Isch - (j)a - r(i)ot"! Ich lach mich tot! Ein Wortspiel (mit Reim!) für Fort*geschrittene* bis Hinfort*gehobene*!)
"Warum wird diese Salbe so dermaßen vergeudet? - Ich meine, man hätte die ja genausogut für dreihundert ... ach, was sag ich ... von mir aus auch meinetwegen für *dreißig* Silberlinge verkaufen und den Zaster hinterher den Armen geben können!"
Irgendwie konnte ich mich nicht des Eindruckes erwehren, daß Judas in diesem Augenblick sich selbst für den Ärmsten aller Armen hielt. Immerhin sah er grundsätzlich zu, daß er bei jedem Essen die besten Stücke noch während des Tischgebetes auf seinen Teller zog, bevor *ich* die Chance hatte, sie mir selbst unter den Nagel (auweh und ach) zu reißen.
Ich konnte Maria der soeben erbotenen Ehrerbietung wegen natürlich nicht vor den Koffer reihern - außerdem machte diese Form der Huldigung mich irgendwie an ....
"Laß du doch bitte gefälligst die Frau in Ruhe, die mir gerade die Füße küßt!", schnauzte ich ihn an. "Ihr kommt ja komischerweise nie auf die Idee, mich mit irgend einem Wohlgefallen zu überraschen oder mir wenigstens in den Popp-oh zu kriechen!"
Meine Paladine senkten schuldbewußt die Häupter.
"Ja, toll! Jetzt ist es zu spät, um in meiner Gegenwart ehrerbietig die Häupter ´gen Erde zu neigen! Echt! Ich will euch mal was sagen: wenn ihr so scharf darauf seid, den Armen Gutes zu tun, dann tut das doch - meinetwegen! Einer Tatsache allerdings solltet ihr euch bewußt sein: ich werde nicht ewig leben!" (Lüg rum.) "Des Tages, des ich verscheide, könnt ihr euch um die armen Überlebenden kümmern; von da an, bis zum jüngsten Tag. Leuchtet euch das ein?"
Ein großes universelles Kopfnicken machte die Runde. (Maria bot die "Strahlefrau" dar.)
Den Rest des Tages unterhielt ich mich mit Lazi, ohne mich mit weiteren Störungen seitens meiner Apostel herumschlagen zu müssen.
Jacko unterbrach die Konversation, um mir mitzuteilen, daß eine kleine Gruppe Paris ein Kopfgeld auf meinen Charakterschädel ausgesetzt hatte. Er wußte ferner zu berichten, daß auch Lazis Leben in Gefahr sei, da sie auch ihn des Todes sterben lassen wollten, weil einfach zu viele Leute ob des an ihm geschehenen Wunders dem Tempel fern blieben.
Während der "Erweckte" die gutgemeinte Information lediglich in den Wind schlug (Propi *hatte* ihm ewiges Leben versprochen!), sammelte ich die Meinen ein und sah zu, daß wir Land gewönnen: "Auf Leute, alleman/frau ab durch die Mitte ...!"
Maria und Martha waren zum Glück nicht scharf darauf, mir nachzufolgen, wie auch Lazi.

Bisher hatten mir nur rechtschaffende Frauen gehuldigt. Das sollte sich in den nächsten Tagen, die ich retrospektiv gern als "Schlampentage" bezeichne, ändern.

Matth.9,35; Luk.8;10;10,17;10,38; Joh.10,31;11

Vierundzwanzigstes Kapitel

<u>Weiber - diesmal Schlampen und ein Déjà vu</u>

Seit der Aktion in Bethanien folgten uns die Paris wie besessene Zuckerkranke. Egal, wo wir auftauchten - sie waren schon da, ich hätte nicht übel Lust gehabt, entweder ab sofort an Verfolgungswahn zu leiden, oder die Jungs wenigstens wegen Belästigung anzuzeigen. Leider gab es zu meiner Zeit noch kein Gesetz, das penetrantes Hinterherlaufen (bzw. Vorauseilen) verboten hätte. Andererseits war das auch ganz gut, denn sonst hätte ich ja - rein theoretisch - jeden meiner Jünger anzeigen können, weshalb wahrscheinlich kein Mensch so blöd gewesen wäre, meinen Aufrufen zur Nach- oder eben Vorausfolge (kleines Wortspiel - typisch für mich) Folge geleistet hätte.

Ich vertrieb mir nach wie vor die Zeit mit meinen klassischen Freizeitbeschäftigungen: reden, beten, heilen, wundern.

Eines Tages aber begab es sich, daß uns die Pharisäer superdicht auf den Fersen waren.

Das äußerte sich dadurch, daß ein Pari kackfrech an mich herantrat:

"Hailand, du wirs´ gejacht, aber im Hause aines Ihresgleichen werd´n dich die Schriftgelährten und Konsorten wohl kaum suchen. Komm HERR Jesus, sai unser Gast, und sechne, wat du uns bescheret hast!"

"Amen!", ergänzte mein vorlautes Mundwerk. (Wobei "Amen" (wie ich ja zu gegebener Zeile schon mal erwähnte) an und für sich ja nichts anderes als: "So sei es", heißt.)

Ich hatte reichlich zu segnen, das mit dem Bescheren überließ ich lieber dem Gastgeber. Meine reichen Frauen sollten die Höhlenhaltskasse doch lieber für meine rein egoistischen Interessen aus derselben schmeißen. (Zur Not würde ich einen Steinmetz damit beauftragen müssen, Fensteröffnungen zu installieren; dann flöge die Knete auch besser.)

Mitten im schönsten Gelage, enterte eine Frau den Pharisäerpalast, teure Salbe in einem Flakon mit sich führend. Mir schwante Gutes ... (Was natürlich in *direkter* Verbindung mit dem anmutigen Federvieh zu verstehen ist!)

Die Maid stürzte mit zum Gruß erhobener Hand, ein keck aber frustriert klingendes "Heiland" auf den Lippen auf mich zu, und fiel, wie von der Geißel in den Kniekehlen getroffen vor mir auf die Scheiben der eben erwähnten Körperstellen. Umgehenst brach sie in markerschütterndes Geheule aus: "Ach Messias ..." Sie benetzte meine Füße mit mannigfaltigen Flüssigkeiten. (Es handelte sich außer um Rotz und Wasser auch noch um andere Sekrete.) Kaum wurde sie der von ihr angerichteten Sauerei gewahr, heulte sie noch stärker als zuvor und begann netterdings damit, ihr Haar einem Wischmop gleich zu benutzen. Auch sie war bereits vom Fußfetischismus infiziert und frönte diesem ungehemmt. Daß dabei wieder meine Treter herhalten mußten, schien sie nicht im Geringsten zu stören.

"Tja, nu beruhije dir ers´ ma ...."
(Eigentlich benötigte ich aber Zeit, um mich erstmal zu entspannen - hatte ich das alles nicht schon mal erlebt ... oder hatte ich das nur geträumt ... oder irgendwo gelesen? Oder wurde ich einfach nur vergeßlich? Oder wollte Propi sich einen kleinen Scherz mit mir erlauben? Ich weiß es bis heute nicht, denn was sich nun zutrug, war selbst mir unheimlich!)
Der Fluß der Tränen strömte mit scheinbar unaufhaltsamer Vehemenz weiter ... dachte ich! Erst meine Nase gab mir Aufschluß darüber, daß es sich mittlerweile um das kostbare Einod aus dem Flakönchen handeln mußte. Während sich meine Nase des unglaublichen Wohlgeruches zu erwehren suchte, nahmen meine, in unverminderter Intensität arbeitenden Ohren den Spruch, "Wenn der wüßte, wat dat für aine is´, dann wär er tatsächlich ain Prophet!", wahr. Der Pari hatte wohl anscheinend was zu nörgeln. Auf in den Kaaaaaaaaaaampf ... (Wiederholte ich mich, oder die Zeit sich, oder was?)
"Na, was ist sie denn für eine? Etwa eine böse Böse? Also *das* weiß ich schon lange!"
Keck gefragt war schon halb beantwortet, dachte ich so bei mir, aber eben leider GOTTes nur halb ... "Jetzt sperrt mal alle eure Ohren auf, denn ich habe euch etwas mitzuteilen. Aber seid gewarnt, denn es könnte angehen, daß es dem einen oder anderen zum Ärgernis gereiche; ihr wißt, was euren Ohren in diesem Falle für ein Schicksal beschoren ist ...."
Simon, das war der Pari (ich *hatte* das schon mal erlebt - ich wäre zu schwören bereit gewesen!), schien ein Philisterfrühstück intus zu haben, denn ohne auch nur den geringsten Anflug von Furcht zu offenbaren, antwortete er: "Maister, sach an!"
"*An!*" (In diesem Fall war ich nun nicht ganz so brillant – zugegeben – aber ich war ja nicht vom Himmel gefallen; und selbst wenn, es regnete eben keine Meister!)
"Nee, nich´ so!"
"Also schön, übergeredet: *An An*fang war die Erde wüst und leer ...."
"Ooch komm Hailand, jetz´ ma´ in echt ...."
Und ich spürte es kommen, eine verwirrende Frechheit, die alle Fragen unbeantwortet lassen sollte (außerdem hatte diese Art zu handeln früher schon mal funktioniert):
"Es war einmal ein Gläubiger, der hatte außerdem sogar Geld verliehen, denn immerhin ist ja so was an und für sich nicht gegen das Gesetz des Mose. Wie dem auch sei, es kam der Tag, an dem sich herausstellte, daß keiner seiner beiden Schuldner ihm jemals die Kohle würde wieder zurückzahlen können. Da sich nun auch der gläubige Gläubiger dieser Tatsache bewußt wurde, ging er hin und schenkte einem jeden von ihnen den Schotter. Dem einen aber erlies er der Taler 500, dem anderen nur der Taler 50. Nun ratet doch alle mal fleißig, welcher der beiden sich doller freute."
"Beide freuten sich gleich doll, denn sie waren jetzt ja wieder schuldenfrei!", rief Judas. (Hey! Das war neu!)
Ich erzeugte ein nasales Kuhmuhen: "Muuuh, das war die falsche Antwort; tja, Judas, ich glaube, das mit der Wochenendreise für zwei Personen bei hundertprozentiger Selbstbezahlung aller anfallenden Kosten ohne Taschengeld, das wird wohl nichts!"
Wie aus der Steinschleuder geschossen antwortete Simon: "Na der, dem die 500 erlassen wurden."
"Brrrrrinnnngggg, Bingo! Der glückliche Gewinner der Werberundfahrt heißt Simon, der auch "Der Pharisäer" genannt wird."

Ich zeigte (mit nacktem Finger!) auf die Frau und sprach zu Simon (dem Pari, nicht meinem Apostel – logisch!): "Siehst du dieses Weib?"
"Ja klar ...", antwortete er, "... noch kaines mainer Augen beraitete mir bisher Äägernis, will sagen: ich bin doch nich´ blind."
"Gut, Simon. Schreib dir jetzt mal folgendes hinter die Löffel: *du* hast mir kein Wasser zum Füßewaschen gegeben, sie aber hat mir die Füße mit Tränen gewaschen! *Du* hast mir keinen Kuß gegeben (in diesem Moment blitzte etwas in Judas Augen auf), sie aber hat mir die Füße geHERRzigt - mit Zungenschlag! *Du* hast mein Haupt nicht mit Öl gesalbt, ihretwegen aber glitschigen meine Füße noch immer und ich brauche sie mir mindestens eine Woche lang nicht mehr zu waschen.
Und deshalb - obacht - jetzt kommt der Clou an der Story - sage ich dir: ihr sind viele Sünden vergeben, deshalb zeigt sie auch so viel Liebe. Wem aber wenig vergeben wird, der liebt auch ganz schön wenig."
Uuups, Simon sah ganz schön wütend aus, ich mußte aber trotzdem noch einen draufsetzen: "Gehe hin, du Weib du, deine Sünden sind dir ja so was von vergeben, das glaubst du gar nicht! Ehrlich, dein Glaube hat dir geholfen, und jetzt zisch ab ... äh ... in Frieden! Geh mit GOTT, aber geh!" Ich wandte mich wieder an den Gastgeber: "Siehst du Simon, als Fußfetischist kommt man einfach besser beim Heiland an."
Dieser bodenlosen Unverschämtheit hatte selbst ich nichts weiter hinzuzufügen.
Der Rest der Tischgesellschaft begann, während die Frau den Raum eilends verließ, sich heftigst zu ereifern: "Was ist er denn für einer, daß er auch einfach pauschal Sünden vergeben kann? Ist der denn noch ganz frisch im Kopf? Der ist doch nicht ganz knusper!"
Simon tuschelte nicht mit. Er explodierte: "Raus hier, du Arschloch! Und daine Jünger kanns´ du glaich mitnehm´! Ich laß mir doch von main´ Gästen nich´ ans Gewand pissen, oder sogar draufbeten. Los, macht euch sofort dünne!"
Meine Frage, ob es denn wenigstens noch einen Nachtisch gäbe, ich hätte übrigens Lust auf Schokoladenpudding *ohne* Haut und Mandelsplitter, dafür aber mit Schlagsahne *und* Vanillesoße, beantwortete Simon mit einem HERRzhaften Tritt in meine Vierbuchstaben. Vermutlich sollte das soviel wie "Nein" heißen. (Er sprach wohl lieber in Füßen als in Zungen! Was für ein Reißer!) Schade eigentlich. Noch schader aber war, daß auch meine Anhängerschar sauer auf mich war. Man konnte eben nicht alles haben, solange man auf der Erde lustwandelte ....
Wunder zu wirken war deshalb jetzt noch nicht so mein Ding, sonst hätte ich jetzt *tatsächlich* aus Fäkalien Bonbons gemacht, um meine geknickten Recken wieder aufzumuntern ... oder wenigstens hätte ich versucht, aus Dreck Schokoladenpudding und aus Urinalen Vanillesoße zu machen. Aber damit war´s eben Essig (gegen den ich an diesem Tag eine extreme Abneigung entwickelte).
Ich gab mir alle nur erdenkliche Mühe, die Meinen wieder aufzurichten.
Endlos faselte und jubelte ich, wie gut sie es doch getroffen hätten, mich ihren Meister und Anführer nennen zu können, denn sie sähen und hörten ja Dinge, von denen andere (Könige inklusive) nicht einmal zu träumen wagten. Aber sie schienen den Textstoff schon zu kennen, denn keiner wollte so recht an meinen Lippen kleben. Seisdrum.
In meiner Resignation ordnete ich einen kleinen Tempelabstecher an; erfahrungsgemäß war da immer irgendwas los.

Nur heute nicht. Tolle Wurst! Ich setzte mich stumm in eine Ecke, grübelte vor mich hin, wie ich den Unfrieden in meiner Truppe beseitigen könne und malte unterdes lustige kleine Bildchen in den Staub. (Die Putzen hatten heute wohl frei ...) Ich hatte just eine Idee für ein ver*sau*tes (do you know "unrein"?) Motiv in meinem Hirn heranreifen lassen (ich hatte immerhin schon seit Wochen nicht mehr die Ehe gebrochen), als plötzlich am Tempeleingang ein Horde wildgewordener Priester Zeter und Mordio schrie. Sie hatten eine keifende Zippe in ihrer Mitte, die sie mir, kaum das sie mich erreicht hatten, vor die Füße warfen. Alle meine Kunstwerke waren kaputt! Jetzt konnte ich wegen dieser blöden Priester wieder vor vorne anfangen! Kunstbanausen! Dennoch weckten sie kurzweilig mein Interesse, denn ich vermutete eine Provokation zum "Hardcorefußfetischismus". Weit gefehlt!
Sie trugen mir ihr Anliegen in einem heillosen Durcheinander von Armen, Beinen und Stimmen vor. Ich entnahm diesem Tohuwabohu lediglich, daß die "gute" Frau wohl in Flagranti erwischt worden war. Komisch, die Ankläger hatten keinen desselben Vergehens schuldigen Mann dabei, was mich stutzen machte.
"Und Maister ...", höhnten sie, "... wat denks´ du, wat wir mitter Schlampe mach´n soll´n? Wir mainen, Mose hat gesacht, wir soll´n solche umgehenst stainigen. Sach an, wie siehs´ du dat?"
Das roch schwer nach Verhohnepiepelung, beziehungsweise: das stank schon ´gen Himmel nach einem solchen Unterfangen, vor allem, weil sich die Priester untereinander zuzwinkerten, als litten sie alle an ein und demselben Augenleiden. Aber VATERs Sohn war ja nun nicht gerade auf den Kopf gefallen, geschweige denn, auf den Mund ....
Während ich weiterhin meinem künstlerischen Schub freien Auslauf ließ, antwortete ich, nur scheinbar gelangweilt: "Wer von euch noch nie Böse oder unreine Dinge getan hat, der darf auch als Erster mit Steinewerfen anfangen."
Normalerweise hätte ich jetzt ja - selbstgerechtes kleines Kerlchen ich - mir sofort den ersten Klinker aus der Tempelmauer brechen müssen, aber ich wollte lieber abwarten und weitermalen. Ich hatte den fünften oder sechsten erregierten Phallus gerade beendet (meine Unterlippe war von der Anstrengung des Zeichnens schon ganz blutig gebissen), als sich jemand in meiner unmittelbaren Nähe räusperte. Erstaunt schaute ich auf. Da stand doch immer noch die Schlampe vor mir, der Rest war allerdings vor meinen Augen hinweggenommen worden. "Weeßte Heiland, der Pöbel is jetz´ futsch, kannste mir ma vaklickern, wat ick nu machen soll?"
"Wat ...", erwiderte ich, Überraschung heuchelnd, "... is keener mea da, der dir steinijen will? Na sapperlot! Ick würde sagen, denn vaziehn wir uns ma kurz ins Allerheiligste, um det wichtigste innem therapeutischen Ehebruch - ick meene natüllich - innem therapeutischen Jespräch durchzunehmen - durchzujehen ...."
"Ocke gocke Gummiglocke!"
"Eene meene piff paff puff ... wech!"
Ehe(bruch – falls Du, werter Leser geneigt bist, *mir* ein in diesem Zusammenhang unpassend erscheinendes Wortspiel zu vergeben) ich mich recht versah, waren wir auf dem "stillen Örtchen" und sie huldigte meinem Genitalbereich auf eine Art und Weise, die ich bisher nur bei den Fußfetischistinnen kennen gelernt hatte. Allerdings war Fußhuldigung nicht halb so anregend, wie das, was diese Frau so drauf hatte. Ich dachte streckenweise, ich würde entweder neu geboren oder zumindest gerade ein Stückchen weit verHERRlicht, denn ich hörte die Engel im Himmel singen. Ach DU GRUNDGÜTIGER! Sogar Öl hatte sie dabei - ich glaube, es war

Bananengeschmack ... (Der Geschmack des Affenbrotes, welches an nach ihm be(ba)nan(n)ten Bäumen wuchs. Huijuijui, das waren jetzt aber schon wieder Spielchen ... mit Worten, meine ich!)
Nachdem ich - ohne anzugeben - drei Stunden später geendigt hatte, fragte ich sie, ob sie auf Steinigung stünde, was aber vehement abgestritten wurde. Von keinem der alten Böcke (die damals gerne als "Die Ältesten" bezeichnet wurden) war mehr als eine Spur zu sehen, deshalb wollte auch ich ihr die Freiheit schenken. Fromm klingen sollte es aber auch, weshalb ich mal wieder von meinem raffinierten Mundwerk Gebrauch machte: "Wenn dir keener vadammt hat, denn tu ick det natüllich ooch nich - wat Wunder bei meen Lebenswandel, wah? Ick jeb dich aba ´n kleen´ Tipp mit uffn Weg: jehe hin, und sündije hinfort nich mehr, oder laß dir wenichstens nich dabei erwischen. - So wie icke!" (Diese letzte Äußerung wurde nie überliefert; die muß wohl der Papst höchstpersönlich wegzensiert haben!)
Und sie ging hin und tat, wie ihr geheißen ward ... zumindest habe ich von der Schnalle nichts mehr gehört.
Sie verließ den Tempel durch den Notausgang, ich hingegen gesellte mich wieder zu meiner Clique. Merde alors, war´n die sauer; das paßte par tout nicht zu meiner glänzenden Stimmung. (Nunja, auch französische Zungen meinten hin und wieder soviel wie "damned shit"; jetzt hab ich´s Euch aber gezeigt, wah?)
Ich hub an: "Selig sind die Unschuldigen, denn sie sollen schuldig sein nimmermehr. Gepriesen seien die Ältesten, denn sie sollen abgeben den Jüngern des, wes sie nicht mehr von Not durften und brauchten. Heil denen, denen heile ist, denn ihnen soll gegeben werden, das noch fehlende Gänschen, auf das erfüllt werde was geschrieben stehet: "Heile, heile Gänschen", und jeder soll es singen auf den Straßen und Gassen, vor allem aber in den Hospitalen und Kinderkliniken ...."
Ich war eben ein bißchen übermütig, kriegte aber sofort die Retourkutsche.
Das Volk in den Gassen bekam voll die Krise, denn mein Gelaber wurde als die Neuigkeit des Tages rumgetratscht. Und, ich schwör´s Euch, der Dung war am dampfen wie nix Gutes. Denn Etliche, die diese Worte hörten, sprachen: "Dieser ist wahrlich ein Prophet!"
Andere schworen Stein und Bein (allerdings lieber Stein als Bein), daß ich voll der weibliche Dreckpaarzeher wäre, der immer alles nur rumlügen würde. Wieder andere behaupteten, daß ich echt voll der Messias, der Prophezeite undsoweiter sei. Unsere Klugschwätzer (das ganze Gesocks der Tempelangestellten) aber wußten ihre Abneigung sogar biblisch zu begründen: "Es steht doch aber geschrieben, daß der Messias blablabla und Plumpaquatsch und ein Teller voll Linsengericht, bitte ...."
Meine HERRen, nee, also wirklich!
Die Paris hatten sogar schon ein paar Häscher klargemacht, die mich abgreifen und zu ihnen bringen sollten. Das war aber doch etwas sehr kiebig, fand ich. Von einer Inspiration beflügelt zog ich mich mit ein paar meiner treuesten Dienerinnen in den Tempel zurück, um mir am ganzen Körper (mit Öl!!!) huldigen zu lassen. Danach ging ich mitten unter das Volk, aber niemand vermochte mich zu greifen, denn ich war ja von dem vielen Öl ganz glitschig. (Ich raffinierter kleiner Lauseschlingel. Das grenzte ja auch schon wieder fast an ein Wunder!) Meine Apostel hatten in der Zwischenzeit das Volk so dermaßen kirre gemacht, daß im Grunde genommen niemand mehr so genau wußte, weshalb er mich eigentlich toll oder eben nicht so toll fand. Flugs nutzte ich dieses Durcheinander, um mich zu verdünnisieren. Ich floh und im Hintergrund tobte

der Mob. Ich konnte mich des Gefühls nicht erwehren, daß, wenn ich so weitermachte, mir keine alterstechnischen Probleme bevorstünden ... ganz zu schweigen von der Rente oder einem Aufenthalt im Altenheim (das in Zungen gesprochen am ehesten mit "Wohnstift" zu übersetzen ist) ....
Irgendwie schien sich die Ansicht "aus Galiläa steht kein Prophet auf, schon gar nicht der Messias" zu manifestieren; zumindest in den Kreisen der Schriftgelehrten ....
Aber der Tag war noch nicht zu Ende. Als ob meine Mutter geahnt hätte (vielleicht konnte sie ja ein bißchen hellsehen; falls ja, hatte ich das wahrscheinlich von ihr geerbt), tauchte die noch aus dem Volke auf. Hatte die Frau denn nichts besseres zu tun, zum Beispiel ihren Zimmermann und die restlichen Blagen zu bekochen und zu versorgen?
Ich floh, da ich ziemlich ausgelaugt war, stehenden Fußes (welch Paradoxon), sie hingegen war (wenn auch nur unmerklich) un peu langsamer, und keifte mir etwas hinterher, was ohne Problem von mir hätte sein können: "Selig ist der Leib, der dich getragen hat, und die Brüste, die du gesogen hast." Dem war lediglich ein: "Ja, ja! Und selig sind alle, die das Wort GOTTes hören und es bewahren", entgegenzusetzen.
Ich lief wie der geölte (haha!) Blitz aus der Stadt. Endlich war Feierabend für heute. Ich brauchte unbedingt mal Urlaub.

Luk.7,36;10,17;11,27;Joh.8;7,40

Fünfundzwanzigstes Kapitel

Johannes´ Rückkehr

Rumgelungert, abgehangen, ja, durchgehangen. Ich hatte jedes temporale Gefühl verloren; die Zeit schlich vor sich hin und ich konnte gegen das sich breit und breiter machende "Leckmichamallerwertestengefühl" nichts unternehmen. Ehrlich gesagt wollte ich auch gar nichts tun, um dieser Stimmung Paroli zu bieten. Meinen Jüngern gefiel der Urlaub recht gut, alldieweil ich sie nicht mit langen Predigten nervte, oder ihnen sonst irgendwelche Aufgaben aufhalste. Mehrmals am Tag (und natürlich auch in der Nacht), brachen sie die Ehe, ansonsten fraßen und soffen sie, was das Zeug hielt, bevor sie sich entschlossen, wieder einmal im fröhlichen Partnertausch des "Ein - Fleisch - werdens" zu frönen.
Ich hockte in einer Ecke und soff und spannte und legte entweder vor versammelter Mannschaft Hand an mich, oder ich ging in GOTTes freie Wildbahn, um dort in den Staub zu "beten". Überraschend (ach, was Wunder) wurde meine Laune dadurch kaum gesteigert, nein, es wird Euch verwundern, aber ich entwickelte mich zu einem lethargischen Depressiven.
Ich war halt doch eher ein kleines Arbeitstier; pausenlos Pause zu machen war mir einfach nicht gegeben ... Danke, DAD!
Nicht, daß ich damit - also mit mir - schon genug Probleme hatte; eines Tages nahm mich *Christi*ane mal wieder zur Seite, um mir zu "be(r)ichten", daß sie ein Kind erwarte. (Selbst jetzt gelang mir noch das eine oder andere Scherzlein; da könnt Ihr es mal wieder sehen!) Da es sich, wie sie sich ausdrückte, "um ein Kind der Liebe" handelte, *müßte* es also zwangsläufig von mir

sein. Sie gedächte aber, mit Judas zusammenzuleben, ich hätte also gefälligst als Schreiner zu arbeiten, um die erforderlichen Alimente zur Aufzucht des Balges zu organisieren, andernfalls würde sie mich vor ein jüdisch - römisches Tribunal zerren, und was mich dort erwarten würde, könne ich mir ja wohl an zwei Fingern ausrechnen ....

Ich bat mir etwas Bedenkzeit aus, denn meine Entschlußfreudigkeit war nach diesen Wochen des Müßiggangs beim Punkt "Null" angelangt.

Gerade als ich glaubte, ich müsse ihre Forderungen bedingungslos akzeptieren und mich wieder in einer Schreinerei als Zimmermann verdingen (Holzallergie hin oder her), zeigte mir der HERR, daß ER den SEINEN doch hilft. Man mußte anscheinend eben nur ordentlich darum bitten! Die ganze Nacht hatte ich so oft gebetet, daß mir schon die rechte Hand wehtat, und sich die ersten Frösche zum Laichen in der entstandenen Pfütze einfanden, als mir eine innere Stimme befahl, in unseren Unterschlupf zurückzukehren. Natürlich war diese innere Stimme nichts anderes als der Durst auf ein lecker Weinchen ... aber ich gehorchte ....

GOTTseigepriesen!!!

Beim Betreten unseres Rastplatzes bedeutete ich *Christ*iane (immerhin blieben sie und Judas meinetwegen noch zwei Fleische ... zumindest vorübergehend) mit einer beschwichtigenden Handbewegung, daß sie sich noch kurz ob meiner nach wie vor ausstehenden Antwort ein wenig zu gedulden hätte – und zwar gefälligst verdammt noch mal und zugenäht!

Ich hatte gerade die dritte Amphore Mut geleert, als mich Jacko, der gerade mit einem außerhalb der illustren Runde stattgefunden habenden Ehebruch fertig geworden zu sein schien, zu sich winkte. Wieder besänftigte ich Chrissis Neugier mit Gesten.

Jacko lotste mich ein paar Büsche weiter, und wessen ich dort gewahr wurde, wollte sich erst meinem Realitätsempfinden völlig entziehen: dort standen die Brüder Jakobus und Johannes, letzterer mit mehr als nur einer Träne der Wiedersehensfreude im Knopfloch, vor mir. Sie hatten auch Propi im Schlepptau. Ich umarmte alle drei, Johannes als letzten im Bunde; seltsamer Weise wurde mir derselbe eng, als ich ihn in den Armen hielt und an mich drückte. Er erinnerte mich an irgendjemanden, aber, *Teufel* auch, ich konnte mich beim besten Willen nicht entsinnen, an wen ....

Bevor ich ins Grübeln geriet, wandte ich mich lieber an Propi, lallend die Frage artikulierend, was, Indrei*teufel*snamen er denn hier zu suchen hätte. Die Antwort war kurz und bündig: "Alter Indianer, ich habe mir die letzten Wochen deines Herumlosens wortlos mitangeguckt und bin jetzt zu dem Schluß gekommen, daß es allerhöchste Zeit wird, daß du dich wieder auf deinen "Auftrag" konzentrierst. Es gibt genug Kranke und verlorene Seelen da draußen, die ausschließlich deiner harren."

Bei dem Wort "Kranke" blinzelte er mir (natürlich!) geheimnisvoll zu.

Zum meinem Glück, geschah nicht alles was ich sagte, sofort: "Na, Propi, ich will doch verflucht sein, wenn ich das nicht wüßte!"

Wir verzogen uns in die nahegelegene Einöde, um das Nötigste zu besprechen.

Eine dreiviertel Nacht später kehrte ich zurück. Johannes stand noch immer wie an*genagelt* (ein Omen?) an der Stelle, an der ich ihn zurückgelassen hatte. Sein Bruder suchte sich unterdes sein Vergnügen bei meinen Mätressen - und schien es dort - seinem Gestöhne nach zu urteilen - auch zu finden. Johannes wirkte irgendwie verloren in dieser ruralen Idylle.

Er stellte mir eine absurde Frage: "Hast du mit Markus schön ... gebetet?"

"Komm, ey, quatsch keinen Dreck am Stecken ...", zerstreute ich seine Ängste (?),"... setz´ dich doch noch mit mir ein bißchen zu den anderen; nur so zum Reden, vielleicht möchtest du auch noch einen kleinen Wein, ich mein, falls noch welcher über ist."
Johannes nickte verschämt mit dem unrasierten Haupt, während er verlegen mit dem Fuß Kreise in den Sand malte. "Hmmmmhmmm ...."
Wie sich herausstellen sollte, hatte Propi die beiden Heiminsreichkehrer mit massig Wein versorgt, demzufolge gab es also genug zu schlucken ... und somit auch zu belabern.
Chrissi störte uns nicht ein einziges Mal, denn als ich und Johannes zurückkehrten, begriff sie, daß sie wenigstens für heute die Backen zu halten hätte - zumindest was die Artikulation nerviger Fragen anbelangte.
Johnny hatte viel zu erzählen; es ging ihm seelisch wie meinen Lenden: beide waren übervoll (und das trotz des vielen Betens). Er begann davon zu erzählen, daß er sich überlegt hätte, ob er nicht auch ein eigenes Evangelium schreiben solle, um den Lobpreis ob meiner Person ins unermeßliche zu erhöhen, und ob er vielleicht nicht genug gepredigt hätte, während seiner Dienstreise. Ich lauschte gebannt - ach, was lüg ich rum - ich hing an seinen Lippen, die, ganz nebenbei erwähnt, von einem herzallerliebsten Dreitagebart umrahmt wurden. Er sah aus wie *Christi*ane, wenn diese gerade Dreck zum Abendbrot gehabt hatte. Kaum wurde mir diese meine Beobachtung bewußt, klinkte ich mich gedanklich aus der Konversation aus ....
Im Feuerschein sah Johnny irgendwie so ... süß? ... aus. Diese Augen, diese Lippen, dieser Mund, seine Art, sich zu arti- und gestikulieren! GOTTchen! Und wenn er sich erhob, um pinkeln zu gehen: dieser niedliche Knackarsch! Ich hätte ja ... Zwischendrin fiel mir immer wieder auf, daß er ja nach wie vor erzählte. Meine Emotionen waren außer Rand und Band. SCHÖPFER, war der niedlich ... und irgendwie trotzdem so ... männlich ... und ... weiblich!
Ihm in die Augen zu sehen, veranlaßte mich dazu, in dieselben zu fallen, mich einfach treiben zu lassen, ungeachtet des Geschehens um uns herum.
"Jesus, ich hoffe du bist nicht sauer auf mich ...", begann er den nächsten Satz, und ich dachte, au weia, jetzt kommt´s, er hat sich verliebt - aber er fuhr fort: "Jakobus und ich waren einmal im Puff, aber mir hat das irgendwie nichts gebracht; mein Bruder war aber aus diesen Etablissements nicht mehr rauszukriegen, egal in welche Stadt wir kamen ... er war sofort verschwunden und ich mußte deinen Lobpreis alleine verkünden. Manchmal tat das ganz schön weh, zu wissen, daß Mann anscheinend nicht normal ist. Sag mir doch, was ich dagegen machen kann, kannst du mich nicht vielleicht heilen ...?"
Das mußte ich verneinen, ergriff aber dafür seine Hand. Während ich diese sanft massierte, erzählte ich ihm, daß es mir leider nicht gegeben wäre, *überhaupt* zu heilen, was er mir natürlich nicht glaubte. Ich verfiel daher auf eine kleine List:
"Johannes, ich kann dich nicht heilen, denn du bist nicht krank! Aber ich kann dir, natürlich nur wenn du es willst, deine Zweifel an deiner Abnormalität nehmen. Weißt du, du bist nicht der einzige, der so empfindet. Wahrlich!"
(Mittlerweile streichelte ich seine blanke Brust.) Er sah mich zweifelnd an: "Wer empfindet denn sonst noch so, außer mir? Womöglich der Sohn GOTTes, der ja im Grunde genommen du bist? Oder wer?"
Langsam und zärtlich ließ ich meine rechte Fünfbefingerte zwischen seine Lenden gleiten. Ich küßte ihn auf die Stirn, auf den Mund und überhaupt.

"Bedarf *das* noch einer Antwort?", flüsterte ich. Eine Chance zu antworten ließen ich und meine Zunge ihm nicht ....
Wenn einem die Zunge Ärgernis bereitet, so soll man sie abhacken ... Schade, daß man sich nicht konsequenterweise eine zweite wachsen lassen kann, wenn einem die eine so mannigfaltiges Vergnügen bereitet ... Aber mit der Konsequenz stand ich (wie Ihr ja mittlerweile auch geschnallt haben dürftet) ohnehin auf Kriegssandale. (Hach, ich nun wieder!)
Johnny und ich verzogen uns in ein stilles Fleckchen Einöde und frönten unseren Gelüsten - diese waren ja nicht einmal ehebrecherischer Natur.
Beschwingt durch diese Erlebnisse, kehrten wir am nächsten Morgen zu den anderen zurück.

Nicht überliefert

ALLE WIEDER VOLLZÄHLIG

Sechsundzwanzigstes Kapitel

<u>Wind von vorne</u>

Johannes weckte mich mit einem Kuß, wie ich ihn noch nie in meinen Leben bekommen hatte. Er schmeckte zwar pelzig und nach abgestandenem Alkohol, war aber nichtsdestotrotz einer der schönsten meines Lebens. Er schmeckte auch ein bißchen nach Dreck, fast so, wie *Christi*anes Küsse damals geschmeckt hatten. Wir machten noch einen kleinen "Guten - Morgen - mein - Geliebter" - Quickie klar, während dem wir uns gegenseitig unsere Liebe gestanden und, - quasi nebenbei - feststellten, daß wir beide Dreck am Stecken hatten, was aber einer wahren Liebe unter Männern nichts ausmachen konnte, solange dieser "Dreck" auch ein wenig kratzen und pieken würde und sich sowohl im Gesicht wie auch zwischen den Schenkeln befand.
"Ich habe dich vom ersten Moment an geliebt ...."
Mein GOTT, war ich scharf auf ihn! Ich hätte ja schon wieder gekonnt, vor allem, weil ich in einer Ecke noch einen Rest Olivenöl erspähte ....
Chrissi erhob sich, ihren Körper in alle fünf Himmelsrichtungen reckend.
"Nach dem Frühstück!", kam ich ihrer Frage zuvor, denn immerhin wußte ich jetzt *endlich wieder*, was zu tun angesagt war. Der Alten würde ich es schon zeigen! Die Leviten würde ich ihr lesen, daß ihr hören und sehen vergine ... Á propos, wer zum *Teufel* war Levi ...?
Aufgrund der monatelangen Erfahrung hatte ich natürlich den Überblick, was die Eßgewohnheiten meiner Pappenheimer anbelangte. So schmierten sich Judas und *Christi*ane gerade ihr letztes Heuschreckenbutterfladenbrötchen, als ich sie unvermittelt ansprach:
"So, Chrissi und Judas, nun zu euch. Was auch immer ihr euch ausgerechnet habt, laßt euch von mir sagen, daß ihr die Rechnung ohne den Wirt erstelltet. Es sieht nämlich in keinster Weise so aus, daß ich wieder körperlich arbeiten gehe, damit ihr euch einen schönen Lenz machen könnt!"
Da man/frau nicht mit vollem Mund spricht (das hatte ich ihnen allen eingebläut, nachdem ich Johannes (den Täufer) mit einem Mund voller Heuschrecken meine Ankündigung hatte ankündigen hören), erhielt ich keinerlei verbale Reaktion auf meine Worte.
"Euer Balg ist, das schwöre ich beim Namen des VATERs, nicht von mir gezeugt! Da du, meine liebe *Christi*ane, schon seit längerer Zeit mit Judas die Ehe brichst, liegt es nahe, daß das Kind seinen Lenden entschlüpfte. Also kümmert ihr euch auch gefälligst darum, denn ich sag´s mal so: wenn er sich bei dir einfleischt, dann kann er auch für euch sorgen. Predigttechnisch läuft bei ihm ja sowieso nicht der Bär irgendwem den Rang ab. Merke also auf: das ich mich von dir nicht zum Hahnrei machen lasse, ist wohl ein klarer Eimer!"
Judas blieb der letzte Bissen im Halse stecken, weshalb ich ihm gönnerhaft ein paar Male kräftig ans - ich meine: ins – Kreuz (eigentlich ja "autsche!" - aber diesmal traf´s ja nicht meinen geheiligten Rücken) drosch, auf daß er den Happen ausspeien möge. Das vor grauen Monden am Täufer Praktizierte, wirkte auch hier wieder Wunder. Er hustete den Teigklumpen aus. *Christi*ane war nicht halb so perplex; sie konterte sofort, mit vorher anständig ausgeführten Gruß: "Heiland,

hätte ich Öl dabei ... na, du weißt schon. Ich wollte dir auch keine *direkte* Vaterschaft anhängen! Wahrlich nicht! Ich wollte damit eigentlich nur ansagen, daß mir erst ein Engel erschien, der aber, als mich dann der Heilige Geist begattete nicht wieder verschwand, sondern spannte. Ich habe also einen Zeugen dafür, daß das Kind vom Himmel hoch herkommt, somit also dein unmittelbarer Verwandter ist, weshalb ich dachte, du könntest doch für sein Wohlergehen sorgen."

Eine so dreiste Geschichte hatte ich, mal abgesehen von der "Pathenogenese" meiner Ma (ria), noch nie gehört! Die Frau schien mich für völlig plemplem zu halten. Na, Meinsack aber auch, die hatte wohl eher Flausen denn Heuschrecken gefrühstückt! Es wurde Zeit, an jefraudem einen Exzenter zu stationieren, Pech für Chrissi, daß es sie erwischte. (Habt Ihr´s auch gemerkt? Da flutschten mir doch schon wieder Dinger raus – als hätte ich nie damit aufgehört, verbalen Scherz zu zelebrieren!)

"Glaubst du etwa, du hättest einen Stumpfzimmermann vor dir, wie mein Vater einer ist? Jetzt will ich dir mal was flüstern!", brüllte ich. (Anundfürsich eigentlich paradox.). "Ich verbanne dich ob der an mir praktizierten Dreistigkeit aus der Jüngerschar. Gehe hin und wandele fortan nicht mehr unter den meinen. Verpiß dich, und das allerschleunigst, bevor ich mir Schlimmeres für dich überlege ...."

Hilfesuchend wandte sie sich zu Judas um. Der jedoch zuckte nur gleichgültig die Achseln in die Höhe: "Also, Jesus, wenn das so ist, gehe ich natürlich mit ihr."

Noch desinteressierter konnte er gar nicht mehr klingen! Hätte ich hellsehen können, wären jetzt sämtliche Alarmleuchten in meinem Kopf angegangen, aber ich war so in Rage, daß mir nichts an seinem desolaten Tonfall auffiel.

"Das könnte dir so passen! Sich einfach zu verdrücken wenn es dem Herrn gerade in den Kram paßt! Nix da! Du bleibst hier bei der Truppe, und sei es nur, um meine persönliche Glückszahl nicht zu gefährden ... zumindest was die männlichen Apostel anbelangt! Und damit basta und ällebätsch!"

Ich wandte mich wieder an *Christi*ane: "Und weil es für das ungeborene Kind nicht gut ist, als erstes "den - du - weißt – schon - was" seines Vaters zu sehen, gehst du sofort ohne Widerspruch und einen Abschiedsehebruch! So verfüge ich und so soll es geschehen. Kurzum: Amen! "

Unter den mitleidigen Blicken meiner Gefolgschaft zog Chrissi mit großem Buhuhu und vielen Tränen von dannen. Die jugendliche Leichtfüßigkeit, die es anderen Leuten ermöglichte, sich vor anderer Leute Augen hinwegheben zu lassen, war von ihr gewichen. Das geschah ihr ganz recht. Mir das Balg des Heiligen Geistes aufquatschen zu wollen, wer war ich denn?!

Über Judas Gesicht huschte ein hämisches Lächeln: "Du alter Schwede du, das hätte ich dir ja gar nicht zugetraut! Glaubst du nicht, das die Frau sich jetzt ein bißchen verraten und gar verkauft vorkommt?"

Shit! (Was in englischen Zungen gesprochen ist, aber nicht mehr als "Merde alors" meint.) Das wärs gewesen! Ich hätte sie an einen Menschenfischer verkaufen sollen.

"Verraten vielleicht, verkauft auf gar keinen Fall. Und nenn´ mich - verdammt noch mal - nicht "Schwede"! Bei kleinem wird mir dieses Völkchen wahrlich so unsympathisch, als bestünde es ausschließlich aus Pharisäern!"

Nachdem ich mich verbal abreagiert hatte (ohne Johnnys Mithilfe – nur, daß das klar ist), war es nun an der Zeit, den Rest der Mannschaft über den anstehenden Tagesplan aufzuklären: "Genos-

sen ...", hub ich an, "... sicher ist euch schon aufgefallen, daß wir seit letzter Nacht wieder vollzählig sind." Einige der Apostel stießen sich in die Rippen und grinsten verschmitzt: "Na, das war auch nicht zu überhören, Jesus." Ein paar andere feixten: "Jesus und Johannes, Jesus und Johannes, der eine liebt´s, der andre kann es!"
Es war natürlich unter meiner Würde, diesem infantilen Verhalten Beachtung zu schenken. (Denn auch der Reim war unter allem unreinen weiblichen Paarzeher!) Lediglich Johnny senkte sein errötendes Haupt.
"Die wilde Dreizehn ist wieder vollzählig!", rief ich, triumphierend die Arme in die Höhe reißend aus. (Daß ich uns "Die wilde Dreizehn" nannte, war natürlich nur eine Aktion, um Judas einen auszuwischen. Ansonsten fand ich den Namen (wenn auch einfallsreich) immer noch beknackt.)
"Gebt mir zwölf A - gebt mir ein P - gebt mir ein O - gebt mir ein S - gebt mir ein T - gebt mir ein E und ein L! Was macht das insgesamt? Ein Aaaaaaaaaaaapostel! Gebt mir zwölf Aaaaaaaaaaapostel!" (Der aufmerksame Leser beachte: ich sprach das Aaaaaaaaaaapostel tatsächlich mit zwölf "a". - Mit alten Gewohnheiten sollte Menschensohn nicht brechen ....)
Meine Jünger gaben mir, worum ich sie gebeten hatte. Sie waren jetzt wieder topmultiviert (ich hatte manchmal auch Ärgernisse mit der Zunge, was die Artullatikazion anbelangte), nur die Frauen guckten etwas sparsam aus der Wäsche. Also ließ ich sie das gleiche Spiel mit "Nachfoljjjjjjjjjjjjjjjjjjjjjjjjjjjjjjjjjjjjjjenden Frauen" spielen. (Immerhin waren ja auch mehr als zwölf Frauen zugegen, aber für jede ein "j" zu schreiben, das wäre eine Tage- und Seitenfüllende Aktion. –Scherzing!) Jetzt ging es allen wieder gut, außer natürlich Judas, der behauptete, daß das mit der "wilden Dreizehn" seine Idee gewesen wäre.
Ich klärte ihn *nachdrücklich* über seinen Irrtum auf, indem ich ihm androhte, er könne ja *Christi*ane Gesellschaft leisten, wenn ihm hier irgendwas nicht passen sollte:
"Judas, es ist mir ein kleines, dich auch in die Wüste zu schicken. Und glaube mir, das Leben dort ist ein garstiges, voller Versuchungen ... aber mehr will ich nicht verraten ...!"
Aus einem mir unerschlüßlichen Grunde, wich Judas sämtliche Kolör gänzlich aus dem Antlitz. Das Thema war also durch. Ich mußte jetzt bloß noch den Rest der Leute bei Laune halten, denn als ihr Anführer war es meine Aufgabe, mich ihnen gegenüber auch mal quasi spendabel zu verhalten ... Ferner mußte ich ihre Begeisterung aufrecht erhalten, damit sie mir nicht irgendwann einmal (aufgrund angestauter Aggressionen vielleicht) ins Kreuz (ach, HERRjemine!) fielen, oder mir zumindest an eben jenes hinaufhalfen!
"Jetzt geht´s in die Stadt, auf daß sich einige dort ansässige Vögel, gegen die ich nach wie vor nichts habe, wundern werden! Die Frauen jehen wat einkoofen, wat zu picken, und, wenn noch Kohle über is´, könn´se ooch Klamotten besorjen. Ihr Männer kommt mit in den Tempel, außer denen, die sich einsam fühlen ... diese dürfen zum ein-, zwei-, oder von mir aus auch dreisamen in den Puff."
Judas erstrahlte bei diesen Worten wie ein Weihnachtsbaum, was mich daran erinnerte, daß ich bald Geburtstag hätte ....
Wir machten uns umgehenst auf den Weg, selbstverständlich erst, nachdem die Frauen das Feuerchen gelöscht und den Dreck (für später) weggeräumt ("eingefroren"?) hatten.
Die anderen Apostel standen wartend in der Gegend rum (anstatt den Zippen zu helfen - Männer!), während ich mir Johannes einverleibte ... selbstverständlich etwas im Abseits. Trotzdem wurde der Schuß als Treffer gewertet ... ich war schon immer ein Fußballfan, nur den

Sinn der Abseitsregel hatte ich bis dato nicht begriffen. Aber das liegt wahrscheinlich daran, daß weder DAD noch ich diese Regel erschufen (häh?). Ehrlich, eine so unsinnige Regel haben wir nie erfunden. "Abseits" - da hätte ER ja gleich alle Wüsten in die Einöde verbannen können; und das wäre für die Wüsten bestimmt auch nicht so toll gewesen!
Vor allem hätte ich mich ja dann damals wirklich *richtig* verlaufen ... selbst der **Leibhaftige** hätte mich mehr suchen als versuchen können ... äh ... müssen ... dürfen sollen ...!

Nicht überliefert

Siebenundzwanzigstes Kapitel

<u>Ein Wunder, ein Wunder</u>

Im Tempel kamen wir nicht an. Dumm gelaufen. Das Wunder hingegen lief wie ein Länderspiel. Denn, damit die Schrift erfüllt würde, ging ich vorüber ... und ward eines Fußballspielers gewahr, der da blind seiner selbst geboren war (was wir Wunderheiler in Fachkreisen züngisch als "Das Leiden an einer Dose namens Ganglio" bezeichneten). Dieser verschoß sogar Elfmeter aufs freie Tor, was mich wirklich wuschig machte.
"Blinder, Blinder, besser schießen Kinder ...", rief ich ihm vom Rand des Spielfeldes zu (ich Reimerlein, ich), "... schicke er doch einen Aussätzigen auf den Platz, damit dieser wenigstens ein bißchen faule, und so Tore zu erzielen in der Lage sei!"
Dennoch war ich vom Spielverlauf gefesselt. Es stand immerhin schon 2:0 für die Samariter! Der Trainer der Mannschaft hatte meinen Tipp gehört, und schickte einen aus Lepraglobi zusammengesetzten Spieler aufs Feld. So dauerte es natürlich nicht lange, bis mir der Blinde vor die Füße fiel. "Heiland ...", rief er, "den Fußfetischisten" zum besten gebend, weil meine Füße umgreifend, aus, "... ich bin von Geburt an blind, was hab ich denn bitte getan? Oder ..." fügte er hinzu, "... sind meine Eltern schuld an meiner Misere?"
-zig Leute, auch meine Apostel fragten mich, was dieser denn (oder eben wenigstens seine Eltern) für ein Unrecht begangen hätten, daß er nun ein Blinder sei.
"Schuld ist GOTT", schoß es mir durch den Kopf, aber das durfte ich natürlich nicht sagen. Stattdessen tat ich der verblüfft werden wollenden Masse kund: "Keiner hat was getan! An ihm sollen lediglich GOTTes Werke offenbar werden." (Was für ein GOTT, der erst Kranke erschafft, damit sie später (so ca. 20 (!) Jahre später!) geheilt werden können! Aber Propi hatte ja seine Finger im (Fußball)spiel, deshalb konnte ich ja auch DAD nicht die Schuld geben ....)
"Gib dem Trottel doch was zu trinken", rief mir der Coach der Samariter zu, und warf mir eine Mineralwasseramphore zu, die ich im vorüberfliegen (fangen konnte ich noch nie, ich war ja nicht allmächtig!), in ein esoterisches (Ihr würdet heute sagen: isotonisches) Getränk "verzauberte". Das Ding schlug vor mir im Staube auf, und verwandelte diesen in Schlamm. In dieser Dreckjüche (die mich doch schwer an den Jordan, und somit an "heiliges Wasser" erinnerte) begann ich nun mit dem Finger zu malen. Während dieser kreativen Tätigkeit, die einzig und allein der Aufzeichnung des nächsten Spielzuges dienen sollte, verwandelte sich der Modder vor meinen Augen in starken "Kaffee", also Brei. (Das war ein prima Kochrezept, verglichen mit

"Dreck am Stecken", aber der Spielzug ließ sich optisch nicht mehr akkuratisieren.) Enttäuscht hob ich eine Handvoll des Modders auf, um sie dem Blinden ins Gesicht zu schmeißen. Danach schnauzte ich ihn an: "Du bist zwar blind, aber mußt du deswegen aussehen, wie ein Samariter? Los, geh dich erstmal waschen!"
Danach gingen wir weiter, das Spiel war ohnehin verloren, dessen war ich mir sicher, auch wenn Thomas diesbezüglich seine Zweifel äußerte.
Aber ich hatte mein Ego wieder, und meine Jünger konnten mir erzählen was sie wollten, ich hörte sowieso nicht auf sie. Außer vielleicht auf Johnnys Worte ... aber denen hörte ich eher zu als auf ... you know?! (Falls "not", nicht mein Problem!)
In der Stadt angekommen verschwand Judas sofort, um ein bißchen rumknutschen zu gehen. Er sollte sich noch zum Kußfetischisten entwickeln ....
Die Zippen gingen schoppen ....
Ich und Johnny fanden endlich Zeit, uns in einer Pinte (der "Koscheren Weihnachtsgans") über unsere Gefühle für den anderen klar zu werden. Dieses taten wir vermittels einer ausgiebigen Diskussion, in deren Verlauf wir vieleviele Gemeinsamkeiten feststellten, welche das waren, bleibt unser kleines intimes Geheimnis.
Nachdem wir geklärt hatten, daß er ab sofort "der Jünger, den Jesus liebhatte" heißen wollte (ich hatte den Kosenamen "A-popp-stel" vorgeschlagen, war aber auf konsequente (einem Ding, das wir nicht gemeinsam hatten) Ablehnung "gestoßen" (in diesem Zusammenhang doppelt komisch)), schweiften wir ab und philosophierten ein wenig. Ich liebte diesen Mann, denn noch nie hatte ich mit jemandem seines Geschlechts, was ja auch meines war, so ausführlich und intensiv sprechen können. Er verstand mich zwar nicht immer, hinterfragte mich und meine Gedanken aber, um mir hinterher anerkennend Recht zu geben.
Ein kleines Beispiel:
Johannes (so viel zum Thema, ab jetzt "der Jünger, den ich lieb hatte", Ihr wißt schon, konsequenztechnisch): "Was sollte das eben eigentlich mit dem Dreck und dem Blinden?"
Ich: "Ich hab was gesucht, denn siehe, das Himmelreich ist gleich einem verborgenen Schatz im Acker. Wenn ich den gerade gefunden hätte, hätte ich allen Reichtum stehen und liegen lassen, nur um eine kostbare Perle zu erwerben, denn diese eine Perle wäre mehr wert gewesen, als alle Münzen dieser Welt zusammen; so ergeht es mir bei dir, Johnny; habe ich nicht alle Weiber aus der Mannschaft sitzen lassen, nur um mit dir zusammen zu sein?"
Johannes: "Ja schon, aber ...."
Ich: "Ich habe noch nix fertig! Ich wollte finden Schatztruhe beim Graben in Acker, aber ich habe nicht einmal gefunden Flasche leer. Deshalb hatte ich fertig und geschmissen Matsch - batsch – voll in Fresse von Blindem. Aber du werden noch sehen, war gut."
Johannes: "Häh?"
Ich: "Stell dir meine Leute wie ein Fischernetz vor und ich bin der Fischer. Ich fange tausenderlei Gattung, es sind aber nur wenig Taugliche dabei. Was also mache ich? Ich schmeiße den Klump weg, behalte den Rest und suche das beste für mich aus. Und glaube mir eins, so werden es auch die Engel machen, falls sie jemals Fischer werden sollten. Dann gibt es nämlich ein großes Heulen und Zähneklappern unter denen, die in der Hölle landen. Du aber wirst nicht dazugehören, weil du der Jünger bist, den ich lieb habe. Hast du das verstanden?"
Johannes: "Nee!"

Ich: "Macht nix, denn es ist einem jeden gegeben, daß er ...."
Thomas stürzte, völlig außer sich vor Atem in den Raum. Ein schneidiges "Heiland" auf den Lippen: "Die Samariter haben verloren! Ich hab´s dir ja gleich gesagt!"
Schön, daß ich nichts *prophezeit* hatte ....
Thomas: "Der Blinde von heute Nachmittag kann wieder sehen! Er hat noch sieben Tore geschossen und den Aussätzigen zurückgefault, aber der Schiedsrichter hat es nicht gesehen ... was für ein Blinder ...!"
Ich zu Johannes: "Siehste, ich hab´s dir ja gesagt, alles wird gut!"
Thomas: "Er hat jetzt aber einen Haufen Streß mit dem Pharisäern, die Samariter sind auch nicht gerade gut auf ihn und dich zu sprechen und keiner will ihm glauben, daß er blind geboren wurde; noch nicht einmal ich kann es glauben - und das will ja was heißen. Zu allem Überfluß ist heute Sabbat. Ist dir klar, daß die Paris dich tot sehen wollen?"
Ich: "Halb so wild; komm, wir hauen ab. Thomas, sammel den Rest ein und dann halten wir´s wie meine (geliebten) Vögel und machen den Abflug!"
Tja, und schon waren wir weg ... Hinweggehoben sozusagen ....
Auch (auf das 14. Kapitel zurückgreifend) erwies sich dieses Wunder als wenig vorteilhaft für mich. Herodes (der totgeglaubte König) heftete sich wieder an meine Versen, wünschte sogar, mich zu sehen. (Dieser Wunsch sollte ihm aber erst viel später erfüllt werden - komisch, wenn man bedenkt, daß laut geäußerte Wünsche doch angeblich nicht erfüllt werden. Merkwürdig, das Mütter wohl doch nicht immer nur die lautere Wahrheit verkünden – gell, Zimmermann?) Herodes zwackte zu jener Zeit das schlechte Gewissen; er glaubte allen Ernstes, der alte Heuschreckenfresser sei, trotz der Enthauptung, wieder auf dem Plan.
Panik.
Ich floh Hals über Kopf.
Johannes und der Rest auch.
Nix passierte.
Schwein gehabt ....
... wie damals ....

Joh. 9; Matt13,44 & 47; 14; Luk. 9,7; Mark.6,14

Achtundzwanzigstes Kapitel

<u>Schaun wir mal ...</u>

Wir befanden uns in der Gegend von Dalmanutha, als sich die Zeichen der Zeit auf ein neues Wunder einstellten. Propi, der seiner eigenen Aussage nach, gut mit seinem Evangelium zu Potte kam, hatte mir mal wieder einen "Kranken" geschickt: blind, taub und stumm. Mich wunderte, daß der Mann nicht außerdem auch noch gelähmt, aussätzig und tot war ... Mit der Zeit übertrieb mein Propagandachef doch ein wenig. Denn was er mir da geschickt hatte, das waren ja im Grunde genommen, drei Krankheiten auf einmal - das wäre ja gerade so, als würde sich ein Kind

von seiner Mutter etwas Spannendes und etwas zum Spielen und Naschwerk wünschen - also das ging ja nun wirklich nicht! So erschuf ich ganz nebenbei die erste überlieferte Form des Überraschungseies. Der gute Mann wurde alle seine Gebrechen in einem Atemzug des Vorübersegnens los. Ich ließ lediglich den bösen Geist aus ihm ausfahren ....
Logisch, daß die Paris ihre Schwierigkeiten damit hatten: "Du traibs´ doch den ***Toifel*** midd´m ***Beelzebub*** aus, du klainer Schlingel, du!", provozierten sie mich.
Ich erklärte ihnen, daß das ja wohl kaum anginge, denn der ***Leibhaftige*** litte ja an mannigfaltigen Verirrungen des Geistes, nicht aber an dem Willen, sich selbst zu verstümmeln, geschweige denn, sich selbst sogar zu vernichten. Ich triebe die bösen Geister unter Zuhilfenahme GÖTTlicher Macht aus, erklärte ich ihnen weiter, woran sie doch unschwer erkennen könnten, daß das Reich GOTTes zu ihnen gekommen sei, was ja auch allerhöchste Dampflok ("Wat is´ datten, viellaich´ sowat wie daine Aisenbahn?") wäre, wenn ich mir ihre Seelen mal bei HERRlichstem Sonnenlicht betrachtete.
"Nehmen wir mal an - rein hypothetisch, nein hypochondrisch, äh, theoretisch und deshalb auch theologisch (hach, diese Zunge!) - Samson bewacht sein superschickes Haus und Hab und Gut. Das kann dann natürlich keiner klauen, weil Samson ja nun echt superstark ist. Es muß also erstmal jemand kommen, der stärker ist als er, damit er ihm erst die Haare schneiden und ihn anschließend ausräubern kann. Seht ihr?! Wenn also ein böser Geist aus einem Körper ausfährt, dann irrt er rastlos durch die Wüste, die da heißt "Einöde", bis er eines Tages auf den Klopper kommt, sich noch ein paar Kumpels einzuladen, um wieder in den alten, jetzt aber gereinigten Körper einzufahren und es noch ärger zu treiben, als zuvor. Das ist doch logisch!"
Nicht allein wegen der von mir erwähnten Dampflok verstanden die Paris nur Bahnhof. Aber immerhin war ich der Prophet, und da konnten sie mir nur schlecht widersprechen.
Stattdessen verfielen sie auf eine List, mich in die Irre zu führen: "Maister ...", heuchelten sie Anerkennung meiner Person, "... wir wüßten es durchaus mehr als nur zu schätzen, wenn du, so ganz nebenbai, mal ain klaines Zaichen tun könntes´. Danach glaub´n wir, wat immer du wills´, dat schwör´n wir dir!"
Als ob ich meine Schriftgelehrten nicht gekannt hätte! Eher wäre die Hölle zugefroren, als daß diese Lüger an mich geglaubt hätten; sie wollten mich nur an meiner hübschen Nase herum- und dann aufs Glatteis führen. Da hätten sie aber früher aufstehen müssen! Ich ließ meiner rhetorischen Kreativität freien Lauf:
"Nur die Bösen und Abtrünnigen fordern Zeichen. Aber - ätschibätschi - sie kriegen keine. Großes Kopfschütteln an der ganzen Front wird sich ob ihrer Zeichenforderung breitmachen. Jaha, so sieht das nämlich im echten Leben aus. Das einzige was sie bekommen sollen, ist ein Haufen sinnvoller Worte, die sie an das Zeichen des Jona erinnern sollen: Jona war drei Tage im Bauch des Wales, der Menschensohn wird drei Tage im Schoß der Erde verbringen. Die Leutchen aus Ninive bekehrten sich aufgrund Jonas´ Predigt. Sogar die Königin des Südens ist ans andere Ende der Welt gereist, um in den Genuß der Weisheiten Salomos zu gelangen. Hier und heute ist aber mehr los, als bei Jona und Salomo zusammen, das könnt ihr aber tippen! Und alle diese Menschen werden am Tag des Gerichtes gegen euch aussagen, aber heißa, hopsa, Lillebror! Dann seht ihr nicht bloß es, sondern außerdem auch noch aber alt aus!" (Diese Wortgewandtheit war selbst für mich schon fast zuviel ... aber auch nur fast. Für die Paris galt das jedoch nicht.)

Die Obrigkeit guckte reichlich verdattert aus den Talaren. Bevor jemand sich zu den von mir ausgestoßenen Ungeheuerlichkeiten äußern konnte, führte ich die nächste Attacke aus: "Hütet euch vor dem Sauerteig der Pharisäer, denn er ist die Heuchelei! Nichts, und das könnt ihr mir glauben, wird auf ewig verborgen bleiben. Alles soll irgendwann offenbar werden, zum Beispiel, daß die Erde eine Kugel ist, daß es schwarze Löcher im Weltall gibt und noch viele andere lustige Dinge, die sich der HERR beim Schöpfungsakt einfallen ließ.
Es wird Sofas geben, Mikrowellenherde und Spaceshuttles, die aus recycelten Coladosen hergestellt und mehrmals ins All geschickt werden sollen. Denn wahrlich, ich sage euch, MARS ist nicht nur ein Schokoriegel ...! Fürchtet euch also nicht vor denen, die den Leib töten können, sondern lieber vor *dem*, *der* Leib und Seele zu töten vermag. Wer mich zu Lebzeiten bekennt, den will auch ich im Himmel bekennen. Nehmt beispielsweise mal die Sperlinge, wobei ich hinzufügen möchte, daß ich nichts gegen Vögel habe, aber verkauft man diese nicht für zwei Pfennige das Stück?" (Erwähnte ich Euch gegenüber schon, daß wir uns in inflatiösen (Ihr wißt ja Bescheid) Zeiten befanden?) "Und jetzt seht euch an: seid ihr nicht mehr wert, als zwei Pfennige? Wer meinen Worten nicht glaubt, der sollte sich mal auf einen Sklavenmarkt begeben, dort wird er feststellen, daß sogar ein "Bimbo" teurer ist als einer der eben erwähnten Piepmätze - sogar im Dutzend! Seid euch ferner der Tatsache bewußt, daß sogar die Haare auf euren Häuptern gezählt sind, und das deshalb der HERRimhimmel mehr weiß, als jeder popelige Friseur auf dieser Welt. Wer also gegen mich lästert, der soll ...."
Weiter kam ich nicht, denn das Volk begann, genervt die Augen nach oben verdrehend, zu murren: "Kennen wir schon, ham wir alles schon gehört; hast du nicht maaaal was Neues auf Lager? Allmählich wirds echt trist, dir zuzuhören." (Hoppala, ich und mein Mundwerk! Ich verschone mein Auditorium also mit weiteren Details über das Erlangen des Himmelreichs.)
"Wo war ich stehengeblieben?", fragte ich einen ahnungslosen Passanten, in der Absicht, auch ihn in den Bann meiner Worte zu ziehen. "Keine Ahnung ...", erwiderte dieser, "... aber so wie ich die Dinge sehe, genau hier an Ort und Stelle." Was für ein Witzbold. Flache Scherze zu reißen, war eigentlich mein Spekulatius. (So viel dazu ...) Phil mischte sich ein: "Duhu, Heiland, ich glaube, du hattest gerade etwas über Handwerksberufe erzählt, ne. Gerade warst du bei den Haarschneidern angekommen, nachdem du dich zuvor irgendwie backwahntechnisch geäußert hattest. Es hatte etwas mit der Zubereitung von Brot zu tun, und daß man sich deshalb vor den Paris hüten sollte, denn sie verstünden, als reine Theoretiker, nicht allzuviel von Küchenarbeit, weil ihr Sauerteig nicht unbedingt das Supergelbe des Eies sei, sondern daß sie sich eher auf die Heuchelei verstünden, die ja nun in einer Backstube wirklich absolut nichts verloren hat; genauso wie Spatzen, gegen die du, wie du deutlich hervorhobst, an und für sich nichts hättest."
Ich war dieser Worte wegen etwas verwirrt: "Was?!"
Johnnyboy (den ich übrigens lieb hatte - fast so lieb wie Vögel) gab mir einen schelmischen Klaps auf den Allerwertesten: "Es ging um den Sauerteig, Spatz – oder soll ich dich Sperling nennen? - Womit ich sagen will, daß auch ich nichts Prinzipielles gegens Vögeln habe ..! Im Gegenteil: Auf einen Spatzen wie dich schösse ich gern einmal mit meiner Kanone ...."
"Richtig. Es ging also um den Sauerteig ... Sehet, da war eine Frau, die wollte einen lecker *Christ*stollen backen, und da sie´s tat, nahm sie der Mehlscheffel drei und mengte diese unter den Sauerteig, damit der voll supi schmecken sollte. Und genauso ist´s im Himmel. Und was ihr heute im Dunkeln redet, das soll man am Tag erst hören, vorausgesetzt ihr wählt euch einen Platz, an

dem das Echo lange genug unterwegs ist. "Wer flüstert der lügt", ist mit sofortiger Wirkung aufgehoben, denn was ihr heute noch flüstert, pfeifen schon morgen die Spatzen, die zwar nur zwei Pfennige kosten, gegen die ich aber deswegen nichts habe, von den Dächern. Damit erfülle ich die Schrift, in der zu lesen steht, daß ich ausschließlich in verwirrten Geschichten zu euch reden werde, damit ihr euren Grips bemühen müßt, um meine Worte zu verstehen. Was für eine glückliche Ereignung ...!"

Damit ließ ich den Pöbel stehen, sammelte meine Frauen und Judas ein, und zog weiter, Richtung Nazareth, was strategisch nicht gerade unklug war, denn die Schriftgelehrten waren stocksauer - überraschend!

In Nazareth angekommen, begab ich mich sofort in die erstbeste Synagoge. Es war, denn Nazareth galt ja nun nicht gerade als Metropole unter den galiläischen Städten, dieselbe, in der ich auch schon als Knabe schlaugelabert hatte. Nur erkannte mich diesmal niemand, denn der Vollbart und die langen Haare waren doch eine lecker Tarnung. Der Rest meiner Unkenntlichmachung beruhte auf der Tatsache, daß ich um etliche Jährchen gealtert war. Nichtsdestotrotz lehrte ich verwirrte Geschichten, an denen mich die Leute dann auch schließlich und endlich zu identifizieren vermochten.

"Sehet, es zogen drei Leute aus, in Richtung Rom, wobei aber jeder einen anderen Weg wählte. Wie wir wissen, führen alle Wege nach Rom, und so war es auch nicht verwunderlich, daß sie sich vor dem Stadttor trafen. Der eine war abgekämpft und mager, der zweite sah ganz normal aus, der dritte Mann hingegen war wohlgenährt und guter Dinge. Letzterer verwunderte sich nun aber des physischen Zustandes der zwei beiden anderen.

"Sag an ...", fragte er den Mageren, "... was ist dir widerfahren, daß du so elendiglich ausschaust?"

"Ach, Herr ...", erwiderte der Magere, "... es ist ein beschwerlicher Weg gewesen. Überall lauerte Nattern- und Ottergezücht mir auf, das Wetter war - gelinde gesagt – besch...eiden (nein, ich sag dieses Wort nicht), und zu allem Überfluß wurde ich mehr als einmal ausgeraubt und zusammengeschlagen. Aber jetzt bin ich in der Stadt Cäsars angekommen, und bin der Meinung, ich habe es mir redlich verdient, den Kaiser zu sehen."

Da fragte der Wohlgenährte den Mittleren: "Sag an, was ist dir widerfahren, daß du so unscheinbar aussiehst?"

"An", sagte der zweite Mann, aber der Dicke konnte über diesen Witz herzlich wenig lachen. Darum fuhr der Zweite fort: "Siehe, ich habe bei mir gedacht, alle Wege führen nach Rom, und so wählte ich den, der ohne besondere Höhen und Tiefen verlief, denn ich dachte so bei mir, wenn ich als 08/15 - Typ vor Cäsar trete, wird er mich weder der Dekadenz noch des Märtyrerdaseins wegen von sich weisen."

Der Dicke aber sprach zu den beiden anderen: "Mein Weg war der unbeschwerlichste, den Mann sich überhaupt wünschen kann: Wein im Überfluß, die gebratenen Tauben und Opferlämmer flogen mir geradezu in den Mund, und alles war gut. Wisset ihr denn nicht, daß Cäsars zweiter Vorname "Dekadenz" lautet, und ich deshalb die wenigsten Schwierigkeiten haben werde, vor seinen Thron zu treten, um ihm zu huldigen? Was seid ihr doch für einfältige Gemüter! Der Kaiser wird euch in hohem Bogen aus dem Palast werfen lassen, wenn er eurer Erscheinung gewahr wird! Ich hingegen werde auf ewig bei ihm am Hofe leben."

Da entsetzten sich die anderen beiden seiner Worte und sprachen: "Was bildest du dir eigentlich

ein, du arrogantes Fäkalienausscheidungskörperteil?"
Und sie kamen an den Hof des Cäsar, und er ließ sie alle vor sich hintreten und besah sie sich lange. Dann sprach er: "Willkommen, liebe Freunde! Ich nehme an, jeder von euch wählte einen anderen Weg zu meiner Residenz, aber das ist mir Fleutschepiepen! Seid fröhlich, und genießt das Leben in meinem Palast und laßt es euch wohl ergehen."
Wer von den Dreien, glaubt ihr, hat sich wohl am meisten selbst in den Allerwertesten gebissen?", fragte ich meine Zuhörer. Das war als rein rhetorische Frage gemeint, wurde aber nicht als solche aufgefaßt. Deshalb war es an mir, bevor ein anderer sich dessen erdreistete, die Lehre dieser Anekdote kundzutun. (Ich und Worte – eine Freundschaft für´s Leben!). "Natürlich der, der den ganzen Weg nur von Entbehrungen zehrte! Vor lauter Fanatismus, daß sein Weg der einzig richtige sei, vergaß er, sich nach Alternativmöglichkeiten umzusehen. Er als Märtyrer, litt am Hofe des Kaisers weiter: überall fand er etwas zum Dranrumnörgeln. Der zweite Mann lebte am Hofe des Kaisers seinem Weg entsprechend: er nahm die Dinge, wie sie waren, und alles war soweit ganz O.K. für ihn. Der dritte Mann aber lebte am Hofe wie die Made im Speck, und er erfreute sich aller Dinge die ihm widerfuhren. Ich sage euch: so wird es auch im Himmel werden, denn der HERR gibt jedem das, was er schon auf Erden als Glückseligkeit empfand."
Im Volk der Synagogengänger machte sich eine er(n)ste (boa) allgemeine Verunsicherung breit, die einer der Schriftgelehrten als Gelegenheit zum Aufruhr gegen mich nutzen wollte. Er erhob sich selbst zum Rädelsführer und rief: "Solche Worte kenn´ ich doch irgendwoher. Has´ du mich nich´, schon als du noch´n Knabe wars´, um den Verstand gequatscht? Du bist doch Jesus!"
Der Mob fiel ein: "Stimmt! Woher ist dir diese Weisheit gegeben, daß du in solchen Worten zu uns zu reden vermagst. Und, ganz nebenbei, wie schaffst du es, all diese Wunder zu vollbringen? Bist du denn nicht des Zimmermanns Sohn, der an Marias Brust sog, während er noch in die Windeln schissete? Wir kennen sogar deine Brüder und deine Schwestern. Geh wieder an deine Bretter, und laber hier keinen Stumpfmut! Wir könnten uns ja kaputtlachen; ein Zimmermann will uns erzählen, wie es im Himmel zugeht, und besitzt sogar noch die Dreistigkeit, es mit dem Palaste Cäsars zu vergleichen. Wir sagen nur: Holzwurm, bleib bei deinen Leisten ...."
Jessas, gingen die mir gegen den Strich. Mit vor Wut dickem Hals brüllte ich pauschal in die Menge: "Ja, ist schon klar! Der Prophet gilt ohnehin nichts im eigenen Lande! Vielmehr wirft er Perlen vor die Säue, und das war mir jetzt eine Lehre! Zu euch werde ich noch mal in Gleichnissen reden, pah, da könnt´s fei langa warta! Weil ihr so ungläubig seid, mache ich bei euch zur Strafe auch niemanden gesund! Das habt ihr jetzt davon! Die Leute waren mit ihrem Hebräisch und ich mit meinem Aufenthalt in Nazareth am Ende! (Aus Prinzip heilte ich in Nazareth kein Schwein, geschweige denn einen Kranken. Zum Glück hatte mir Propi keinen Hypochonder geschickt.)
Wir verließen das Dorf, etliche folgten mir, alldiweil sie geheilt werden wollten und dem Irrtum unterlagen, ich würde nur *in* Nazareth niemanden heilen. Außerhalb der Dorfgrenzen rechneten sie sich bessere Chancen aus, aber da hatten sie sich geschnitten! Ich war geladen!
Jacko strömte an meine Seite. Völlig außer Atem berichtete er mir, daß er meine Ma (ria - nach wie vor) getroffen hatte, und mir mitteilen solle, daß in zwei Wochen eine Hochzeit in Kanaan stattfinden würde, zu der auch ich mit meinen Jüngern geladen sei. Es stand also ein großes Fest bevor, was mich wiederum daran erinnerte, daß ich bald Geburtstag hätte. Ich trug Jacko auf, den ganzen Weg zu meiner Mutter zurückzulaufen, um ihr zu sagen, daß ich aller Wahrscheinlichkeit

nach auch käme - obwohl mir feste eheliche Bindungen ein Dorn im Auge, oder im Ohr (oder zumindest auf dem Haupte) - sie wüßte schon Bescheid - wären.
Kaum war Beauftragter vor meinen Augen hinweggehoben, gesellte sich ein Pari an meine Seite. Er salutierte: "Hailand! Ich waiß, dat dat glaich schon dunkel wird, aber mir brennt da aine Frage auffe Seele, die nur du inne Lage zu beantwort'n bis´. Ich bin, um die Gehaimniskremerai zu beenden, Nikodemus, ainer der Obersten der Juden, und somit Schriftgelehrter maines Standes. Ich komm´ so spät zu dir, da ich in den Augen mainer Zunft ain Abtrünniger bin, der den Augen der anderen Pharisäer Ärgernis beraiten dürfte. Sie könnten mich in dainer Gegenwart - und mit dir redend – seh´n. Dann müßten sich die Ärmsten ja aber, sofern sie daine Worte befolgten, die Augen ausstechen, was im Gegensatz zu der von dir gepredigten Nächstenliebe stünde ... you know, what I mean?" (Wieso redete der in Zungen - der spinnte wohl!) "Laß mich auch ansonsten nich´ lange um den haißen Brai herumred´n, dennich waiß, dattu ain Lehrer bist, den vermutlich Gott höchstpersönlich gesandt hat. Es geht mir aber um folgendes: dauernd redes´ du vom Noigeborenwerden, aber sach doch mal, alder Grieche, wie geht dat an, dat ain aldter Mann noi gebor´n werd´n soll? Der paßt doch gannich´ mehr in den Laib sainer Mutter, geschwaige denn, wieder aus demselben heraus! Entschuldige, du Jesus, dattis´ mir ain paar Ecken zu abgehoben. Da staich ich echt nich´ durch ...."
Na, das war mal wieder typisch!
"Du also willst ein Schriftgelehrter sein, und verstehst die billigsten Zusammenhänge nicht? Meine Fresse, ich krieg ´ne Krise! Es ist doch wirklich kinderleicht: wenn ein Mensch nicht neu geboren wird, so kann er nie das Reich GOTTes sehen, es sei denn, er wird neu geboren, aber nicht physisch, wenn du verstehst, was ich meine. Ich meine nämlich, daß er aus Wasser und Geist neu geboren werden muß, was soviel heißt, wie daß er seine Seele durch die Taufe im Wasser neu gibert, was bedeutet: er reinigt seinen Geist im Wasser, was einer Neugeburt im psychischen Sinne gleichzusetzen ist. Was vom Fleisch geboren ist, ist eben Fleisch, und was vom Geist geboren wird, ist eben Geist, notfalls sogar hei(k)liger." (Kleines Wortspiel, wurde mal wieder Zeit!) "Glaube mir, ich weiß, wovon ich rede, denn ich habe *alles* ausprobiert. - Also wundere dich nicht ob meiner Worte ... sondern siehe den Wind! Du hörst sein Sausen und Brausen und merkst, daß er irgendwie da ist, hast aber keinen blassen Schimmer davon, woher er kommt, geschweige denn davon, wohin er weht. Dennoch bläst er, wohin und wem er will." (Johnny deutete bei diesen meinen Worten auf seine Lendengegend. Ich hatte nicht gewusst, daß ich dem Winde gleich war – oder lag es daran, daß ich überwiegend heiße Luft redete?) "Du weißt also um diesen irdischen Zustand, wenn ich aber davon rede, so willst du es nicht verstehen. Wenn ich jetzt aber von himmlischen Dingen rede, so kannst du doch diese erst recht nicht kapieren, oder wen? Niemand, ich schwör dir das, soll gen Himmel auffahren, denn der, der aus dem Himmel HERRniederfuhr. Und wer an diesen, den Menschensohn nämlich, nicht glaubt, der hat ganzganz schlechte Karten, was das Sehen des Himmelreiches anbelangt, es sei denn, er glaubt an mich, der ich vom Himmel gesandt worden bin, auf daß jeder, der an mich glaube, nicht verloren gehe, sondern das ewige Leben im Himmel sehe ... mindestens ... Ich rede von Dingen, die ich sah, aber ihr glaubt mir nicht ... euer Pech! Gleichwie Moses (oder war es sein Brüderchen Aron - ach, diese vielen Namen - ich bin eben auch nicht sooooooooooooo judaikafest) in der Wüste den Stab des Äskulap erfand und denselben erhöhte, so wird es mir ergehen: auch ich werde, trotz meiner Holzallergie, am Holze erhöhet werden. Laßt uns beten, daß es sich

bei dem "Holze" um eine Bühne handelt, die aus mehr als zwei quer zueinander angeordneten Balken besteht! Denn GOTT hat die Welt so superlieb, daß ER SICH wahrscheinlich sogar auf ein erstes Menschenopfer einläßt, und SEINEN einzigen Sohn als dafür prädestiniert erachtet, auf daß alle Menschen, die an mich glauben, in den Himmel kommen. Ich bin hier nicht gelandet, um euch zu verurteilen, sondern um euch hier zu helfen, errettet zu werden. Im Himmel aber verpetze ich jeden, der mich nicht lieb hat. Glaub mir, ich bin ein Denunziant auf dieser Welt. Ich sitze den ganzen Tag quasi wie an einem Fenster, um euer Falschparken zu notieren, denn ich bin nicht von dieser Welt. Und nirgendwo läßt sich besser Unruhe stiften, als in einer Welt, die nicht die eigene ist! Wer Gutes tut, der sucht das Licht, damit ein jeder die guten Tatan sehe, so wie ich oder deinesgleichen. Wer Arges tut, sieht zu, daß er es im Dunkeln vollbringe damit es niemand sehe."

Somit ließ ich ihn verwirrt zurück und zog unbeirrt weiter meines Weges in Richtung Kanaan, denn die Hochzeit wollte ich mir ums Verrecken nicht entgehen lassen. Außerdem hatte ich bald Geburtstag ....

      Matth. 12,22; 38; 13; 13,53;16; Mark.3,22; 8,10; 6; Luk. 11,14; 11,29; 12; Joh.3;

Neunundzwanzigstes Kapitel

<u>Rassisten und Wohltätigkeit plus Wunder
- Drei Wünsche auf einmal -</u>

Hatte ich Euch eigentlich schon erzählt, daß mir Samariter mehr als nur unsympathisch waren? Stimmt, ja, ich erwähnte unter anderem es am Rande des Fußballplatzes. Es sollte jedoch noch über kommen ....

Wir kamen durch Samarien und nach etlichen Stunden des Fußweges, überkam mich so etwas wie ein Hungergefühl ... Durst hatte ich, nebenbei bemerkt, auch. Außerdem wollte ich mal wieder meine Ruhe haben, und so schlug ich -zig Fliegen mit X-Klappen: Ich schickte alle meine Jünger, die männlichen wie die weiblichen, in die Stadt, um Vorräte zu kaufen. Kaum waren sie außer Sichtweite, flezte ich mich an einen in der Ecke dieser ruralen Landschaft stehenden Brunnen. Ich grübelte so über dies und das, vor allem aber darüber, wie ich an das Wasser im Brunnen gelangen sollte, denn fliegen konnte ich leider nicht. Meine Grübelei war gerade auf dem Höchstpunkt angelangt, als sich ein samaritanisches Weib des Weges näherte. Sie zog einen Krug voll köstlichsten Wassers aus dem Schacht, und ich erkannte meine Chance; ich muß sogar sagen, ich ergriff die sich bietende Gelegenheit beim Schopfe, das Weib handelte allso.

"Los Weib, gib mir was zu trinken!"

Sie wurde etwas sauer, was ihr sehr gut zu Gesicht stand. Und nicht nur das, sie sah auch sonst nicht gerade häßlich aus, denn der HERR hatte sie mit einem üppigen Damenbart bedacht. Ansonsten sah sie so aus, als könne jedermann einen Stich bei ihr landen. Die Ehebrecherin schlechthin, was ich an der Art erkannte, wie sie sich über die Lippen leckte, bevor sie mir kokett antwortete: "Wer bist´n du, det du von mir wat zu saufen haben wills´? Ick würde ma

tippen, dat du´n Jude bist wie er im Buch der Bücher steht; und Juden und Samariter ham numal nix mittenanner zu schaffen, wah?" (Ich war recht perplex, daß die Frauen hier denselben bescheuerten Slang (was in Zungen "Dialekt" heißt) draufhatten, wie in meiner Heimat, aber ich parierte:)
"Wennde wüßtest, *wer* Wasser von dir haben will, würdste nich lange rumnörgeln und dir mit ethnische Probleme beschäftjen, sondern mir anbetteln, det ick dir wat von meinem *lebendijen Wasser* abjebe!"
"Sicher, du Schnacker! Hast nix zum Schöpfen anbei, kommst also nicht ma an "totes" Wasser, wills´ mir aba een von lebendijen Hazweeoh vaklickern."
Echt, wenn man Frauen um ein klitzekleinen Gefallen bat, mußte man vorher immer seine ganze Lebensgeschichte erzählen, oder zumindest genauso lange über sonst irgendeinen Quatsch mit denen reden ... das war ja noch schlimmer, als vor dem Einfleischwerden.
"Jetzt paß ma Obacht, meene Juteste! Det Wasser, det ick habe, verhält sich o konträr zu dem, det du da in dein Krug hast. Wer von deine Brühe trinkt, wird üba kurz oda lang wieder Durst haben. Mein lebendijes Wasser aba, is´ det Wasser von ewijen Leben, und denn haste nimmermehr Durst."
Spricht sie: "Echt? Denn, Meista, jib mich was von det Zeugs, denn brooch ick nie mehr an den Brunnen zu latschen, und mir mit so Schnorra wie dir rumärjern."
Mein GOTT, war die hohl im Kopf! Das war mir einfach zu blöd, deshalb forderte ich sie auf, doch ihren Mann herzuholen, damit ich mit dem Tacheles reden konnte. Dummerweise war sie aber gar nicht verheiratet, was ich mir ja eigentlich auch hätte denken können, so wie die aussah, Schnauzbärtchen oder nicht. Ich hatte mich lediglich von ihrem "Hausfrauenslang" in die Irre führen lassen.
Also spruch ich: "Schön, det du wenichstens ab und zu die Wahrheit sachst, denn du hast doch schon mindestens fünf Kerle jehabt ...."
"... und der, den ick zur Zeit in meen Bett lasse ...", fiel sie mir ins Wort, "... is´ jrade nich zu Hause, sondern trainiert die Landesauswahl der samaritanischen Fußballprofis. Wennde wills´, kannste ja uf een kleenen (Be-) Sprung mit zu mir komm´ ...."
"Oh ...", sagte ich, "... den Ollen kenn ick. Det is doch so´n kleener Hutzelzwerch, der sojar Aussätzige uff´n Platz schickt, um det Spiel zu jewinnen. Wahrlich, ick sage dir, der hat erst unlängst een Spiel jejen die Juden valoren, weil een Stockblinder plötzlich wieder kieken konnte. Wat deen jroßzüjijes Anjebot anbelangt, muß ick dir sagen, det ick mehr uff "echte" Kerle stehe."
Sie fiel erst vom Glauben ab und dann vor mir in den Staub, als ich ergänzend hinzufügte: "Bete ab jetzt nur noch mir an, denn ick bin det Heil, oder uf jut hebräisch, der Heiland."
"Warte ...", rief sie, ihren Wasserkrug zurücklassend, "... ick bin jleich wieder zurück ... nich wechloofen!", und wurde vor meinen Augen hinweggenommen.
Als sich die von ihr verursachte Staubwolke niedersenkte, standen meine Jünger/innen wie aus dem Boden gestampft vor mir. Ich hatte gerade den Wasserkrug vor den Kiefern und trank in so gierigen Zügen, daß jedes Kamel vor Neid erblaßt wäre. Ich bekleckerte sogar meinen schönen schmutziggrauen Rock ... (und Sack – na welchen wohl – haha).
Die Apostel scharrten (kratzfüßten?) verlegen mit ihren Sandalen im Sand: "Meister, wir hatten ganz, ganz viele schöne Äpfel gekauft, aber die Frauen hatten so einen Hunger, daß sie uns

verführten, mitzuessen und ... naja ... jetzt sind keine mehr übrig." Die Frauen verteidigten sich: "Jesus, vor dem Weinstand war eene so lange Schlange, det uns diese im Jrunde jenommen dazu vaführte, die Äpfel schon mal zu kosten, und plötzlich, wie von Zauberhand, waren alle alle." (Irgendwas mir an dieser Geschichte kam spanisch (beziehungsweise "alttestamentarisch") vor. So was hatte ich doch irgendwann schon mal gehört ... oder gelesen ... oder vielleicht auch doch nicht? Ich war mir da nicht so ganz hundertprozentig sicher.) "Na gut, ich will mal Gnade vor Recht ergehen lassen", verzieh ich ihnen, denn ich war ein gnädiger Heiland – manchmal, das heißt, wenn ich nicht gerade einen im Kahn hatte. "Gebt den Wein her, und dann laßt uns diese dumme Geschichte schnell vergessen, nicht daß hinterher eure Kinder und Kindeskinder noch unter den Folgen eurer Verfehlungen zu leiden haben ...."
"Naja ...", druksten sie herum, "... das mit dem Wein ist so eine Sache ... wir hatten nach den Äpfeln so einen Durst, weißt du ...?"
Mir wollte vor Wut gerade die Kippa hochgehen, als sich in der Ferne die Samariterin mit einem Riesenpulk von Menschen näherte.
"Alter Schwede, iß doch etwas ...", setzte Judas der Dreistigkeit noch die (Dornen-) Krone auf (was mir deshalb gleich in doppeltem Sinne weh tat), "... wir haben dir doch auch extra die Apfelgriebsche aufgehoben!", und reichte mir eine Handvoll brauner ... irgendwas. Ich schluckte meine Wut hinunter: "Danke, ich habe eine Speise zu essen, von der ihr nicht wisset!" Da wurden sie aber neidisch!
Bis uns die Menschenmassen erreicht hatten, vertrieb ich mir die Zeit mit kurzweiligem Gerede über Sämänner und Schnitter, die die Meinen aber ohnehin nicht verstanden (oder schon kannten).
Die Samariterin präsentierte mich ihren Landsleuten: "Hier, biddeschön, det is der Messias!"
"Jute Frau ...", sagte ich, "... aus Umständen, die sich meinem Einfluß entzojen, würde ick jerne uff dein Anjebot von eben zurückkommen, allerdings nur, watte Nahrungsuffnahme anbetrifft. Jinge det?" (Ich konnte ja sooooooooooo freundlich sein ....)
Sie machte Judas schon schöne Augen, als sie mir geistesabwesend antwortete, daß das "keene Schwierichkeit" sei. So folgten wir ihr in ihr Haus und blieben zwei geschlagene Tage in Sychar, die ich mit predigen, die anderen mit ehebrechen totschlugen. Nachdem ich nach meinem Erachten mehr als genug Samaritergesocks mit meiner Lehre infiziert hatte, machten wir uns wieder vom Acker. Judas schien auf dem Zahnfleisch zu kriechen ... ich hatte ihn in der ganzen Zeit nie gesehen, aber er trug ein erstaunliches Veilchen spazieren. Wahrscheinlich war der Trainer zurückgekommen.
Wie Ihr, meine lieben Leser wißt, neige ich wirklich nicht zum Angeben, aber in diesem Fall muß ich eine Ausnahme machen, zumal diese vermeintliche Angeberei doch eher als Kompliment für Propi zu verstehen ist. Er hatte sich was ganz Grandioses ausgedacht.
Eines schönen Tages - ich hatte gerade mal wieder erfahren, daß der alte Heuschreckenbräter nicht mehr lebte - und das mit wochenlanger Verspätung (ich hatte nicht übel Lust, ein Gerät zu erfinden, mit dem man sich fernmündlich verständigen könnte), verspürte ich (auch aus eben genanntem Grund) Lust, mich ein bißchen vom Volk abzuseilen. Der nahegelegene See mit all seinen lustigen Booten, schien mir dafür optimal zu sein. Wir kaperten uns also ein Tretboot, was deshalb so hieß, weil es so klein war, daß man sich in ihm nicht setzten konnte, sondern sich nur gegenseitig auf die Zehen trat, und ruderten auf den See hinaus ... die Frauen schwam-

men hinterher. (Wenn man sie nun mit Seilen angebunden, und sie vor dem Boot hätte herschwimmen lassen? Das Volk jedoch wurde unserer Flucht gewahr und schwamm uns einfach hinterher; was, genau und bei Tageslicht betrachtet, eigentlich ganz schön dreist war. Aber ich war ja selber Schuld: hätte ich weniger von himmlischen Bademeistern und Freischwimmern erzählt, wäre dieses Dilemma wahrscheinlich an mir vorübergegangen - oder einfach ersoffen! Die Nichtschwimmer liefen wie jeck um den See herum, oder benutzen ihre (Draht- igen (haha)) Esel, um mir zu folgen. So sorgte ich für die Anfänge des Triathlons - tja, ich war eben nicht nur eingefleischter Fußballfan ... ich mochte einfach jede Art von körperlicher Ertüchtigung, sofern ich sie nicht aktiv ausüben mußte. Hätte es damals schon Chips und Fernseher gegeben, ich schwör Euch, mein Leben wäre ganz anders verlaufen und demzufolge konsequenterweise auch weniger brutal zu Ende gegangen ... Aber egal!

Mir taten die Leute zwar nicht unbedingt Leid, aber ich hatte nicht vor, mich mit so vielen auf einmal anzulegen, deshalb schüttelte ich mir eine Predigt aus dem Ärmel und segnete und heilte die Leute, wie sie mir eben vor die Sandaletten fielen. Der Abend mußte ja irgendwann kommen, und dann würde sich der Pöbel, von Hungergefühlen getrieben, schon absetzen. Wieder mal weit gefehlt! (Das wurde mir dann aber doch zunehmend suspekt.) Irgendwie schienen die alle kein Zuhause zu haben. Machte aber nichts, denn Propi und ich hatten uns einen schicken "Plan B" für diesen Fall zurechtgeschustert. Ich mußte mir noch einen kleinen Spaß gönnen, bevor ich zum heutigen Wunder ansetzte. So winkte ich Phil zu mir: "Wo sollen wir Brot kaufen, damit diese Leute was zwischen die Kiemen kriegen? Als Menschenfischer ist mir natürlich klar, daß wir Köder brauchen, um sie zu fangen ..." Ich fragte ihn, wohlwissend, daß er keinen Blassen haben würde.

"Du, Heiland, ne, jetzt mal ganz in echt; wir haben nur noch zweihundert Silbergroschen, und die dürften bei weitem nicht ausreichen, um genug zu spachteln für uns und die ganze Korona zu kaufen. Ich würde deshalb vorschlagen, wir lassen eben die eine oder andere Kippa durchs Volk reichen, damit die dann ein paar Notgroschen spenden können; quasi so was wie ´ne Kollekte ... oder was meinst du?"

Judas warf ein, er hätte noch ungefähr zwanzig Silbertaler, aber mehr als zehn weitere könne er auf die Schnelle unmöglich mobilisieren, was aber selbst dann nur dreißig Silberlinge ergäbe, die zusammen mit den anderen 200 auch nicht ausreichen dürften.

Ich lachte mir heimlich ins Fäustchen und schickte meine Lakaien aus, daß sie meine Fans segnen und ordnen sollten, und zwar in Gruppen, zu je fünfzig Mann hoch. So kam es, daß auf manchen Fleckchen des grünen Grases bis an die hundert Menschen saßen, denn meine Apostel hatten das mit den "Mann" zu wörtlich genommen. Die Frauen und Kinder wollten sich nämlich bei diesem Familienpicknick im Freien nicht von ihren "Ernährern" (haha!) trennen. (Die sogenannten Ernährer waren alle arbeitslos, wie hätten sie mir sonst den ganzen Tag hinterherlaufen können?) Johnnyboy (den ich irgendwie ganz schön lieb hatte) kehrte mit einem Knaben im Schlepptau zurück, um dessen Hüften er seinen Arm gelegt hatte. Ich wußte nicht so genau, ob ich eifersüchtig oder spitz(züngig) werden sollte ... der Junge war im besten Knabenalter von 17 Jahren ... einem Alter also, indem seine Altersgenossen schon zweifache Väter (oder - je nachdem - Ernährer) waren.

Dieser Jüngling hatte ein Päckchen dabei, in dem sich (wie mit Propi abgesprochen) zwei Fische und fünf Brote zueinander gesellt hatten. (Eigentlich hätten es sogar sechseinhalb Brote sein sollen, denn das Produkt dieser mit zwei multiplizierten Menge wäre dann immerhin genau die Dreizehn gewesen - was ja meiner persönlichen Glückszahl entsprochen hätte! Aber wo hätte Propi auf die Schnelle ein *halbes* Brot herbekommen sollen? Welcher Bäcker buk schon halbe Brote, wenn er ganze viel besser verkaufen konnte? Zu meiner Zeit gab es nicht besonders viele Singlehaushalte.)

Ich verzog mich mit den Nahrungsmitteln, um, wie ich vorgab, zu beten und zu danken, in eine nahegelegene Höhle im Berg, den ich nur wegen dieser geographischen Gegebenheit auserwählt hatte. Statt dem Huldigen zu verfallen, eröffneten Propi und ich einen Imbissstand. Zuerst bauten wir einen kleinen Tresen auf. Tiefer in der Höhle waren Propis Spießgesellen damit beschäftigt, die (von ihnen schon vorher) vorbereiteten Brote und Fische appetitlich auf kleinen Blättchen und Baumrindenstückchen anzurichten. Ich rief meine Jünger zu mir, und degradierte sie vorübergehend zu Aushilfskellnern: "Gebt jedem so viel zu essen wie er will, es ist genug für alle da. Ihr kennt ja meinen neuen Spruch, den ich just in diesem Moment erschuf, noch nicht: "Wo´s für fünf reicht, da reicht´s auch für fünftausend (oder fünfhunderttausend, oder so viel ER eben will)! Danke oh DIR, oh HERR!"

Mit diesen Worten teilte ich die ersten Portionen aus. Meine Angestellten malochten wie die Tiere: die einen rannten sich die Haxen krumm, die anderen schmierten belegte Flädchen, bis ihnen die Finger bluteten. Auch ich bekam mit der Zeit lahme Ahme - ein Reim, ein Reim. (Erstaunlich, daß ich in solch extremen Situationen meinen Hum*or* nie verl*or,* sondern immer noch einen kleinen Scherz, oder, wie in diesem Fall, einen kleinen Reim (schleim ein – haha) auf den Lippen hatte ...) Ich war eben schon etwas ganz Besonderes, wie mein GroßVATER (den ich übrigens nie (kennen gelernt) hatte) angeblich zu sagen gepflegt hatte.

Stunden später waren endlich alle satt. Selbst meine Diener hatten reichlich zu essen abbekommen. Nur ich und Propis Mannschaft waren bisher leer ausgegangen, denn es war allen von Propi und mir verboten worden, etwas zu naschen, bevor alle anderen satt waren - nicht, daß das "Wunder" letztendlich nur deshalb schiefging, weil aufgrund unseres Appetits der Mob nicht gesättigt würde. Auf Propis Geheiß hin, ließ ich die Reste dieses opulenten Mahles einsammeln, was immerhin die stolze Menge von sage und schreibe zwölf (!) Körben ergab. (Wieder nur um Haaresbreite an meiner Glückszahl vorbei ... ich sollte mit dem Organisator dieses Wunders mal ein Hühnchen (auf das ich momentan besonders großen Appetit verspürte) rupfen. Es mußte organisatorisch doch möglich sein, sich verschärft auf die "Dreizehn" einzustellen!) Ich ließ die Körbe vor den Höhleneingang stellen. Unterdes kannte die Begeisterung des Volkes keine Grenzen mehr. Panem hatten sie bekommen, jetzt verlangten sie nach Circensis. Ach DUmeinliebermeinVATER Sie wollten mich zum Cäsar machen, was ich ihnen aber diesmal noch ausreden konnte.

Gerade als ich dachte, ich hätte sie beruhigt, rief Judas: "Dann laßt ihn uns doch zum König machen!" Da saß ich aber in der Patsche, denn Herodes hätte es ganz sicherlich nicht besonders lustig gefunden, eines "gelernten" (äh – ererbten – naja, ich hatte schon bessere Tage (?)) Zimmermannes wegen abdanken zu müssen. Sein Sohn wahrscheinlich noch weniger. Dieser Vogel (gegen den ich zu diesem Zeitpunkt des Heißhungers auf ein Hähnchen auch nichts gehabt hätte) war wirklich total matschig im Hirn. Was Wunder, bei dem Namen, auf den er getauft (bzw. beschnitten) worden war: "Archelaus" - da würde ich zu Lebzeiten nicht drüber hinwegkommen - soviel war mal klar!

"Liebes Volk!", rief ich, und, um den dummen Ideen desselben einen Riegel vorzuschieben. "Was hieltet ihr davon, wenn ich mich kurz vor euren Augen in den Berg hinweghöbe, um Kurzweil im Gebet zu finden, und meinen VATER anläßlich dieser Gelegenheit zu fragen, ob ich tatsächlich euer König werden soll? Ihr wißt, der HERR ist allmächtig, und SEIN Wort geschehe, wie im Himmel – also allso (also ich nun wieder!) auch auf Erden! Na, ist das ein Deal?"
Der Mob raste; glaubte er sich doch sicher, sein Wille, sei auch SEIN Wille.
Die Essensreste mit mir führend verzog ich mich in den Berg. Meine Apostel standen Wache, damit niemand mir nachfolgen können sollte. Dort aßen Propis hungrig gebliebene Leute, wie auch ich die Reste des Massenpicknicks auf. Propi hatte sogar für reichlich Wein gesorgt. Meine Jünger bekamen, was wir ihnen übrig ließen ... ich konnte schon gnädig sein ... wenn ich wollte ....
GRUNDGÜTIGER, ich war sogar richtig wohltätig! Ich hätte mir fast selbst huldigen können ... wäre da nicht der kleine Haken gewesen, daß ja Propi die ganze Aktion geplant und durchgeführt hatte, ich also lichtjahreweit davon entfernt war, Wunder vollbringen zu können. Aber das war für heute noch lange nicht alles! Mein Manager hatte für alles gesorgt, aber nicht für so viel Wein, daß wir uns hätten betrinken können, was ganz und gar nicht seinen Gepflogenheiten entsprach. Plötzlich gab es nur noch Wasser zu trinken. Er bemerkte meinen Unmut, beruhigte mich aber umgehend: "Heili ..." (diesen Kosenamen hatte ich ihm nie erlaubt, und ich würde es auch nie tun, außer, er wäre in der Lage, mich dazu zu bringen, daß ich mich wundern würde - fünf Minuten später war es so weit!!!) "... ich habe mir anläßlich deines unmittelbar bevorstehenden Geburtstags etwas ganz Extravagantes für dich ausgedacht. Meine Leute waren mir bei der Planung behilflich, und haben mir zugesichert, mir auch bei der Durchführung deines Geburtstagsgeschenkes unter die Arme, bzw. unters Wasser zu greifen."
Ein Flitzebogen konnte nicht gespannter sein als ich!
"Da du morgen deinen Ehrentag begehst, werden wir dein Geschenk erst nach Mitternacht ansetzen, denn es bringt Unglück, jemandem die Glückwünsche und Geschenke schon vorher zu überreichen. Jesus, du wirst heute Nacht mit Fremdantrieb surfen!"
Ich war von den Sandalen (von den Socken - sofern es sie schon gegeben hätte - erst recht).
"Ich werde ... *was* ...?"
Propi erklärte es mir: "Du wirst heute Nacht Kneipp Konkurrenz machen, denn du wirst Wassertreten - nur nicht *im* ...", fügte er nach einer Spannungspause hinzu, "... sondern *auf* dem Wasser!" Mein ungläubiges Staunen erlaubte es ihm, mich von jetzt an zu nennen, wie er wollte: "Jessie, das funktioniert so: wir nehmen ein Brett, auf dem zwei Mann bequem Platz haben - stehend. Das Brett wird von vieren meiner Männer unter Wasser stabilisiert und vorwärts gezogen; sie bekommen, ohne auftauchen zu müssen, Luft durch ausgehöhlte Schilfrohre, die von ihren Mündern bis kurz über die Wasseroberfläche reichen. Und jetzt kommt der Clou: du wirst auf diesem Brett stehen, und somit die Illusion des "auf dem Wasser Wandelns" erwecken. Na, ist das nichts?" Er sah mich beifallheischend an. Und ob das was war! In Bezug auf Ideen die ich nie haben würde, war ich sogar geneigt anzunehmen, daß Propi selbst solche perfektionieren konnte. Bevor wir die Details klärten, warf ich einen Blick aus der Grotte: das Volk hatte sich fast gänzlich verzogen (undankbares Pack!), und meine Clique frönte dem Ehebruch unter freiem Himmel, denn sie hatten keine Zuschauer; wißt Ihr, die Dämmerung war

schon fortgeschritten ....

"Hört auf, euch einander einzufleischen ...", HERRschte ich sie an, "... und seht lieber zu, daß ihr, wie ich, ans andere Ufer kommt!"

Wie zu erwarten, verstanden sie das mal wieder miß, und begaben sich zum Tretboot. Da sich (der von mir geliebt werdende) Johnnyboy schon am anderen Ufer wähnte, mußte ich ihn extra, also getrennt von den anderen, aber mit ihnen zusammen verjagen. (Heißa, das hört sich ja komplizierter an, als es tatsächlich war.)

"Fahr du mit den anderen über den See, ich komm später nach. Ich will nur die restlichen Leute loswerden und dann noch ein bißchen beten ... allein und wahrlich!"

Johnny, der mittlerweile anscheinend spitzgekriegt hatte, was ich unter "alleine beten" verstand, rümpfte, Ekel und Wollust simulierend, die Nase (GOTT, sah das süß aus!) :

"Du kleiner Tunichtgut, du ...."

"Ich will mich nur ein wenig inspirieren lassen, was ich heute nacht Wunder---" (uuuups, da hatte ich mich ja fast verplappert!) "---bares mit dir machen möchte, du kleiner Schwerenöter! – Außerdem spruch ich "wahrlich", und das ist dann auch genauso zu verstehen und zu befolgen wie GOTTes Wille!" (Es fiel mir schwer, ihm gegenüber gar so stig (na, wenn das keine rhetorische Brillanz wiederspiegelt, dann weiß ich auch nicht weiter!) zu sein, denn er war einfach so ... schnuckelputzelsüß.)

Nachdem Johannes weg war, erklärte ich den verbliebenen Gläubigen, daß ich jetzt auf den Berg ginge, um darselbst meine morgige Predigt vorzubereiten, sie aber einen darauf lassen könnten, daß ich vor morgen früh nicht zurück sei. Sie sollten mich im Übrigen verdammt noch mal in Ruhe lassen, falls sie am nächsten Tag eine vernünftige Predigt anstatt des sonstigen Kauderwelsches erwarteten - außerdem sei es schon fast Mitternacht. Ein paar Minuten (dreizehn ? - Ach GOTT - hätte ich doch nur ein genaueres Zeitmeßgerät als die Gestirne des Firmamentes besessen!) später waren alle wie hinweggehoben .

Ich kehre in die Höhle zurück, um mit den dort Verbliebenen die Details der Nacht- und Nebelaktion zu besprechen. Der Plan war supigut - vor allem, weil er mir die Möglichkeit gab, zu improvisieren....

Ich konnte nicht richtig schlafen, immerhin hatte ich gleich Geburtstag! Als ich zum vierten Mal wach wurde, war es endlich soweit! Alle gratulierten mir. Da ich nicht allwissend war (habe ich je was anderes behauptet?!), hatte ich peinlicherweise keine Ahnung davon, wie alt ich eigentlich wurde. Nur noch nicht alt genug, um bereits zu sterben, was mir auch die Gratulanten verkündigten (da isses - anläßlich meines Freudentages noch mal: ein Wortspiel, das ich mir hätte schenken können – ich bet ab!), da sie mir alle ein noch langes Leben wünschten ... sie konnten eben auch nicht hellsehen ... oder war das jetzt gelogen?

Propis Leute hatten den Rest der Brotkrümel und Fischenden mit Dreck vermengt, und kleine Ästchen auf dem so entstandenen Fladen an den oberen Enden entzündet. Meine erste Geburtstagstorte! Als sie sie mir überreichten, brachten sie mir ein Geburtstagsständchen, wie es anlässlich dieses Anlasses nicht passender hätte sein können (Propi eben!): "We wish you a merry Christmas ..." (Der Mann wusste, worauf es ankam: Ein Lied für mich, sogar in Zungen gesungen - ich bin ein kleines Reimerlein und Ihr ma- han gar nicht!)

Aber dann begaben wir uns endlich ans Seeufer. Ich betete noch flugs drei Rosen- (statt Dornen-)kränze herunter und trat dann auf das Brett.

Das war kein Holz! Das konnte gar kein Holz sein, denn ich bekam weder Ausschlag noch wollten sich sonst irgendwelche Symptome meiner Allergie einstellen. Mein lieber HERR Gesangsverein - das war das schönste Geburtstagsgeschenk, das ich je bekommen hatte. (Wie Ihr wißt, hatte ich bis dato – von Ma(rias) Klump einmal abgesehen (die Beschneidung nicht zu vergessen!) – noch nie was zum Geburtstag bekommen.) Propi hatte sich richtig was einfallen lassen, damit ich nicht leiden mußte. Der Mann war so gut zu mir! Mein schönster Geburtstag!!!

Leider war VATI nicht mit uns, denn wir sahen uns mit einem großen Problem konfrontiert: Wellen und Gegenwind. Was ein *Ärger* auch! Ich watete durchs Wasser (wäre es doch Wein gewesen!), bis zu der Stelle, an der die "Taucher" auf mich warteten. Es dauerte einige "Viel Glück, in deinem neuen Lebensjahr, Heili", bis ich sicher (ich bin geneigt zu sagen, wie angenagelt (autsche MENNO)) auf dem "Brett" stand. Aber dann ging es los! Boa, ey! Es ging nicht gerade wie ein geölter Blitz, aber dennoch zügig voran. Der Gegenwind unterstützte die Illusion. Es kam mir vor, als schösse ich über die Wellen dahin. Meine Haare wehten im Wind ... einfach HERRlich!

Nachdem einige Zeit des Hochgefühls verstrichen war, sah ich in der Ferne das Tretboot; meine Knappen strampelten wie wild, weil auch sie, was für ein Wunder, dem Wind trotzen zu müssen die Unbequemlichkeit hatten. Ich war innerlich aufgekratzt wie eine dreizehn Jahre alte Toilettenbürste, blieb aber äußerlichst total cool. Das Wetter half mir dabei. (Irgendwann würde ich mit DAD ein ernstes Wörtchen beten müssen, um es den Menschen von IHM eingeben zu lassen, spezielle Kleidung aus Neopren für diese Art des Wassersports zu entwickeln.) Ich fror wie ein Jeck im Karneval in den Alpen. Kein Alaaf! Und für den besseren Halt auf einem solchen Brett hatte ich da auch schon eine bessere Idee, als sich "annageln" (Schmerz, entferne dich dennoch von mir) zu lassen: laßt uns doch einfach Sandalen auf die Bretter nageln, *bevor* die Füße drinstecken ... (Eigentlich hätte diese Idee von Propi kommen *müssen!* Aber so was war damals Science fiction ....

Da ich alle Mühe dieser Welt hatte, mich auf dem Brett zu halten, war ich gezwungen, die Füße nicht zu bewegen. So erweckte ich nicht den Eindruck, übers Wasser zu laufen, sondern vielmehr den des "Überwasserschwebens", was meine Jünger, als sie meiner gewahr wurden, in Angst und Schrecken versetzte. Des Windes wegen (der, wie gesagt, aus der Richtung "Gegen" wehte – und natürlich wegen meiner Argusohren) hörte ich sie schon von weitem kreischen, heulen und zähneklappern: "Ein Geist, ein Gespenst, der ultimative Schnitter, der Sensenmann, ach wäre doch nur der alte Serbekroate bei uns, etc ...."

Mein Frohlocken stimmlich nicht unterdrücken können, rief ich sie an (zwar fernmündlich, aber ohne das von mir heißersehnte Fernkommunikationsmittel nutzend):"Ich bin´s!"

Des Windes wegen hörte mich keiner, ich "wandelte" also näher heran, um mich zu wiederholen: "Ich bin´s, jetzt macht euch doch nicht gleich in die Säcke!"

Petrus erkannte mich als Erster: "Heiland, du? Gerade haben wir noch von dir gesprochen ... meinst du, ich kann auch Wassertreten? Ich hab gehört, das soll gesund sein ...."

"Klar!", lud ich ihn feixend ein. Schadenfreude fand ich irgendwie gut! Von Zweifeln eher geprägt als denn von ihnen behaftet, setzte er sich auf die Kante des Bootes, die Füße über dem nassen Element baumeln lassend.

"Glaubst du wirklich ..?", fragte er unsicher. Gegen den war Thomas ja total gutgläubig, ja, fast naiv! Oder selig, wenn man so will.
"So sicher, wie die Erde ist!"
Er stieg aus, und buddelte sofort ab.
"Hilfe Meister, du hast voll gelogen!"
(Erzähl du mir nichts übers Lügen, dachte ich. Nicht du!)
"Du glaubst eben nicht *richtig*!", gab ich ihm einen kleinen Komplex mit auf den Weg (nach unten – Brüller, gell?), bevor ich seine Hand ergriff, und ihn zu mir auf das Brett zog. Er bemerkte sehr schnell, daß sich das H2O unter seinen Füßen in meiner Nähe viel fester anfühlte. Jetzt glitten wir gemeinsam über die Gischt dahin.
Die Anderen flippten aus (nur deshalb gibt es den Meeressäugernamen "Flipper"): "Ich will auch mal, ja, Jesus? Darf ich als nächster? Ich hab mich aber als Erster gemeldet! Jesus, du bist allwissend - sag den anderen, daß ich mich als Erster gemeldet habe!"
Ich vertröstete sie auf "Morgen", was ja auch schon früher bei dem Versprechen bezüglich des anstehenden Bordellbesuches funktioniert hatte. "Ich habe heute schon zu viele Wunder vollbracht, ich kann nicht mehr! Ich erzähle euch dafür noch eine Gutenachtgeschichte, was haltet ihr davon? Aber erst, wenn wir am anderen Ufer sind, also legt euch in die Riemen!" (Was in einem !"Tretboot" schon Hohn und Spott an sich war.) Sie schafften es aber trotzdem, in kürzester Zeit, die Wegstrecke zu bewältigen.
Am anderen Ufer angekommen, waren natürlich alle endwild auf meine Geschichte. Noch wilder aber waren sie auf -Brot oder sonstwas zu essen - schließlich hatten sie sich körperlich völlig verausgabt, und das nicht nur beim Treten (wenn Ihr wißt, was ich meine).
"Wir haben Hunger, Hunger, Hunger, haben Hunger, Hunger, Hunger, haben Hunger, Hunger, Hunger, haben Durscht. Wenn wir nix kriegen, kriegen, kriegen, fang wir Fliegen, Fliegen, Fliegen, fang wir Fliegen, Fliegen, Fliegen von der Wand."
"Von welcher Wand?"
Judas konterte: "Wir woll´n jetzt Brot, Brot, Brot, Brot, Brot, woll´n jetzt Brot, Brot, Brot, Brot, Brot, Brot, woll´n jetzt Brot, Brot, Brot, Brot, Brot, sonst bist du tot! - Jesus, daß kann ich dir aber verraten - wenn du willst, auch schriftlich!"
"Ihr Vielfraßgezücht ...", fuhr ich sie an, "... ihr habt gerade erst gegessen, als gäbe es keine dritte auf der Welt! Ich warne euch eindringlich vor dem Sauerteig der Sadduzäer und Pharisäer! Nicht, daß ihr Teig schlechter wäre als der unsere, aber das ist es ja auch nicht, was ich meine. Ihr habt gerade satt zu essen gehabt und mault jetzt schon wieder rum? Wenn ihr *wirklich* Hunger hättet, dann hättet ihr jetzt fünf Brote und zwei Fische dabei, denn dann könnte ich euch locker sättigen!"
Da hielten sie endlich ihre (hungrigen) Mäuler, aber ich hatte noch nicht geendigt!
"Außerdem kann ich dieses Wunder jederzeit wiederholen: wenn es mit 2000, 3000, 4000 oder sogar 100000 Leuten sein muß, ist das für mich kein Problem!" (Aber vielleicht für Propi? Ich wollte es nicht darauf ankommen lassen. – Mußte ich auch gar nicht – da hatte ich noch mal unreinen Paarzeher gehabt.)
Für diese Nacht war endlich Ruhe (niemand fragte nach der versprochenen Gutenachtgeschichte) und Johnny hatte sogar Öl mitgebracht ... also, dafür hatte ich ihn aber lieb ....
"Zum Geburtstag, mein Haselmäuschen ...."

Und dann schenkte er mir die volle Ladung!
                      Matth. 14,13; 16,5; 14,22; Mark: 6,30; 8,14;6,45; Luk. 9,10; Joh. 4; 6; 6,16

Dreißigstes Kapitel

Geburtstag !!!

Ich erwachte davon, daß mir Johnny ein orales "Geständernis" einfleischte.
"Das schenk ich dir auch noch zum Geburtstag", sagte er freundlich und liebevoll(en Mundes – ja, so waren wir damals: immer zu Spielereien mit den Lippen aufgelegt (nein, wie doppelzüngig)) lächelnd, als ich vor lauter "Erkenntnis" seinerseits nicht mehr die Augen zu öffnen vermochte. Er hätte mir genauso gut eine Küchenmaschine schenken können, ich wäre mir nicht ausgenutzter vorgekommen - oder einen Rasierapparat - was man auch immer damit anfangen soll - außer sich selbst unten rum rasieren zu können eben ..!
Draußen brüllte das Volk ein schräges, aber nett gemeintes, weil von Herzen kommendes: "Happy Hosiannah to you ...", weil, es wollte noch mal Panem et Piscos haben. Ich jagte sie von Dannen, indem ich sie alle als glaubenstechnische Fliegengewichte (also Leichtgläubige) bezeichnete, die nur der Nahrung wegen vorbeigekommen wären. Da ich, wie ich hinzufügte, heute Geburtstag hätte, wäre ich nicht gewillt, irgendwelche Wunder zu vollbringen; außerdem müßte ich sofort nach Kanaan, um dort eine Hochzeit zu besuchen, auf der ich auch noch was Wundertechnisches zu erledigen hätte ... Die Leute ließen mich aber nicht in Frieden ziehen.
"Herr Jesus, alter Rabbi und Italiener ...."
"Maul halten ...", befahl ich der aufgebrachten Menge, "... erstens heißt es "Heiland" und zweitens habe ich heute Geburtstag! Obwohl Weihnachten noch in superweiter Ferne liegt, Kinningsnee! Also darf ich mir heute was wünschen ... außer meinem Lieblingsessen (das Spanferkel wäre, wie Ihr wißt), versteht sich!"
"Aber wir sind immerhin um den ganzen verdammten See gelatscht - Scheiße noch mal! - um an deiner Weisheit teilhaben zu können ...!"
"Ich, Maria und Joseph! Ihr sollt, zum **Teufel** noch mal, nicht so GOTTeslästerlich umineinifluchen! Ihr wißt doch ...", fuhr ich supischlau fort, "... wer meinen Willen tut, der tut, was dem HERRn ZEBAOTH gut gefällt, und besorgt sich somit einen leichteren Einlaß in SEIN Reich."
Das Volk war von den Sandalen: "Ja, ist´s denn wahr ...?"
"So wahrlich und fürwahr ich hier stehe!"
Da endlich entfernten sich die Säcke mitsamt denen, die sie trugen, samt des Inhalts aus meinem Dunstkreis.
Die anderen Jünger waren alle aufgegen (was das akkurate Gegenteil von zugegen ist - ich kleiner Copperfield des gesprochenen Wortes ...), weshalb (mein geliebter) Johannes sich genötigt sah, mir ein erneutes Präsent zu überreichen: "Spatz - ich weiß ja, daß du nichts gegen Vögel hast, genausowenig wie gegen alles was da fliegt und kreucht und fleucht - außer gegen Ottern- und Natterngezücht - deshalb habe ich mir den Knackpo mehr als einmal aufreißen

lassen - und das von teilweise wildfremden Kerlen - um dir dieses Geschenk machen zu können. Das Öl gestern war nur ein klitzekleines Ablenkungsmanöver. Jetzt kriegst du dein *richtiges* Geschenk." (Ging es jetzt ab, oder was?!)
Geheimnisvoll mit den Augen rollend zog er eine Einweckamphore aus der Tasche, die zu meiner großen Überraschung aus fester Luft gemacht zu sein schien. Ich hatte so etwas noch gar nie gesehen und bedankte mich daher überschwänglichst:
"Danke, Schnucki!"
Johnnyputzilein hob abwehrend die Hände: "Nichtdoch, nichtdoch!"
"Was ...", frug ich aggre, "... nicht oder doch, drück dich klar aus, dann kann ich dich auch verstehen!"
"Beides."
Der Mann machte mich manchmal nicht bloß seines süßen Hinterns wegen rasend. Ehe (gegen die ich - im Gegensatz zu Vögeln - ganz entschieden etwas hatte) ich meinem Unmut so richtig Ausdruck verleihen konnte, fuhr er fort: "Ich habe dir etwas ganz besonderes mitgebracht: ein Flügeltier aus dem Ausland, genauer gesagt aus Spanien. Es ist eine Fliege, der potenzsteigernde Kräfte nachgesagt werden."
Ich war voll beleidigt! Die vorhin angesprochene Küchenmaschine wäre mir lieber gewesen, als ein Soetwas!
"Na, dann hast du dir ja wohl doch eher was für dich selbst geschenkt!", warf ich ihm schnippisch vor.
"Ach, Jesulein ... es ist doch etwas für uns beide! Wart´s halt erstmal ab."
Mit diesen Worten lockte er mich zu sich, während er den Korken der Amphore lockerte. Er hieß mich an, meinen Unterarm zu entblößen, was ich gehorsam tat. Dann zog er den Korken vollends aus dem Gefäß und drückte meinen Unterarm schnell auf die Öffnung. Die Fliege surrte empor, ließ sich auf meiner sammetweichen Haut nieder, und stach in das zarte Fleisch. Überrascht wollte ich den Arm wegziehen, aber mein Freund hielt ihn fest auf die Öffnung gepresst, bis sich das Insekt wieder entfernt hatte.
"Aua, menno, das tut mir doch auch weh!"
Johannes achtete nicht auf mich, sondern wiederholte die Prozedur nun an sich selbst. Anschließend verschloß er das "Glas" (so nannte er dieses eigentümliche Behältnis) wieder sorgfältig, und verwahrte es unter seinem Rock.
Eine zeitlang passierte so ziemlich gar nichts. Gerade als ich Johnny ankoten wollte (obwohl er nicht auf Toilettenehebruch stand), was denn dieser ganze Zirkus nun brächte, begann sich eine Beule abzuzeichnen, die wie der **Leibhaftige** juckte. Allerdings nicht auf meinem Arm sondern eher am/unter dem Sack, den ich ja trug. Es war mir unmöglich mich zu beherrschen! Einem *Tier* gleich fiel ich über meinen guten Apostel her. Genau sechshundertsechsundsechzig Mal! Wahrlich, ich habe mitgezählt.
Ich beschloß, nachdem ich wieder zu *mir* anstatt auf, über, in, oder zu Johannes gekommen war, meinen Geburtstag in Zukunft nur noch an Weihnachten zu feiern, und den heutigen Tag "Ostern" zu nennen, da ich ganz schön dicke Eier hatte - wie damals nach dem Einsatz, den ich schon hin und wieder (wenn auch fälschlicher Weise) in "Phimose" umbenannte – ich benannte Dinge ohnehin ganz gerne um, gelle?
Inzwischen hatte sich auch der Rest meiner Man/Frauschaft wieder zu uns Liebenden gesellt.

Fragend sahen sie mich an: "Meister, was möchtest du denn heute essen, du hast ja immerhin Geburtstag." Das mir auf den Lippen liegende, "Nee, denn heute ist Ostern, laßt mich erstmal in Ruhe auferstehen und dann weitersehen", verkniff ich mir ... In Anbetracht der Tatsache, daß ich noch was Leckeres zu essen haben sollte.
"Also, ich hätte heute Lust auf Eiweiß im Überfluß", sagte ich. "Wie wäre es denn mit ein paar knusprigen Heuschrecken à la Judas? Dazu bevorzügte ich heute ein Häppchen Opferlamm, Dreck am Stecken und einen trockenen Roten. Oder habt ihr unreinen Paarzeher am Span?" (Ich sagte das, *obwohl* ich wußte, wie das mit laut geäußerten Wünschen im allgemeinen ausgeht. Heute setzte ich alles auf eine (Speise-) Karte!)
Die Apostel murrten: "Also fast der gleiche Mampfpampf wie jeden Tag."
"Außer den Heuschrecken à la Judas natürlich!", meckerte Judas. "Laß mich weissagen, Jesus, *ich* soll sie selber fangen, richtig?"
"Und zubereiten! Soviel zum Thema weissagen, gell Judas!"
Zähneknirschend zog er ab: "Lange geht das nicht mehr gut mit uns beiden, das verrat ich dir! *Eigentlich* wollte ich dir ja ein Spanferkel machen ..." (Hätte ich doch bloß mein vorlautes Zünglein diesen Wunsch nicht aussprechen lassen ...!)
Nach dem wahrlich vorzüglichen Abendmahl, bei dem lediglich die Heuschrecken viel zu labberig und versalzen waren, teilte ich der versammelten Apostelschar, während die Frauen die Stecken spülten mit, daß wir uns jetzt heißahoppsa auf den Weg nach Kanaan machen würden, da - surprise - dort eine Hochzeitsfeier vom Stapel liefe, zu der auch wir als geladene Gäste zählten. Das wußten die Jungs aber schon; komisch, wer hatte ihnen denn das verraten? (Etwa ich?!)
Also machten wir uns, nachdem die anderen noch einen kleinen Gruppenschnellehebruch praktiziert hatten, eilends auf den Weg, gespannt der Dinge harrend, die da unserer harrten.

Nicht überliefert

Einunddreißigstes Kapitel

Partytime

Bevor ich mich auf die Schilderung der Ereignisse in Kanaan und der auf der Reise dorthin geschehenen konzentriere, muß ich vorher doch zum wiederholten Mal ein Ding klarstellen: ich bin völlig perplex, wo ich laut der "Heiligen Schrift" überall gleichzeitig gewesen sein soll. Glaubt, zumindest was die örtlichen Angaben meines "Wunderwirkens" anbelangt, höchstens die Hälfte, von dem was da geschrieben steht! Nicht, daß ich besonders gut in Erdkunde war ("Ist mir doch egal wo die anderen wohnen - Hauptsache ich find nach Hause ...", *Ihr* wißt ja Bescheid; siehe auch: Trip in die Wüste!), aber ich weiß mit absoluter Bestimmtheit, wann ich *ungefähr* in der Nähe wovon war. Aber das fiel mir ja auch schon während der "Ägyptenexkursion" auf, daß mit den Evangelisten ab und an deren Phantasie durchging ....
Wir schlenderten unseres Weges, als mich ein angeblich königlicher Beamter daraufhin ansprach, daß sein Sohnemann im Sterben liege, und ob ich nicht gewillt sei, eine kleine Fernhei-

lung vorzunehmen. Das kam mir irgendwie spanisch vor (vielleicht war das auch nur ein Fläschbäck von der Fliege), auf jeden Fall hatte ich doch so was schon mal erlebt.
Das Gefühl des Déjà vu traf mich in diesem Moment wieder vollkommen unvorbereitet und deshalb mit einer Wucht, die mir die Sprache verschlug. (Was wahrlich selten genug vorkam, wenn ich mich recht entsinne.) Anstatt eine meiner Endlospredigten vom Stapel zu lassen, erwiderte ich dem Manne, daß er heimgehen solle, sein Kind sei bereits schon wieder fit wie eine Turnsandale. Ich mußte mit Propi *unbedingt umgehenst* eine Friedenstaube rupfen, denn das war nicht so der wahre Jakob(us), den er mir da präsentiert hatte.
Des Nachts griff ich ihn mir ab. Er entschuldigte sich artig und versprach, für den nächsten Tag der Reise und für die Hochzeit selbst, etwas ganz, ganz Tolles zu organisieren. Er erzählte mir ferner von einem nahegelegenen Wundersee, den ich nicht nur der schönen Aussicht wegen unbedingt besuchen solle, der Rest ergäbe sich dann schon. Heidewitzka war ich jetzt aber neugierig. Dennoch blieb ich nach Außen hin gelassen. Mit den Worten: "Schaun wir mal ....", verabschiedete ich mich von ihm.
Der See war, wie ich am nächsten Tag feststellen mußte, wirklich etwas ganz besonderes: der Sage nach stieg ab und an ein Engel aus den himmlischen Gefilden hernieder, um das Wasser umzurühren, was zu einer Heilung desjenigen führte, der danach als erster in die aufgewühlte Brühe sprang. Wen wunderts, daß das Ufer von Myriaden Kranken und Siechen gesäumt war, die alle auf ihre große Chance hofften. Da Propi recht clever war, nahm ich an, er wollte aus diesem Teil des Landes ein Naherholungsgebiet machen, wozu er allerdings die Kranken hätte loswerden müssen. Nun, diesen Gefallen wollte ich ihm gerne tun. Just als ich die Arme hob, um zu einer pauschalen Massenheilung anzusetzen, zupfte mich jemand am Saum meines Gewandes: "Alter Abgezandter ZIONz ...", begann der Sieche, meine Absichten erkannt habend, "... mach jetzt keinen Blödzinn! Ich bin zchon zeit 38 Jahren hier ...", fuhr er, mir verschwörerisch zuzwinkernd fort, "... und ich bin immer noch krank, alldiweil ich niemanden habe, der mich inz Wazzer zleppt, wenn ez eigentlich an der Zeit wäre."
Ich entgegnete: "Aber du möchtest gesund werden, or what?"
"Ja zicher ...", kam die Antwort, "... aber mir hilft eben keiner, den weiten Weg zum Wazzer zu überwinden ...."
Der Vogel (gegen den ich schon deswegen nichts hatte) war ja echt dreist.
"Soweit ich mit meinen Superadleraugen sehen kann ...", bemerkte ich wichtigtuerisch, "... bist du nicht gerade querschnittsgelähmt, und hast es in sage und schreibe *38!* Jahren nicht dichter ans Ufer geschafft? Ich glaube, du bist im Grunde ´ne ganz schön faule Sau." (Außerdem wäre 39 Jahre besser gewesen – rein rechnerisch!)
"Na eben drum ...", erwiderte mir Propis Abgesandter, "... ich hörte, du hättezt zchon ganze Herden diezer Tiere inz Wazzer getrieben, du entzinnzt dich? Auzerdem leide ich unter Artikulazionzzchwierigkeiten, waz du aber zicherlich zchon bemerkt hazt!"
Da fiel auch bei mir der Groschen, was ist umgerechnet soviel wie zehn Pfennige oder - je nach Kurs - fünf "Zpatzen", die ich auch manchmal als "Zperlinge" zu titulieren mich geneigt sah.
"Ich lag auch zchon am Ufer ...", sagte der Hypochonder, "... aber immer wenn ich gerade baden gehen wollte, war zchon ein anderer am Planzchen."
Ich hatte keine "Luzt", mir die Hände "zchmutzig" oder die "Füzze naz" zu machen, deshalb sagte ich: "Nimm dein Bett und geh wo du wohnst."

Das tat der Angesprochene sowohl mit Freuden, als auch einem "Na endlich!" auf den Lippen. "Und richte Propi aus, er sollte die Dinge hier lieber so lassen wie sie sind, und ein Heilbad aufmachen, da ist mehr Schotter zu holen!", rief ich noch hinterher, aber wie alle "Geheilten" hörte der Typ schon nichts mehr und rannte stattdessen mit seiner Heia unterm Arm quer durch die Pampa, direkt in die Arme einiger Schriftgelehrter, die ihn natürlich gleich anprollten, es sei doch Sabbat, und an diesem Tage dürfe man nicht mit seiner Heia, sondern höchstens mit seiner Freundin und/oder der HS (der Heiligen Schrift natürlich – wie oft soll ich das denn noch erklären?) im Arm spazierengehen.

Kurz darauf bekam auch ich Streß mit den Brüdern, denn er hatte erzählt, wer ihn "geheilt" hatte. Die Vorwürfe der Paris schmetterte ich mit einem "GOTT, DER da mein VATER ist, arbeitet auch am Sabbat, also macht euch nicht gleich ins Hemd", ab.

Heidewitzka(tz – gegen die ich was habe, weil sie ja Piepmätze aufessen tut), war´n die ob dieser GOTTeslästerung sauer. Wenn die so gekonnt hätten, wie sie wollten, hätten sie mich mindestens gesteinigt; wenn nicht sogar schlimmeres, wie zum Beispiel gekreuzigt ... (Autsch!) Aber so kam ich wenigstens noch zu einer kleinen Ansprache vor den Paris und dem Volk:

"So höret und lauschet der Weisheit dessen, der sie mit Schöpflöffeln unendlichen Ausmaßes zu sich nahm, denn dies sind nicht meine Worte, sondern die Worte DESSEN, DER sie mir eingibt. Ich bin eine Null! Ich kann nichts! Ich habe außer ein bißchen tischlern nie was gelernt. Selbst schnacken kann ich bloß das, was ER mir eingibt. Im Grunde genommen tue ich also gar keine Wunder. Habt ihr das jetzt endlich begriffen? Alles was ihr als Wunderzeichen seht, glaubt ihr sowieso nicht, selbst wenn GOTT höchstpersönlich HERRniederführe und Wunder täte, würdet ihr´s doch nicht glauben, daß ER der HERR ist, sondern IHN aller Wahrscheinlichkeit nach kreuzigen, so sich die Gelegenheit böte. Wenn einst der Tag des jüngsten Gerichtes kommen wird - und glaubt (wenn schon nicht *an mich*) dann doch wenigstens meinen Worten: dieser Tag wird kommen - dann bin ich der Allerletzte, der hier oder sonstwo irgendwen zu irgendwas verurteilt, denn das ist überhaupt nicht mein Job; den hab ich nämlich - ganz nebenbei bemerkt - auch nicht erlernt! Ich zumindest könnte mich eines Jurastudiums nicht entsinnen. Geschweige denn auf diesem Themengebiet ap*probiert* (oder es überhaupt – das war jetzt aber kompliziert, wah?) zu haben. Ich weiß mit Sicherheit nur eins. Wer mir glaubt, der wird das ewige Leben haben, aber fragt mich bitte nicht, warum. Ich habe doch selber keinen Plan von dem, was ich so vor mich hinphilosophiere, denn mir werden die Worte eingegeben, besser gesagt, ich rede, wie mir der Schnabel - woran ihr wieder einmal feststellen könnt, daß ich nichts gegen Vögel habe - gewachsen ist. Wäre ich nicht Prophet geworden, hätte es mich bestimmt in Richtung Vogelkunde verschlagen, denn ich mag Piepmätze wirklich sehr gerne leiden. Noch mehr sogar, als einen meiner Jünger. Aber zurück zum Thema:

Wenn ich von mir behaupte, toll zu sein, dann ist das voll nicht die Wahrheit, denn nur Moses, an den ihr ja glaubt, hat die Wahrheit gepachtet, aber der hat mich ja nun schon angekündigt, und dem glaubt ihr auch nicht. Der lebt aber, glaube ich, im Himmel, und der wird euch den Poppes aufreißen, wie Johnboy und ich es bei uns gegenseitig tun und dann zieht euch lieber warm an! Summa summarum wäre auf gut hebräisch lediglich festzuhalten: wenn ihr weder den Schriften des Mose noch meinen Worten Glauben schenkt, an wen, außer euch selbst, glaubt ihr eigentlich? Seht ihr, da habt ihr´s nämlich mal wieder!"

Mit diesen, zugegebener Maßen verwirrend und einschüchternd wirkenden Worten ließ ich

mein Auditorium stehen, um mich vom Acker zu machen, bevor jemandem auffallen konnte, daß mich mal wieder mein vorlautes Zünglein überholt hatte. Außerdem wollte ich doch bei Kleinem auf die Hochzeitsfete, denn ich hatte einen lecker Durst auf Wein.
Ärgerlicherweise strömte mir diesmal nicht nur das Volk, sondern auch ein Paaris (kleines Wortspiel am Rande) nach, um mich weiterhin mit irrelevanten Problemstellungen zu nerven. Meine Paladine hatten am See, weiß der **Teufel** von wem, ein bißchen Fladenpanem organisiert, und schoben sich dieses mit ungewaschenen Händen in den Rachen. Piscos gab es nicht. Kein Wunder, in dieser mit Krankheitserregern verseuchten Dreckjüche hätte nicht mal ein Verhungernder einen Fisch zum Verzehr gefangen, vorausgesetzt, daß in diesem ökologischen Katastrophengebiet überhaupt noch welche lebten.
Für die Schriftgelehrten war dieser Anblick ein gefundenes Fressen. Ich wurde mit Fragen und Vorwürfen bombardiert:"Ach, und warum essen *daine* Jünger ihr Brot mit ungewaschenen Händen? Also *wir* waschen sogar unsere Be*stecken*, besonners, wenn´s Dreck an denselb´m gibt, genauso wie unsere Bechä, Amphor´n und Gesichter und Füße ... aigentlich waschen wir alles, wat sich in unsere´ unmittelbare´ Raichwaite befindet hin und wieder. Sogar unsern Schniedel halten wir sauber...",
"... bevor er nach piscis riecht!", ergänzte ich den angefangenen Satz. "Es verhält sich folgendermaßen: meine Apostel sind wie die Schweine. Hin und wieder verspüre ich nicht übel Lust ihnen Perlen vorzuwerfen - wenn ich nur welche hätte!, sie in irgendeinen See oder wenigstens über den Jordan zu schicken, aber seitdem ich übers Wasser lief, sind sie anscheinend der Meinung, daß die Reinlichkeit die ich - und ihr ja auch - ihnen vorlebe, nicht gerade zur Erhaltung ihrer Gesundheit unabläßlich sei. Bei GOTT, sie sind einfach zu stupide, um den unmittelbaren Zusammenhang zwischen Reinlichkeit und dem daraus resultierenden körperlichen Wohlbefinden zu erkennen. Manchmal glaube ich, ich bin selbst schuld daran. Seitdem sie mich kennen, sind sie der Meinung, keinerlei Krankheit könne ihnen ernsthaften Schaden zufügen, denn ich bin ja bei ihnen. Aber, mein GOTT, sie haben eben auch ihren eigenen Kopf ...."
Die Schriftgelehrten verstanden mich (ach, welch Wunder!) natürlich nicht:
"Und warum verhalten sich daine Jünger nich´ gemäß den Satzung´n der Ältesten?"
"Weil ich erstensmal nicht der Älteste bin - ich bitte euch: mit cirka 28 Jahren...? - und weil ich zweitens nicht der Hüter meiner großen Brüder im Glauben bin. Alles klar soweit?!"
Ich konnte der offenkundigen Provokation seitens dieser Hirnamputierten nicht wiederstehen und mußte ihnen noch einen mitgeben: "Außerdem seid ihr sowieso die Reinkarnation einer Charaktereigenschaft des *Satans*. Ihr seid Heuchler, alle wie ihr dasteht, Verzeihung, da*geht*, sprich, mir auf dem Fuße folgt! Schon Jesaja hat von euch, ohne euch überhaupt persönlich gekannt zu haben, geweissagt: "Siehe, denn jene sind Heuchler, die den HERRn ausschließlich mit dem Mundwerk ehren, aber nicht pfiffig genug sind, wenigstens so zu tun, als verehrten sie IHN auch mit ihren Herzen. Sie sind so weit weg von GOTTes Gebot wie ich von gutem Ehebruch mit einer rasierten Frau, denn sie verdrehen das Gebot des Mose, der es *direkt* vom CHEF höchstpersönlich erhielt, ausschließlich zum Zwecke ihrer Selbstbeweihräucherung, auf daß es nur noch um des Menschen Gebot, statt um das Gebot des ALLERHÖCHSTEN gehen solle." Wahrlich, wahrlich, ich sage euch und allen Umstehenden: wer (noch) Ohren hat, der höre, denn es werden gar garstige Zeiten kommen für jene, die dem HERRn vergeblich dienen.

Zum Beispiel sagt doch Moses: "Du sollst Vater und Mutter ehren", wovon ich viel halte, vorausgesetzt, die Alten sind ehrwürdig, wie beispielsweise der gute alte Ninjakämpfer und Träger des schwarzen Gurtes mit drei güldenen Streifen, in Zungen auch dritter Dan genannt. Ihr Alten steht aber da wie Ochs vorm Berg und behauptet in Anfällen unglaublicher Stupidität, es müsse niemand Vater und Mutter ehren, wenn er nur den HERRn dafür hundertprozentig verehre. Was für ein hahnebüchener Blödsinn, weil Widerspruch in sich! GOTT, was seid ihr bescheuert!"

Ich wandte mich jetzt auch ans Volk, inklusive: "Ich fasse es nicht; falls einer von euch das kann, gewinnt er das große Los in Sachen "Einzug ins Paradies".

Jetzt kam der Tritt in die Magengrube des Volkes; gleichzeitig der offizielle Schlag mit dem Fehdehandschuh ins Gesicht der "Gläubigen":

"Ab heute dürfen alle Menschen auf dieser Welt essen, was sie wollen, denn ich erkläre alle Speisen für rein! Denn GOTT der HERR erschuf alle Nahrungsmittel, und nichts, was der Mensch isset machet ihn unrein, denn er scheidet es wieder aus. Lediglich die Dinge, die aus dem Herzen eines Individuums kommen, machen es zum Sünder oder zum Heiligen. Bei mir gibt es heute Abend Spanferkel!!!"

Dem aufkommenden Unmut im Volk machte ich den Garaus, indem ich ein paar meiner Lieblingssünden aufzählte, die heute (zumindest in Auszügen) als "Die Todsünden" mehr oder weniger bekannt sind. Danach setzte ich mich ab, um, wie erwartet, meinen Aposteln alles noch einmal in Ruhe und mit weniger sorgfältig gewählten Worten zu erklären, was dazu führte, daß Judas der Meinung war, er könne sich jetzt auch ruhig zum Fäkalienerotiker entwickeln; "Macht mich ja eh nicht unrein ..." - was für ein Armleuchter - mit zwölf Armen - Minimum!!!

Nichtsdestotropsden wurde es jetzt aber allerhöchste, zu der hohen Zeit zu kommen (hach, mal wieder ein kleines), denn es dämmerte nicht nur mir, daß wir eventunnel (schon wieder eins) zu spät kämen, um eingelassen zu werden, sondern bereits auch der Abend. (Soviel zum Thema: "Drei Wortspiele in einem Satz – das geht nun wirklich nicht!") Mit Siebenmeilensandalen eilten wir des Weges, wobei wir ein paar, offensichtlich ebenfalls eingeladene Frauen überholten, deren Öllämpchen lichterloh brannten - und das, obwohl sie noch etliches der Wegstrecke zu bewältigen hatten. Ich gab ihnen im vorübereilen den Tipp, sich ihr Öl zu sparen, denn eine brennende Öllampe war zu meiner Zeit so etwas wie eine Platzreservierung bei großen Festen. Aber, wie schon gesagt, der Prophet gilt im eigenen Lande nichts, weshalb meine Worte: "Spart doch euer Licht, ihr Tran - Susen!", (nein, was für eine Wortgewandtheit!) unbeachtet seitens der Weiblichkeiten verhallten.

Auf der Hochzeitsgesellschaft wurden wir stürmisch empfangen, obwohl meine Ma (ria) auch da war, und sie bestimmt nicht allzu viel Gutes von mir erzählt hatte. Kein Wunder, wenn man bedenkt, was ich ihr in letzter Zeit alles so an den Kopf geworfen hatte. Ich war gespannt, was für ein "Wunder" ich wohl hier vollbringen würde, aber erstmal wollte ich mangern et boiren comme DIEU en France. (Diese "Zungenschläge" – heißa, bin ich ein Toller!)

Kurz nachdem ich und meine Saufkumpane uns an der Tafel niedergelegt hatten, gebrachen nicht nur einige der Gäste, sondern es auch grundsätzlich an Wein.

(Zu meiner Zeit war es Sitte, die Sitzordnung nach der Beliebtheit der Gäste aufzuteilen, was bedeutete, daß ich mit meinen Jüngern ganz unten an der Tafel Platz zu nehmen hatte. Ma(ria) begründete, da sie meinen Unmut ob dieses Zustandes bemerkte, die Sitzordnung mit meiner

Akrophobie. Na, die sollte sich wundern ...!)
Ich war stocksauer! Ein Hellseher hätte es mir bestimmt prophezeien können, daß wir zu spät zur Hochzeit kämen, um uns anständig einen auf die Lampe gießen zu können.
Á propos Lampe: An der Tür gab es Tumult; einige Frauen wollten auf die Party, hatten aber ihre "Platzkarten" verlöschen lassen ... tja, wer zu spät kommt, den bestraft der Bräutigam! Na, wenn das kein Zeichen war, war es vermutlich keins - aber es war eins!!!
Mein Mütterlein gesellte sich zu mir: "Du, meen ersta, vom HJ (- *H*eilijen *J*eist – habt Ihr das jetzt endlich begriffen?) jezeugter Sohnemann, die rote Brause is alle. Mach wat!"
Klassisch! Monatelang hatte sie kein Wort mit mir gewechselt (GOTTseidank!), und jetzt kam sie naturalement wieder mit unmöglich zu erfüllenden Wünschen an! - Unmöglich? Da hatte ich die Rechnung ohne Propi gemacht; der hatte nämlich den guten Wein gleich zu Beginn der Party außer Hauses geschafft, was ihm als Organisator dieser Hochzeit nicht schwer gefallen war. Propi, den niemand in seiner Eigenschaft als Wunderorganisator kannte, tippte mir auf die Schulter, deutete auf einen Krug voll Wasser und nickte mir bedeutungsschwanger zu. Mutters Ältester war ja nicht der Dümmste und verstand deshalb sofort. Erstmal schnauzte ich Ma an: "Wein, äh, Weib, dir kann det ja wohl schietejal sein, wat ick mache, wah?! Sach den Dienern, sie solln tun, wat ick sage!"
Sie spurte, was besser für sie war, denn wenn ich so ans Fegefeuer dachte ... Vielleicht sollte sie bloß deswegen mal heilig gesprochen werden. (Ich konnte mir damals beim besten Willen (den ich übrigens nie besaß) nicht vorstellen, daß ihre HJ - Geschichte auf Dauer ziehen würde.) Unterdes formulierte ich weiter aus: "Meine Stunde ist zwar noch nicht gekommen, aber wenn ich sie je erreichen will, muß ich zusehen, daß jetzt bei Kleinem was zu saufen auf den Tisch kommt, und diese Minute deucht mich günstig zu sein, ob einer kleinen Wundervollbringung!"
So posaunte ich heraus. Jetzt befahl ich den von Maria motivierten Dienern, sämtliche leeren Weinkrüge mit Wasser zu füllen, was diese auch gehorsam taten. Danach sollten sie diese dem Speisemeister (ebenfalls Propi) geben. Die Krüge wurden in die Küche gebracht (- klar hatten wir damals Küchen ... glaubt Ihr, wir hätten gelebt wie im Mittelalter?) und auf wundersame Weise wurde irgendwie Wein daraus.
"Noch besser als der vorher gereichte Tropfen ...", setzte Propi dem Bräutigam gegenüber noch einen drauf, "... also normalerweise gibt´s doch erst den guten, und erst wenn alle besoffen sind, den schlechten Wein!" Ich und mein, durch den Billigfusel lose gewordenes Zünglein ergänzten: "*Wir* sind aber noch lange nicht voll!"
Jetzt wußten alle, wer dieses Zauberkunststück "verbrochen" hatte, und ich konnte schluckspechten und Unsinn reden bis zum Umfallen. (Der Schluckspecht war mir zu dieser Zeit besonders am Herzen gelegen, weil er mich sehr an Johnboys Techniken beim (Nicht)Ehebruch erinnerte.) Das Beste aber war: ich (und nur ich allein!) durfte mich sofort ans obere Ende der Tafel hocken, denn jetzt war ich megabeliebt! (Mir wurde auch nur ein ganz kleines bißchen schwindelig - aber das lag wohl am Wein ....)
Leider wurde kein Spanferkel gereicht ... als Prophet hatte ich noch einiges zu lernen; oder ich mußte an meiner Kommunikation mit Propi einiges verbessern.
Ich palaverte die ganze Nacht durch, frönte des Weingenusses und so wurde aus Abend und Morgen der nächste Tag. Und was für einer! Zum Glück hatte ich alle Tiere am vorherigen Tag zu "reinen" erklärt, denn ich fühlte mich wie die letzte Sau, was auch noch andere Menschen-

wesen zu spüren bekommen sollten ... aber das wußte ich ja nicht vorher - schade eigentlich!
Joh.2; 4,43; 5; 5,19; 5,31; Matth.15; 15,21; Mark.7; 7,24

Zweiunddreißigstes Kapitel

Haarspaltereien

Tja, eigentlich weiß ich noch gar nicht so genau, ob ich Euch tatsächlich von *allen* meinen Taten berichten soll, denn die auf die Hochzeit folgenden Tage waren von schlechter Laune und aggressiven Handlungen meinerseits gekennzeichnet; was sich natürlich auch negativ auf meine Jünger - ganz besonders auf Judas - auswirkte. Da ich aber, wie ich schon das eine oder andere Mal erwähnt hatte, ein superehrlicher GOTTessohn war, der niiiiiiiiiiiiie log, kann ich denen, die an mich glauben, diese Anekdoten mitnichten vorenthalten.
Es begab sich also zu der Zeit, daß ein Gebot von mir ausging, daß sich alle meine Jünger gefälligst die Haare zu schneiden hätten, da dieser ungepflegte (ja, fast samaritanisch anmutende) Anblick meinen Augen Ärgernis bereite. (Mein lieber) Johannes brauchte diesem Gebot als einziger nicht Nachfolge zu leisten, da er ... naja, Ihr wißt schon ... lieber die Frauenrolle in unserer Beziehung übernahm; er fing zum Beispiel an, den *richtigen* Frauen beim Abwaschen und auch sonst in der Küche zu helfen. Nach Feierabend brachte er mir sogar meinen Wein und meine Höhlensandalen an meinen Ohrenfelsen. Auch sonst verhielt er sich, wie es sich für eine anständige Hausfrau geziemte. Aber das nur am Rande ....
Judas nahm diese für Johannes geltende Ausnahme zum Anlaß, sich gegen mein Gebot zu erheben, und das in einer Form, die an Dreistigkeit wohl kaum noch zu überbieten war. Er ging sogar soweit, meinen HERRzallerliebsten V.ATER mit ins Spiel zu bringen: "Wenn GOTT gewollt hätte, daß wir kurze Haare tragen sollen, hätte ER bei SEINER Schöpfung dafür gesorgt, daß sie gar nicht erst wachsen! Was sagt Messias denn bitte dazu?!!"
"Wenn du, mein lieber Judas, das AT" (was immer noch "Altes Testament" und sonst gar nichts heißt) "ein bißchen genauer studiert hättest, dann wäre dir sicherlich aufgefallen, daß der HERR es SICH in SEINEM unglaublichen Einfallsreichtum einfallen ließ, daß sich der Mensch Werkzeuge wie Scheren einfallen lassen konnte; ja, daß er sogar noch weiter gehen würde, und den Beruf des Barbiers erdächte und etablierte, zu SEINEM Wohlgefallen und Lobpreis! Deswegen also: laß dir allso gefälligst deine Matte stutzen!"
Murrend zog Judas von Dannen, (der süße) Johannes aber tickte mir von hinten auf die Schulter. Mit den Fingerrücken seine Haare über die Schulter katapultierend, dabei leicht den in den Nacken gelegten Kopf schüttelnd, fragte er mich, ob er nicht auch zum "Coiffeur" dürfe, denn er fände, seine Haare sähen scheußlich ungepflegt aus, und seien zu allem Überfluß vom Spliss nahezu halb aufgefressen.
"Meine Lockenpracht *schreit* geradezu nach einer Haarkur, wie zum Beispiel einer Schlammpackung. Findest du nicht auch, Jess?", fragte er mich, mir die gesammelten Werke seiner Haarspaltereien zwischen Daumen und Zeigefinger unter die Nase haltend. Ich gab ihm ein paar Sperlinge mit, die er unterwegs zu Pfennigen machen sollte, um den Hairstylisten bezahlen

zu können. Er bedankte sich mit einem Küßchen auf die Wange, ich gab ihm noch einen Klaps auf seinen Knackarsch und er entschwand fröhlich hüpfend, einem jungen Rehe gleich, auf der staubigen Straße. Dummerweise wollten jetzt aber die anderen Frauen auch zum Friseur, aber sie verfügten wenigstens über ihr eigenes Geld, sprich, die Höhlenhaltskasse. Also jagte ich auch sie zum **Teufel**, Verzeihung, zum Hairdresser. Der dafür winkende Lohn - nämlich für eine Stunde (mindestens!) meine Ruhe zu haben - sorgte für diese spontane Entschlußfreudigkeit.

Diese "Stunde", die, wie sich später herausstellte, knapp 240 Minuten (dem Lauf der güldenen Sonne nach zu schätzen) gedauert hatte, nutzte ich, um in der Einöde zu beten. Ich hatte mit Propi wahrlich einiges zu bereden ....

Kaum waren wir mit der Planung der nächsten Wunder fertig, wurde meine Aufmerksamkeit auf ein hysterisch kreischendes Weibsstück gelenkt. Auch meine Jünger kamen gerade aus Sevilla wieder. (Mindestens dort mußte der Barbier sein Geschäft gehabt haben, so lange, wie die unterwegs gewesen waren.) Zuerst aber wollte ich mich der hysterischen Frau widmen, von der mir Propi aber schon mitgeteilt hatte, daß sie nicht zu seiner Truppe gehöre. Meine Diagnose lautete also "Besessenheit", was ich aber niemandem erzählte. GOTTseidank, denn im Hellsehen war ich noch immer der ultimative Stümper. Als sie näher kam, verstand ich endlich, was sie da so lauthals von sich gab: "Heiland, du alter Schwede (die hatte wohl den Dämon des "Judasmachens" in sich) und Rabbi und Meester und allet, wattet so jibt und wat kreucht und fleucht, hilf mir! Weeßte, meene Tochta is 'ne Kranke, wa, die siecht aus wie 'ne Sieche. Liecht in unsre Hütte in Kanaan, wird aba ooch noch von een bösen Jeist jeplagt, der se allet ramponieren läßt, wat nich niet- und najelfest is. Ick weeß, du kannst meener Kleenen wieder zu'n jereglten Leben vahelfen."

"Aba, aba, jute Frau, nu machen se ma halblang! Se wissen doch, det ick nur für die verwirrten Schafe Israels zuständich bin. Also, so Leid mir det ooch tut, wa, aba ick fürchte, ick kann da HEAzlich wenich machen ... Außadem ...", fuhr ich fort, "... isset nu ooch nich die feine englische Art, die Hunde wat zu fressen zu jeben, wenn die Jören noch Kohldampf schieben. Tut mir ehrlich inne Seele weh, aba dir zu helfen, fällt nich in meen Zuständichkeitsbereich, entzieht sich also meener Allmacht."

Die Zippe gab nicht auf: "Jetz pup hier ma nich rum, Alta; selbst wenn die Kinderleinichens noch so'n Schmacht haben, so kriejen die Tölen ja wohl doch immerhin die Krümel, die vonne Essenstafel in Dreck fliejen. Wenn Israel schon det Spanferkel kricht, denn laß mir und meenesjleichen wenichstens die Knochen abnagen!"

Ihr "Spanferkelargument" machte mich zaudern. Sie bemerkte meine Schwäche und nutzte sie sofort aus, indem sie auch noch mein (Achtung! Wortspielerei:) (h)orny-thologisches Interesse weckte:

"Herr, nu denk ma nich so sehr anne Hunde, denk ooch mal an die viele Vöjel, die uff JOTTes Erdboden ihre Brosamen suchen. Bedenke, meene Kleene hat 'ne Meise ...."

Johannes zupfte mich, ungeduldig von einem Fuß auf den anderen tretend, am Ärmel: "Jess, guck mal, wie *toll* meine Haare geworden sind ...."

Genervt stieß ich ihn mit einem nachdrücklichen, "Nicht jetzt; du siehst doch, daß ich arbeiten muß!", weg. "Und während der Arbeitszeit hast selbst du mich nicht anzurufen Basta(rd)!"

Er zog zwar einen Flunsch, trollte sich aber. Ich wandte mich wieder an die Bittstellerin:

"Meinetwejen. Weil de so klug arjumentiert hast, werd ick jetzet een Wunder vollbringen, wie ick det fast noch nie jemacht habe! Ick werde eene Fernheilung vornehmen, wie se ooch noch in über zweetausend Jahre praktiziert werden wird. Jeh mit JOTT, aba jeh! Allet is rodscha!"
Zum Abschied frönte sie noch flüchtig dem Fußfetischismus, dann verließ sie mich und meine Mannen (?), deren Haarlänge ich nun zu inspizieren begann. Ich ließ alle antanzen und sich in einer Reihe hintereinander aufstellen, damit ich mir jeden einzeln vornehmen konnte. Petrus und Andiboy sahen ganz manierlich aus, Jacko aber war völlig verratzt. Da aber er und nicht ich so rumlaufen mußte, ging mir das am Allerwertesten vorbei, und zwar wie geölt. - Gerade wollte ich mich mit *Bart*holomäus anlegen, der seine Kinnmatratze für meinen Geschmack viel zu lang trug, als ich weiter hinten aus der Reihe Judas´ Stimme vernahm, die da rief: "Heiland, Heiland, Nathanael hat sich nur die Spitzen schneiden lassen!"
(Judas nannte mich "Heiland"? Da war doch irgendwas im (brennenden) Busche ....)
Ich befahl dem Verratenen, vorzutreten. Schuldbewußtsein aus jeder Pore seines schmächtigen Körpers schwitzend, trat er mit gesenktem, aber zu meinem Ärgernis auch langhaarigem Haupte vor. Ich mußte einen Exzenter stationieren (Ihr wißt genau so gut wie ich, was ich meine) und verpaßte ihm seines Ungehorsams wegen eine klatschende Ohrfeige. Artig hielt er mir auch die andere Wange hin. Frohen Mutes, daß wenigstens seinerseits meinen Predigten *aufmerksam* gelauscht wurde, schlug ich nicht dieses Angebot aus, sondern Nathanael noch eine auf die Kauleiste. Just als ich die nächste Linke vorbereitete (Nathanael hielt mir demütig wieder die andere Wange hin - also *ich* hätte stundenlang so weitermachen können), hielt mich Jacko mit entsetztem Gesichtsausdruck zurück ... Ich war zu überrascht, um ihm pauschal eine zu ballern, weshalb Jacko auch zu Wort kam: "Jesus!", rief er schockiert, "Nathanael kann nichts dafür! Hör mir erstmal zu. Judas hat uns allen angedroht, er würde uns verkloppen, wenn wir ihm nicht unser Friseurgeld gäben, damit er es im Puff ausgeben könne!"
Ich war von den Sandalen. "Judas hat ...", mir fehlten seit langem wieder mal die Worte!, "... WAS????"
"Natürlich ...", erzählte Jacko wesentlich entspannter weiter, "... haben wir ihn alle nur ausgelacht und ihn einen Schwachmaten genannt, der, selbst wenn wir Sieche wären, keinerlei Stich gegen uns hätte, legte er es auf eine physische Konfliktlösung an. Allerdings ...", räumte er abschließend ein, wobei er mit einer entschuldigenden Geste auf dessen Körperbau aufmerksam machte, "... sieh dir Nathanaels Konstitution an. Den könnte selbst David ohne Steinschleuder platt machen, ohne sich dabei auch nur den kleinen Finger zu verstauchen."
Nathanael mitleidig ansehend, erinnerte ich mich seines Lebenswandels: der "Kerl" war weit davon entfernt einer zu sein, auf den diese Titulierung auch nur annähernd zugetroffen hätte. Kein Wunder, immerhin hatte er die meiste Zeit seines Lebens damit verbracht, unter irgendwelchen Bäumen liegend, den Wolken hinterher oder Löcher in die Luft zu blicken. Da war natürlich nicht allzu viel Muskelmasse gebildet worden.
Einen wesentlich ruhigeren (man könnte schon fast beinahe von einem entschuldigenden sprechen) Ton anschlagend, frug ich den Schwachmaten, ob das denn wahr sei. Er nickte, Tränen in den Augen habend: "Ja-auuu". Er krümmte sich zusammen und hielt sich den Kiefer - was für ein Weichei! Der sollte sich mal bloß nicht so anstellen! Der tat ja gerade so, als hätte mein Schlag ihm den Kiefer ausgerenkt. HERRGOTTsackra, war ich geladen!
"Judas, hierher!", schrie ich. "Auf der Stelle trittst du mir unter die Augen. Und Gnade dir

GOTT, wenn du diesen Befehl wörtlich nimmst!!!" (Trotz meines heiligen Zornes war ich noch zu kleinen Scherzen aufgelegt; das hätte ich selbst nicht von mir gedacht!)
Ich glaubte meinen Augen nicht! Judas hatte genauso lange Haare wie eh und je.
"Ja bist du denn des **Leibhaftigen** kesse Beute, oder was?", brüllte ich ihn, dieses Anblickes gewahr werdend, an. "Hat *er* dir ins Hirn geschissen? Welcher reitet, dir im Nacken sitzend, dich denn? Hast du heute irgendwie den Gerasener gefrühstückt? Erst Nathanael sein Geld zu klauen, und sich dann noch nicht mal die Haare schneiden zu lassen. Du bist wohl voll auf Provokationskurs - oder wie soll ich dein Verhalten sonst interpretieren?"
Judas´ Keckheit kannte keine Grenzen, denn ohne rot zu werden, antwortete er mir: "Verzeihung - *Heiland* - ich bin einfach etwas geil gewesen. Deshalb reichte das Geld nicht für den Puff *und* einen Haarschnitt."
Die Erklärung auf meinen fragenden Blick, wurde mir mit unverhohlener Aggression ins Antlitz geschleudert: "Ich wollte eben *zwei* Mal! Ist das etwa ein Verbrechen oder eine Sünde? Was kann *ich* dafür, daß ich der einzige deiner Apostel bin, der nichts zum Ficken hat? Hab *ich* vielleicht Chrissi in die Wüste geschickt, oder wer war das, häh? Ist doch kein Wunder - wie vieles andere von dem was du tust übrigens auch - daß ich hin und wieder ausschließlich schwanzgesteuert unterwegs bin!"
Ich reagierte megaspontan: "*Das* ist wahrscheinlich tatsächlich kein Wunder ...", erwiderte ich mit gefährlicher Ruhe in der Stimme, "... aber *dagegen* kann ich Wunder wirken - sogar echte - paß mal auf!"
Und ohne jede weitere Vorwarnung rammte ich ihm mein Knie in die Weichteile. Er *sack*te (Brüller! Und was für einer - vor allem von ihm!) einem nassen Weinschlauche gleich in sich zusammen. Das war ein Anblick, den ich mein Leben lang (also ewig - ?) nicht vergessen würde, denn er machte mein HERRz so was hüpfen, das glaubt Ihr gar nicht. Das war schon lange überfällig gewesen, diesem Knilch mal klarzumachen, wer hier eigentlich der Chef war. Diese Lektion würde er wohl kaum so schnell vergessen!
"Und jetzt ...", vollendete ich seine Demütigung, "... stellst du dich da hinten an den Baum, schämst dich und kommst erst dann wieder zu uns zurück, wenn du wieder gute Laune hast und du deine Tat *wirklich* bereust! Du wirst uns dann alle um Entschuldigung bitten, insbesondere natürlich Nathanael und hinterher auch den VATERunserimhimmel. Ihr anderen meiner Apostel ...", wandte ich mich an die erschrocken dreinblickende Herde, "... nehmt euch jetzt alle ein Eßbesteck, also einen Spieß, den ich auch Stecken zu nennen erdreistet bin, und bildet eine Gasse bis zu besagtem Baum. Durch diese wird unser lieber Bruder Judas dann laufen, wobei ihn jeder nach Herzenslust und aus Leibeskräften mit seinem Schlagwerkzeug verprügeln darf. Ich nenne diese Form der kollektiven Züchtigung ab heute "Spieß- oder Steckenrutenlaufen" - witziger Name, gell?"
Ich selbst prügelte nicht mehr mit; ich hatte mich heute körperlich schon genug ertüchtigt (ich kleiner Hochleistungssportler, ich) - stattdessen kümmerte ich mich um meinen Lieblingsjünger, der etwas abseits (auch ohne Regel – diese verbale Gewandtheit – Wahnsinn!) saß und schmollte. Während ich mich ihm langsam von hinten näherte, versuchte ich meine aufgewühlten Emotionen zu bändigen und somit in etwas ruhigere Gefilde zu lotsen, was mir zwar nicht ganz gelang, aber immerhin ... Sanft berührte ich den schmollenden Freund an der Schulter: "Was hat mein Schmutzbärtchen denn ... ", frug ich ihn, "... isses sauer, weil ich mich erst um

andere Dinge kümmern mußte?" Wütend drehte Johannes sich um: "Du machst es dir mal wieder ganz schön einfach! Du hast dich nicht um andere *Dinge* sondern erstmal um andere *Frauen* gekümmert! Bedeute ich dir etwa so wenig?" Er begann zu schluchzen und wandte sich von mir ab. (Ein Ding, das mich auf die Palme brachte: wenn sich jemand von mir abwandte!) Aber ich verzieh ihm - vorerst. Gekränkte weibliche Eitelkeit machte das schwache Geschlecht eben manchmal etwas konfus in dessen Handlungen; Weiber ...!
"Aber ...", widersprach ich, "... das war doch rein beruflich. Du weißt, daß ich keine andere außer dir ansehen würde, schon allein, weil sie mich nicht anmachen."
Johannes war weit davon entfernt, sich zu beruhigen: "Ach, und das soll ich dir glauben? Ich wüßte zum Beispiel zu gerne mal, was du all die Abende machst, wenn du stundenlang Überstunden in der Einöde schiebst, während ich mit dem immer kälter werdenden Abendmahl auf dich warte und mir Sorgen mache. Der HERR könnte mir doch wenigstens ein Zeichen oder einen klitzekleinen Engel vorbeisenden, damit ich weiß, daß dir nichts passiert ist."
"Nein!" Ich wurde langsam wieder richtig sauer! "Das kann ER nicht, alldieweil ER gerade mit wichtigeren Dingen beschäftigt ist ... wie zum Beispiel ... äh ... mit meinem Anruf SEINER HERRlichkeit. Trara und wahrlich!"
Damit war dieser Teil der Diskussion für mich beendet. Jetzt hatte ich aber noch ein anderes Friedenstäubchen mit ihm zu rupfen. Mir war nicht entgangen, daß sich der Guteste beim Barbier hatte kahlscheren lassen, zumindest um die Kinnpartie herum. Meinen Ekel nur mit äußerster Anstrengung unterdrückend fragte ich ihn: "Kannst du mir vielleicht mal erklären, was dieser Quatsch mit deinem Bart soll? Hast du mich denn nicht mehr lieb? Du weißt doch, daß ich meine Probleme mit unbehaarten Wangen habe - zumindest rein zwischenmenschlich. Also, die nächsten Tage kannst du dir jede Form des Einfleischens genauso von der Backe putzen wie du es mit deinem Bart machen ließest. Das einzige, was mir bei deinem Anblick hochkommt, ist die Galle; weißt Bescheid?! Und wenn du heute Abend kiloweise Dreck ißt, in Sachen Ehebruch läuft nichts! Ich gehe in die Einöde, dann hast du genug Zeit, über dein Verhalten nachzudenken."
Mit diesen Worten ließ ich in stehen, bzw. sitzen wo er war, und nahm mich vor seinen Augen hinweg.
Natürlich hatte ich gelogen. Ich ging nicht in die Einöde. Mit Propi hatte ich ja alles besprochen, was es zu besprechen gab. Ich wandte mich also in Richtung der nächsten Stadt, um dort in der Synagoge einem meiner anderen Hobbys zu frönen: predigen vor dem Volk.
Im GOTTeshaus erkannten mich sofort -zig Menschen. "Das ist der, der die 4000 Leute mit nur ein paar Broten und noch weniger Fischen satt gemacht hat!", raunte es durch das Gemäuer. Sofort erschienen auch die Ältesten und etliche schriftgelehrte Juden auf dem Plan. Mir war schleierhaft, wie die Leute aus 5000 Personen (Frauen und Kinder nicht mitgerechnet) plötzlich 4000, also weniger (ach nee!?), machten. Erfahrungsgemäß wurden meine Wunder doch mit jeder mündlichen Überlieferung noch unglaublicher - und das im wahrlichsten Sinne des Wortes!
Es stellte sich heraus, daß einige der Anwesenden auch auf der Hochzeitparty gewesen waren; dort hatte ich wohl im Vollrausch von diesem meinem Wunder erzählt, aber da mir angeben im besoffenen Zustand nicht lag, hatte ich wohl die Zahlen unmerklich verändert, und versehentlich aus 5000 Menschen 500 gemacht. Niemand ist unfehlbar - ich bin eben auch bloß der

Menschensohn. Ich war Prophet und nicht Mathematiker oder - leider - Ornithologe! Zumindest hatte ich statt der von mir angegebenen 500 Leute jetzt der Sage nach schon wieder 4000 sattgemacht ... ein zufriedenstellendes Ergebnis, fand ich. Jetzt wollten die (Un-) Gläubigen aber mehr über die Story erfahren, was ich dann auch gleich ausnützte, um wieder unverständlichen Kauderwelsch zu verzapfen:
"Ihr seid doch nicht hergekommen, um ein Wunder zu sehen, oder etwa doch?"
Viele bejahten, ebenso viele schworen (obwohl sie das doch nicht sollten; hatten sie denn am Tag der Bergpredigt gefehlt oder nicht aufgepaßt?), daß sie die Kapelle aufgesucht hätten, um zu beten, immerhin sei ich ja zu ihnen gekommen, nicht andersrum; der Großteil allerdings zuckte mit den Achseln.
"Ach, hört mir doch auf ...", winkte ich ab, "... ihr seid doch hier, weil ihr hofft, auch etwas Panem et Piscos abstauben zu können. Ich aber sage euch: wahrlich, heute gibt es nur Hirnnahrung, der Bauch bleibt leer. Denn trachtet lieber nicht nach der Speise, die den Bauch füllt, sondern nach der, die auf ewig bleibt und "Leben" heißt. Und - jetzt schnallt euch an - auch diese Speise gibt es *exklusiv* bei mir, dem Messias, dem Menschensohn, dem Einzigen und Wahrlichen, heute als Pröbchenpackung - zum sensationellen Vorzugspreis von *umsonst*, was nicht mit vergeblich zu übersetzen sein sollte! Und jetzt kommt der Clou: alles, was ihr tun müßt, um dieses ewige Leben zu bekommen, ist, an mich zu glauben und zu tun, was ich euch sage! GOTT höchstpersönlich gab euren Vorvätern Manna vom Himmel, und so gibt ER euch heutzutage meinen Laib vom Himmel; ihr seht: ich bin das Brot des Lebens. Wer zu mir kommt, hat Hunger oder Durst nimmermehr - sprach der Rabe, der ein Vogel unter dem Himmel ist und gegen den ich natürlich schon allein deswegen nichts habe, da auch ich vom Himmel komme - ich hoffe, ihr versteht den unmittelbaren Zusammenhang ...."
Einige der Juden wußten aber mal wieder alles besser als ich (das muß Menschensohn sich mal vorstellen!), und begannen, Einwände wider meine Worte zu erheben:
"Wie kannst du denn behaupten, du seist vom Himmel gekommen, wo du doch Jesus bist, der Maria Sohn, die zwar immer noch behauptet, du seist vom HJ gezeugt, aber nicht einmal Joseph scheint davon überzeugt zu sein, obwohl er sie letztendlich trotzdem geheiratet hat. Da ist doch was faul im Staate Galiläa!"
"Das ihr aber auch nie richtig zuhören könnt!", fuhr ich sie an. "Ich sage doch mehr als nur ein Mal (pro Kapitel?), daß ich der Menschensohn bin. Wo ich in meiner Eigenschaft als solcher herkomme, kann euch doch wohl bitte echt schnurzpiepe sein, HERRGOTTnochamal!"
Da meine Widersacher nicht so billig zu überzeugen waren, schlug ich einen verbalen Haken: "Wer an mich glaubt, wird ja schlußschließlich" (statt: "letztendlich" – ich nun wieder!) "auch nur vom ALLERHÖCHSTEN dazu befähigt. Wenn euch nun aber die dafür erforderliche geistige Armut abgeht, kann ich ja wohl nichts dafür. Drum sag ich´s noch einmal: GOTT ist die Liebe! Und ich bin das Brot des Lebens, welches kommt vom Himmel. Wer von diesem Brot ißt, der wird ewig leben." Jetzt, oh verdammt, befand sich mein Mundwerk mal wieder auf der Überho*hl*(ein Konsonantenspiel?)spur, denn ich hörte mich sagen: "Das Brot, das ich euch geben werde, ist mein Fleisch, damit die Welt auf ewig lebt - ganz im Gegensatz zu meinen diesbezüglichen Ambitionen."
(Hatte ich denn schon vergessen, daß ich am Nachmittag noch gesagt hatte, ich sei ausschließlich für die Kinder Israels gekommen? Wo blieb denn mein Rassismus? Wieso sprach ich

plötzlich von globaler Erlösung? - Fragen die mich in diesem Moment ganz kirre machten. Heute vermute ich, dass mir die Idee zur Welterlösung eher unterbewußt kam, denn immerhin wurde ich ja von allen Leuten mit einer anderen Nationalität in Verbindung gebracht. Außer natürlich von Judas, der sich sein "alter Schwede" einfach nicht abgewöhnen wollte – sehr zu meinem Leidwesen.)
"Wir sollen dein Fleisch essen ...", stichelten die Juden weiter, "... ist das nicht ein bißchen unrein?"
"*Kein* Fleisch ist unrein, habe ich euch auch schon gesagt ...", konterte ich (nicht ohne noch dreister zu werden, denn ich fügte hinzu), "... ihr sollt obendrein sogar mein Blut trinken! Denn wer das tut, in dem bleibe ich; vergeßt alles, was ich bezüglich des menschlichen Verdauungstraktes bisher von mir gab! Falls ihr mir nicht glaubt, fragt mal (*meinen*) Johannes, der hat noch nichts von mir abgebissen, nur mal ein bißchen an mir geleckt, und schon wegen dieses bißchens Rumnuckeln kommt er nicht mehr von mir los!"
Die ersten Kannibalen begannen, ihre Eßbestecke zu wetzen und sich ihre Schlabberlätzchen umzubinden; es wurde allerhöchste Zeit, mich hinwegheben zu lassen ... zu tun ... zu dürfen können ....
Nach einer rasanten Flucht hatte ich die Meute hinter mir zurück gelassen und somit Zeit, mich ein wenig zu verschnaufen. Jemand faßte mir auf die Schulter. Erschrocken fuhr ich herum und erblickte eine Frau mittleren Alters. Bevor ich nach ihrem Begehr fragen konnte, hob sie schon an: "Heiland, ick bin von een ziemmich ausjepräjchten Damenbart jepeinicht und deshalb imma noch Jungfrau. Ick bitte dir um een kleenet Wunda und um die Ehre, een bißchen an dir lecken zu dürfen, damit de imma in mich bleibs´."
Der Frau konnte geholfen werden! Ich hieß sie, mit dem Lecken anzufangen - danach würde ich mich um ihr anderes Problemchen kümmern - versprach ich ihr. Nachdem sie einen ersten Vorgeschmack meiner Heiligkeit aufgenommen hatte, reichte sie mir ein, mit getrocknetem Kraut gefülltes, Papyrusröllchen, welches sie, nachdem sie es an einem Ende angezündet, sich zwischen die Lippen gesteckt, daran gesaugt und den Rauch inhaliert hatte, irgendwie spitz zu machen schien. Entgegen meiner Vermutung hieß das Kraut nicht "Spanische Fliege - getrocknet", sondern "Gras". Es hatte auch auf mich eine anregend benebelnde Wirkung. (Soviel zu: "Du sollst nicht rauchen ....")
Total breit widmete ich mich dann ihrem anderen Problemchen.
Nach vollbrachtem "Wunder" war sie zwar nicht ihre Gesichtsbehaarung, dafür aber ihre Jungfräulichkeit los. Im Tran ließ ich sie liegen, denn nachfolgen sollte sie mir nicht. Ich wollte Judas nicht schon wieder zu einer Gespielin verhelfen - wohin das führte, hatte ich noch lebhaft in Erinnerung ....
Noch immer bekifft kam ich in unserer Behöhlung an, fand alle meine Jünger - außer Johannes und Judas natürlich (seltsamerweise aber auch Nathanael) - in ehebrecherische Aktivitäten verwickelt vor, was mich dazu ermutigte, ihnen umgehenst, von meinen "laiblichen" Erlebnissen im Tempel zu erzählen. Die Story mit der Frau behielt ich aber vorerst lieber für mich, als ich feststellte, daß noch immer dicke Luft herrschte. Als ich geendet hatte, wurde die Luft noch dicker: "Mein lieber Schwan - äh, Schwede - du haust aber in letzter Zeit ganz schöne Hammer raus ...", kommentierte Judas, der sich immer noch mit schmerzverzerrtem Gesicht die Weichteile massierte, "... vielleicht solltest du in nächster Zeit das Pianissimo mehr zur Geltung

kommen lassen ...."
"Da schreit ja grad der Richtige!", belehrte ich ihn. An die ganze Crew gewandt sagte ich: "Regt ihr euch über so was auf? Habt ihr denn immer noch nicht kapiert, worum es *eigentlich* geht? Menschen(sohne)skinder, seid ihr doof! Das Fleisch ist doch egal, der Geist ist es, der lebendig *macht*; mit dem Fleisch merkt ihr lediglich, daß ihr noch am Leben *seid*. Meine HERREN - 'tschuldigung, VATI - mein HERR!"
Irgendwie hatte ich in diesem Moment eine Offenbarung, die besagte, daß dieses Abenteuer - mein Leben also - nicht gut ausgehen würde. "Laßt mich euch mal was verklickern: ich kam heute zu dem Schluß, daß es durchaus angebracht wäre, als "Erlöser der Welt" in die ewigen Jagdgründe einzugehen. Sprecht mich also in Zukunft bitte dementsprechend an, damit ich nicht böse werden muß! Da ich aber ein gnädiger GOTTessohn bin (?), gilt es, noch hinzuzufügen, daß wenn euch das Zusammensein mit mir so auf die Nüsse geht, dann sage ich euch jetzt eines: wer die Faxen dicke hat, kann liebend gern seine Siebensachen packen - und wehe, einer von euch besitzt auch nur eine einzige Sache! - und sich subtrahieren. Ein völlig verschüchterter Petrus meldete sich zu Wort, bevor die anderen etwas sagen konnten. Obwohl er für alle sprach, hatte keiner den Mumm, seine eigene Entscheidung zu treffen. "HERR ...", (meinte er etwa mich? Der lernte ja plötzlich ganz schön schnell zu parieren.),"... du hast die Worte des ewigen Lebens, und deshalb gehen wir hin, wo auch du hingehst, denn du bist der Heilige GOTTes."
"Das, meine lieben Apostel, Kupfer- und Jüngerinnenstecher, bleibt aber unter uns!", schärfte ich ihnen, bedrohlich den abgespreizten Zeigerfinger meiner Tischlerfaust gen Firmament schüttelnd, ein. Die Machtverhältnisse waren also geklärt, nur Judas schaute befremdlich aus der Wäsche. Also sagte ich: "Einen von euch reitet zwar der **Teufel**, aber ich hab euch trotzdem alle lieb. So, und jetzt wird geschlafen - aber wahrlich!"
Nachts erweckte mich Nathanaels schmerzerfülltes Stöhnen auf. Ich schlich, um die anderen nicht ebenfalls aufzuerwecken, auf Sammetsandalen zu seinem Schlafplatz. Dort wurde ich eines fürwahr unerfreulichen Anblickes gewahr: sein Kiefer schimmerte in sämtlichen Farben des Regenbogens und hatte die Form einer Melone, mit der man Fuß"ball" gespielt hatte. (Diese rhetorische Spitzfindigkeit – ich bin wirklich von mir begeistert! Ohne Quatsch!)
Ich nahm ihn bei Nacht und Nebel mit zu Propi, der ja über ein paar medizinische Grundkenntnisse verfügte. Seine Diagnose kam so hart wie unerwartet: ich hatte dem armen Nathanael doch tatsächlich mit nur zwei Schlägen meiner Tischlerfaust den Kiefer zertrümmert. Propi und ich beratschlagten abseits (jaja, ich und Fußballregeln) des wimmernden Opfers meines Wutausbruches, was zu tun das Klügste sei. Nachdem wir Verbannung, Mord und Einschüchterung als mögliche Lösungen unseres (bzw. meines – so viel Zeit *muß* sein) Problems verworfen hatten, entschieden wir uns für Bestechung. Wir unterbreiteten dem verwundeten Krieger (kleiner Scherz – von wegen: Schläge *kriegern*) unser Angebot, was er freudig nickend annahm. Es besagte, daß er von Propi in der Kunst des Schreibens unterrichtet würde, um so als *einziger* (ich lach mich tot!) die Exklusivrechte auf meine Lebensgeschichte zu erhalten, die dann auch nur er aufschreiben und veröffentlichen dürfe. Er dürfe sogar Geld damit verdienen, vorausgesetzt, daß er nie und nimmerlich die wahre Geschichte seiner plötzlichen Stummheit preisgäbe, sondern mir das überließe.
Dümmlicher Weise war er jetzt der einzige meiner Apostel, der aus eigener Erfahrung *wußte*,

daß ich nicht wunderheilen konnte, was ihn zu der irrigen Annahme verleitete, jetzt besonders weise zu sein.
Mit Propi hatte ich schon abgeklärt, daß ihm dieser eine Schrift beibringen sollte, die kein Sterblicher je würde entziffern können; nur für den Fall, daß er doch mit der Wahrheit herausrücken würde. (Wie Ihr heute wißt, funktionierte dieser Plan Eins A - oder habt Ihr schon mal was vom Evangelium Nathans gehört? Seht Ihr, Eure Bibel ist doch *heile* - hab ich Euch so was nicht am Anfang dieses Buches geweissagt?!)
Die nächsten paar Tage gammelten ich und meine Spießgesellen. Die Lust aufs Wunderheilen war mir nach der niederschmetternden Erfahrung mit Nathanael erstmal gründlich vergangen, was natürlich nicht zur Besserung meiner schlechten Laune beitrug. Immer, wenn mich einer der Jungs fragte, wo denn "Nathi" stecke, schnauzte ich den Fragenden unwirsch an, teilte aber dennoch dem Betreffenden mit, daß sich Nathanael in die Einöde zurückgezogen habe, warum wisse selbst ich nicht, denn erstens sei ich ja nun nicht unbedingt Hellseher sondern Prophet und zweitens sei ich ja erst recht nicht der Hüter meines Bruders im Glauben. Nach Anwendung dieses alttestamentlichen Zitates (ich silberzüngiges, kleines *Teufel*chen, ich) hatte niemand mehr was zu sagen. Das Schlimmste aber in diesen Tagen des Müßigganges war Johannes´ Verhalten mir gegenüber. Immer und immer wieder fragte er mich, ob ich ihn denn nicht mehr lieb hätte. Mit dieser Fragerei raubte er mir doch langsam aber sicher den letzten Nerv, sodaß ich tatsächlich anfing, mir darüber Gedanken zu machen, ob ich mit ihm nicht "Schluß machen" sollte. Schließlich wäre er nicht der erste Johannes aus meinem Bekanntenkreis, mit dem durch Fremdeinwirken "Schluß gemacht" würde. (Hach, ich Verbalschalk!) Außerdem wurde er immer weibischer, er fing mit der Zeit sogar an, genauso zu reden. Den ganzen Tag sch(ar)wänzelte (eine erneute Silbenplänkelei) er um mich herum, um mir mit irgendwelchen Kinkerlitzchen auf (anstatt wenigsten an) die (dicken - war denn *schon wieder* Ostern?) Eier zu gehen.
Eine besonders nervige Schote *muß* ich Euch eben erzählen: Ich las gerade, gemütlich mein - ichweißnichtwievieltes - Schläuchlein Wein leerend, das "Judäische Abendblatt", als er mir heulend seinen Mittelfinger unter die Nase hielt. Ich fand diese Geste ziemlich obs(ch)zön (ja, so was kann ich einfach), fragte ihn aber dennoch, mich zur Ruhe zwingend, nach seinem Begehr.
"Kiek mal, Jess, ick hab mir den Fingernajel abjebrochen! Kannste mir den nich eben uf die Schnelle heilen?"
Da ging mir jetzt aber die Kippa hoch: "Dann schneid dir die Dinger eben regelmäßig; auf die Dauer ist das sowieso nicht besonders erotisch. Manchmal habe schon ich das Gefühl, eine stumpfe Rasierklinge jage durch meine Eingeweide. Und jetzt laß mich gefälligst in Ruhe lesen!!!"
Hoffentlich würde Nathan bald wiederkommen, meine Jüngerchen langweilten sich zu Tode. Es wurde allerhöchste Zeit, daß wir wieder auf die Straße kamen. Ich mußte mir irgend etwas ausdenken, um uns die Zeit zu vertreiben; aber erst mußte ich mit Propi sprechen ... also ging ich beten. Ich bestellte eine Masse Menge Gras, erfuhr, daß Nathanael noch zwei Tage bräuchte, um endgültig schreiben zu können (Propi brachte ihm Hieroglyphen bei ... auf Schwäbisch!) und machte so ganz nebenbei das nächste "Wunder" klar.
Am nächsten Tag war der erste April, also schickte ich meine Gefolgschaft ein wenig in den-

selben, was recht lustig war, weil sie von dieser Sitte noch nie gehört hatten. Außerdem hatte ich so eine Rechtfertigung für mich selbst, einen ganzen Tag lang nach Lust und Laune rumzulügen, ohne hinterher auf meine Worte hin festgenagelt werden zu können (was ja recht schmerzhaft sein soll).
Ich kündigte eine tolle Sache an und sofort unterbrachen alle ihre Einfleischwerdeaktivitäten. Natürlich war die Sache nicht halb so toll wie angekündigt. Zuerst erzählte ich Judas, im Puff hätten sie heute den "Tag des Freistoßes", was mir als Fußballfan ja eine durchaus gängige, wenn auch unverständliche Begrifflichkeit war. Umgehenst war er vor unseren Augen hinweggehoben. Jetzt konnte ich in Ruhe die anderen verkackeiern (was, soviel ich weiß, von "anschmieren" kommt – rein etymologisch): "Meine liebe Gefolgschaft! Heute ist ein besonderer Tag, denn ich weihe euch jetzt in das eine und andere Geheimnis ein."
Mit einem Paradoxon par excellence, testete ich erstmal ihre Fischerschläue - mit durchschlagendem Erfolg - denn niemandem fiel die Widersprüchlichkeit meiner Worte auf.
"Ich habe gestern mit Nathanael, den ihr hin und wieder "Nathi" nennt - der übrigens morgen wieder zurückkommt - gesprochen und von ihm erfahren, daß er ein Schweigegelübde abgelegt hat, um mir und dem HERRn nicht zu mißfallen, ob dreister oder ungeziemlicher Wortwahl. Ferner erwähnte er, seine Zunge sei ihm zu viel wert, als das er sie eines verbalen Ärgernisses wegen zu verlieren gedächte. Das ...", fuhr ich fort, "... ist eine Form der wahren Nachfolge! Denn wer mir nachzufolgen gedenkt, verleugne sich selbst, auf das er nicht die ganze Welt im Lotto gewänne, dabei aber seine Seele verlöre. Wer sein Leben nämlich um GOTTes- oder meinetwegen auch, Meinetwillen (bin ich Scha-pitze!) behalten will, der wird es verlieren - und andersrum!"
Thomas meldete Bedenken an, wurde aber mit einem "Pschscht!" der mir neugierig lauschenden Horde zum Schweigen gebracht.
"Eins schwör ich euch ...", sagte ich, "... wenn ich einst mit meinem PAPI und all den Myriaden von Engeln wiederkomme, dann werde ich mich schon an meine Pappenheimer erinnern. Und wo ich gerade dabei bin, es sei euch versichert, daß etliche unter euch nicht sterben werden, bevor der HERR und ich diesen Fisch klarmachen."
Das war zuviel für Thomas: "Komm, Heiland, verarschen kann ich mich auch alleine ...", warf er ein, "... vor allem bleiben wir so lange am Leben."
"Weißt du Dreizehnmalkluger denn, wann dieser Tag sein wird?", hielt ich ihm vor.
"Nein!", antwortete er. "Du vielleicht?"
"Worauf du einen lassen kannst!"
"Was für einen denn?"
"Was weiß ich ...."
"Ach, und wann ist der Tag?"
"*Das* ist ein Geheimnis!"
"Wenn du´s uns nicht sagst, dann weißt du´s auch selber man gar nicht!"
Ich gab mich scheinbar geschlagen: "Könnt ihr denn ein Geheimnis für euch behalten?"
Alle bejahten diese Frage unter Zuhilfenahme eines eifrigen, freudig erregten Kopfnickens.
"Und sehet ...", rief ich theatralisch, " ... ich auch! Und wenn der Herr Thomas jetzt nicht die Klappe hält, dann kann er Judas Gesellschaft leisten!"
Darauf hatte Thomas aber herzlich wenig Lust, denn seine Freundin warf ihm einen Blick zu,

der ihm sein lüsternes Grinsen – hastdunichtgesehen - aus dem Antlitze wischte.
"Jetzt aber weiter im Text.", hub ich erneut an. "Wer mir also nachfolgen will, der nehme mein Kreuz auf sich und handele allso. - À propos Kreuz - da fällt mir außer einem "autsch!" (das ich mir diesmal extra lange zu erwähnen verkniff) ein, daß ich bald ganz schön in die Bredouille geraten werde. Die Schriftgelehrten und ihresgleichen werden mich sogar töten, aber das macht im Grunde genommen nichts aus, weil ich nämlich nach dreizehn Tagen, was ja - welch Zufall (oder ein Wunder) - genau meiner Glückszahl entspricht, wieder von den Toten auferstehen werde. Und wenn das kein Zeichen ist, dann ist es eben keins. Aber glaubt mir, *das* wird eins!"
Petrus hatte ein schreckensbleiches Gesicht: "Heiland, mach jetzt keinen Quatsch - mit dem Entsetzen treibt man keinen Schabernack!"
Ich hatte noch nicht genug Feinde, also nannte ich ihn "***Satan***" und befahl ihm, sich seiner Unwissenheit wegen aus dem Staube zu machen, da er mir Ärgernis bereite, und die Konsequenzen dessen wären ihm ja wohl spätestens seit der Bergpredigt klar.
Er trollte sich.
Matt.15,21;15,32;16,13;16,21;Mark.7,24;8;8,27;8,31;Luk.9,18;9,22;9,23;Joh.6,22;6,60;6,66

Dreiunddreißigstes Kapitel

<u>Na denn ...</u>

Petrus und Judas kamen zeitgleich wieder bei uns an, stocksauer. Irgendwas war aber anders an diesem Abend, denn Judas gehörte nicht zu der Sorte Leute, die einen überhaupt noch mit den Backen anguckten, wenn sie auf die Schippe genommen worden waren. Auch Petrus erweckte weder Tote, noch den Verdacht, ernsthaft beleidigt zu sein ... Irgendwas war im (Dornen – autsche!) Busch. (Der, laut AT, ja hin und wieder sogar zu brennen pflegte. Bedauerlicherweise konnte ich, wie ich glaube auch schon zu gegebenem Anlaß erwähnt zu haben, leider GOTTes nicht hellsehen.)
Mit (irgendwie gespielter) Wut begrüßte mich Judas: "Tag, Heiland, alter Wundertäter und Schwede, dein Geheimtipp bezüglich des Puffs war ja wohl ein Schiß in den Ofen! Von wegen Freistöße ...!"
(Obwohl mich die Anrede mit dem Schweden wahnsinnig aufregte) feixte ich und rieb, vor den beiden stehend, mit der Unterseite des rechten Zeigefingers über die obere des linken:"April, April, man ällibätsch! Angeschmiert mit Klopapier!" (You know: "ver*kack*eiern"?)
Ohne meine Bewegungsabläufe zu unterbrechen, bedeutete ich der restlichen Crew vermittels aufmunternden Zunickens, sie möge in meinen monotonen Sprechgesang einfallen:"Darum ätscht sie, ätscht sie aus, darum ätscht sie, ätscht sie aus ...."
Wir hatten einen Heiden- und Schriftgelehrtenspaß. Der einzige Haken an der ganzen Geschichte war, daß diese Verhohnepeepelung (ein gar dreistes Spiel mit (unschuldigen?) Zungen) den beiden nichts ausmachte, weshalb wir unser Amüsemang recht bald abbrachen. Denn, Leute zu verhöhnen, die sich nicht darüber aufregten, war schon zu meiner Zeit ein wenig belustigender Vertrieb derselben. (Hach, ich nun wieder!) Uns etwas deplaziert vorkommend,

standen wir um die beiden herum. Petrus und Judas grinsten breit, bevor letzterer mich seinerseits auszuätschen begann: "Selber April, April!", rief er triumphierend. "Es gab nämlich man wohl Freistöße für mich, weil ich nämlich gesagt habe, daß die Damen die Rechnung an dich schicken sollen!"
(Ich weiß, daß das nun zu berichtende Seltenheitswert hat; also, meine lieben Leichtgläubigen, streicht Euch diesen Tag rot im Kalender an!)
Ich war sprachlos! (So was war mir ja noch niiiiiiiiiiiie im Leben passiert!)
Judas - natürlich, wer auch sonst - hatte mich tatsächlich drangekriegt. Ich hatte ihn fürwahrlichst deutlichst (tjaha!!!) unterschätzt! Ich mußte, wenn ich von ihm nicht verraten und verkauft werden wollte, das Auge des Argus auf ihm ruhen lassen, denn den Heiland zu veräppeln, das grenzte ja schon fast beinahe Blasphemie. (Auch wenn ich vor langer, langer Zeit behauptet hatte, lediglich Sünden wieder den HJ seien unverzeihliche GOTTeslästerungen; aber was kümmerte mich schon mein Geschwätz von gestern; immerhin bin ich der Sohn des ALLERHÖCHSTEN, verdammt noch mal – glaub(t)e ich!)
Just als ich ihm einen perfekt ausgeführten, also "rechten", Haken verpassen wollte, klopfte es am Höhleneingang und ich wurde, als ich mich umwandte, schnell wieder ruhig, weil an die Konsequenzen ungezügelter Wutausbrüche meinerseits erinnert.
Vor uns stand, mit mittlerweile abgeschwollenem Unterkiefer, Nathanael, der sich ein drolliges Täfelchen um den Hals gebaumelt hatte, auf dem (für alle (?) Anwesenden unlesbar - außer mir natürlich -) geschrieben stand: "Grüß GOTTle, i bin des Nathanaelele und i hab ein Schweigeg´lübte abg´lägt, weil, des isch mir lieba als wie ständig zum Schwätze und somit vielleicht´s HERRGÖTTLE zum Verärgre."
Also, ich fand´s niedlich!
Ich las den Aposteln diese Zeilen natürlich in einwandfreiem Hebräisch vor, damit Nathanael nichts von dem Mega-Aprilscherz, der an ihm durchgezogen wurde, mitbekam.
"Steht das da auch wahrlich?", fragte Thomas, und Judas fügte hinzu: "Also, *ich* kann das nicht entziffern!"
"Du ...", fuhr ich ihn an, "... kannst *gar nichts* entziffern, weil du nämlich gar nicht lesen und schreiben kannst!"
"Naja, wenn *du* das meinst - immerhin bist *du* ja hier der Heiland ...."
Der Kerl machte mich (k)irre. Konnte er nun nicht lesen, oder etwa doch? Meine Unsicherheit gegenüber Judas vermischte sich immer mehr mit Angst vor ihm. Wahrlich, der Mann wurde mir unheimlich. Was hatte er nur gegen mich? Das war mir fürwahr ein Mysterium.
Ich tat also allso (meine GÜTE, bin ich toll!), als hätte ich seine letzte Gehässigkeit nicht gehört und verzog mich deshalb mit Nathanael auf dessen Winken hin, in eine Abseitsstellung. (Bescheuerte Regel ...) Er wischte sein Täfelchen sauber und schrieb: "I hab Dir vom Propile noch ebbes mit´bracht. Hier, bitt´scheh!", und überreichte mir mit diesen Zeilen ein paar von den kleinen Papierröllchen. Meinen fragenden Blick nicht fehlinterpretierend kritzelte er erklärend: "Die Dingerle da sind wahrlich Wundertüte und heißet "Joints." Fälschlicher Dings sprach ich dieses Wort, die dialektbedingten Übersetzungsfehler wettmachen wollend wie "Jeints" aus. Peinlich, peinlich, aber ich bin ja auch nur ein Mensch(ensohn - oder wiederhole ich mich???).
Obwohl schon Tiefenschwärze das Firmament maßgeblich farblich gestaltete, ordnete ich

sofortigen Aufbruch an, denn Judas´ offene Puffzeche wollte ich nicht berappen...
In meiner unglaublichen Güte und nicht zuletzt meiner unendlichen Nächstenliebe wegen, habe ich beschlossen, das nächste Kapitel aus Nathans (den ich ab sofort (wieder – oder auch zum ersten Mal – was weiß ich) "den Weisen" nennen möchte - es war mir bloß entfallen, daß ich dies zu tun schon früher einmal beschlossen hatte (oder auch nicht) - **Deibel** auch, mein Gedächtnis!) Evangelium zu übernehmen.
Ich muß bloß aufpassen, daß ich mich dabei nicht übernehme.

Nicht überliefert

Vierunddreißigschtes Kapitele

<u>Wundertütle</u>

G´sundmache vonnem blinde Männle
1 Zwei, drei Tägle schpäter, sind wir älle in eim Städele ang´komme, in einer, wo der Heiland scho´ predigt g´habt hat, früher scho´ amol. Heut isser aber net so subbagut druff quä (was in Zunge gesprochen ist, und "gewesen" meint – Anm. von Eurem Heiland) und hat sich gleich wieder mit älle dene Schriftg´lehrte ang´legt, weil, die händ ("haben") g´meint, i könnt´ kein reacht´s Hebräisch schreibe. Aber da hatter Jesus g´sagt, des die älle spinnet und eh net g´scheit an ihn nahglaube däte, Heilandsack!
2 Da händ sie aber ein Männle zu ihm nahg´bracht, der wo hat idda ("nicht") g´scheit schaue könne,
3 und händ zu ihm g´schwätzt und händ g´sagt, ob des net gange tät, des er den g´schwind amol ("mal eben") heile´ tät.
4 Da bin i aber g´schpannt quä, wie er des mache will, weil, i kann ja au id ("auch nicht") schwätze, und mir hatter net g´holfe. Der Jesus hat kurz zu mir nüberg´schaut, aber i hab net g´schrieba, damit der Jesus id unsicher wird. I war halt bloß a bissle g´schpannt, wie der Jesus des jetzetle nahbringe würd. (So viel zum Thema "Stillschweigen bewahren".)
5 Da isser nahg´gange und hat dem blinde Bua ins G´sicht neig´rotzt, daß dem die ganze Bria nunderg´loffa isch ("Brühe herunterlief"). Noch ("dann") hatter g´sagt: "Und, Bua, wa sieagsch?" ("Was siehst du?")
6 Und der blinde Ma hat g´sagt: "Herr, i weiß au id so reacht. Des isch grad so, als tätet die Male numsaua ("Männlein rumrennen") als ob sie fei Beim ("Bäume") wäret.
7 Noch hatter Heiland sein Duach ausm Sack ("sein Taschentuch") g´nomme und hat ihm den Sabber futtg´feidelt ("weggewischt") und hat g´sagt: "Noch ("dann") musch´ dir halt z´scherschtamole ("zuerst einmal") den Rotz futtmacha ("Futtfeidln")." Wiara ("als er") fertig quä isch hatter g´meint: "Und, Bua, wa seisch no? ("Was sagste jetzt")".
8 Da isch der Kerle subbaguat ("hundert(pro)zentig" – haha – ich kann´s eben nicht lassen) druffg´komme und hat g´meint: "Heiland, du bisch echt subba. Du bisch echt des Optimalschte was i jeh han g´sähe!"
9 Da hat der Heiland g´lacht und g´sagt: "Na, guada Ma ("guter Mann"), des isch ja no id viel

quä, trotzdem danke und ade und verzähls keim´, was i händ doa!"
10 Und der Exblinde isch vor meine Augepfel futtg´hobba worra ("Augäpfeln hinfort gehoben worden"), hat aber noch g´rufe: "Vergelt´s GÖTTle!", und mir händ älle miaße lache ("lachen müssen" – regt Euch nicht über den Satzbau auf – bei denen "isch dehs halt so"). Dehs isch halt a reachts Spaßvögele vorm HERRn quä, selbsch der Jesus hat g´lacht bis dasser hat haile miassa ("heilen" oder "heulen" müssen? - Ich bin nicht allwissend - as you are supposed to be in knowlegde of!). Damals hat der Heiland id oft g´lacht, des könnder ("könnt Ihr") mir glaube doa.
11 Aber der Jesus hat nie ebbes ("etwas") gegn d´ Vögel g´habt, und isch deshalb ein so Luschtiger quä.

Der Heiland isch net ein Subbanädda ("Supernetter"; dieser Frevler! Aber heute kann ich HERRzlich drüber lachen, denn bisher hat das ja keiner gewußt ....)
12 Mir sind weiterg´zoge und noch händ sie ein Leidensg´fährten von mir zu ihm nag´bracht, der hat auch id kenna schwätze und höre. Des isch für den natürlich auch id so supersubba quä. Des isch jetz halt amol einer quä, wo i g´wißt han, daß der Jesus des id packt, den zum heila. (Nicht "heulen"!!!)
13 Da han i mich aber g´schnitte g´hät ("g´habt").
14 Der hat fascht so ausg´sähe wie der Johannes, den der Herr ("ich") lieb g´habt ("g´hät" - kleiner Scherz) hat, mit dem er aber scho lang nimmer so reacht hat könna ....
15 Da ischer spitz g´worre ("geworden"), isch nagsauet, hat dem sei G´sichtle zwischn d´ Händ´ g´nomme und haddn g´kißt ("hat ihn geküßt"; stimmt!). Des hat aber id so reacht nag´haue, weil der Bua hat id der Mund uffdoa ("aufgemacht"). Noch isch
16 der Chef sauer g´worre und hat den Bua ang´schriehe:
17 "Hephata!", hatter g´sagt. Des heißt ung´fähr soviel wie "Machsch jetzetle mal´s Maul auf, Heilands Sack, sonscht bringt des nix G´scheits". Noch hatter ihm sei´ Zung´ bis tief an d´ Mandeln neig´schobe
18 und der guade Ma hat ausg´schpiehe und g´sagt: "Pfui **Deibel**! HERRGOTTsackra, du alte Sau!" Älle waret subbahäbby, weil der hat wieder g´scheit schwätze könne, nur i bin halt jenseitsmäßig sauer g´worde.
19 Noch isch der Boß voll dumm quä, weil der hat zu dem Taubschtumme g´sagt, daß der nix davon verzähle dürft , aber des hatter doch eh gar net höre´ könne´. I aber scho und i han g´meint, der verzählt´s eh jedem; deshalb schreib´ i des auch jetzetle uff. Was andre dürfet, dehs darf i auch! "Baschta", wia der Jesus zum Sage pflägt. (Sag ich gar nicht so oft!!! Oder?)
20 P.S.: Der Matthäus macht sich anscheinst Notizle; i muß dehs amol dem Heiland verzähle, daß der anscheinst auch ein Evangelium naschreibe´ möchte. Dehs fällt mir schon länger uff und dehs baßt mir gar id so reacht ... (Wenn du gewußt hättest ... Vor allem, daß Propi, der zu Hause Markus heißt, und Johnboy auch eins schrieben!!!)

Saufe´, Kiffe´, Ehebreche´ und so´n Zuigs
21 Mir händ jetzetle schon seit ewig viele Täg idda ebbes ("nicht etwas" – mein GOTT!) zum Tue´. Der Jesus isch wieder middem Johnny z´sammeg´komme und beide vertraget sich hei-

landszackmäßig subba. I han ihn amol a´g´schwätzt ("angeschrieben") wegs´m "Matti", aber der Chef hat g´sagt, i sollt mir halt keine Sorge mache´, weil er sei ja immerhin allwissend, gell, und er tät dehs schon wisse, wenn einer von seine´ Aposchtel ebbes schreibe´ tät, ohne des er dehs wisse´ tät.
22 Nach ung´fähr einer Woch´ hat des Messiasle g´sagt, daß mir (hier: "wir") jetzetle älle uff´n Berg naufmüßtet, um unser blaues Wunder zum Verläbe´ ("erleben").
23 Uffem Weg nuffzus hatter oft numzus g´schaut und zu uns niederzus g´sagt: "Hört´s fei, der Berg ruft", aber mir (s.o.) händ dehs kaum mitkriege´ könne´, weil mir (dito) älle haggestramm sind quä. (Dieser Bausatz! Zum "Hautderausfahren" – kleines Schpäßle g´macht! Euer Heiland!!!)
24 Insofern tät i "saga" – ein kleines Scherzle, dehs kann i auch mache´ (dieser Nachmacher!), id bloß dehs HERRJesusle -, daß dehs middem "blaue Wunder" keins quä isch, aber mir (Ihr wißt ja Bescheid!) händ auch noch von dene luschtigmachende Stengele g´raucht, halt von dene Joints.
2 Heiligsblechle, waret mir stramm und stoned als mir (wie oft denn nocht?!) uff´m Berg drobe waret. Älle händ weiße Schwäne g´sähe und lauter so Zuigs. D´ Sonne hadduns voll in d´ Auge´ neig´schtoche´, so doll, daß mir (es reicht, gell?) plötzlich händ glaube´ müsse´, unsre G´wänder seiet jenseitsmäßig weiß.
3 Plötzlich sind beim Chef Leut g´schtande´, die wo mir (aaaah!) älle kennt händ: des waret der Elia und der Moses. Mir (---) händ net nur schlecht sondern auch Bauklötzle g´schtaunet
4 und uns älle g´frägt, wo die jetzetle herkomme´ tätet und ohne sich den Brägen ("Schädel") zum schtoße´ noch zwischen äll dene weiße Schwäne schtande könntet. Der Jesus hat id mitg´raucht g´habt; der hätt sonscht sei helle Freud´ an dene Vögel g´habt. (Das hätte ich allerdings!)
4a Der hat aber lieber middem Elia und´m Moses ein ragschwätzt ("sich unterhalten"); hat bloß keiner verschtande´ könne´, worum´s ´gange´ isch. Der Petrus hat wohl ebbes höre´ wolle´ und isch nüberzus g´laufe´ und hat g´sagt:
5 "Herr, wenn d´ willsch´, könntet mir (ich rege mich nicht mehr auf ..!) euch g´schwind drei Häusle baue, in dene ihr wohne´ könnet, meinsch idda?!" Der Säckl hat aber gar id g´wißt, wasser hat g´sagt, weil der war halt auch oglaublich ("o" meint "un") breit.
6 Noch händ mir ´n (ha jo) Freßfläsch g´kriegt und händ Grombiera ("Kartoffeln") g´sucht, aber die hat´s id g´gebe´ - bei uns id! Noch händ mir (ich sage nichts!) halt Ähre ausg´risse und die g´fresse´, z´samme mit Matsch am Paddele ("Dreck am Stecken").
7 Da isch a jenseitsmäßig große Wolke nunterzus g´komme´ und die hat älle drei vor unsre´ Augepfel hinwegg´nomme´ und eine Schtimm´ hat g´sagt: "Dehs isch mei´ Söhnle; tut, wasser schwätzt, sonscht gibts ebbes an d´ Schtecka!" ("an die Löffel"; mei, ich schmeiß mich "fuddzus" ("hinfort")!). D´ Schtimm´ klang wie die vonnem Propile, aber dehs hat bei mir (Tatsächlich"mir"!) wohl an mei´m Rausch g´lege´ ....)
8 .....
9 -----------?
10 .....-----------...........-----------......!
11 I bin stont .... -----------=§§%%%$$/&&/"!(?`: ; >>>>>; : <<<<<<<< ____-----
_"###* **++´ß==?) high oigw üenqoUZFGZ/OX klfeg ujmää cj 7578 (ZU = G&/*XN ----- B

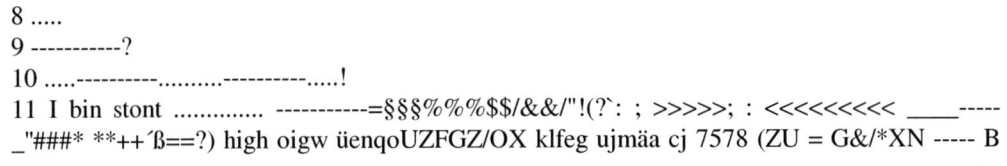

154

∧°°°!!!!
12 Irgendwenn sind mir wieder klar quä, und die Wolk´ war fuddzus, ohne dasses g´schifft g´hät g´hät. Mir händ´m Messiasle älles verzählt, aber der hat g´meint, mir sollet dehs erscht verzähle´, wenner wieder mit uns Riejunjen hat; und des hat keiner verschtehe´ könne´.
13 Noch ("Dann") hatter no ("noch") ebbes vom Elia und vom Johannes dem **Deiffl** oder auch´m Deiffer g´schwätzt, aber i han net mehr könne´ zuhöre´ wolle´.
14 Daheim han i schlecht g´träumt; erscht saufe´, noch kiffe´, dehs schafft´s fei idda!
15 Mei, des waret echt Wundertütle ....
(So, jetzt wißt Ihr auch, warum ich den kein Evangelium *niederzus* schreiben lassen wollte, *gell*?! Stellt Euch bloß mal spaßeshalber vor, Ihr müßtet diese Zeilen noch von Hieroglyphen in arabische Lettern übertragen ... Ihr habt ja schon mit "Orginalhieroglyphen" und deren Verdolmetschung genug Schwierigkeiten!)

(Bisher) nicht überliefert; ansonsten vgl.: Mark. 7,31;8,22;9,2;Matt. 17; Luk. 9,28

Fünfunddreißigstes Kapitel

Nie wieder Wunder ...

... hatte ich mir nach den letzten paar Einsätzen geschworen! Ich wollte ab jetzt nur noch ein paar Lebensweisheiten loswerden, bevor ich mich vorrübergehend zur Ruhe setzte (bzw. legte – Ihr wißt schon), denn langsam hatte ich keine Lust mehr, weiterhin den Wundertäter zu spielen. Ich war einfach zu faul; immer diese Planer- und Plackerei mit den Aposteln und dem Volk - von der Äktschen mit den Paris mal ganz zu schweigen! Leider hatte ich meine Rechnung ohne den Propi gemacht!
Schöner Matschdreck am Stecken!
So schlenderte ich einen schönen Tages mit all meiner Gefolgschaft quer durch die Ortschaften und Dörfer, ohne auch nur annähernd zu ahnen, daß der nächste Streß bereits ins Haus (bzw. ins Dorf) stand. Erst als ich der Menschenmenge gewahr wurde, die sich mit den Paris stritt, schwante mir Unheil. (Das ist natürlich nicht negativ den Schwänen gegenüber gemeint, die, vor allem während der Paarungszeit, besonders possierliche Tierchen sind - rein optisch betrachtet, was dem "Optimalsten" den Zacken aus der Krone bricht ...) Einige meiner Apostel waren wie immer vorausgelaufen, um ihre infantile Neugier zu befriedigen, wie denn wohl diese Stadt aussähe. Wir waren bisher erst -zig Mal hier gewesen, weil sich ein auf Fußwege beschränkter Arbeitsradius eben doch in Grenzen hält, aber sie dachten immer, es handele sich um eine neue Ecke im römischen Reich. Judas machte keinen Hehl daraus, daß er eben einfach nur auf die eventuell neu eingetroffenen Nutten im hiesigen Puff neugierig war, Thomas glaubte nicht, schon mal hier gewesen zu sein und Petrus leugnete diesen Umstand schlichtweg. Mein Schrecken war "jenseitsmäßig - le" (ich alter Schwabe), als ich erkannte, daß sogar Judas mitten in der streitenden Menge stand, ja daß er sogar der Rädelsführer der Opposition gegen die Paris zu sein schien. Der Pöbel wurde meiner gewahr und strömte zu Hauf auf mich zu, ein begeistertes "Hei - land tschatschatscha, Hei - land tschatschatscha, ...", auf den Lippen mit sich

führend. Ich bedankte mich kopfnickend, in alle Firmamentrichtungen (derer ja fünf an der Zahl sind, wie Ihr Euch entsinnen müßtet) winkend und Autogramme in jeden mir hingehaltenen Palmenwedel segnend beim Volk, bevor ich mich nach dem Anlaß des Aufruhrs mich zu erkundigen erdreistete. Jacko steckte mir, daß Judas angefangen hätte, den Paris zu erzählen, daß ich gleich käme, und sie dann ihr blaues Wunder erleben könnten, so wie er gestern selbst. Aber Propi war (wie immer) auf dem Posten, genauso wie seine Angestellten:
"Heiland ...", unterbrach ein Mann, zackig salutierend, die Szene, "... ich habe einen kranken Sohn!" (Na spitze, das war ja mal ganz was Neues!) "Der ist von einem bösen Geist besessen!" (Toller Einfall, Propi!) "Dieser Geist ist namenlos." (Wahnsinn, ich werd verrückt!) "Wenn dieser Geist sich seiner bemächtigt, so wirft er meinen Sohn ins Feuer" (dann lösch ihn doch, du Depp) "oder ins Wasser" (ich hab nichts gesagt!!!) "und manchmal noch schlimmer" (nämlich ins Gefrierfach, haha, dann schmeiß doch *du* ihn wieder ins Feuer!) "und er läßt ihn auch manchmal mit den Zähnen knirschen" (Huch!) "und ihm sogar Schaum vor den Mund treten" (ja, brutal, ey ...) "und - Jesus, halt dich fest - er kriegt dabei einen steifen ..." (also *DAS* will ich sehen!)"... Körper!" (Spannenst, du ehrlich, ungemein ... Ixtriem-Gähning! Propi gingen langsam die Ideen aus, aber auch das erwähnte ich, glaube ich, schon vor ein paar Kapiteln). "Kannst du ihn nicht bittebitte heilen?" (Na, typisch!) "Er ist doch mein einziger Sohn!" (Wunder über Wunder - ich bete gleich ab ....)
Nicht an eine positive Antwort glauben wollend hub ich an und frug: "Und, hast´n dabei?" Er hatte (*real* surprise!) - und der Kleine war echt überzeugend! Höchstens sechs oder sieben Jahre alt ... aber er vollführte den Rumpelstilz wie ein Alter. (Fast hätte ich applaudiert, so wie Ihr das heute tut, wenn Ihr den "Meister des Breakdance" via Dezibel ermitteln wollt.) Aber der Mann hatte noch nicht geendet:
"Außerdem ist mein Junge mondsüchtig" (na, *das* war doch mal was Neues) "und ich habe schon mit deinen Jüngern gesprochen, aber die konnten den Geist nicht austreiben, angeblich, weil sie nicht wissen, wie der heißt."
Ich war erschüttert; seit wann sollten die Leute zu meinen Jüngern rennen, um sich oder Angehörige heilen zu lassen; *so* war das aber nicht abgesprochen! Also fragte ich nach dem Namen desjenigen, der bei der Heilung so kläglich versagt hatte, obwohl ich schon ahnte, um wen es sich handelte.
"Der da kam an, und sagte, er könne meinem Kinde helfen, obwohl das hinterher noch schlimmer war als vorher!", sagte Propis Lohnempfänger, und zeigte dabei auf ... na, ratet mal ....
Judas schien diesmal wahrlich nicht zu wissen, was er verbrochen haben sollte, aber die strafenden Blicke aller Umstehenden hätten ihn fast umgebracht. Wenn Blicke hätten steinigen können ... (Oder, wie wir alten Kiffer zu sagen pflegten: hätten "stoned machen" können – na, *das* war doch jetzt mal ein Joke!) Ich konnte mich des (fälschlichen, wie sich herausstellen sollte) Verdachtes nicht erwehren, daß auch Propi was gegen Judas hatte.
Der Mann fragte wieder: "Kannst du mir helfen?"
"Über Können reden wir hier nicht ...", erwiderte ich barsch, denn das Volk strömte unaufhaltsam herbei, "... ob ich *will*, das ist die Frage!"
Ein Blitz spaltete den Hochsommerhimmel. Hups! Da hatte ich wohl ein bißchen über die Stränge geschlagen ... gab es letztendlich vielleicht wahrlich einen GOTT? (Oder war das nur wieder einer von Propis Spezialeffekten?)

"Oh Kerubim - äh - O.K., ich will ja, kannste mir glauben!"
"Ich will ja glauben ...", schrie der vermeintliche Vater, "... aber jetzt mach hinne, *ich* verdiene mein Geld leider nicht mit Wunderheilungen!"
Ich bequemte mich: "Naaaaaaaaaaaa (Dreizehn - Ausnahmsweise!) gut, also schön. Der Tempel wurde auch nicht an einem Tag erbaut, also laß mich mal machen."
Kunstpause.
"Böser Geist, hau sofort ab!", rief ich, mit gen Himmel geballten Fäusten.
Der Junge blieb einfach liegen. Ich hatte die Pause wohl etwas zu ausführlich gestaltet. Der Mob glaubte schon, daß der Junge tot sei, und ich ihn umgebracht hätte. Also packte ich seine Hand, riß ihn hoch und er stand wie die Eins schlechthin. Das Volk war baff, wir schnell weg und meine Apostel neugierig, wie ich das hingekriegt hatte ... ("Jetzt mal so im Gegensatz zu Judas.") Und ich sagte das Dümmste meines ganzen Lebens: "Glaube versetzt Berge - wenn man nur will."
(Was für ein Quatsch, aber Judas glaubte ja sowieso nur an die Kohle und seine ihm dadurch möglich werdenden Puffbesuche ...) Das er jetzt noch schlechtere Karten bei mir hatte, versteht sich wohl von selbst! Ich nahm mir vor, ihn noch besser unter meine Sittiche (Ihr wißt, was ich eigentlich meine) zu nehmen, eventunnel (dito) sogar Jacko auf ihn anzusetzen. Nichtsdestotrotz machte mich dieses Erlebnis irgendwie bekümmert, und ich schwor mir (wieder mal, wie konsequent bin ich eigentlich?) ...

Matt.17,14;Mark.9,30;Luk.9,37

Sechsunddreißigstes Kapitel

... nie wieder Wunder!

Das hätte Propi natürlich nicht gepaßt. Ich mußte mir also was einfallen lassen ....
Ich brauchte unbedingt eine andere Form von Publicity, irgendwas mit Kindern ....
Er sollte einen Plan dafür ausarbeiten; die Zwischenzeit wollte ich mit Phrasendreschen und Gleichnissen totschlagen (ich kleiner Gewalttäter).
Nach langem hin und her, hatten Markus und ich uns schließlich auf einen Kompromiß geeinigt: ein Wunder pro Woche sei mehr als genug. Das Volk würde bei Laune gehalten. Ich sicherte mir dadurch sowohl mein Auditorium als auch weiterhin Propis Loyalität. Die Idee für mein nächstes Wunder stammte von mir, die Umsetzung desselben sollte Propi am See Genezareth, der ja nun schon öfter für Zauberkunststückchen hatte herhalten müssen, realisieren. (Ich verspreche Euch jetzt schon: wie wir diesen Fisch gebacken kriegten, war das mysteriöse Äquivalent zu meinem ersten Orgasmus!)
Vorerst aber zogen wir weiter durch Galiläa. Ich konnte nicht umhin, meinen Aprilscherz zu wiederholen, allerdings zeigte der ständige Suff (nicht zum ersten Mal) seine ersten unschönen Seiten: mein Gedächtnis begann mir Ärgernis zu bereiten. (GOTTseidank ist das Gedächtnis kein Körperteil ...!)
Ich spruch: "Es wird aber kommen der Tag, an dem des Menschen Sohn wird sich übergeben

müssen in die Hände der Menschen, auf daß sie ihn töten werden. Er aber wird wieder auferstehen von den Toten nach sechs Tagen."
Meine Apostel bemerkten sofort meinen Fehler (nicht den orthographischen!) und wurden sehr betrübt, außer ... *Phil.* (Überraschung!) Er sprach mich ohne Scheu an, die anderen zogen sich ängstlich zurück, erwarteten sie doch einen neuerlichen Wutausbruch von mir.
"Du Jesus, ne, also letztes Mal, weißt du, da hast du aber noch etwas anderes prophezeit, weißt du?! Da hast du dich nämlich irgendwie total anders ausgedrückt, verstehst du? Ich mein, ich will dich da jetzt echt nicht irgendwie kritisieren oder berichtigen oder so was in der Art. Also, nicht, daß du jetzt sauer oder beleidigt werden müßtest, ne, aber deine Zeitangabe bezüglich der Wiederauferstehung sah letztes Mal eine Zeitspanne für die Totenruhe von so circa fast beinahe haargenau dreizehn Tagen vor, weil das doch deine persönliche Glückszahl ist. Ich mein, jetzt also mal quasi so, ne, wir wüßten schon recht gerne etwas genauer, wann du wiederkommen willst, denn wir könnten dir dann ja praktisch auch dein Lieblingsessen kochen, weil, nach so vielen Tagen bist du doch dann bestimmt voll hungrig. Du, ne, und wir möchten ja alle nicht, daß du uns vom Fleisch fällst, weil, sonst ist ja praktisch nichts mehr übrig, wovon wir essen könnten, um dich ewig in uns zu haben. Also sozusagen nur, weil wir so irre scharf darauf sind, deinen Laib zu essen und dein Blut zu trinken, ne; deshalb machen wir uns halt eben doch ein paar Sorgen bezüglich deiner physischen Konstitution. Nicht, daß ich mich jetzt gerade ein bißchen bei dir einschleimen oder doppelmoppeln wollte oder so, das ist echt nicht so, ne."
Johannes (dem gegenüber ich mittlerweile fast schon wieder ganz vorzügliche Gefühle hegte) und ich hatten letzte Nacht unter dem Einfluß eines ausländischen Insektenstiches zum ersten Mal "Ehebruch mit Lebensmitteln" ausprobiert - und das war zwar ziemlich "lecker", aber auch eine ungeheure Sauerei gewesen. Nachdem ich jetzt gerade erst die letzten Überreste dieser Nacht entfernt hatte, kam Phil an, um mir erneut Honig in den Bart zu schmieren, wenn auch nicht im wörtlichen Sinne. Aber ich erinnerte mich an die angenehmen Seiten dieses "Ein-Fleisch- Werdens", und wurde deshalb nicht böse, sondern eher etwas ziemlich spitz. Unter dem Einfluß meines sich ausbeulenden Sackes (welchen mein ich jetzt wohl?) stehend, klopfte ich ihm freundschaftlich auf die Schulter und spruch:
"Du Phil, du hast deine Worte echt weise gewählt, deshalb will ich mal ausnahmsweise von einem Spießrutenlauf - so nenne ich diese Form der Züchtigung ab heute offiziell, und ihr gefälligst auch - absehen, und Gnade vor Recht ergehen lassen."
Ich nahm im Unterbewußtsein ein erleichtert klingendes Aufatmen seitens meiner Spießrutengesellen (kleines Wortspiel nach langer Zeit - ich nun wieder, doch immer für noch eine Überraschung gut!) wahr.
"Es ist nun aber trotzdem so, daß jemand der getötet wird, nicht ganz so viel Fortuna hat, persönliche Glückszahl hin oder her. Um dir und euch anderen ein kleines arithmetisches Exempel zu präsentieren, führe ich nun Folgendes zur Begründung der neuen Auferstehungszeit ins Feld. Ein getöteter Mensch hat nicht mal halb so viel Glück wie sonst. Dreizehn dividiert durch zwei ergibt exakt Sechskommafünf, was genau der Hälfte meiner Glückszahl entspricht. Da ich aber nicht einmal halb so viel Glück haben werde - ich führte es eben an - stehe ich eben nicht nach sechskommafünf Tagen, sondern nach derer sechsen schon wieder auf! Basta!" (Hups, jetzt hab ich es doch maaaaaaaaaaaaal gesagt; vielleicht hat Nathan in seinem Evangelium ja doch nicht so unrecht?) "Und außerdem, um diese Zweifelei an meinen Worten ein für

alle Mal zu unterbinden: hier bin noch immer ich JEHOVAs persönlicher Abgesandter und kann deshalb wiederauferstehen wann es mir paßt! Vielleicht stehe ich auch schon nach - na, sagen wir mal - "Pie" - Tagen wieder auf, oder erst nach fünf Sommern und siebeneinhalb Monden." (Ich hab´s gewußt! Irgendwann war mit den Spätfolgen meiner "Der Schatz im See Genezareth" Schmökerei zu rechnen!) "Ich denke, jetzt ist das Thema endgültig vom Tisch ... ja?"
Brav nickte die Herde meiner Schafe mit den Köpfen, blökte ein "ja", und wir konnten uns weiter in Richtung Kapernaum bewegen.
Jacko konnte ich unmöglich zum Auskundschaften der Lage in die Stadt schicken, der sollte ein Auge auf Judas werfen. Also ließ ich Petrus sich vor meinen Augen hinwegheben. Während er sich vom Ufer (des Sees Genezareth) machte, überprüfte ich eben, ob Propi seine Vorbereitungen abgeschlossen hatte und alles für das nächste Wunder fertig war - es war.
Ich schlenderte noch etwas am Wasser entlang und genoß den Ausblick ebenso wie die gesunde Luft. Es dauerte nicht lange, da kam Petrus zurück, einen dicken Flunsch ziehend. Das klappte ja wie am Schnürchen.
"Na, Simon ..." (auch mein Namensgedächtnis ließ nach und nach zu wünschen übrig - verdammte Sauferei!), meinte ich, "... von wem glaubst du, nehmen die Könige dieser Welt Steuern? Von ihren Kindern oder von Fremden?"
"Natürlich von Fremden ...", erwiderte der frustrierte Komparse dieser inszenierten Begebenheit, "... aber was hat das mit der Tempelsteuer, die wir zu entrichten haben, zu tun?"
"Das will ich dir gerne erklären.", lug ich. "Ich bin doch GOTTes Kind, wie du weißt, also müßte ich rein theoretisch ja keine Steuer entrichten. Da ich aber heute irgendwie keinen **Bock** auf Streß mit den Tempelobersten habe, sage ich dir: um des lieben Friedens Willen, geh da hinten am See angeln. Ich zeige dir, wie damals, die richtige Stelle. Der erste Fisch der anbeißt, hat Knete im Maul, die gibst du dann den Steuereintreibern."
"Was, zum **Leibhaftigen**, ist Knete?", nervte mich Thomas - ach nee - Simon, ... äh, Petrus.
"Das, mein Gutester, ist der monetäre Gegenwert zweier Spatzen, gegen die ich, wie du weißt, nichts habe, aber das erwähnte ich wahrscheinlich schon hin und wieder. Und jetzt schnapp dir eine Angel und mach den Fisch klar!"
Petrus war beschäftigt, und ich wand(er)te (rein geographisch gesehen) mich wieder dem Rest meiner Gefolgschaft zu, denn ich gedachte noch den einen oder anderen Wein und meine Jünger zu lehren ... (GOTT, was kann ich gut mit Worten jonglieren! Nicht, das ich "krohskottzichen" wollte; *das* sei ferne von mir ...) ...wie übrigens auch noch meine mir Anbefohlenen, derer ich aber laut streitend und mit einem Zollstock rumhantierend gewahr wurde. Sie spielten ihr neuestes (?) Lieblingsspiel: "Wer hat hier eigentlich den Größten?" - Wie die kleinen Kinder, wahrlich!
Und da kam mir auch schon eine Predigtidee. Ich klau(b)te (bin ich spitze, oder wer?) mir ein am Ufer spielendes Kind (ganz Nackedei) auf, klemmte es mir unter den Arm und schlenderte, scheinbar teilnahmslos, eine lustige Melodei trällernd auf die elf Streithähne zu. (Natürlich hatte ich, dank meiner ornithologischen Veranlagungen, nichts gegen sie.) Als sie mich kommen sahen, wurde das (für dieses Unterfangen ohnehin zu groß geratene) Zollmaß (das aber auch in Ellen unterteilt war) vor meinen Augen schnell in Bartholomäus´ Rocktasche hinweggenommen. (Der hatte ja echt tiefe Taschen am/im Sack!)

"Na, ihr kleinen Schlawiener Würstchen, was macht ihr denn gerade?", frug ich, Unwissenheit vortäuschend, aber eine kleine (haha) Beleidigung mir nicht verkneifen könnend. "Ni - hichts!", kam die Antwort fast unisono über aller Lippen, wobei sie ihre sich rötenden Häupter (mit gespitzten Lippen ein paar *infernalische* Töne von sich gebend - der ausgeblasenen Luft wegen) der lieben Sonne entgegenwandten. Der Junge unter meinem Arm schrie und strampelte noch immer, denn ich hatte ihm ja mit keinem Sterbenswörtchen erklärt, wozu ich ihn bräuchte. Jetzt stellte ich ihn mitten im Kreise der versammelten Zoll"stock"schwinger (ich brüll ja wie beim Abbeten!) ab und tröstete ihn, indem ich ihn in den Arm nahm und knuddelte. In diesem (denkbar unpassenden) Moment sorgte die "Spanische Fliege", unter Zuhilfenahme eines Fläschbäcks, für (ungewollte – wahrlich!) Aktivität in meiner Lendengegend. (Nicht, daß ich schon immer pädoviele (tja – da isses wieder mal) Neigungen verspürt hätte, GOTT bewahre! Die einzigen kinderlieben Aktivitäten hatte ich in meinen jungen Jahren an mir selbst abreagiert; wirklich und in Ehrlichkeit, Amen!)
Schnell setzte ich mich so hin, daß keiner die Beule unter meinem Einheitsmodesack erkennen konnte - nicht einmal, bzw. - *schon gar nicht* Johannes. (Den ich - ach, wem mach ich hier eigentlich was vor? - unglaublich lieb hatte!) Das wäre mir wahrlich peinlich gewesen. Doch dann rutschte mir noch: "Seht euch mal diese Beule an!", raus ....
Alle starrten auf meinen Schoß, also setzte ich das nackerte Kind darauf, was zwar nicht gerade zur Beruhigung meiner aufgewühlten Weich(*harter* Scherz!)teile beitrug, sich aber auch nicht unangenehm anfühlte. "Wenn einer der Erste sein will, so wird er der Letzte sein! Das ist einfach deshalb so, weil ich das gesagt habe. Wenn jemand zum Beispiel dieses Kind in meinem Namen nimmt - ich meine natürlich *auf*nimmt, so wird ihm das niiiiiiiiiiiie einer vergessen. Im Grunde genommen, nimmt er dann mich ... äh ... *auf*! Ich würde sogar soweit gehen, zu behaupten, daß, wer mich aufnimmt, dieses auch mit dem HERRn tut. (Was bei genauerem hinlesen ein quasi geradezu paradoxes Wortspiel in sich zu verbergen vermag, das allerdings nicht von jedem zu entdecken ist ...) Und somit handelt es sich dann um eine GÖTTliche Aktion, und so was ist verdammt gut! Ich stellte das Kind wieder ab und schickte es mit einem freundlichen Klaps auf den Hintern seiner Wege.
Johannes (blahblahblah) hatte wohl doch etwas bemerkt, denn mit eifersüchtig - pikierter Geste warf er seine Haare über die Schultern und sagte etwas, was an und für sich nichts mit dem Thema zu tun hatte - Weiber eben ..: "Also, ick weeß och nich so rechte, aba wir ham jrade jestern een jesehen, der hat in deinem Namen Jeister ausjetrieben."
"Und ...", fragte ich, unschuldig dreinblickend, "... hat´s wat jebracht?"
Er wurde verlegen. (Aber seit wann hören "Weiber" auf zu reden, bloß weil sie nicht mehr wissen, wie es weiter geht? Das wäre ja das Allerneueste!)
"Naja, det ham wir ihm natüllich sofort vaboten, denn der folcht dir ja nun ooch nich jrade mit riesijer Bejeisterung nach, wah!"
"Ihr Hornochsen ...", fuhr ich die ihm Zustimmung via Kopfnicken bekundenden Jünger an, "... ihr seid streckenweise wahrlich zu blöd, ein Loch in den Schnee zu pullern! Es ist doch mir völlig schnuppe, ob mir einer hinterherläuft oder nicht, mal abgesehen von euch, denn sonst käme das ja mit meiner Glückszahl nicht mehr hin. Wenn aber jemand Gutes tut, dann kann er das in meinem, in JEHOVAs oder in Egon Meiers Namen tun. Am liebsten aber natürlich in meinem. Wer euch in meinem Namen ein Glas Wasser zum Nachdurstlöschen gibt, dem wird´s

vergolten werden, egal was ich damals Gegenteiliges behauptete - basta!" (Hups, da war es ja schon wieder; ich konnte mich langsam nicht mehr des Eindruckes erwehren, doch ganz schön oft dieses B - Wort zu sagen.) "Merkt euch ein für alle mal, wahrlich, schreibt euch das hinter die Ohren: wer nicht gegen uns ist, ist vollautomatisch für uns! Kapiert?"
"Oder andersrum!", gab Judas ergänzend seinen Senf dazu.
"Auf gar keinen Fall!", *strich* nun ich meinen Mo*strich* darauf (deshalb hieß der wahrscheinlich so - Schenkelklopfer!), "Bist du denn vom ***Bösengeist*** des Wahnsinns besessen? Wie leer wäre das denn dann im Himmelreich ... und wie sterbenslangweilig!" Entrüstet sprang ich auf. Ich wollte mich gerade so richtig aufregen und Judas eine knallern, als mich jemand am Saum meines Gewandes zupfte. Niederblickend erkannte ich den kleinen Nackedei von eben wieder. Freundlich beugte ich mich HERRnieder, um ihm so meine ungeteilte Aufmerksamkeit zu suggerieren.
"Da hinten ist ein Onkel, der mal mit dir reden will."
"Und warum kommt er dann nicht her?"
"Er sagt, er könne nicht laufen", entgegnete mir der Knabe.
"Ich heile doch aber eigentlich nichtmehr mehr (das ist schon richtig so ..!) als einen Menschen pro Woche! Geh, und sage das dem Mann."
Während der Junge sich entfernte, drehte ich mich wieder zu meinen Jüngern um, aber die hatten sich versteckt, diese Feiglinge! Suchend durchforstete mein Adleraugapfel die rurale Idylle am Seeufer, aber ich konnte keine mir bekannte Menschenseele ausfindig machen. Da zupfte der Dreikäsehoch wieder an mir:
"Der Onkel hat zu mir gesagt, er wisse das, aber wenn du ihm nicht hülfest" (das Wort hat der wirklich benutzt!) "kriegte er niiiiiiiiiiiiie wieder in seinem Leben einen Fisch gebacken."
Jetzt endlich hatte ich verstanden und ließ mich zu dem Manne führen.
Propi saß unter einem Baum, den Gelähmten markierend. Nach einem, "Du bist geheilt, Kumpel", von mir, erhob er sich, der kleine Junge war baff und ich erfuhr von Propi, daß er Pleite sei, denn ihm seien jetzt schon zwölf (!) präparierte Fische entwischt.
"Man kann doch einem Profifischer wie Petrus keinen toten Fisch an die Angel hängen!", fügte er erklärend hinzu. "Außerdem sollte doch der dreizehnte Fisch der "Glücksfisch" sein – oder?!" Also, ich mußte schon sagen, wo er Recht hatte, da hatte er Recht. (Obwohl ich die "Dreizehn" eigentlich zu *meiner* Glückszahl auserkoren hatte ... aber Schwamm (notfalls einen mit vergorenem Wein getränkten) drüber! Ich wollte mich nicht unnötig über ihn aufregen – obwohl es natürlich *eigentlich* nötig gewesen wäre!) Ich selber führte aber auch nichts Bares mit mir, und meine Jüngerinnen hatten sich, wie auch die elf anderen, abgesetzt.
"Laß Petrus mal noch 'ne Weile angeln, mir fällt schon noch was ein ...", versprach ich. Allerdings war in diesem Moment zugegebenermaßen eher der Wunsch VATER des Gedankens, "... ich muß mich jetzt erstmal um die anderen kümmern."
Nach ein paar Minuten näherten sich meine Schafe vorsichtig ihrem "guten" Hirten. Nachdem ich geschworen hatte, keinem etwas zu tun, kamen sie mutiger auf mich zu. Judas kriegte sofort eine Ohrfeige, und ich rechtfertigte meinen Wortbruch mit der Begründung, daß ich ihnen schon tausendmal gesagt hätte, man solle eben nicht schwören, weil das sowieso gelogen wäre und *deshalb alle* nur in Schwierigkeiten brächte. (Erinnert Euch an das Ende des Heuschreckenfressers!) Flott zitierte ich aus dem Stegreif noch ein paar andere Sprüche aus der Bergpre-

digt, die sich ausschließlich mit Selbstverstümmelung beschäftigten, und kam, nachdem sich meine in der Seele verwundeten Krieger ihre Wunden geleckt hatten, wieder auf mein unkeusches Fleisch im Umgang mit Kindern zu sprechen, wobei ich natürlich nicht mich, sondern "die Menschen als solche" an den Pranger stellte: "Wer einem der Kinder, die nebenbei bemerkt an alles, also auch an mich glauben, ein Ärgernis zufügt, der wäre besser beraten, wenn er mir hinterher nicht über den Weg liefe."
Meine Apostel wußten, daß dies keine leere Drohung war!
"Lieber hängte sich dieser Mensch einen Mühlstein um den Hals, und ginge anschließend über das Wasser, was sinnbildlich soviel meint wie "Über den Jordan". Und glaubt mir noch etwas: egal, was für eine Sünde ihr an einem Kind begeht, ich kriege das raus, denn die Engel sehen alles. Und sie petzen verdammt gern! Ich weiß das, denn ich habe im Himmel nichts machen können, ohne daß DAD davon erfuhr." (Woher nahm ich Sprüche wie diese bloß? - Eingebung?)
Da ich zu bitterböse war, um noch irgend etwas Friedfertiges von mir zu geben, schickte ich alle außer Johannes (na, ich brauche ja weiter nichts zu sagen) in die Walachei. Anschließend frönten wir zwei beiden in einer abgelegenen Ecke dem Sado - Maso – "Ehe"-bruch und danach schlief ich erschöpft ein.
Mitten in der Noctem fuhr ich aus dem Schlaf. Nicht, daß ich schlecht geträumt hätte, oder mein Gewissen mir die wohlverdiente Nachtruhe verübelt hätte. Es war mal wieder mein Gedächtnis! Irgend etwas hatte ich zu tun versäumt. Endlich fiel es mir ein: Petrus! Ich lugte um einen Baum herum und konnte im Mondschein die sich deutlich von der Landschaft abhebende Silhouette des einsamen Anglers ausmachen. Mich vorsichtig auf Sammetsandalen bewegend, stahl ich mich unter die Gruppe meiner schlafenden Jünger/innen, und einer von ihnen ein paar Groschen. (Sag mal einer von Euch was gegen meine Wortgewandtheit – das wäre fast Sünde wider den HJ.) Allem Anschein nach hatten sie heute Sushi (was in (See-)zungen (nein, was für ein flacher Gag - erinnert mich schon fast an eine Flunder - Wahnsinn! - Ich dreh durch!) gesprochen "roher Fisch" heißt) gegessen, aber nicht alles geschafft. Also *klau*bte ich außerdem noch einen nahezu unangenagten Fischkadaver auf. Mit meinen Beutestücken am - äh nein; unter - ach verdammt - Sack (dem, den ich als Kleidungsstück trug, menno!) pirschte ich mich nun an Petrus heran, dessen Schnarchen beim Näherkommen immer unüberhörbarer wurde.
"Petri heil!", schrie ich dem schlafenden Manne ins Ohr, woraufhin dieser gut und gerne einen halben Meter vom Erdreich abhob. Meine Scheinheiligkeit kannte in dieser Nacht keine Grenzen: "Oh, habe ich dich etwa erweckt?", frug ich, schuldbewußtes Überraschtsein heuchelnd. Der Angesprochene war noch viel zu schlafbetrunken, um - diesen Unverschämtheiten angemessen - wütend zu reagieren. Da ich mein Mundwerk nicht bändigen konnte, setzte ich doch lieber noch einen auf seines drauf. (Das auszuformulieren war schwieriger, als ihm einfach eine zu schallern; das könnt Ihr mir glauben!) Als Petrus wieder bei vollem Bewußtsein war, bekundete ich "ernstes" Interesse an seinem Sport: "Und ...", frug ich neugierig, "... beißen sie?"
Spätestens jetzt wäre ich an Simons (den ich ja manchmal auch Petrus nannte) Stelle ausgerastet, aber er hatte wohl zuviel Respekt vor mir. Deshalb antwortete er erschöpft: "Weniger. Eigentlich gar nicht."
"Laß mich mal!", forderte ich ihn, ihm die Angel aus den Händen nehmend, auf.

"Du kannst ja eben mal ´ne Pinkelpause einlegen, während ich mal schlauer Fische fische als du es tust; ich werde meine Angel nämlich nicht im Trüben auswerfen."
Er ging, um sich zu erleichtern, ein paar Meter ins Abseits (alles klar?!), gerade weit genug, um nicht sehen zu können, wie ich flugs den (toten) Fisch am Angelhaken befestigte, um ihn dann in hohem Bogen ins Wasser zu werfen. Anschließend zählte ich (logisch) bis dreizehn, um dann, wildes Zucken der Angelrute simulierend, erfreut auszurufen: "Ich glaub, ich hab einen dran!"
Simon (Petrus?) kam einem Thomas gleich (also reichlich ungläubig) zu mir gehetzt! "Das glaub ich einfach nicht ...", rief er aus, "... das kann einfach nicht mit rechten Dingen zugehen!"
"Überlege dir erst, wen du vor dir hast, und dann sehr gut, was du sagst!", regelte ich ihn (in) Maß(en) (boah!), während ich den Fisch wieder aus dem Wasser zog. Mit annähernder Lichtgeschwindigkeit griff ich zu, riß ihn vom Haken, tat so, als griffe ich ihm ins Maul und warf ihn hochbögig zurück in das schwarze Naß, auf dessen Oberfläche lediglich auf den kleinen Wellenkämmen das Mondlicht lustig tanzte. Bevor Petrus bemerken konnte, daß der Fisch schon seit längerer Zeit nicht mehr aus eigener Kraft geschwommen war, entschwand dieser bereits - mit dem, wie ich dank meiner Adleraugen (erzählte ich Euch schon, daß ich Vögel irgendwie gut leiden kann?) gut erkennen konnte, Bauch nach oben schwimmend, in der Dunkelheit. Stolz präsentierte ich Simon (?) den finanziellen Erfolg meines Fischzuges: "Na ja, ...", sagte ich, "... bei mir ist es natürlich ein bißchen mehr geworden als zwei lumpige Pfennige. Guck mal!" Ich hielt ihm die Klimpermünzen direkt unter die Nase: "*Ich* hab sogar zwei Groschen gefangen. Ich sag´s ja immer wieder ...", fügte ich, ihn völlig demoralisierend hinzu, "... was man nicht selbst macht, wird einfach nichts!"
Mit diesen Worten wollte ich das Häufchen Elend stehen lassen, aber er hielt mich zurück: "Danke, daß du den Fisch zurückgeworfen hast ...", sarkastete er, "... ich hab heute nämlich noch nichts gegessen!"
"*Das* ist hart ...", nickte ich verständnisvoll, "... aber dann mußt du dich einfach dazu zwingen! Gute Nacht, ich geh jetzt wieder schlafen, denn mit vollem Bauch diskutiere ich nicht so gerne. Davon bekomme ich immer so ein Völlegefühl. Wenn du es dir anders überlegen solltest, höre auf zu fasten und fange dir doch einfach einen Fisch. Vergiß aber nicht, vorher einen Köder an den Haken zu machen!"
Erschöpft - nach all der Anstrengung - schlief ich wieder ein, wohl wissend, daß ich auf dem besten Wege war, es mir mit den einzigen Freunden, die ich hatte, gründlich zu verderben. Aber PAPI würde mir schon im richtigen Moment helfen, um mich wieder mit ihnen zu versöhnen zu können - würden - äh ... Dank dieses gesunden GOTTvertrauens hatte ich sogar noch schöne Träume.
Am nächsten Morgen HERRschte natürlich dicke Luft, die sich auch im Laufe des Tages nicht verdünnte, denn Petrus hatte allen von meinen nächtlichen Eskapaden erzählt - außerdem hatte Andreas´ Freundin (die, so unwahrscheinlich das auch klingen mag, Andrea hieß; in Wahrlichkeit!) irgendwo ihr Geld verloren. (Schön, daß sie maßlos übertrieb, sonst wäre der Verdacht vielleicht auf mich gefallen. Da aber angeblich ihr ganzes Vermögen von 15 Groschen verschwunden war, wurde Judas, der die ganze Nacht im Puff (?) verbracht hatte und jetzt erst wiederkam, von allen scheel angeguckt. Da hatte ich ja noch mal Schwein gehabt! Á propos Schwein:) "Was gibt´s denn heute zum Frühstück?"

163

Da ich keine Antwort erhielt, schloß ich messerscharf daraus, daß es aller Wahrscheinlichkeit nach Fisch mit Dreck am Stecken geben würde. Gab es auch. Manchmal entwickelten sich bei mir tatsächlich prophetische Fähigkeiten ....
JEHOVAseidank hatte ich aber schon einen Plan, wie ich meine Anhängerschar mir wieder wohlgesonnen machen würde. In der Gegend hier war bald Schützenfest, eine Art Kirmes, die bei uns aber Laubhüttenfest hieß. Da war immer Halligalli und Ringelpietz mit anfassen. Jeder von ihnen sollte ein bißchen Taschengeld kriegen und sich dann mal so richtig amüsieren. Aber heute wollte ich noch lamentieren; außerdem hatte Propi gestern kläglich versagt. Noch so ein Griff in die Klo(ake - ha, watt´n Scherz! – "Späßle g´macht" würde Nathan jetzt sagen --- nein: *schreiben* ---Verzeihung!) seinerseits, und ich würde ihn auf der Stelle feuern - wortwörtlich! (Dann würde er mal selber sehen können, wie das mit dem Rauchen ist ...!)
Andis Freundin frühstückte nicht mit, worüber sich ihr Liebhaber tierisch aufregte - Andreas selber natürlich auch. Sie war unterwegs, von der Hoffnung beseelt, ihr Geld vielleicht doch noch wiederzufinden. Ich beschloß, die aufgebrachten Gemüter mit einer kleinen Geschichte zu besänftigen:
"Warum regt ihr euch über diese Frau so auf? Was meint ihr wohl, wie es sich verhielte, wenn ein Mensch hundert Schafe hätte, und eines davon verlöre? Er ließe die übrigen neunundneunzig in den Bergen zurück, um dieses eine zu suchen. Und falls er dieses eine dann fände, dann freute er sich doch darüber mehr, als über die anderen, die nie verschollen waren. - Kann ich mit dem Konjunktiv, oder etwa nicht?! - So ist das auch bei meinem VATI im Himmel! ER will auch nicht, daß eines SEINER Kinder verloren gehe. Andrea verhält sich also schon GÖTTlich, bei ihrer (wahrscheinlich ergebnislos bleibenden) Suche."
Nathan hielt mir seine Tafel hin: "Des han i dene auch schon g´schrieba; sie höret halt idda, die Säggl!" (Bei uns Kleidungsstück, bei Euch Schimpfwort.)
"Tja, euer Bruder Nathan spricht, sorry, schreibt da gerade einen nicht uninteressanten Gesichtspunkt an, den wir doch mal in einem Gruppenmonolog erörtern sollten - natürlich bin ich der Sprachführer. - Nathan, wenn du mit dem üblen Sünder schon alleine gesprochen hast, ohne, daß er deinen Worten Beachtung schenkte, dann nimm noch einen oder zwei andere mit, die derselben Meinung sind wie du und rede noch mal mit ihm. Wenn er dann immer noch auf seinem Standpunkt beharrt, verpetze ihn bei der ganzen Clique. Wenn er seine Meinung dann noch nicht ändert, kann er dir doch im Grunde soviel wert sein, wie ein Heide oder ein Zöllner."
(Na, das hatte ich ja fein hingedeichselt! Ich hatte Nathan gegenüber zu oft das Wort mit "s" ("sprechen") gesagt, und unpassender Weise auch noch Matthäus an seine wenig ruhmreiche Vergangenheit erinnert. Beide waren beleidigt.)
Schnell ergänzte ich: "Wo zwei oder drei in meinem Namen zusammen beten, da werden, weil ich mitten unter ihnen bin, ihre Gebete erhört."
Ich war nicht in allerbester Form, die schlechte Laune unter meinen Spießgesellen schnürte mir irgendwie die Kehle zu, auch die Wut auf Propi saß zu tief. Die mußte ich erstmal loswerden, bevor ich mit den Meinen weiterredete. Also verabschiedete ich mich zum "Betengehen", sie sollten inzwischen irgendwo Wein organisieren. Judas´ Tipp, doch einfach alles Wasser des Sees in Wein zu verwandeln, lehnte ich, an die armen Fischlein erinnernd, kategorisch ab. Dann ließ ich mich hinwegnehmen, um Propi zu suchen.

Als ich ihn endlich gefunden und meinem Unmut ihm gegenüber seines Versagens wegen Ausdruck verliehen hatte, entschuldigte er sich 1000mal. Ich verzieh ihm genauso oft, zumal er mitbekommen hatte, daß heute am See ein Kindergeburtstag gefeiert werden sollte, und dann hätte ich doch meine "Kinderaktion"; ich könne sie doch einfach alle segnen, die Mütter würden begeistert sein ....
"Heiland ...", bat er mich, als ich mich gerade verabschieden wollte, "... verzeih ...."
"Schon geschehen, Tschaulom." (Ich konnte diese Entschuldigerei nicht länger ertragen!)
"Nein, ich meine doch, verzeih, daß ich noch eine Bitte an dich habe. Der Fehlschlag letzte Nacht hatte seine Gründe. Mir gehen die Angestellten aus, da ich ja jeden von ihnen nur für ein Wunder benutzen kann. Ich muß mir neue Leute einstellen, sonst gibt´s bald gar keine Wundertaten mehr, und das Volk vergißt dich und die ganzen Jahre der erfolgreichen Zusammenarbeit wären zum *Teufel*, also quasi für die *Katz*. Dir wird außerdem nicht entgangen sein, daß mir die Einfälle für tolle Wunder ausgehen ... Kurz und gut: ich brauche mal *unbedingt* Urlaub."
Ich überschlug kurz meinen Terminkalender: der sah für die nächsten Tage lediglich den Jahrmarkt vor. Also gab ich dem Bittsteller, worum er gebet(et)en hatte. (Ich ... so gut ... echt!): "Aber nur eine Woche! Und du bleibst in meiner Nähe, damit ich dich im Fall der Fälle kontaktieren kann." (Schade, daß es noch keine "Handys" gab!)
Er willigte freudig ein, ich erleichterte ihn noch um das Geld, das er am Vortag für die Fischfüllung erbettelt, aber nicht verbraucht hatte. Dann nahm ich meine Kippa.
Am See boxte der Hohepriester im Nietengewand!
Jacko klärte mich über den Grund des Tumultes auf. Da Andrea ihrer Groschen nicht fündig geworden war, hatten sie und Andreas jetzt Judas in der Mangel, und wollten einen spontanen Spießrutenlauf mit anschließender Steinigung praktizieren, bei der Judas die Hauptperson des Geschehens abgeben sollte. Das konnte ich natürlich unmöglich zulassen! (Schon allein der Glückszahl wegen! Aber die GÖTTliche Eingebung war der eigentliche Aus(er)löser (ich Schelm) für meine Schutzmaßnahmen gegenüber Judas.) Ich stürzte mich in den Tumult und riß die Streithähne (gegen die ich aus Vogelperspektiven heraus nichts hatte) auseinander. Judas verteidigte sich standhaft, da er sich keiner Schuld bewußt war. Zur großen Überraschung aller, schenkte ich seinen Worten Glauben, und forderte Andreas und Andrea auf, sich sofort bei ihm zu entschuldigen, daß sie ihn hatten steinigen wollen. Die beiden gehorchten zwar nur widerwillig, aber immerhin baten sie Judas um Verzeihung. Dieser aber nahm die Entschuldigung nicht an, obwohl sie ihn (und sei es nur aus Angst vor mir) immer wieder darum baten. Judas blieb hart - bis er meines bösen Blickes gewahr wurde. Hurtig erklärte er den beiden die von ihm erfahrene Vergebung.
"Wirklich?", fragte ich ihn. "Meinst du diese Vergebung auch in Wahrlichkeit?"
(Ich litt noch unter dem grausamen Spiel, das Propi gerade an mir durchexerziert hatte.) Immer wieder löcherte ich Judas damit, daß seine Vergebung auch von HERRzen kommen müsse. Schließlich brüllte mich dieser völlig entnervt an: "HERRGOTTnochmal, ja - ha, ich verzeihe den beiden; wie oft soll ich das denn noch sagen!" Da schaltete sich Petrus ein: "Rabbi, komm, laß gut sein, wir stören sonst die Kinderfeier da drüben, wenn wir weiter so laut rumstreiten. Aber, sag mir doch mal eins: wie oft soll man denn nun jemandem vergeben? Sind - sagen wir mal - sieben Mal genug?"
"Wenn du Glück hast, sind dreizehn Mal genug, wenn du Pech hast, reichen siebzigmal sieben

Mal nicht aus. Kommt, ich erzähl euch mal eins meiner berühmten Gleichnisse, von denen ihr ja in letzter Zeit nicht allzu viele hören konntet."
Ein paar meiner Kompagnons/Kompagnösen verdrehten genervt die Augen nach oben, aber keiner traute sich, etwas zu sagen.
"Wenn ihr brav seid und zuhört, dann habe ich hinterher eine Überraschung für euch ...", lockte ich sie, "... und dieses Versprechen halte ich ... nicht so wie damals das mit dem Puff!" Jetzt konnte ich genüßlich an ihren Ohren kauen, da mir diese sowieso alle an den Lippen klebten.
"Meine heutige Historie spielt in einem fernen Land, das Eng heißt." (Durch dieses Wortspiel bin ich ja noch mal "eng" durchgekommen ...) "Dort herrscht, wobei ich dieses "herr" bewußt klein – weil nicht von GOTTesgnaden – ausspreche, eine Form der Hierarchie, von der die Römer nur in Träumen vom Dämon "Alp" geplagt werden: da gibt es keinen Cäsar, sondern der König ist das höchste *Tier* im Staat, weil angeblich doch, weil selbst ernannter Dings, von GOTTesgnaden. Schwirig, gell? Also, dort war es einmal ein superreicher König, der hatte so viele Taler, daß ihm nichts anderes damit zu tun übrig blieb, als sie zu verborgen. Eines Tages aber langweilte sich der gute Mann so sehr, daß er beschloß, einen Teil seiner Schulden wieder einzutreiben, denn keiner seiner Untertanen oder Knechte wollte mehr zu ihm kommen, um sich Geld zu leihen; so viel des Mammons, des schnöden, wie wenigstens ihr wissen solltet, hatte er ihnen gegeben. Sie alle lebten in Saus und Braus und waren von morgens bis abends stramm und/oder im Schloßbordell.
Er amüsierte sich eine gewisse Zeit lang mit seinen Schuldnern, aber alle konnten ihre Schulden zurückbezahlen, weil es doch nicht so hohe waren, wie der König zuerst gedacht hatte. Da ließ er einen zu sich kommen, der schuldete ihm zehntausend Pfund. - So heißt die in England gängige Währung. - Dieser Knecht aber hatte dieses schmucke Sümmchen schon vor langer Zeit durchgebracht, und konnte es deshalb nicht zurückbezahlen. Na endlich! Auf so einen Vogel - gegen die dieser Mensch übrigens nichts hatte - hatte der König die ganze Zeit gewartet. Er befahl ihm, alles zu verkaufen was er hatte, sogar seine Frau und seine Kinder sollten anschaffen gehen. Der Knecht war aber total besoffen und fiel deshalb vornüber. Ihm war außerdem ziemlich übel, und so würgte er gegen den Brechreiz an, was der König, der eigentlich "Der Weise" hieß und nicht Nathan," (machte ich mir da Feinde?)" irrtümlicher Dings als Schluchzen auslegte. "Ich - würg - habe das Geld nicht, Herr! Schnief - laß mir etwas Zeit, dann kriegst du - schluck - das Geld wieder. Ich als Vollwaise schwöre es beim Leben meiner Mutter!"
Der König aber liebte so schräge Vögel über alles, und so tat ihm dieser mutmaßliche Pechvogel voll Leid und er schenkte ihm das Geld, indem er ihm einfach die Schulden erließ.
Der Pechvogel war aber eher ein Aasgeier, der zwar auch ein Vogel ist, aber egal. Denn kaum hatte er den Thronsaal verlassen, überquerte er den Schlosshof und dort lief ihm einer seiner Kollegen über den Weg, der wiederum ihm ein paar Pennies, was sehr wenige Spatzen meint, schuldete. Den packte und schlug er, damit er seine Schuld aus ihm herausprügeln könne. Aber dieser war genauso abgebrannt wie er selbst und konnte nicht bezahlen, dafür aber um so besser "um Gnade" winseln. Da war er aber an den falschen geraten, denn dieser ließ in sofort ins Gefängnis werfen, und zwar so lange, bis er bezahlt hätte.
So ein Hofstaat ist nun natürlich nicht die Welt, und so sprach sich diese fürwahr fiese Schote flott rum und fand natürlich ihren Weg in des Herrschers Gehörgänge. Mei, war der dessentwe-

gen übellaunig! Sofort rief er den Knecht zu sich, erließ ihm, daß er ihm die Schulden erlassen hatte, ließ ihn auf der königlichen Galeere 18 - Stunden - Schichten rudern und ließ die Frau und die Kinder des Unglücksraben im Schloßbordell anschaffen gehen, bis daß die Schulden bezahlt wären: "Ich war dir gegenüber so hypergnädig und dann bist du so ein Sauzahn - tja, deine Misere hast du dir selbst zuzuschreiben."
Und wenn der Knecht nicht gestorben ist, dann rudert er noch heute!", beendete ich die Geschichte.
HERRzlich geheuchelter Applaus in Form stehender Ovationen war der Dank meiner, der immer noch auf die Überraschung (neu-) gierig seienden, Jüngerschar. Nur Thomas sah mich ungläubig an: "Rabbi ...", begann er, als sich die "Hosiannah - spitze Geschichte" und "Gepriesen sei der HERR, ob unseres Märchenonkels Existenz" - Rufe wieder gelegt hatten, "... was - verzeih mir den gewagten Ausdruck - zum Geier, hat diese Geschichte mit Vergebung zu tun?"
Hups, das hatte ich ja fast vergessen:
"Nun ...", erklärte ich, "... im Himmelreich ist es fast beinahe genauso, wie an diesem Königshof, bloß geht es dabei nicht um Geld, denn ihr sollt ja, wie ihr seit der Bergpredigt wißt, keine Reichtümer ansammeln oder verleihen. Jeder aber von euch verzapft hier oder da mal ein Sündchen, von dem er hofft - weil er darum bittet - daß es ihm vergeben werde, und JEHOVA macht das im Prinzip auch gerne - gar kein Problem für IHN. Wenn aber einer von euch um Entschuldigung gebeten wird, und er vergibt nicht, mein *lieber* Schwan - und das meine ich so, wie ich es sage, dann dreht GOTT aber ganz schön an der Orgel, bzw. zieht ganz schön neue Saiten in der erstbesten Harfe auf, die er zwischen die Finger kriegt!"
Ich sah mich um, der Kindergeburtstag hatte sich mit seinen Aktivitäten weiter in unsere Richtung orientiert; wenn Kinder spielen ... Die Mütter erkannten mich sofort und brachten mir ihre Bälger zum Segnen. Das lief ja besser, als ein Länderspiel: "Kinder Israels vs. Samariter"! Na, was blieb mir da schon anderes übrig, mir dem alten Wundertäter, Welterlöser, Kinderliebhaber und Messias, als eben die Hände an (ich meine auf!) sie zu legen, und - begleitend - ein paar Stoßgebete gen Himmel zu senden? Meine Jünger aber waren neidisch, weil ich mich um die lieben Kleinen kümmerte, anstatt endlich auf ihre Überraschung zu sprechen zu kommen. Sie gingen sogar soweit, die Bälger verscheuchen zu wollen. Aber ich hatte heute einigermaßen gute Laune, und schlug sie deshalb nicht zusammen.
"Lasset die Kindlein zu mir kommen!", sagte ich. "Sie kommen garantiert ins Himmelreich, solange sie nicht erwachsen und somit automatisch zu Sündern werden!"
Ich segnete noch den Rest der krabbelnden Meute fertig und verzog mich dann in ein nahestehendes Baumgrüppchen, meine Jünger mir stante pede *nach*. (Es ging also doch, wenn sie sich nur rechte Mühe gaben!) Ich ließ sie noch schmoren; trank Wein und rauchte noch einen Jeint.
Bevor ihre Ungeduld in Aggression umschlug, zog ich das von Propi bekommen habende Geld aus der Tasche und rieb es ihnen unter die (Haken-)nasen (ja, wir Juden können das gut: Nasen haben und Wortspielen): "Wie ihr vielleicht wißt ...", begann ich, "... ist ja bald wieder Laubhüttenfest. Nun ist es mir in meiner unglaublichen Güte und Gnade in den Sinn gekommen, euch dorthin gehen zu lassen, obwohl ihr das ja *eigentlich* nicht verdient habt. Aber ...", unterbrach ich den aufkeimenden Jubel, "... damit noch nicht genug! Jeder von euch bekommt noch ein Taschengeld mit, für sich und seine Freundin. Deshalb bekommt Judas auch nur *halb so viel* wie der Rest von euch - nämlich fünfzehn Groschen! Ha! Alldiweil er ja - wenn auch ohne

eigenes Verschulden - keine Freundin hat."
Judas wollte gerade sauer werden, blieb aber ruhig weil ich flugs hinzufug: "Dasselbe gilt für den Jünger den ich lieb habe, da ich euch nicht begleiten werde."
Mit diesen Worten begann ich, das Geld unter ihnen aufzuteilen. Als ich damit fertig war, fragte mich Johannes enttäuscht, warum ich nicht mitkäme.
"Ich war in letzter Zeit nicht besonders nett zu euch, deshalb ist es auch mal an mir, Buße zu tun, und mir ein Vergnügen zu versagen. Ich werde hierbleiben und auf *Teufel*kommraus beten, und wenn es das Letzte sein sollte, was ich tue. Denn ich werde nicht ewig bei euch sein, deshalb müßt ihr schon mal ein bißchen Selbständigkeit lernen. Viele werden in Sünde sterben, nur ich nicht. Ich werde an einen Ort gehen, an dem ihr mich nicht finden könnt, und wenn ihr euch die Augen aussucht; ihr könnt mir nicht mal an diesen Ort folgen!"
Ein Täfelchen, zum Vorlesen: "Ja, Jesusle, willsch dir denn fei selbscht ums Eckle numzus bringe´?"
"Ihr kommt von Unten, ich von Oben."
"Wa bisch denn auch du für einer?"
"Ach, was rede ich noch mit euch?! Wenn des Menschen Sohn erhöht wird - und sei es notfalls am Kreuz, was ja ganz unangenehm sein soll - werdet ihr schon wissen, wie ich´s meine. Ich tue (fast) immer, was meinem PAPS gefällt, deshalb wird ER immer bei mir sein. Glaubt´s oder laßt es bleiben, auf jeden Fall bleibe ich hier!"
"Dann will ich aber bei dir bleiben!", rief Johannes (den ich manchmal zwischendrin nur noch ein bißchen lieb hatte) enthusiastisch.
"Und ich habe "geht *eurer* Wege" gesagt; es ist ja jetzt noch keine Trennung für immer! Ich habe mich in letzter Zeit nicht besonders heilig aufgeführt, wofür ich auch euch, meine lieben Apostel, um Verzeihung bitten möchte: bitte verzeiht mir!"
"Schon längst geschehen!", rief Judas, der mit seiner plötzlichen Gleichstellung mit Johannes noch nicht ganz klar kam, und deshalb meinte, er sei tatsächlich gleichwertig genug, um mir tatsächlich irgendwas vergeben zu können, oder sogar für die anderen Apostel mitsprechen zu dürfen.
"Wirklich?" Ich blickte fragend in die Runde, einen nach dem anderen an. Jeder nickte freudig erregt mit etwas betretener Miene. Mir war jetzt zwar dreizehn Mal vergeben worden (weil auch Judas erneut zustimmend nickte), aber ich weigerte mich trotzdem, sie zu begleiten. Ich wollte, da ich gerade in der Nähe war, meine Ma(ria) besuchen, die ich schon seit Jahren nicht mehr gesehen hatte. Immerhin lag die Hochzeit von Kanaan schon etliche Zeit zurück. Ich wurde wohl auf meine alten Tage sentimental. Ich wollte auch deshalb nicht zum Schützenfest, weil die Juden nicht allzugut auf mich zu sprechen waren, und ich mich - GOTTessohn hin oder her - nicht in die Höh(l)le (was für Worte vermag ich eigentlich miteinander zu vermählen?) des *Löwen* (welcher ist ein *Katzentier*) zu begeben gewillt war.
Endlich sahen die Meinen ein, daß sie mich nicht würden umstimmen können und zogen von dannen. Nachdem ich ihnen - mit einem gezielt eingesetzten: "Ach, wie gerne würde ich euch begleiten, aber ich habe so viel Amüsement noch weniger verdient als ihr!", gründlich die gute Laune verdorben hatte, winkte ich ihnen noch zum Abschied hinterher, eine geheuchelte Träne im Knopfloch habend. Anschließend streußelte ich durch Galiläa und vertrieb mir die Zeit mit Grübeln: wo kam ich her, wo würde ich hingehen ..; ich hatte kein gutes Gefühl bei der Ge-

schichte, war aber schon zu tief in sie verwoben, um mich jetzt noch (oder schon) hinwegheben lassen zu können, ohne mit der weiteren Verfolgung meiner Freunde und Feinde rechnen zu müssen. Jetzt wollte ich erst mal heimwärts ....
Matt.17,22;17,24;18;18,12;18,15;18,21;19,13;Mark.9,30;9,33;9,42;10;10,13;Luk.9,439,46;18, 15;Joh.8,21;

Siebenunddreißigstes Kapitel

Daheim

Schon beim Betreten der eher schlecht als recht zusammengezimmerten Hütte wurde mir klar, daß die Idee, meine Aufzuchtsauserwählten zu besuchen, sich keinesfalls auf GÖTTliche Inspiration zurückführen ließ, obwohl sich meine Ma ob meines Überraschungsbesuches mehr als begeistert zeigte. Völlig au contrair verhielten sich mein Ziehvater und dessen Söhne und Töchter. Anscheinend hatte Ma(ria) im Laufe der Jahre noch öfter ihre Jungfräulichkeit verloren als ursprünglich von mir angenommen.
"Mänsch Jroßer, det du dir ma´ wieda kieken läßt!", fiel sie mir, mich herzigen und küssigen wollend, um den Hals. Nachdem sie sich mit einem leisen Plop - Geräusch, wie es nur entstehen kann, wenn man vakuumversiegelte Amphoren öffnet, wieder von mir gelöst hatte, wirbelte sie mich mehrmals um meine Horizontalachse. Gerade so, als ob mir vom Wein nicht schon schwindelig genug gewesen wäre - aber sie konnte ja nicht hellsehen. "Laß dir ma´ bekieken; Junge, wat biste jroß jeworden! Aber jesund siehste nich´ jrade aus - so dürre! Und deine noble Blässe erinnert mir irjendwie an cervisia et sputum." (Heidenei, sie sprach "Weißbier mit Spucke" in Zungen aus ...!)
Ich konnte mich (auch des letzten ihrer Worte wegens) nicht beherrschen; mein Magen revoltierte, und ich kotzte ihr einen sauberen, geraden Strahl auf den Sandalenabtreter. Als ich damit fertig war, war von dem nett gemeinten, aber kitschigen und mir fehl am Platz erscheinenden "Herein, wenn´s kein Prophet ist" - Aufdruck auf der Bastmatte nichts mehr zu lesen. Mit dem Handrücken wischte ich mir die letzten, mir aus dem Halse baumelnden Glibberfäden ab, die ich mit einer gekonnt grazilen Bewegung ins Hütteninnere schleuderte. (Übung macht eben den Meister!)
"Junge, is´ dir nich´ jut?" Meine Ma war eben die gebündelte Einfältigkeit vor dem HERRn. Joseph trat, von den Plätschergeräuschen angelockt, ins Freie, meine Kotzschlieren baumelten lustig an seiner Nasenspitze: "Ach, du bist´s. Läßt du dich auch mal wieder blicken? Wir dachten schon, du lebst gar nicht mehr. Was willst du? Geld oder Spatzen? Kannste vergessen! Zu saufen gibts hier auch nichts, wir sind eine anständige Hütte."
Meine Mutter lotste mich mit einer beschwichtigenden Handbewegung ins Innere der räumlich sehr knapp bemessenen Wohneinheit und Joseph wieder in seine Werkstatt. Nachdem er verschwunden war, ließ sie mich am ("Von Joseph selber jezimmerten!!!") Küchentisch Platz nehmen.
"Junge, setzt dir ers´ma hin. Weeßte, ick hab jehört, det du alle Speisen für rein erklärt hast,

und da hab ick doch jleich im letzten Winter een Spanferkel einjefroren, det mach ick dir jetze. Falls dein Vater reinkommt, sachste eenfach, det wär Opferlamm; hättste selba mitjebracht. Praktisch wie´n Wunder, vasteste? Watte mal, watte mal, ick hol noch eben deine Jeschwister rinn, denn kannste ja mit den ´n bißken plaudern, während ick wat zu Essen mache, damitte ma wieder wat anstän´jes zu prepeln und somit wat uffe Rippen krichst, wah?" Sie nahm mich noch mal in den Arm, und drückte mich, daß mir fast die Puste wegblieb. "Ick freu mir so, dette wieder da bis´!" Dann rauschte sie aus der Küche, die kurz danach von meinen "Geschwistern" bevölkert wurde. Ich zählte sie kurz durch, es waren keine Dreizehn, also hatte ich nichts Gutes von ihnen zu erwarten. (Kann Messias das überhaupt von *kleinen* Geschwistern, die dazu nur Halbbrüder und -schwestern sind?!)
Wir redeten nicht viel, bis das Spanferkel auf den Tisch kam; sie stellten sich lediglich kurz namentlich vor, aber bei meinem Gedächtnis hatte ich den des Ersten schon wieder vergessen, als mir das Letzte den seinen nannte.
Mütterlein hatte wahrlich nicht zuviel versprochen! Sie hatte das Jungschwein letzten Winter eingefroren, bedauerlicherweise war jetzt die Zeit vor dem Laubhüttenfest und es herrschten subtropische Temperaturen. Dementsprechend sah das Vieh aus. Es schmeckte noch schlimmer, als es roch, aber ich aß - Mutter zuliebe - ein paar Happen. Die anderen taten es mir nach. Dann erbrach ich mich erneut - diesmal über den Braten.
"Ich kann nicht mehr ...", stöhnte ich, "... ich brauche frische Luft!"
"Wir auch!", riefen meine Geschwister und folgten mir ins Freie, wo sie ihrerseits herzhaft abkotzten.
"Müssen mir eigentlich sogar zu Hause die Leute hinterher rennen?", schnauzte ich sie an. "Immerhin mach ich hier Urlaub, ey!"
Der scheinbar älteste der Bastarde brüllte zurück: "Wir haben noch nie so etwas ekliges essen müssen wie heute! Aber kaum kommt der Herr Messias, gibts den letzten Schweinefraß! Danke, großer Halbbruder, der sich nie hat sehen lassen, wenn Vater uns aus lauter Frust seinetwegens verdroschen hat, echt danke! Jetzt kommt der Herr *mal* heimwärts, und das Leben wird noch beschissener als es vorher war! Hau doch am besten gleich wieder ab!" Die anderen nickten zustimmend.
Aus der Hütte rief Maria: "Jesulein, möchste wat von det Fleisch einjepackt kriejen, für später, so für unterwejs?" Beim bloßen Gedanken daran hätte ich schon wieder göbeln können, aber ich beherrschte mich und rief: "Nee, danke, laß ma jut sein!" Dann musterte ich meine gehässig dreinschauenden Halbgeschwister und fügte hinzu: "Da könnt ihr doch späta nochma von essen, du broochst doch den *leckeren* Braten nich´ vollends vor die Säue zu werfen! Wasch doch eenfach meine Kotze ab, und der is wieda wie neu!" Ich grinste meinen Geschwistern, mich meiner Gemeinheit *diabo*lisch freuend, unverhohlen in die Gesichter. Die Kleinsten übergaben sich schon wieder, als Muttern aus der Küche herausrief: "Danke, meen Jroßer, det is ja ´ne pieke Idee; du bist echt knorke druff!". Da war es auch mit der Selbstbeherrschung der anderen vorbei: alle reiherten nach HERRzenslust in die Blumenrabatten, die den staubigen Gartenweg zu ihrem Hüttchen säumten. "Und laß noch ´n Happen für Joseph über ...", rief ich, "... der hat doch nach Feierabend bestimmt ooch Hunger!"
"Det is´ aber lieb, dette ooch seiner jedenkst. Det erzähl ick ihm nachher ma´ in Ruhe!"
"Lieba nich´, liebe Mutta, ick tue meene juten Werke lieba im Vaborjenen!"

"Ach weeßte, du bist schon immer meen supaallaliebsta Sohn jewesen!"
Spätestens heute Abend würde mich Joseph genauso hassen, wie es meine Geschwister (und die Paris) jetzt schon taten. Ich mußte so bald wie möglich wieder verschwinden; war also Essig mit dem Urlaub daheim ....
Mir tat es - zugegeben - gut, hier mal den Schweinepropheten rauszuhängen!
"Liebe Geschwister ...", ergänzte ich die vorausgegangenen Gemeinheiten, "... wenn ihr Mutters gutes Mal eßt, gedenket meiner, denn ich bin besser als der Braten, ich bin das *Brot* des Lebens. Glaubt mir!" - Sie taten es nicht, waren aber heil(and)froh (jaja ...), daß ich nur so kurz geblieben war.
Meinen Besuch abschließend, begub ich mich in die Schreinerwerkstatt, in der Joseph keuchend, schwitzend und fluchend ein unschuldiges Brett mit dem Hobel heiliggeistete. (Das meint, daß das Holz unter dem Hobel liegen mußte.) Ich verabschiedete mich artig von ihm, und wünschte ihm: "Nach Feierabend einen Guten Appetit".
"Och, du gehst schon wieder?", nörgelte Joseph. (Der Mann war anscheinend latent unzufrieden - erst sollte man nicht lange bleiben, jetzt plötzlich doch, oder was?!)
"Ich malooch mir hier gerade den Hohepriester! Ich wollte dir für heute Nacht eine schöne Schlafgelegenheit basteln. Nur dieses Brett noch - guck mal - dann ist sie schon fertig, deine *Krippe!*"
Wow! Eine solche Spitzfindigkeit von Anspielung hatte ich ihm gar nicht zugetraut! Aber frech war so was trotzdem, vor allem dem Sohn GOTTes gegenüber! Ich richtete ihn auf die Schnelle und verzog mich dann in die Küche, um mich von der einzigen Person in diesem Hütthalt zu verabschieden, die mich von Herzen liebte. Sie war todtraurig, ließ mich aber ziehen. "Wir sehen uns spätestens auf meiner Hinrichtung!", winkte ich ihr, den Dämon "***Schalk***" im Nacken sitzen habend, scherzhaft zum Abschied. "Lies regelmäßig das galiläische Wochenblatt, besonders die Kleinanzeigen der Rubrik "Kreuzigungen und Steinigungen". Richte dein verschärftes Augenmerk auf die Kategorie "Verurteilte GOTTeslästerer".
Frohen Mutes hub ich mich hinweg. Manchmal ist es schöner, ein Schwein zu sein, als welches zu haben, oder im Falle meiner Familie, eines essen zu müssen.
Nach kurzer Überlegung lenkte ich meinen Schritt in Richtung Judäa, denn ich hatte jetzt doch noch Lust bekommen, aufs Laubhüttenfest zu gehen. Ohne meine Apostel würde ich wahrscheinlich sogar unerkannt bleiben; sie hatten ja keinerlei Mundpropaganda mein baldiges Eintreffen betreffend gemacht - eher im Gegenteil!
Inkognito auf einem Volksfest ... das war verlockend.
(Außerdem war "Konsequenz" noch nie mein zweiter Vorname gewesen; also, auf zu neuen Taten und gewechselt werden wollenden Worten! - Oder, wie ich neuerdings zu sagen pflegte: Auf in den Kaaaaaaaaaaaampf - oder war das gar nicht so neu ...?)

Richtigstellung von Joh.7,1 - 7,9

Achtunddreißigstes Kapitel

<u>Worte - Schall *und* Rauch?</u>

In Judäa blieb ich, entgegen meiner diesbezüglich gehegten Hoffnung, natürlich nicht lange unentdeckt! Einer meiner Halbbrüder, die dort auch herumlungerten, sah mich und erzählte es sofort jedem "Hanskobus und Franziskus". Mir war klar, daß mich die alten Juden ohnehin entdecken würden. Somit gab es kein Argument, das gegen lockeres Predigen im Freistil gesprochen hätte.

Zuvor aber hatte ich wenigstens *einen* Abend für mich allein, an dem ich eine wahrhaft holde Maid kennenlernte. Wir zechten bis zum Umfallen, wobei wir letzteres dann spät in der Noctem in ihrer Hütte taten. Boa, ich hatte den (fast) besten Ehebruch meines Lebens. Irgendwas fehlte. Ich war aber zu beheiliggeistet, um den "Fehler" lokalisieren zu können.

Am nächsten Morgen waren nicht nur mein Nachdurst und mein Schädel zum zerspringen groß, sondern auch - und vor allem! - mein Entsetzen: ich hatte mit einer Frau (die *Christi*ane nicht mal im entferntesten ähnlich sah!) Ehebruch begangen! Ach du GRUNDGÜTIGER! Sie trug ja nicht mal die Andeutung eines Damenbartes! Ein Blick unter die angehobene Bettdecke bestätigte mir die grausame Ahnung! Keinerlei männliche Geschlechtsteile! Ich war zum Hetero (rückfällig) geworden - zumindest für das kurzweilige Vergnügen einer einzigen Nacht! - Vielleicht war ich doch nicht so außergewöhnlich, wie ich bisher angenommen hatte. Mein Ego brach in sich zusammen, wie es ein weltberühmtes Imperium später allen anderen vormachen sollte. Mein Rom stand in Flammen. Mein Atlantis versank in einem unbekannten Ozean. Mein Shuttle verirrte sich in nie gesehenen Sphären des Alls. Das Schwarze Loch meiner Existenz wurde von dem roséfarbenen zwischen ihren Beinen verschlungen.

Panikartig zog ich mich an, um ihr Appartement so schnell wie nur irgend möglich zu verlassen. Ihr, "Magste noch´n Wein zum Frühstück?", ließ ich unbeantwortet im Raum stehen, um mich auf die Straße und ins grelle, in den Augen schmerzende, Sonnenlicht hinausspeien zu lassen, von Ekel und Selbstzweifeln zerfressen: zum ersten Mal hatte ich Johannes (den ich anscheinend nicht so lieb hatte wie ich dachte) nicht nur betrogen, sondern sogar mit einer Frau, die auch wie eine aussah! Schwungvoll spie ich meinen Mageninhalt vor ihre Hüttentür, bevor ich mit einem Riesensatz über denselben hinwegsprang und zügig das Weite suchte. Von Reuegefühlen getrieben, verirrte ich mich in den Tempel. (Ich beschloß an jenem Tage, so etwas wie separate Räumchen innerhalb der Kirchenräumlichkeiten zu erfinden, in denen jeder Mensch unerkannt sämtliche Sünden bekennen können sollte, ohne dabei identifiziert zu werden. "Beichtstühle", schoß es mir durch den Kopf - ein netter und zugleich bequem klingender Name, fand ich.) Leider gab es zu meiner Zeit solche Institutionen in heiligen Gemäuern noch nicht. (Oder doch? Und ich hatte es nur vergessen?) Da war ich aber ganz schön in den Allerwertesten ehegebrochen! Ich sah in meiner Verzweiflung nur einen Ausweg: ich mußte den ganzen Tempel als Beichtstuhl zweckentfremden. Mitten hinein stellte ich mich, und begann irgendeinen Kauderwelsch über Fußballspiele und damit zwangsläufig verbundene Eigentore zu erzählen.

Nach einer Weile hatte ich mich klargeredet, aber keiner außer mir verstand, wovon ich spruch. Alle, vor allem die Paris und Konsorten verwunderten sich. Gerade als ich bei: "Gesegnet seien die Weltmeisterschaften, denn ihrer sollen die Einschaltquoten sein", angelangt war, unterbrach mich irgendwer: "Wat?" Ich versuchte mich zu wiederholen, hatte aber keine Ahnung worum es ging: "Gesegnet seien die Spielregeln (außer der des Abseits), denn sie sollen schriftlich fixiert werden!"

Und - Kruzifixnochamol - was soll ich Euch sagen - die Juden verwunderten sich abermals und sprachen: "Wie kennt jener die Schrift, wo er sie doch nich´ ma´ gelernt hat?"

Jetzt war ich wieder auf dem Boden der Tatsachen, denn zu meiner Zeit gab es nur eine *wahrliche* Schrift, nämlich die Heilige! Aber ich verwirrte meine Widersacher, indem ich etwas flunkerte:

"Wahrlich gibt es nicht nur *eine* Schrift, und gelernt habe ich derer keiner eine einzige! Aber vom Fußballspiel bis zu GOTTes Wort ist es nicht weit! Denn siehe, wer von sich selbst nur auf dem Platze zeugt, wird bald verworfen werden! Wer aber dem Willen DESSEN folgt, DEN ich TRAINER nenne, und ich sprech SEINEN Namen nicht unbeabsichtigt groß aus, siehe, der soll aufsteigen und unermeßlichen Reichtum anhäufen, bis zum Tage des jüngsten Gerichts. Hat Mose vielleicht Fußball gespielt, oder lieber vom HÖCHSTEN gezeugt? Seht ihr, genauso ist es bei mir! Richtet also nicht nach dem, wie einer aussieht, sondern danach, wie er sei Spiel spielt! Don´t judge a player by his stockinet, or a book by it´s cover!" (Ja, hatte ich da nicht mannigfaltige (nicht zu verwechseln mit "einfältige"!) Zungen bei mir?!) "Denn dieses ist gar garstig und kann mitunter tödlich enden!"

Viele, unter anderem meine Apöstelchen, hatten sich zu der Zuhörerschaft gesellt, und wollten mir nun Tribunal zollen, vor allem aber sich selbst auch ins Rampenlicht rücken: "Den kennen wir ...", riefen sie, "... das ist der, den die Juden totmachen wollen, aber jetzt guckt ihn euch an, den alten Aborigine: steht hier mitten im Tempel, und keiner prollt ihn akkurat an, oder versucht ihn zu haschen!" (Ich beschloß, den Drogenkonsum meiner Gefolgschaft drastisch zu reduzieren!)

"Ihr wollt mich töten ...", rief ich den Juden zu, "... ha, da könnt´s fei langa warta! Meine Zeit ist noch nicht gekommen! Ihr wißt, wer ich bin und woher ich komme. Ich setze mich jetzt hier ab und werdet mich finden nimmermehr. All solches sprach auch schon der Rabe - und meine Gefühle diesem Geschöpf gegenüber sind ja mittlerweile auch hinlänglich bekannt! Vielleicht wandele ich sogar ins Ausland - bei den Griechen soll es sehr schön sein. Vor allem sind die Leute da nicht so fanatisch auf *einen* GOTT fixiert, sondern DER ihre hat schon Kinder und Kindeskinder. Wahrlich, ich sage euch, dort haben die GÖTTER mehrere Frauen, und ein wesentlich einfacheres Leben als in eurer Mythologie, denn EINJEDER von IHNEN ist nur mit einer einzigen Aufgabe beschäftigt! *Pluto*nocheins! Wer ewig leben will, der komme zu mir, und wer durstig ist auf den HJ (was nach wie vor nichts anderes heißt als Heiliger Jeist), der komme auch, bringe aber Wasser mit, denn ich habe elenden Brand, der sich nur mit irdischem Wasser löschen läßt! - Da ich grade von Wasser spreche, hat hier jemand Wein dabei?"

Einige waren davon überzeugt, daß ich der Messias sei, andere widersprachen ihnen. Diesen Zwiespalt nutzte ich aus, um mich schleunigst hinwegzuheben ....

Im nächstbesten Weinzelt löschte ich meinen Durst. Hier gab es auch Cervisia, aber die war mir zu bitter. Natürlich lungerten auch hier einige vom HWJ ("Heiligen WeinJeist") beschwingte Schriftgelehrte rum, die mir offen und wahrlich ihre Loyalität bezeugten. Nachdem ich wieder mein Level erreicht hatte, legte ich mich mit ihnen an:

"Imm Wain liechdie Waahrhait. Wwwennier maine Wodde glaubbt, denn seidda frei un maine Jjjjjünggga, denn ich sach imma die Waahhait. Sssowait, ssogut! Wwwer die Sssünnde tut, dea isss nich mmmain Jjjünggga, dänn – Dobblpunkd - Nua wwwea an mich glaubbd, isss wirrrklich frai. 's 'isso. Ich waissssasser Abb - Abrbrakada - Abrahammmmss --- jädss habbichss -: dasssser Abrahammmskinna saidd. Abba ich bin GODDESSsohn un ia habbd kain blasssn Schimmma, worummsss geht! ... Denn iah wolllt mich jjja sssowiessso nnua immma alle ummmbrign. Dasssis eua Vino, abba, ich habb da 'n Problemmit. Eua *Vadda* isser **Deuffl** unnihr vahalded euch sso wi*dea*. Main VADDA iss abba die Waaaahait, un nua darum ssin wia Fainde. Da kannnich doch nix dafüa - ichhabhalt den falsssschenVADDA ärwisch. Is doch nich main Fehla."
"Du bisssja bessssoffn!", sagten sie.
"Un desssalb vasteht mich kaina. Ia sschon gannich! Ich värrat oich ma'n Gehaimnis, nämmich dass ummmaine Perssson. Ichhabb nix bössses geddan, abba ia wollt mich desswegn ummbrign, dennia glaubbbt, ich sssai besessssn. Isabbanichssso! Ich bin vvvoll von GODD. Wwwer tud wasssichsach, dea wörd nimmmm ... mermehr den Tod ewichhh schmeggn. Ichhab App - Aaabraka - Scheisssse - Abbrahamm laiwonstäedsch gesehn, unner hadd ssich voll gefroit, mich sssu trefffn. Dennnich habb ssschonn vorhä gelllebt, Ällebätsch - unnia mann gaaaaaanich!"
Irgendwas traf mich schmerzhaft am Kopf, ich vermutete, daß es sich um einen Stein gehandelt haben könnte, aber meine Zeit war noch nicht gekommen, und außerdem wollte sich mein Magen unter Zuhilfenahme der Speiseröhre entleert wissen. Mir ging es gesundheitlich echt nicht so "subba".
Am nächsten (?)Tag fühlte ich mich wie in der Wüste, aber meine Apostel waren der Spur meines Erbrochenen gefolgt, und hatten sich um mich gekümmert, froh, daß ich doch noch zum Fest gekommen war.
Ich erinnerte mich dunkel, daß Propi hatte in meiner Nähe bleiben sollen, insofern spielte es keine Rolle, wie lange ich im Delirium gelegen hatte. Aber ich hatte Johnny betrogen - das nagte an meinem reinen Gewissen; aber auch das Gewissen war kein Körperteil - und selbst wenn - ich hatte es ohnehin schon nahezu völlig entfernt, genau wie mein Gedächtnis. Bloß die unangenehmen Sachen konnte ich nicht vergessen! *Satan* auch, wie unangenehm!!! Ich würde es ihm spätestens im nächsten Suff erzählen *müssen* ....

Joh.7,14;8,31;8,37;8,46

Neununddreißigstes Kapitel

Ein Wunder, *ein* Wunder!

Unterwegs, ich wollte so schnell wie möglich aus Judäa weg, kam es, wie es kommen mußte: ich beichtete Johannes meinen Seitensprung. Und das vor einem Millionenpublikum. (Hatte ich schon erwähnt, daß ich in diesen Tagen zu Übertreibungen neigte? Ich glaube nicht. Das war eine ganz neue Seite an mir, aber das hatte auch so seine Gründe!) That passierte because weil:

Wieder einmal lehrte ich das Volk und dabei auch ein paar Amphörchen des guten Roten. Ich war gerade darauf zu sprechen gekommen, daß es fürwahr nicht gut sei, mit besoffenem Schädel Fußball zu spielen, oder sonst irgendwelche wichtigen Entscheidungen zu treffen, wie zum Beispiel zu heiraten oder so, als die Paris vorbeikamen und erneut versuchten, mich unter Zuhilfenahme einer konditionalen Spitzfindigkeit in die Irre zu führen. "Du erzähls´ grad so schön vom Eheschließen ...", warfen sie ein, "... wie sieht´s denn middem Ehebrechen aus, oh Hailand? Isses denn akkurat, sich von saine´ Frau schaiden zu lassen, aus, sagen wir ma´, einem x- beliebichen Grund?"

Wenn Paris mich Heiland nannten, das hatte ich inzwischen "schon" spitzgekriegt, ging es immer darum, mich aufs Glatteis zu führen, auf daß ich mir widersprechen sollte. Da waren die Brüder aber natürlich bei mir an die völlig falsche Adresse geraten:

Flott zitierte ich ein niedliches, wenn diesmal sogar passendes Stückchen aus dem AT herunter, wohl wissend, das sie die HS (Ihr müßtet ja nun langsam wissen, was das heißt!) nie anzweifeln würden:

"Es steht geschrieben ...", begann ich, AT-(dito!)-kenntnis unter Beweis stellend, "... daß ein Mensch Vater und Mutter verlassen wird, um seinem Weibe anzuhangen, damit sie ab jetzt so oft sie wollen und ganz offiziell ein Fleisch werden können. So war es von Anbeginn der Zeitrechnung vorgesehen, daß Mensch und Frau (ich Patriarch, ich!) von GOTT zusammengetan werden, um EINS (vielleicht doch nicht so patriarchalisch?) zu sein! Was nun aber JAHWE zusammengefügt hat, das soll der Mensch nicht scheiden; alles klar soweit?!"

Aber auch die Paris hatten ihre Bibelarbeiten gemacht: "Ach, wenn dem so is´, warum hat uns denn Mose geboten, wir müßten im Falle von aine Schaidung lediglich ain´ Schaidebrief für die zukünftige Exfrau ausstelln, und wir wärn sie denn los, und alles wäre in fainstem Ziegenkäse?" (In Zungen:"Markenbutter")

"Um euer Herzen Härte tat er das, denn er wußte wohl, daß er euch tausend mal tausend Mal" (kann ich´s, oder wer?!) "die Scheidung verbieten könnte: ihr würdet die Frau aber trotzdem loswerden wollen, und sei es durch Steinigung. Mose wollte also bloß das Schlimmste verhindern, als er euch die Lösung mit dem Brief gebot. Ich aber sage euch: wer sich von seiner Frau scheidet, außer sie ist eine Hure, die es mit so ziemlich jedem treibt - und das im Härtefall vielleicht sogar auch noch unentgeldlich - begeht Ehebruch, und dieser wird, da wo ich herkomme, nicht besonders gern gesehen. Der macht sich nicht so gut im großen roten Buch, in dem alle eure schlechten Taten aufgeschrieben werden."

"Na, du machs´ es dir aber sehr ainfach!", warfen mir die Schriftgelehrten vor.

"Stimmt!", sagte ich. "Und schalömmchen dann, bis die Tage ...", und wandelte meines Weges, da mit diesen Leuten seriös zu diskutieren einfach unmöglich war.

Endlich hatte ich ein passendes Höhlchen gefunden, um darin unser Quartier für die Nacht einrichten zu können. Auch die uns nachgeströmten Volksmassen hatten bald keine Lust mehr, sich von mir anhören zu müssen, daß sie ohnehin alle in die Hölle kommen würden, sündig, wie sie als Menschen nun einmal seien ....

Ich hatte mir meinen Feierabend redlich verdient, fand ich, aber meine Jünger waren da anderer Ansicht: "Herr ...", sprachen sie mich an, "... du hast vorhin so was von Hurerei der Frau gesagt, wir aber tauschen die Frauen doch auch untereinander aus, wie wir gerade lustig sind. Ist das denn kein Ehebruch?"

Ich antwortete mega - weise: "Quatsch, ihr Hornochsen, oder ist etwa einer von euch verheiratet?"
Ein pauschales Verneinen und sogar vehementes Abstreiten dieser Tatsache machte die Runde. "Na also ...", fuhr ich fort, "... wo liegt euer Problem? ... Wißt ihr, die Sache ist nämlich die: manche Leute sind einfach von ihrer Geburt an zur Ehe unfähig. Ich möchte hier weder Namen nennen, noch irgendwen scharf angucken, aber seht euch mal meinen Lieblingsjünger, den Johnnyboy, an." Während dieser Worte fixierte ich ihn mit meinen strahleblauen Adleraugen. Der Angesprochene und Begaffte senkte errötenden Hauptes dasselbe zu Boden. Ich lenkte die Aufmerksamkeit von ihm auf meine Person:
"Oder nehmt zum Beispiel mich. Ich bin durch die Ehe meiner Ernährer zur Ehe unfähig gemacht worden, ihr wißt schon, diese ständigen Streitereien ... Wieder andere hinun enthalten sich der Ehe und den dadurch durchaus (ja, "subba"!) entstehen könnenden Vorteilen, weil sie ein Keuschheitsgelübde abgelegt haben, um des Himmelreiches Willen, das sie aufgrund ihrer Enthaltsamkeit eher zu erlangen hoffen. Das tun recht viele Menschen, glaubt mir, und ich finde es eigentlich bedauerlich, daß von euch noch keiner auf diese Idee kam ... aber selbst ich (Heiland von GOTTesgnaden) kann wahrscheinlich nicht alles haben."
Gerade wollte ich sentimental werden (der Alkohol wirkte allmählich), da wurde ich aus dem Augenwinkel heraus eines unverschämten Verhaltens seitens des Andreas seiner Andrea gegenüber gewahr: etwas abseits (schon das war mir *äußerst* suspekt) standen die beiden; er redete mit ihr und ging, kurz nachdem er ausgesprochen hatte, vor ihr auf die Knie. Es sah aus, als huldigte er ihr in geradezu jesuslästerlicher Form und ich schwor mir, wenn er jetzt auch noch damit begönne, ihr die Füße zu salben, dann wäre ein Spießrutenlauf das Harmloseste, was der Mann zu erwarteten hätte. Ich würde ihn ausgeißeln, bis er lachte ....
Aber dazu kam es nicht. Andrea nickte dem vor ihr Knienden milde lächelnd zu, dieser erhob sich, und beide kamen, sich an den Händchen haltend, auf mich zu. Meine Folterpläne schmolzen angesichts ihres Strahlens, das dem von Honigkuchenhoppaequussen in nichts nachstand, dahin, wie Schnee in der Mikrowelle. (Natürlich gab es damals noch keine Mikrowellen, wie ihr sie heute kennt; wir stuften damit lediglich die Tiefe gewisser Gewässer (was niedlich klingt, gell?) ein.)
"Jesus, wir wollen heiraten!", verkündete Andreas mir und der versammelten Jünger- und Jüngerinnenschar.
So sehr ich mich auch für die beiden freute, ein bißchen wütend war ich doch, weil ich gerade so viel von Keuschheit um Himmelswillen erzählt hatte, und die beiden just das Gegenteil taten. So was hätte ich eigentlich von Judas erwartet! Ich dämpfte also die Euphorie: "Mir kommt kein Priester in die Höhle! Solange ihr eure Füße an meinem Feuer ausstreckt, nicht! Haben wir uns verstanden?"
Aber das Strahlende ihrer Augen wollte nicht von Dannen weichen! Stattdessen hub Andrea an: "Heil - Land ...", rief sie, zackig salutierend (was mir schmeichelte, aber meinen Unmut angesichts ihrer Heiratspläne nicht schmälerte), "... det wissen wir doch! Wir sind doch ooch nich´ von jestern. Aber Andi (sie himmelte ihn an) und ick ham uns jedacht, wozu broochen wir ´n Priester, wenn der Sohn JOTTes unter uns weilt? Wir müssen die Ehe nich´ lediglich *vor* JOTT schließen, wir könnse sojar von SEIM Sohn sejnen lassen, also ehrlich, wenn det keen Hammer is´, denn weeß ick och nich´, wah?"

(Meine HERRen, die Frau war gewieft! Mich zum Priester, dem höchsten Wesen im Staate nach dem König zu erheben, war ebenso raffiniert wie effektiv! Logisch, ich willigte ein, die Ehe zu vollziehen. - Verzeihung, *zu schließen*, meine ich natürlich! War jetzt nur ein durch die Freude bedingter Versprecher - sozusagen, ein freudischä Väschprächä. (Hätte es damals schon Hessen gegeben, wäre ich dieser Zunge wegen nicht so aufgefallen ....))

Als Hochzeitsgäste wurden lediglich die Anwesenden benannt, das spärliche Mahl war schnell bereitet: in der Höhle wimmelte es von Ungeziefer, den Rest bestellte man in einer Gaststätte, Propi erfand den "Home service" und der Wein war in Nullkommanix aus einem in der Nähe liegenden See herbeigewundert - Propiseidank!

Ich erfand dafür die Blitzhochzeit: "Kraft des mir vom Himmel verliehenen Status, erkläre ich euch hiermit zu Mensch und Weib - wenn ihr wollt!" Beide riefen: "Au, ja!", und endlich konnte mein vor Hunger wie wild knurrender Magen gefüllt werden.

Nach dem opulenten Mahl traten meine Apostel/innen als gemischter Chor auf, die auf die schnelle ein paar Hosiannah- und andere Lobgesänge auf mich und das Brautpaar einstudiert hatten. Propi hatte sogar ein paar Dorfleute als Musiker engagiert: "Sewillidschpiepl" nannte sich die schwul anmutende Kombo Dahergelaufener. Ich fragte mich, was - in Drei*teufels*namen - ein "The" war; klang irgendwie so un*artikel*liert (ein Wortspiel; ich kann´s immer noch, hosiannah!), aber egal. Die Musik war nicht allzu schlecht, aber Johannes wurde von den Jungs heftig angemacht. Das paßte mir gar nicht, ich möchte sogar sagen, dieser Umstand machte mich wütend. Und wovon das Herz voll ist, davon läuft der Mund über. Nur hatte ich dummerweise noch nie die Angewohnheit besessen, mich klar und deutlich auszudrücken. Demzufolge schwafelte ich wieder ohne Sinn und Verstand vor mich hin, wie wichtig doch die (eingefleischte) Treue in einer Beziehung - ja sogar der Ehe - sei. Mir wollte aber niemand sein Ohr schenken, stattdessen wurde ich von Andreas aufgefordert, mit seiner frischgebackenen Frau ein Tänzchen, den sogenannten Braut- oder Schleiertanz (bei dem in unserer Situation nur der Schleier fehlte), abzutanzen. HachGOTTchen, ich zierte mich zwar, aber als Chef der Gruppe konnte ich mich nicht lumpen lassen, denn alle rissen und zerrten an meinem Gewand, bis schließlich ich nachgab, bevor es das Gewand tat. Wir tanzten eng umschlungen, bis ganz tief in die Nacht, was nicht weiter schwer war, denn wir hatten erst sehr spät in der Nacht zu tanzen begonnen. Das wir uns eng umschlungen hielten, lag daran, daß ich so blau war, daß sie mich an ihrem Körper fixieren mußte, um nicht darnieder zu strauchlen. Mei, war ich hacke; ich glaubte, zwischen Andrea und *Christ*iane Ähnlichkeiten feststellen zu können, was durchaus nicht unangenehm war ....

Ich wurde ein bißchen scharf (auch um Johnnyboy eifersüchtig zu machen) und fragte sie, ob sie mich liebe. "Wir alle lieben dir, Jesus!", sagte sie. Leider konnte ich die begonnene Unterhaltung nicht auf meine Person spezifizieren, denn Andreas trat an mich heran, und forderte mich auf, seiner Frau einen Kuß zu geben, den "Brautkuß". Pro forma wehrte ich mich.

"Nu hab dir ma´ nich´ so ...", rieb *Christ*iane - Andrea - ihren Schritt gegen den meinen drückend, "... wenn *du* die Braut küßt, bringt det nämmlich bestimmt Jlück."

"Neeeeeeeeeee!" (Nur zwölf "e", das konnte ja kein Glück bringen.)

"Aba jlauben tu ick det!"

"Abajlauben" war mir schon immer suspekt gewesen, aber ich wollte weder das Paar noch die johlende Meute der anderen Anwesenden enttäuschen.

Dieser Brautkuß sollte fatale Folgen haben!!!
Sanft wollte ich meine Lippen auf *Chri* - Andreas Wange drücken, aber sie drehte den Kopf ruckartig herum, weshalb meine Lippen auf den ihren landeten. Diese gaben unter der sanften Berührung sofort nach (ich konnte wahrlich toll küssen – zumindest laut Johnboy!), was meiner Zunge ungehinderten Zutritt in ihren Rachen ermöglichte. Da ich noch ein bißchen Appetit hatte, suchte ich nur nach Speiseresten; hinter der linken Mandel wurde mein forsch(end)es (sind das Zungenspiele? Seid *Ihr* mal ehrlich!) Geschmacksorgan fündig: eine Heuschrecke hatte sich dort versteckt. Mit der Zungenfertigkeit eines Kolibris (ich *liebe* Vögel!) angelte ich mir den leckeren Happen und entferne mich genüßlich schmatzend aus *Chr* - Andreas verführerischer Nähe. Jemand hinter mir schrie aus verletzter Eitelkeit auf:
"Du Hure! Du alte Schlampe! Da läßt man dich mal zwei Sekunden aus den Augen und das ist der Dank! Ich laß mich scheiden - wegen deiner Hurerei! Das ist O.K., hat Jesus selbst gesagt! Nathi, setz sofort den Scheidungsbrief auf!"
Ich konnte mich des Gefühles nicht erwehren, daß die ganze Geschichte gemuselmannt (also getürkt) war, denn der aufzusetzende Scheidungsbrief wurde aus Nathans Ärmel hervorgewundert und mir überreicht: "Die Andrea isch halt schon so ebbes wie eine alde Hur´, die wo´s mit jedem daherg´lauffene´ Heilandsack treibe´ möcht, des händ älle g´sehe´. Und deshalb hat auch der Andi g´sagt, dehs er die Alde id mag, und sie lieber zum *Deiffll* jage´ möcht, als wie mit der noch ein einzigschtes Mal ein Fleisch zum werde´. Des könnet mir (hier wieder mal: "wir") Aposchtele und´s Jesusle auch bezeuge´. Wegs dem isch sie g´schiede´ g´worde´ und kann jetzetle fei mache´ wa se widd," ("wasse will" – ich "Schelmele!")"dehs isch amol subba für älle, die wo beteiligt sind quä." (Jaja, dieser Satzbau ...!)

Ich überreichte Andrea den Scheidebrief, mit der Zusage, daß das Ding akkurat sei. (Das war aber nur eine Notlüge und somit legitim - erst recht für GOTTes Sohn!) Schnell rechnete ich die Scheidungskosten mit der frisch Geschiedenen ab (immerhin war sie ja schuld an der Trennung und hatte somit auch die Kosten des Verfahrens zu tragen), was - wie durch ein Wunder - genau den Rest ihres Vermögens verschlang; in ihrem Geldbeutel kannte ich mich ja mittlerweile allerbest aus. Nachdem sie gezahlt hatte, zog sie schluchzend von dannen, nicht allein weil sie traurig ob des Verlustes ihres Gatten war, sondern auch, weil ich es mir nicht verkneifen konnte, sie noch auf die Gefahren des Aberglaubens hinzuweisen: "Mit dreizehn Hochzeitsküssen, wäre dir das nicht passiert ..! Und jetzt geh mit GOTT, aber geh und sündige fortan nicht mehr wider den HERRn oder andere Ehegatten. Und vergiß nicht ...", rief ich ihr außerdem noch hinterher, "... es hätte noch schlimmer kommen können; du könntest tot sein, anstatt nur geschieden, mittellos und ohne Unter- oder Zukunft! Ich hab gehört, im Puff "Zur gestrandeten Existenz" suchen sie noch Damen - nur falls du´n Job suchen solltest!"
Dann war sie hinweggehoben, aber deswegen hatte ich noch lange nicht Feierabend. Simon (Petrus?) rief: "Au ja, ich will mich auch scheiden lassen. Ich habe meine Frau schon seit Jahren nicht mehr gesehen, denn ich folge ja dir nach. Meine Alte ist mir bestimmt nicht treu geblieben, Mann kennt ja die Weiber: kaum läßt Mann sie jahrelang sitzen, suchen sie sich gleich ´nen neuen Stecher!"
"Glaubst du wirklich?", frug ich ihn.
Er geriet ins zögern, aber Thomas war ja da: "Ich glaube nie und nimmer, daß die Frau ihm treu

geblieben ist!"
Also führte ich die zweite Blitzscheidung an diesem Tag durch. Bloß konnte ich Petrus (Simons? - ich kam langsam durcheinander) Angetrauter die Scheidungskosten nicht in Rechnung stellen. Er war trotzdem glücklich: "Herr, endlich kann ich dir aus Keuschheit mein Leben anvertrauen, und so schön direkt in den Himmel kommen. Danke." Andreas folgte seinem Beispiel, fügte aber nach kurzem Überlegen hinzu, daß ihm doch zumindest ein Teil von Andreas Geld zustünde, immerhin sei er ja der Betrogene.
"Ja, genau ...", rief Judas, "... immerhin haben fast wir alle es mit Andrea getrieben, außer mir natürlich; ich war ja immer unterwegs, wenn es um ehebrecherische Aktivitäten unter uns ging, aber ich finde, die anderen haben sich ihren Anteil redlich verdient. Und um der Gerechtigkeit willen müßte ich eigentlich eine Belohnung für meine Keuschheit erhalten."
"Wo Judas Recht hat, da hat er Recht!", riefen die anderen Apostel. Sogar ein Paar (?) der Frauen stimmte(n) mit ein, und Johannes wußte anzumerken, daß er ja nun weißGOTT nichts für seine Veranlagung könne. (Dafür hatte ich ihn dann auch sofort wieder ein bißchen weniger lieb!)
"Ihr seid ja echt toll!", fuhr ich sie an. "Ihr wollt immer nur haben, haben und nochmals haben! Womöglich werde ich jetzt auch noch zum Teiler der Hinterlassenschaften Verblichener oder Ausgestoßener bestimmt, womit ich dann heute schon den dritten Beruf ausüben muß - außer denen, die ich sowieso ausübe."
Ehe sich meine verdutzen Paladine berappeln und dumme Fragen - oder noch schlimmer: finanzielle Forderungen - artikulieren konnten, präsentierte ich ihnen flugs ein Gleichnis:
"Kennt ihr schon die Schote von dem reichen Kornbauern? Der wollte auch immer nur alles haben. Und eines schönen Tages hatte er die Koma - Ernte, die ihm von JAHWE geschenkt worden war, denn es hatte auf seinen Feldern geblüht, gegrünt, und sowieso alles getan, was sich das Bauernherz nur so vor sich hinwünschen kann. Jetzt hatte unser Bäuerlein aber ein Problem. Seine Speicherkapazitäten reichten bei weitem nicht aus, um alle Ernteerträge vor dem Gammel zu schützen. Er hatte zwar davon gehört, daß er keine Reichtümer ansammeln sollte, sondern es lieber wie die Vögel, welche nur den momentanen Nahrungsmittelbedarf decken - und gegen die ich nichts habe - machen sollte, aber da er den Winter nicht in Afrika verbrachte, wollte er entgegen dieser von mir aufgestellten Maxime handeln. Also investierte er, als gäbe es keinerlei Hungernöte auf der Welt, in neue, größere Speicher. Endlich war die Ernte eingefahren und der gute Mann dachte so bei sich: "Jetzt ist ja alles gut, ich kann jetzt essen und trinken bis ich blöd werde, aber eines kann mir nicht passieren: nämlich verhungern; das ist doch topp!"
Unbesorgt legte er sich des Abends in sein Heiabett und schlief wie ein Murmeltierchen. Er hatte aber seine Rechnung ohne den HERRn gemacht, DER SICH weder lumpen, noch es SICH nehmen ließ, dem Manne des Nachts im Traum zu erscheinen. Diesmal aber erzählte ER nichts von Schwängerungen auf rein mentaler Ebene, sondern berief SICH auf ein gar grausam Spielchen - in SEINER Weisheit und schier unendlichen Güte und spruch: "Siehe, du Kornbauer, du Narr! Dem PHArao (ein bißchen wie GOTT ist der PHArao in Ägypten ja auch) einst in Ägypten schickte ICH erst verwirrte Kuh- und Ährenträume, anschließend den netten Traumdeuter Joseph, der ihm erzählte, er solle Riesenspeicher errichten, damit des HERRschers (s.o.) Volk nicht des Hungers stürbe, wenn es sieben, was ja fast die Hälfte von Dreizehn ist, Jahre

nichts mehr zu ernten und somit zu essen gäbe. Dir aber, MEIN lieber Freund und Kornstecher, habe ICH einen solchen Traum nicht einmal andeutungsweise geschickt. Deshalb spitz die Lauscher und freue dich über MEINE Nachricht: du kratzt heute Nacht ab! Ist das nicht amüsant?" So aber sprach der HERR ZEBAOTH zum Bäuerlein bevor es den Löffel abgab. Jetzt frage ich euch: Was hat dem Bauern sein Reichtum an Korn gebracht und wem wird der ganze Tand gehören, jetzt, wo er nicht mehr ist? Seht ihr, so geht es dem, der Schätze auf Erden sammelt."
Meine Jünger waren nach dieser Hardcoregeschichte irgendwie echt alle wahnsinnig betroffen (vor allem Phil(osoph) haha!), nicht aber Judas:
"Und was hat ihm sein Reichtum geschadet?"
Typisch! So was konnte nur von Judas kommen! Ich war bar jeder Antwort, also stauchte ich ihn pauschal zusammen, bevor die anderen Zeit zum Nachdenken bekamen. Schnell hatte ich mein nächstes Gleichnis zumunde, bei dem Judas nicht gut abschnitt. Ich erzählte die Mär vom lustigen Feigenbaum, der ich später durch *realisierte* Grausamkeit noch mehr Nachdruck verleihen sollte:
"Mein lieber Judas, es war einmal ein lustiges Feigenbäumchen, das stand völlig fehl am Platze, nämlich in einem Weinberg. Jahr für Jahr ging nun der Weinbauer Tag für Tag auf seinen Berg, und suchte, ob er nicht Frucht fände an jenem Gewächs. Das lustige Feigenbäumchen aber hatte keine Lust, sondern gammelte lieber den ganzen Tag vor sich hin und hetzte seine Nachbarn, die Weinstöcke, gegen den Weinbauern auf. Es sprach: "Was seid ihr doch für Deppen! Ihr werdet begossen, gehätschelt und verpätschelt, genau wie ich. Aber jedes Jahr, wenn die Zeit gekommen ist, werden euch eure Embryonen zwangsabgetrieben, von Arbeitern mit rauhen Händen, die eure Ungeborenen erst in große Körbe, anschließend in große Bottiche schmeißen und hinterher - als wäre das noch nicht genug - mit den Füßen auf ihnen herumtrampeln, damit sie ihr Blut in Schläuche füllen und es dort vergammeln lassen können. Hinterher trinken sie das Blut eurer Kinder und nennen es Wein, was ein zutreffend trauriger Name ist, wenn ich mir die Entstehungsgeschichte dieses Getränkes so recht betrachte. Und jetzt seht mich an. Ich unterliege nicht der humanen Geburtenkontrolle, sondern genieße mein Leben, so wie es ist. Gibt euch das nicht zu denken? Die Weinstöcke begannen zu grübeln, denn irgendwie schien der Feigenbaum recht zu haben. Sie planten just eine Meuterei, als sie ein Gespräch zwischen dem Weinbauern und dessen Chefgärtner mithörten. "Seit drei Jahren ...", sagte der Weinbauer zu seinem Gärtner, "... komme ich nun auf diesen Berg, um nachzusehen, wie der Feigenbaum gedeiht. Aber - leckmicharsch - der trägt nie Frucht, also hau nicht du, sondern ihn ab!"
Der Chefgärtner - ich nenne ihn mal Markus - sprach: "Reg dich nicht so auf! Ein Jahr noch will ich ihn düngen und mir den aufreißen, an dem ich dich lecken soll; wenn's dann nichts gebracht hat, mach ich ihn zu Feuerholz." Der Feigenbaum wurde nie von den Weinstöcken unterrichtet, wie es um ihn stand.
Na, Judas, was glaubst du, wie es dem lustigen Feigenbaum erging?"
Der Angesprochene verhielt sich ebenso schweigsam wie der Rest der Bande.
Ich schickte alle schlafen, denn es war nur noch wenig "Embryonenblut" – vergammeltes (nicht vergorenes!) versteht sich - da; ferner hatte ich den Eindruck, meine Geschichten seien heute nicht weiter vonnöten, denn ein jeder unter meinen Gefolgsleuten hätte die für heute nötige Lektion gelernt.

Außer Johnboy.
Als ich ins "Bett" kam, ging es los: Er/Sie reichte mir einen Jeint, den ich, nichts Arges vorhersehend, annahm. Während ich rauchte, salbte er/sie mir die Füße und trocknete sie anschließend mit seinen/ihren Haaren. Danach hätte er/sie eigentlich zum Friseur gemußt, aber seine/ihre Pläne sahen anderes vor. Nachdem ich den Jeint ausgedrückt hatte, hatte ich das mir wohlbekannte Brummen im Kopf, daß sich aber heute zu einem lästig werdenden Summen im rechten Ohr steigerte. Benebelt wandte ich mich in die entsprechende Richtung und wurde eines verzerrten Antlitzes gewahr, das dem von meinem Lieblingsjünger nur ganz entfernt ähnlich sah. Ich führte die Entstellung seines Äußeren erst auf die von mir konsumierten Drogen zurück, mußte dann aber feststellen, daß er das "Glas", welches der spanischen Antwort auf Puck inhaltlich war, verheißungsvoll lächelnd vor meinen Augen hin - und herschwang, was seinem Antlitz nicht gerade schmeichelte.
"Du-hu, Jess, willste noch´n bißchen Kuscheln?"
Obwohl mir die Situation sehr spanisch vorkam, antwortete ich auf seine französischen Ambitionen auf Englisch: "No!"
"Du bist in letzter Zeit immer nur een "No" -Sager, nie biste mal´n Yes - Tortie!", nörgelte er. Bevor ich mir weiter sein Gelaber mit diesem weibischen Dialekt anhören mußte, ließ ich mich eben notgedrungen von beiden stechen: der Fliege und dem Mann der keiner war. (Aber er war so gut zu vögeln - und deshalb sprach er immer wieder meine (h)ornythologischen (kleines Wort- beim Liebesspiel) Ambitionen an.) Es war nicht wie sonst, was auch Johannes auffiel. Ich mußte an *Christ*iane, die Unbekannte mit Bart, an viele andere und an den Kuß von Andrea denken. Vielleicht war ich ja doch ganz normal? Vor lauter Schreck ging mir bei diesem Gedanken einer ab und ich stellte fest, daß es an der Zeit wäre, mit Johnboy mal etwas Neues auszuprobieren.
"Sach ma´, wat hast´n Kleener?", fragte er mich. "Haste keen Spaß jehabt? Ach, ick würde allet wat ick habe dafür jeben, dette mir ma erzähl´s, watte has´."
"Na ja ...", druckste ich herum, "... ich war ein unartiger Jesus und schäme mich dessen. Ich schätze, ich muß ein klitzekleines bißchen bestraft werden."
"Wat schwebt´n dir vor?"
"Nun, das ist ja gerade der Haken!"
Johannes war Feuer und Flamme: "Au ja! Und wat für eener? ´n Feuer-, ´n Schür- oder ´n Enterhaken? "
Ich aber hatte was an den Ohren und verstand deshalb "Entenhaken", was jeder amourösen Unternehmung gänzlich die Basis raubte: wie konnte mein Lieblingsa-popp-stel (auch wenn ihm dieser Ausdruck nicht gefiel) so grausam sein? Gegen unschuldiges Federvieh vorgehen zu wollen, um sich zu stimulieren? Ich schlug ihn auf die rechte, er hielt mir artig die linke Wange hin, was ich schamlos ausnutzte. Da er mir nun wieder die rechte darbot, schlug ich erneut zu. Dann wieder auf die linke, auf die rechte, auf die linke ... Es hagelte Ohrfeigen! Nachdem seine Wangen glühten, hielt er mir statt der Wangen seine Backen hin und nach einigen Stündchen masochistischen Vergnügens war sein ganzer Körper von meinen Handabdrücken verziert. Just als ich die durch das sadistische Unternehmen gewonnene Erektion an Johnboy abreagieren wollte, reichte er mir einen Zweig, der von mannigen Dornen geschmückt wurde, und forderte ein paar Hiebe. Obwohl ich ja eigentlich derjenige war, der Strafe verdient hatte, ließ ich

meinen Apostel für meine Sünden büßen, irgendwann später würde ich das schon wieder gut machen ... ich könnte dann ja mal zur Abwechslung für seine Verfehlungen gerade stehen – oder noch besser: ich könnte für die Missetaten der gesamten Menschheit büßen - ich kam manchmal, wenn ich dem Delirium Tremens nahe war, auf ziemlich verrückte Ideen ... wenn auch nicht zum ersten Mal.
Aber ich peitschte ihn noch ein wenig blutig, was mir die Lust auf ehebrecherische Aktivitäten mit ihm gründlich vermieste! Was für eine Sauerei! Nee, wahrlich! Auch Johnny hatte keinerlei Ambitionen, noch einfleischlich aktiv zu werden, sondern schlief jammernd und wimmernd ein, ohne mich noch fragen zu können, warum ich eigentlich der Meinung war, ein "böser Jesus" gewesen zu sein. Da ich aber von meinem schlechten Gewissen gepeinigt wurde, beichtete ich dem Schlafenden meine Seitensprünge. Danach schlief auch ich selig ein und erwachte am nächsten Morgen mit einem Eins-A Gewissen; war es etwa meine Schuld, daß der Mann (?) mir nicht zugehört hatte? Ich fand nicht. Und vor einem Millionenpublikum hatte ich ja auch gebeichtet. Was konnte denn ich dafür, daß es geschlafen hatte? Aber die Auditorien ließen zu jener Zeit (also zu meiner) auch bei kleinem zu wünschen übrig ....
Es wurde Zeit, mal wieder auf Promotion zu machen, und dafür eigneten sich eben doch am allerballerbesten Wundertaten. Propi hatte den Fisch schon klar gemacht, obwohl es sich, wie ich zugeben muß, diesmal weniger um ein "Fischwunder" handeln sollte; wir hatten beschlossen, eine kleine, an und für sich unspektakuläre Heilung zu präsentieren, aber am Sabbat und in einer Synagoge. Immerhin wollte ich den Paris endlich mal wieder mit meiner Wohltätigkeit ans Bein schiffen!
Der nächste Sabbat zog ins Land der Judäer und ich mit den Meinen in die nächstbeste Synagoge. Von weitem schon sah ich sie: die Frau, im zarten Alter von dreizehn Jahren; eine Körperhaltung zur Schau stellend, bei der ein jeglicher Flitzebogen vor Neid zu erblassen sich die Blöße hätte geben müssen: X - Beine, die Hände zu Klauen verkrampft, bar jeder Feinmotorik bettelnd, eines der Beine nachziehend, allem Anschein nach halslos, flachbrüstig, birnenärschig (die Backen gingen konturlos in die Waden über), vornüber gebeugt, sich den Weg mit einem Stock suchend, Warzen soweit das Auge reichte (und ich war verschärft weitsichtig!) und, als ob ihr die NATUR nicht ohnehin schon grausam genug mitgespielt hatte, wuchsen ihr noch ein Arm und ein Bein aus dem Rücken heraus, die die Legitimation ihrer Existenz lediglich durch den, zwischen den Schulterblättern befindlichen zweiten Kopf erfuhren. In der linken Handfläche hatte der siamesische Zwilling sein Geschlechtsorgan plaziert, das, obwohl es unter einer Dauererektion litt, ebenfalls von peinlich wirkender Inkontinenz heimgesucht wurde. Gut, jemandem zur Begrüßung die linke Hand zu reichen galt auch damals schon als unfein ... aber in ihrer rechten Hand endete der Darm ihres Bruders, der auch unter Diarrhö litt. Dumm gelaufen also - im wahrlichsten Sinne des Wortes! Bettelt mal mit solchen Händen: falls es überhaupt Almosen gab, dann waren die sofort so dreckig, daß niemand einem etwas verkaufen wollte. Quasi Modo wirkte gegen diese arme Kreatur wie Adonis, vor allem, weil diese Frau immer wieder über den zweiten Fuß stolperte, der neben ihrem eigenen aus dem rechten Bein sproß, auf Höhe der Kniescheibe, die sich lediglich zwei Zoll über dem Boden befand - an diesem Bein; an dem anderen, lag die Kniescheibe direkt an der Hüfte, was ihrer Art der Fortbewegung (sofern sie nicht gerade wieder stolperte) etwas eigenartig Putziges verlieh.
Na gut - zugegeben - ich übertreibe gerade ein bißchen (was ein völlig neuer Zug (Vorsicht an

der Bahnsteigkante - haha) an mir war); aber sie ging wahrlich krumm! Das schwör ich Euch bei meinem Leben. Wenn das nicht stimmt was ich euch hier erzähle, dann soll mich GOTT niederstrecken oder erhöhen - ganz wie ER will!

Langer Rede kurzes Wunder: ich ging auf die holde Maid zu, legte ihr meine heilige Hand auf und sagte: "Halt dich gerade, du Krüppel!"

ZACK, stand sie wie die Eins, sagte artig: "Danke, Heiland!", und entfernte sich - professionelles Flickflack schlagend - aus den geheiligten Räumlichkeiten, denn draußen wartete Propi mit ihrer Gage.

Der Mob feierte mich, klar wie Kloßbrühe; die intellektuell weniger Minderbemittelten aber regten sich auf - ebenfalls klar wie eben erwähntes Getränk. Der Oberste von ihnen ergriff das Wort: "Jaja, am Sabbat werden die Faulen flaißich! Sehet ...", wandte er sich an das Volk, "... es sind derer Tage sechs an den´ man arbaiten soll, wie auch Gottderherr es bai sainen Schöpfungsaktivitäten hielt, aber am siebten Tage, wat fas´ die Hälfte von dreizehn Tagen is´, soll man ausruh´n: erstens, wail dat geschrieben steht, und zwaitens, wail ich dat gesacht hab!"

Der Mann geziemte sich, sich meiner rhetorischen Mittel zu bedienen; na, darauf hatte moi ja schon lange gewartet! Ich verspürte, auch aufgrund der Aktivitäten der letzten Nacht, nicht wenig Lust, ihn ein bißchen zu steinigen, auszupeitschen, oder ihm gar mit einer Geißel zu Leibe zu rücken, aber ich beschränkte meine Attacken auf die organisierte Religiosität (noch) auf verbale Gewalttaten:

"Ihr Heuchler! Alle wie ihr dasteht! Ein jeglicher von euch führt seinen Ochsen oder Esel am Sabbat zur Tränke, arbeitet also im übertragenen Sinne auch, und mich wollt ihr jetzt schräg von der Seite anlabern?! Erstensmal hab ich euch schon mehr als einmal erzählt, das ihr keine Besitztümer haben sollt, zu denen, ganz nebenbei bemerkt, auch Esel und Ochsen zählen, denn dann hättet ihr am Sabbat keine Maloche zu vollbringen, und zweitensmal ist doch diese Frau - auch wenn es euch weitergeholt zu sein scheint - eine Tochter Abrahams - und die soll ich nicht versorgen? Ist sie denn nicht mehr wert als so ein Kackesel? Und - jetzt mal ganz davon ab - was ist denn für euch Arbeit? Für mich ist Heilen Freizeitbeschäftigung, ich bin versucht," (möglicherweise sogar vom **Leibhaftigen**)"in diesem speziellen Falle von "Hobby" zu sprechen; aber Heilen ist für mich nun wahrhaftig keine Arbeit - ich krieg ja nicht mal Geld, geschweige denn Sperlinge, dafür. Sollte ich also nicht auch am Sabbattage, der für mich jeden Tag in der Woche ist, eine Dreizehnjährige heilen dürfen?"

Judas fiel mir ins Kreuz (von dem ich *ahnte*, daß es irgendwann mein Untergang sein würde) und sagte: "Jesus, die Frau war aber achtzehn Jahre alt; hab ich draußen gerade gehört."

Judas war ja schon immer ´ne tolle Wurst gewesen, aber jetzt hatte ich wohl einen kleinen Schlawiener (also nur ein Würstchen) vor mir, der sich nichts dabei zu denken schien, mich in aller Öffentlichkeit zu blamieren: goß noch Öl ins Feuer der Paris ... na, der sollte mir mal im Mondschein begegnen ..! Er bekam seine Abreibung gleich mit. Ich war ja nun echt und ehrlich und wahrlich nett zu ihm gewesen in den letzten Tagen - und das war der Dank: "rich" einem Judas einen kleinen Finger und er amputierte dir die ganze Hand. Echt danke!

"Achtzehn, dreizehn, wo ist da der Unterschied?", fuhr ich alle meine Widersacher an. "Wenn man sich ein bißchen anstrengt, ist alles durch dreizehn teilbar. Außerdem diskutieren wir hier meine Berechtigung als Sabbatheiler und nicht arithmetische Probleme! Haltet euch also geschlossen, oder wem soll ich, als von IHM persönlich Beauftragter das Reich GOTTes

erklären?"
Aufgrund des eben vollbrachten Wunders bekundeten viele meiner Zuhörer ihr bestehendes Interesse an meiner Definition des Wortes "Himmelreich". Dumm nur, daß Definitionen zu verfassen nicht gerade zu meinen Stärken zählte. (Also was die Klarheit anbelangt - wortgewandt genug war ich natürlich nach wie vor allemal ....)
"Das Reich JEHOVAs ist genauso angelegt, wie ein Weinberg, in dessen Mitte ein Mann ein Senfkorn warf, direkt neben einen Feigenbaum." Bei diesen Worten fixierte ich Judas mit meinen Strahleblauen. "Und das Senfkorn gedieh wie verrückt und es wuchs zu einem Baume heran, der einfach super war. Da ging der Mann hin, riß den Feigenbaum, der irgendwie keine Frucht tragen wollte, raus, grub vorsichtig den Senfbaum aus, ohne dabei dessen Wurzeln zu verletzen, und pflanzte ihn in seinen Garten.
Und - achDUGRUNDGÜTIGER, die Vögel, die unter dem Himmel wohnen - meistens und die ich irre mag - hatten ihre helle Freude an diesem Gewächs, weiß der Geier, warum. Aber den solltet ihr mal fragen."
Das hatte natürlich mal wieder keiner verstanden. Langsam aber sicher gingen mir die Leute auf den Keks, weil sie meiner Gleichnisse nicht verständig wurden. Wahrscheinlich fehlte ihnen nur das Training. Assoziation ist ja im Grunde genommen ein Kinderspiel ... that´s what I thought. But I´ve been wrong ..! (Der Leser möge verzeihen, ich rede schon wieder in Zungen ...!)
Ich schüttelte eine neuerliche Verwirrtheit aus dem (üppig gesäumten) Ärmel:
"Das Reich GOTTes gleicht fast beinahe so etwaigem wie einem Sauerteige, welchen eine Frau zur Hand nahm, um ihn mit der Scheffeln dReiher - wat dreizehn minus zehn entspricht und außerdem eine Zahl ist, in der sich ein hübscher Vogel mit langem Hals verbirgt - des guten Mehles zu vermengen."
Es hörten viele Frauen (nicht nur Johannes) zu: "Det is quasi so, als wennde det eben vamengst und hintaher is´ zwar det Mehl ooch saua, aber det Brot wird lecker. Denn kannste aber kieken!"
Wieder hatte keine Menschenseele verstanden, worum es eigentlich ging. Ich aber blieb meinem (neuen?) Prinzip treu und sah keinerlei Grund, dem Pöbel zu erklären, was ich gemeint hatte. Schade für die Leute, günstig für mich, denn ich hatte mir einen Haufen Zeit gespart und endlich einen Grund gefunden, dieses Kapitel zu beenden.
Denn wahrlich: ich wollte schon lange dieses Kapitel beenden, in dem doch nur von mir die Rede ist, und eigentlich bin ich doch gar nicht deswegen zu Euch gekommen.

Matt.19;Mark.10;Luk.12,13;13,6,10,18

Neununddreißigstes Kapitel (doppelt hält besser!)

Auf Schusters Rappen nach Jerusalem (Teil I)

Und ich ging durch Dörfer und Städte, denn der Weg nach Jerusalem war ein beschwerlicher - vor allem schwer zu finden, wenn man sich in Galiläa nicht so gut auskannte wie ich dies zu

meiner Zeit in meiner Sacktasche zu tun pflegte ....
Alle Wege führten nach Rom, wenige nach Jerusalem und noch weniger ins Himmelreich, wie Ihr ja wissen dürftet. Dummerweise aber war der Weg gen Jerusalem letzten Endes auch nur einer der vielen, die letztlich nach Rom führten, oder einen zumindest schwer in die Nähe der römischen Gerichtsbarkeit brachten, was ich aber damals weder ahnte, noch hätte vorhersehen können; Ihr wißt ja Bescheid ....
Und - was soll ich Euch sagen - ich schwafelte und schwafelte; den lieben, langen Weg lang, nicht bloß, um mir die Zeit zu vertreiben, sondern auch, um mich in Stimme zu bringen (also die Stimmbänder einzuarbeiten), was meiner Anhängerschar ziemlich auf die Nerven ging. War mir aber egal. Ich hatte gerade ein besonders lustiges Anekdötchen beendet, in dem es natürlich, wie in allen meinen Geschichten, darum ging, daß alle Menschen Sünder wären, außer, sie verstünden meine Historien, und befolgten den Willen GOTTes, der natürlich nach wie vor identisch mit dem meinen war. Es war das Gleichnis vom Arbeitsvermittler, der gleichzeitig Chef in seinem eigenen Weinberg war:
"Sehet, es war einmal ein Mann, genannt HouseVATER, der hatte null Rhythmusgefühl und deshalb seine wenig erfolgversprechende Karriere als Musikus gar nicht erst begonnen, sondern sich einen hübschen Weinberg gekauft, in dem es weder Feigen- noch Senfbäume gab. So begab es sich, daß er eines Morgens mit der Ernte beginnen wollte, es ihm aber an Arbeitskräften mangelte. Er lebte nach dem Gebot des "Sorg dich um nichts", welches auch ich gerne propagiere. So ging er nun, um dieses Mangels behoben zu werden, des frühen Tages in die Stadt und wurde dort auf dem Marktplatze einiger Arbeitsloser gewahr. Er versprach ihnen einen Silbergroschen Tageslohn, wenn sie in seinem Weinberg die Ernte einführen; ein Angebot, das die Männer gerne annahmen. Denn, bei GOTT, ein Silbergroschen pro Tag in der Hand, war besser als die sprichwörtliche (Friedens)Taube (bzw. den finanziellen Gegenwert von fünf Silbergroschen) auf dem Dach liegen zu haben. Drei Stunden später ging der Chef wieder auf den Markt und fand dort erneut Leute, die nur rumlungerten. Diesen sagte er einen korrekten Lohn zu, wenn sie denn auch in seinen Berg gingen, und siehe, sie gingen und taten allso. Nach sechs und neun Stunden wiederholte sich das amüsante Spielchen erneut. Nach elf Stunden nun ging er abermals an den Marktplatz und fand dort noch immer Müßiggänger, die er auch vom Fleck weg engagierte. Jene rupften noch ein paar Reben von den Weinstöcken, schon war Feierabend, und alle freuten sich auf den Lohn. Jeder bekam den vereinbarten Lohn von einem Silbergroschen; die, die als Letzte zu arbeiten begonnen hatten, sogar zuerst. Denn wer später kommt muß früher gehen, damit sich alles wieder ausgleicht. (Oder wie war das noch gleich?) Nun war es aber an denen zu murren, welche den ganzen Tag unter sengender Sonne gearbeitet hatten und sie schimpften: "Was ist denn das bitte für eine Gerechtigkeit? Wir malochen uns hier den Rücken krumm und kriegen die gleiche Kohle wie die Faulpelze? Ich glaube, wir gehen mal vors Arbeitsgericht, sobald eines erfunden wird!" Jetzt aber kam die Stunde des HouseVATERs: "Ich weiß gar nicht, warum ihr euch künstlich so aufregt! Habe ich euch nicht einen Silbergroschen zugesagt, den ihr jetzt auch erhalten habt? Na seht ihr! Guckt ihr so scheel aus der Wäsche, weil ich so supergütig bin? Ich will euch mal was erzählen, um euch den Schädel gerade zu rücken: es ist doch wohl meine Sache, wie ich mit meinen Arbeitern umgehe! Also haltet euch geschlossen, nehmt euer Geld und macht euch vom Acker, äh - Weinberg! Lernet darum von diesem, was ihr als soziale Ungerechtigkeit deklariert. Sehet, die

Letzten werden die Ersten sein - und andersrum genauso!", fügte er noch hinzu. Ende der Lektion!", schloß ich meine Geschichte ab.
"Ach nee ...", sagte Judas, "... dann ist es also so, daß nur wenige berufen sind und ins Himmelreich eingehen können - oder hab ich da irgend etwas falsch verstanden oder fehlinterpretiert oder wie seh ich das? Wenn also viele darauf erpicht sind, durch die, wie du sie einmal scherzhaft nanntest, enge Pforte zu gelangen, um im sich dahinter befindlichen Himmelreich mit GOTTVATER zusammen Nektar und Ambrosia zu spachteln, werden viele abgewiesen, weil sie einfach zu dicht anbei wohnen und sich redlich mühen, Einlaß zu erhalten. Wenn dann aber die Menschen aus den vier Himmelsrichtungen, die ich hier mal "Norden, Süden, Westen und Osten" nennen möchte, erst kurz vor Toresschluß eintrudeln, dann dürfen die sofort rein. Bei allen anderen aber wird, wie ich annehme, ein großes Heulen und Zähneklappern einsetzen, wenn sie diese Spätankommer mit sämtlichen Propheten zu Abend essen sehen. Meinst du das mit "Die Letzten werden die Ersten sein, und die Ersten werden die Letzten sein", oder habe ich eine signifikante Einzelheit übersehen?"
Mein Herz jubelte, mein Gehirn schrie :"Achtung!"
"Mein lieber Judas ...", antwortete ich, "... besser hätte selbst ich es nicht sagen können." Und Nathan befahl ich: "Schreibe diese Erklärung deines Mitapostels unter der Überschrift "Vom Ringen ums Seligwerden" für die Nachwelt auf." Ich wandte mich wieder an Judas: "Ich bin soooo stolz auf dich! Du hast dich wirklich sehr zum Positiven entwickelt. Erst hatte ich gedacht, deinesseitens würde mir, deiner Querelen wegen, irgendwann ernste Gefahr drohen, aber nun sehe ich, daß wir unsere Differenzen wohl getrost begraben können. Komm an meine Brust, du einer der Jünger der allerersten Stunden."
Mit ausgebreiteten Armen flog ich auf ihn zu, im wahrlichsten Sinne des Wortes. Kurz bevor ich an seinem Hals landen konnte, sprang Judas beiseite und ich landete nach einem an und für sich angenehmen Flug im Staub der Straße und fraß Dreck.
(Eine Geste, die ich beim Oberhaupt der katholischen Kirche heute noch immer wieder gerne sehe, weil es mich daran erinnert, wie schnell aus einem Unfall, einem Mißverständnis, plötzlich eine mit frenetischen Applaus gefeierte, zeremoniell zelebrierte Handlung werden kann, die an und für sich ihren Ursprung in einer höchst peinlichen, wenn nicht sogar unangenehmen Situation für den "Erfinder" hatte. So viel zum Thema: Landebahnen küssen ....)
Während ich verärgert aufstand und den Staub von mir klopfte erklärte sich Judas: "Genau da liegt das Problem, mein Guter. Wir sind von Anfang an bei dir und haben, deinem Gleichnis nach zu folgen, nicht bloß trotzdem die Arschkarte gezogen, sondern sogar *deshalb*! Das ist ja irgendwie nicht so der wahre Jakob - us."
Huch! War ich da gerade mit meinen eigenen Waffen geschlagen worden? Jetzt war guter Spruch teuer ....
"Äh, also, wer *das* glaubt, wird selig!"
Da freuten sie sich wieder alle, außer Thomas, der ja schon immer seine Schwierigkeiten mit dem Hinnehmen nicht beweisbarer "Fakten" gehabt hatte. Aber sogar Judas fühlte sich rehabilitiert. (Später befahl ich Nathan, das Kapitel mit Judas´ Erklärung ersatzlos zu streichen, was er auch tat; Propi hingegen erzählte ich die Geschichte so, als hätte ich all jene Spitzfindigkeiten selbst erdacht.) Diese Freude konnte ich aber nicht ungeschmälert lassen und so ersann ich flugs (ohne anschließendes Straßeküssen) eine kleine Abwechslung:

"Wißt ihr, was wir jetzt machen? Selbstverständlich nicht, denn ihr seid ja noch weniger allwissend als ich, und das will etwas heißen, das schwör ich euch! Wir machen das jetzt so wie damals, lassen also ein bißchen Nostalgie aufkommen: ihr wandelt wieder durch die Städte, wie früher, in Zweiergruppen, und macht Werbung für mich, bloß mit dem kleinen Unterschied, daß ihr diesmal auch für Quartier sorgen dürft. Ist das nicht spitze? Die Frauen bleiben bei mir, ihr wißt, daß ihnen keinerlei Möglichkeit zum Ehebruch mit mir gegeben ist, denn ich stehe ja nicht so besonders dolle auf die holde Weiblichkeit, die Attribute derselben und den damit verbundenen Möglichkeiten zum Einfleischen."
"Juhu!", riefen alle, wenn sich auch die Begeisterung in Grenzen hielt. Lediglich unglücklich klingende Grunzlaute beeinträchtigten die Vollkommenheit dieser Idylle. Nathan gestikulierte, wild mit den Augen rollend und auf seinen Mund deutend, daß er nicht prädestiniert für diese Aufgabe sei - ich fand das einleuchtend und erlaubte ihm, bei mir zu bleiben - vorausgesetzt, daß er mir nicht die Ohren fusselig quatschen würde. (Haha, wir alle hatten endlich mal wieder was zu lachen; keiner meiner Jünger ahnte ja, daß Nathans Schweigegelübde unfreiwilliger Natur war.) Johannes witterte seine Chance:
"Duhu, Jessie, denn kann ick ja ooch hieableibm, wah, denn ick hab ja denn keen Zweiten mit dem ick vaduften kann."
Shit, daran hatte ich nicht gedacht!
"Habe ich mit auch nur einer Silbe angedeutet, daß ihr jetzt sofort losgehen sollt? Nicht das ich wüßte! Also, Gemach!"
Kommt Zeit, kommt Rat, dachte ich bei mir, und lief weiterhin schnurstracks meiner hübschen Nase nach, meine Gefolgschaft im Schlepptau.
Nach ein paar Stunden stolperte ein nobel gekleideter Jüngling über meine Füße. Er hatte anscheinend noch nie was von der "rechts vor links Regelung" an Wegkreuzungen gehört. Seiner spontanen Eingebung, mich nämlich anzuschnauzen, kam er nicht so besonders nach, alldiweil ihn meine Jünger schnell darüber aufklärten, vor wem er dalag:
"Das ist der Messias, Mensch; mach jetzt nichts unüberlegtes ...!"
Demütig senkte er sein Haupt, hob die rechte Hand zum "Heiland" - Gruß und fragte, die Gelegenheit beim Schopfe packend : "Guter Franzose, was muß ich tun, um in den Himmel zu kommen?"
"Bau dir doch einfach eine Rakete!", antwortete ich. "Ein Geschoß, in dessen Innenraum du Platz hast, und dessen Abstoßkraft von der Erde so groß ist, daß sie die Anziehungskraft derselben überwinden kann, und schon bist du - schwupps - im Handumdrehen im Himmel."
"Ich verstehe nicht ...."
"Klar ...", sagte ich, "... war auch nur ein Scherz! So was gibt es doch gar nicht. Wenn GOTT gewollt hätte, daß die Menschen fliegen könnten, hätte er Flugzeuge erfunden. Oder sie zu Vögeln gemacht, aber dann hätte ich nicht zu kommen brauchen, denn Vögel sündigen nicht, deshalb hab ich sie ja auch so ganz außerordentlich lieb. Um aber auf deine Frage zu antworten, würde ich vorschlagen, du befolgst einfach die dreizehn Gebote, von denen leider nur zehn überliefert wurden, und dann läuft deine Aufnahme ins Himmelreich problemlos über die Bühne."
Bevor meine Zuhörer mich fragen konnten, was die verlorengegangenen drei Gebote besagten,

beantwortete ich die ungestellte Frage schon vorab (auch, damit sie wieder dachten, ich könne hellsehen):
"Zur Zeit meiner Präexistenz, haben der HERR und ich folgendes beschlossen, um mir den Aufenthalt hier einfacher zu gestalten:
Das elfte Gebot: Du sollst dem Heiland keine dummen Fragen stellen!
Das zwölfte Gebot: Du solltest der Letzte sein!, wobei das zwölfte Gebot kein Gebot in herkömmlichen Sinne ist, sonder eher als freundschaftlicher Tipp verstanden werden sollte."
Alle starrten mich erwartungsvoll an, der Worte harrend, die als nächstes meine wohlgeformten Lippen überschreiten würden. Da hatten sie sich aber selbstverstümmelt! Ich sagte nichts mehr; auch als sie zu quengeln begannen, blieb ich des Geheimnisses weiterhin alleinwissend. "Wißt ihr ...", fertigte ich sie ab, "... jeder Menschensohn hat irgendein Geheimnis! Vielleicht erzähle ich euch das mal bei passender Gelegenheit ...", denn ich wußte ja (leider) nicht, was für ein Gebot ich mir noch würde ausdenken müssen, um mir meine Existenz angenehmer zu gestalten ....
Schön, das ich gerade erst das elfte Gebot frisch verkündet, mir aber niemand zugehört hatte; naja, das war ja nichts neues! So verwunderte es mich auch nicht, daß der Jüngling, anstatt die Backen zu halten, erneut anhob und jenes Gebot auf sträflichste Weise mißachtete, was ihm - konsequent wie ich nun mal (eigentlich *manch*mal) war, auch umgehenst in Schwierigkeiten brachte:
"Guter ...", fing er an.
Ich gab ihm die Chance, sich nicht um Kopf und Vermögen zu reden: "Wen nennst du hier gut, hä? Gut ist nur JEHOVA allein!"
"Ist ja schon gut ...", laberte er weiter, "... aber ich habe alle diese Gebote, außer vielleicht den beiden brandneuen stets befolgt. Was kann ich sonst noch tun?"
In diesem Moment wurde ihm klar (das konnte ich ihm deutlich ansehen),daß er soeben das elfte Gebot gebrochen hatte, aber jetzt war es zu spät! Wir waren so gut wie pleite (die Geldsäckchen der verbliebenen Jüngerinnen hatte ich noch nicht gefilzt), und ich brauchte einen Aushilfsjünger, um Johannes für ein paar Tage loszuwerden.
"Also ...", begann ich wichtigtuerisch, "... wenn du *wirklich* in den Himmel willst, dann verkaufe deine Reichtümer, die du von GOTTes- also meinetwegen - sowieso nicht angesammelt haben dürftest und gib sie den Armen. Glaube mir aber, daß wir so arm wie Synagogenmäuse sind und folge mir nach. So schlägst du zwei Fliegen mit einer Klappe, denn du wirst nicht deines gesamten Habes und Gutes verlüstig, sondern kannst einen Teil davon mit uns zusammen auf den Kopf hauen; und du kommst dennoch in den Himmel, weil du nicht einer der ersten Jünger bist und somit schneller eingelassen wirst." Letzteres flüsterte ich, da ich mir nicht erneut den Unmut der anderen Jünger zuziehen wollte. (Wer flüstert, der lügt - außer mir! Ich log manchmal auch laut; ich war nun mal nicht schwindelfrei ... was sollte ich da machen ...?)
Der Jüngling war entsetzt; vermutlich war er stinkreich und bekam deshalb schon Schweißausbrüche beim bloßen Gedanken an Armut.
"Gibt´s denn keine andere Möglichkeit?", fragte er verzweifelt .
Ich führte, um die Meinen zu verwirren, meine astronomischen Kenntnisse in die Konversation ein: "Wer von uns allen versammelten hier, glaubst du, sieht Andromeda eher, als ein Mensch

der sich eine Rakete (haha) baut?"
"Icke!", rief eine Frauenstimme, bevor der Reiche nachdenken konnte. Es war eine meiner Jüngerinnen, die wir aufgrund ihres Äußeren, das stark an ein Nähutensil erinnerte "Naddel" nannten.
Diesen frechen Anflug von Emanzipation maßzuregeln fehlte mir jetzt die Zeit: "Siehst du ...", sprach ich zu dem Jüngling, "... die Frau hat recht. Was sie eben sagte trifft schneller ein, als daß ein Reicher in den Himmel kommt."
Der Jüngling zog betrübt von dannen und ich war stocksauer: erstens hatte ich den erhofften Jünger nicht eingefangen, zweitens waren wir immer noch pleite und drittens hatte Naddel es gewagt, sich in meine Dialoge einzumischen; ein Vergehen, das lediglich mit Spießrutenlauf bis zum Tode, einer Steinigung oder, weil ich gerade eine gnädige Phase durchlebte, mit Verbannung aus meinem Umfeld zu sühnen war. Ich entschied mich für die Verbannung, denn so konnte ich sie mit einem meiner Jünger in die Wüste schicken, wo er sie dann zu verlassen hätte, auf daß sie einmal erführe wie das wäre, nicht im Regen, sondern in der Gluthitze stehen gelassen zu werden.
Thomas wollte (und "konnte"!!!) nicht glauben, daß Naddel den Andromeda ("was auch immer das für ein nebulöses Gebilde sein soll") eher sähe, als das ein Reicher in den Himmel käme: "Alter Welterlöser und Heiland ...", argumentierte er, "... das ist *unmöglich*!"
"Tjaha ...", triumphierte ich, "... was für die Menschen unmöglich ist, das sind doch für GOTT-denHERRn nur Litzchen namens Kinker. Fürwahr wahrlich!"
Ich wandte mich wieder an die ganze illustre Herde der Versammelten. Da mir (wie ich, glaube ich, noch nicht erwähnte) mein Gedächtnis mit den Jahren zu schaffen machte, frug ich: "Wer von euch meiner holden Spießgesellen, nennt Naddel eigentlich seine Frau? Nur heraus mit der Sprache, ich will es wissen!"
Niemand antwortete. "Nun gut, ihr habt es so gewollt ...", fuhr ich stärkere Geschütze auf, "... wer mir dieses Geheimnis verrät, dem will ich dreizehn Silberlinge versprechen!"
"Phil ist mit Naddel zusammen!", platzte Judas heraus.
"Nun, du hast artig getan, Judas ...", spruch ich, "... ich will nicht vergessen, was ich dir versprach. Du sollst deinen Lohn erhalten."
(Dummerweise hatte ich diese Rechnung ohne mein Gedächtnis gemacht, was sich später als verhängnisvoll erweisen sollte, was ich ja aber nicht ahnen konnte ... Ihr wißt hoffentlich, wie ich das meine ....)
"Sind noch irgendwelche Fragen offen ...", frug ich meine Apostel, "... die nicht in die Kategorie "dumm" einzuordnen sind? Falls ja, wäre jetzt der geeignete Zeitpunkt, sie zu artikulieren und von mir beantworten zu lassen."
Petrus, oder war es doch Simon (ich konnte das einfach nicht mehr auseinanderhalten), sagte: "Naja, Herr, es gibt da doch ein paar Widersprüchlichkeiten in deinen Aussagen. Mal heißt es, die Letzten würden die Ersten sein, was bedeutet, daß wir wenig Aussicht auf das Himmelreich hätten, und falls doch, dann nur als Beobachter aus der Ferne. Dann wiederum sagst du, wer das glaube, sei selig, was uns ja indirekt in eine rhetorische Zwickmühle treibt: glauben wir dem Gegenteil des von dir gesagten, kommen wir in den Himmel - welche aber von diesen beiden Sachen sollen wir glauben? Und als ob das noch nicht genug wäre, erzählst du jetzt diesem Jüngling, wenn er alles stehen und liegen ließe, käme er garantiert in den Himmel. Ich finde,

das hängt dem Gamma das Schwänzchen an! Wir haben doch auch alles und alle verlassen. Kommen wir dann nicht eigentlich - ein rein rechnerisches Problem - doppelt in den Himmel? Ich meine ja nur ...."
"Eine gute Frage!", bemerkte ich. "Fakt ist, daß ihr eigentlich, also deiner Logik nach zu urteilen, doppelt in den Himmel kämet. Aber deine Logik entbehrt eines wichtigen Punktes, den ich mal "Dreh - und Angelpunkt" nennen möchte. Nur eine meiner Aussagen könnt ihr ja gar nicht glauben ohne schizophren zu werden, also könnt ihr es drehen und wenden wie ihr wollt, egal an welcher meiner Aussagen ihr zweifelt, dieser Unglaube wird euch natürlich von eurer doppelten Himmelreichseintrittskarte wieder abgezogen. Erstens, weil ihr doch Ungläubige seid und zweitens, weil ihr sonst auf die Idee kommen könntet, irgendwem die zweite Eintrittsmöglichkeit zu verkaufen. Dann herrschten im Himmel aber Tohuwa und Bohu, außerdem Sodomundgomorra, weil selbst ER die Übersicht verlöre. Und das wollen wir ja alle nicht, gell? Außerdem verhält es sich wahrlich so, daß, wenn der Menschensohn einst in seiner HERRlichkeit zurückkommt, er nicht nur auf einem Throne sitzen wird, sondern aufgrund der überdimensionalen Ausmaße außerdem auf zwölf weiteren, seine Apostel auf je einem seiner Knie und richten wird die zwölf Stämme Israels - ach, was untertreibe ich so - zu richten kommen wird die Menschheit der Welt - ohne zu übertreiben - und dann brennt hier die Luft. Arbeitet also gegen eine Globalisierung an, denn dann kommt meine Rechnung mit den dreizehn Sitzmöglichkeiten nicht mehr hin und ihr seid letztendlich selber die Gelackmeierten. Alles klar?"
War es natürlich nicht, aber das war sogar mir, der ich nicht Zukünftiges vorhersagen konnte, klar wie Ochsenschwanzsuppe - oder wie hieß das noch ... habe ich vergessen ....
Ich unterband weitere mögliche Fragen pauschal: "Ihr kommt alle in den Himmel, vorausgesetzt, ihr tut weiterhin artig was ich sage. Um damit schon mal anzufangen rate ich euch, euch jetzt endlich in Zweiergruppen auf die Sandalen zu machen, um Unterkunft für mich und euch zu organisieren. Phil, du kommst kurz her, ich muß mit dir reden. Bevor ihr aber geht, muß ich auch euch allen noch etwas wichtiges sagen; also rennt nicht einfach los, sondern wartet, bis ich mich von euch verabschiedet habe."
Meine Jünger wollten sich aber nicht so auf den Weg begeben, wie sie es schon beim letzten Mal getan hatten; sie wollten neue Gruppen bilden, wobei aber einige der Jünger höchst ungern mitgenommen wurden. Judas war nach seinem Einsatz Phillippus gegenüber höchst unwillkommen bei einem jeden der anderen verbliebenen Zehn. Meinem Lieblingsjünger erging es nicht andreas (kleines Wortspiel (doppelt hält besser); wat heb wi lacht!); lediglich Nathan und Phil waren aus dem Schneider, sehr zum Leidwesen der anderen, denn anscheinend empfanden die Apostel im Gegensatz zu mir die beiden als angenehme Reisebegleitung. Aber ich reise ja ohnehin sehr ungern mit einem jeglichen von ihnen.
Nathan, naghut (- mir war kein Gag zu flach – oder erwähnte ich auch das schon?); Johannes, der kannes (HERR, laß Witze regnen auf mein mehr als würdig Haupt!!!).
Wie dem auch gewesen sein mochte, bevor der Streit wer mit wem gehen *müsse*, eskalierte, erfand ich ein Spiel: "Tick - Tack - Toof", das hielt sie wenigstens bei Laune, bis ich mit Phil das Nötige besprochen hatte. Danach würde sowieso ich die Gruppen einteilen müssen, denn wenn jeder mitreden durfte, kam Menschensohn nie zu einem Ende. Einer mußte nun mal das letzte Wort haben - und da bot ich mich doch gerne an ....
Jetzt war aber erstmal Phil an der Reihe, immerhin sollte er doch seine Naddel in die Wüste

schicken. Präzise und –gnant (ja, boa ey) unterrichtete ich ihn von meinem Plan und bevor der Ärmste überhaupt zu Wort kam, standen wir schon wieder bei den anderen, die inzwischen festgestellt hatten, daß das von mir erfundene Spiel keinerlei Siegchancen für einen der Teilnehmer bereithielt; vorausgesetzt, alle sich beteiligenden Spieler verfügten über die gleiche Anzahl an Ei-kju - Punkten. Phil war wie vom Donner gerührt, was aber keiner der anderen merkte, denn ich stellte Mannschaften zusammen, von denen ich wußte, daß beide Teilnehmer sich nicht gut riechen konnten. Immerhin legte ich aber auf diese Weise gemeinsamen Puffbesuchen der beiden mehr als bloß einen Stein in den (beschwerlichen) Weg. Nach ein paar Minuten ging es allen genauso schlecht wie Phil. Alle jammerten, wie schlecht es ihnen doch ginge, einzelne schoben sogar plötzlich auftretende Schmerzen im Knie vor, bloß um nicht weggehen zu müssen. Diese kollektive Jaulerei nervte mich schon nach kürzester Zeit sehr an. Als dann aber Johannes das Wort ergriff, sich vor Trauer den Rock zerriß und rief: "Ach Jesus, du hast det sowieso am Allabesten!", war es mit meiner Selbstbeherrschung so gut wie fast beinahe vollständig vorbei. Bevor ich anfing, mich ehebruchtechnisch zu erregen, indem ich den einen oder anderen ausgeißelte, schrie ich sie an:
"So, ich hab´s also am "Allabesten", was? Habt ihr euch schon mal überlegt, für wen ich das alles tue? Nicht? Na, ratet mal! Ich tue das nämlich nur für euch! Habt ihr euer AT nicht sorgfältig genug gelesen? Da steht´s schon drin: des Menschen Sohn wird überantwortet werden in die Hände der Heiden und anderer böser, böser Leute, und die werden ihm erst übel mitspielen und ihn dann sogar töten, damit er am dritten Tage, was Dreizehn minus Zehn ist, auferstehen kann, damit alles gut wird. Aber vorher werden sie ihn sogar anspucken! Jault ihr mir jetzt also noch mal die Ohren voll, wie gut ich das habe, dann kann ich ja mit euch mal dasselbe machen! Wie würde euch zum Beispiel so was gefallen?"
Obwohl ich den Eindruck hatte, wieder unverstanden geblieben zu sein, verfehlten meine Worte nicht die beabsichtigte Wirkung: ohne weiteres Murren zogen sie von dannen, und ich blieb mit Nathan und den Frauen (außer Naddel natürlich) alleine zurück.
Luk. 13,22;18,18;18,28;18,31;Mark. 10,17;10,28;10,32;Matth. 19,16;19,27;20;20,17

Neununddreißigstes Kapitel (naja ...)

<u>Reise nach Jerusalem (Teil II)</u>

Zum zweitenmal war ich aller Schwätzer auf einen Schlag verlüstig geworden; was aber nicht bedeutete, daß ich Schwein gehabt hätte. Doch auch diesen Mißstand gedachte ich bei dieser Gelegenheit zu beheben. Aus diesem kühnen Grunde schob ich eine "Unterredung" (was die Jüngerinnen für einen gelungenen Wortwitz hielten und daher mit silberhellem Gelächter honorierten) mit Nathan vor, nebenbei erwähnend, wie ausgesprochen "nett" ich es doch fände, wenn ich mich heute noch zum Schweinepriester entwickeln könnte, was natürlich voraussetzen würde, sie brieten mir ein solches Borstentier. Kurze Zeit später waren die Stroh(doofen – ich Wortgenie)witwen vor meinen Augen hinweggehoben, und ich konnte mich mit Nathanael, der, wie er mir klarzumachen suchte, eigentlich Thaddäus hieß (ich und mein Namensgedächtnis -

ein Faß ohne Boden!) in *Ruhe* (hahaha!) unterhalten. Jetzt, da wir ungestört und -beobachtet waren, traute er sich auch, nachdem ich meine heilenden Hände auf seinen Lippen vorübergehend (de)plaziert hatte, zu sprechen. Aber, was soll ich euch sagen - mich traf der Schlag! Die Silben und Worte flossen eher Erbrochenem denn Gesprochenem gleich aus seiner Kehle. Mein damaliger leichter Klaps (denn mehr war es (soweit ich mich erinnern konnte) wirklich nicht gewesen) hatte doch mehr bleibende Schäden an seinen Kieferknochen hinterlassen, als ursprünglich von mir vermutet. Erschwerend kam natürlich der Umstand hinzu, daß er seit Monaten keinen artikulierten Laut mehr von sich gegeben hatte, geschweige denn irgendeine Sprachtherapie oder sonstige Übungen absolviert hatte. Was meine Trommelfelle beleidigte war eine Krankheit, bestenfalls ein Zustand, aber beileibe keine Sprache!
Ich mußte ihn dementsprechend verdattert, mit einer Mischung aus Ekel und gespieltem Verständnis, damals "Toleranz" genannt, angesehen haben, denn er blickte recht irritiert aus seinem Poncho, bevor er sich zu erklären versuchte.
(Ich warne den Liebhaber des gesprochenen Wortes! Stelle er sich nicht akustisch diese Schandtat an reinstem Hebräisch vor! Seine Ohren könnten ihm ein Ärgernis bereiten, gleich dem, des die meinigen sich mir zu bereiten berufen hörten. Da aber eigentlich Nathan an diesem Ärgernis Schuld war, sollte er wohl besser seiner Zunge ledig werden, bevor verwirrte Gemüter sich von ihren Ohren verabschieden zu müssen glaubten. Ich wollte ihm dies auch später noch, bei passender Gelegenheit ans Messer (ich meine: ans HERRz) legen.) Sein Gesprochenes war schlimmer, als das Geschriebene:
"Heilandszack, Jessas, wasele kugsch´ auch so? Hab i dir ebbes getan? Ha, woisch, du glotschs jetzetle fei grad so, als ob dir einer noch grad fei eine rahkeit g´hätt ("reingehauen hätte"). Bisch auch noch nie in Schtuaget ("Stuttgart") quä? Woisch, i auch idda, aber i kennt mir schon vorstelle´, dehs die durt älle so numzuschwätze. Woisch, i nenn des halt "Dialektle", und uff den bin i auch subber - schtolz."
Schön, das mich der HERR ZEBAOTH in SEINER unendlichen Güte mit Ohren ohne Verdauungstrakt erschaffen hatte, sonst hätten diese jetzt bestimmt Fontänen gereihert. (Nichts gegen diesen Vogel ....)
- HERRimhimmel, was hatte ich denn da angerichtet? Ich hatte den schlagenden Beweis dafür erbracht, daß Mensch(ensohn) nicht an der Schöpfung herummanipulieren sollte: wenn ein harmloser, gutgemeinter Klaps solche Folgen hatte - nicht auszudenken, was passieren könnte, wenn die sogenannte Krone der Schöpfung hinter das Geheimnis des Lebens käme und begönne, an den verschiedenartigsten DNS - Strängen herumzubasteln.
Meine würg-o-vielen (wie wir alten Lateiner sagten) Gefühle mühsam, aber erfolgreich zügelnd, bat ich ihn, mir doch vorzulesen, wie er die Geschichte mit dem reichen Jüngelchen zu Tafel gebracht hätte, und fragte ihn bei dieser Gelegenheit auch gleich, wohin denn all die anderen gesammelten Anekdoten entschwunden seien - er müßte ja mittlerweile eine beachtliche "Tafelsammlung" haben.
"Woisch, dehs Propile hat g´meint, er könnt die fei für mich verwahre tue´; er tät auch keine verliere´." (Damit hatte ich nicht gerechnet: Propi war zu faul zum Selberschreiben, oder was; na, der sollte mir das nächste Mal im Mondschein begegnen ...) Danach begann Nathan, mir seine Schilderung der Dinge des Nachmittags vorzutragen. Ich lauschte zwar aufmerksam, aber dennoch mit wachsendem Entsetzen, was nicht allein auf seine unmögliche Aussprache, son-

dern eher auf inhaltliche Mängel zurückzuführen war. Schließlich endetet er mit: "...und noch hat der Heiland g´sagt: "A Dromedar sieht d´ Naddel eher, wie dehs ein Reicher in den Himmel neizus käme!" Da waret mir älle jenseitsmäßig g´schockt, aber´s Jesusle hat ons wieder fröhlich g´macht, in seiner Subbagüte." (Ihr alle kennt die Geschichte vom Kamel und dem Nadelöhr? So schnell wird wegen mangelnder astrologischer Grundkenntnisse aus einem "Andromeda" ein "ein Dromedar", was dann wieder flugs – wegen mangelnder biologischer Grundkenntnisse - zu einem "Kamel" metamorphiert - oder wie heißt das? Und dann aus "Naddel eher" ein "Nadelöhr" zu machen, ist natürlich ein Kinderspiel!)

Lob symbolisierend tätschelte ich ihm, mit wohlwollenden Worten sein Erfolgserlebnis untermauernd, die Stirn, bevor ich mich laut (vor Ekel und Wut über soviel Dummheit auf einem Flecke) schreiend, aus seinem Blickfeld rennend, entfernte, um mich herzhaft und ausgiebig meines Mageninhaltes zu entledigen.

Dreizehn Minuten später hatte ich meine Eingeweide wieder unter Kontrolle und außerdem einen Riesendurst. Nach diesem (verbalen) Blitzkrieg auf meinen O(h)rganismus (wahrlich, ich sage Euch ...) brauchte ich schläucheweise Wein, um das eben Erlebte verdauen und mich revitalisieren zu können.

Meine HERRen! Außerdem mußte ich mir Mut antrinken, um meinen soeben entworfenen Plan, Nathan ein für alle mal zum Schweigen zu bringen, auch in die Tat umzusetzen. Vielleicht konnte ich ja verbale Spätschäden an der Menschheit noch verhindern ....

Mir das letzte Kotzbröckchen aus dem Mundwinkel kratzend kehrte ich zu dem Sprachgeschädigten zurück. Ich schenkte ihm (nicht nur den Wein) gut ein: "Nathan, mal jetzt ganz in wahrlich: laß das keinen Menschen hören oder lesen, denn, wie oft soll ich es noch predigen - **ich bin nicht der Messias!** Wann begreift ihr das endlich? Ihr macht mich langsam wuschig! Und selbst - nur mal gesetzt des Falles - ich wäre *doch* der Heiland, dann bin ich inkognito hier in diesem Jammertal. In diesem Sinne - Prost!"

Wir schlugen die Kelche aneinander und tranken ...

... und tranken ...

      ... tranken ...

           ... tran -

                 ken ...

                      ... bis wir nicht mehr wußten, wer wir waren.

Das war vor allem für mich von Vorteil, denn als Wunder- und Wohltäter hätte ich den nun folgenden Einsatz nüchtern nicht über die Bühne gezogen. Ich streckte Nathan ganz rotzfrech die Zunge heraus, mir durchaus der Tatsache bewußt seiend, daß er ebenso auf die unverschämte Frechheit reagieren würde. Kaum präsentierte er mir sein Geschmacksorgan in voller Länge, schlug ich ihm (im Spaß (haha)) von unten mit meinem Kelch ans Kinn. Ich war eben einfach nur aufgrund meines alkoholisierten Zustandes beim Zuprosten "ausgerutscht". Seine Zunge fiel in den Staub, und wäre da nicht sein infernalisches Geschrei gewesen, hätte ich (zumindest von seiner Seite aus) jetzt schon für den Rest meiner Tage meine Ruhe gehabt.

"Tschuldigung, das wollte ich nicht; kannst du mir noch mal verzeihen?"

Ich war so scheinheilig, daß sich der erste Wortbestandteil über meinem Haupte hätte manifestieren können - *müssen* - aber Nathan schenkte mir keinerlei Beachtung (wofür ich angesichts seiner Verfassung durchaus Verständnis aufzubringen vermochte - ich war ja kein Unmensch!).

Ich ließ ihn toben, mir würde von seiner Seite aus vorerst kein Unheil widerfahren, denn er war fürs erste mit sich selbst beschäftigt. Flink klaubte ich das leblose Fleischläppchen aus dem Staube auf und schob es in meine Rocktasche. Nathan wollte sich aus mir unerfindlichen Gründen nicht beruhigen - der tat ja gerade so, als hätte ich ihn vergewaltigt! Einem von mehreren Dämonen Besessenen gleich schrie und schlug er um sich, und ich hatte wahrlich nicht wenig Mühe, ihn bewußtlos zu schlagen. Endlich erwischte ich ihn mit einem (vorher noch herumgelegen habenden) Ast sauber am Hinterkopf und konnte ihn, nachdem er den Schlaf des Gerechten schlief, einem nassen Sacke gleich, schultern. (Mit solchen Jüngern hatte man wahrlich sein Kreuz (autsche!) zuschleppen, das könnt Ihr mir HERRzlich gerne glauben!) Sein Blut verdarb mir mein Gewand, aber im Moment hatte ich wahrlich andere Probleme: ich war so besoffen, daß ich seinen schlaffen Körper kaum zu tragen vermochte - wenn sich Bewußtlose bloß nicht immer so ungelenk und schwer machen würden ... bisher hatte ich nur davon gehört, jetzt wußte ich, was die Mitglieder des Samariterordens meinten, wenn sie erzählten, daß sie schon hin und wieder froh ob ihres Esels seien, der ihnen die Last der Verwundeten von ihren Schultern auf den eigenen Rücken nähme ....

Nathan zum Teil auf Schultern und in meiner Rocktasche (zwar nicht systematisch, aber immerhin) verteilt habend, torkelte ich zu Propis Domizil in den nahegelegenen Hügeln. Just als ich einen erklommen hatte, sah ich in der Ferne die Frauen mit der Bratsau antanzen. - Mmmmmh, das gäbe heute noch ein lecker Essen.

Nach einer Ewigkeit kam ich bei Propi (dessen "Schauspielertruppe" sich merklich reduziert hatte) an. Wütend lief ich, nach dem ich den lästigen Ballast auf den Boden hatte fallen lassen, auf ihn zu:

"Was fällt dir eigentlich ein, *dein* Evangelium bei Nathan abzuschreiben?", schrie ich ihn an. "Könnte es wohl sein, daß du auch zu faul zum Pullern bist, wenn ich das richtig sehe? Oder hat der Herr noch irgendwelche anderen Evangelien über irgendwelche anderen Möchtegernmessiasse zu verfassen und deshalb keine Zeit, sich um die *Jahrtausendbiographie* zu kümmern? Gibt es überhaupt irgendwas, das der Markus nicht von anderen erledigen läßt?"

"Ja!", entgegnete mir Markus gereizt. "Zum Beispiel plane und organisiere ich jedes "Wunder" so, wie der "HERRjesus" es gerne wünscht. Wenn Er mit meiner Arbeit nicht zufrieden ist, dann kann Er die ja in Zukunft und bis in alle Ewigkeit auch alleine erledigen - vorausgesetzt, HEILand findet zwischen seinen Saufgelagen, Wutausbrüchen und Faselgefechten mit den Pharisäern und ähnlichem Gesöcks noch Zeit dazu!"

- Hoppala -

Da mußte ich jetzt wohl erstmal kleine Fladen backen ....

"Sorry - entschuldige, meine ich, ich rede schon wieder von - in Zungen; ich wollte sagen: tut mir leid, ich bin nur ein bißchen aufgeregt. Bitte übernimm nichts von Nathans Aufzeichnungen - bevor du dich damit übernimmst, meine ich."

(Markus versprach es mir; ein Versprechen, das ungefähr so ernst gemeint war, wie mein später abgegebenes Versprechen, mehr als ein Mal wiederzukommen.)

Ich beruhigte mich etwas, und konnte somit meine Gedanken wieder auf das Wesentliche lenken: "Ich brauch die Tage mal wieder ein Wunder; nichts großartiges - die Leute sind langsam dankbar über jeden Happen den man ihnen hinwirft; wie wäre es mit einem Blinden - zum Beispiel in Jericho? Da ist immer der Bär los. Am Stadttor, auf dem Marktplatz - ganz wie

du willst, Propi."
Ein Lächeln huschte, dieser vertrauten Anrede wegen, über das Gesicht meines Propagandachefs: "Ich glaube, wir sollten uns jetzt erstmal um dein größtes Problem kümmern!", merkte er, mir über die Schulter blickend, an. "Wie ist denn das schon wieder passiert?"
"Aaaaach ...", stöhnte ich genervt, "... weißt du, wie man Blutflecken herausbekommt? Sieht ekelig aus, ne? Nathan hat mir mal wieder alles versaut: den Abend, mein Gewand - ach, manchmal glaube ich, alle Welt hat sich gegen mich verschworen!"
"Du Ärmster!"; Markus breitete die Arme aus, und ging - an mir vorbei! - um sich zu Nathan niederzubücken. Vorwurfsvoll sah er mich an: "Wieder mal besoffen gewesen und eine spontane Lösung deiner Probleme durchgeführt, was?"
Hatte ich so was öfter?
"Naja, er hat mir gedroht, allen alles zu erzählen ... und dann noch in einer unmöglichen Zunge!!! Das hättest du hören sollen! Glaub an mich, es ist besser so für ihn, bevor sich die Leute über ihn lustig machen."
Markus schaute mich ungläubig an.
"Und außerdem hat er sein Schweigegelübde gebrochen! Ich half ihm nur, es aufrecht zu erhalten! Geschworen!"
Markus untersuchte den wie ein (unkoscher geschlachtetes) Schwein blutenden Nathan kurz und schüttelte dabei den Kopf.
"Er hat gesündigt wider mich und meinen VATER ...", rief ich erregt, "... wir sollten ihm seine Sünde ausbrennen!"
"Jesus, du hast sie nicht mehr alle, soviel ist klar ...", sagte Markus, "... aber in diesem Fall hast du die richtige Therapie vorgeschlagen!" Mit einem Lachen das irgendwie nicht von Herzen kam, schlug er mir auf die Schulter. "Wir werden es ihm tatsächlich ausbrennen müssen, bevor der Ärmste verblutet!"
Mit diesen Worten ergriff er einen glühenden Holzscheit aus seines Feuers Mitte und öffnete dem Sünder den Rachen und führte die glühende Spitze in die Höhle ein. Ich wollte gerade noch rufen: "Nicht! Darf ich das machen?", aber es war schon zu spät! Stinkende Wolken stiegen dampfend aus des Verwundeten Mund auf gen Himmel.
"Fertig ...", sagte Markus, "... das wars. Nimm ihn mit zu dir, bevor jemand was merkt; was hast du eigentlich mit der Zunge gemacht?"
"Weggeschmissen. Bist du sicher, daß das reicht; oder sollte ich auch noch mal nachbrennen - nur sicherheitshalber - ich meine, doppelt hält besser ...."
"Es reicht ...", HERRschte mich Propi an, "... außerdem sieh zu, daß du nach Hause kommst, sonst geht dein Abendessen flöten."
Mit einem fröhlichen: "Wir seh´n uns in Jericho!", verabschiedete ich mich und eilte zurück zum Abendessen, Nathan hinter mir herziehend.
Das Schwein war den Frauen natürlich verbrannt; es schmeckte wie Kohle, was mich dazu veranlaßte, es als solche zu verwenden. Sie reichten mir stattdessen Grünzeug mit Essig (den ich noch nie gemocht hatte). Da hatte ich den Salat! Nichts mit "Tolle Wurst"!
Á propos Wurst: ich wollte ja unbedingt Grillfleisch: da fiel mir wieder die Zunge ein. Ich war ja nie ein begeisterter Hobbykoch, insofern wußte ich nicht, daß man Zunge kochen muß, anstatt sie zu grillen. So mißriet sie mir gründlich. Sie wurde einfach nur steinhart und

unappetitlich. Ich warf sie ins Feuer. (Fast taten mir meine Jünger leid, die ja irgendwann mal meinen Laib verzehren sollten ...)
Die Frauen hantierten mit einem durchsichtigen Gegenstand herum, dessen Inhalt brummender Natur war. Als ich völlig stramm umfiel, registrierte ich als letztes mehrere Insektenstiche und ein sich unmittelbar danach entfernendes Brummen.
Und dann wurde ich scharf auf ...
... ALLE!
Lediglich Nathan entkam meinem hyperaktiven Ausbruch von physisch vollzogener Nächstenliebe. Ich hatte ja aber auch wirklich genug mit den Jüngerinnen zu tun, die alle von meinem Nektar wollten, auf daß ich ewig in ihnen bliebe. (Wie sehr ich ihnen bleiben sollte, ahnte ich in diesem Moment nicht die Bohne!) In den kurzen Momenten aufflackernden Bewußtseins, was ich da gerade tat, quälten mich zwei Fragen: warum waren all diesen Holden so wild auf mich, und warum störte mich ihre Weiblichkeit nicht bei der Ausübung der unehelichen Pflichten? Allein, ich wußte keine der beiden zu beantworten.
Nathan bekam zwar alles mit, aber er konnte ja nicht (mehr) petzen und Judas war nicht zugegen weshalb ich *unmöglich* verraten werden konnte ... dachte ich!
Wie gerädert erwachte ich am nächsten Tage davon, daß ich aufs Unsanfteste an der Schulter und am restlichen Laib Christi gerüttelt wurde. Mühsam sammelte ich meine, im Koma liegenden Lebensgeister und konzentrierte mich auf die Worte, die, allem Anschein nach, an mich gerichtet waren: "Uffjewacht, Jesulein; die Sonne scheint, die Vöglein zwitschern, es issen HERRlicher Tach!"
"Ma(ria)?"
"Nee, du Dummerchen! Ick bin´s, Johannes!"
"Du alter Täufer – mir träumte du seist tot! Was für ein Traum namens Alp!"
"Ick bin doch nich´ tot, Spatz!"(War ich ihm denn nicht mehr als zwei Pfennige wert? Und seit wann war er hier der Ornithologe?)"Wie kommst´n uff den Klopper?"
"Ach, *du* Johnny ...."
"Na sicher – und, haste jut jeschlafen?"
"Hmmmm – nee ... hab Müll geträumt, aber egal. Verrate mir lieber mal, warum ihr zwei beiden schon wieder zurück seid."
"Aber Jesus, wir sind alle schon wieder da. Wir haben uns alle beeilt, nich´ mal Judas wollte in den Puff, nur, um so schnell wie möchlich wieder bei dir sein zu können!"
"Wahrlich? Na, die Überraschung ist euch aber gelungen! Wie geht´s Nathan?"
"Is´ stumm wie´n Fisch, ißt aber, obwohl er dauernd mittem Zeijefinger jen Mund, den er aus unerfindlichen Jründen nich´ öffnet, nischt!"
"Waaas?!" Erregt sprang ich auf, was von meinem lädierten Kreislauf sogleich mit einer heftigen Migräneattacke honoriert wurde. "Ist denn schon wieder Fastenzeit?"
"Nich´ das wir wüßten. Aber wir haben janz andere Probleme: in einem Dorf, hier janz inne Nähe, wolln uns die Samariter nich´ uffnehm´, weil wir ihnen erzählt haben, daß wir lediglich uff der Durchreise seien, Fernziel Jerusalem. Voll schlimm, findste nich´; diese Rassisten!"
Die hatten Sorgen: "Dann gehen wir eben in ein anderes Dorf und fertig. Verkompliziert die Sache doch nicht unnötig."
Jacko mischte sich, von Johannes dazu gedrängt werdend, ein: "Alter Meister, wenn du willst,

können wir auch in dieses Dorf zurückkehren, und ihnen prophezeien, daß Feuer vom Himmel fallen und sie verzehren würde, genauso wie es seinerzeit schon Elia tat; soll ja bei einfältigen Gemütern Wunder wirken."

Ich war entsetzt; fingen die jetzt etwa schon an, meine drastischen Maßnahmen zur Durchsetzung des eigenen Willens zu kopieren? Dem mußte ein Riegel vorgeschoben werden: "Wißt ihr denn nicht mehr, wes Geistes Kinder ihr seid? Ihr seid eines Menschengeistes Kinder, geführt von mir, der sich des HJ´s als VATERgeistes rühmen kann. Ihr habt überhaupt nichts zu prophezeien! - Auch nicht ...", fügte ich besänftigend hinzu, "... wenn es lieb gemeint ist. Laßt grausame, die Menschen vernichtende Prognosen zu erstellen, denen, die dafür auserwählt sind: den Propheten!"

Da ich gerade beim Thema "Menschenvernichtend" war, fiel mir auch mein Befehl gegenüber Phil wieder ein. Ich erkundigte mich nach seinem und Naddels Zustand; allerdings wurde meine Besorgnis um das Wohlergehen der beiden nur mit betreten gesenkten Häuptern beantwortet. Anscheinend hatte Phil meinen Anweisungen Folge geleistet, und war seine Maid losgeworden. Ich zitierte ihn zu mir, um mir seine Geschichte im Rahmen aller Versammelten erzählen zu lassen; daß würde ihn dazu veranlassen, die korrigierte Version kundzutun - letztendlich fiele es dann auch ihm viel leichter, sich an *diese* Wahrheit zu gewöhnen. Nicht, daß ihm irgendwann ein ähnlich schrecklicher Unfall wie Nathan zustieße, und er nicht mehr verbalisieren könnte ... Ich meinte es doch nur gut mit ihm ....

Der frischgebackene Single (und wahrscheinlich zukünftige Witwer in spé – doppelt hält ja bekanntlich besser) trat vor mich hin, und ich hieß ihn, von seinem schweren Schicksalsschlag zu berichten. Nachdem er das von mir vorbereitete Podest (einen Sack voller Steine - auch in symbolischen Andeutungen hatte ich es langsam zu einiger Perfektion gebracht) erklommen hatte, begann er zu erzählen.

Doch - oh Graus und Schreck - der Schock hatte ihn verwirrt; er redete in etwas, was mich teilweise an Nathan, teilweise an das "Inzungenreden" erinnerte:

"Öhla Palöma Naddl!", begann er. "Nuu, wie ihr alle wist, had üns da Heiland lösschjejocht, dös wa ne Herbersche für dän üfftün dädn. Wir zwö beedn sind ooch schleech in eene rinnschelöövn und häm jüt een schebäschart."

Ich möchte es dem Leser ersparen, die ganze Berichterstattung in dieser für Auge und Ohr unzumutbaren Zunge wiederzugeben: Phil und Naddel hatten allem Anschein nach gut einen getrunken. Während sich ihr Begleiter einmal kurz aufs Örtchen begab, muß Naddel wohl weitergezecht haben und als Phil wieder in die Gaststube zurückkehrte, war seine Freundin verschollen. Vorher hatte sie mit dem Wirt noch während des Zechezahlens unser aller Quartier klargemacht und sich anschließend auf die Suche nach Phil begeben. Augenzeugenberichten zufolge, muß sie sich dabei wohl in der nahegelegenen Wüste verirrt haben. Phil hatte keine Chance ihr nachzugehen, denn all ihre Spuren waren vom Winde (einem Sandsturm) verweht. Phil verkündete, diese Sorte Stürme von heute an bis in alle Ewigkeit als "Wüsten*teufel*" zu bezeichnen, und damit war sein Bericht zuende, denn weinend fiel er vom Sack.

Ich fand diese Geschichte schon so perfekt, daß ich sie, Thomas gleich, kaum zu glauben vermochte. Das war ja genauso wie damals bei mir, nachdem ich mich mit dem alten Heuschreckenfresser zusammen betrunken hatte und erst nach vierzig Tagen (die nach genauerer Betrachtung auch bloß dreizehn an der Zahl hätten sein können) in die Zivilisation zurückgekehrt

war. Die Erinnerung an den alten Täufer löste bei mir einen Anflug von Nostalgie aus, der mir das Wasser in die Augen trieb (das ich in diesem Moment nur zu gern in Wein verwandelt hätte), was von dem Umstehenden als Trauer über Phils Verlust mißgedeutet wurde. Thomas sprach aus, was ich dachte:
"Diese Geschichte ist ja unglaublich! Eher würde Jesus in der Wüste vom **Satan** versucht, als daß diese Frau sich dort verirrte. Und selbst wenn dem Heiland das einmal passieren sollte, so wäre er doch nach spätestens dreizehn Tagen wieder zurück, wahrscheinlich sogar mit dreizehn neuen Geboten ..! Vielleicht braucht Naddel nur ein wenig länger, um aus dem ewigen Sand wieder herauszufinden - sagen wir mal vierzig Tage - aber sie wird in der Einöde nicht umkommen! Davon bin ich felsenfest überzeugt, gell Petrus?!"
Der Jünger, den ich manchmal Simon nannte, legte einen Arm um Phils Schultern: "Ja, mach dir keine Sorgen, die kommt wieder; dann schlachten wir ein Opferlamm und veranstalten eine riesengroße Wiedersehensparty! Ist es nicht so, Jesus?"
Der Mann kleidete meine schlimmsten Befürchtungen in Wortgewänder. Wenn die nun wirklich wiederkäme; nicht auszudenken ... Ich bekam es mit der Hektik, hielt mich aber im Zaumzeug.
"Dein Bruder im Glauben spricht wahr!", sagte ich, ebenfalls einen Arm um die Schultern des frustrierten Apostels legend. "Die kommt schon wieder. Falls du meinen Worten nicht glauben möchtest, dann laß ich Nathan diese eben schnell aufschreiben, und wir tun alle so, als wären wir Pharisäer: die glauben doch auch alles, *weil* es geschrieben steht! Ein bißchen Hitze, Wasser- und Lebensmittelentzug haben noch niemanden umgebracht. Selbst VATERmorganen werden deiner Freundin nichts anhaben können, das schwöre ich dir, so wahr ich der Sohn GOTTes bin." Wieder ließ mich etwas stutzig werden: Phil lächelte, als ob er mir diesen Schwachsinn tatsächlich glaubte. Ich verdrängte mein ungutes Gefühl, indem ich weiterhin Konversation betrieb:
"Wie mir scheint, mein lieber Phillippus, ist dir außer deiner Freundin noch etwas viel wichtigeres abhanden gekommen: deine Fähigkeit, dich so auszudrücken, wie nur du es konntest; wohl überlegt, besonnen, niemandes Ohr Ärgernis bereitend. Was ist passiert?"
Unverständnis spiegelte sich in Phils Gesichtszügen wider: "Nuu saach´n sé blöß, dü könnst dir des nisch vörställn. Isch hább gradd meene Ölle valörn, dis machdd misch völlsch kapütt. Da könnse sisch nöch sö üffplüstan, isch schteh halld ünda Schogg."
Was für ein Ärger; gerade erst hatte ich Nathan "kuriert", jetzt stand mir ein ähnlicher Eingriff bei Phil bevor, denn seine jetzige Art sich auszudrücken, empfand ich als schlimmer, als die vorherige. Ich setzte mich, um meine Gedanken in Ruhe zu ordnen. Zu Propi konnte ich nicht schon wieder gehen, um eine Zungenkorrektur vornehmen zu lassen, denn er hatte ja schon gestern sehr unwirsch reagiert. Außerdem konnte ich nicht alle meine Jünger zu stummen Zeugen werden lassen, sie sollten doch meine Wundertaten noch lange Zeit nach meinem Tode verkünden.
Ich befand mich in einer Zwickmühle: die dubiosen Sprachveränderungen bei meinen Jüngern machten mir einerseits zu schaffen weil ich mir diesen Kauderwelsch nicht anhören wollte, andererseits aber auch, weil sie, selbst wenn ich sie nicht verstummen (verstümmeln) ließ, sie kein Mensch mehr würde verstehen können. Außerdem wäre es inkonsequent von mir, ihre Zungen, die *meinen* Ohren Ärgernis bereiteten, herauszutrennen, aus ihren Mündern, anstatt

mich meiner Ohren zu entledigen. Ich beschloß nach langem Grübeln, daß solange kein weiterer meiner Jünger einem solchen Anfall von Sprachkastration anheim fiel, davon abzusehen, sie zu Zungeneunuchen zu machen. Nachdem ich diese (zugegebener Maßen inkonsequente) Entscheidung gefällt hatte, fühlte ich mich besser. Ich wandte mich sogar an Judas, der ja angeblich ganz scharf darauf gewesen war, wieder in meinem Dunstkreis verweilen zu dürfen: "Judas, alter Kumpel ...", frug ich, ihm freundschaftlich auf die Schulter schlagend, "... wie geht es dir, jetzt wo du wieder bei mir bist?"
Er blickte mich verständnislos an und sagte: "Oichkazetschwoaf!"
Gut, daß ich mich nicht umwandte; ich wäre bestimmt zur Salzsäule erstarrt. Hinter mir begannen die anderen Apostel erst zu kichern, dann zu lachen; schließlich lagen sie vor Lachen heulend und sich die Bäuche haltend im Staub: "April, April!"
Selbst ohne den Kalender erfunden zu haben, wußte ich, daß das eine Lüge war. Die Meinen nahmen mich nicht mehr für voll, es wurde also Zeit, etwas dagegen zu unternehmen: saufen.
Als ich voll genug war, stellte ich klar, daß es jetzt unaufhaltsam nach Jerusalem ginge ("... immer Naddel entgegen, falls sie zurückkommt ..."), wo mich wahrscheinlich der Tod ereilen würde, denn ich hätte da so ein unbestimmtes Gefühl ....
(Kleine Todesankündigungen mittendrin versauten meinen Aposteln den Spaß daran, sich über mich lustig zu machen, trotzdem wollte ich diese "Spaßnotbremse" nicht allzu oft ziehen, denn ich hatte tatsächlich allmählich den Eindruck, daß mir die Zügel aus der Hand glitten - nicht nur bei meinen Jüngern ... oder lag das nur an dem Traum der letzten Nacht? Hatte der HERR, mein VATER, mich heimgesucht, um mich für die vorher begangenen Sünden (die ich doch alle zu SEINEM Lobe begangen hatte) zu strafen, oder was? Langsam entglitt ich sogar mir selbst, und das war kein gutes Zeichen. (Vorausgesetzt, daß es überhaupt eins war.)
Im Traum hatte ich mich als einsamen Menschen gesehen, der, verprügelt und geschändet, in der Gosse lag, von niemandem versorgt und geheilt. Selbst VATI hatte mich im Stich gelassen. Gerade als ich im Traum, "Schwamm drüber", dachte, war dieser mit vergorenem Wein getränkt, den Judas mir lachend in den Mund zu schieben versuchte - GOTTseidank nur mit leidlichem Erfolg. Weshalb war ich so mißhandelt worden? Ich war mir keiner Schuld bewußt, hatte meinem Gutdünken nach nichts Unrechtes getan - fast nichts. Aber die Wege des (Ge)HIRRNs (endlich mal wieder ein Wortspiel mit *höherem* Sinn) sind unergründlich. Der Traum wandte sich gerade zum Besseren, denn ich sollte erhöht werden, als ich spürte, daß ich aufs Übelste an Händen und Füßen und überall gepackt wurde. Just als ich schreien wollte, erwachte ich, da meine Jünger mich an eben jenen Gliedmaßen gepackt hatten, um mich zu erwecken. Wieder einmal wußte ich nicht, wie es weitergehen sollte. Zurück blieb nur das ungute Gefühl, nicht HERR der Lage zu sein ....
Ich sollte doch wohl auf meine alten Tage nicht depressiv werden oder so was; ich konnte nur hoffen, daß mir dieses Schicksal des Zimmermanns erspart bleiben würde. Den ganzen Tag nur rumzujammern, alles schwarz sehen zu müssen und jedwede Hoffnung auf einen gemütlichen Lebensabend verlierend. Falls es das war, was ER für mich vorgesehen hatte, dann sollte dieser Kelch doch lieber an mir vorübergehen, oder wenigstens mit Wein gefüllt sein! Ich hatte ja prinzipiell nichts dagegen, als Märtyrer diese Welt zu verlassen, aber dann doch wenigstens auf lustige Art und Weise ...!

Luk.9,51; nicht überliefert

Neununddreißigstes Kapitel
(es ist ja so schwer, "alte" Gewohnheiten abzulegen)

Zwischenstopps (Teil III)

Tage der Trübsal waren vergangen. Das einzige was mich am Leben erhielt, war die Vorfreude auf mein nächstes Wunder; ich hätte nie gedacht, daß mir diese kleinen Zauberkunststückchen mal so fehlen würden. Mein Leben war, nachdem ich mich von Propis Promotion nahezu vollständig verabschiedet hatte, irgendwie nicht mehr dasselbe. Mein letztes Vergnügen bestand darin, endlos monologisierend durch JOTTes (ich gewöhnte mir aus purer Langeweile die verschiedenen Dialekte meiner Jünger an; erfand sogar hie und da neue) schöne Natur zu wandern und meine Gefolgschaft mit meinen Reden zu nerven oder zu verwirren oder für dumm zu verkaufen. Selten hatte ich das Vergnügen, ein Gleichnis zum Besten geben zu können, oder gar mit einem Pari Streit anzufangen. Auf gut Fremdzüngisch: die Reise war "fuckin´ boring". Manchmal erfreute ich mich und den Rest der gelangweilten Mann/frauschaft mit etwas Neuem. Ab und an trafen wir sogar Leute, die noch was von mir wollten. So auch der Schriftgelehrte, der uns zwischen zwei Dörfern über den Weg strauchelte und mich nach meiner Erkenntnis hinsichtlich der Erlangung des ewigen Lebens befragte. Aber diese Fragen, die viel an Originalität vermissen ließen, waren den anderen und mir schon lange nicht mehr willkommene Abwechslung genug. Im Grunde ging es doch immer um denselben Schmus: "Alter Innuid, Maister und blahblahblah, wat muß ich tun, um innen Himmel zu komm´?" (Hätte es damals schon das Fernsehen (oder wenigstens das Telefon) gegeben, hätte ich eine Hotline eingerichtet, und hätte damit ohne selber aktiv werden zu müssen, schlaue Sprüche vom Band laufen lassen. (Aber das war ja sowieso VATIs Idee gewesen, mich in dieser unzivilisierten Zeit auf die Welt zu schicken, ohne Chance auf ein bißchen Gemütlichkeit - Danke DAD! (Woher hatte ich nur diese Eingebungen ...?))
Also beantwortete ich dem Schriftgelehrten seine Frage in gewohnter Manier: viel redend, nichts sagend, alle Interpretationsmöglichkeiten offen lassend; auf daß er sich selbst sein Ei des Kolumbus suche und pelle und erkenne, was ich *eigentlich* gemeint hatte. Gleichzeitig kompensierte ich meinen Traum von damals:
"Na, was sollst du schon großartig tun? Liest du nicht die HS, welches ist die Heilige Schrift, und erfährst dort mehr als genug?"
"Doch schon ...", begann er sich zu winden, "... aber wenn ich main´ Nächsten, Gott und den ganzen anneren Kram so lieben soll wie mich selber, gestatte mir aine weiterführende Frage: wer is´ denn main Nächster - und wie liebe ich den, gesetz´ des Falles, ich hab schon mitte Aigenliebe so maine lieben Probleme?"
"Wenn du dich nicht selber liebst ...", antwortete ich weise, "... dann ist es mit der Nächstenliebe vergorener Wein! Nehmen wir spaßeshalber an, du liebtest dich selber, so möchte ich dir deine Frage, wer denn dein Nächster sei, nicht direkt beantworten. Viel lieber möchte ich mit einer kleinen Anekdote aufwarten, die mir der HERR ZEBAOTH letztlich im Traume zusandte, wohlwissend, daß ich dir deine Frage damit so beantworten könnte, daß du dich auf den Talar getreten fühltest, und mich gern am Kreuze – dessen Erwähnung mir schon mehr als nur psychischen Schmerz zu bereiten vermag - autsche - erhöhet oder wenigstens gepflegt gesteinigt

sähest. Also Obacht, merke auf:
Es war einmal ein Mensch, nennen wir ihn - Juses – (das war wahrlich offensichtlich, egal), der wanderte seines Weges durch Dörfer und Städte, denn berufswegen wegens war er dazu verpflichtet. Er war ausgebildeter Wandersmann. Unterwegs traf er einen Müller, des Lust ebenfalls das Wandern war, und hielt zu einem kleinen Pläuschchen an, wo denn dieser seine Mühle und den dazugehörigen Stein gelassen hätte. Sie plauderten so über dies und das, und dem Wandersmanne dauerte es des Müllers, denn dieser hatte seine Mühle weggeschmissen, was in Zungen gesprochen ist, und "entsorgt" meint. Niemand wollte mehr als erster zu ihm kommen und somit als erster mahlen, was letztendlich zu einer so schlechten Konjunkturlage führte, daß er seinen Mühlstein an den erstbesten dahergelaufenen Kinderschänder verkaufte, da dieser sich, nachdem er meiner Worte gehörig geworden war, eben jenen Stein um den Hals zu binden und sich im tiefsten Meer zu versenken gedachte. Gern hatte das Müllerlein seinen Stein verkauft, registrierte aber erst zu späterer Stunde, daß er jetzt auftragstechnisch völlig im Eimer war. So griff er sich die paar Spatzen die er in der Hand hatte, ließ die Tauben auf dem Dach Tauben sein, die Sperlinge (da sie nette Vögel sind) frei, und beschloß, die Lust des Wanderns zu praktizieren. "Dummerweise ...", erzählte der Müllersmann, hätten ihn aber Banditen überfallen, und deshalb sei er jetzt jeglichen Barens bar. Den Wandersmann, wie ich schon erwähnte, dauerte es des Müllers, und so beschloß er, ihm mit ein paar Scherflein, die er eigentlich einer Witwe hatte schenken wollen, auszuhelfen. "Deshalb...", begann der Müller den nächsten Satz, gerade als der Wanderer seine Börse öffnete, "... habe ich jetzt auch umgesattelt, und bin Räuber geworden!" Bevor der Wanderer wußte wie ihm geschah, hatte er all sein Hab und Gut an den Räuber verloren und fand sich darselbst halbtot im Straßengraben liegend wieder. Nach etlicher Zeit kam ein Pharisäer des Weges, sah den armen Mann dort liegen, ging aber weiter, ohne ihn wenigstens zu grüßen. Später des Tages wählte ein Levit dieselbe Wegstrecke um nach Hause GOTTes zu kommen, ließ aber den Verwundeten, ohne ihn auch nur nach seinem Wohlbefinden gefragt zu *haben*, dort einfach liegen, im staubig Straßen*graben*."
Dieser Reim sollte die Schärfe der Brutalität aus dem Erzählten nehmen, verfehlte aber seine beabsichtigte Wirkung aufs Publikum gänzlich.
"Viel, viel, viel später des Tages, kam ein Samariter auf seinem Esel vorbeigeritten. Dieser sah den Verletzten, hob ihn, nachdem er seine Wunden mit Öl und Wein gewürzt hatte, auf sein Grautier und folgte der Straße zur nächsten Herberge. Dort mietete er ein Zimmer, pflegte den Kranken noch die ganze Nacht lang und sprach am nächsten Tag zum Wirt: "Hier hast du zwei Silbergroschen, nimm sie, bevor ich es mir anders überlege. Ich muß jetzt dringend zu einer Steinigung, aber du machst mir den Mann da oben im Zimmer wieder ganz gesund. Falls es an Geld mangelt, komme ich wieder, wie der Heiland immer verspricht - ich aber wirklich - und gebe dir das nötige Kleingeld, um deine Unkosten zu decken."
Wer ...", wandte ich mich jetzt direkt an den Schriftgelehrten, "... glaubst du, war dem Wandersmanne der Nächste?"
"Der Nette, der vom Samariterorden!", erwiderte der Angesprochene.
"Richtig!", sagte ich. "Du hast jetzt gerade dreizehn Himmelspunkte gewonnen. Wenn du jetzt hingehst und ebenso tust, kommst du voll in den "Klub Paradies". Also, streng dich an und beachte trotzdem weiterhin alle dreizehn Gebote."
"Wat mich interessieren würde ...", fragte der Schriftgelehrte, meinen Fingerdeut auf das elfte

Gebot ignorierend, "... wat is´ aigentlich aus dem Wandersmann geword´n? Hat der Wirt ihn wirklich gesundgepflecht, oder hat er ihn am nächsten Tach, kaum dat der Samariter wech war, vor die Tür gesetz´? Haben die zwai Silbergroschen geraicht, falls der Wirt sich nett verhielt? Is´, falls dat offerierte Bargeld nich´ reichte, der Samariter tatsächlich zurückgekomm´, oder war er sich selbst der nächste, nachdem er so viel Spaß auffe Stainigung hatte? Wer is´ da aigentlich gestainicht worden; kenn ich den viellaicht ...?"
Das war natürlich ein ganz ganz grober Verstoß gegen das Elfte, aber ich war trotzdem noch ganz nett zu dem Manne, denn ich sagte ihm, er solle sich wie der Samariter verhalten, anstatt so blöde Fragen zu stellen. "Dann kommst du unbedingt in den Himmel!", log ich ungeniert. Aber er glaubte weder meinen Worten, noch an mich. (Ich habe den Samariter bei "Uns da oben im Himmel" nicht gesehen!)
Wir wandelten weiter unseres Weges und es begab sich, daß ich wieder von dem **Dämon** des Suizides befallen wurde, und ich spruch zu den Meinen: "Sehet, wir ziehen hinauf nach Jerusalem, denn dort soll mein letztes Stündlein schlagen. So steht es (andeutungsweise) geschrieben, und so soll es geschehen. Alle, die etwas zu sagen haben im Staate des HERRn werden des Menschensohnes lästern und ihn letztendlich töten, aber nach ungefähr ein paar Tagen wird er wieder auferstehen von den Toten und alles wird gut."
Johannes und Jakobus traten an mich heran, eine alte Frau im Schlepptau habend.
"Sag uns, oh Heiland ...", fragten sie mich, "... kannst du nicht dafür sorgen, daß wir zwei beiden neben dir sitzen werden in Himmelreich, am besten rechts und links von dir, um jeder politischen Gesinnung den Rang abzulaufen? Im Grunde genommen ist doch Politik völlig egal, Hauptsache ist doch, man glaubt an dich!"
"Au ja ...", fiel die alte Frau, die mir nebenbei als ihre Mutter vorgestellt wurde, in ihr Begehren ein, "... mach det doch, wa! Det wär echt knorke von dir! Ach, wat sach ick, det wär ... irre!"
"Irre ...", fuhr ich sie an, "... wäre es von mir, euch ein solches Versprechen zu geben! Ich weiß - natürlich! - daß ihr, sollte ich euch danach fragen, durchaus so getauft werden könntet wie ich es wurde; ebenso würdet ihr denselben Kelch leeren, den auch ich leere, aber das allein reicht nicht: es gibt da noch einen Haken! Ich bin nicht derjenige, der darüber entscheidet, wer zu meiner rechten oder linken Seite sitzen darf, denn das bestimmt DAD allein. Immerhin ist das SEIN Zuhause, und solange ich meine Füße unter SEINEN Tisch strecke ... na, ihr wißt ja Bescheid! Ich kann IHN höchstens dazu bringen, an meinem Geburtstag "Mein rechter, rechter - oder wahlweise - mein linker, linker Platz ist leer" zu spielen - mit endgültigen Folgen für die Sitzverteilung im Himmel! Außerdem weiß ich gar nicht mehr, wie viele Leute sich dafür schon als Erste gemeldet haben, neben mir zu sitzen. Und der Himmel ist keine Ewigkeit breit - wahrlich!"
Die anderen zehn wurden quengelig: "Wir wollen auch neben dir sitzen!"
"Seht ihr, da habt ihr´s wieder! Drum sag ich´s euch noch einmal: die Ersten werden die Letzten sein, und ihr zwölf habt momentan diesbezüglich ganz schlechte Platzkarten. Ich bin doch auch nicht hier, um mich bedienen zu lassen und Vorteile zu schinden! Folget mir in meinem Martyrium nach, und alles wird gut ... oder sagte ich das schon? Ich werde langsam vergeßlich."
"Was hast du gesagt?"
"Weiß ich nicht mehr!"

"Ach so; dann folgen wir dir einfach am besten so lange in deinem Martyrium nach, bis es dir wieder einfällt; oder hast du was dagegen ...?"
"Weiß nicht, von mir aus .... "
Ich hatte völlig vergessen, wie wenig weit es noch nach Jericho war. Es fiel mir wieder ein, als einer (oder waren es zwei, oder drei - ich kann mich dessen beim besten Willen nicht mehr entsinnen) Kerl(e) am Wegesrand zu kreischen begannen, ich, als Sohn Davids, auch "Jesus" gerufen, solle mich doch ihrer erbarmen. (Propi hatte etwas in die Wege leiten wollen - so kurz vor Jericho - dessen erinnerte mich der HERR.) Meine nichts ahnenden Jünger schockten den (die) Menschen an, sie sollten gefälligst nicht den Heiland bebetteln, er hätte sowieso nichts Bares dabei. Als die Elenden erfuhren, daß ich der (vielgepriesene) Heiland sei, schrien sie noch lauter; nur jetzt nicht mehr um Almosen, sondern darum, daß sie wieder sehen könnten.
Ich entschied mich spontan für einen Quicki - also eine Heilung ohne "auf - die -Erde -spucken - und - Matsch - anrühren": "Seid wieder sehend, euer Glaube hat euch geholfen, Kumpels!"
Dann zog ich weiter meines Weges, welcher mich vor das Portal von Jerichos Tempel führte. Die ersten Stufen erklimmend, wurde meine Begierde, das Tempelinnere zu erreichen, gestoppt. Hinter mir wurde ein Mords - Krakeelen angestimmt:
"Hosiannah, gepriesen seien der HERR ZEBAOTH und Jesus natürlich auch, denn wir können wieder sehen! Unser Glaube hat uns genauso geholfen, wie der alte Azteke und Messias es tat. JEHOVA sei Dank für dieses Wunder! Von jetzt an wollen wir dem Sohnemann GOTTes auf ewig nachfolgen!"
Ich wurde wieder einmal mit einem leeren Versprechen konfrontiert, denn schon als wir den Tempel ein paar Stündchen später wieder verließen, war von den Ex - "Blinden" nichts mehr zu sehen, fast beinahe gerade so, als wäre ich bezüglich ihrer Gegenwart erblindet. Aber *mir* half natürlich *niemand* mit einem tröstenden Spruch oder einem heilenden Wundermatsch aus der Klemme. Ich kam mir ganz schön verraten vor, um nicht zu sagen, sogar ganz schön verallerwertest. (Dieses Wortspiel möchte ich unbedingt erwähnt wissen.) Aber, das hatte ich schon seit Längerem beobachtet: Undank war nun mal der Welt Lohn; trotzdem sollten noch alle sehen, was sie davon hätten, den Heiland mit Worthülsen auf den Arm zu nehmen!
Zurück zur Geschichte: Im Tempel hielt ich meine berühmte Rede über falsches und rechtes Sorgen, in deren Verlauf ich - zu meiner großen Überraschung - feststellte, daß an mir auch ein kleiner Botaniker verlorengegangen war. Das mit meiner Vogelaffinität war ja mittlerweile eine alte Kippa.
"Macht euch keine Sorgen um Speis, Trank und Kleidung, denn dieses sind Dinge des Jammertals, welches ihr "Welt" nennt. Das Leben ist mehr als Speise und der Leib mehr als nur Kleidung. Sehet darum die Raben: sie säen, ernten, lagern und backen nicht, und dennoch ist immer was zu essen da. Nicht, daß ich plötzlich etwas gegen Vögel hätte - im Gegenteil - aber, mal ganz im Ernst, wieviel mehr seid ihr Otterngezücht von Kleingeistern doch wert als diese geringsten unter den Vögeln, nach den Spatzen? Oder betrachtet zum Beispiel mal die Lilien auf dem Feld. Keine kauft Stoffe, näht nicht, undsoweiter, und doch ist jede einzelne von ihnen besser gedresst, als es sich Salomo in all seiner Pracht zu erträumen gewagt hätte. GOTT kleidet, jetzt mal so gesehen, sogar das Gras, das heute noch in üppigem Grün gewandet Wiesen zu bilden vermag und doch schon morgen oder übermorgen, ganz wie es dem HERRn gefällt, braun und schrumpelig in den Ofen geworfen und verbrannt wird. Jetzt müßt ihr mal

ehrlich zu euch selber sein. Glaubt ihr nicht, daß ihr viel mehr wert seid? Ich sage euch: Wahrlich, ihr seid - von ein paar unbedeutenden Ausnahmen einmal abgesehen, welche da sind Samariter, schlechte Fußballspieler, Pharisäer, Schriftgelehrte, Judas - manchmal, obwohl er sich in letzter Zeit gebessert hat - und Indianer. Letztgenannte berauben arme Piepmätze erst des Lebens und dann ihrer Federn, um sich daraus Hüte, die wir Kippas, sie aber Federschmücke nennen, herzustellen. Sie sorgen sich also nicht nur überflüssigster Weise um ihre Klamotten, sondern nehmen meinen Lieblingsgeschöpfen auch noch die ihren weg. Á propos (Kla-) Motten: sammelt euch keine Kleiderberge auf Erden, wo die Motten sie fressen. Weshalb schätzt ihr wohl, erschuf der HERR in SEINER unendlichen Weisheit so etwas nützliches wie Vögel, die unter anderem gerne Motten fressen? Seht ihr, da könnt ihr es nämlich mal wieder sehen: die Ureinwohner Amerikas vernichten ihre Umwelt selbst - kleine Ursache, große Wirkung! Da euer Herz dort ist, wo euer Schatz liegt, sammelt Schätze im Himmel."
Ich mußte sicher sein: "Habt ihr das verstanden?" (Ich fragte nicht aus Langeweile, sondern, weil ich das wirklich wissen wollte.) Leider hatten alle nur Bahnhof verstanden, was mich nötigte, ihnen zu erklären, was das denn sei: "Dieser Ausdruck des "Bahnhof" Verstehens wird von den Menschen in der späteren Zeit geschaffen, um auszudrücken, das sie wegen der dort vorherrschenden hohen Dezibelwerte nichts hätten verstehen können von dem, was gesagt wurde. Wir heute müßten sagen: ich habe nur Wochenmarkt verstanden. Oder: tut mit leid, ich verstehe nur Circensis!"
Es war mir allerdings zu müßig, ihnen zu erklären, was ich mit dem Vorhergesagten gemeint hatte. Lieber blies ich zum Aufbruch, was mir einen sehnsuchtsvollen Blick von Johannes einbrachte, der sich in der letzten Zeit wahrscheinlich wie im Zölibat lebend vorkam. Aber irgendwie törnte er mich seit jener Nacht mit den vielen Frauen nicht mehr an. Auch sein ehemals sehr gepflegtes Äußeres ließ doch mittlerweile sehr zu wünschen übrig ....
(Ich erinnerte mich an einen der spärlichen lichten Momente in meiner Kindheit: Meine Ma(ria) war mit den Jahren figürlich ganz schön aus dem Leim gegangen, und ich hatte den Zimmermann mal gefragt, woran das läge. Er hatte mich auf den Schoß genommen und mir erklärt, daß das bei Frauen immer so wäre: "Kaum sind sie deiner Liebe und deines Ernährerpotentials versichert, geben sie ein Otterngezücht auf ihr Äußeres, denn jetzt sind sie ja bis zu ihrem Tode versorgt. Mein Sohn ...", fuhr er vertraulich, (nicht ?) ahnend, daß ich nicht *sein* Sohn war, fort, "... solltest du je an eine solche Frau geraten, kannst du ihr nur dadurch noch einen auswischen, daß du sie zur Witwe machst. Dann stirbst du wenigstens nicht nur nach einem verpfuschten Leben, sondern du hast wenigstens ein Lächeln auf den Lippen, wenn du deinem SCHÖPFER gegenüberstehst. Und wenn ER dich nach dem Grund des Lächelns fragt, kannst du erhobenen Hauptes erwidern: "HERR, mein GOTT, ich habe eine Witwe gemacht!" Und der HERR wird verstehen - oder warum sonst, was glaubst du, ist ER wohl Single?"
Diese und ähnliche Situationen hatten mich in die Arme von Johannes getrieben, vermutete ich; *sie* hatten mich also zur Ehe unfähig gemacht - ich konnte nichts dafür! (Der HERR hätte SICH ja auch jemand anderen als Ziehvater für mich aussuchen können - Danke, DAD!)
Wie dem auch sei, auf jeden Fall hatte ich es sehr eilig, den Tempel zu verlassen, denn die Paris deuchten mich aufgrund meiner Worte, ungehalten zu sein. Bevor sie mir ans (Sandalen-) Leder konnten, verließen wir den Tempel. "Bloß weg hier!"
Aber Jacko hatte erfahren, daß ein kleinwüchsiger Zöllner, Zachäus mit Namen, mich zu sehen

wünschte. Da wir alle ein Loch in der Magengegend hatten, das dringlichst nach Füllung verlangte, hieß ich Jacko an, vorauszugehen und mir Bescheid zu geben, wenn der Sünder in Sichtweite wäre. Dummerweise hatten die Paris etliche Leute des Volkes gegen mich aufgebracht, was mich um mein Recht auf leibliche Unversehrtheit bangen ließ. Aber Jacko hatte bei den Römern spioniert: alle Jünger bildeten eine Traube um mich. Das war also die berühmte "testudo" (von Freunden auch "Schildkröte" genannt), bloß verfügten meine Anhänger nicht über pilum et scutum - ich hatte also einen Schutz"panzer" aus lebenden Leibern - kein unangenehmes Gefühl! Wahrlich!

Nach ein paar Minuten strammen Fußmarsches wandte sich Jacko an mich, mir mit unmißverständlichen Gesten bedeutend, daß Zachäus in einem der den Wegrand säumenden Maulbeerbäume Platz auf einem der vorhandenen Zweige gefunden hatte, und dort voll freudiger Erregung meines Erscheinens harrte. Allem Augenschein nach ließ ich meine Strahleblauen, die einem Adler (dem ZEBAOTH der Lüfte) hätten geraubt worden sein können (ihrer Scharfsichtigkeit wegen), ziel-, ja sogar fast orientierungslos über die kümmerlich gewachsenen Wipfel der wegbegrenzenden Flora streunen. (Die Luftverschmutzung war damals zwar noch nicht so schlimm wie bei Euchzutage, aber trotzdem gediehen die Stadtbäume bei weitem nicht so gut, wie die, die in gesunder Landluft ihre Äste in Richtung Firmament ausstreckten, der Sonne entgegen und natürlich - wenn auch nicht ausschließlich- zum Lobe des HERRn.)

Da ich in einem der Geäste keiner Vögel gewahr wurde, war es mir ein Leichtes, des Störenfriedes angesichtig zu werden: der Gnom hatte in einer Astgabel Platz genommen, sabbernd vor Begierde, mich zu sehen. Der sollte sein blaues Wunder erleben - im wahrsten Sinne des Wortes! Mit diesem (Möchtegern)vogel wollte ich die eine oder andere Friedenstaube rupfen. Also blieb ich unter dem betreffenden Baume ausharrend und rufend stehen: "Zachäus, alter Oberzöllner und reicher Sünder, steige eilends hernieder, denn heute ist dein Glückstag! Wir dreizehn Leute, welche sind aller Anzahl nach genau dreizehn, was eine Glückszahl ist, von der sogar du schon gehört haben dürftest, beabsichtigen, heute Glück in dein Haus zu bringen, vorausgesetzt, du läßt uns dort einkehren und bewirtest uns, wie es nach jüdischem Recht Pflicht und Sitte ist."

Der Angesprochene flog hernieder zur Erde, was soviel heißt wie, "er fiel vom Ast", wie in biblischen Zeiten Manna vom Himmel, und machte die gute alte Papstzeremonie. Anschließend, sich den Staub von den (aufgeplatzten) Lippen wischend, erhob er sich erst, dann eilte er uns, den Weg zu seinem Hause weisend, voraus. Sein Anwesen konnte sich sehen lassen; mein lieber Scholli - ach, was sag ich Scholli? Mein lieber Schwan, welcher ist ein weißer, hübscher Schwimm- und Flugvogel, der aber häßliche Küken hervorbringt - aber welcher Vogel tut das nicht? (Verurteilen wir also den Schwan nicht seiner Küken wegen - die er sich, wie ich aus erster Hand weiß, auch nicht selbst ausgesucht hat.)

Bei Zachäus lagen wir zu Tische wie die (jetzt ja reinen) Paarzeher: mein GOTT, haben wir uns die Bäuche vollgeschlagen! Als ich schließlich nur noch "Flüssigbrot" aufnehmen konnte, wurde es Zeit, für das "Blaue Wunder"! Ich sah mir die Gestalt des gastgebenden Hutzelzwerges noch einmal mitleidsvoll an und spruch alsdann: "Zachäus, ich sage dir, wachse und sei des Buckels verlüstig!"

Nichts geschah!

Ich hub erneut an: "Hokus, pokus, fidibus!"

Wieder nichts!
Ich rief: "Abra kadabra!", und schnippte mit den Fingern.
Ver*wundert* (wie unpassend, in dieser, für mich äußerst peinlichen Situation) sahen mich meine Jünger und Zachäus an.
"Das ist ein haariger Fall!", diagnostizierte ich. "HERRkömmliche Wunder ziehen hier irgendwie nichts vom Leder, also werde ich stärkere Geschütze auffahren, denn ich bringe den Kaaaaaaaaaaaampf! (Aber dazu später ausführlich.) Meine lieben Apostel ...", wandte ich mich an die Meinen, "... heute ist ein großer Tag für euch: ich werde euch lehren, Wunder zu vollbringen. Also, in die Hände gespuckt, und los geht es: je zwei von euch greifen sich je einen Arm oder ein Bein, an welchem ihr auf mein Geheiß hin tüchtig zieht. Die verbleibenden Apostel rühmen nach Leibeskräften den HERRn, während ich auf dem Buckel des Verwachsenen einen Veitstanz aufführe - soweit alles klar? O.K. Dann wollen wir mal heilen ...."
(Insgeheim ahnte ich schon, was geschehen war: Zachäus war keiner von Propis Hypochondern, was mir aber im Suff entgangen war: ich hatte ja sowieso nur ein Wunder in Jericho (oder besser: kurz vor Jericho) vollbringen sollen! Schöner Kuhdung, aber jetzt hieß es: "Die des Adlers zu und durch!")
Petrus, Andreas, Jakobus und Johannes begannen auf mein Zeichen hin den HERRn zu preisen, daß IHM das HERRz in der Brust vor Freude zu hüpfen begonnen haben dürfte! (Ich weiß das, weil ich IHN später mal danach fragte. Leider war ER so gerührt, daß ER in SEINER Freude vergaß, die forcierte Heilung in die Wege zu leiten. Na ja, ER ist eben auch nur ein GOTT wie viele ANDERE, und zudem ist noch kein MEISTER vom Himmel gefallen, geschweige denn ein GOTT - noch weniger der EINZIGE!)
Dumm gelaufen, bzw. gesprungen, denn die anderen acht zogen, nachdem ich auf dreizehn gezählt hatte, gleichzeitig an den Gliedmaßen des vermeintlich Kranken, während ich mich unter Zuhilfenahme etlicher Muskeln und Sprunggelenke vom Boden erhöhte, um auf Zachäus´ Buckel zu landen. Leider GOTTes läßt sich die Beschaffenheit solch eines Buckels nicht im entferntesten mit der eines - sagen wir mal - Dreizehnmetersprungbrettes vergleichen! Ich landete auf ihm, verlor das Gleichgewicht und machte auf der vor mir gedeckten Abendmahlstafel den Papst.
Au weh und ach!
Ich unterbrach die Heilung, und trank noch des Weines, um die Kieferschmerzen, die mich jetzt quälten, zu betäuben - ach, wäre doch ein Messias in der Nähe gewesen, um mich zu heilen ....
Aber Menschensohn gab ja nicht auf ... Die vier Lobpreiser sollten sich um mich postieren. Um weiteren Stürzen meines geheiligten Laibes vorzubeugen, sollten sie während ihrer Lobgesänge die Arme ausstrecken und mich festhalten.
Die "Heilung" dauerte einige Stündlein, in der wir immer wieder Trinkpausen einlegten, brachte aber nicht den (ausschließlich von mir) gewünschten Erfolg: Zachi war keinen Zentimeter länger, noch sein Buckel um dasselbe Maß kleiner geworden. Im Gegenteil: der Buckel schillerte in den schönsten Farben des Regenbogens und seine Hand- und Fußgelenke waren geschwollen. Die Frage war, wie ich mich aus dieser peinlichen, weil erfolglosen, Situation herausreden sollte. Schließlich fragte ich ihn: "Zachi, alter Gauner, sollen wir weitermachen; ich meine, willst du *überhaupt* geheilt werden?"
"Um GOTTeswillen! *NEIN*!", rief er entsetzt. "Ich weiß auch gar nicht, was du hast, Jesus, ich

fühlte mich bisher gar nicht heilungsbedürftig; jetzt könnte ich vielleicht einen Arzt gebrauchen, aber das ist auch alles!"
"Aaaah - ha!", rief ich triumphierend. "Da also liegt der Hase im Pfeffer!" (Ich erfand neuerdings hin und wieder auch neumodische Speisen - vielleicht war an mir ja auch ein "Pohl Boküse" verloren gegangen? Aber das nur nebenbei.) "Du glaubst also, du müßtest gar nicht geheilt werden - tja, dann kann ich da leider HERRzlich wenig für dich tun, denn allen anderen hat ausschlaggebend ihr Glaube an die bevorstehende Heilung geholfen. Da hast du dir ins eigene Fleisch geschnitten, mein Lieber! Aber ich lasse mich heute mal nicht lumpen: da du an eine Linderung der, durch die (aus eigenem Verschulden mißglückten) Heilung verursachten Schmerzen glaubst, wahrlich, sage ich dir: du brauchst keinen Arzt! Immerhin hast du *mich* als Gast in deinem Hause; ich mach das schon!"
"Rabbi, mach jetzt keinen Quatsch ...", rief Zachäus, "... ich hab ´ne tolle Idee: ich gebe die Hälfte aller meiner Güter den Armen."
"Das ist aber nett von dir ...", entgegnete ich, "... laß mich mich jetzt um deine Wunden kümmern."
"O.K. ...", schrie Zachi, "... ich gebe jedem, den ich über den Zolltisch gezogen habe, das vierfache seines Verlustbetrages wieder, nur laß die Finger und Füße von mir - ihr dürft euch auch so viel zu essen und trinken einpacken, wie ihr wollt - nur verschont mich mit eurer Gnade! Und sei es nicht um meinet- dann doch wenigstens um GOTTeswillen!"
Das war ein wohlformulierter Vortrag. Deswegen ließ ich auch von ihm ab.
Während wir Proviant einpackten, erzählte ich meinen Jüngern, daß diesem Hause heute gleich zweimal Heil(land) widerfahren sei:
"Erstens gibt Zachi jetzt den Armen und bezahlt seine Gaunereien, zweitens habe ich euch gezeigt, warum ihr nicht sorgen sollt um Speis und Trank! Haben wir jetzt mehr als genug, oder nicht? Und was haben wir dafür tun müssen - außer uns zu amüsieren - frage ich euch. Den SEINEN gibt´s der HERR bei ´ner Heilung. Ich hoffe, ihr denkt daran, wenn ihr mal wieder nörgelt, weil es nur Dreck am Stecken gibt, oder euch sonst irgend etwas nicht so "subba" paßt!"
Trotz unseres längeren Aufenthalts in Zachis Gemäuer hatte sich der Pöbel vor den für ihn verschlossen gebliebenen Türen nicht beruhigt: sie waren immer noch sauer auf mich - wahrscheinlich spielte auch eine gehörige Portion Neid eine nicht unentscheidende Rolle, als sie uns, mit Unmengen an Lebensmitteln bepackt, Zachis Bude verlassen sahen.
"Ach ja ...", riefen sie zornig, "... das ist uns ja ein toller Heiland! Zu den Sündern kann er gehen, aber beim gemeinen Volk macht er sich rar; immerhin kriegt der Herr da nicht so reichlich zu spachteln mit auf den Weg!"
"Wahrlich, ich sage euch ...", konterte ich, "... ein voller Bauch segnet nicht gern. Seid also froh um euer Seelenheil; aber auch Zachi geht es jetzt gut, denn ihr kriegt das dreizehnfache dessen, um das er euch betrog, wieder!" (War natürlich voll gelogen, steht aber heutzutage nicht im NT, ist also niiiiiiiiiiiiie passiert; don´t blame me, blame the narrators! It´s their shame! - Uuuups, rede ich in Zungen? Manchmal, könnte ich mir vorstellen, verflucht Ihr, die Ihr dieser Zungen nicht mächtig seid und erst im Wörterbuch nachschlagen müßt, den Tag, an dem ER Babel (die eine Stadt voll begnadeter Architekten, aber leider ohne dementsprechend gut ausgebildete Bauarbeiter war) erschuf. Es ist, wie gesagt, noch kein MEISTER vom Himmel

gefallen, gell? – Was im Zusammenhang mit dem Einsturz dieses *himmel*/hohen Turmes schon doppelt komisch ist – falls Ihr versteht was ich meine.)
Da ich gesagt und gesprochen hatte: "Du sollst keine Reichtümer sammeln auf Erden", hielten unsere Vorräte nicht lange. Auch die Frauen waren pleite, deshalb beschloß ich, woanders nach Geld zu suchen, am besten dort, wo es niemandem auffiele - und falls doch - wo es niemand wagen würde, den Sohn GOTTes des Diebstahls zu beschuldigen; außerdem war Diebstahl immer schon eine Frage der Sichtweise gewesen.
Auf unserem weiteren Weg nach Jerusalem passierten wir so manches Dorf, so manche Stadt auch, in der es natürlich auch immer GOTTeshäuser gab. In einer Synagoge riß ich, ich konnte mittlerweile des Weines wegen weder geradeaus sehen, noch geradeaus reden, geschweige denn denken, eine meiner größten, nie überlieferten Schoten.
(Vorab sei bemerkt, daß ich auch an dieser Stelle wieder die von mir berufenen Schreiber alle rügen muß! Wir waren noch lange nicht in Jerusalem, als sich die nun folgenden Anekdoten zutrugen. Die müssen sich aufgrund der sich langsam aber sicher überschlagenden Ereignisse hier und da getäuscht haben - immerhin haben sie auch die "Heilung" des Zöllnerobersten unterschlagen; was, bei genauerer Betrachtung, zwar ziemlich nett, aber trotzdem nicht die ganze Wahrheit ist.)
Ursprünglich hatte ich die Synagoge geentert, um mich, rein gebetstechnisch, de- und reumütigst in die Obhut des HERRn ZEBAOTH zu begeben. Aber damit war es vergorener Wein, alldiweil ich mich im Tran direkt gegenüber des GOTTeskastens (so eine Art Ablaßkasten - nur eben für Anhänger der damals vorHERRschenden Religion) niedergelassen hatte. Dauernd warfen Reiche ihr Geld in diesen Kasten, und mein mittlerweile putschender Magen machte es mir unmöglich, mich aufs Gebet zu konzentrieren: wenn ich nur einen Bruchteil dieser Penunzen besäße ... nicht auszudenken ... ich hätte ein kleines Stück des Paradieses auf Erden haben können! Oder wenigstens genug zu essen für heute - für mich allein, der Rest war mir egal!
Da es zu meiner Zeit weder Schecks noch Geldscheine gab, machte mich das Klimpern der Münzen im Kasten fast kirre, bis, JEHOVAseidank, endlich mal zu hören war, das lediglich zwei Scherflein, welches ist soviel wie ein Heller, also ungefähr +/- dreizehn Sperlinge, je nach Währungsreform und Kurs an der Börse, in den Kasten geworfen wurden. Eine arme, alte Frau, die nur mit knapper Not der später üblichen Witwenverbrennung entgangen wäre (zumindest ließ ihr Äußeres (fett und ungepflegt, aber versüfft) auf ihren sozialen Stand schließen) warf ihr ganzes Vermögen in den Kasten. (Als ich dieses Elend sah, wußte ich, was der Zimmermann damals gemeint hatte ....)
Flugs rief ich meine Jünger, die kurz vor dem Vorhang zum Allerheiligsten beteten, zu mir. (Mir war damals schon unklar, wie es anging, daß in *jedem* Tempel mindestens eine Reliquie von GOTTes unvergänglicher Güte zu finden war: so viele physisch manifestierte Zeugnisse SEINER Wundertaten hatte ER doch gar nicht hinterlassen! Wahrscheinlich wähnte jeder Priester der damaligen Zeit, die *originale* Bundeslade in seinem Besitze. Ich muß Euch da mal was erzählen: die Zehn Gebote, also die ZG (oder, wie Frauen sagen würden: die ZJ) hat Mose sich selber ausgedacht, um Ruhe ins Volk zu bringen und nicht weiter genervt zu werden; genau wie auch ich die drei weiteren erdachte, von denen Ihr eines immer noch nicht wißt --- haha! Ach - ich setzt´ noch einen drauf: haha - und: *Ha!*)
Nachdem sich meine Herde um mich versammelt hatte, deutete ich in Richtung Witwe: "Habt

ihr das auch gesehen?"
"Neiiin!", riefen sie entsetzt. "Denn *wir* machen beim Beten immer die Augen zu!"
- Hoppala!
"Äh - ich nicht, denn ich will DEN ja sehen, mit DEM ich rede! Aber lassen wir diese und andere Spitzfindigkeiten über Gebetspraktiken doch aus dem (fast) Allerheiligsten heraus, also die Kirche im Dorf, denn – und jetzt zieht euch warm an – der HERR höchstpersönlich, hat mir gerade einen Fingerzeig gegeben. Genau so gut hätte ER, wie ER es zu biblischen Zeiten handzuhaben pflegte, mit einem Feuerfinger, oder einer Feuersprühdose, die Wände beschmieren können, aber bei meiner Abstammung tut das nicht Not. Diese Witwe – VATI sei ihrer Seele gnädig – hat gerade eben mehr für den HERRn getan, als alle Reichen vor ihr. Sie hat von mir gelernt: "Gebt denen, die weniger haben als ihr selbst habt, der HERR kümmert SICH um die SEINEN. Sorgt euch nicht um euch selbst!" Nun, sie hat allso gehandelt und GOTT wird es ihr lohnen, denn noch heute wird sie zwar des Hungers sterben, aber den HERRn sehen und von IHM mit Nektar und Ambrosia gespeiset werden, bis es ihr zu den Ohren wieder rauskommt. Uns ist ein solches Los leider noch nicht beschieden ...", bemerkte ich, "... aber wir haben den HERRn auf unserer Seite, weshalb wir ...", ich näherte mich dem Opferstock (der damals *so* (wie ich schon erwähnte?) noch nicht erfunden worden war) "... nehmen dürfen, was GOTTes ist – immerhin werde ich von vielen als SEIN Sohn gehandelt." Ich knackte die Geldkiste: "Der HERR sorgt für SEIN Kind – ich meine – für SEINE Kinder!"
Mit diesen Worten ergriff ich das Hasenspalier (bevor ich – anstatt des eben erwähnten Hoppelnagers – im Pfeffer lag ... ich nun wieder!). Es hatten mich doch zu viele Leute beobachtet. Aber gut weggerannt war halb entronnen! Dennoch nahmen sich meine Apostel aus mir unerfindlichen Gründen die Zeit, die Architektur dieses Tempels der Hochmut und des schnöden Mammons zu bewundern.
"Sieh nur Heiland! Diese Steine, diese mannigfaltigen Kleinodien, die hier verarbeitet wurden - ist das nicht Pitze?", riefen sie mir hinterher.
"Was ist das?"
"Pitze - äh - Spitze!" Dann rannten sie hinter mir her, bis wir außer Sichtweite waren.
"Ob das "spitze" ist, liegt daran, wie man´s nimmt", erwiderte ich. "Ihr seht nur die Steine; wenn das alles ist, was ihr seht, na dann Prost Mahlzeit! - Da ich gerade von Nahrungsmittelaufnahme rede - was hieltet ihr davon, mir in die nächste Gaststätte zu folgen, und das von euch angesprochene architektonische Problem dort, bei einem guten Happen geopferten Lammes zu erörtern?"

Matt.20,17;20,20;2029; Mark.10,35;10,46;12,41;Luk.18,35;12,22;19,21;

Neununddreißigstes Kapitel (aaaain habbich noch!)

Übers Kommen (Teil IV)

Wir hatten es uns im "Auf´m Ölberg" (was ein ziemlich bescheuerter Name für eine Kneipe war, wie ich finde) bequem gemacht und aßen den Äthiopiern die letzten Lebensmittelreserven

weg - fast so, als gäbe es keinerlei Hungersnöte in GOTTes Jammertal.
"Na was gibt´s denn so Wichtiges?", fragte ich die Jüngerlein, die sich gierig von dem von mir geklauten - Verzeihung - dem *mir* geopferten Geld, die von mir bezahlte - was eine Premiere war - Nahrung reinzogen.
"Was meineteteteet ihr, als ihr mich frugtetet, wie sich solche Architektur rechtfertigen ließete vor dem HERRn, bzw. ob ich sie "pitze" fände? Wohl an, führeteteet aus!"
"Mmmh - mum ...", kaute Andreas heraus, "... daf mar boch ...", Stückchen Halbzerkautes landeten einem Asteoridenregen gleich in seiner näheren Umgebung. Leider ohne, wie es Asteroidensitte ist, zu verglühen, bevor sie auch auf mir - und was noch schlimmer war: in meinem Kelch des Weines - landeten. Nachdem es Andy schließlich wegen dieser gründlich mißlungenen Verbalisierungsversuche geschafft hatte, seinen Mund zu leeren, sprach er wesentlich deutlicher (das grenzte ja schon fast ein Wunder) weiter: "Der Tempel, also Heiland, erzähl uns jetzt nichts Gegenteiliges, war doch ein architektonisches Glanzstückchen; fast bin ich so was wie nahezu vom *Einzigen* versucht, von einer Meisterleistung sprechen zu wollen! Oder was?!"
ZEBAOTCHEN, was war ich, trotz des "großen Fressens", destruktiv drauf: "Ach, weißte, soooo toll ist dieses Tempelchen ja nun auch nicht! Ich finde, du übertreibst ganz schön; vielleicht schreibst du jetzt eben noch aus dem Stehgreif einen kleinen Lobgesang auf die vom HERRn inspirierten Architekten! Ich meine, ich will den Bau an und für sich nicht schlechter machen, als er es ist, aber nimm mal die ihn umgebende Landschaft und die ihn bildenden Steinchen weg. Na, was bleibt dann noch Großartiges von ihm übrig? Ich würde mal schätzen: nicht allzu viel bis so cirka beinahe genau gar nichts! Ich habe, beispielsweise, in meiner Kindheit ganz ganz subbatolle Bauten gesehen; ihr wißt schon, als ich mich in Ägypten zum Knaben entwickeln ließ durch den ALLERHÖCHSTEN. Die Ägypter waren aber dem *Satan* anheim gefallen, sodaß sie glaubten, ihre PHARAOnen seien GÖTTER. Deshalb stellten sich ihre Bauten auch als nicht unverwüstbar heraus.
Allein der von ihnen bezüglich ihrer GOTTheiten benutze Plural läßt auf ihren desolaten Geisteszustand wenig rühmliche Rückschlüsse zu. Mehrere GÖTTER - also ehrlich - in welchem Jahrhundert leben die denn - das muß man sich mal vorstellen! Da ging´s ja zu wie im alten Rom - das ganz nebenbei, auch nicht an einem Tag erbaut wurde, zu dessen Straßen aber trotzdem derer alle führen - oder wie bei den alten Griechen ... Mehrere GÖTTER - womöglich sogar noch extra einen, der für die Popelbildung zuständig ist ... ich faß es nicht ... mehrere GÖTTER ... da kriegt man ja Klaustrophobie ... immer und überall nicht nur von dem EINEN sondern von mehreren GÖTTERN umgeben zu sein! - Klaus war übrigens einer meiner Spielkameraden in Ägypten - ich erwähnte ihn euch gegenüber bisher nur deshalb nicht, weil ich mich in seiner Gegenwart immer so eingeengt fühlte und deshalb die Erinnerungen an ihn zu verdrängen suchte - leider erfolglos, wie Menschensohn heute weiß. Der wollte immer, daß ich das Wasser teile, weil er mal von einem Juden gehört hatte, der so was konnte .... Aber GÖTTER waren im alten Ägypten sowieso ein Kapitel für sich - vielleicht schreibe ich darüber später mal."
"Komm auf den Punkt ...", unterbrach mich Judas, "... sonst geh ich gleich in den Puff "Zur Schamlosen Nonne", und laß mir dort einen vom *Tier* erzählen!"
"Laß mich doch auch *mal* reden!", HERRschte ich ihn an! "Es begab sich aber zu eben jener

Zeit (mit Bibelzitaten war ich nach wie vor flott zur Hand - *die* hatte ich nicht vergessen!), daß ein Gebot von dem Kaiser Augustus ausging, daß alle Welt sich schätzen ließe ..." Meine Entstehungsgeschichte war schnell heruntergerappelt - Übung macht den Meister! (Bevor er zum Himmel auffährt – anstatt von jenem herunter zu fallen!)

Endlich war ich wieder bei den Pyramiden angekommen: "Die Ägypter bauten also Grabmäler für ihre PHARAOnenGÖTTER wie die Leichtgläubigen. Manch hominide Existenz verlor ihr Leben bei der Errichtung dieser Pyramiden. Aber - und jetzt kommt der Knackpunkt: in spätestens 1300 Jahren - was durch dreizehn total gut teilbar ist - wird nach diesen Bauten kein Hahn mehr krähen," (griff ich da, zumindest was das sympathisch krähende Federvieh anbelangte, meiner Todesstunde voraus?) "denn wahrlich, ich sage euch, es wird nicht einer dieser Steine auf dem anderen bleiben. Genauso ergeht es übrigens dem Tempel, für dessen Bauart ihr euch eben noch so erwärmtet." (Leider hatte ich mich was die Dauer der Standhaftigkeit gewisser Gebäude anbelangte wohl ein klitzekleines bißchen geirrt – aber wer konnte das damals schon ahnen?!) "Da ich gerade von Erwärmen rede ...", fiel mir ein einzuschieben, "... Johannes, ich brauche dich die Tage mal unter vier Augen ...."

Er freute sich!

"Auf jeden Fall gehen alle Tempel irgendwann kaputt, weil die Steine aus denen sie erbaut wurden, auch nicht in alle Ewigkeit halten. Denn wie der Mensch, so das Gras, so der Wein, so die Steine - alles geht den Weg alles Irdischen!"

"Wann issn det, und woran solln wa merkn dettet soweit is ...", warf Johannes (immer noch voll der Vorfreude seiend) ein, "... und wat sind´n det für Zeichen, an den wir merken könn´ dettet losjet? Vor allem aba, wann isset vorbei? Ey, sach ma!"

Und ich schwöre Euch, wenn ich gewußt hätte, was Johnboy aus den nun folgenden Prophezeiungen von mir einst machen sollte, ich hätte mein vorlautes Mundwerkchen gehalten, dann hätten Eure Augen beim späteren Lesen der von ihm verfaßten Zeilen weniger Ärgernis gehabt - und demnach gäbe es heute wohl weniger Blindheit auf der Welt und auf ihren Fußballplätzen! Aber nein - ich mußte ja seine Frage beantworten - und das zu allem Überfluß auch noch so wischi-waschi, daß er später ein wahrlich Horrorszenario daraus zusammenbastelte. (Voll der verschiedensten Drogen, die er zu sich genommen hatte, und voll der Trauer ob meiner Abwesenheit.) Ich begann also, die Zukunft der Weltgeschichte in schillernsten Grau-, Schwarz- und Blutrottönen zu zeichnen:

"Seht zuerst mal zu, daß euch niemand der von **Ihm** manipuliert wird, verführt! Denn viele werden sich, auch ohne Indianer zu sein, mit fremden Federn, vorzüglich mit denen meines Ruhmes schmücken und sagen: "Seht her, ich bin´s!", und das, obwohl sie´s gar nicht sind! Das ist zwar ganz schön gemein, aber die werden das trotzdem tun, denn sie sind alle Lüger! Man wahrlich! Viele Völker, ja sogar Königreiche, werden sich eins wider das andere erheben, und es wird fett Kriege geben, so, daß ihr zu glauben beginnt, der Welt Ende sei gekommen! Ist es aber noch nicht, denn es *muß* so geschehen, ihr aber solltet euch nicht fürchten! Und die Erde wird beben wie verrückt, und alles wird einer horrenden Teuerungsrate anheimfallen, aber das ist erst der Anfang. Das sind Kinkerlitzchen im Vergleich zu dem, was noch alles kommt! Wahrlich, ich möchte euch nicht den Abend verderben, aber wenn ihr dann später auszieht, um allen Völkern das Evangelium, was das meine ist, zu verkündigen, so wird man euch gefangen nehmen, verkloppen, und euch im Extremfall sogar kreuzigen, verbrennen, steinigen oder den

Löwen zum Fraße vorwerfen. Vielleicht erfindet auch ein ***kranker Geist*** eine Vernichtungsstätte, die aussieht wie eine Dusche, aber die statt des Wassers entströmenden Dämpfe sollen vielen den Tod bringen, auf daß sie den HERRN sehen in all SEINER Pracht und HERRlichkeit, wenn ihre Stunde gekommen ist. Ich sage euch, eure Artgenossen werden, je nachdem was gerade "in" ist, die unglaublichsten Grausamkeiten ersinnen, um euch eurer Existenz zu berauben. Macht euch aber keine Gedanken, was ihr dann sagen werdet, der HJ wird´s euch schon eingeben, darauf könnt ihr euch verlassen! Zu dieser Zeit sollen sich ganze Familien untereinander ausrotten, und euch wird man hassen wie die Lepra oder die Pest oder wie Aids, je nachdem, was sich der HERR in SEINER unendlichen Güte einfallen lassen wird, um euch in Angst und Schrecken zu versetzen, damit ihr an IHN glaubt. Glaubt ihr etwa allen Ernstes, ich sei gekommen, um Frieden zu bringen? Weit gefehlt! Ich bin gekommen, um Zwietracht zu säen überall: Töchter, Schwiegermütter, Väter und Söhne - alle werden sich gegenseitig an die Hälse gehen, um meines Willen willens! Ha, ich bin gekommen, um einen Mega-Flächenbrand auf Erden zu legen - ach, wenn dieses Feuerchen doch schon brennte! Aber - merket auf - wenn all diese Greueltaten geschehen, dann sollen die, die in Judäa sind, sich entweder in die Berge oder - falls keine Berge zur Hand sein sollten - oder diese sich wider Erwartens nicht durch den Glauben versetzen haben lassen -sich wahlweise auf die Hausdächer flüchten. Und wer gerade auf dem Felde ist - ääääh - der soll eben dort bleiben und nicht etwa auf die Weinidee kommen, noch eben schnell von zu Hause seinen Mantel zu holen. Die Gesäßkarte (denn "Arsch" sagt man nicht!) haben zu jener Zeit ohnehin die Schwangeren und Säugenden gezogen, denn so daneben wie in diesen Tagen war es noch nie und wird es auch nie wieder sein. Und hier geb ich euch jetzt ...", zwinkerte ich den Meinen verschwörerisch zu, "... einen Geheimtipp."
Wie hypnotisiert hingen sie an meinen Lippen, erhofften sie sich doch einen Ratschlag vom Messias höchstpersöhnlich (was, züngisch gemeint, von "Sohn" kommt) wie sie, die besonders Auserwählten, diesem Dilemma entkommen könnten. Bevor ich die Binsenweisheit par Exzesslenze (huchchen, schon wieder eine Plänkelei mit unschuldigen Buchstaben – wie viele Lenze mag so ein Exzess wohl haben?) verkündete, war die Anspannung in ihren Gesichtern bis kurz vor dem Zerbersten angestiegen. Dann schlug ich zu - ohne Schnörkel oder irgendeinen Killifitti: *"Bittet aber, daß es nicht geschehe im Winter, denn zu jener Jahreszeit ist es auf einem Hausdach ganz besonders unangenehm, weil kalt!!!"* ("Oh - a – g´nähm", notierte sich Nathan.)
"Fürchtet euch aber nicht, wenn plötzlich weder Sonne noch Mond scheinen wollen, so was nennt man Sonnen - bzw. Mondfinsternis und geht vorbei. Auch werden die Sterne vom Himmel fallen, aber das nennt man Sternschnuppen und ist kein Grund zur Beunruhigung, sondern vielmehr ein Anlaß, sich etwas zu wünschen - was, darf man aber keinem erzählen, sonst geht der Wunsch nicht in Erfüllung ..." (was er sowieso nicht tut, aber so gibt es keine Zeugen dafür) "... ihr versteht?!
Und dann komme ich wieder, der Menschensohn, mit allen Engeln und so´m Zeugs. Aber keiner wird wissen, wann diese Stunde ist, außer DADDY natürlich; und deshalb werden euch viele vorher erzählen, sie seien ich und werden Wunder vollbringen gleich den meinen. Aber denen sollt ihr nicht glauben! Ich habe euch gewarnt! Kommt mir hinterher nicht angejammert: "Ach, Jesus, ich hatte doch keine Ahnung!" Jetzt habt ihr sie - und ich bin aus dem Schneider. Wenn der Feigenbaum Blätter zu tragen beginnt, sagt ihr: "Hoppala, ist schon bald wieder

Sommer, wie?", und schon bald ist Sommer! Und wenn der Südwind weht, so sagt ihr: "Heidewitzka, wird das heute aber heiß!", und sehet, allso wird es heiß. Wenn es sich zu bewölken beginnt, wähnet ihr euch des herannahenden Regens gewiß, und so braucht ihr auch kurze Zeit später Regenschirme!"
Ich holte tief Luft und nahm einen großen Schluck des Weines zu mir, bevor ich sie anbrüllte: "Ihr Deppen! Ihr Heuchler! Ihr Vollidioten! Ihr Gehirnepileptiker! All diese Zeichen könnt ihr deuten, aber für mehr reicht es dann auch schon nicht mehr. Das ist wie damals bei Noah: zuerst hat dem auch keiner geglaubt, aber als dann die Sintflut kam, da sah die Sache auf einmal ganz anders aus. Habt also ein waches Auge, denn *ihr* wißt nicht, wann ich wiederkomme!
Wenn der Herr wüßte, zu welcher Stunde der Dieb käme, wahrlich, ich sage euch, er ließe ihn nicht einbrechen. Wunder über Wunder!
- Es war einmal ein Haushalter, zu dem sein Herr sprach, er ginge jetzt außer Hauses und er, der Halter desselben, solle sich um das Gesinde kümmern. Wie selig ist denn bitte der Haushalter, der genau dieses tut, wenn sein Chef zurückkommt! Und wie unselig wird wohl der Hausangestellte sein, wenn er so bei sich denkt: Ooch, bis der Alte wieder kommt (nein, wie Doppelzüngig!), kann ich es ja den Mäuslein gleichtun und auf dem Tische tanzen. Und anstatt die anderen zu versorgen, schlägt er sie, frißt die Vorräte weg und säuft den Weinkeller leer. Wenn dann der Boß zu einer Stunde wiederkommt (s.o.), zu der der Haushalter in seinem Suff nicht damit rechnet, so wird ihn dieser wohl in Stücke hauen lassen, oder steinigen, oder was sonst gerade so angesagt ist, zu jener Zeit. Ich persönlich würde ja einen Spießrutenlauf mit abschließender Vierteilung vorschlagen - aber das tut jetzt nichts zur Sache. Ich will damit sagen, wer weiß, was sein Chef von ihm will, und trotzdem nur Bockmist baut, der kriegt hinterher den Popp oh voll – aber unangenehm – gell Johannes?! Wer den Willen seines Chefs nicht kennt und aus dieser Unwissenheit heraus noch mehr Bockmist verzapft, der wird hinterher nicht so hart rangenommen. Wer aber den Willen kennt, und sich ihm gemäß verhält, der bekommt hinterher Muselmanentrunk und Kuchen und darf den Boß duzen. Also Jungs, bleibt wach und entscheidet außerdem, was recht und billig ist!
Wenn du mit deinem Widersacher vor Gericht gehst, sieh zu, daß du ihn auf dem Weg dorthin loswirst, sonst läßt er dich vielleicht verurteilen, und dann du kommst in den Bau, bis das du deine Schuld bezahlt hast oder schwarz einem gebürtigen Sklaven gleich wirst - äääh, wo war ich ...?"
Das war die so ziemlich dümmste Frage, die ich an meine Jünger stellen konnte; sie waren doch noch weniger allwissend als ich! *Teufel* auch, mein Gedächtnis wurde immer schlechter: da hatte ich doch das von mir aufgestellte elfte Gebot hiermit übertreten. (Denn indirekt hatte ich mich ja auch selbst mit dieser Fragestellung konfrontiert.)
Wir machten mal eben noch "Tabularasa", und begaben uns zu unseren Schlafplätzen - ein Doppelzimmer für alle Pärchen, denn ich hatte genug Geld aus dem Tempel mitgenommen. Außerdem waren die Betten im "Auf´m Ölberg" damals noch recht günstig - im Gegensatz zu heute; oder gibt´s den Laden gar nicht mehr? Das müßt Ihr Reisenden durchs heilige Land mir bei Euren nächsten Gebeten mal unbedingt erzählen! Man kriegt hier oben ja kaum noch was von Euch mit, wenn es nicht gerade mal wieder so laut rummst, daß man die an einen selbst gerichteten Lobpreisungen ohne Hörrohr kaum noch zu verstehen vermag. Versteht mich nicht

falsch! Nicht, daß ich mich nicht für Eure Problemchen interessieren würde, aber man ist hier echt (IhrwißtschonWEM-seidank) weit ab vom Schuß (der im wahrsten Sinne des Wortes gemeint ist). Ich möchte von meiner Heimat sogar fast behaupten, sie läge am A ... usgang der Welt.

Johnnyboy und ich betraten unser Schlafgemach, in dem, auf mein Geheiß hin, die Betten an gegenüberliegenden Wänden standen, auf daß der nunmehr mehr als warme (also heiße) Bruder John nicht auf dumme Gedanken kam. Während ich mich für die Nacht fertig machte (sprich: den Balken THOR´S zum Zwecke der inneren Reinigung aufsuchte), nutzte mein Lebensgefährte meine Abwesenheit, um die Schlafstätten (und wie er hoffte, somit auch einige unserer Körperteile) einander näherzubringen. Physisch deutlich erleichtert, nahm ich den Erfolg seiner Raumgestaltungsaktivitäten war, allerdings ohne mich *wirklich* von ganzem HERRzen darüber freuen zu können. Ich legte mich nieder und hoffte inständig, einzuschlafen, bevor Johnny seine Abendtoilette (kämmen, Schmuck ablegen, abschminken etc.; was Frauen halt so in den Stunden vor dem Einschlafen zu tun pflegen) erledigt hatte, aber diesbezüglich erging es meinen Hoffnungen wie "Lieblings"-Jüngers "Kriegsbemalung": es blieb nach zwei Stunden nicht allzuviel davon übrig. Sch.....mist!

Mich wegzudrehen und durch HERRzhaftes Schnarchen Schlaf zu simulieren hatte keinen Zweck, denn, wie mir Johnnyboy sagte, hatte ich noch nie geschnarcht. Nachdem er mich durch seine diversen amourösen Unternehmungen ganz kirre und damit auch hellwach gemacht hatte, begann er, unser spärlich Hab und Gut zu durchwühlen: "Sach ma, Jesstortie, haste nich´ die spanische Fliege irgendwo rumdüsen sehn? Weeßte, ick finde, wir sollten unser aktivet Lowleif ma wieder ´n bischen uffpeppeln. Oder finnste nich´?"

"Na ja, äh - weißt du ...", druckste ich herum, "... eigentlich schon, aber tut dir das nicht auch weh?!"

"Nu mach ma halblang ... Wo hast´n det Viech zuletzt jesehen?"

"Also, wenn ich ganz ehrlich sein soll ...."

"Na, darum möcht ick doch bitten!"

" ... war das vor so cirka ... ungefähr! Und unser lustiges kleines Insekt fühlte sich - wie soll ich sagen - sehr unwohl, wie es mir erzählte!"

"------ ?"

"Ich verstehe nämlich neuerdings die Sprache der Tiere, aber das sollte *eigentlich* ein Geheimnis bleiben. Genaugenommen ist diese arme Kreatur ja auch ein Geschöpf DADDYs, und sie wollte, wie sie mir anvertraute, kurz vor ihrem Tod noch einmal ihre Familie sehen. Ein Wunsch, den ich ihr - wie du sicherlich verstehen wirst - unmöglich abschlagen konnte."

"Also im Moment vasteh ick bloß eins, nämmich Wochenmarkt, oder wie du det imma nennst, Bahnhof!"

"Das possierliche Tierchen hatte Heimweh und wollte sich, wie ich annehme, vor seinem Ableben auch noch mal paaren, anstatt ausschließlich uns dabei zuzugucken. Und nachdem es seine Pflicht ein letztes Mal getan hatte, konnte es die Sache halten, wie der sprichwörtliche Mohr es nach der Erledigung seiner Schuldigkeit tat. Nur eben, aufgrund seiner Natur, weniger per pedes, sondern eben unter Zuhilfenahme seiner Flughilfen."

"Wat meenste´n, mit "nachdem es det letzte Ma´ seine Flicht erfüllt hatte" konkret? Ick weeß ja, dette nischt uff Vöjel komm´ läßt, aber: Nachtijall, ick hör dir trapsen!"

"Oder: Fliegilein, ick hör dir summsen - haha!", versuchte ich mit einem kleinen Scherz die Situation zu entschärfen. Leider vergeblich, weil Johnny diese Sorte Witze jetzt überhaupt nicht abkonnte. Dummerweise hatte mir mein Mundwerk erneut Ärgernis bereitet, ich hätte in diesem Moment nicht wenig Lust gehabt, an mir genauso zu verfahren, wie ich es SEINERzeit an Nathan tat. Aber Selbstverstümmelung war nicht so mein Ding; das wollte ich den Sündern, Heuchlern und Heiden - kurzum - der gesamten Menschheit überlassen. Also kam ich mit der ganzen "Wahrheit" rüber:
"Na schön ...", lenkte ich ein, "... ich verstehe natürlich nicht die Sprache der Tiere; aber weißt du, eines Abends, es war jener, an dem ich euch alle erneut in die umliegenden Dörfer und Städte schickte, wurde ich erfüllt von der Sehnsucht nach dir. Und während ich so an mir herumspielte und nichts an mir auferstehen wollte, kam mir die Idee, doch einen Jeint zu rauchen und mich anschließend erst real von der Fliege und anschließend in meiner Phantasie von dir stechen zu lassen. Leider war ich voll des guten Weines und so kam es, daß ich nach dem Kiffen ein wenig ungeschickt mit dem "Glas" hantierte, was dem Insekt, nach vorausgegangenem Stich in meine Weichteile, die Flucht ermöglichte. Es tut mir leid! Verzeihst du mir Dreizehn mal dreizehn Mal?"
Johnny schloß mich, zu Tränen über meine Offenheit gerührt, in die Arme: "Ach Jess, warum haste mir denn nich´ jleich die Wahrheit erzählt? Ick beiße dir doch nich´!"
"Ich - ich hatte so ´ne Angst davor, daß du böse wirst ...!"
"Wennde vor lauter Sehnsucht nach mir an dich rumspiels´, und dir dabei solch een Mißjeschick unterläuft, bin ick doch nich´ böse! Werd ick ooch nie sein, jeschworn!"
"*Du* sollst aber nicht schwören!", erinnerte ich ihn.
"Tut mir Leid ...."
"Das sagt ihr alle immer, als ob euch damit eure Schuld automatisch vergeben wäre ....", fuhr ich ihn an, bevor er mich dreizehn, oder meinetwegen auch nur sieben mal siebzig Mal (am Hintern lecken) um Vergebung bitten konnte.
"Johnny, ich finde, du warst ein sehr, sehr unartiger Bub; ich denke, es wird Zeit, dich daran zu erinnern, daß es zwar unmöglich ist, Ärgernis zu vermeiden, aber weh dem, durch den es in die Welt kommt. Da ich gerade keinen Mühlstein zur Hand habe, um dir diesen um den Hals zu hängen und dich im Meer zu versenken, werde ich dir auf andere Art Manieren beibringen müssen!"
Suchend sah ich mich in unserer kleinen Kate um: "Lag hier nicht eben noch eine kleine Zimmergeißel für den Hausgebrauch rum?" Johnboy reichte sie mir, mir die Füße küssend. Das machte mich scharf! Ich geißelte ihn ein wenig, ließ mir von ihm huldigen, sah ihn hinterher sehr intensiv an (so ungefähr zwei Stunden lang - im alttestamentarischen Sinne - was denkt Ihr denn?!) und schlief hinterher erschöpft, weil leergepumpt, ein.
Mich erweckte ein mächtig zerschundener Johannes, der mich fragte, ob er nicht von mir mal eben geheilt werden könnte.
"Ich könnte schon ...", sagte ich, "... aber ich will nicht. Du vergißt mir sonst womöglich deine Sünde an mir zu schnell!" Er fragte, ob er denn wenigstens zu einem Arzt oder einem Samariter dürfe, der seine Schmerzen lindere.
"Damit alle Welt in zwei Stunden weiß, was ich für ein "unmöglicher" Jesus bin? Kommt gar nicht in die Tüte! Was wir zwei, wenn wir intim miteinander sind, tun, geht niemanden etwas

an. Ich schwör dir, wenn du diese harmlosen Striemchen jemandem zeigst, dann werde ich erst *richtig* böse! Also überlege dir gut, was du tust. Außerdem ...", fuhr ich in einem versöhnlicheren Tonfall fort, "... war das das letzte Mal, daß ich so was mit dir getan habe."
Sein Gesicht erhellte sich: "O.K., ick werd keim´ wat sajen." Damit drehte er sich wieder auf die Seite und schlief weiter.
Stunden später erwachte ich erneut, diesmal - wie könnte es anders sein - von einem Brand gepeinigt, der sich aber mit einem, meine Eingeweide zerfleischenden Hunger zusammengetan hatte. Ich auferweckte Johannes: "Aufstehen, du Faulpelz. Die Vöglein, die lieben, zwitschern."
"Und ...", kam es schlaftrunken zurück, "... wie isses mit Sonnenschein?"
"Frag mich nicht danach!"
Flugs kleideten wir uns an, währenddessen teilte ich ihm noch mal mit, daß ich so etwas wie letzte Nacht nie wieder mit ihm anstellen würde. Allerdings drückte ich mich diesmal etwas differenzierter aus:
"Wir werden nämlich auch nie wieder ein Fleisch sein!", klärte ich ihn auf. "Du bist nach wie vor der Jünger den ich lieb habe, aber ab jetzt rein platonisch. Bevor du dich jetzt aufzuregen anfängst, hör mir erst mal zu! Du liebst mich doch auch, nicht wahr?! Und wie ich annehme, nicht überwiegend meines Äußeren wegen, sondern dessentwegen, was ich sage und tue an den Menschen."
Er nickte.
"Deshalb achte ab jetzt verschärft auf die Dinge, die ich sage und tue. Sammele sie und schreibe sie auf, denn du hast die Exklusivrechte auf ein Evangelium, das meine Lebensgeschichte für immer aufbewahren soll. Du darfst dieses Evangelium sogar nach dir benennen, vergiß aber nicht, mich in den schillernsten Regenbogenfarben darzustellen, damit die Nachwelt mich und meinen VATER auf ewig anhimmelt."
Johnny schien wie in Trance, aber ein paar saftige Ohrfeigen wirkten da *Wunder*:
"Hast du das begriffen? Auch du wirst durch mich unsterblich werden!"
Er schien die Schläge gar nicht zu registrieren; er schüttelte einfach weiterhin den Kopf, um mir eine Wange nach der anderen hinzuhalten. Da ich an diesem Morgen gute Laune hatte, legte ich dieses Verhalten seinerseits als Zustimmungsbezeugung aus - sonst hätte ich ihn wahrscheinlich halbtot geschlagen. So aber ließ ich kurz vorher von ihm ab, denn ich bemerkte eine gewisse Aktivität, die sich in meiner Lende "breitmachte". (Ich und mein Goldzünglein!) Aber ich wollte ab jetzt unbedingt keusch leben!
Tja, da ließ ich´s halt gut sein, und begab mich mit ihm in den Speisesaal, in dem uns die anderen schon sehnsüchtig erwarteten. "Ach ja ...", flüsterte ich Johnny zu, "... bevor du anfängst, das Leben des Messias schriftlich zu fixieren, gewöhn dir diesen bescheuerten weibischen Dialekt ab, sonst lachen mich die Leute später aus."
Er nickte stumm mit dem Kopf.
Die anderen hatten schon wieder satt einen in der Krone: "Hallllllliie-alllllo Haillllland, alllllda Ssssssschtecha unnnn´ Ssssssaufkumpel! Alllll-s klaaaaaaa?"
(Nathan, der wie ich mich zu erinnern glaubte, eigentlich Thaddäus genannt werden wollte, schmierte im Suff unleserliche Begrüßungsformeln auf seine Tafel. Die Frauen beachteten mich kaum, sondern schauten, mir nur kurz zunickend und -winkend von ihren zum Bersten gefüllten Tellern auf, bevor sie wie die Mähdrescher (so was hätte es damals schon geben sollen - kein

Streß mit den Paris wegen des Zerreibens einiger Körner zwischen den Handinnenflächen am Sabbat!) Nahrung in sich hineinschaufelten. Mein Scherz bezüglich der weiblichen Eßmanieren kam, da ich jenes Substantiv gebrauchte, auch nicht an, sondern ging in dem kollektiven Geschmatze ebenso unter, wie die letzten Happen des Morgenmahls. Daß sie mir nichts übrig gelassen hatten, nervte mich unendlich, aber ich sagte nichts - vorerst! Immerhin war genug Trinkbares da - und genau betrachtet konnte ich das Bißchen, das ich aufgrund meiner Magenprobleme aß, auch genausogut trinken. Ich hatte der Kelche etliche geleert, als ich anfing, zwischen den Hunden auf dem Boden umherzukriechen, um hie und dar (Wortspiel kann auch "Konsonant wechsle dich" heißen) doch noch einen Happen Festes zu erklauben, der mir den Magen zusätzlich füllen sollte. Meine Jünger beobachteten mein Verhalten mit einer Mischung aus Neugier und Ekel. Schließlich, als die Neugier aller zu groß wurde, machte Phil endlich den Mund auf: "Dschäsjes, nü sooch´n se mal - eevorbibsch - wos´n nü los?" (Auch er feilte noch an seiner Artikulationsschwäche "herüm", um sie zu perfektionieren.) "Warüm grauchst´n wie´n Hünd uffm Bod´n rüm? Haste blöß ´n Hüngerschen, öder willste üns domit wos saach´n?"
Da verging mir der (ohnehin spärliche) Appetit schlagartig.
"Eigentlich will ich euch damit nichts sagen, aber ich benutze dieses mein Verhalten und deine "Frooche" als willkommene Gelegenheit zur Einleitung einer kleinen Geschichte."
Ein paar der an der Tafel hockenden, liegenden, kotzenden Jünger verdrehten genervt die Augen ´gen Himmelreich, andere sandten Phil Blicke zu - also, wenn Blicke hätten erhöhen können ....
Unbeirrt begann ich meine Mär, fest an meine Berufung als geborener Didaktiker glaubend, auch wenn didaktisches Vorgehen bei meinen Jüngern bisher selten den gewünschten Erfolg gezeigt hatte. Vielleicht kamen sie ja diesmal selbst auf den lehrreichen Inhalt meiner Geschichte:
"Es war einmal ein reicher Mann, der trug Purpur am Leib, anstatt sich wenigstens aus Stoff in derselben Farbe eingefärbter Kleidung nähen zu lassen. Er war eben ein recht arroganter Schnösel. Jeden Tag stand er mit dem Gedanken auf, daß heute ein schöner Tag werden müsse, denn ihm ginge es ja immerhin einmalig.
Vor seiner Haustür lebte aber ein Mann, dem es auch einmalig ging. Nur eben einmalig schlecht: sein Körper war mit mannigfaltigen Schwielen und sonstigen dort nicht hingehörenden Körperauswüchsen übersät.
Der Reiche jedoch pflegte im Freien zu speisen, weshalb der arme Mann - den ich übrigens im Gedenken an einen Ex-Toten "Lazarus" nenne - hoffte, sich wenigstens von den Brocken ernähren zu können, die vom Tisch hemiederfielen. Aber siehe, es gefiel dem HERRn in SEINER nimmerendenwollenden Güte, auch ein paar Hunde an den Tisch des Reichen zu senden, auf daß auch sie sich dort von den Abfällen ernähren sollten. Sonst hätte es doch in Lazarus´ Leben gar keine Äktschn mehr gegeben. Aber die Hunde waren ungehorsam wider den HERRn, und leckten dem armen Lazi noch die Schwielen, anstatt ihm bloß das täglich Abfall mit Dreck wegzufressen."
Petrus fiel mir ins Wort: "Ich weiß, ich weiß ...", rief er, den Arm ´gen Firmament reckend und vermittels Daumens und Zeigefingers ein schnackelndes Geräusch erzeugend "... wie´s weitergeht!"
"Na, da sind wir aber alle waaaaaaaaaaahnsinnig gespannt!", bemerkte ich sarkastisch. "Wenn

du das so gut weißt, dann kannst ja auch *du* das Gleichnis beenden, während ich mich zurücklehne, um andächtig deinen Weisheiten - die dir übrigens nicht vom HJ eingegeben werden *können* - jetzt noch nicht! - zu lauschen und daraus zu lernen. Wohl an, fahre fort; lasse uns teilhaben an deinem Wissen."
Etwas verunsichert, aber stur, fuhr Simon (Petrus?) fort: "So ging das viele Jahre lang, bevor sich Lazis Wunden durch den Hundespeichel so entzündet hatten, daß auch sein Blut vergiftet war. Schließlich war er so schwach, daß er nicht einmal mehr die vom Tisch herunterfallenden Brocken aufklauben konnte, bevor die Hunde sie fraßen. Eines Tages aber gefiel es dem HERRn, Lazi zu sich zu rufen ..."
Ich war entsetzt - genau *das* hatte ich erzählen wollen ..! In Gedanken dankte ich GOTT, daß ER mich bloßzustellen die Güte hatte - in SEINER unendlichen Weisheit: Toll gemacht, DAD. Echt "subbapitze!"
Aber Petrus´ Geschichte war noch nicht zuende.
- Verzeihung DAD , dachte ich, als ich den weiteren Verlauf zu Ohren bekam, war nicht so gemeint; hättest DU mich mit etwas Allwissenheit ausgestattet, würde ich nicht so schnell wider DICH fluchen! SELBER Schuld!
"... indem ER den Reichen sein Messer vom Tisch fallen ließ. Die Hunde zeigten keinerlei Interesse an dem Schneidewerkzeug - immerhin konnten sie das ja nicht essen. So schaffte es Lazi, sich dieses Messer anzueignen. Er schleppte sich in eine uneinsehbare Ecke, das Messer in der Hand haltend, während der Reiche verzweifelt nach einer Magd schrie, die ihm ein neues bringen sollte, denn er war so reich, daß er mehrere Messer besaß, und sich um dieses eine nicht zu kümmern brauchte. Nur ein verlorenes Messer ist, dachte er, besser als ein verlorenes Schaf - oder sogar noch besser als ein verlorener Sohn!
Lazi aber war in seiner Ecke angekommen, die niemand, nicht einmal ein Samariter einsehen konnte, und beschloß, sich der beiden Dinge zu entledigen, die ihm Ärgernis bereiteten: seines Blutes und des Magens. Geschwind waren die Pulsadern geöffnet und der Magen entfernt. Lazi verschied und gelangte zum HERRn, DER ihn auf den Schoß des Abraham verfrachtete, quasi als Zwischenlagerstätte, denn ER hatte noch viel mit ihm vor. Lazarus wurde beerdigt, aber das war im Grunde nur halb so wild, denn knapp eine Woche später kam der Messias vorbei und erweckte ihn von den Toten."
Der Erzähler dieser unkoscheren Geschichte blickte mich beifallheischend an, jedoch ohne Erfolg. Die restlichen Jünger waren von dieser unerwarteten, mir zudem noch rühmlichen Wendung in seiner Erzählung begeistert: "Klasse Einfall; Waaaaahnsinn, Petrus; also *das* hätte ich jetzt aber auch nicht erwartet; und was ist dann passiert?"
Stolz erzählte er weiter: "Der Messias - Jesus, das bist du - erweckte ihn aber nicht nur wieder zum Leben - oh, nein - weit gefehlt! Er heilte auch gleich noch obligatorisch seine Geschwüre, und sagte ihm, er solle seines Weges ziehen, was Lazi gerne tat, denn jetzt hatte er einen Plan, um aus seiner Armut herauszukommen: er schloß einen Vertrag mit dem Reichen ab, der besagte, daß jeder Arme jetzt die Krümel an seinem Tische auflesen dürfe, allerdings müsse er dazu alle Reichen der Stadt jeden Morgen zum Essen zu sich bitten - gegen Unkostenbeteiligung -, damit die Tafel länger würde. Auch bei den armen Siechen machte Lazi Werbung. Schon bald war die Tafel dreizehn Meter lang und es hatte sich auch bei den Hunden herumgesprochen, daß es dort viele Schwielen zu lecken gab. Das war der Moment, auf den Lazi gewar-

tet hatte: er fing die streunenden Vierbeiner ein, machte Schinken, Schnitzel, Gebisse und Seife aus ihnen und verdiente alsbald eine solche Mörderkohle, daß er selbst am Tische des Reichen saß, um sie von dem Schinken kosten zu lassen. Alle waren so begeistert, daß sie Unmengen davon kauften und Lazi immer reicher wurde. Er wurde so reich, daß er heiratete, viele Kinder zeugte, und sogar noch zwei Schwestern. Und wenn er nicht wieder gestorben ist - oder falls doch, hinterher unser Jesus vorbeikam - dann lebt er auch noch heute. ENDE!"
Meine "Getreuen" starrten *ihn* an, wie bisher mich, nachdem ich eine solche Schote vom Stapel gelassen hatte. Um meine Blamage perfekt zu machen, griff der Erzähler (Simon? Petrus? Kephas?) meiner Frage, die ich durch den zum Einwand erhobenen Zeigefinger und tiefes Luftholen ankündigen wollte, voraus. Konnte *er* etwa *wahrlich* hellsehen?
Beschwichtigend hob er die Arme, sich gleichzeitig für den Beifall bedankend, meinen fragenden Blick aber durchaus auch registrierend; er hub - nee, Quatsch, "hub" gilt nur bei mir; er hob an, meine ungestellte Frage zu beantworten:
"Sicher fragt ihr euch, was die Quintessenz - will sagen - die Moral jener Geschichte sein mag."
 (Wo, *zum* **Geier**, diesen Vogel mochte ich plötzlich nicht mehr so gerne – er erinnerte mich irgendwie an einen Galgenvogel - und das bei meiner Holzallergie !!! - hatte der Mann plötzlich gelernt, so zu reden? Als ich ihm später eine diesbezügliche Frage stellte, antwortete er mir, der HJ hätte es Judas eingegeben, ihm solches Gerede vorzusagen. Alles klar - ich wußte: *noch* hatte der HJ die *Meinen* nicht heimgesucht, sie zu bemächtigen, in Zungen zu reden. Und Judas hatte ja - wie Ihr wißt - sowieso sehr schlechte Karten, *überhaupt jemals richtig* zu den Meinen zu gehören oder eine Audienz beim HJ zu bekommen!)
"Nun, der Sinn jener meiner Rede liegt im Tieferen verborgen. Und die Moral von der Geschichte ist: Hunde, trauet Menschen nicht!" (Der reimte einfach (und schlecht obendrein) - der hatte wohl einen Furz gefrühstückt!) "Auch wenn sie euch heute mannigfaltig Nahrung geben, wahre Speise und Erquickung kommt vom HERRn allein!"
So einen Blödsinn hatte ich, wahrlich, ich sage es Euch, noch nicht einmal von mir selbst vernommen!
"Simon - selbst wenn du Petrus hießest, würde das für dich gülden - wenn dir dein Seelenheil etwas wert ist, solltest du deine Zunge entsorgen; du wirst es sonst noch nach ganz schön oftem Herumlügen (bis zu locker drei(zehn) Mal am Stück), bitterlich bereuen! Meine Geschichte ging nämlich ganz anders!"
Desinteressiert sahen mich meine Jünger an, tiiiiiiiiiiierisch gespannt, *meine* Version der Story zu vernehmen.
Kurzes Räuspern und: "Ähem - meine Geschichte ging so: Lazarus stirbt, kommt in den Himmel, sitzt auf Vader Abrahams Schoß, kurze Zeit später stirbt der Reiche und landet in der ewigen Flamme. Er richtet seine Augen auf Lazi, der mit Nektar und Ambrosia überfüttert wird, und ruft rüber ins Himmelreich, daß ihm Abraham doch Lazi schicken soll, damit dieser ihm wenigstens ein paar Tropfen kühlen Nasses auf die Zunge träufeln solle, damit es ihm besser ginge. Abraham meint aber, daß er schon zu Lebzeiten genug geschwelgt hätte, und sich deshalb eine solche Unternehmung seitens Lazis von der Backe putzen könne - außerdem sei der Graben zwischen den beiden Lagern viel zu groß, als das Lazarus - und sei es nur vorübergehend - die Seiten wechseln könne; immerhin seien sie hier nicht auf dem Fußballplatz, wo jeder x-beliebig die Mannschaften tauschen könne, wenn nur die Kohle (was in Verbindung mit dem

Fege(weil es ein unreines ist – haha)feuer – eine rhetorische Meisterleistung (trotzdem ihn aber nicht vom Himmel fallend machend) von Abraham ist) stimme. Der Reiche sieht ein, daß er keine Chance hat, bittet aber, Lazarus doch zu seinen sündigen Geschwistern zu schicken, damit es ihnen nicht genauso erginge wie ihm. Anundfürsich ein netter Zug, bringt ihm aber nix, denn Abraham erinnert an Lazis Schweigegelübde und weist außerdem nebenbei auf den Umstand hin, daß die Geschwister nur das AT zu lesen bräuchten, dann könnten sie Moses Worte und die der anderen Heiliggesprochenen hören. Der Reiche verweist auf die Tatsache, daß Lazi im Falle seiner Wiederbelebung als Auferstandener gehandelt und ihm deshalb mehr Glauben geschenkt würde. Aber Abraham ist unerbittlich, weil, wie er anmerkt, Mose auch tot sei; zudem, weiß er ergänzend hinzuzufügen, würde Mose als Prophet gehandelt, und Leute, die sich von den Worten eines solchen nicht auf den rechten Pfad bringen ließen, würden das auch nicht mit sich machen lassen, wenn ein Auferstandener ihnen dieselben Weisheiten reindrückte. Fertig!"
Hatte keinen interessiert, ich hatte das Mundwerk (das ansonsten vorlaute) gestrichen voll, und mahnte zur Hast, immerhin seien wir fast in Jerusalem. Wenigstens das mobilisierte die müden Krieger GOTTes: "Ich bin pleite, wir müssen die Zeche prellen; wenn ihr also um eine Steinigung rumkommen wollt, kommt entweder mit genügend Sperlingen rüber oder folgt mir eiderdaus nach - und das auf Siebenmeilensandalen und hurtig!"
Und - schwupps - waren wir hinweggenommen!
      Matt.24;24,42; Mark.13;13,33;Luk.21,5;12,35;12,35;12,49;12,54;16,19;17;u.a.

Neununddreißigstes Kapitel (zwaaaai habbich noch, meinte ich)

Wunder satt (Teil V)

So irgendwo zwischen Galiläa und Samarien griff Propi mich auf - ich war mit dem wöchentlich fälligen Wunder mehr als im Rückstand. Wir einigten uns auf Übermorgen und auf dreizehn Aussätzige.
Von den Dreizehn kamen nur Zehn. Langsam hatte ich keine Lust mehr! Immer dieses Geschrei von den Hypochondern und gedankt wurde GOTT - anstatt mir! Außerdem ließ auch Propis Zuverlässigkeit nach, was er aber mit anderen Aktivitäten bezüglich meiner Person an meiner HERRlichen Erscheinung zu entschuldigen suchte.
Wie dem auch sei, zwei Tage später heilte ich zu gegebener Stunde eben nur zehn Aussätzige, von denen nur einer die Freundlichkeit besaß, zu mir zurückzukommen, um sich bei mir zu bedanken. Eine sehr schlechte Publicity - aber besser als gar keine! - denn ich ernannte ihn vor allem (sparsam erschienenen) Volk zum Samariter (der Ernannte bemerkte die Beleidigung scheinbar gar nicht), mit der Aufforderung verbunden, auch er solle ein "Barmherziger" werden. Alle anderen sollten gefälligst in der Hölle schmoren, fug ich an, aber das wurde leider nicht überliefert.
War mir aber Toga wie Kippa! (Ihr würdet heute "Jacke wie Hose" sagen ....)
In der Ecke von Bethanien passierte mir erneut ein Mißgeschick: nicht nur, daß wir bereits in

Bethanien waren (mein Orientierungssinn war mittlerweile unter aller von Jüngerinnen gebraten wordener Sau), auch alles andere lief irgendwie total aus dem Ruder (wie ich, wäre ich denn Fischer gewesen, gesagt hätte). So sagte ich: "Irgendwie läuft alles aus dem Lot", und das konnte keiner verstehen, weil ich, selbst als Tischler - wäre ich denn einer gewesen - nicht die Bohne einer Ahnung gehabt hatte, wie ein Lot ist. (Der einzige mir bekannte Lot war der Mann, dessen Frau sich zu einem Knabberstab für Salzgierige verwandelte – kleiner Scherz ....)

Wie dem auch sei, wir waren in Bethanien, was, wie jeder Landkartenkundige weiß, weit abseits von Jerusalem liegt. (Aber wie ich damals schon im Erdkundeunterricht sagte: "Ist mir doch egal wo die anderen wohnen ... undsoweiterundsoweiter.)

Wir waren also – ei der daus (schreibt man eigentlich "daus" oder "Daus"? Immerhin ist es ja *der* "Daus"!) - in Bethanien gelandet und wurden von übelstem Hunger geplagt. Da lief mir ein Feigenbaum über den Weg (oder andersrum), und ich sah mich gezwungen, mich voll des Hungers auf ihn zu stürzen. Bevor meine Apöstelchen bemerkten, daß ich den armen Baum leergeäst hatte, war er auch schon all seiner Früchte beraubt. Die enttäuschten Gesichter ob des leeren Gestrüpps registrierend, rief ich: "Du böser Baum du! Nimmermehr (wie später auch der (nette) Rabe sagen sollte) sollst du Früchte tragen!" Mit diesen Worten vollführte ich eine "Zaubergeste", die mir die letzten Beeren in den Mund beförderte, aber wahrlich theatralisch aussah. Als meine Jünger den Baum erreichten, war dieser bar alles Eßbaren. Anstatt mich aufgrund meiner Freßgier zu verfluchen, fielen sie auf die Knie, um mich meines, zwar vernichtenden, aber immerhin stattgefunden habenden Wunders lobzupreisen:

"Wie kann er so was auf die Beine stellen?"

"Wenn ihr voll des Weines - äh, Glaubens - seid, so könnt ihr zu einem Berg sagen: "Hau ab!" und er wird es tun. Nur fordert nicht des HERRn Gnade zu meinen Lebzeiten heraus. Denn ich lebe eh nicht mehr lange, also geht ZEBAOTH nicht mit egoistischem Gebetsinhalt auf den Zeiger! Preist IHN auf die euch von mir beigebrachte Art, solange ich noch unter euch weile! Und jetzt, verdammt ("Du sollst doch aber nicht fluchen!", bemerkte Judas.), gehen wir nach Jerusalem; basta!" (Was Nathan *sofort* notierte.)

Und allso geschah es.

Matt.21,18; Mark.11,12;Luk.17,11

Neununddreißigstes Kapitel (jetzt ist es aber auch gut, gell?)

<u>Rechenexempel (Teil VI)</u>

Ist Euch schon aufgefallen, daß ich genau neununddreißig Kapitel gebraucht habe, um das Finale einzuleiten? Und - Wunder über Wunder - dieses Kapitel ist in genau sechs Teile unterteilt; einer Zahl, die sich mit einem bißchen guten Willen, ich weiß nicht mehr, ob ich es schon den anderen Jüngern erklärte, auch perfekt (na gut, *nahezu* perfekt) durch dreizehn teilen läßt! GOTT, bin ich gut; nicht nur zu Zahlen und zu Menschen, sondern auch zu teilen – was eigentlich großgeschrieben werden müßte, wie ich *natürlich* weiß. Aber wenn sie *das* mit mir gemacht hätten, hingen heute anstatt Kreuzen (autsche!) Mobiles in Euren GOTTeshäusern! –

Wenig erbaulich, weil zu heiter ....)

Eigentlich nicht erwähnenswert

Vierzigstes Kapitel

Einzug in Jerusalem

Fast hatten wir es geschafft; der Countdown lief ....
Ich war gespannt, denn Jerusalem war von je(sus - GOTTchen, wie egoistisch ...) her die Hochburg der "Frommen Sünder", also der Pharisäer, Schriftgelehrten, Ältesten und allem einmottenswertestem Gesocks, das ich kannte.
Macht hoch die Tür ...!
Wir hatten Bethanien gerade verlassen, als ich heftigstes Seitenstechen kriegte. Ich wurde eben "alt" - höchste Zeit, den Löffel abzugeben. Zu allem Überfluß wimmelte es (dem aufmerksamen Bibelleser wird es nicht entgangen sein) in dieser Gegend von Ölbergen; irgendwo mußte hier in der Gegend ein Nest sein ....
Rauf auf den Berg kam ich noch, aber hinterher auf der anderen Seite wieder hinunter zu latschen, war für meine angeknackste Kondition einfach zuviel. Ich packte es nicht mehr! Deshalb schickte ich zwei meiner Jünger los, um das von Propi in der Nähe abgestellte Eselfohlen zu mir zu bringen. "Klaut das einfach ...", sagte ich, "... wenn jemand was dagegen hat, sagt einfach, daß *ich* es brauche, und alles wird gut."
(Diese Parole hatte ich mit Propi abgesprochen, da ich, als wir diesen Plan entwarfen, noch nicht wußte, wen ich schicken würde. Mit ein bißchen Pech, kämen kurz vor meinen Jüngern echte Diebe vorbei. Das wäre ja hyperpeinlich geworden!)
Nachdem die beiden abgezogen waren, ordnete ich eine Verschnaufpause an, und wir ließen uns im üppigen Grase des Berges nieder. Während die Frauen begannen, den Rasen abzuäsen (mei, mußten die einen Appetit haben - wenn sie sich nicht mal Dreck am Stecken machen wollten, sondern sich direkt von der Weide in den Mund ernährten), vertranken wir unser zuletzt erbetteltes Geld. In der Höhlenkasse herrschte nämlich Ebbe. Wenn sich der Appetit der Frauen nicht bald wieder normalisierte, mußte ich sie auch noch loswerden, bevor sie mir die (immer lichter werdenden) Haare vom Kopf fraßen.
Endlich kamen die beiden mit dem Esel wieder. Sie legten ihre Klamotten darauf, damit ich nicht mein reinweißes Gewand auf dem staubigen Tierrücken beschmutze. Judas fragte, warum ich denn nur *einen* Esel herbeigewundert hätte, anstatt genug für alle zu besorgen, denn "Dreizehn" sei ja der Glücksesel Zahl. Großmütig klärte ich ihn auf:
"Das ist die Folge eines von mir erschaffen worden seienden Spieles, welches heißt "Reise nach Jerusalem". Bei diesem Spiel wandeln alle Teilnehmer zu fröhlicher Musik um eine Eselsherde herum. Hört die Musik abrupt zu spielen auf, muß sich jeder auf den Rücken eines dieser Reit- und Lasttiere setzen. Es gibt aber - und das ist der Witz an der Sache - immer ein Tier zu wenig, als daß jeder einen Sitzplatz fände. Diese Zeremonie wird so lange wiederholt, bis sich schließlich zwei Mitspieler um einen Esel streiten müssen. Da wir alle wissen, daß ich - der

Messias - dieses Spiel sowieso gewonnen hätte, habe ich lediglich den sonst bei diesem Spiel entstehenden Streit und Zank umgangen, und gleich das sichere Ende herbeigeführt. Außerdem, Judas, siehst du hier irgendwo Musikanten herumlungern? - Siehste! Also, kein langes Labern, sondern auf nach Jerusalem." Ich schnalzte mit der Zunge, hub dem Esel meine Fersen in die Flanken und ab ging die Post. (Oder der Reitbote ... oder so was.)

Meine Apostel/innen, Judas inklusive (?) waren von meiner eben repräsentierten Weisheit dermaßen begeistert, daß sie anhoben, mich in den höchsten Tönen zu lobpreisen: "Gelobt seien GOTT und SEIN Sohn, der da geritten kommt auf einem Esel, im Namen des HERRn! Friede, Freude und Eierkuchen seien im Himmel in der Höhe, also der fünften Himmelsrichtung, denn wir kennen keinen Himmel, der nicht in der Höhe ist, also preisen wir den uns einzig bekannten in seiner Eigenschaft als solchen. Prost und Hosiannah dem König, der da kommt nach Jerusalem!"

Dieses Zeter und Mordio hörten natürlich auch viele andere Leute, die im Grunde nicht die Bohne einer Ahnung hatten, worum es eigentlich ging; aber sie hatten schon lange nicht mehr gefeiert und waren deshalb mit Feuer und Flamme dabei. Genauer gesagt waren sie mit Klamotten und Palmwedeln dabei, die sie eifrig vor meinem Eselchen auf der Straße ausbreiteten, damit sich dieser nicht einen Huf verstauchte. Das waren natürlich alles nur niederste Gesten der Einschleimerei bei dem vermeintlichen "König" - aber sie verfehlten nicht ihre Wirkung. Ich legte den Leuten die Hände auf was das Zeug hielt, versprach ihnen das Blaue vom Himmel herunter und segnete Autogramme in die mir entgegengehaltenen Palmwedel, bis das mir die Hände bluteten. (Wer hatte eigentlich die scharfen Blattränder erschaffen - etwa *er*, oder doch eher ER?)

Auch den Paris war das Geschrei des Pöbels zu Ohren gekommen, und so nutzten sie die Gelegenheit, um sofort wieder Stunk zu machen: "Maister des gesprochenen Wortes, benütze doch ain solches der Macht, um diesen dain´ Jüngern zu wehren und klar zu machen, dat sich dat nich´ geziemen tut, hier so laut rumzubölken." Meine Euphorie konnten sie aber durch diese Rede nicht downen (huch, ich schreibe ja schon wieder in Zungen).

"Meine lieben Pharisäer ...", entgegnete ich ihnen, "... wollt ihr wahrlich, daß diese Menschen schweigen? Ich sage es euch so, wie es ist: wenn die Menschen schwiegen, so schrien die Steine - und dann wäre hier erst richtig Highlife, also das Gegenteil von "die Hölle los", das kann ich euch aber flüstern! Ihr müßt mir nur sagen, was euch lieber ist."

"Dann laß doch die Staine schrain ...", erwiderten sie, "... so wat wollten wir schon immer ma´ hörn und sehn."

"Waaaaas?", schrie ich, mir die Hand ans Ohr haltend. "Ich kann euch nicht verstehen; wißt ihr, das Volk macht so einen Krach ...", und gab meinem Esel die Sporen, auf daß er mich vor ihren Augen hinwegnähme. Jacko erzählte mir später, daß sich die Paris in diesem Moment ihrer Ohnmacht mir gegenüber bewußt geworden waren, weil sie angeblich untereinander gesagt hätten, daß sie nichts gegen mich ausrichten könnten, da mir alles Volk nachliefe. Nur zu gern hätte ich das geglaubt, aber ich kannte ja meine Pappenheimer: die Seele einer Fangemeinde war wankelmütiger als ich es bei der Befolgung der von mir aufgestellten Lebensmaximen war. Mir schwante übles - wobei natürlich dieser hübsche, weiße Schwimmvogel nichts damit zu tun hatte - an und für sich - jetzt mal so gesehen ....

Matt.21;Mark.11;Luk.19,29;Joh.12,12

Einundvierzigstes Kapitel

Paris sind voll blöde

Die Hochgeistlichen der damaligen Zeit waren ebenso mannigfaltig vertreten, wie sie es auch heute noch sind. Wir hatten die Ältesten, die Schriftgelehrten, die Pharisäer, die Sadduzäer und so weiter und so weiter. Ein nicht durchschaubares Sammelsurium der unterschiedlichsten Glaubensrichtungen und Bibelinterpretationen. Jede dieser Glaubensrichtungen behauptete von sich, die Weisheit mit Schöpflöffeln gefressen zu haben und erhob daher den Anspruch, die von ihnen publizierte Lehre sei die einzig selig machende. Natürlich war das Mumpitz, denn die einzig wahre Lehre war die meine! Hier in Jesusralem (ein orthographisches Scherzlein einstreuend) und der näheren Umgebung war natürlich die Hochburg aller dieser Scharlatane und Volksverhetzer, was unweigerlich zu konfrontationsbedingtem Streß für den Messias führen mußte. Heute hatte ich es mit den Sadduzäern zu tun, die der Ansicht waren, es gäbe keine Auferstehung von den Toten, weshalb sie mich in eine rhetorische Falle zu locken versuchten. Selbstverständlich mißlang dieses Unterfangen, und zwar gründlich! Ohne mich selbst übermäßig lobpreisen zu wollen, muß ich doch zugeben, ihnen sogar so gründlich den Spaß am "Den - Heiland - in - die - Irre - führen" verdorben zu haben, daß ich fast nie wieder mit diesem Gesockse zu tun hatte; ich war einfach zu ausgeschlafen für sie.
"Alter Messias und Schwede ...", begannen sie (mich mit dieser Anrede wohl ärgern wollend) ihr von vornherein aussichtsloses Unterfangen, "... sach doch ma´ an, wie es denn mitte von dir öffentlich so oft zitierten Wiederauferstehung von den Doten im Falle der Familienangehörichkait gehandhabt wird. Stell dir ma´ vor, da is´ aine verhairatete Frau, der der Mann wechstirbt, ohne dat sie Kinners von ihm in die Landschaft gesetz´ hätt. Nach dem zu urtailn, wat Mose in aim solchen Fall anriet, wäre es doch nun die Pflicht des Bruders des Verstorbenen, dafür zu sorgen, dat der Witwe Kinners anhaimfielen, die sie aber selbs´ zu gebärn hätt. Der Haken anne Sache is´ jetz´ aber, dat der Dote sieben Brüder hat, die sich ainer nach dem Dod des annern bai der Frau ainflaischen; allerdings, wat jetz´ den Kinnersegn betrifft, ainer erfolgloser als sain Vorstecher - äh - Vorgänger. Als dann schließlich und endlich auch die Frau starb, war sie als Dote genauso kinnerlos wie zu Lebzaiten. Allerdings is´ der mangelnde Kinnersegn nich´ dat Problem, mit dem wir dich zu konfrontiern suchen, sonnern die irgendwann sich vollziehende Auferstehung! Wer von den sieben männlichen Zombies kricht denn nu´ die nie eine solche gewordn saiende Mudder? Verhairatet warn sie ja schließlich alle ma´ mit ihr. Oder is´ unter den Undoten Ehebruch etwa kain Thema?"
Ob dieser Spitzfindigkeit war ich weniger baff, als der sich dahinter verbergenden Stupidität! Die Jungs wollten mich mit einer Geschichte von Schneewitchen und den sieben Zwergen in die Bredouille bringen? Dazu hätten sie aber wesentlich später aufstehen müssen, sprich: ausgeschlafener sein sollen! (Mindestens so wie es Nathan (der manchmal auch Thaddäus genannt werden wollte) in seiner Jugend gewesen war.)
"Im Prinzip liegt ihr gar nicht so falsch ...", entgegnete ich, "... was den Ehebruch unter Zombies anbelangt, meine ich. Was allerdings eure Bibelkenntnis anbelangt, von eurem Wissen über GOTTes Allmacht einmal ganz zu schweigen, sträuben sich mir nicht nur die Nackenhaare vor nacktem Entsetzen! Auf der Erde wird gefreit - im Himmel ist das weniger der Fall: im

Himmel wird sogar gar nicht gefreit! Das ist aber der bevorzugte Aufenthaltsort jener Wiederauferstandener, denn sie werden den Engeln ähnlich, wie ein Ei dem anderen. Und Engel haben - weißGOTT - wichtigeres zu tun, als sich um Eheprobleme zu kümmern! Wenn sie überhaupt einmal mit dieser Problematik konfron*tier*t (*satan*isches Wortspiel!) werden, dann nur, weil sich irgendeine unkeusch lebende Maid ihrer Existenz bedient, um dem (zukünftigen) Ehemann etwas von "unbefleckter Empfängnis" (vgl. "Pathenogenese") zu erzählen, was aber nur von den Allerdümmsten geglaubt wird."
Ich machte, bevor ich zum Coup de gras ausholte, eine kleine Kunstpause.
"Da ihr aber hier in meiner Gegenwart so flott und fröhlich Mose zitiert, bin ich so frei, allso zu verfahren. Habt ihr denn nicht die Stelle mit dem brennenden Dornenbusch gelesen, in der GOTT zu Moses sagt, daß ER der GOTT Abrahams, Isaaks und Jakobs sei? Für IHN sind diese drei Knilche nicht tot, denn mein DAD ist der GOTT der Lebendigen, nicht DER der Toten! Logisch, oder? Oder was glaubt ihr, was im Himmel für Zustände herrschten, wenn dort alle Toten rumlägen? Der Wind würde stinken, der Regen wäre bereits so verdreckt, daß man ihn erst aufbereiten müßte, bevor man ihn zum "Kaffee" kochen verwenden könnte. Der Schnee des Winters wäre grau - igitt, mir wird bei der bloßen Vorstellung schon ganz anders in der Magengegend!", beendete ich meine Rede, und übergab mich ähnlich herzhaft wie bei meinem letzten Besuch zu Hause. Als ich alle meine Äußerungen beendet hatte, war das äußere Erscheinungsbild der Sag-du´s-zäer (ja, Waaaaaaaaaaaahnsinn!) nicht gerade besonders appetitlich frisch. Deshalb trauten sie es sich auch in Zukunft nie wieder, mich etwas zu fragen. Beleidigt zogen sie von dannen: "Du kanns´ unmöchlich der Christus sain, denn er is´ ain Sohn Davids!"
Das Volk aber, das jenes sah und hörte, entsetzte sich, was *kein* Wunder war, wenn man sich mal überlegt, was für eine Ungeheuerlichkeit dieser Spruch mir gegenüber war! Schnell räumte ich mit ein paar Zitaten aus der HS eventuelle Zweifel aus, bevor sie die Chance zu entstehen hatten: "Hört euch diese Kasperköpfe an! ", sagte ich. "Wie können sie nur behaupten, der Christus sei Davids Sohn? David selbst nennt den Christus in den von ihm verfaßten Psalmen "HERR"; ich frage euch: wie kann er dann sein Sohn sein? Das wär ja noch schöner, wenn der Vater seinen Sohn nicht mehr duzt, sondern "HERRt"! Echt, ich sage euch, hütet euch vor den Schriftgelehrten jedweder Religionszugehörigkeit, denn sie gehen in tollen Gewändern spazieren, lassen sich gerne auf dem Markt grüßen oder sitzen in der Synagoge und bei Tisch immer gerne auf den besten Plätzen. Sie verrichten zwar lange Gebete, aber es sind scheinheilige Wortsalven, die weder bezwecken, daß sie in den Himmel kommen, noch die Tatsache vergessen machen, daß sie keinerlei Skrupel haben, der Witwen Häuser zu fressen - bildlich gesprochen (falls sie schon mal was von Hänsel und Gretel gelesen haben)! Aber, und das könnte ich euch schwören, wenn ich wollte: sie werden ein wenig mildes Urteil empfangen, wenn die Zeit reif ist!"
Das wiederum hatten natürlich die Schriftgelehrten gehört. Na super! Als ob meine Worte ihren Ohren nicht schon genug Ärgernis bereitet hätten, um eine kleine "van Gogh – Aktion" zu starten! Nein; statt dessen sandten sie ihre Lakaien zu mir, die erst fromm tun, mich dann aber in die Enge treiben und ergreifen sollten, damit sie mich endlich der Gerichtsbarkeit übergeben und mich somit loswerden könnten. Aber ich hatte ja meinen getreuen Jacko, der mich von diesem Vorhaben unterrichtete, bevor meine Widersacher überhaupt damit begonnen hatten, ihren *teuflischen* Plan in die Tat umzusetzen; schließlich hatten sie auch noch ein paar Getreue

des Königs aufgetrieben, die von der, wie sie hofften, nun von mir ausgesprochen werdenden Volksverhetzung, später Zeugnis vor ihrem weltlichen Herrscher ablegen sollten. (Im krassen Widerspruch zu anderen Erzählungen des Neuen Testamentes war Herodes noch am Leben - aber ich glaube, ich berichtete Euch von dem Schrecken, der mich ob dieses Umstandes schon zu früherer Zeit in Angst und jenen versetzt hatte. Oder war eben jener grausame Kindermörder von den Toten auferstanden? Und falls dem so gewesen sein sollte - ich schwöre bei GOTT, daß ich nichts damit zu tun gehabt hatte!)

Die Diener der Superfrommen, begannen, kaum daß sie vor mir standen, mit ihrer Süßholzraspelei, daß mir ganz anders wurde: "Meister Lampe des nicht unter den Scheffel gestellten Lichtes und Rabbi deines Zeichens, wir wissen, daß du ein aufrechter Prophet bist, der die Lehre GOTTES verbreitet. Wir können zu deinen Lehrmethoden nur sagen: Hut ab, denn du kümmerst dich dabei nicht um die Menschen, da dir ihr Ansehen auf Erden völlig wurscht ist. Wir haben aber ein Problemchen, von dem wir hoffen, du bringst die Lösung desselben in unseren Verstand. Ist es denn so, daß man dem Kaiser im Grunde keinerlei Steuer zu zahlen hat, alldieweil, wie du sagst, man ohnehin lieber alles ZEBAOTH geben soll?"

Sie ahnten ja nicht, daß ich von ihrer kleinen List wußte - zum GOTTseidank davon wußte - sonst hätten sie mich eventuell jetzt schon dazu gebracht, mich zu verplappern. Ich frug daher einen der Umstehenden: "Sach mal, haste mal 'ne Mark?" Leider war der Angesprochene nicht so gut bei Kasse, daher reichte er mir einen Groschen. Ich gab mich großherzig: "Wohl an, wenn du genug dieser Kleinodien ansammelst, dürfte das über kurz oder lang auch für die Steuern reichen! Nun aber, mein Gutester, wes Bildnis und Schriftzug siehest du auf jener Münze?"

"Das ist einfach!", freute sich der Gefragte, verwechselte er doch die Situation mit dem allsabbatlich im Tempel stattfindenden QuizGOTTesdienst. "Natürlich sind es beide Male die des Kaisers!"

"Fürwahr ...", spruch ich, ihm die Münze zuschnippend, "... dann gib doch am besten dem Kaiser das, was seines ist, und dafür einfach GOTT das, was IHM gebührt! Ätschbätschlangenase!" (Das konnte ich mir einfach nicht verkneifen ...!)

"Höret ein kleines Gleichnis von mir, bevor ihr zu euren Herren zurückkehrt. Es war einmal ein Mann, der hatte einen Kamm ... und noch viel mehr, wie zum Beispiel einen Weinberg und zwei Söhne. Er ging zum Erstgeborenen hin und sagte: "Ich habe eine Spitzenidee, wie du dir den heutigen Tag vertreiben kannst: geh doch einfach in meinen Weinberg und arbeite dort den ganzen Tag, so daß du dir deine für heute abend vorgenommenen Freizeitaktivitäten in die Haare schmieren kannst - à propos Haare - danach gehst du noch zum Friseur, denn du siehst gehauen aus! Wär das *nichts* für dich?" Und sein Sohn antwortete wahrlich und sprach: "Ja, Papi!", und ging nicht hin, sondern frönte den fleischlichen Genüssen den ganzen Tag. Zu etwas späterer Stunde aber langweilte es den Vater und er ging auch zu seinem anderen Sohn: "Mein Sohnemann, mich langweilt so, und deshalb habe ich beschlossen, dir auf den Keks zu gehen. Geh doch einfach in meinen Weinberg und arbeite dort den lieben langen Tag, damit du völlig groggy bist wenn du nach Hause kommst. Oder hast du vielleicht was besseres vor?" Dieser Sohn aber log ebenfalls nicht und sprach: "Nein!" und ging hin und des Abends reute es ihn. Jetzt sagt mir, wer von den beiden hat wahrlich gehandelt gegenüber dem Vater?" Shit - denn daß ich diese Frage falsch formuliert hatte, fiel mir leider etwas zu spät auf. Und so

kam es dann, wie es kommen mußte:
"Beide ...", riefen die Zuhörer, "... denn keiner von beiden hat den Vater belogen!"
"Stimmt ...", sagte ich, "... aber ich habe diese Frage etwas unglücklich gestellt, ich meinte: wer von den beiden Knaben, tat denn den Willen des Vaters?"
Das war schon etwas kniffliger für die Jungs, denn ich hatte, wie es ja so meine Art war, mal wieder sehr konfus erzählt. Nach einiger Zeit hob einer der Gefragten unsicher den Zeigefinger: "Der zweite Sohn?"
Ich mußte angesichts dieser Kombinationsgabe applaudieren: "Bravo! Du bist ja gar nicht so dumm wie du aussiehst! Aber jetzt kommt der Clou: Zöllner und Huren kommen eher in den Himmel als ihr - das gilt auch für Kamele, die durch ein Naddelöhr zu zwängen sich vorgenommen haben - und soll ich euch auch mal verraten, warum dem so ist? Ihr habt die Worte des Propheten Johannes gehört - der HERR sei seiner armen Seele gnädig - und ihr habt ihm, im Gegensatz zu den sozialen Randgruppen eurer Gesellschaft, nicht geglaubt.
Und deshalb, weil ihr sogar sahet und nicht glaubtet, habt ihr im Himmelreich nichts verloren. Basta. Aus, Schluß, zack, bumm, Feierabend. Ich dulde keine weitere Diskussion mit euresgleichen - für heute!"
Die Versucher aber standen nicht länger bei mir, sondern mußten unverrichteter Dinge abziehen, sich wundernd, mit welchen dialektischen Mitteln ich meinen Hals diesmal aus der Schlinge gezogen hatte. Natürlich verbesserte diese Aktion nicht gerade mein ohnehin gespanntes Verhältnis zu den Obrigen. Aber damit mußte ich leben ... solange ich noch durfte ....
In den diesem Tag folgenden, ließ ich keine Möglichkeit aus, mich mit den Gurus anzulegen. Ich provozierte sogar die Konfrontation, denn im Tempel zu predigen, ohne Streß mit den Priestern zu bekommen, hätte an ein Wunder gegrenzt.
Zur Zeit war ich - ganz entgegen meinen sonstigen Gewohnheiten (haha) - jeden Tag besoffen. Deshalb spielten die Handlungen vieler meiner Erzählungen in, auf, oder doch wenigstens in der unmittelbaren Nähe von Weinbergen; und falls nicht, so kam doch wenigstens ein Weinberg darin vor ....
"Juhuuu, haaaallo ...", rief ich beim Betreten des Tempels, "... ich habe mir eine neue Geschichte ausgedacht, aus der ihr, wenn ihr geistig fit genug seid, sogar etwas über das Reich GOTTes lernen könnt. Kommet herbei, ihr Volk der Lernwilligen, und lauschet meiner neuesten Geschichte, die, wie ich euch jetzt schon prophezeien kann, nicht bar berauschenden Blutvergießens sein wird. Vorgetragen wird euch diese Mär in gereimten Worten und dreizehn - wie könnte es andere Zahlen bei mir geben - Aufzügen von dem einzigen und wahrhaftigen Jesus von Nazareth!"
So was wollten die Leute natürlich unbedingt hören. "Kettensägenmassaker im Weinberg", "Steinigung der Dreizehntausend", "Gemarkt, gebrannt, geviertelt und gekreuzigt" - all das waren Arbeitstitel, die ein Auditorium Maximum garantierten. Diesmal war ich, dank Propis Hilfe, noch professioneller ausgestattet als sonst. Propi hatte lustige Bildchen auf Leinen gezeichnet (und das für damalige Verhältnisse erstaunlich realistisch), die die von mir vorgetragene Horrorgeschichte begleitend untermalen - im wahrsten Sinne des Wortes. Ich läutete noch einmal das von mir mitgebrachte Glöckchen, um so die Neugierde aller im Tempel Anwesenden auf mich zu lenken:
"So lauschet denn der blutig Mär, die sich unlängst zugetragen in einem Weinberge zu Beth -

Sur und relativ harmlos betitelt ist mit: "Die bösen, bösen Weingärtner"."
(Die erste Leinwand zeigte einen Mann, der im Schweiße seines Angesichtes, einen Weinberg anlegte und die dazugehörigen Arealien für die Produktion eines edlen Tropfens aus, bzw. in den Boden stampfte.)
"Werdet gewahr: der brave Mann
tut, wie hier zu sehen, was er kann:
im Schweiße seines Angesichts, malocht er viel - und macht nicht nichts!
Besähet ist der Berg sowohl wie mit, als auch im (P)Flug;
doch spannt aus Angst er vor Betrug,
auch flink noch einen Zaun umzu -
denn, wie ihm deucht, hätt dann des Weinbergeigners Seele ruh.
Doch sei dies nicht genug der Schufterei,
macht er sich Müh - und macht es recht, "erschafft" die eigne Kelterei.
Und einen Turm er noch erbaut, nicht weil es unerläßlich ist;
weil er so gern ins Panorama schaut, und gern genießt, die Au - haussicht!
Damit sein Berg bebaut wird und bewacht, hat clever er gesonnen und erdacht,
er sollt sich ein paar Leute suchen, die dieses tun - quasi zur Pacht.
Als er gefunden der Pächter dreizehn, konnt bei seim Berg ihn nichts mehr reizen;
so ließ er sich von dannen heben, denn bis zur Ernte wollt er leben."
(Das nächste Bild zeigte den Herren, der drei seiner Knechte auf die Wanderschaft schickte, ihnen aus dem Fenster nachschaute und mit einem weißen Stoffetzen, den Ihr heute Taschentuch nennt (der damals aber dazu diente, sich die Fliegen vom Antlitz zu wedeln), Insekten vertrieb. Auch daraus habt Ihr so ein dubioses Abschiedsritual gemacht - aber seisdrum, lag wohl auch an der schlechten Überlieferung.)
"Die Knechte, außer Rand und Band, zogen hinfort, zusehen was es gäbe,
gar fern, in dem gelobten Land!
Ihr Fladengeber hatte sie geheißen, nicht eine Beere selbst zu speisen.
"Bringt Proben davon - und sei's mit tragen –
zu mir - den Test will ich dann ich selber wagen;
ist ihr Geschmack süß, rund und wunderbar,
so will ich einen Wein draus machen, den selbst genießt GOTT JEHOVA.
Ein wenig Panik hab ich doch - geht g´schmacklich mir nicht einer ab,
so tut's mir Leid - dann ab ins Grab,
mit *euren* Leibern - war nur'n Scherz,
denn auch an euch hänget mein Herz."
Also zogen sie frohen Mutes, ins ferne Land, gespannt ob Gutes,
sie ihrem Chef darnieder brächten – nicht, daß sie etwas Arges dächten!!!
Jedoch was Arges harrte ihrer, jetzt nur zu dritt, doch selbst als Vierer
wärn sie echt jeder Chance bar - gewesen; ich sag nur "lich", fürweg ein "wahr"!"
(Das nächste Bild erhitzte die Gemüter: es zeigte den ersten Knecht, der zu Tode getreten wurde.)
"Die Pächter - müßig sondergleichen, konnten den Knechten gar nichts reichen;
statt dessen griffen sie die Knechte, zu praktizieren alles Schlechte,

was nur ein Mensch ersinnen kann: tot traten sie den ersten Mann."
(Das vierte Bildnis zeigte einen von unten nach oben aufgeschlitzten Körper.)
"Dem zweiten ging es auch nicht besser – schwerst malträtiert mit einem Messer
kam schließlich auch er dann zu´n Toden, bar seiner Beine - und auch Hoden!
Sie nanntens "Radikalphimose" - Ei, das ging mächtig in die Hose!"
(Jaja, meine Kindheit. Auch wenn der Zusammenhang bar jeder Logik ist – reim dich, oder ich geißele dich – Ihr wißt ja Bescheid!)
(Auf dem folgenden Poster war eine alltägliche Szene dargestellt: die gute, saubere - weil klassische - Steinigung.)
"Laßt euch an mich glauben, wie jener Knecht es tat;
was kann dem geschehen, der solchen Glauben hat?
Sie steinigten zu Tode ihn, er betete zu GOTTes Sohn und ich erhörte ihn.
Dieser Aktion gebührt Applaus - doch brachte es ihm leider nichts,
denn ich war gerade außer Haus - im Schweiße meines Angesichts"
(Ich zeigte an meine Schläfe.)
"Der letzte Stein, der traf ihn hier,
und es verging nur knapp ein Stündlein,
schon stand er da, vor GOTT und mir.
Und sieh, der HERR fand nicht ein Sündlein!"
(Das Bild wurde gewechselt: Der Grundbesitzer wurde nun gezeigt, wie er mit diktatorischer Geste wahre Heerscharen an Knechten in seinen Weinberg aussandte.)
"Der Gutsbesitzer - ach, er hat, als er erfuhr die Moritat,
fast alle Knechte ausgesandt, zu richten an aus Blut ein Bad.
Und fröhlich zogen sie von Dannen - man munkelt, um die fünfzig Mannen,
- doch bringt die Fünfzig nicht grad Glück; und so geschah ein Mißgeschick:"
(Jetzt besah mein Publikum eine Zeichnung, auf der die Weingärtner förmlich in Blut wateten, überall lagen abgetrennte Gliedmaßen und (deshalb) verstümmelte Leiber in der Gegend herum. Eine Szene, die nicht unabsichtlich an die Folgen des Jüngsten Gerichtes erinnerte.)
"Die Skizze hier spricht wohl für sich; des Kommentars enthalt ich mich!"
(Die Weingärtner feierten ein Riesenfest, allem Anschein nach mit Wein, Weibern und Gesang.)
"Ich weiß im Voraus eure Frage: "Was tun die Sünder?", nunan, ich sage,
es euch sogleich: sie feierten gar ein Gelage, ham Huren auch mit hoher Gage
sich engagiert, mit großen Brüsten, zu frönen allen Fleischeslüsten.
Seht hier, sie saufen, sing´n, hur´n rum die Sünder,
wär ich dabei - ach, Menschenskinder!"
(Ich wollte zum Ende kommen, also ließ ich meinen (Un-) gereimtheiten freien Lauf, und wechselte die Bilder schneller als ursprünglich geplant. Man sah den Vater in seinem Eigenheim, zwar traurig, aber dennoch grübelnd, leichten Wahnsinn in den Augen habend.)
"Sie haben alle umgebracht, und das am Tag, nicht mal bei Nacht,
so sicher fühlen sich die Heiden, doch geistig bin ich nicht bescheiden.
Bevor noch Ärgeres geschehe, falls *ich* begäb mich in die Nähe,
da schick ich ...", sprach der Mann - welch Hohn, "... doch lieber meinen einz´gen Sohn!

Der soll die Dinge für mich richten, bevor sie ganz dreist mich vernichten,
und außerdem: sie wern´s nicht trauen, auch meinen Sohn mir zu verhauen."
(Die Fliegenwedelszene, jetzt mit nur einem Wandersmann, der fast beinahe genauso aussah wie ich.)
"Mein guter Sohn, zieh in die Ferne - ich hoff, das machst du für mich gerne,
und richtest alles du zum Besten, will ich mit Opferlamm dich mästen."
So sprach der arme, reiche Mann ..."
"... ob wohl der Sohn was ändern kann?", fiel - natürlich - Judas mir ins Wort; und hatte alle Lacher auf seiner Seite.
"NEIN ...", belehrte ich die Leute, die vergessen hatten, daß meine Geschichte der Belehrung, statt der Unterhaltung zuträglich sein sollte, "...es kam ganz anders!
Also noch Mal: So sprach der arme, reiche Mann, doch änderte das nichts daran,
daß auch der Sohn wurd hingerichtet; kurzum, sein Leben ward vernichtet:
Was an den Knechten sie vollbracht, die Gärtner hams verdreizehnfacht;
denn warn der Sache sie gewiß: "Stirbt erst der Erbe, dann gewiß,
erhalten wir - trotz unsrer Schande, den ganzen Berg, als Lohn zum Pfande,
fürwahr in alle Ewigkeit", das dachten sie - wißt ihr Bescheid?"
(Die letzten Worte aussprechend, zeigte ich meinem Publikum das letzte Transparent, auf dem ein großes "?" aufgemalt war.)
" Ich weiß, ich weiß!", rief jemand aus der Menge: "Was Gärtner taten seinem Suhn, dasselbe wird er ihnen tun! Und Neue wird er suchen, daß sie´s richten, und ihm darbrächten von den Früchten; nicht irgendwann - zur rechten Zeit! Sag selbst, Heiland, weiß ich Bescheid!?"
"Im Grunde genommen schon, aber du solltest dich des gereimten Wortes enthalten, weil, du hast keine so tollen Bildchen dabei wie ich - und bei dir klingt das nicht halb so gut, wie bei mir." (Immerhin war das nur eine halbe Lüge, denn der Dazwischenreimer klang nicht wesentlich schlechter als ich.) "Habt ihr eigentlich schon die Textpassage in der HS gelesen, in der die Bauleute einen Stein verwarfen, der hinterher zum Eckstein wurde? Alle haben hinterher behauptet, das sei ja ein Wunder in ihren Augen und vor dem HERRn. Wer auf diesen Stein fällt, der geht kaputt, auf wen er aber fällt, der wird zermatscht, auf daß die Kinder im Matschkasten (dem damaligen Äquivalent zu dem heutigen Sandkasten) Küchlein mit ihren Formen aus ihm formen. So ähnlich geht das auch mit dem Weinberg, den ich hier zur Veranschaulichung meines Durstes und des Himmelreiches erwählte, denn auch dessen Früchte werden nicht denen gegeben, die zuerst da waren, sondern denen, die damit umgehen können; ihr wißt ja, die Letzten werden die Ersten sein ... was rede ich da - die Allerersten!"
Die Paris wollten mich (wieder einmal) fangen, aber, wie Jacko zu berichten wußte, trauten sie sich nicht, weil, das Volk war hin und weg - hielt es mich doch für den Megapropheten guthin. (Dem Gegentum von "schlechthin"!) Der Paris Münder hingegen waren voll des Spottes und Hohnes für mich. Mir blieb nichts, als die Flucht nach vorn, denn ich sah einigen Sündern die Lust darauf, mich ebenfalls zu verhöhnen, an den Nasenspitzen an!
Als sie dann mit: "Na, Jesus, wer glaubst denn du zu sein, ...", aufzogen, "... du glaubst wohl, du hättest die Gerechtigkeit aus Waschzubern gefrühstückt, wah?", riß mir dann doch der Toleranzfaden! Sämtliche schlauen Sprüche von, "**A**lle können mich mal gern haben!", bis hin zu, "**O**h GOTT, ich danke DIR für meine Coolness gegenüber Verhöhnungen aller Art", waren

vergessen!
"Ach!? Aber ihr geldgierigen Menschen seid natürlich die Allergerechtesten auf unserem Planeten, gell? Wer noch Ohren hat, der spitze sie, denn jetzt wird´s interessant: ihr seid es, die sich selbst als gerecht hinstellen, und Wunder was glauben, wie supi sie die Gesetze des HERRn interpretierten und befolgten. Ich aber sage euch, daß das Gesetz, genau wie das Evangelium übrigens auch, bis auf den Propheten Johannes hin reicht, dessen armer Seele, wie ich am Rande erwähnen möchte, GOTT gnädig sein soll. Jetzt kommen aber so hochmütige Leute wie ihr es seid daher, und drängen sich mit Gewalt in dieses Gesetz, in der skurrilen Annahme, sie wüßten´s besser als die Propheten. Wahrlich, ich sage euch "Pustekuchen"! Eher gehen Himmel und Erde in´ Dutt, als daß auch nur ein Tüpfelchen vom Originalgesetz falle; zum Beispiel beharre ich darauf: wer sich von seiner Madame scheidet und eine andere freit, der bricht die Ehe genauso wie der, der eine Geschiedene freit! Ist das jetzt ein für alle mal klar?"
" Nö ...", kam es zurück, "... denn da könnt ja jeder kommen und uns erzähln, er wüßte dat besser als wir, wat den Willen Gottes anbelangt. Junger Mann, wir geben dir mal´n Tipp: wenn du nich´ grade scharf drauf bis´, in absehbarer Zeit dat dazugehörige substantivierte Adjektiv zu sechnen, sonnern dat lieber noch bai einigen Sündern machen wills´, dann halt jetz´ lieber die Klappe, oder sach uns, wer dich dazu bevollmächticht hat, hier, im Hause Jehovas, derartich draiste Reden zu schwingn. Aber ain bißchen zackich, wenn wir bitten dürftn ...!" Die mußten heute einen Goliath gefrühstückt haben, denn so keck - gelinde ausgedrückt - hatte ich die Paris bisher noch nicht erlebt. Da konnte ich doch nach HERRzenslust auf mein Lieblingsverhalten angehrs solcher Fragen zu reagieren, zurückgreifen: ich antwortete einfach gar nicht, sondern redete mich raus, indem ich, wie auch in diesem Fall, eine scheinbar sinnvolle Gegenfrage stellte: "Wohlan, gut gefragt!", antwortete ich, scheinbar auf die Frage eingehend. "Bevor ich euch eine Antwort gebe, will ich aber eine von euch! War die Taufe, wie Johannes sie zu praktizieren pflegte, eine Taufe des Himmels oder die eines Menschen?"
Tja, daran sollten sie sich mal die Zähne ausbeißen! Hatte ich sie nicht in eine feine Zwickmühle hineinmanövriert? Egal was die Brüder antworten würden, ich hatte schon gewonnen! Sollten sie antworten, die Taufe sei eine himmlische welche gewesen, so würde ich sie vernichtend anschocken, weshalb sie denn dann nicht an ihn (den Johannes - den Taufenden) geglaubt hätten. Antworteten sie, sie sei die eines Menschen gewesen, so bräuchte ich ihnen nicht mehr zu antworten, sondern ich würde dafür sorgen, daß sie umgehenst vom Volk gesteinigt würden, denn das Volk hielt Johannes (was mit seiner Seele zu passieren hat, wißt Ihr ja mittlerweile auch) für einen Propheten. Die Intelligenz, mir einfach an den Kopf zu schmeißen, daß sie immerhin zuerst gefragt hätten, ging ihnen ebenso ab, wie die Möglichkeit in Erwägung zu ziehen, daß ein Mensch, im festen Glauben Himmlisches zu tun, die Leutchen getauft hätte. Also sagten sie: "Dat, Jesus, könn´ wir dir nich´ sagen!"
"Ich kann nicht, heißt, ich will nicht ...", erwiderte ich mich von ihnen abwendend, "... aber wenn das bei euch so ist, dann beantworte ich euch eure Frage eben auch nicht! Selber Schuld!" Damit ließ ich sie stehen, um mich vom Volk, zu deren Lieblinge die Paris auch nicht gerade zählten, feiern zu lassen.
"Boa, Jesus, das haste aber toll gemacht!", riefen viele. Andere wußten zu bemerken, daß so was aber auch allerhöchste Zeit gewesen sei. Meine Jünger ließen es sich nicht nehmen, mir

anerkennend auf die Schultern zu klopfen: "Alter Chinese, wie knallhart bist du denn?" "Mei Fressele, dene hasch du aber schon die Levite´ g´lehse!", kritzelte Nathan. (Er fügte hinzu: "Pe Essl(ing)e, wer oder was sind eigentlich Levite?")
Ich segnete in alle fünf Himmelsrichtungen und sah zu, daß ich Land gewann, denn ich machte mir ernsthaft Sorgen um Johnboy. Total apathisch trottete er unserem Clan der GOTTberufenen hinterher, kaum die Sandalen vom Boden hebend. Hatte den guten Mann die Askese auf horizontalem Niveau seelisch tatsächlich so fertig gemacht? Fast empfand ich so etwas wie ein schlechtes Gewissen - das ich aber mit ein paar (Rot) Ke(h)lchen (das sind verbale Plänkeleien!) des Weines zum Stillschweigen ermutigen konnte. Als ich dann ziemlich einen im Heiligenschein hatte, führte ich Johnny beiseite, um ein ernstes Wort mit ihm zu reden: "Wenn du ein "Ich empfinde ab jetzt nichts mehr" - Gelübde abgelegt hast, ist das deine Sache, aber es macht mich psychisch irgendwie total knülle, daß du so traumwandlerisch durch die Landschaft eierst! Hör mal auf, dich selbst zu bemitleiden, bevor diese Stimmung auch noch auf mich übergreift, und ich dieses Jammertal als Heulsuse verlassen muß! Darauf habe ich nämlich absolut keinen **Bock**! Reiß dich also am Riemen, sonst sähe ich mich gezwungen, mir einen anderen Lieblingsjünger auszusuchen, der dann ein Evangelium schreiben darf."
Ich wartete auf irgendeine Reaktion seinerseits - nichts!
"Oh Ke - rubimen! Dann berufe ich jetzt einen x - beliebigen Apostel, und lasse den dein Evangelium schreiben; ist es das, was du willst? Kannste haben!"
Bartholomäus lungerte gerade in Sichtweite herum, ich winkte ihn zu uns heran: "Bartimaus, komm mal her! Ich habe eine Überraschung für dich, die aber geheim bleiben muß! Ab heute heißt du Lukas, was soviel heißt, wie "der Lokomotivführer, der häufig nur Bahnhof versteht" und erhältst hiermit den offiziellen Auftrag, meine Lebensgeschichte aufzuschreiben, die du dann "Das Evangelium des Lukas" nennen mußt. Dadurch wirst du genauso unsterblich wie ich - würde dir das gefallen?"
Lukas Bartimaus nickte freudig erregt, wobei sein Bart lustig auf und ab wippte: "Liebend gern, oh Heiland; der Haken ist nur der, daß ich nicht schreiben kann!"
Erst wollte ich ihm vorschlagen, er solle sich diese Kunst von Thaddäus (oder wie der hieß) beibringen lassen, verwarf diesen Gedanken aber sofort wieder, denn diesmal sollte ja wahrlich ein Evangelium geschrieben werden - und sei es nur, um Johannes zu ärgern. "Ich bring dir das die Tage bei!", sagte ich - zu Johnny rüberschielend, in der Hoffnung, irgendeine Gefühlsregung bei ihm auszulösen - aber Fehlanzeige.
Die von mir angesprochenen Tage waren die nächsten: Bart- ... Lukas, natürlich (GOTTchen, mein Namensgedächtnis ..!), zeigte sich erstaunlich gelehrig. Nach einer knappen Woche beherrschte er sein Alpha bis Omega quasi im Schlaf, und dachte sich Geschichten aus, die noch, noch, noch hahnebüchener (nichts gegen Schriftstücke über Federvieh!) waren, als meine "Wunder". Da hatte ich einen ganz tollen, weil großen, Piscis an Land gezogen. Fürwahrlich! Der Mann hatte eine Phantasie, die meinem Leben nur zuträglich sein konnte, auch wenn seine Schilderungen sich hin und wieder doch deutlich von denen der anderen zwei Evangelisten unterschieden. (Nathan nicht mitgerechnet) Und Johannes wollte ja nicht schreiben ... noch nicht!
Nach (Pi mal Daumen) einer Woche Abwesenheit (nicht zu verwechseln mit Abstinenz!), war es mal wieder an der Zeit, dem Pöbel zu geben, wonach er verlangte: den Messias. (Außerdem

begannen die Frauen schon fast buchstäblich damit, mir und den anderen Aposteln die Haare vom Kopf zu fressen - wir brauchten also Proviant und/oder einen prall gefüllten Opferstock.) Ich war noch nicht im Tempel, als einer der Schriftgelehrten auf mich zustürzte: "Hailand, wo warst'n all die Tage? Ich hab daine letzte Debadde mit den annern maines Berufsstandes aufmerksam verfolcht und wollte dir dafür main Lob aussprechn! Du has' wahrlich fain geantwortet! Gestadde, dat ich dich den Maister des gesprochenen Wortes nenn' daaf, denn solch wunnerbare Rhetorik is' mir bisher noch nich' untergekommen; allain daine Spitzzünchigkait, die Art, mit der du die Worte zu verbindn vermachs', wie du es – ers' Verständnis heuchelnd, daine Gechner in Sicherhait zu wiegen, um dann anschließend, einem Blitze aus haiterm Himmel glaich, ihn' die Worte im Munde herumzudrehn verstehs', erfüllt mich mit Ehrfurcht. Echt, du bis' so suuuper, so ainmalich, so - ich weiß gaanich', wat ich sagen soll - so *klasse*; also ehrlich, ich könnte vor Begaisterung auffe Stelle abspritzen! Ich find' ...."
"Was willst du eigentlich von mir?", unterbrach ich ihn. "Bist du gekommen, um dich einzuschleimen und mich dann hinterher aufs Glatteis führen zu wollen, oder gibt es in deinem Fall tatsächlich etwas rhetorisch Konkretes zu bepalavern? Falls ja, mach hinne, ich hab's eilig in den Tempel zu kommen, und kann mir jetzt nicht dein Gesülze anhören! Wenn du sülzen möchtest - was ich angesichts meiner HERRlichen Erscheinung nur allzu gut verstehen kann, dann komm doch heute nach Feierabend wieder, denn dann kann ich ein bißchen Lobpreisen immer ganz gut vertragen, um mich zu entspannen - einen das Publikum berieselnden Fernseher gibt's ja leider noch nicht! Sagen wir so kurz nach dem letzten Gleichnis? Wenn du zu den Fußfetischisten gehörst, habe ich nichts dagegen; du kannst mir gerne eine Flasche teuersten Öles über die Füße kippen, bevor du mit der Reflexzonenmassage beginnst! Falls du eine Frau hast, kann natürlich auch die das gerne machen; das stört mich nicht weiter ...."
"Nee, ach Menschensohn, du bis' manchmal aber auch wahrlich schwer von Kapeé! Sind daine Adleraugen - dat sage ich, wail ich waiß, dat du gut zu Vögeln bist – nich' des Umstandes gewahr gewordn, dat ich allaine - quasi ohne Eskorte - vor dir stehe? Ich habe aine erns'gemainte Frage an dich, von deren ehrlicher Beantwortung dainersaits main, wie ich glaub', Seelenhail abhängich is'! Sach' mir, auf dat ich - auch wenn sie nich' so haat bestraft wird wie die aus Unwissenhait begangne Sünde – nich' ainer solchen wegen in den Entenpfuhl des Feuers geworfen werde - wie ich recht handele nach dem Gebot Zebaoths. Welches, oh bidde, bidde verrat mir dat, is' dat wichtigste aller zehn - bzw. wie ich letztlich erfuhr - draizehn Gebode?"
Huiii, der Mann hatte aber gut zugehört! Ich ließ mich also, ohne bereits erhöht worden zu sein, dazu herab, ihm seine Frage wahrlich (kleine Verhohnepiepelung inklusive) zu beantworten: "Fürs verraten ist bei uns normalerweise Judas zuständig; aber ich will mal nicht so sein: das wichtigste Gebot schlechthin ist jenes: "Du sollst GOTT, deinen HERRn nach Leibeskräften lieben, denn ER ist DER einzige GOTT, so weit das Auge reicht! Ferner wäre da noch: "Du sollst deinen Nächsten lieben wie dich selbst!" Tja, und das wäre es dann auch schon ...."
Der Schriftgelehrte fiel auf seine Knie, von Entzücken überkommen, ob meiner Waisheit und rhetorischer Raffinesse: "Du ...", rief er überglücklich aus, "... bis' waalich nich' von schlechten Eltern! Allain, wie du mir auffe Frage nach dem ainzigen größten Gebot derer glaich zwaie vor den Schädel knalls', is' göttlich! Und du sprichs' so wahr! Ich könnt vor Entzücken in die nächs'beste Ecke ejakulieren!" (Der Mann schien von dem *bösen* Geist des vorzeitigen Samen-

ergusses geplagt zu sein, aber ich hatte keine Lust, ihn mit einer Schnellheilung im Lobpreisen meiner verbalen Fähigkeiten zu unterbrechen - außerdem erinnerte ich mich (erstaunlich genug) noch recht gut daran, was mir bei der ersten nicht organisierten Heilung alles an Fehlern unterlaufen war ..!) Unterdes hatte er nicht geendigt, mich zu preisen: "Du bis´ schon ain Knaller vor´m Herrn, denn im Prinzip has´ du ja Recht; es gibt nur den ainen, und ihn sollte man loben bis man meschugge wird! Und dat mitte Nächstnliebe is´ wahrlich klug ausformuliert. Ich nehme aber an, man sollte ers´ma´ sich selber lieben, sons´ könnte es mit der Nächstnliebe ziemlich schnell Essich sain. Wobai "Essich" natüllich nichts anneres maint, als vergor´nen Wain."

"Ich weiß ...", gähnte ich, denn diese Huldigungen gingen mir langsam aber sicher dann doch auf jene Extremitäten, die für seine Ejakulationsfreudigkeit verantwortlich zu zeichnen waren. Er wollte zu neuerlichen Höhenflügen ob meiner HERRlichkeit abheben, aber ich wunk ab: "Laß mal gut sein! Wenn du begriffen hast - und allem Anschein nach hast du das - worum es bei GOTTes Geboten geht, bist du dem Himmelreich verdammt nahe!"

"Du solls´ doch aber nich´ fluchen!", belehrte *er* mich!

"Mein Reden: *du* sollst nicht fluchen! - Da ich gerade dabei bin; hier kommt jetzt auch - Evangelisten aufgepaßt - das dreizehnte Gebot: "Du sollst weder SEINEN eingeborenen Sohn noch GOTT selbst berichtigen, zur Rechenschaft ziehen oder einfach in SEINER Gegenwart klugscheißen oder ähnliches!" Kurz gesagt: "Tu nichts, was *mir* mißfallen könnte!"

Ich ließ den Schriftgelehrten zurück, und eilte dem Tempel entgegen, denn ich hatte noch ein Gleichnis vorbereitet, das - rein zufällig - toll in die Begebenheit mit dem Schriftgelehrten paßte:

"Hört alle her ...", rief ich, wieder das Glöckchen schwingend, "... ich habe mir schon wieder ein Gleichnis ausgedacht! Es trägt den Titel: "Der gute Hirte!"

Das wollte natürlich keiner hören - der Titel war einfach zu zahm! Hirten waren zu meiner Zeit sowieso immer gut!

Ich erzählte trotzdem vor mich hin. Lediglich Johnny hockte bei mir - nach wie vor im Wachkoma.

Matt.22,13;22,41;22,15;21,28&31;21,23;22,34;Mark.12,18;12,35;12,13;12;11,27;12,28;Luk.2 0,27; 20,41;20,20;20,9;16,14;20;

Zweiundvierzigstes Kapitel

<u>Wie ich den Tempel saubergemacht habe</u>

... und ich ging hin in den Tempel, zu sehen, was es zu predigen gäbe. Aber siehe, das GOTTeshaus glich eher einem Rummelplatze, denn einem Orte der Besinnung. Da erzürnte es mich gar grauslich, und ich ging hin und nahm mir eine Geisel, auf daß das Volk meinen Worten lauschen sollte. Allein, der gewünschte Erfolg blieb aus; also verfuhr ich anders ...

Jesus 42,1

Ich hatte mir die Lippen fusselig geredet; ich sei nicht nur der gute Hirte, sondern auch die bestmögliche Tür, um ins Himmelreich einzugehen, aber kaum jemand hörte zu. Ich hatte sogar gesagt, daß ich als guter Hirte mein Leben für meine Herde hingäbe, falls Wölfe kämen, aber auch das riß niemandem von der Gebetsbank - geschweige denn aus dem Beichtstuhl, was wohl daran lag, daß es Letzteren noch gar nicht gab ... oder sagte ich das schon? Vielleicht war es taktisch einfach unklug gewesen, meine Fans als Schafe zu bezeichnen; vielleicht hätte ich auch weniger Kauderwelsch reden sollen, keine Ahnung, aber schließlich stellte sich heraus, daß mir wenigstens ein paar der Ältesten und einige verwirrte Geister gelauscht hatten. Die Ältesten taten kund, daß sie meinen Worten gegenüber lieber "den Thomas machten", ihnen also keinen Glauben schenkten, den Rest hatten sie gegen sich. Ich wiederholte, daß meine Schafe meine Stimme kennten und mir deshalb blindlings vertrauten und nachfolgten, was den Meckerern klar machte, daß sie nicht zu meiner Herde gehörten.
"Ich und mein VATER sind EIns ...", erklärte ich schizophrener (aber wiederholter) weise, "... und deshalb kann niemand meine Schafe aus SEINER Hand reißen, gleich, ob er einem Diebe oder Räuber gleich ist."
"Du bis´ doch von ai´m bösen Geist besessen ...", merkten sie an, "... dir braucht wahrlich niemand zuzuhören!" Da ließen mich auch meine letzten Zuhörer im Stich und ich sagte: "Wartet hier, ich bin gleich wieder da!"
Während ich den Tempel verließ, sah ich mich etwas genauer um: kein Wunder, daß mir niemand zugehört hatte! Es lag nicht an der, wie ursprünglich und irrtümlich von mir angenommen, unglücklich gewählten Überschrift, keineswegs! Überall hatten sich Händler und Schausteller im Tempel niedergelassen, um ihre Ware an den Mann zu bringen. Zu ihren Verkaufsständen hatten sich etliche Gaukler und Akrobaten gesellt, die mit mehr oder weniger wundersamen Kunststückchen das Volk zu amüsieren suchten. Die Konkurrenz war einfach zu groß, als daß ich mit einem Geschichtchen über gute Hirten hätte dagegen anstinken können. Wie weit war es mit diesem Land gekommen, wenn GOTTessohn im Hause seines VATERs wegen der Darbietungen von Gauklern und Scharlatanen kein Gehör mehr fand?!
Ich kehrte dem Tempel und der Stadt den Rücken zu und hätte mich am liebsten in der Wüste verirrt, war aber weder betrunken noch ortsunkundig genug, um dieses Vorhaben realisieren zu können. Aus Wut und Frustration begann ich zu heulen wie ein Hund, der zu Hofe zu wohnen, das Pech hat: heute wollte aber auch gar nichts klappen, ich hatte nicht mal mit Propi ein Wunder abgesprochen! Jesusralem (schlechte Witze werden auch durch (regel)mäßige Wiederholung nicht besser!), was für eine doofe Stadt! Sie wollte die Zeichen der Zeit - und was noch viel schlimmer war - *mich* nicht erkennen. Sie würden schon sehen, was sie davon hätten! Denen würde es schon gezeigt werden! Kein Stein sollte auf dem anderen bleiben, dafür würde ich sorgen! Ich entsann mehrere apokalyptische Varianten für die Vernichtung dieser Stadt, die ich DAD, wenn ich IHN das nächste Mal sähe, nahe legen wollte. Allmählich hub sich mein Tränenschleier, und ich wurde sowohl eines kräftigen Knüppels, als auch diverser Lederriemen gewärtig.
Na, wenn das kein Zeichen war ...!
Ich vergaß meine Holzallergie für die nächsten Stunden und begann, aus dem Knüppel und den Lederriemen eine hübsche Geißel zu basteln. Es lagen auch noch ein paar Tonscherben, kleinere Metallstückchen und massenhaft Steine herum, die alle GOTTderHERR mir gesandt haben

mußte, auf daß ich SEINEN heiligen Auftrag ausführen konnte. Beim Geißelbasteln stellte ich zu meiner großen Freude fest, daß sich die Symptome der Allergie in Grenzen hielten, was ich aber auf die geringe Menge des zu verarbeitenden Holzes zurückführte.

(Gut - was die Metallstückchen anbelangte habe ich ein wenig geflunkert: sie lagen nicht einfach so herum, zumindest nicht dort, wo ich an meiner Geißel arbeitete, aber der HERR ließ es SICH einfallen, mir meinerseits einfallen zu lassen, daß es ganz in der Nähe einen metallverarbeitenden Betrieb, kurz "Schmied" genannt, gab.)

Ich befestigte sämtliche Lederstreifen mittels strammer Knoten am breiteren Ende des Knüppels, das schmalere lag phantastisch in der Hand ... Nun verflocht ich mehrere Riemen zu je einem Strang, in den ich aber zusätzlich die scharfen und spitzen Kleinodien einarbeitete. Nach Beendigung der Arbeit besah ich mein Werk: eine so hübsche Geißel hatte ich noch nie gesehen! Dreizehn - wie könnte es anders sein - Stränge aus fein geflochtenem Leder hingen vom Knüppelende hernieder, ein jeglicher davon mit Steinen, Scherben oder Metallsplittern bewehrt, manche auch mit einem Sammelsurium all dieser Materialien. Die im Tempel konnten sich auf eine schöne Besche(e)rung vorbereiten, so viel wahr, gewiß! (Ich nun wieder!) Ich verbarg mein Kleinod unter meiner Kleidung und schlenderte, eine heitere Melodei trällernd, erst durch die Straßen Jerusalems und schließlich in den Tempel hinein. Natürlich hatten die Leutchen von vorhin nicht auf mich gewartet, sondern Kurzweil an den aufgebauten Ständen gesucht, lediglich Johannes saß noch am selben Fleck. An einem Stand wurden Friedenstauben feilgeboten, ihm näherte ich mich zuerst, wollte ich doch die Ratten der Lüfte, meiner Bestimmung als Ornithologe gerecht werdend, in die Freiheit entlassen.

Keck öffnete ich den Taubenschlag, was die Tierchen natürlich zur Flucht veranlaßte. Der Eigner der Vögel reagierte mit einem überraschten, aber wütenden: "Hey, was soll´n das?" Statt mich mit einer müßigen Antwort, schlug ich ihm meine Geißel um die Ohren herum, was ihm das Gesicht ringsherum aufschlitzte und er röchelnd, aber mit einem blutigen "Grinsen" auf den "Lippen" niederging, um unter seinem Tisch Schutz zu suchen. (Wie hätte ich ihm aber auch anders antworten können - die Leute im Tempel hatten doch ohnehin beschlossen, meinen Worten keinerlei Aufmerksamkeit zu schenken - wollten wir doch mal sehen, ob sie diese Sprache besser verstanden!) Schnell war ich in meinem Element und lebte meinen Sadismus nach HERRzenslust aus. Der nächste Hieb mit meinem Schlaginstrument fetzte einem Priester Haut und Fleisch in Streifen aus dem Rücken. Mehrere Angreifer wollten sich auf mich stürzen, aber, mich um meine eigene Achse drehend (vertikal – wer von Euch hätt´s prophezeit?!), die Geißel einer ledernen Sense gleich benutzend, vereitelte ich ihr Vorhaben, mich zu erhaschen; stattdessen verloren einige ihr Augenlicht, da ihnen mein Geißelchen entweder die Augäpfel aufriß, oder doch zumindest die Haut um ihre Glupscher herum entfernte, so daß die Augen aus ihren Höhlen kullerten und sich im Rhythmus zum Gekreische der Eigner auf Wangenhöhe einpendelten. Ich aber setzte unterdes unbeirrt meine Odyssee durch die heiligen Hallen fort: einen erwischte ich mit einer besonders großen und scharfen Scherbe in der Magengegend, weshalb er sich seiner Innereien verlüstig sah: holterdipolter purzelten sie aus ihm heraus, und landeten mit einem platschenden Geräusch auf den Bodenfliesen. Entsetzt den Inhalt seiner Bauchhöhle betrachtend, machte der Ärmste einen Schritt nach vorne und rutsche auf seinem eigenen Magen aus - das muß man sich mal bildlich vorstellen! Zum Tod lachen (bin ich gut!). Ich war mit meinem Schlachtopfer noch nicht fertig, auch wenn sich ein bißchen Heiterkeit in

meine Wut mischte; aber ich mußte das Lachen unterdrücken, schließlich war ich nicht zu meinem Privatvergnügen hier! Was soll ich Euch sagen, es wurde immer schwieriger, die Übersicht zu behalten, denn die Menschen liefen wild schreiend umher, gerade so, als ob der *Leibhaftige* unter ihnen weilte! Außerdem tummelten sich immer mehr Blutspritzer auf meinem heiligen Antlitz, die von meinem besudelten Heiligenschein herniederzutropfen schienen. Einige der Händler und Schriftgelehrten wollten mich ergreifen, quasi meiner HERR werden, aber solche Gedanken trieb ich ihnen flugs flink mit ein paar leichten Schlägen auf den Hinterkopf wieder aus. Dummerweise hatte ich mich, meine Spur des Blutes im Tempel hinterlassend, zu weit ins Innere gewagt: jetzt rekognoszierte ich das Dilemma: Überall lagen verwundete und halbtote Leute herum - Stolperfallen, wie sie nur das Leben erschaffen konnte. Das Blut machte den Boden ganz glitschig und ich hatte gewiß keine Lust, mich der Länge nach hinzulegen, und mir allso mein blütenweißes Gewand einzusüffen! (Meine Sandalen konnte ich nachher sowieso einem Bedürftigen schenken - die hatte ich völlig hingehunzt; vielleicht hätte ich mich der Worte meiner Ma(ria) erinnern sollen, bevor ich mich meinem Blutrausch ergab: "Junge, zieh deine juten Sabbatsandalen nicht immer zum Spielen an ..!") Ich mußte mir einen "Schlacht"-plan (neiiiiiiiiiiiin, was für ein Brüller - im wahrlichsten Sinne ...) überlegen, wie ich hier (halbwegs) sauberen Gewandes wieder herauskam, außerdem brauchte ich eine Verschnaufpause - ich war eben auch nicht mehr der Jüngste! Ich schlug also nur noch halbherzig um mich, bevorzugt auf die Weichteile der Leute ein, die mich immer noch erhaschen wollten. Zu meinem weiteren Entsetzen stellte ich fest, daß der Tempel noch stand - die Wände waren zwar blutüberströmt, aber unversehrt! "Krohskottzich" rief ich den Paris zu: "Sind Zeichen dieser Art vielleicht eher nach eurem Geschmack?" Heidewitzka, auf einmal hörten sie mir ja doch wieder zu! "Ich will euch mal was sagen ...", schrie ich fort, "... reißt diesen Tempel ein, ich bau den in dreizehn - ach, was red ich da - in drei Tagen - wieder auf! Geschworen!" Danach schlug ich mich, (wieder im wahrsten Sinne des Wortes, wie Ihr Euch sicher denken könnt) wieder zum Eingang durch, den ich aber diesmal zweckentfremdete und als Ausgang benutzte. Am Portal angekommen, wandte ich mich noch einmal um: "Steht nicht geschrieben, daß dieses Haus ein Bethaus sein soll - mein GOTT, dann seht mal zu, daß ihr diese Sauerei wieder aufgeräumt bekommt! Hier sieht´s ja aus wie inner Räuberhöhle!"
(Huch, was konnte ich provokant sein ...!)
Ich befahl meinen Jüngern noch, das heruntergefallene Geld der Wechseltische (Attention: Wortspiele!) aufzu*klau*ben und einzu*sack*en, dann gab ich Fersengeld!
Matt.21,12;Mark.11,15;Luk.19,41;19,45;Joh.2,13;10

Dreiundvierzigstes Kapitel

<u>Lange Reden - kurzer Sinn</u>

Nun endlich hatten die Meinen begriffen, daß ich tatsächlich nicht gekommen war, um Frieden zu stiften. "Friedensfürst" hatten mich immer nur die anderen genannt, ich selbst hatte mir diese Titulierung stets verboten - aber auf mich hatten sie ja nicht hören wollen! (So viel zum Thema:

"Der Prophet gilt nichts im eigenen Land" – wo genau befand ich mich eigentlich gerade?) Auch gab es für sie jetzt keinen Grund mehr zu jammern, wie schlecht es ihnen angeblich ginge - sie hatten ja immerhin gesehen, daß ich mit den Leuten im Tempel noch wesentlich unzimperlicher umgesprungen war! Die ganze Sache hatte nur einen kleinen Schönheitsfehler: sie waren der Meinung, daß sie als meine Apostel auch nicht der Demut zu frönen bräuchten, sondern sich meinem Vorbild entsprechend verhalten dürften. Hätte ich das zugelassen, hätte ich bald keinerlei Meldung mehr machen können, also mußte ich den Anfängen ihres muntern Treibens Einhalt gebieten. Meine Versuche, auch Johannes und die Frauen zum Zuhören zu bewegen, blieben von wenig Erfolg gekrönt; bloß Johnny rutschte lediglich ein wenig näher heran, die Frauen fraßen, ungeachtet meiner zum Einhalten dieser Orgie zweckdienlich an sie gerichteten Worte, einfach weiter. Wenn die so weitermachten, wäre auch bald das Geld von unserem letzten "Tempelzug" verpraßt! Dennoch war es jetzt an der Stunde, meine Apostel das Fürchten zu lehren:

"Kumpane, Apostel, Jünger, Lakaien - liebe Freunde - ...", begann ich, "... es ist euch sicherlich nicht entgangen, daß wir unsere Aufenthaltsorte häufiger wechseln, als andere ihre Untertogen. Das hat seinen Grund. Ich lege mich, wie ihr wißt, besonders gern mit den Paris und ähnlichem Gesocks an. Natürlich bleibt das nicht ohne Folgen: mittlerweile dürften sie damit begonnen haben, ernst zu nehmende Pläne wider eures Heilands zu schmieden. Ich nehme an, sie trachten mir bereits nach dem Leben, welches ich auszuhauchen ohnehin bald die Ehre haben werde, denn meine Gesundheit läßt schwer zu wünschen übrig ... Leider GOTTes werden die Paris weder sich noch mir die Zeit lassen, den natürlichen Lauf der Dinge abzuwarten, sondern mich zu einem gewaltsamen Dahinscheiden nötigen – nicht, daß ich das gern täte, aber ich glaube, so steht es geschrieben, und deshalb komme ich da sowieso nicht drum herum. Es steht aber nirgends geschrieben, daß meine Jünger mit mir ins Grab gehen, also reißt euch am Riemen, sonst müßte ich das bei euch tun, auch wenn es mich mehr schmerzen sollte als euch." (Allerdings hegte ich diesem meinem Ausspruch gegenüber den Thomas.) "Unlängst kamen sogar Paris zu mir, die mir erzählten, Herodes - der entgegen den Erzählungen des Zimmermanns immer noch zu leben schein - trachte mir nach dem Leben. Ich habe das zwar schon des Öfteren gehört, aber jetzt ist mir zu Ohren gekommen, daß Herodes nicht der einzige ist, der derlei Pläne schmiedet; einige der Paris haben gar eine Prämie für den ausgeschrieben, der mich und meinen Aufenthaltsort verrät. Aber - wie ich schon zu den Schriftgelehrten sagte - dienet nicht dem Mammon, dem schnöden welchen, sonst könnt ihr euch nämlich das mit dem Himmelreich von der Backe putzen ... nicht wahr Judas, ich hoffe, du hörst aufmerksam zu!"
Judas fuhr herum: "Hmmmm? Was hast du gesagt?"
"Die Paris haben ein Kopfgeld auf den meinen ausgesetzt!", fuhr ich ihn an. "Du hörst mir anscheinend nie richtig zu!"
"*Das* ist ja höchstinteressant!", sagte er und legte, Grübeln symbolisierend, Daumen und Zeigefinger um sein Kinn. (Spätestens jetzt hätten bei mir alle Alarmleuchten angehen müssen, aber ich war zu sehr mit predigen beschäftigt.)
"Liebt anstatt des schnöden - ich erwähnte es schon - Mammons lieber mich, denn wer mich liebt, der hat später voll lecker Nektar und Ambrosia - auf Wunsch auch am Stecken! Wer nämlich im Kleinen treu ist, der ist es auch im Großen, und andersherum. Wahrlich, solange ich außerhalb der Stadtmauern Jerusalems bleibe, wird mir kein Unheil geschehen, denn nirgends

ist die Letalität unter Propheten höher als innerhalb derselben. Ihr aber seid keine Propheten, sondern nur Jünger. Habt ihr euch eigentlich schon einmal gefragt, warum ich gerade euch auserwählt habe, mir nachfolgen zu dürfen? Wer nicht seine Angehörigen und sogar sein eigenes Leben haßt, der kann mir nicht nachfolgen! Denn nur wer mit "Liebe deinen Nächsten wie dich selbst" wegen mangelnder Selbstliebe Schwierigkeiten hat, kann mir nachfolgen, da er ohnehin keine Freunde hat, noch jemals welche finden soll, es sei denn, unter den Menschen, die sich und andere ebenfalls selbst verachten. Sorgt allso dafür, daß euch andere verachten, dann könnt ihr wohl mein Kreuz (das ich irgendwie mit Schmerzen in Verbindung bringe) tragen, während sie über euch lästern! Wer von euch baut ohne Kostenvoranschlag einen Turm - oder fängt von mir aus auch einen Krieg an - ohne jede Chance auf Erfolg? Wer nicht allem um meinetwillen, was dasselbe wie GOTTeswillen ist, entsagt, der darf zur Strafe nicht mein Jünger sein! Wer also haßt sein Leben?"

Alle meine Apostel vergaßen, daß sie nicht alleine waren! "Ich!", rief ein jeglicher aus Leibeskräften, versucht, den anderen zu übertönen. Endlich hatte ich meine Schäfchen wieder da, wo ich sie hatte haben wollen. Daß Johannes, der als einziger nicht um meine Gunst buhlte, sein Leben haßte, war ohnehin offensichtlich. Während sich die anderen Elf zu streiten begannen, wer denn nun sein Leben am allerballerunerträglichsten fände, gesellte ich mich zu Johnny: "Du magst deine Existenz gar nicht leiden, habe ich Recht?", frug ich ihn, meine Hand auf die seine legend. Frustriert schüttelte er sein Haupt: "Hmmhmm!"

Ich wandte mich an die Frauen: "Und, wie sieht´s bei euch aus? Ick meene, det ihr euren Körper verachtet is´ offenbar - ihr werdet immer fetta - aber wie steht´s mit euam Lebn? Haßt ihr det ooch?"

"Biste denn *Jeck* - sus?", versuchte eine, deren Namen ich nicht vergessen, sondern, wie die Namen (fast) aller Weibsbilder, nie gewußt hatte, ein Wortspiel. "Wir alle sind seit jener Nacht, die wir alleen mit dir vabracht, nich´ eenen Tach mehr länger schmächtich - kurzum jesacht: wir sind hochträchtig."

Mal abgesehen davon, daß sie meine Reimereien nachäffte, kam mir diese Behauptung - Fliege im Glas dabeigehabt habend oder nicht - mehr als spanisch vor.

"Ihr seid *alle* in *dieser einen* Nacht von mir geschwängert worden? Das kann nicht sein; das grenzte ja an ein Wunder!"

"Ja, jell! Een Wunda vom MEISTA alla Wunda!", riefen sie unisono. "Deshalb könn´ wa unsa Leben jaanich hassen, denn immahin trächt jede von uns eenen kleenen Messias untam Heazen! Det war´s denn wohl mit deene Einzichaatichkeit, wah, Olla?"

Die Sache war doch abgesprochen! Ich der Vater aller dieser Bastarde? Unmöglich! Die waren ja noch dreister als *Christi*ane! Nee, also wahrlich! Nicht mit mir! Mein VATER würde mich eher umbringen, als SICH dazu bequemen, diese Kinder als SEINE Enkel anzuerkennen!

Die Frauen durften sich noch ein paar Brote als Wegzehrung schmieren, danach jagte ich sie von dannen, was meine Apostel (Johannes nicht mitgezählt) gar nicht mitbekamen, denn sie hatten mittlerweile eine Rauferei vom Stapel gelassen, sich immer noch streitend, wer von ihnen sich denn wohl am Verachtenswertesten fände, und somit Anspruch auf die meiste Zuneigung von mir hätte. Als die Frauen über alle (Öl-)Berge waren, brachte ich sie zur Räson: "Jetzt hört doch auf, euch gegenseitig die Köpfe einzuschlagen, verdammt noch mal! Wir sind hier doch nicht im Tempel! Eurer infantilen Streitereien wegen sind euch gerade eure Freun-

dinnen weggelaufen - einen schönen Gruß soll ich euch ausrichten! Ihr seid also alle gleich verachtenswert; super, ne?"
Also da waren die Jungs aber echt geschockt – so irgendwie! (Schlich sich da gerade eine Phil(dis)harmonie (oder ein Wortspiel?) ein?)
Judas, Phil, Petrus (Simon?) und Andreas waren besonders frustriert: "Unsere Frauen sind schon lange weg! Also hast du uns nicht so lieb wie die anderen!!!"
"Aber dafür schon länger!", log ich. Außerdem habe ich eine Geschichte für euch vorbereitet - für euch alle - die euch darin erinnern soll, stets demütig zu sein, und die euch vor Eigennutz warnt:
"Erinnert ihr euch an die Hochzeit in Kanaan?"
"Jaaaa, das war eine Saufparty ..."
"... und die Weiber, die nicht mehr rein durften!"
"Stellt euch mal vor, wir wären auf dieser Party angekommen, und Judas hätte sich, weil er sich doch damals noch für so toll hielt, auf den besten Platz am oberen Ende der Tafel gesetzt. Wir alle wußten damals schon, daß Judas nicht der Beste ist, der mir passieren konnte, aber das tut ja im Moment nichts zur Sache. Wie peinlich wäre das denn wohl für ihn gewesen, wenn danach ein noch tollerer Judas gekommen wäre, und dieser hätte auf Anordnung des Gastgebers hin den besten Platz gekriegt?! Dann hätte unser Judas aufstehen, und sich auf einen besch ... cidencren Platz sctzcn müsscn; pcinlich, pcinlich! Abcr - crinnert euch bitte mal daran, wie ich das gehalten habe: ich habe mich ganz ans Ende der Tafel gesetzt, und durfte nach dem Weinwunder aufrücken - bis ganz nach oben! Wer sich selbst erniedrigt, der hat gute Aufstiegschancen, wer sich selbst an die Spitze befördert, kann nur noch absinken - das gilt natürlich nur für euch Menschen, nicht für mich im Himmelreich! - Da ich gerade vom Essen rede (oder auch nicht, egal) - laßt uns einen trinken!"
Wir begannen zu "essen".
"Übrigens: falls einer von euch Leute zum Essen einladen sollte - merket wahrlich auf: ladet immer nur diejenigen ein, die unter eurem Niveau sind, geistig wie sozial - dann kommt ihr in den Himmel ... - ... könnte ich mir vorstellen ... wer den Armen was Gutes tut, ist im Himmel gern gesehen, denn auch dort machen wir Unterschiede: zum Beispiel bezüglich des Umstandes, wer das Ambrosia vom Vortag essen muß ...."
Die Frauen hatten, wie uns später des Abends gegenwärtig wurde, alles gute Salz mitgenommen, uns blieb lediglich das verdorbene welche. Wütend warf ich es, gemäß bisher gehaltener Predigten auf die Straße: "Wer Ohren hat, der höre! Womit soll ich dieses verdammte Salz jetzt salzen?"
Wir mußten also weiterzechen und ich unterhielt meine Apostel mit mannigfaltigen Geschichtchen, um sie von den ehebruchtechnischen Gedanken, die sie langsam beschlichen, abzulenken - leider erfolglos. Vielleicht hätte ich mich weiterhin auf Weinberge als Handlungsort meiner Gleichnisse beschränken sollen, aber irgendwie ritt mich der *Teufel*; mir fielen nur Hochzeitsgeschichten ein, und was für tolle! Die erste sollte an einem Königshof spielen, an dem alle, die dem Gastgeber nicht paßten, rausgeschmissen wurden. Deshalb mußte ich erstmal Johannes loswerden, denn dieser drohte mir die ganze Spannung zu versauen, mit seiner nicht enden wollenden (mehr) Trübsal (als alles andere) Blaserei! (Selbstverständlich saß auch in Situationen wie dieser mein forsches Zünglein recht lose!)

Eine Pinkelpause vorschiebend, traf ich mich mit meinem getreuen Propi, dem mittlerweile vor lauter Unterbeschäftigung der Hintern vom vielen Rumsitzen von Lepra befallen zu werden drohte. Ich versprach ihm in nächster Zeit wieder mehrere Wunder, vorausgesetzt, er kümmere sich um Johannes. Er sollte ihn mit Wein und etlichen Jeints dichtpumpen und dafür sorgen, daß er wieder "auf den Dampfer" käme. (Eine (frisch erfundene) Redewendung von mir, die Propi gänzlich mißverstand, denn er füllte ihn erst gänzlich ab, setzte ihn anschließend unter die verschiedensten Drogen, bevor er ihn schließlich und endlich "shanghaite." – Nichts gegen Fische; manche Vögel, die ich ganz nebenbei bemerkt ganz besonders liebhabe, ernähren sich ausschließlich von ihnen.)

Er sperrte ihn nahe des toten Meeres in Einzelhaft, wo er nur mit Rauschmitteln und Einsamkeit ausreichend versorgt wurde - Lebensmittel erhielt er gerade genug, um zu überleben. In dieser Abgeschiedenheit wähnte sich mein Lieblingsapostel auf der fernen Insel Patmos. Nicht nur der Drogen, sondern auch der Einsamkeit wegen, fing der gute Mann schließlich an, Gespenster zu sehen, bat aber Propi, der sich ihm als mein Propagandaminister nicht zu erkennen gab, ihm doch Schreibutensilien auszuhändigen. Kaum war seinem Begehr nachgekommen worden, schrieb er die übelsten Horrorszenarien nieder, vermutlich von meinen apokalyptischen Geschichten inspiriert. (Ich muß ihn loben: solche Stories wie die, die sich in der "Offenbarung" nachlesen lassen, wären mir beim besten Willen nicht eingefallen - aber immerhin hatte ich ja den Grund- oder auch Eckstein (Ha!, ich wußte, daß ich dieses Gleichnis noch würde gebrauchen können!) gelegt (oder gesetzt - je nach dem ...)!)

Aber zurück zu *meiner* Lebensgeschichte:

Ich kehrte zu meinen Jüngern zurück, um sie von den ehebruchtechnischen Gedanken abzulenken. Statt meiner Getreuen fand ich nur eine in den Staub gekritzelte Nachricht von ihnen vor: "Woisch, Heiligsblechle, mir sind in dia Einöd´ neizusg´laufe´, um älle ein razombete´". Na, was beim "Beten" in der Einöde rauskam, konnte ich mir aufgrund einschlägiger Erfahrungen auf diesem Gebiet, lebhaft vorstellen! Diese kleinen Ferkel! (Hatte ich nicht irgendwo einen Span herumliegen lassen ..? – Haha, ich lach mich scheckig!)

Ungefähr 20 (welch unglückliche Zahl) Minuten (je nach Stand des Fixsternes, der GOTTes Liebe gleich war) später kamen sie mit beschämt gesenkten, aber auch leicht erröteten Häuptern zurück.

"Und, war´s schön ...", fragte ich die müden Krieger. "Erfolg gehabt?"

Sie nickten betreten.

"Na gut, dann kann ich euch ja jetzt an meinen Erkenntnissen teilhaben lassen, oder? Habe ich euch eigentlich schon mal erzählt, wie es sich mit dem Himmelreich verhält?"

Beflissentlich ignorierte ich das genervte Aufstöhnen meiner Apostel. Der von mir eingenommene Wein schien diesmal aus "Sabbelwasser" gewundert worden zu sein. (Außerdem verhielt ich mich rhetorisch ganz geschickt, denn ich personifizierte das Himmelreich.)

"Das Himmelreich ist gleich einem König, der seinem Sohn Hochzeit machte." (Shit, da war´s mir dann doch rausgerutscht - das böse "H - Wort", das mit "ochzeit" endet; aber ich hab´s Euch ja schon geweissagt, daß so was passieren würde!) "Der König sandte seine Diener aus, daß sie die Gäste einlüden, aber jene wollten nicht kommen. Da sandte der König andere Diener aus - auch er hatte schon von Antipathien gehört - und lud erneut der Gäste viele, diesmal mit dem Querverweiß(te Bescheid – bin ich lecker?) ein, daß das Mahl schon bereitet

241

sei und verdürbe, sollten die Geladenen erneut der Einladung nicht Folge leisten. Aber was machten die Gäste? Keiner mochte den König leiden, deshalb töteten sie vorzugshalber dessen Diener - an den King selbst kamen sie ja nicht heran - damit diese ihrem Herrscher keinerlei Absagen überbringen können sollten. Als nun der Monarch davon erfuhr, schickte er seine Heere aus, ließ die Freveltäter umbringen, und - quasi im vorübermördern - auch noch deren Städte niederbrennen, da, wie er fälschlich annahm, die Bevölkerung dieser Städte Mitschuld am Verhalten ihrer Herrscher trügen. Dieser Massenmord allein hatte dem König aber die Lust auf eine Hochzeitsfeier noch lange nicht verdorben: wieder rief er Diener zu sich und sprach: "Die Feierlichkeiten waren vorbereitet, die Gäste aber anscheinend nicht. So ziehet hin auf die Straßen und Gassen und so und ladet ein, wen immer ihr findet."

Die Diener brachten an, was sie auftreiben konnten, ganz dem Geheiß ihres Monarchen entsprechend: Gute, Böse, große Kleine (ohne Komma, weil Wortraffinesse!), Dicke, Dünne, Intelligente, Dumme, Gesockse und Gamaschen und – Heilandsack - hast-du-nicht-gesehen, waren alle Tische besetzt. Da betrat auch der König den Ballsaal und besah sich die Gäste, und siehe, einige bereiteten seinen Augen Ärgernis, da sie kein hochzeitlich Gewand trugen. Er aber sprach zu ihnen: "Hey, ihr habt kein hochzeitlich Gewand an, was fällt euch denn ein?" Mannigfaltigen fiel vieles ein - ausredentechnisch - einer aber war selig, weil geistig arm, und hatte keine Erklärung für sein unpäßliches Erscheinungsbild parat. Da sprach der König zu seinen Dienern: "Wißt ihr Diener, ich habe eine gute Idee: bindet diesem die Hände und werft ihn hinaus in die Finsternis, denn dort wird sein ein großes Heulen und Zähneklappern, und dann kann er mal sehen, wie weit ihn sein Gammellook gebracht hat. Denn viele sind berufen, aber nur wenige sind auserwählt!" Und die Diener taten allso, und der Rest feierte ein berauschend Fest. Und wenn sie nicht gestorben sind, dann feiern sie noch heute. - Übrigens, ist noch Wein da?"

Obwohl mir niemand das Haupt mit Öl gesalbt hatte, schenkte ich mir voll ein; Judas eiferte diesem meinem Verhalten nach, allerdings tat er das verbal: "Miiiiiienschensohn, da hast du dir aber einen besonders mordslustigen König erdacht; ich wußte gar nicht, daß dich der Streß mit Herodes dermaßen mitnimmt! Ansonsten war das eine vorzüglich vorgetragene Mär!"

"Du hättest bloß die Schlachtereien noch mehr ausbauen sollen ...", bemerkte Petrus, "... ich liebe es, wenn Blut fließt."

"Dann lies doch die Offenbarung!"

"Die ... *was*?"

"Kommt noch! - Außerdem ist mein MONARCH nicht blutrünstig, ER ist der HERR ZEBAOTH, aber ich vermute, euch das zu erklären, ist sogar mir, dem Meister des gesprochenen Wortes, unmöglich! Wer Grips hat, der verstehe!"

"Dühü, Jäsüs, wos'n nü aus'm Ausgestoßenen gewodd'n?"

"Genauele, und was händ die andern älle tue´, die wo id sind nauszus g´schmisse´ g´worde´?" - GOTTseidank bekam von Nathans "Äußerungen" niemand etwas mit; Lukas (Bartimaus?) startete (von mir sofort vereitelte) Unternehmungen, auch mal dessen Aufzeichnungen zu lesen - da mußte ich mir noch was einfallen lassen ....

"Wie ich schon sagte; die anderen haben ewig weitergefeiert; der Ausgestoßene aber traf Gleichgesonnene, mit denen er des Ehebruchs hätte frönen können, wenn nur ein einziger von ihnen verehelicht gewesen wäre ... So war´s damit natürlich Pustekuchen, was soviel meint wie

"Essig", was bedeutet "vergorener Wein". Wollt ihr wissen, wen der Mensch traf, und weshalb einfleischen nicht ging?"
"Au ja - aber nur, wenn doch ein bißchen einfleischen darin vorkommt!!!"
"Versprochen! Also, laßt mich kurz überlegen ... Die Geschichte heißt: Von den dummen und den klugen Jungfrauen."
Judas zog eine seiner Augenbrauen, ich glaube (also bin ich), es handelte sich um die rechte, skeptisch in Richtung Kopfhaaransatz. Die andere in die entgegengesetzte Richtung.
"An dem Tag, an dem im Palast Hochzeit gefeiert wurde, feierte man auch noch woanders eine Vermählung. Die Jungfrauen waren dem Bräutigam entgegengegangen, weil sie seiner ein letztes Mal vor der Trauung angesichtig werden wollten ... und nicht nur das. Der Bräutigam aber hatte auf seiner Junggesellenparty so viel geschluckt, daß er sich verspätete." (Nun müßtet Ihr aber wissen, daß meinerzeits nur wer ein brennend Öllämpchen mit sich führte, die Fete mitmachen durfte.) "Deshalb hatten sich die klügeren der Jungfrauen außer ihren Lampen auch noch Öl zum Nachfüllen derselben eingesteckt. Die Dummies hatten das versäumt. Als nun der Bräutigam endlich doch noch kam, waren die Lampen leergebrannt, was aber die klugen Frauen im Gegensatz zu den dummen, nicht weiter tangierte: sie füllten ihre Lampen einfach wieder auf, entzündeten sie, und gingen auf das Fest, denn sie hatten ja alle Lampen an! Das Betteln der anderen um Öl ignorierten sie, da auch sie sonst zu wenig davon gehabt hätten. So mußten die dummen Jungfrauen draußen bleiben, hatten aber Glück, und trafen den, der die königliche Hochzeit hatte verlassen müssen. Keiner von ihnen hatte aber ein Lichtlein dabei, drum ward es finster um sie herum, was ihnen mannigfaltige Aktivitäten gestattete, because weil, "Dans le Dünkel, c´est bon münkel"!" (Ich redete schon wieder in Zungen! Langsam wurde das voll die Seuche!)
"Und was ist mit dem Poppen?", fragte Judas. "Du hast es immerhin versprochen!" Die anderen nickten, Zustimmung zum Ausdruck bringend.
"Das mag ja sein, du drückst dich falsch aus. Es muß heißen: "Du hast dich immerhin versprochen!" - Außerdem habe ich das nicht geschworen! Ich wollte euch Geschichten übers Himmelreich erzählen, anstatt mit irgendwelchen Schmuddelhistorien aufzuwarten, *das* könnt ihr mir glauben! Zu guter Letzt sei angemerkt, daß das ja wohl keine Premiere ist, wenn ich ein Versprechen breche; also - worüber beklagt ihr euch? Freut euch lieber, denn da könnt ihr *es* wieder einmal sehen!"
Ich hatte ganz schön undankbare Jünger; anstatt sich darüber zu freuen, von mir unterhalten worden zu sein, zogen sie Flünsche und gingen fluchend - aber immerhin mit vollen Bäuchen - in die Heia.

Matt.22;23,37;25;Mark.14;Luk.13,31;14,7;14,25;Joh.11,46

Vierundvierzigstes Kapitel

<u>Letztes Wunder</u>

Nachdem wir erneut einige Wochen im Exil verbracht hatten, kehrte Johnny aus dem seinen

zurück. Wir freuten uns! Ich mich am allerdollsten, denn er schien aus seinem Trauma erwacht zu sein: "Duhu, Jess - Tortie, gilt dein Angebot bezüglich meines Evangeliums noch?"
"Ja von mir aus - aber erzähl´s keinem! Die anderen könnten sonst neidisch werden. Und daß - wie hieß er noch gleich, Lukas? - auch eins schreibt, bleibt unter uns Dreien." Johannes strahlte einem Honigkuchenequus gleich: "Gern, von mir aus. Ich habe übrigens schon was geschrieben: eine Offenbarung! Ich les dir mal was draus vor, bei passender Gelegenheit ...."
Ich pulte ihm schonend bei (immerhin wußte ich noch nicht, wie er jetzt drauf war), daß ich nicht das geringste Interesse daran hätte, mir die wirren Geschichten eines Junkies anzuhören, was, wie ich beim späteren Schnüstern in seinen Stories feststellte, ein Fehler war. Ich hätte meine apokalyptischen Visionen mit geklautem Textgut noch viel dramatischer gestalten können. (Natürlich hätte ich von Johannes niiiiiiiiiiiiie was geklaut - ich hätte ihn "gefeatured", oder mich zumindest "von ihm inspirieren lassen". "Stehlen" ist ein so häßliches Wort! Vielleicht hätte ich ihn "gecovert", aber mir fremdes Textgut unter den Nagel zu reißen - nee! Schon gar nicht unter den *Nagel*! Ich male doch nicht den **Teufel** an die Wand!)
Johnny war wenig begeistert: "Mein GOTT ...", rief er, "... warum hast du mich verlassen?"
Er litt also doch noch unter unserer Trennung. Ich erklärte ihm, daß er mich nicht zu "GOTten" bräuchte, sondern ein aufrichtiges "Meister aller Klassen" genüge, und daß das doch schließlich alles nur zu seinem Besten passiert wäre, immerhin hätte ich ihn ja besonders lieb, und er solle sich doch mal die Frage stellen, ob er seine "Offenbarung" auch geschrieben hätte, wenn ich ihn geehelicht hätte, oder ob er sonst jetzt vielleicht am Herd stünde, während ich unsere (adoptierten) Kindlein zu mir kommen ließe." (Hat Adoption eigentlich was mit Absorption gemeinsam? Ich meine, rein etymo-, nicht biologisch. Selbstverständlich war mir klar, daß solche philosophischen Gedankenstränge weiterzuverfolgen ohnehin jeder Logik entbehre; ob jetzt bio- oder etymo- (-logisch– Heidewitzka, bin ich gewieft!)bleibt sich Rock wie Sandale. Aber das spruch ich schon, oder? Äh, wo war ich?)
Da mit dem angebrochenen Tag ohnehin nicht mehr viel anzufangen war, beschloß ich, meiner mehrwöchigen Abwesenheit in Jerusalem den Garaus zu machen. Wir brachen nach Damaskus auf, das allerdings während der Zeit der römischen Besatzung Damaskus hieß, am Ende jener imperialherrschaftlichen Epoche wieder in Damaskus umbenannt wurde, und seither, wie durch Zauberzunge schlechthin, als Damaskus tituliert wird. Zu meinen Lebzeiten (also ewig) sagte man statt Damaskus lieber Jerusalem, denn man schrieb es anno DOMINI auch so. Außer, man konnte nicht schreiben oder wollte ein Wortspielchen wagen; dann sagte man natürlich "Jesusralem", oder, um andere zu verwirren, einfach "Damaskus".
Aber bis zu jener Stadt galt es, noch ein gutes Stück Wegstrecke hinter sich zu bringen, was mir Zeit ließ, über das Weltgericht zu sinnieren. Außer dem von mir umgeschulten Exzöllner schien aber niemand an meinem Verbalejakulat Interesse zu haben. Dafür machte sich Matthäus (sofern denn dies sein Name war – aber ich glaube schon) eifrig Notizen. (Und, das muß ihm der Menschensohn lassen, er hat aus meinen Grübeleien mehr herausgeholt, als ich selbst hätte hineininterpretieren können - ein braver Mann.) Ich hatte im Grunde genommen nur Brand, Schmacht und auch die gesundheitlichen Beschwerden vermehrten sich schneller, als es die Hoppelhasen (gegen die ich, weil Greifvogelspeise, natürlich nicht das Geringste habe) taten. Ich wollte nur, daß sich jemand um mich mal kümmern sollte, und mußte in diesem Zusammenhang wohl auch das eine oder andere Mal "Weltgericht" gesagt haben. Ferner ging es um

Böcke und Schafe, um meine körperlichen Beschwerden und um die Unzulänglichkeit meiner und anderer Leute Anatomie. Die ganze Rederei lief darauf hinaus, daß, wer armen Menschen Gutes täte, dafür in den Himmel käme und allda verweilen dürfe, bis das der Tod ihn schiede - oder so ähnlich. (Wie gesagt, mein Gedächtnis war nicht mehr das allerbeste; ich ging damals von Spätfolgen übertriebenen Alkoholgenusses aus. (Heute weiß ich, daß ich schlicht und ergreifend an Alzheimer litt, die damals aber noch "Besessenheit vom ***Dämon*** des sich immer weniger erinnern Könnens" genannt wurde.) Selbst wenn ich ein Wunderheiler gewesen wäre, hätte ich bestimmt die richtige Gebetsformel für die Heilung von diesem ***Übel*** schon vergessen gehabt. - Selbst wie man richtig sprach entfiel mir ab und wieder ... you know, what I mean? Deshalb erfand ich ja auch das "In Zungen reden" eher rein zufällig, als mit voller Absicht. Falls ich Euch früher einmal etwas anderes erzählt haben sollte - alzheimert es!)

Fakt war, daß nicht Matthäus als einziger aufmerksam lauschte, sondern auch einer der Bessersituierten, die den schmalen Pfad auf dem ich wandelte säumten. Dieser lud uns zum Essen ein - endlich mal wieder! Dem HERRn sei´s getrommelt und in Zungen gedankt!

Des (k)o(r)pulenten Mahles während (es war wirklich körperfüllend), ließ er die unscheinbare Bemerkung fallen, daß doch jene selig seien, die am Tische JEHOVAs das Brot äßen.

"Das heißt dort aber Ambrosia!", belehrte ich ihn. "Ansonsten aber sprichst du weder in, noch mit gespaltenen Zungen (ich hatte bei "Rabbi Schalmei" also doch mehr Brauchbares aufgeschnappt, als bisher angenommen!), sondern formulierst die Dinge wohl. Alle anderen aber, die nicht mitessen dürfen, sind geistig unarm - also wohlbetucht, denn wahrlich, ich sage dir: "Beim großen Abendmahl" - so heißt übrigens die Geschichte, die ich dir jetzt an Gleichnis statt erzähle, geht es nämlich ähnlich zu. Es war einmal ein König, der hatte ..."

Weiter kam ich nicht!

"Nicht schon wieder so´ne olle Königskamelle ...", beschwerten sich meine Apostel, "... davon haben wir in letzter Zeit mehr als genug gehört!"

„Ach ja ..?", frug ich beleidigt. "Dann könnt ihr ja auch in meiner Stadt, oder an meiner statt, diese Geschichte erzählen! Wie wär´s denn mit --- Judas!"

Er war Feuer und Flamme, mir fiel aber ein - vom "***Dämonen*** des sich immer weniger erinnern Könnens" besessen seiend oder nicht - was beim letzten Mal passiert war, als ich Judas eine Geschichte hatte erzählen lassen, die ihm angeblich der HJ eingegeben hatte. Judas holte tief Luft und wollte gerade beginnen, als ich: "Lukas! Ich habe Lukas gemeint!", rief. Jetzt waren alle ähnlich dem uns zuvor gereichten Bratvogel irritiert, nämlich *gäns*lich. (Kleines Wortspiel am Rande – unserer gefiederten Freunde zuliebe – und zu ihrem Gedenken.) "Lukas ist der, den ihr früher Thomas nanntet - glaube ich."

"Ich glaube das aber nicht ...", bemerkte der zuletzt beim Namen genannte, "... ich glaube, du meinst Simon, der früher Petrus genannt wurde - von dir!"

"Mich kann der Heiland nicht meinen ...", rief jener, "... ich kenne den, den du Heiland nennst, ja fast gar nicht! Vielleicht habe ich ihn mal von Weitem gesehen, aber mehr auch nicht!"

Der Mann log ja wie gedruckt! Dem Sprichwort zufolge fügte er dann kurzbeinig hinzu: "Wie wär´s, wenn Jakobus die Geschichte erzählen würde? Der kriegt doch sowieso immer alles am besten mit!"

Jacko räusperte sich, bevor er seine Beobachtungen kundtat: "Unser aller - Verzeihung - *alter* Irokese meint Bartimaus, der früher Bartholomäus gerufen wurde, bis die etymo- weil: logische

Entwicklung unseres Rabbis einen Lukas aus ihm machte."
"Stimmt haaaaaar-ge-nau...", rief ich entzückt, "... genau ihn habe ich gemeint!"
Zu meiner großen Überraschung trat tatsächlich der Jünger ans "Rednerpult", den ich im Visier gehabt - nachdem ich Judas das Wort entzogen, äh - hatte.
"Das sind ja Zustände wie im alten Damaskus ...", hörte ich Jacko murmeln; doch bevor ich ihn zurechtweisen konnte, hatte Phillippus, oder wer auch immer (hol´s doch der *gefallene Engel*, egal, wie *der* zum *Teufel* noch mal heißt), das Wort ergriffen:
"Was Jesus sagen wollte, war, daß ein König ein großes Abendmahl bereitet hatte. Als nun endlich alles fertig war, schickte er seinen Diener weg, daß dieser die geladenen Gäste herbeiführe, auf einem Eselskarren oder so. Soweit war ja auch alles schön und gut, allein die Gäste hatten keine Zeit, beziehungsweise keine Lust. Sie erfanden die unglaublichsten Ausreden, um nicht mitessen zu müssen: der eine hatte sich angeblich einen Acker gekauft, den er nun zu besichtigen gedachte: "Nicht, daß der hinterher voller Steine liegt ...", sagte er, "... ich wollte nämlich Weizen darauf anbauen. Sonst müßte ich eine Wallfahrtsstätte für Touristen daraus machen, in deren Länder Steinigungen zum guten Ton gegenüber Sündern und GOTTeslästerern gehören. Und für die Werbekosten fehlt es mir einfach an den nötigen Sperlingen ...." Der Knecht solle ihn also bei dem König entschuldigen, "... vielleicht auf ein anderes Mal ..."
Der andere hatte sich angeblich just fünf Jochochsen gekauft, die - zumindest nach Darwin - entfernt mit dem Wasserbüffel verwand sind. Jene müßte er, wie er angab, umgehenst begutachten, denn er sei kein besonders guter Geschäftsmann und hätte dieses zu tun, bisher leider versäumt.
Der dritte Gast aber hatte sich seine x-te Frau zum Weibe genommen, um, wie er vorgab, unter Zuhilfenahme polygamer Aktivitäten, den bisher begangenen Ehebruch zu legalisieren: "Klar, das Ein-, Zwei-, Drei- oder -zigfleischen geht vor, denn unser König braucht ja auch demnächst noch Untertanen, gell?" Dem hatte der Knecht nichts entgegen zu setzen, denn, wahrlich, wahrlich, der Messias sagte es euch auch, jener war ein selten seliges Exemplar unserer Spezies. Obwohl der Knecht erst drei Leute besucht hatte - dreizehn wären, des Heilands Aberglauben nach zu urteilen, eigentlich das Minimum gewesen - lief er dorthin, wo er wohnte, um beim König zu petzen. Mon DIEU!"
(Fing - na, Ihr wißt schon wen ich meine - auch an, in Zungen zu reden?)
"Da war der Chef vons janze Staat aba jeladen, wie die Silberbüchse des Winnetou."
(Der nichts mit Winnieh Puh oder MANITOU to - ich meine: *zu* schaffen hat. Dieser Apostel - dessen Name mir spontan entfallen ist - hatte aber einiges auf dem Kerbholz; literatur- und inzungenredentechnisch. - Oder hatte ich mehr von mir preisgegeben, als es mir in Erinnerung geblieben war? Falls ja, müßte ich noch einiges draufsetzen, um die Preisgebereien der Vergangenheit zu überbieten!!! Bloß was? Sollte ich mich vielleicht besonders aufopferungsvoll verhalten? *Eigentlich* widerspräche ein solches Gebaren ja meinem Egoismus ...!)
"Wieder schickte der König seinen Knecht auf die Walz, diesmal mit dem Geheiß versehen, Arme, Beine – nee, Wortspiel am Rande ..! - Der Knecht sollte Arme, Kranke, Beladene, Mühselige, Blinde, Krüppel und Lahme und alles, was sich sonst noch so auf den Straßen und in den Gassen herumtrieb, zu seinem Gutenachtessen einladen.
Die Braten und Soßen waren schon kalt, die Salate begannen zu welken und sämtliche Milchprodukte wurden bereits ranzig oder sonst irgendwie schlecht, als der Knecht abermals vor

seinen Herrscher trat und anhob und sprach: "Herr, ich tat wie du mich geheißen! Tropsden ..." (dieser Dieb - das war *mein* Gag!!!) "... hast du noch mannigfaltige Sitzplätze frei. Bevor wir "Reise nach Damaskus" (was soviel wie Jerusalem heißt) "spielen können, solltest du dir noch mehr Abschaum einladen."
Auf die Frage des Monarchen hin, warum denn so viele Sitzmöglichkeiten unbesetzt geblieben wären, antwortete sein getreuer Knecht, daß sich die Lahmen von den Alzheimerkranken hätten tragen lassen, der **Satan** wisse, wo sie gelandet seien - womöglich in Amiland. Diese Antwort hätte der Diener sich lieber verkneifen sollen, denn, "Mehr kaputte Existenzen existieren in eurem Königreiche nicht", wäre als Erwiderung völlig ausreichend, zufriedenstellend und - last but not least - auch sehr schmeichelhaft ob der genialen Reichskassenführung des Monarchen gewesen. Nun sann der König aber etwas nach und vor sich hin. Als er damit geendigt hatte, befahl er seinem Chefuntertan, auf die Landstraßen hinauszugehen, und alles einzusammeln, was er dort an menschenähnlichen Kreaturen vorfände: "Wenn sie nicht freiwillig kommen wollen, so nötige sie!", fügte er, dem Knechte, der aber nicht sein Sohnemann war, sich selbst mittels eines Stoffetzens die Fliegen aus dem Antlitze vertreibend, lauthals hinzu. "Dehs därfsch´ aber id vagesse´ tue´!"
(Je länger ich lauschte, desto unheimlicher wurde mir die ganze Angelegenheit! Lukas (?) *mußte* Nathans (?) Aufzeichnungen in die Hände bekommen haben - oh verdammt!)
Tja, dachte der Knecht, sich über die Trampelpfade der Umgebung suchend, da wird wohl keiner der geladenen Gäste was von dem Essen abkriegen; schade nur, daß auch ich geladen war ...."
Lukas hatte geendet und sah sich beifallheischend in der Runde um. Und - was soll ich Euch sagen - wahrliche Beifallsstürme entbrannten! Wie "dufte" er doch die Worte gewählt, wie "knorke" er erzählt und allen Anwesenden all die Dinge nicht klargemacht hätte, die "unser alter Engländer" auch weiterhin hätte im Dunkeln verweilen lassen! "Manchmal ...", fügte Johannes, dem Erzähler schöne Augen machend, hinzu, "... habe ich gedacht, mein Lieblingsmessias würde reden! Janz, janz --- ach, ick weeß nich´ --- pieke!"
Jetzt war es aber genug! Johannes führte sich schon wieder weibisch auf, Lukas stand plötzlich an meiner statt im Mittelpunkt und selbst Judas wischte sich eine Träne aus dem (nicht vorhandenen) Loch: "Brillant, ach was rede ich - einfach GÖTTlich!"
Wenn sich die Dinge plötzlich so verhielten, dann könnten sie ja gleich ganz auf mich verzichten! Und das würden sie auch müssen - zu gegebener Stunde! Aber vorher mußten sie noch mich anhimmeln, denn - ach ich weiß nicht so Recht; ich wäre mir sonst wie in der Wüste vorgekommen, und das hatte ich schon mal erlebt! Auf eine Wiederholung dieser Emotionen, Eindrücke und Halluzinationen war ich weißGOTT nicht scharf! Zum Glück hatte ich noch einen "in petto"! Wenn die gewußt hätten!
Stinkbeleidigt verzog ich mich auf die Trissebude. (Was in Zungen mit "P" statt "Tr" geschrieben wird.) Leider konnte, der sich dort befindliche Donnerbalken, meine Stimmung auch nicht heben - zu tief mußte ich mich, mir die kulinarisch genossenen Dinge noch mal durch den Kopf gehen lassend, in die aus der Grube unter ihm aufsteigenden Abgase und Myriaden von Fliegen hinab(über)begeben! Als ich den Abort verließ, war meine Laune beschissener als vorher, was vermutlich auch daran lag, daß ich, vorn über gebeugter dings, des Gleichgewichtes verlüstig geworden war. Ich sah irgendwie echt "scheiße" aus!

"Ich könnte mich bepissen", setzte Judas, als er meiner Erscheinung gewahr wurde, noch einen drauf. (Überflüssig zu erwähnen, daß ihn dieses Verhalten indirekt seiner Schneidezähne beraubte! - Aber immerhin hatte ich mir dabei auch den Daumen verstaucht! Wäre der Zimmermann nicht ein solcher, sondern lieber ein Boxer geworden, hätte ich den Daumen bestimmt *um* die zur Faust geschlossenen restlichen Vier gekrümmt!)
Es war aber des Tages ein Sabbat, und der Mann bei dem wir gespiesen hatten, war einer der oberen Obersten der Pharisäer. Ich marschierte also total verdreckt durch dessen Hütte, und warf mich in den dort angelegten "Swimming Pool", der damals, etymologisch dem Worte "Damaskus" ähnlich, noch "Aquädukt ad Domum est" hieß. Jegliche grammatikalischen Korrektheiten hinter mir zurücklassend stürzte ich mich, besudelt wie ich war, in die Fluten.
"In dulce jubilo!", entfuhr es meinen gepeinigten Stimmbändern und den im Halse angesiedelten Schließmuskeln und ich paddelte munter durch die nicht aufbrausen wollenden Fluten. Allzu gern hätte ich in diesem Moment einen Sturm im Aquädukt gebändigt - oder, vergleichsweise - wenigstens mich einem solchen im Wasserglase angenommen; demselben Einhalt gebietend - logisch! Aus dem Augenwinkel nahm ich jemanden war, dessen Gesicht mir unwahrscheinlich bekannt vorkam: Propi! Er formte aus Daumen und Zeigefinger eine geometrische Figur, die sich nur mit sehr viel Phantasie als Kreis interpretieren ließ - eher gleichnisste (so viel Wortspiel für so wenig Geld!) sie einem Kringel ... was ist ein "Kringel"? (Klingt ähnlich wie "Messias", finde ich, irgendwie extraterristisch ....)
Ich ließ mich aber durch Propis Anwesenheit nicht weiter irritieren, sondern übte mich, nachdem ich mich äußerlich gereinigt hatte, im Solosynchronschwimmen - einer Sportart, die alles mit dem römischen Imperium gemein hatte: Sie setzte sich nie *wirklich* durch, was soviel heißen soll wie: sie ging unter. Genau das tat auch ich - allerdings, ohne dabei die Wasseroberfläche vom Grunde des Gewässers aus betrachten zu müssen. Vielmehr "ging" ich den Dingen - in diesem Fall zu einem Mosaik zusammengepeppten Fliesenrudimenten - tatsächlich auf den Grund. Erst dachte ich noch, es läge an meinen Adleraugen, daß ich die dargestellte Szenerie immer besser erkennen konnte, aber letztendlich lag es doch daran, daß jemand das H2O langsam aber stetig entfernte.
(Das Mosaik glich einem Dali Eurer Epoche: hauptsächlich waren Sonnenuhren, Elefanten und Giraffen dargestellt, die unbedingt einer chirugischen Behandlung - sprich: einer Wunderheilung unterzogen werden mußten. Selbst eine Kreuzigung hatte der Künstler auf eine mir dubios anmutende Art und Weise dargestellt: Auf einer Wiese mit einem sehr futuristisch anmutenden Kreuz (autsche!), in Tonscherbenkollage für die Ewigkeit stauriert (im Gegensatz zu *re*stauriert), waren kleine Fächer mit Griff in den Balken zu sehen; damals hatten Kreuze (schon wieder "autsche"!) keine Schubsladen, in denen der Verurteilte sentimentale Exkremente seiner sich dem Ende zuneigenden Existenz zu verstauen vermochte. ("Schubs" -laden, weil man die Laden ja beim Verschließen rein*schubsen* mußte! Mir war/ist kein Gäg zu flach!)
Als der Pool fast leer war, fand ich lustige Gummireifen auf dem Grund, die ich aufhob - dreizehn an der Zahl. Ich hatte nicht nur mein Seepferdchen gemacht, sondern auch noch den Frei - und Fahrtenschwimmer gleich mit absol*viert* – und das, obwohl ich doch *solo* war. (Schenkelklopfer, gell?) Leider sollte mir der *Frei*schwimmer in meiner Zukunft nichts nützen - vom Fahrtenschwimmer ganz zu schweigen. Letztlich lag ich auf dem Grunde des ehemals Wasser führenden Gestades. "Grunde" ist im Grunde genommen übertrieben, alldiweil ich

wieder in der Sch ... iete lag! Jemand am anderen Ende des "Aquäduktes Minimum" hatte jegliches Wasser "ausgetrunken" (lediglich mir fiel auf, daß sich in der Ecke des "Wassersüchtigen" auch der Stöpsel dieser Riesenbadewanne befand, allerdings steckte er nicht im Abfluß). Der H_2O - Abhängige war jetzt dabei, die verbleibenden, weil bisher an der Oberfläche geschwommen habenden Exkremente aufzuschlürfen, was ihm sichtlich so viel Unvergnügen bereitete, daß er sich schleunigst aus dem Bassin entfernte. Ich hingegen ermutigte mich, die Frage zu stellen, ob es denn Unrecht sei, Wassersüchtige (oder sonstige Kranke) am Sabbat zu heilen. (Da hatte ich aber ein Déjà vu par exzelence: hatte ich nicht schon einmal am Sabbat geheilt - oder war das bloß in einem Gleichnis vorgekommen? Langsam aber sicher wurde ich unsicher ob meiner bisher vollbrachten "Wundertaten".)
"Jeder von euch rettet seinen Ochsen aus dem Brunnen - oder seinen Sohn - wenn es Not tut - Sabbat hin oder her!", fiel es mir, meine Unsicherheit verbergen wollend, ein. Daraufhin waren Befragte bar jedweder formulierter Laute, was mich wieder zum Messias machte, weil ich nach langer Zeit endlich wieder ein Wunder vollbracht und somit meine Omnipotenz - was die Heilkräfte anbelangte - unter Beweis gestellt hatte! Die Parifreunde des Gastgebers waren - wie meine Jünger - ziemlich überrascht und neben den Kappen, die damals (wie Ihr ja wißt) "Kippen" hießen; aber so war das eben: unter meiner Fuchtel zu stehen, war weißGOTT kein Zuckerschlecken ...!
Ich hatte mir für diesen Abend genug Ärgernis von meinem Mundwerk und von meinen Wunderheilkräften bereiten lassen. Bevor ich mir selbst die diesbezüglich vorhandenen Flügel stutzte, ließ ich mich lieber zur Ruhe danieder (schon allein deshalb, weil Flügelstutzen was mit Vogel-, anstatt mit Selbstverstümmelung zu tun hat!).

Matt. 25,31;Luk.14;14,15;

Fünfundvierzigstes Kapitel

Suicidal Tendencies ...

Im Verlauf der nächsten Tage und Wochen bemerkte ich eine erneute Veränderung an mir: ich verspürte zwar schon seit längerem nicht mehr den Drang zu physischer Beweglichkeit, nun aber gesellte sich zu allem Überfluß eine mangelnde Bereitschaft zur phantasievollen Flexibilität hinzu. Auf gut Hebräisch: ich hatte keine großen Ambitionen mehr, mir irgendwelche Geschichtchen über GUT und **Böse** auszudenken. Das bereitete mir keinerlei Kopfzerbrechen; viel schlimmer war die Tatsache, daß ich meistens nur noch in Persona anwesend war. Mein Geist suchte Zerstreuung in den unmöglichsten Gedankenkonstruktionen. Während Lukas (der ja seine diesbezüglichen Fähigkeiten bereits unter Beweis gestellt hatte und wahrscheinlich auch tatsächlich so hieß – wenn ich mich nicht irre) den Pöbel mit dem Kleinod der "Sinngeschichten" bei Laune hielt, nahm ich intellektuellen Urlaub von der Realität. Ich und mein GeHERRN (hach; **Satan-dübel** auch) verbrachten sehr viel Zeit miteinander, was dazu führte, daß ich - beim Versuch, dem Sinn meiner Existenz auf den Grund zu kommen - mich immer weiter von demselben entfernte. Ich grübelte einfach zu viel vor mich hin, trank *noch mehr* als

ohnehin schon und kapselte mich zunehmend von meiner Umwelt ab. Ein, zwei Mal versuchte ich mich noch in der Kunst des Gleichniserzählens, aber die Geschichten waren entweder Wiederholungen, oder so verwirrt, daß selbst ich, der Messias des gesprochenen Wortes, Schwierigkeiten hatte, mich hinterher *sinnvoll* (auf mir gestellte Sinnfragen hin) herauszureden. Die ewige Grübelei trug natürlich auch nicht gerade zu einer Besserung meiner eher spärlichen Laune bei, was mich zu weiteren Gedankenkapriolen zwang, die wiederum meine Stimmung weiter verschlechterten, was mich tiefer in den Sumpf des unsinnigen Sinnierens zog. Ein *Teufel*skreis ....
(Ich übertreibe also keineswegs, wenn ich behaupte, daß nun der im Grunde genommen tragische und zu Herzen gehende Teil dieser Tragikomödie, die ich in dieser Zeit als "Mein Leben" zu beschimpfen pflegte, begann.)
Ich grübelte so meines Weges, als Lukas (sofern dies denn sein Name war) anhob, eine Anekdote aus meinem Leben zum Besten zu geben. Zwar war die Geschichte stark verfälscht, aber dennoch interessant genug, um sogar meine Aufmerksamkeit für die Erzähldauer auf sich zu lenken - und das trotz des wenig reißerischen Titels! Selbst das Volk hörte gespannt zu, aber wahrscheinlich bloß, weil man mir mein fortgeschrittenes Alter ansah, und der Mob irrtümlich davon ausging, ich müsse meine Kräfte für das nächste Wunder schonen.
Die Story, die Lukas der staunenden Menge zu Gehör ("Wer Ohren hat, der höre!") brachte, handelte von einem jungen Manne, der mit seinem Vater und dessen Erstgeborenen auf dem Lande aufwuchs. Diese Form der Existenz wurde aber von jenem besagten Judenbengel mit zunehmendem Alter immer mehr als "vor - sich - hin - vegetieren" empfunden, was ihn dazu veranlaßte, zu gegebener Stunde sein Erbe einzufordern. Während er und sein Dad das Geld zählten, schmierten die Mägde dem Knaben noch ein paar Butterfladen als Wegzehrung, die der Undankbare aber, nachdem er die erste Wegbiegung im Rücken hatte, an die Vögel verfütterte. "Daran kann man mal wieder sehen, wie super sich der HERR um die Vögel kümmert, die, ohne dafür zu arbeiten, immer was zu picken haben!" Lukas erwähnte, daß er das mit dem Picken wörtlich meinte, was ein silberhelles Auflachen des Publikums zur Folge hatte. Laut Lukas hatte der Neureiche aber nicht allzulange was von seinem Geld, da er es mit vollen Händen für Wein, Weiber und Gesang ausgab - von den mannigfaltigen falschen Freunden mal ganz zu schweigen. Lukas war ein Sadist, denn er ließ den mittlerweile bankrotten Jüngling zusätzlich durch Inflation noch "pleiter" werden! Um überhaupt was zu tun zu haben, heuerte er bei einem der Nutztierhaltung zugetanen Priester als Schweinehirt an. Dieser Job war noch schlechter bezahlt als der des Bettlers, und er schob einen so gewaltigen Kohldampf, daß er gerne was von den "Perlen" gegessen hätte, die den Säuen zum Fraß vorgeworfen wurden, aber das durfte er nicht! Hatte ihm der "Schweinepriester" nämlich verboten! Als sich sein Magen auf Kniekehlenhöhe eingependelt hatte, beschloß der Jüngling, sich bei seinem Vater für sein Verhalten zu entschuldigen, allerdings erst, nachdem er zu ihm zurückgekehrt war. (Was ich irgendwie einleuchtend fand!) Eines schönen Tages war es vollbracht: Sohnemann konnte Vati um Verzeihung bitten, und Vati konnte endlich von seinen Knechten das seit Jahren vorbereitete Mastkalb schlachten und zubereiten lassen. Ferner konnte er sein neues Aquädukt von seinem Sohn einweihen lassen, ihm das schönste Gewand antun und ihm einen güldenen Armreif anlegen. Die Kalbshinrichtung wurde auch allerhöchste Zeit, denn es fraß dem Vater langsam die Haare vom Kopf - außerdem blieben Kälber nicht ewig jung! Danach ließ der

Vater die Megafete vom Stapel, allerdings ohne vorher seinen erstgeborenen Sohn davon zu informieren. Dementsprechend sauer kam der dann nach Hause. Sofort begann er rumzumeckern, was er die ganzen letzten Jahre sich einen Buckel malocht, und dafür noch nicht einmal ein Linsengericht bekommen hätte, um mal mit seinen Kumpels ein Faß aufmachen zu können. Doch sein Daddy belehrte ihn eines Besseren, denn immerhin hatte der Jüngere ja sein Erbe schon verpraßt, was zwangsläufig zur Folge hatte, daß dem Älteren nun "der Rest von´s Janze" gehöre. "Außerdem ...", so wußte Lukas zu berichten, hatte der Vater gesagt, "... freu dich doch: ich dachte dein Bruder sei tot, aber jetzt ist er wieder da! Er war verloren, aber nun ist er wiedergefunden!"

Hier brach Lukas ab, aber nur um eine Kunstpause zu machen. Bevor das verdutzte Auditorium unbequeme Fragen stellen konnte, fuhr er fort. (Der Mann hatte viel von mir gelernt; Meinsack!, denn auch seine Anmoderation für die nächste Geschichte war nicht von schlechten Eltern, das heißt, sie hätte, zumindest VÄTERlicherseits, von mir sein können!)

"Kennt ihr ...", begann er, der Zuhörer Neugierde schürend, "... da ich gerade von verlorenen Dingen rede, schon die Begebenheit vom Groschen, dessen eine Witwe verlüstig wurde?" (Da spielte er doch wohl nicht etwa auf die arme, alte Frau an, deren Geld ich im Tempel an mich genommen hatte?) Das Volk klebte an seinen Lippen, obwohl die Geschichte so kurz wie boring war:

Es ging darum, daß eine Witwe einen von zehn Groschen (was umgerechnet etliche (nette) Spatzen sind), die sie alle ihr Eigen nannte, verloren hatte. Natürlich stellte sie ihre ganze Bude auf den Kopf, bis sie den Zehnpfennig endlich wiedergefunden hatte. Witwen hatten eben damals schon eine recht spärliche Rente, dafür aber massenhaft Zeit. Natürlich rief sie, nachdem sie ihr Erfolgserlebnis gehabt hatte, alle ihre Freundinnen an, um ihnen von diesem freudigen Erlebnis zu berichten, damit sie sich mit ihr freuen sollten.

Ohne Umschweife ging Lukas zur nächsten Geschichte über, in der ein Hirte eines von hundert Schafen verloren und nicht eher aufgehört hatte zu suchen, bis er es wieder in den Armen hielt. Auch dieser rief alle Freunde, Nachbarn und Arbeitskollegen zusammen, damit sie sich mit ihm freuen sollten.

Lukas hatte geendigt, und mir ging es nicht anders als dem Volk: Was sollten uns diese Worte sagen? Ich war gespannt, welcher Sinn sich hinter dem Vorgetragenen verbarg.

"Wohlan ...", erklärte sich der Erzähler, "... genauso ist es im Himmel! Über einen verlorenen Menschen - sprich Sünder - und das genau ist das, was wir alle sind - der Buße tut, herrscht im GOTTesreich mehr Freude, als über alle anderen, die sowieso mit von der Partie sind!"

Das hatte er schön gesagt! Ich bedankte mich, ihn umarmend und das Volk segnend, für diese Lektion in Himmelskunde, und versprach, auch bald wieder eine Gutenachtgeschichte zu erzählen - wenn alle artig wären!

Ich hätte es wissen müssen: sie waren natürlich alle artig gewesen und deshalb müßte ich ihnen *jetzt* meine Geschichte mitteilen, denn "vaschprochn is vaschprochn, un´ wörd auch nich gebrochn!" Diesmal konnte ich mich nicht so einfach aus der Affäre ziehen; es wurde, wollte ich meine Jünger in meiner Identitätskrise um mich wissen, allerhöchste (nämlich Zeit), und sei es nur der Abwechslung wegen, seit langem mal wieder ein gegebenes Versprechen zu halten. Bevor ich mich breitschlagen, steinigen oder sonst wer weiß was lassen mußte, willigte ich schließlich ein: "Na schön!" Meine Apostel, Judas allen voran, begannen zu tuscheln: "Da wird

sich aber jemand untreu, wie?". Thomas wollte es natürlich mal wieder nicht glauben. Typisch! Aber sie hatten mir unwissentlich einen Aufhänger geschenkt:
"Vom ungetreuen Haushalter!", begann ich. Die Ersten gähnten jetzt schon. Die Letzten würden wohl auch bald anfangen, es ihnen nachzutun, aber sie waren, entgegen meiner bisherigen Geschichtchen, nicht die ersten. Was hatte Lukas, was ich nicht (mehr) hatte? Den weitaufgerissenen Mündern zum Trotz fuhr ich, zwar etwas verunsichert, aber nichtsdestotrotz unbeirrt fort:
"Es sprach aber ein Mann zu seinem Haushalter, der der Untreue bezichtigt war: "Wohlan, besuche mich des Sabbat Nachmittages auf Kaffee und Kuchen und bringe mir umgehenst deine - also im Grunde genommen meine - Bücher mit, auf daß du Rechenschaft ablegest bezüglich deiner Haushaltsführung. Egal, ob die Anklage gerechtfertigt ist oder nicht, du kannst hinfort nicht länger Haushalter sein! Wenn ich dich rausschmeiße, bekommst du nicht einmal mehr einen Job als Schweinehirt, das ist mal so sicher wie das Amen in der, in diesem Zusammenhang viel zitierten, Synagoge!"
"Hoppala", sprach da der Haushälter bei sich selbst, denn seine Lieblingswand zum Anquatschen hatte gerade Urlaub. "Was soll ich denn da am Besten tun, weil die Sache ja nun doch ein paar Haken hat: Haken eins - ich bin in absehbarer Zeit arbeitslos; Haken zwei - ich kann nicht graben, denn den Holzstiel eines Spatens kann ich aufgrund meiner Holzallergie nur mit Glacéhandschuhen anfassen, die aber noch nicht erschaffen sind; Haken drei - betteln will ich nicht; Haken vier - zum Propheten mangelt es mir an rhetorischen Fähigkeiten und: Haken fünf - ich glaube nur ans Geld, und das ist eine wahrlich schlecht verkäufliche Religion, bei der Armut die hier überall herrscht! Mir bleibt also nichts anderes übrig, als mich an meinem Chef zu rächen. Den Vogel zieh ich über den Tisch, bis er runterfällt und deshalb zu fliegen lernen muß! Denn ich bin ein großer Ornithologe vor dem HERRn!" Und er lud die Schuldner seines Herrn zum Abendmahl, um zu erfragen, wieviel jeder einzelne von ihnen seinem Boß schuldig sei. Im Federkielumdrehen waren diverse Schuldscheine gefälscht: aus 100 Tonnen Öl wurden 50, aus 100 Scheffeln Weizenkorn wurden 80 gemacht; 100 Schläuche Wasser verwandelten sich in einen Schlauch Wein, undsoweiterundsoweiter. Als die Tinte alle war, wurde es für den Haushalter allerhöchste Eisenbahn, sich zu seinem Ex – Fladengeber zu begeben. Dieser betrachtete die dilettantisch gefälschten Scheine, lobte seinen Haushalter ob seiner miesen Grundeinstellung und der mangelnden Loyalität, und entließ ihn mit einem Tritt in Denallerwertesten."
(Das hatte keiner begriffen; wenn ich wahrlich bin - ich selbst auch nicht so ganz; es war mir eben so rausgerutscht.)
"Wer das nicht versteht, für den tut es mir Leid, denn selbst ich kann ihm nicht weiterhelfen!" (Genau wie mir selbst, dachte ich). "Seht einfach zu, daß ihr euch Freunde kauft, solange noch genügend Geld da ist. Wenn´s nämlich alle ist, braucht ihr Freunde, denn wie auch das Salz sich nicht würzen läßt; womit soll man Geld bezahlen, wenn es mangels goldiger Münzen unbezahlbar wird?"
Alle starrten mich noch verständnisloser an als zuvor. Ja, war ich denn der "Monsieur de la lune", oder weshalb betrachteten sie mich wie die Mondkälber?
"Sehet das Licht!", rief ich. "Es wird nie unter einen Scheffel gestellt, denn wenn es lieber auf einem Leuchter stehen will, dann laßt es doch, sonst sieht ja auch keiner, wie Dunkel es in

eurem Inneren ist, falls ihr nicht gerade vom Blitz getroffen und deshalb von IHM erleuchtet werdet, einem Christbaume in der Heiligen Nacht nicht unähnlich, auf daß euch die Völker sehen! Denn ohne Augen ist schlecht sehen und wer Zungen hat, der rede jetzt, oder er möge für immer schweigen!" Da hatte ich aber einiges durcheinandergebracht! Nur die hartgesottensten meiner Jünger, nämlich meine Apostel schrien:
"Mehre uns den Glauben, oder wir glauben nicht mehr oder weniger als bisher!"
"Glaubtet ihr wie ein Senfkorn, so sagtet ihr zu diesem Maulbeerbaum, er solle sich ins Meer stürzen - und es geschähe! Wer sagt schon zu seinem Knecht, wenn jener nach getaner Arbeit nach Hause kommt: "Junge, setz dich, ich hab lecker gekocht"? Keiner! Stattdessen heißt es: "Dusch dich, du siehst ja aus wie ein Samariter! Kämm dich, rasier dich – übrigens: morgen gehst du zum Frisör - und dann sieh zu, daß du in die Küche kommst, ich hab nämlich Hunger!" Und der Knecht tut wie ihm geheißen; anschließend, spült er das Geschirr und erst *dann* startet er sein Resteessen! Ihr macht das gefälligst so wie diese Diener, freut euch aber hinterher noch, wie gut es euch doch geht, denn ihr hättet ja auch Schweinehirten werden können!"
Ich ließ meine Herde den begossenen Pudeln gleich im frisch eingesetzt habenden Regen stehen, und begab mich wieder auf Urlaub - lediglich mein GeHERRn (da isses wieder!) im Gepäck habend.
Von den nächsten Tagen weiß ich nicht mehr viel; angeblich wiederholte ich die Apokalypse. Ihr wißt schon, wenn des Menschen Sohn wiederkommt, dann brennt hier die Luft und so. Wer auf dem Dache sitzt, ist dort gut aufgehoben etc.
Ich begann, je länger ich so vor mich hingrübelte, jegliche Lust am Leben zu verlieren. Selbst eine kleine Party, die meine Apostel für mich organisierten, wurde ein Schuß in den Ofen:
Es begann damit, daß alle so geheimnisvoll taten. Kein Wunder, daß ich mir aufgrund dieses Verhaltens seitens der Meinen noch exotischer vorkam, als ohnehin schon. Etliche Tage und Nächte verbrachte ich damit, nach der Ursache für diese Geheimniskrämerei zu forschen, leider ohne Ergebnis; denn wenn ich mich meinen Aposteln nur auf Hörweite näherte, schwiegen sie plötzlich stille. Kaum hatte ich mich entfernt, begann die große Tuschelei von neuem. Es war zum aus der Haut fahren! Auch Propi hatte mich verlassen! Egal, wie oft ich in der Einöde *vor* mich hinbetete (*hinter* mich hinzubeten hätte mich *vor* ein anatomisch schier unlösbares Problem gestellt; gell, das Leben kann schon kompliziert sein); streckenweise rief ich sogar verzweifelt den Namen meines Propagandachefs laut hinaus - er ließ sich nicht ausfindig machen. Schön, daß wenigstens GOTT mich nicht verlassen hatte, denn je mehr ich grübelte und betete, umso stärker wurde mein Verlangen, IHM endlich gegenüber zu treten. Die Frage war nur, wie ich das anstellen sollte, denn eine Selbsttötung war ausgeschlossen: im Himmel kannte man Suizidopfern gegenüber kein Pardon! Also sprach ich vermehrt mit dem HERRn, und JENER wies mir den Weg. (Viele von Euch mögen vielleicht glauben, daß mein Verstand, durch Alkohol und Einsamkeit geschwächt, nicht mehr geradlinig funktionierte, aber wahrlich, ich sage Euch, dem war nicht so! Selten hatte ich die von mir zu erledigenden Dinge so klar und deutlich vor meinen inneren Augen gehabt, wie jetzt; na, und wenn das kein Zeichen des HERRn gewesen sein sollte, dann hätte ich auch nicht gewußt was sonst!) Als jemand, der sich selbst verachtete, war ich - nach eigener Aussage - dem Himmelreich schon verdammt nahe, aber ich wollte noch dichter rankommen! Auch erkannte ich mit geradezu hellseherischer Globalanalyse, wo des Pudels Kern zu finden, also wo der Hund begraben war: es ging gar

nicht bloß darum, ein paar arme Seelen zu erretten, pah! Ich war dazu auserkoren die ganze Welt zu erlösen! Ich wollte nicht länger, "Messias, alter "irgendeine Nationalität"", gerufen werden, wenn mir dieses Unterfangen nicht gelingen sollte! Eine so flache Welt ist immerhin schnell errettet, dachte ich bei mir, zu dieser Zeit vergessen habend, das die geometrische Form des Jammertals weniger einer Scheibe als einer Kugel glich; auch irrte ich mich in der Annahme, daß sich die Welt ohne größere Probleme erlösen ließ.

Wie dem auch sei, mein Entschluß stand fest: ich wollte nicht nur als Prophet und Ornithologe vor dem HERRn in die ewigen Jagdgründe eingehen - warum sollte ich kleckern, wenn ich die Möglichkeit zu klotzen hatte - nein, ich beabsichtigte, als der berühmteste Weltverbesserer aller Zeiten aus den Analen (diese Wortspiele ...) der Erdgeschichte auszutreten. Und jemand ohne Selbstachtung, das wußten schon die alten Ägypter, war dafür prädestiniert, sich ungebeten in die Belange *aller* Menschen einzumischen - natürlich nur als Wunder- und Allheilmittel in allen das Leben betreffenden Belangen. (Eine Sache übrigens, die bis heute noch funktioniert: nur Hoffnungslose, Verzweifelte, Selbsthasser und gestrandete Existenzen aller (sozialen) Couleur wenden sich der Hardcore - Religion zu!)

Wie ich schon meinen Jüngern gegenüber angemerkt hatte, war es müßig, sich in einer Krise darum zu sorgen, wie es wohl weiterginge; der HERR würde es schon richten!

In diesen Tagen prägte ich den Spruch: "Der Menschensohn denkt, GOTT lenkt!" (Eine Universalklausel, die bis heute nahezu unverfälscht überliefert wurde - was mich wahrlich hin und wieder stutzen macht.) Das einzige, was ich zu tun hatte, war, es mir gründlich mit allen zu verderben, den Rest würde DADDY schon klarmachen ..! Also, auf zu neuen Taten: zuerst würde ich es mit ein paar Paris aufnehmen, anschließend das Volk gegen mich aufhetzen und - last not least - es mir gründlich mit meinen Aposteln verderben. Heidewhiskas (was ein viel besseres Katzenfutter als "Heidepiepmätze" ist – haha!), das würde einen schönen, sauberen Spaß hingeben ....

Na, denn man auf - alle Mann an Deck und ... Attackeeeeeeeeeee, auf sie mit Gebrüll!

(Ich hatte Euch schon erzählt, daß ich echt tolle Jünger hatte, ne?) Ich gesellte mich, nach wie vor Apathie heuchelnd zu ihnen, hatte ich doch geplant, sie mit einem, "Los, wir gehen die Priester ärgern!", aus ihrer Geheimniskrämerei herauszureißen. Aber - da ich eben so tolle Jünger hatte, war es damit vergorener Wein! Na, tolle Wurst!

Sie taten zwar immer noch geheimnisvoll, diesmal aber mir gegenüber ganz offen: "Heiland und Inder ...", begann Johannes, "... es ist uns nicht entgangen, daß du in den letzten Tagen an Depressionen dazugewonnen hast. Deshalb haben wir, deine besten Freunde und einzigen Apostel, etwas zum Zwecke deiner Aufheiterung ersonnen. Laß dir die Augen verbinden, und dich von uns zu einem Ort führen, an dem Kurzweil groß geschrieben wird!"

"Was zum ...", begann ich, aber ich war schon gefesselt, geknebelt und fand mich mit verbundenen Augen auf den Schultern meiner Apostel liegend wieder.

Nach einem kurzen Fußmarsch wurde ich wieder auf den Boden der Tatsachen gestellt und von den Fesseln befreit. Meinsack! Sie hatten sich echt Mühe gemacht! Vor mir stand ein mit viel Liebe zubereitetes Abendmahl (mit Spanferkel)! Ich konnte meiner Freude keinen Ausdruck verleihen, schon allein deshalb, weil ich ja dann zugegeben hätte, daß es mit meiner Lethargie schon seit ein paar Minuten vorbei war. Ich brachte ein wehleidiges: "Danke, das ist aber lieb von euch!", über die Lippen, und setzte mich demütig ganz unten an der Tafel auf den Fußbo-

den. "Das wäre aber wirklich nicht nötig gewesen!", fug ich, noch trauriger klingend, hinzu.
Phil - oder wie der noch gleich hieß - trat an mich heran und half mir auf die Füße.
"Dü, weeßte Jäsüs, dü broochst nü aber ooch nich gänz ünd´n äm Disch zü höckn. Däs findn wa zwor älle knörke, ober dü häst, wie wa findn schön dän besten Blotz vordient: jänz dischte beem Goldbroiler!" Mit diesen Worten geleitete er mich zum Kopfende der Tafel, weit weg vom Spanferkel, dicht bei den Brathähnchen.
"Ach Kinder ...", jammerte ich, "... das habe ich doch gar nicht verdient, daß ihr euch so sehr anstrengt, bloß um mir eine kleine Freude machen zu wollen! Ich meine, das ist ja lieb gemeint, aber ...", ich überlegte kurz, "... dann tut mir wenigstens den Gefallen, mich eure Füße waschen zu lassen!"
"Kommt gar nicht in den Weinschlauch!", bestimmte Petrus. "Da könnte ja jeder kommen! Wenn schon, dann waschen wir dir die Füße, aber das tun wir nicht, denn wir haben da *noch eine* kleine Überraschung vorbereitet." Er schnippte mit den Fingern, woraufhin sich die Tür öffnete, und eine Frau den Raum betrat. Ohne zu zögern kam sie auf mich zu, kniete vor mir nieder, öffnete eine Karaffe mit "Kölsch Wasser" und goß mir dieses, die Reflexzonen mit sanftem Druck bearbeitend über die Mauken. (Ich war gerührt; sie hatten also nicht vergessen, daß ich auf Fußfetischisten stand! Na immerhin *etwas* war bei ihnen hängengeblieben, wenn sie sich schon keiner meiner Predigten merken konnten ..!) Ich war wörtlich, äh, wirklich von den Socken: "Ach Mensch, hättet ihr das Geld nicht sparen und lieber den Armen geben können? Das hat doch bestimmt Un-sum-men gekostet; und außerdem sollt ihr doch nicht so viel Geld für mich ausgeben!"
"Scheht ihr ...", lispelte Judas lauthals triumphierend, "... genau, wasch ich die gansche Scheit gepredigt habe!" Er stürzte auf mich zu, fiel mir um den Hals und küßte mich auf die Wange.
"Was war denn das jetzt ..?", wischte ich mir den Glibber von der Backe.
"Ach - ich hab nur ein bischen geübt!"
"Wenn du das noch mal machst, nimmt es zwischen uns ein schlechtes Ende!", fuhr ich ihn an.
"Wetten dasch?!", feixte Judas.
(Wie sich herausstellen sollte, war es ein tödlicher Fehler von mir, dieser Antwort *inhaltlich* nicht mehr Beachtung zu schenken ... war aber auch nicht sooooo furchtbar tragisch, denn es half mir ja bei der Umsetzung meines Planes. Erst fragte ich mich, dann Judas, ob er jetzt auch begönne, in Zungen zu reden, oder ob er mich bloß wieder auf den Arm nehmen wolle. "Verschuch du mal, ohne Schneideschähne scho deutlich schu schprechen, wie ich esch bischer konnte!" - Ach ja - ich hatte ihm ja ein paar Beißerchen ausgeboxt ....)
Meine Jünger fielen über das Abendmahl her, als wäre es das letzte Mal, daß sie etwas zu essen bekämen - na, die sollten sich wundern! Ich nagte lustlos an einem Hühnchenflügelchen herum. Ich liebte Vögel - hatten sie mich deshalb vor den "Broilern" justiert? (Tolle Jünger! Echt, danke, ihr seid ja tolle Freunde! Aber Rache ißt Blutwurst.)
Nach ein paar Stunden (h)ausgemachter (ich Schelm ...) Langeweile für mich, hatte meine Crew ihren Level erreicht: sie wurden ausgelassen, unterhielten sich angeregt, lachten und sangen. (Lachten über mich (?); sangen Lieder, die sich auch nicht gerade ausnehmlich zum Lobe meiner HERRlichkeit eigneten. Wahrlich, ich sage Euch, "Der ***Doiffl*** haddn Sssnapps ggemacht", ist kein Lied, das zum Lobe des HERRn vorgetragen werden sollte! Fäkaliere (na, aber hallo!) auf Pauken, Trompeten und Zimbeln! Der Text macht ebenso das Lob, wie der Ton die

255

Musik. Ich pflege auch heute noch zu sagen: "Und wenn Ihr "Viva *Diabolo*" mit Harfenspiel untermalt, ist das noch lange kein Synagogenlied!") Diese, einem Weizenkorn gleich, aufkeimende gute Laune, konnte ich nur auf eine Art niedermachen:
"Alle mal herhören!", unterbrach die illustre Sangesrunde. "Jetzt habe ich euch doch noch mal etwas zu sagen - danach könnt ihr feiern bis zum Abwinken - geschworen! Nicht versprochen - ihr kennt den Unterschied!"
"Von uns aus, aber sieh zu, daß du zu Potte kommst!" (Sie schienen vergessen zu haben, daß Leute meines Alters schon etwas senil sein konnten.)
"Hab ich euch schon mal was über das Himmelreich erzählt?"
"Ja."
"Und über wahre Glückseligkeit ..."
"Ja - ha!"
"... über die Treue im Irdischen ..."
"Mehr als genug!"
" ... über das proportionale Verhältnis von geistiger Armut zur Seligkeit ..."
" Schon dreizehnmal!"
"... lügt ihr mich auch nicht an? Ich habe das Gefühl, ihr sagt einfach bloß "ja", damit ich ruhig bin!"
"Nein!"
"Gut. Wißt ihr noch, wie ich den Blinden geheilt habe?"
"Als wäre es gestern gewesen!"
"Aber über das Vergeben der Sünden unter den Menschen habe ich noch nichts verlauten lassen, oder?"
"Hast du!"
Langsam wurde es eng. "Sehet die Lilien ..."
"Hatten wir schon!"
"... die Vögel?"
"Fang jetzt nicht schon wieder mit Vögeln an!"
"Es war einmal ein König ..."
"Deinen Geschichten nach zu urteilen, waren schon tausend Könige ..."
"Weingärtner?"
"Millionen!"
"Reiche Jünglinge!"
"Bis zum Erbrechen! GOTTimhimmel, laß Hirn regnen!"
"Steigerung Erfolgschancen bei der Gebetserhörung!", rief ich triumphierend. "Von steigenden Erfolgschancen bei der Gebetserhörung hab ich euch noch nichts erzählt!"
"Scheiße, stimmt!"
"Komisch, daß ich rein zufällig beim dreizehnten Mal fragen ein Themengebiet anspreche, das wir noch nicht behandelt haben. Mich deucht, das ist ein Zeichen!"
"Wohl eher ein unglücklicher Schufall ...", moserte Judas, "... aber nun schieh bitte schu, dasch du in die *Huf*e kommscht!" (Diesen indirekten Vergleich meiner Person mit dem *Enfant terrible* aus GOTTes Sphären, sollten alle Jünger teuer bezahlen!)
Betont langsam begann ich und spruch:

"Vor langer, langer, genau genommen sehr, sehr langer Zeit - aber nicht bevor ZEBAOTH die Erde und den Himmel erschuf - und die Blumen, die Vögel, die Reptilien und Amphibien; lange nachdem der HERR die Säuger erschuf, den Menschen zuletzt, vorher aber noch Sonne, Mond und Sterne - vom Andromedanebel ganz zu schweigen - oder von den Kamelen, die nur in ganz besonderen Glücksfällen durch Nadelöhre passen, zum Beispiel in Fällen von Riesennadelöhren - oder in der Konsistenz von Hackfleisch, da begab es sich, daß auch die Fische im Meer - einer Riesenmenge des flüssigen, Salz enthaltendem Aggregatzustandes von Wasser - zwischendrin erschaffen wurden, mannigfaltig an ihrer Zahl, wie auch die anderen Lebewesen - oder die Steine oder der Sand oder so - und der HERR zu allen sprach: "Seid fruchtbar und vermehret euch, als gäbe es keinen beschränkten Lebensraum auf eurem Planeten!", da wurde im Laufe der Vermehrung der Menschen, die sich ja auch des Einfleischens geziemten wie die Omnipotenten, ein Mann geboren, der lange nicht wußte, welchen Beruf er ergreifen sollte.

Nachdem er jahrelang hin und her überlegt hatte, fiel ihm schließlich ein, daß Richter nicht der unangesehenste aller möglichen - sprich zur Verfügung stehenden - Berufe sei, derer ein junger, karriereorientierter Mann zu erlernen sich erdreisten könne. Als er es dann - nach der Studienzeit, die bei ihm länger dauerte als bei anderen, denn er ging ohne rechte Liebe zum Recht an seine Ausbildung - doch endlich geschafft hatte, sich "Richter" nennen zu dürfen, sprach er des öfteren Recht; manchmal aber sprach er auch Unrecht, denn er hatte die Paragraphen nicht so gut auswendig gelernt, wie man es von einem Richter eigentlich müßte erwarten können. Auch war er zu faul, im Zweifelsfalle das Gesetzbuch zu Rate zu ziehen, denn er wähnte sich in seiner Robe allmächtig. Eines Tages aber trat eine Witwe vor den Richterstuhl auf dem er saß, der war aus feinstem Ebenholze gefertigt, welches der HERR an einem besonders guten Tag während der Schöpfung ersonnen hatte, und sprach: "Schaffe mir Recht vor meinem Widersacher!"

Die Witwe aber war älteren Datums, und so hoffte der Richter, die Angelegenheit würde sich im Laufe der nächsten Wochen biologisch erledigen, ohne daß er sich eingehender damit beschäftigen müsse. Weit gefehlt hatte der Richter, denn der HERR ließ die Witwe altern, bis man sie auf den Gassen ihres Heimatstädtchens schon "Methusaline" rief, was aber nett und im Scherz gemeint war, denn alle mochten sie gerne, die alte, etwas sonderliche Greisin, die für jedermann oder -frau ein nettes Wort übrig hatte, genauso wie für die Kinder ein Lächeln und einen Dauerlutscher in Form eines sauren Dropses. Jeden Tag erschien die Witwe von nun an vor den Richter, ihm mit ihrer Beharrlichkeit bezüglich des Rechtsstreites gewaltig auf die Nüsse - welche gerufen werden *Pe*nüsse - gehend. Der Richter aber blieb lange Zeit unerbittlich. So lange, daß die Witwe schon zu fürchten begann, eher bräche das Jüngste Gericht als das weltliche über sie herein. Da aber geziemte SICH der HERR einer Einmischung, denn die Witwe wurde älter und älter. So alt, daß es selbst IHM bei kleinem schwer fiel, ihre morschen Knochen beieinander zu halten. Als es selbst dem HERRn nahezu unmöglich war, der fortschreitenden Osteoporose Einhalt zu gebieten, wandte ER SICH lieber dem Herzen des Richters zu, um jenes zu erweichen. So sprach jener schließlich zu sich selbst: "Bevor mir dieses alte, senile Mütterlein noch den letzten Nerv tötet, oder sie mir sogar etwas antut, will ich ihr lieber Recht geben, denn mich geziemt, noch länger unter den Lebenden zu weilen und er handelte also. Seht ihr, da habt ihr es nämlich! GOTT wird SICH nicht so lange nerven lassen, wenn einer Tag und Nacht zu IHM betet und IHN mit den unnötigsten Kleinigkeiten vollabert,

denn ER ist, wie ihr wißt, ein gnädiger und gar gerechter WELCHER."
Einige meiner Jünger hatten mitbekommen, daß ich mit meinem Gleichnis geendet hatte, und schickten sich an, die bereits entschlafenen zu erwecken. Flugs unterstützte ich dieses Treiben, in dem ich mit erhobener Stimme fortsprach: "Da waren auch noch der Pharisäer und der Zöllner, die ganz unterschiedliche Betstile draufhatten: der Pharisäer dachte nämlich immer, er wäre der mit Abstand tollste Hecht im Karpfenteich, und hatte deswegen auch keinerlei Skrupel, sich, den anderen Menschen und dem HERRn dieses mitzuteilen. Allerdings fiel er dem Irrtum anheim, der HERR würde das lecker finden, wenn sich einer dafür bedankte, daß er nicht zum Abschaum gehöre. So stand unserer Pari in der ersten Reihe des Tempels, und hob gar laut zu danken an: "Herr, du bist echt supi! Nicht, daß du mich, die Tiere, die Pflanzen und das Firmament erschufst - nein, du bist sogar so klasse, daß ich dich als "einsame Spitze" bezeichnen möchte, da du in deiner unergründlichen Güte auch noch die unbelebte Natur zum Leben erwecktest!"
(Ist Euch schon aufgefallen, daß ich, wenn ich die Paris reden lasse, den Namen des HERRn immer kleingesprochen schreibe? Ich finde, das sagt doch alles! Falls Ihr findet, daß das nicht alles sagt, will ich mich mal zu einer Erläuterung herablassen: Diesen Heuchlern fehlte einfach der Nötige Respekt vor IHM! Jetzt alles klar? – Oder erwähnte ich das (auch) schon?)
"Denn, Gott, du machtest uns Menschen, mich als einen der tollsten von ihnen, denn ich bin ja nicht wie die anderen, sondern ein ganz hervorragend gelungenes Prachtexemplar dieser meiner Spezies, was ich letztendlich dir verdanke; ich bin nämlich nicht so wie die ganzen Sünder - wie zum Beispiel dieser Zöllner ganz da hinten in der letzten Reihe, weil er sich keinen besseren Platz leisten kann. Aber zurück zur belebten unbelebten Natur: Dank deines Erfindungsreichtums kann ich Steine fliegen machen, auf daß sie die Sünder treffen! Ach, ich hätte nicht übel Lust, diesem Sünder da hinten sein Licht auszulöschen, und sei es bloß um deines Namens willen!" Nach einem Gebet dieser Art hatte der Pari es sich zur Angewohnheit gemacht, sich beifallheischend im Tempel umzusehen, bevor er mit einem mehr gegrölten als demütig geflüsterten "Amen" seine Unterredung mit GOTT zu beenden pflegte. Der Zöllner aber hatte Angst, daß der Pari ihn vor der Synagoge abpassen könnte, um Steine gegen ihn "lebendig" werden zu lassen! Also rief er in seiner Not: "HERR, sei mir Sünder gnädig!", und dann verließ er demütig das GOTTeshaus. Und, was soll ich großartig um den heißen Brei herumreden, dem Zöllner wiederfuhr kein Unheil, denn der HERR hatte den Pharisäer einen alten Klassenkameraden treffen und die beiden einen trinken gehen lassen, was dem aufmerksamen Zuhörer klarmachen dürfte, daß jemand, der sich selbst erniedrigt, erhöht wird; andersrum funktioniert die ganze Geschichte natürlich auch."
Jetzt schliefen doch alle (ich hatte eben eine sanfte Stimme!) und ich konnte mich in Ruhe über die Reste des opulenten Mahles hermachen, bis ich schier platzte.
- Mein Bauch schwoll an, wurde zu einem Ballon, mit dem man in die Atmosphäre hätte aufsteigen können. Mein restlicher Korpus Delikti eiferte ihm nach Leibeskräften nach und schließlich verstreute ich mit einem ohrenbetäubenden Getöse alle meine Organe in der Landschaft.
- Schweißgebadet erwachte ich aus diesem Albtraum und verließ das Etablissement. Gerade noch rechtzeitig stürzte ich ins Freie, bevor ich mich mit Schmackes übergab.
Ich würgte noch immer, daß es eine wahrlich Lust war, als mir ein Fliegenwegwedeltuch

gereicht wurde. Propi hatte mich doch nicht verlassen.
Unter Tränen der Demütigung und Übelkeit berichtete ich ihm von der heute erlittenen Schmach und Schande. Geduldig hörte er mir zu, unterbrach mich lediglich um ein verständnisvolles, "Ich weiß", oder ein, "Hab ich auch mitbekommen", zu hauchen. Unablässig streichelte er mir dabei den Rücken oder kraulte mir das schütter werdende Haupthaar. Nach so vielen Vertrauensbezeugungen konnte ich ihn, ohne ein Risiko einzugehen, in meinen Plan einweihen: er sollte ein Abendmahl vorbereiten, bei dem es lediglich Wein, Brot und Blutwurst gab. (Rache i*ß*t Blutwurst, habe ich doch gleich prophezeit!) Außerdem sollte er das Volk gegen mich aufhetzen und dafür sorgen, daß auch auf meiner Party eine holde Maid zum Salben dabei wäre. Die Fete sollte in Bethanien steigen, im Hause des Ex - Aussätzigen Simon (oder hieß *der* nun Petrus?), um die Kosten gering zu halten. Ich gab Markus meine letzten Silbergroschen, in der Gewißheit, *er* würde sie nicht veruntreuen, schon allein wegen folgender Geschichte, die mir spontan einfiel: "Höre und merke auf, oh Markus, denn wir sind nahe Jerusalem, einer Stadt, in der die Letalitätssterblichkeit (tolles Doppelmoppel, gell?) unter den Propheten im Laufe der nächsten Tage wieder steigen wird.
Es war mal einer, der gab dreien seiner Knechte diverse Zentner des Silbers. Einem jeden nach dessen Veranlagung, mit Barem umzugehen. Dem ersten fünf, dem zweiten zwei, dem dritten Knecht einen Zentner. Danach segnete er das Rurale. Etliche Zeit verstrich, in der die Knechte mit dem Silber nach ihrem Gutdünken verfahren konnten. Eines Tages kam der Chef wieder, um sie zur Rechenschaft zu ziehen. Und siehe da, fast ein jeglicher Knecht hatte den Zaster, den er erhalten hatte, verdoppelt. Und der Herr freute sich über die braven und frommen Leute, und versprach ihnen noch mehr. Der dritte aber war ein Schißhase gewesen und hatte den Schotter in ebensolchem verbuddelt, damit er nichts davon verlöre. - Aber so konnte er seinem Fladengeber immerhin die ihm ursprünglich anvertraute Summe zurückgeben."Herr ...", erklärte er sein Verhalten, "... ich weisch, dasch du ein knallharter Geschäftschmann bischt, und scho vergrub ich den Schotter in ebenscholchem, bevor er abhanden käme! Hier haschte´n Schentner, schei froh, dasch noch alllesch da ischt!"
Da tickte sein Boß end-aus und ließ ihn mal eben steinigen, weil er das Geld nicht mal der Zinsen wegen zur Bank zu bringen sich bemüht hatte. Dem aber, der aus seinen fünf Zentnern zehn gemacht hatte, übergab er auch noch diesen einen als Bonus.
"Denn wer schon viel hat, dem wird noch mehr gegeben!", sagte er, und sage auch ich!"
"Jesus ...", erklärte mir Propi, "... du brauchst mir nicht zu drohen. Wir brauchen auch nicht über die soziale Ungerechtigkeit zu streiten, die deiner Geschichte zugrunde liegt. Mach dir einfach keine Sorgen, ich werde das Kind schon schaukeln - besser als du es dir je erträumen könntest!"
Von Träumen hatte ich gerade sowieso den Hals voll (der üble Nachgeschmack des Erbrochenen klebte noch auf meiner Zunge), deshalb ließ ich es dabei bewenden.
Ich verabschiedete mich herzlichst von ihm, ging ich doch davon aus, ihn nie wiederzusehen ....
     Luk.11,33;15;15,11;16;17,5;17,20;18;18,9;19,11;Matt.25,14;

Sechsundvierzigstes Kapitel

Final countdown

Im Großen und Ganzen hatte ich getan, was zu tun in meiner Macht stand. Was noch fehlte, war ein furioser Abgang, der sich an Spektualität nie wieder würde überbieten lassen können!
TEN ...
Ich führte meine Jünger, ohne daß sie sich meiner Führung bewußt waren, durch die Städte und Dörfer. Wieder wandelte ich scheinbar ziellos umher, die Apostel im Schlepptau. In den Dörfern wollte ich den Grundstein für den Haß der Bevölkerung legen, den ich in Melasurejerusalem (einem Palindrom sondergleichen) auf die Spitze zu treiben gedachte. Ich redete den ganzen Weg lang kein Sterbenswörtchen, gab also nicht die Bohne eines Lebenszeichens von mir. Psychisch befand ich mich schon beinahe fast so gut wie ungefähr völlig jenseits von GUT und *böse* - das heißt, wohl eher jenseits von GUT, denn ich frönte der argen Gedankengänge nach *Herr*zenslust. Mord und Totschlag, Steinigungen inklusive und den Ehebruch vermittels Gewaltanwendung erzwingende Phantasien entwarf mein Ge*herr*n in den schillernsten Farben und Locken. (Wortspiele - ich *endlich* mal wieder ich selbst, mich auf den Basen meiner Existenz selbst neu erschaffend und –gründend!) Dennoch erheiterten mich solcherlei Gedanken nur streckenweise, denn ich war mir nach wie vor im klaren darüber, daß ich zu sterben hatte, um mich zum anbetungswürdigsten Idol erhöhen zu lassen. Noch hatte ich ein wenig Angst vor dem Tod; versteht mich nicht falsch - der Tod selbst war mir (Stern - (zu Bethlehem?)) –schnuppe (huiuiui), aber die Art des Sterbens war mir noch lange nicht einmal halb so egal! Ich konnte - nein, ich *durfte* mich nicht selbst erhöhen, das hätte ja meine eigene Erniedrigung bedeutet! Ich mußte mich erhöhen lassen!
Da gab es aber Problemchen, die gelöst werden wollten (und mußten!): von meiner Holzallergie einmal abgesehen, waren Lebewesen, die am Holze zu Tode gebracht wurden, nicht sonderlich beliebt. (Versteht das jetzt nicht falsch! Gesteinigt, oder den Löwen zum Fraße vorgeworfen zu werden gehörte einfach zu den Todesarten, die dem Verurteilten sagen sollten: "Hey du, irgendwie haben wir immer noch ein bißchen Respekt vor deiner unseligen Erscheinung!" Aber am Holze aufgehängt zu werden, war das Letzte, worum sich die Delinquenten in spé rissen! Es galt selbst unter den Aufgehängten als Privileg, nur am Halse aufgehängt zu werden; immerhin kam man mit dem Holz nicht *direkt* in Berührung.) Aber als erster Märtyrer der Weltgeschichte gedachte ich, mein Dahinscheiden ad absurdum zu treiben. Wenn schon, denn schon! Es war also beschlossene Sache: ich wollte gekreuzigt werden. (Außerdem konnte man am Kreuz die schöne Aussicht viel besser genießen, und man hatte nicht einen so furchtbar langen Weg bis ins Himmelreich! Man kam dem HERRn ja schon zu Lebzeiten etwas entgegen!)
Ich beendete die Konversation mit meinem H*i*R*n*, und wandte mich meinen Jüngern zu: "Wisset, daß in ein paar Tagen "Passah", was später "Ostern" heißen wird, ist - denn ich bekomme gerade verdammt dicke Klöten - und ich gekreuzigt werden werde!"
(An dieser Stelle muß ich Matthäus tadeln; er als alter Zöllner hätte den Umgang mit Zahlen (auch ungenau definierten) eigentlich gut genug beherrschen müssen, um nicht aus "ein paar" kleingeschrieben, "ein Paar" GROSSGESCHRIEBEN zu machen! Kein Wunder, daß alle nur bedingt in Zungen sprechenden Schreiberlinge daraus "Zwei" Tage machten. Jaja, das NT ist

auch nicht gerade unbedingt das Buch der Bücher ....)
Meiner Apostel keiner zollte dieser meiner Bemerkung Beachtung; hatte ich meinen Tod vielleicht zu oft vorhergesagt?
"Diesmal meine ich das in echt! Ich werde gekreuzigt werden, versprochen!"
"Ja klar, und nach dreizehn oder soundsoviel Tagen wird des Menschen Sohn wieder auferstehen! Oder haben wir da was falsch verstanden?"
"Das ...", wehrte ich mich, "... versteht ihr jetzt noch nicht; aber wenn die Zeit reif ist ...!"
"O.K. wir werden uns daran erinnern!", versprach mir Jacko. Und Thomas fügte hinzu: "Obwohl ich in diesbezüglich doch so meine Bedenken habe ...."

Matt.26

... NINE ...

Ich war noch beleidigt, als wir endlich die nächste Stadt enterten. (Fragt mich bitte nicht, wie die hieß; ich bin auch nicht *all*wissend - obwohl ich mich mit Sternen ganz gut auskenne - manchmal! Meistens nur dann, wenn ich sternhagelvoll bin – haha!)
Es schien mir aber irgendwas in der griechischen Ecke von Israel zu sein, denn alle Worte und Namen endeten mit -is oder -os oder sonst irgendwelchem irrsinnigen Zeug. Irgendwann kamen auch Phil und Andi angelaufen (nicht Jacko?) um mir mitzuteilen, daß ein paar (kleingeschrieben) Griechen (GROSSGESCHRIEBEN) mich zu sehen wünschten, um vornehmlich meinen vorzüglich gewählten Worten und Gleichnissen zu lauschen, von denen sie schon so viel gehört hätten, daß sie ihnen beinahe aus den Ohren herausquollen.
"Aber einer geht noch rein!", sagten sie, mir den berühmten griechischen Roten reichend.
Naja, ich war ja kein *Un*menschensohn ....
"Dos Menschensohnis wird erhöht werden damit eros verHERRlichossis werdis ..." Bekloppte Zungen! Ich beschloß, meine Rede in gutem alten Hebräisch zu beenden, lang sollte sie eh nicht währen.
"Wenn das Weizenkorn nicht in die Erde fällt und stirbt, dann isses tot. Wennes aber inne Erde fällt und sterbselt, dann krichtes Kinder wie die Karnickel. Wer sein Leben auf dieser Welt hasset, dem geht es später supi, den anderen nicht so sehr. Wer mir dient, hat später gute (Platz) Karten beim CHEF. Jetzt fühl ich mich nicht gerade so subbagut, aber det macht nischt, denn ich bin ja gekommen, um die Welt zu erlösen. Sollte ich auf Knien rumwinseln und flehen: "DAD, mach jetzt keinen Quatsch mit mir!"? Wahrlich, ich sage euch: "Fleutschepiepen"! VATER ...", rief ich lauthals hinaus ins Firmament, "... laß mich sterben, um paradoxer Weise DEINEN Namen als allmächtiger und *liebender* GOTT den Menschen zu verHERRlichen!"
Eine laute Stimme sprach: "Ist gebongt!"
Ich stand, wie auch die alten Griechen, wie vom DonnerGOTT gerührt da. Natürlich entstanden die kontroversesten Diskussionen ob der Herkunft der Stimme, einige glaubten an Engel, andere an DEN, von DEM ich mich gerührt fühlte, andere wiederum hielten Massensuggestion für die wahrscheinlichste aller möglichen Erklärungen.
(Später stellte sich heraus, daß sie Recht hatten: Propi hatte die "Flüstertüte" erfunden und aus einem gut versteckten Eckchen heraus benutzt.)
Das Volk, Griechen all included, merkten an, daß sie gehört, ja teilweise sogar gelesen hätten, der Christus bliebe ewig.
"Werd ich ja auch tun ...", zerstreute ich die Zweifel der massenhaften Ansammlung von

Thomassen, "... glaubet an das Licht, dann könnt ihr gut sehen! Wer Augen hat, der sehe!" Danach hob ich mich hinweg vor ihren Augen, auf daß sie nicht wüßten, ob sie noch welche hätten! Ätschibätschi, angeschmiert mit Klopapier!

Joh.12,20

... EIGHT ...

Glaubte natürlich keine Sterbensseele, die sie alle waren! Aber ich hatte sie verwirrt, und hörte aus einem Versteck ihren Diskussionen zu. Das Volk war (zu Recht) aufgebracht und diskutierte angeregt die von mir den Raum geworfenen Thesen. Einige (wenige) waren von der Richtigkeit des von mir Kundgetanem überzeugt, andere weigerten sich hartnäckig, auch nur das Tüpfelchen auf dem "i" des von mir so gern benutzten Schlagwortes "wahrlich", als real anzusehen. Sogar ein paar der Obrigen hatte ich mittlerweile soweit, daß sie an mich glaubten, was sie aber niemandem verrieten, denn das hätte Zoff mit dem Rest ihrer Zunft gegeben; darauf hatten sie absolut keine Lust, denn sie wollten es sich lieber zu Lebzeiten gutgehen lassen, als erst im Tode. So entstand mit der Zeit ein solches Durcheinander, daß es mich unmöglich im Verborgenen hielt; ein bißchen Chaos wollte ich in das vorhandene Tohuwabohu bringen. "Guckuck ...", rief ich, (manchmal können auch Vögel in Zungen sprechen!) "... da bin ich wieder! Wer an mich glaubt, der glaubt nicht an mich! Wer meine Worte hört, der hört mich nicht! Wer meine Worte befolgt, der befolgt sie nicht! Und wen ich wegen Nichtbeachtung meiner Worte nicht verurteile, den verurteile ich nicht. Denn das macht alles der VATER, DER mich zu euch gesandt hat, denn ich bin das Licht, sozusagen, damit ihr klar seht, trotz Finsternis und Frierens. Ich bin im Grunde genommen nur das Sprachrohr DESdaobenimhimmel."
Das Volk aber war ob meiner Worte voll des Unglaubens, ein Ding, daß ich - tut mir Leid - beim allerballerbesten Willen nicht verstand.

Joh.12,36

... SEVEN ...

"So, Kinder, es naht die Zeit der ungesäuerten Brote und des Opferlamms, ich will mir noch mal so richtig den Bauch vollschlagen, denn so bald werde ich von den irdischen Genüssen des Fleisches nichts mehr haben. Johannes und Petrus, kommt mal bei mich! Ihr zwei beiden geht jetzt in die Stadt, dort wird euch ein Mann begegnen, der einen Wasserkrug trägt." (Blieb zu hoffen, daß ich nichts durcheinander gebracht hatte: ich hatte doch mit Propi das Zeichen des Wasserkruges vereinbart ..?) "Dem folgt bis zu seinem Hause und sagt: "Der Meister will hier mit seinen Jüngern ein allerletztes Abendmahl zu sich nehmen; wir kommen ungefähr so zwischen sieben und neun Uhr abends." Und dann kommt wieder zurück."
Die beiden waren flugs vor meinen Augen hinweggenommen, mit den anderen Zehnen wollte ich einen kleinen heben. Judas fehlte. "Wo ist der denn nun schon wieder?", wandte ich mich, um Auskunft bittend, an Jacko. "Keine Ahnung ...", gab dieser zurück, "... ich glaube, der wollte noch mal in die Stadt. Sagte irgendwas von einer Überraschung, wir "schollten" hier auf ihn warten." Ich hätte vor Wut über Judas´ Unverschämtheit und über Jackos mangelndes Informationsvermögen aus der Haut fahren können! (Merkwürdig, wie ein doch so kleiner (wenn auch destruktiver Natur seiender) Plan die Lebensgeister zu reaktivieren vermochte .... Das bisher vorhandene Desinteresse an allen Vorgängen des Lebens mußte von mir immer verschärfter zur Schau gestellt werden, wollte ich mich nicht verraten. (Das sollte ja ein anderer tun!) Ich hatte da schon jemanden auf dem Kieker ....)

Statt meinem ursprünglichen Instinkt zu folgen, winkte ich (mich selbst?) beschwichtigend ab: "Na, wenn schon ...". Meine Jünger tauschten überraschte Blicke aus; wahrscheinlich hatten sie mit einem Wutausbruch gerechnet. Wir flezten uns unter einen Maulbeerbaum und harrten auf der "Ausgesandten" Wiederkehr, genüßlich (aber in Unmengen – zumindest was mich betraf) das gegorene Blut der Reben schlürfend. (Ein tolles Bild, ich gedachte, es früher, denn ein "Später" würde es nicht mehr geben, anzuwenden.) Auf diese Art vertrödelten wir den Tag, bis so um die dritte Stunde des Nachmitdiems. Da war nämlich der Wein alle, was in mir den Wunsch weckte, eben noch auf die Schnelle im Tempel vorbeizuklauen. Ich hieß die anderen Jünger an, hier zu warten, bis ich einst wiederkäme. Ihre Frage nach dem *wann* beantwortete ich mit: "Wahrlich, nur der HERR allein kennt die Stunde meiner Wiederkehr, aber ich glaube, es wird nicht lange dauern; übrigens - erwähnte ich dieses euch gegenüber aber nicht schon des öfteren?"

Matt.26,17;Mark.14,12;Luk.22,7

... SIX ...
Der Opferstock war nicht so prall gefüllt - aber, was hatte man am Donnerstag Nachmittag schon Großartiges erwarten wollen? Ich betete erst ein bißchen - die Lage sondierend. Ein Dankesliedchen pfeifend schlenderte ich wieder auf den Ausgang zu, am Opferstock vorbei. Aber - ich weiß nicht durch welchen Zufall - meine Hand bereitete mir Ärgernis: sie ergriff einfach die Münzen! Hätte mir jemand eine Axt gegeben, ich hätte mir die schlimme (Un)rechte (welch verwirrend Wort- und Gedankenspiel!) sofort abgehackt; das allerdings wäre dann kreuzigungstechnisch ungünstig gewesen ..; also sollte meine Hand am Kreuze (richtig *auaaaa!*) für diese Missetat büßen! Ich beschimpfte sie eingehend: "Du böse, böse Hand du!"
Im Freien, klopfte mir eine alte Frau auf die Schulter, wozu sie sich ganz schön strecken mußte: "Sach ma´ Söhnchen, haste nich´ jrade wat ausse Synajoje jeklaut? Det war immahin mein Scherflein, also jib det zurück, oda ick werd saua!"
Na, was wollte dieses Hutztelweibchen mir schon Verwerfliches antun? Ich stieß sie bei-, zu und in die Seite, und sah zu, daß ich hinweggenommen wurde, bevor die - durch ihr Geschrei mobilisierte - Masse mich zu ergreifen vermochte.
Boa, ich war eben nicht mehr der jüngsten Einer; voll aus der Puste kam ich unter dem Maulbeerbaum an. Nachdem sich mein rasend HERRzilein beruhigt hatte, schickte ich, ihnen meine Beute überreichend, die inzwischen eingetroffen seienden Apostel Johannes und Simon wieder los, um Wein zu kaufen; sie sollten mir später erzählen, ob ihre Mission den von mir gewünschten Erfolg eingebracht hatte. Während ich auf die Ankunft des Gegorenen wartete, trudelte auch Judas wieder ein, ein dickes Paket unter dem Arm habend, in dem "eine gansch tolle Überraschung" für mich drin sein sollte.

Nicht überliefert

... FIVE ...
Johnny und der andere hatten nicht untertrieben! Als wir gegen 20.30 Ortszeit ("Tschulligunng, wia hamm ´nnn Busss vabasssst ...") den für uns bereiteten Festsaal (mit integrierter Kegelbahn) betraten, konnte ich echt nur "Boa,ey!" sagen. Vor allem, weil die Einrichtung super war - das bereitete Mahl allerdings spottete jeder Beschreibung: Brot, Wein, Blutwurst. "Denn die Rache ist MEIN, spricht auch schon der HERR!", trumpfte ich auf, als ich die enttäuschten Gesichter meiner Apostel sah! Just als ich die Gelackmeierten zu Tisch bitten wollte, betrat Judas (zu spät

– typisch) den Saal. Er hatte ein albernes Mützchen auf, das am Ende spitz zulief und in einem Bömmelchen endete. Seine Manschetten waren, wie sein Kragen, mit Pelz benäht, trotz des vorherrschenden subtropischen Klimas. (So beknackte Klamotten hatte ich seit meinem dreizehnten Geburtstag nicht mehr gesehen - ***Satandübel***, war ich sauer!)
"Ho - ho - ho ...", rief er, "... euch allen wünsche ich ein froheseh Fescht! Und fallsch der Heiland wieder scho viel reden schollte, wasch GOTT (oder ich) verhüten möge, wünsche ich euch auch eine geschegnete Chrischt - Mesch."
(Der Mann markierte hier nicht bloß den Pausenclown, nein, er war drauf und dran, mir die Show zu stehlen!)
"Wie rechtfertigst du das "Mess"? Ich meine, rein etymologisch", frug ich ihn.
"Häh?"
"Kommt das sprachgeschichtlich von Message oder von Messias?"
Judas fehlten die Worte; Pech für ihn, denn ich stauchte ihn weiter zusammen:
"Und was ist das für eine alberne Aufmachung?"
"Oh ...", sagte Judas, sich um die eigene Achse drehend, "... schick, ne? Ich nenne dieschesch Koschtüm "Weihnachtschmann"! Der kommt immer an Weihnachten, um Gutesch schu tun - natürlich tut er dasch, damit schich die Menschen an dich erinnern, denn du hascht ja auch immer und überall nur Schupergütigesch getan - von ein paar kleinen Patschern einmal abgeschehn. Aber, dasch nimmt dir beschtimmt niemand krumm, denn du bischt ja auch nur ein Menschenschohn!"
Ob dieser "Dreischtigkeiten" war es nun an mir, jeglichen Wortschatzes verlüstig zu sein.
"Diesche Verkleidung trage ich auch blosch, weil esch erschtensch schon dunkel ischt, und schweitensch, scho wie ich die Dinge hier schehe, esch schowiescho nischtsch Vernünftigesch zu eschen gibt. Hey, ich weisch, wie wir dieschen Abend nennen: in doppeldeutigem Schinne scholl diesche Nacht von nun an Fascht-Nacht heischen - *natürlich nur schu **deinem** Gedenken, alter Schocken und Schwede!* Guck mal, ich bin vielleicht manchmal ein Arschloch, dafür aber ein nettesch!"
"Aha!", bemerkte ich trocken. "So ist das also!"
"Ja, scho ischt dasch alscho!"
"Gut! Dann kommen wir jetzt zur Platzverteilung am Tisch. Bevor ihr mich wieder erhöht, was von euch nett gemeint ist, machen wir das heute ein bißchen anders."

Nicht überliefert

... FOUR ...

Ich hatte den Tisch quer in den Raum stellen lassen, jetzt konnten *alle* am oberen Ende der Tafel Platz nehmen, allerdings *mußte* einer, "aus Gründen der begrenzten Räumlichkeit", wie ich vorgab, am unteren Ende sitzen. Ratet mal, wer.
Judas´ Vorschlag, eine "Reische nach Damaschkusch" sollte doch über die Sitzordnung entscheiden, lehnte ich kategorisch ab. "Außerdem kenne ich dieses Spiel nicht!" (Log ich munter vor mich hin ...!)
Selbstverständlich hatte ich auch eine Überraschung zur "Faschtnacht" vorbereitet. Ich legte erst einen 1A Strip hin (Johnboy verschlang mich mit Blicken), und mir dann einen Lendenschurz um. Gekleidet wie "Tarzan" (wer auch immer das sein mochte), ergriff ich eine Wasseramphore und begann, allen die Füße zu waschen. (Mein Ding war das zwar nicht, aber ich

wollte damit symbolisieren, daß der HERR auch Fußfetischisten lieb hat.) Irgendwann gelangte ich auch zu Simonpetrus (?), der sich aber meiner Dienstleistung verweigerte: "*Du* wäschst mir nicht *die* Füße!"
(Erst wollte ich ihn fragen, ob er denn noch ein Ersatzpaar dabei hätte - das wäre lustig gewesen; aber ich wollte mich doch erniedrigen!)
"Wenn ich dir nicht die Füße wasche, dann bist du nicht von meiner Truppe!", sagte ich. "Was ich jetzt tue, verstehst du nicht, aber später wirst du es verstehen, das tut mir nämlich mehr weh als dir!"
"Nunan ...", sprach der Belehrte, "... wenn das so was wie ´ne Mutprobe ist, um in deine Bande aufgenommen zu werden, dann wasch mir auch den Kopf - und die Hände - und meinen langen ...."
"Laß gut sein! Ansonsten bist du schon mehr als sauber genug!"
Ich fuhr mit der Fußwaschung fort - und trocknete auch allen die Latschen mit meinem Lendenschurze ab - allen, außer Judas! Klar, wie das "So sei es" im Tempel.
Der Schurz war durchweicht, ich zog mich wieder an und sagte: "Das was ich euch getan habe, praktiziert auch untereinander! Fußliebhaber sind bei GOTT gern gesehene Gäste."

Joh.13

... THREE ...

Tja, meine Jünger wollten sich gerade aufs Brot stürzen, da betrat eine Frau den Raum, die mein Haupt *und* meine Füße mit *paarzeher*teurem (es machte sich also bezahlt, daß Propi am Spanferkel und den anderen guten Speisen gespart hatte) Öl begoß und salbte. Als sie damit fertig war, verschwand sie wieder. Judas, der von der abgekarteten Sache natürlich ebenso wenig Ahnung hatte wie die anderen Jünger, riß zuerst die Klappe auf, sich meiner Unterstützung zwar nicht sicher seiend, aber in diesem speziellen Falle doch wenigstens darauf spekulierend: "Für scho´ne Pulle Öl musch ´ne alte Frau lange schtricken. Alscho, wirklich, Jeschusch, dasch Geld hätte man doch auch schinnvoller ...."
Weiter ließ ich den Spekulazius (diese Wortspiele ..!) nicht kommen.
"Haaaaaltdiebackn!", fuhr ich ihm dazwischen. "Diese Frau hat mich lieb, und sie weiß sehr wohl, weshalb sie mir dieses zukommen läßt! Wenn ich nämlich erst einmal tot bin, habe ich nichts mehr von ihren Zuneigungsbezeugungen. Außerdem ...", fügte ich, die wenig wohlwollenden Minen der anderen bemerkend schnell hinzu, "... war das garan*tier*t meine letzte Ölung!"
Irgendwie guckten alle wahnsinnig betroffen aus der Wäsche; so langsam fingen sie wohl an, meinen Worten zu glauben. Aber ich, ich hatte noch lange nicht genug!

Matt.26,6;Mark.14,3

... TWO ...

"Wir haben Hunger, Hunger, Hunger, haben Hunger, Hunger, Hunger, haben Hunger, Hunger, Hunger, haben Durscht ..." (Denen fiel wohl *auch* nichts Neues mehr ein ...!)
Sie trommelten mit den Fäusten auf den Tisch.
"Ruuuuuuuuuuuhe!" (Ha! Für jeden Apostel ein "u"! Das sollte mir erstmal jemand nachmachen!)
Na also, es ging doch! Sie waren augenblicklich so still wie die Mucksmäuschen.
"*Erst* wird gedankt, *dann* wird gegessen! Das gilt ab heute und für immerdar!"
"Oooooch neeee!"

"Ooooooooooooch jaaaaaaaaaaaa!"
Ich nahm das Brot, brach´s und dankte DAD. Anschließend reichte ich einem jeden einen Brocken, dabei erwähnend, sie sollten sich vorstellen, es handele sich dabei um meinen Laib, der für sie zerbrochen würde. Sie sollten so was in Zukunft öfter machen, und wenn, dann nur, um sich meiner zu entsinnen. (Judas war sauer, weil er das kleinste Stückchen meines Laibes abbekam. Ihm "schtünde eigentlich dasch gröschte schu" ....)
Johannes - ich hätte mir den Strip verkneifen sollen - kuschelte sich an meine Brust. Ich mußte ihn loswerden.
"Einer von euch wird mich verraten.", bemerkte ich, scheinbar beiläufig. Alle fuhren in die Höhe, nur Johnny knabberte verliebt an meinem Laib herum. Trotzdem war er es, der zuerst aussprach, was alle dachten: "Echt jetzt?! Aber wer?"
"Der, der sein Brot mit mir zusammen in die Schüssel mit der Blutwurst taucht!"
(Die Wurst war aufgrund der Witterung schon ein bißchen ... weich geworden!) Ich aß nach HERRzenslust, denn Brot war massig da. Aber keiner traute sich, mit mir gemeinsam einzutunken; ich hätte dieses Spielchen noch in alle Ewigkeit weitertreiben können (wahrlich!), aber irgendwann übermannte Judas der Hunger:
"Und... ", fragte er, "... bin ich´sch alter Rabbi und Schwede?"
"Dasch hascht du geschagt!", äffte ich ihn nach, schon allein deshalb, weil er mich immer noch "Schwede" nannte.
"Und wenn schon ...", winkte er ab und kratzte den verbliebenen Rest Wurst aus der Schüssel, "... ich hab Schmacht!"
Die anderen waren happy, wähnten sie sich doch als dem Schicksal Entronnene. Gierig rissen sie die Münder auf, um sich das Trockenfladen reinzutun, aber ich unterbrach sie:
"Nein! Nicht jetzt! So haben wir nicht gewettet! Jetzt ...", ich wischte mir den Mund ab, " ... jetzt wird erstmal gedankt!"
"Hatten wir schon!" - Judas!
"Mag sein, aber nur für Brot und Wurst. Jetzt danken wir für den Wein."
"Na, wenn´sch unbedingt schein muß ...."
"Es muß! --- Danke, für den Wein!"
"Bitte!" - Judas gute Laune ging mir gewaltig auf die Nüsse. Der würde, wenn er so weitermachte, dieser "Feier" jegliche destruktive Stimmung nehmen. Das wäre ja noch schöner, wenn sich die Christen später freuen würden, wenn sie in ihren Kirchen säßen und das "Heilige Abendmahl" nachzelebrierten! Nee, also wahrlich, das hatte ich mir anders vorgestellt! Womöglich fing der Typ noch an, ein lustig Lied zu singen ....
"Das ist mein Blut (hach, ich wußte, ich würde *diesen* Vergleich mehr als ein Mal gebrauchen!), das für euch vergossen wird. Nun frönet dem Vampirismus! Aber nur, wenn ihr dabei ganz, ganz dolle an mich denkt!"
Judas, der, ich glaube, ich erwähnte es schon, ganz am Ende der Tafel saß, bekam nicht einen Tropfen ab. Nachgeschenkt wurde - auf mein Geheiß hin - nämlich nicht.
Jetzt endlich war "Juda(r)s(ch)" (nein, diese Wortspielchen!) stocksauer! Wutentbrannt baute er sich am Tischende auf: "Wenn dasch scho ischt, dann feiert doch alleine weiter! Ich hab deine Fakschen schowiescho schon länger dicke! Echt manchmal hätte ich nicht übel Luscht, dich ...", er ließ den Satz leider unbeendet. *Das* interessierte mich in diesem Moment wirklich, wozu er

manchmal nicht übel "Luscht" gehabt hätte! So reagierte auf die mir dargebotene Aggression ebenso - wie man in den Wald reinschallt, so ruft´s auch heraus! (Hach, immer noch zu Wortspielchen aufgelegt; ich, ne, echt! Also ich, in dieser für mich doch recht bedrohlichen Situation, noch immer den Scherzkeks raushängend ... Irgendwie war ich schon toll!)
"Du könntescht wasch?"
"Schag ich nicht!"
"Weil du´sch nämlich man schelber nicht weischt!"
"Weisch ich man wohl!"
"Nee - hee!"
"Man do - hoch!"
Ich wurde wieder ernst: "Dann verrat´s mir doch!"
"Genau!"
Ich wußte nicht (leider eben nicht so) genau worum es ging, hatte aber das Gefühl, daß meine Strategie aufgehen würde.
"Mach doch, was du willst ...", brüllte ich ihm hinterher, "... aber, verdammt noch mal, tu wenigstens überhaupt mal was!
"Werd ich auch!", hallte es durch die von ihm mittlerweile zugeknallt worden seiende Tür.
"In Ordnung, ey! Aber vergiß nicht: Wasch du heute kannscht beschorgen, dasch verschiebe nicht auf morgen!" (- Manschmal konnte ich ja schooooooooooon (ein "o" weniger als sonst!) gemein schein ... eine richtige Schau ....)
Und damit war er weg! Endlich war Ruhe. Jetzt konnte ich mich ganz gemütlich mit den anderen anlegen.

Matt.26,20;Mark.14,17;Luk.22,14;Joh.13,21

... ONE ...

Wir hatten uns satt gespiesen, nur Johnboy lutschte noch an dem Teil des Brotes herum, den er wohl für das Äquivalent meiner erogenen Zonen hielt. Außerdem nuckelte und saugte er seinen Wein durch einen Strohhalm ein, den er sich mal tiefer, mal weniger tief in den Rachen schob. Zum x-ten Mal schlürfte er die letzten Tropfen aus dem Becher - ich fühlte mich ziemlich ausgelaugt.
"Noch jemand´n Schlückchen "Blut" von mir?", fragte ich, nach einer Amphore greifend.
"Blut?" Er schien wirklich überrascht zu sein. "Also, Jesstortie; ich dachte immer ... Ich habe mir immer was ganz anderes darunter vorgestellt ...."
(Wenigstens sprach er noch normal; nicht in diesem weibischen Dialekt.)
"Ja, so siehst du auch aus! Also hier, bitteschön ...", ich schenkte (ohne ihm sein Haupt zu salben) voll ein. So steht es nämlich geschrieben in den Psalmen, wenn ich mich recht entsinne. Irgendwie war ich nicht (mehr) besonders bibelfest; peinlich. Mein Gedächtnis war eben nicht mehr das, was es mal gewesen war. Tja, der böse *Geist* des Vergessens ....
(Aber *Ihr* wißt bestimmt noch von meiner hin und wieder auftauchenden Unpäßlichkeit....)
- Wie dem auch war, Johannes lutschte weiter seinen Wein, während er mir parallel die Hemdbrust mit (durchweichten) Fladenbröckchen übersäte. Ich schubste ihn von mir herunter, und sein Kopf knallte auf den Boden. (Mittlerweile lagen wir mehr zu Tische, als daß wir saßen.)
"Hast du mich denn nicht mehr lieb?"
"Klar!"

"Ach ...", rief Simonpetruswasweißich, "... seit wann hast du den denn wieder mehr lieb als uns? Ich denke, vor dir sind wir alle gleich, weil, wie du sagst, du doch im Grunde genommen die rechte Hand GOTTes bist, wenn nicht sogar SEIN Sohn?"
Ich erinnerte mich (ein Wunder?) an den Tempeleinsatz von heute nachmittag. Ich, GOTTes rechte Hand? Deswegen hatte mir der HERR niemanden mit einer Axt geschickt! So verhielt sich das also. Schapitze!
"Regt euch ab, vor allem du Simondingsbums! Ich habe euch alle gleich lieb, auch wenn euch hin und wieder der **Teufel** reitet. Aber ihr sitzt alle auf den Thronen neben mir - also, im Himmelreich - um die zwölf Stämme Israels zu richten.
"Waren das nicht dreizehn Stämme?", fragte Jacko, der zwar ein hervorragender Informant, aber ein lausiger Geograph war.
"Und wenn schon ...", erwiderte ich, in meiner nicht enden wollenden Weisheit, "... aber das wird sich mit der Zeit schon ändern, denn "Judasch" kommt nicht wieder, und dann würde mir ja ein Richter fehlen!"
"Und was ist mit IHM? Ich kann mir nicht vorstellen, daß ER kein Richter sein will!", gab Thomas zu bedenken.
"ER ist der oberste Richter! Aber zurück zu dir!" Ich sah Simonpetrusundsoweiter scharf an. "Hast du vielleicht das letzte Stückchen Brot genommen?"
"Nein!"
"Aber den letzten Wein hast du ausgetrunken!"
"Nie!"
"Auf jeden Fall ist der alle, und du hast versprochen, neuen zu holen!"
"Hab ich gar nicht! Rabbi, du bereitest mir Ärgernis ..."
"... und das nicht zum letzten Mal in dieser Nacht!" Ich beendete seinen Satz, wohlwissend, was ich noch zu sagen hatte; es sollte keine Zigarette, oder, wie wir es damals noch nannten, keinen Jeint lang dauern:
"Du, mein HERRzallerliebster, wirst mich noch heute Nacht so was von verleugnen, daß es den Engeln im Himmel das Wasser in die Augen treiben wird. Du wirst - entgegen meines diesbezüglich ausgesprochenen Gebotes - mindestens dreimal leugnen, mich überhaupt zu kennen! Deine Lügerei hast du ja schon seit längerem drauf!"
"Stimmt ja gar nicht!"
"Siehste, schon wieder!"
"Heiland ...", er salutierte sogar (das hatte ich schon lange nicht mehr gesehen), "... ich schwöre, ich würde sogar für dich sterben!"
Die anderen begannen zu bezeugen, daß auch sie sich - gesetzt des Falles meiner Kreuzi-(autsche!)gung - ebenso zu verhalten gedächten. Simonhieräh meinte, er würde sich sogar vordrängeln, wenn es darum ginge, daß einer für mich sein Leben gäbe.
"Wer´s glaubt, wird selig!", thomaste ich. Mir ging diese Diskussion langsam auf die Nerven; außerdem hatte ich - passend zur "Faschtnacht" noch einen Showteil vorbereitet.
Ich beschwichtigte alle damit, daß ich die von Judas liegengelassenen Sachen anzog. Ich hatte auch schon, so was ahnend, zwei weitere Zipfelmützen von Propi mitgebracht. Nun trug ich alle drei gleichzeitig so, daß ich scheinbar eine Kappe mit drei Zipfeln aufhatte. Schnell war ein Hocker auf einem der Beistelltischchen plaziert, und ich hatte meine "Kanzel". Irgend jemand

(Propi?) hatte in der Küche aus Wasser Wein gemacht und nun konnten wir uns nach Strich und Faden dichtzechen, während ich meine "Abschiedsreden" hielt. Allerdings litt die ursprünglich geplante Ernsthaftigkeit extrem unter meinem Alkoholkonsum:
"Des ane Ding, dess saache isch, dä HÄ väHÄLLischt so gänn misch!
Damits aach annersrum geschähe, muß isch jätz ma kozz dahin gähe,
wohin mer kaanä folge ka - des Ding haaßt nämmisch Golgertha.
Des is zwa nisch dä beste Raim, doch solls aach net dä letzte saain."
Hinter mir flog die Tür auf, und eine (von Propi organisierte?) Kapelle spielte einen Tusch: TÄRÄ - TÄRÄ - TÄRÄ! Ich ließ mich dadurch nicht aus der Fasson bringen - im Gegenteil - jetzt legte ich erst richtig los! Irgendwie hatte mich die "musikalische" Untermalung meiner Worte "multiviert". Ich war der Anfang und das Ende, Alpha und Omega, ich war omnipotenz. (Noch so ein Wortschapiel; haha!)
(Jetzt zitierte ich das, was von Euch Sterblichen "Original nach Luther" genannt wird: Johannes, Kapitel 14, erster Vers; leider ist der Reim nicht ganz so trefflich überliefert - schade eigentlich!)
"Euä Häzz äschräcke nisch - glaubet an GOTT - und glaabt an MISCH!"
(Jetzt wieder das *wahrliche* Original.)
"Dä HÄ hat viele Buddzn frei, isch mach sie klaa, ia said dabei.
Dann kennt ia aach im Himmel wohne - die Buddzn hamm soga Balkone.
Dann kennt ia aaf die Ääde gucken - doch soll dä Streß eusch nisch mä juggn!"
(Tusch.) Fragt mich einer, dessen Name mir gerade nicht einfiel:
"Die Räd is lüstich - ich gönnt bissen - doch wöher soll´n dänn Wäch wia wissen?"
(Tusch! - *Tusch*???)
"Dain Schäzz, dä waa nisch so dä Raissä - isch selber, Mänsch, bin dä Wächwaiser!
Isch bin Wäch, Waahait un´ das Läbm, ain annern Wäch kanns gaa net gäbm,
isch saach´s schon wiedä: fürwaalisch, zum HÄNN kommt kainer, dänn dosch misch.
Dänn wä misch sieht, dä sieht ´n HÄNN, drum hat Johannes misch so gänn."
(Tusch.)
"Bin isch nisch mä, denn blaibt nuä GOTT, und außädämm auch der Ha Jott
denn isch wädd bald am Kreuz gerischtet, kozzum, main Lebn wädd vänischtet,
des g´schiet zwaa nisch uff ´m Schaffott, doch bleibt eusch immä dä Ha Jott!
Und laidet iä an Amnesie - eh, der Ha Jott vägißt eusch nie!"
(Tusch.)
"Auch Frieden will isch eusch gänn gäbm, genauso wie dänn Wäch zum Läbn.
Am Redn misch faßt nischts mä hällt, denn bald kommt Ä, dä HÄ dä Wält.
Drum laßt uns andre Dinge sehen und uns demnächst von hinnen gehen.
Isch Mainz, worum solln wiä denn straiten, laßt uns soglaisch von dannen schraiten!"
(*Erlösender* Tusch, Beifall der Jünger. Eifriges Erheben an allen Fronten.)
"Ey! Ich bin noch nicht fertig!" Murrend setzten sie sich wieder hin.
"Isch bin dä Wainstock, ihr die Reben, wä an mir bleibt – und isch an ihm, der soll doch ainfach ewwisch leben.
Und bedn kennt ia wie ia wollt, wail ia eh alles kriegen sollt,
wenn ia nur bedet in maim Namen, "Gehailischt seist du ewwisch, Amen!"

Isch sags eusch, ohn´ eusch zu beschaisn: ia sollt nisch längä Knäschte haisn."
(Tusch? Kam nicht!)
"Ab soffot sach isch immä Froind – à propos – hat mal wer ´nen Joint?"
(Keiner hatte, schon allein wegen der, um des Reimes willen, falschen Aussprache. Vom flachen Witz mal ganz zu schweigen ....)
"Die Welt, isch schwör´s eusch, wird eusch hassen, drum wird sie auch nisch von eusch lassen, gannz wallisch, escht, da hilft kain bedn, so wie hoit misch, wern ainst denn aach eusch sie dödn."
(Ich wurde immer schlechter und meine Apostel immer schläfriger; *das* sollte "Fastnacht" sein?!? Ich hatte keine Lust mehr.)
"Ga grausam is dä Wäldn Lauf, zu mia, zu eusch, und jetz: *Wacht auf*!"
(Die Band schnarchte einen Tusch und meine Jünger erwachten, als ich sie mit eben jenem Fernziel vor Augen, zweckgebunden rüttelte.)
"Hast du was gesagt; haben wir was versäumt?"
Allem Anschein nach hatten sie nicht. War mir auch egal. Einen hatte ich noch! Ab jetzt sollte mich niemand mehr verstehen können! Ich zog mein "Zungenregister" (das Ihr heute als "Wörterbuch" bezeichnet), um sie zu Tode zu langweilen. Immerhin war ich es, der bald den Löffel abzugeben hatte. Sie sollten schon mal einen kleinen Vorgeschmack davon bekommen, wie "spannend" GOTTesdienste sein würden, in denen es – rein theoretisch - ausschließlich um mich ging! Ich wußte, daß mich nie jemand würde verstehen können, aber trotzdem hub ich an und spruch:
"Ich bin das A und das O, soviel steht schon mal fest! Und das beweise ich euch jetzt – ein Schummelreim, ein Schummelreim – GOTT, bin ich gut!"
Ich nahm einen großen Schluck des Gekelterten zu mir:
"In vino veritas - aber lassen wir das mal beiseite ....
Bevor ich **A**limente (Spatzen (falls man keine Groschen hat), für beim Ehebruch Gezeugte) zahlen muß, werde ich lieber die Welt erretten. Gar vieles sagte ich **ä**quivok (doppelsinnig – weil mit gespaltener Zunge) zu euch; des öfteren in **B**iwacks (denn wir lagerten ja auch außerhalb von Höhlen), manchmal auch in Hütten und Tempeln – aber stets versuchte ich euch **B**ipeden (ihr Zweibeiner, ihr) die Wahrheit einzutrichtern und nicht nur die Saufpausen zwischen den **C**obblern (den mit Früchten vermischten Weingetränken) zu füllen. Ich sage euch, daß der **C**irculus vitiosus (also die sich gegenseitig unterstützenden Krankheitsprozesse – unheilbar – logisch) diese Welt hinraffen wird - habt aber ihr keine Sorge, denn der Tröster wird zu euch kommen! Natürlich nicht zu allen; sehet zum Beispiel Judas an, dessen **C**isvestizmus (krankhafte "Ganschjahreschfaschtnacht" – verkleidungstechnisch), gepaart mit seiner **C**huzpe (Dummdreistheit) schließlich zur **D**evitalisierung (zum Tode) seiner Person führten, und ihn vorher sogar zum Verräter meiner Person **d**ezidierten (ihn sich dazu entschließen ließen). Ich warne euch: **D**yszephalien (nicht der Norm entsprechende Schädelformen) können auch im Inneren des Kopfes auftreten, heißen dann aber "Macken". Doch wie ich mich zu Beginn meiner Karriere als Heiler mannigfaltiger **E**ffloreszenzen (zum Beispiel Lepra) heraustat, so sollt auch ihr, wenn dann der HJ über euch gekommen ist, euch als vielzüngige **E**nkomiasten (preist nur *mich* in euren Reden Lob) und **E**ntertainer (wobei ihr keine *Allein*unterhalter sein müßt) im Namen des HERRn hervortun. Wahrlich, frönet nicht der **F**elonie

(obwohl auch ich mir hin und wieder untreu wurde) des Judas, sondern sehet doch die **F**unktien (welche sind eine Lilienart) auf dem Felde: sie werden nicht in die **G**ehenna (dem Ort, an dem *Er* regiert) eingehen! Vielleicht werden eure **G**yri (Gehirnwindungen) hin und wieder vom *Hades* (also *Ihm*) heimgesucht, der euch zu **H**äresien (den ketzerischen *Irr*lehren) verleiten will, um so der *Herr* der **H**eterodoxie (*Anders*gläubigkeit) auf Erden zu werden; aber das ist grauer **I**smus, (alle Theorie hat diese Farbe) der durch die **I**atrik (der Kunst, die auch ich beim "Heilen" anwandte) des HJ in Ordnung gebracht werden wird. Der **J**anhagel (was in holländischen Zungen "Pöbel" heißt) wird über euch herfallen, da er eure Auslegungen der **J**udaika (die fast so wichtig wie das AT ist) nicht wird anerkennen können. Euch **K**atecheten (Religionslehrer) wird man **k**rud (schlimmer als "nicht nett") behandeln. Euer angeblicher **L**apsus (Verstoß) gegen die HS wird euch zu **L**itaneien ("Selbstbemitleidungsbekundigungen" wie "Klageliedern" etc.) befähigen, wie sie die Welt noch nicht gehört hat, aber das israelische Äquivalent des **M**adhi (also ich, der Erlöser) wird zu euch zurückkehren, noch während ihr das **M**atze (euer lecker Brot "zum Fest der dicken Eier") speiset. Es werdet aber nicht nur ihr erlöst werden, denn ER**d**aoben kennt auch den Begriff des praktizierten **N**epotismus (auch wenn ER keinerlei Vettern hat, mit denen ER Wirtschaft betreibt). Mit meinem Ableben hat mein **N**omadendasein (die ständige Umherwanderei) ein Ende, eures hingegen beginnt erst, denn ihr sollt aller Welt von der **N**ovation (also dem NT, der Neuerung des Schuldverhältnisses) berichten - ihr also mitteilen, daß die ursprüngliche Rechtsprechung im Himmel als **o**bsolet (ver(asbachur)altet) betrachtet werden kann."
(Einer meiner Jünger hatte wohl gefurzt, was mich daran erinnerte, daß es an der Zeit war, die letzte Runde einzuläuten.)
"Ich als alter Welterlöser, **O**rnitho- und frischgeborener **O**smologe (dem Heiland unter den Kennern von Gerüchen) weiß, daß einer von euch gezaubert hat!", rief ich. "Wer von euch kann machen, daß die Luft stinkt? Oder leide ich neuerdings an einer **O**zaena (Stinknase)? Ist auch egal, denn ich bin ja schon beim Omega angekommen, laßt uns also schnell beten, austrinken, und dann ab an die frische Luft!"
Murrend falteten die Meinen die Hände vor den *Nasen* (?), hielten dann aber schleunigst mit dem Murren inne, damit ich beten konnte. Ich dankte DAD für "Alle guten Gatten, alle die wir hatten" (vgl. "Alle guten Gaben, alle die wir haben" – jetzt nur temporal angepaßt – des (schlechten, aber immerhin) Reimes wegen), und auch dafür, daß ER SICH auch um meine Jünger kümmern würde, wenn ich einst (vorübergehend? - wie kam ich eigentlich auf diesen Trichter?) nicht mehr wäre. Abschließend erzählte ich IHM noch schnell, wie toll ER, und daß ich schon immer der Überzeugung gewesen sei, ER würde sowieso alles zum Besten richten. "Der Mensch(ensohn) denkt, GOTT lenkt", und "Laß das mal den PAPPA richten. Danke für alles und Amen und Aus."
Und wir ab an den nächstbesten Ölberg, an dem ein paar findige Landschaftsgestalter sogar einen, an einem kleinen Bach, dem "Kidron" (was für ein bescheuerter (aber Einfallsreichtum beweisender) Name) gelegenen Garten (Gethsemane - GOTT, hattet Ihr einen anständigen Namen für den Garten erwartet; bei dieser Bachnamensgebung? Schön naiv; naja, selig sind manchmal auch die Einfallsreichen ... Ihr wißt ja Bescheid!) angelegt hatten.
Ich betete zwar in der Einöde, aber diesmal wirklich! Meine Jünger warteten einen Steinwurf weit entfernt. Ich schwitzte - verdammt, war mir heiß an diesem Abend - das Gegenteil von

Aqua destillata aus: pures Rot! Mein Kreislauf spielte völlig verrückt, so oder so würde ich nicht mehr alt werden! Ich konnte jetzt nur noch hoffen, daß Judas mich nicht sogar im Negativen im Stich ließ ... ich wäre sonst wohl an den Folgeerscheinungen meines illustren Lebensstiles verschieden ....

Meine Jünger hatten zuviel von meinem "Blut" genascht, um die Nacht durchzuhalten - meine "Abschiedsreden" hatten auch ihre einschläfernde Wirkung gehabt, und so dauerte es nicht lange, bis ich sie, meine Gebetskonzentration dadurch immens beeinträchtigend, schnarchen hörte. Jaja, ihr Geist war willig, aber das Fleisch war, ach, so schwach! Ein Reim - ein Reim! Mein letzter? Irgendwann wurde es mir zu bunt, ich wies sie zurecht.

Ich hatte mich noch nicht in Rage geredet, da tauchten aus der Finsternis ein paar düstere Gestalten auf:

                                              Matt.26,30;Mark.14,26;Luk.22,24;Joh.13,31

... *ZERO !*

Sie waren bis an die Zähne bewaffnet, gerade so, als gelte es einen Kreuzzug gegen die Muslimen zu starten und diesen unter allen Umständen gewinnen zu müssen! Mit Schwertern, Dolchen, Säbeln, Speeren, Schilden, Steinschleudern, Anlegeleitern, Kanonen, der gesamten verfügbaren Artillerie, Nuklearsprengköpfen und - hol´s der *Herr*derunterwelt - allem, was unter den Paris Rang und Namen hatte, kamen sie auf mich, den friedliebensten Menschen(sohn) des ganzen Universums zu! Mir, der keiner Fliege was zuleide tun konnte, begegneten sie, als planten sie, weniger den Abgesandten des Himmels, als ein 1000jähriges Reich zu vernichten! Aber dafür waren die Römer ja bekannt: jedes sich anbahnende Imperium überlegen zu schlagen, bevor es sich zu einem solchen zu erheben vermochte ... Im Fackelschein (selbst für vernünftige Beleuchtung hatten sie gesorgt) konnte ich sogar Sicheln, Äxte, Steine und - ja, ich halt´s nicht aus! - Hellebarden erkennen.

Ein solches Aufgebot an Heerscharen hatte ich nicht erwartet; ich war versucht zu glauben, auch *hier* hätte Propi organisatorische Hilfestellung geleistet. Die Belehrung, die ich gerade meinen Jüngern reindrückte, ging natürlich im allgemeinen Tohuwa unter - für das "Bohu" sorgte der Anführer der Kriegs- und Kirchendiener: Judas! (Hatte ich was anderes erwartet? Wenn ich wahrlich bin, eigentlich nicht! Ich hatte es ja sogar erfleht: "HERR, laß den Kelch des "normalen Todes" an mir vorübergehen ..."; ich und mein Mundwerk nun mal wieder! Da hatte ich jetzt den Ärger! Vielleicht hätte ich mich doch in jungen Jahren oral kastrieren sollen ... obwohl ... neeeee!)

Nun aber war die große Stunde des Judas gekommen. Freudige Erregung des Gemütes heuchelnd stürmte er auf mich zu: "Gegrüßet seiest du, Meister und alter Rabbi!" Des vielen Weines wegen, den ich in den Abendstunden genossen hatte, schaffte ich es nicht, rechtzeitig zur Seite zu springen, und Judas so den guten, alten "Papst machen" zu lassen.(Außerdem war ich ob seiner korrekt ausgesprochenen "S - Laute" überrascht! Wo hatte der Mann so schnell eine Prothese aufgetrieben - und vor allem: woher hatte er das Geld für diesen (auch damals schon) äußerst kostspieligen Zahnersatz hergenommen? Fragen über Fragen, mit denen ich mich allerdings nicht eingehender beschäftigen konnte.) Er fiel mir um den Hals und küßte mich innigst. Johannes erstarrte vor Neid; er hatte mich schon lange nicht mehr so herzigen und küssigen dürfen! Bevor ich mich fragen konnte, ob Judas mir vielleicht doch meine Dreistigkeiten des Abends verziehen, und die Krieger nur zu meinem leiblichen Schutz mitgebracht hatte,

ließ er schon wieder von mir ab; mich mit einer von seinem Sabber triefenden Wange, einem begossenen Pudel gleich, stehen. Wie von der wilden Tarantel gestochen sprang er zurück und kreischte:
"Das isser! Das isser! Packt ihn, bevor er die zwölf oder dreizehn Legionen der himmlischen Heerscharen zu sich ruft!"
Ich blieb cool: "Wen sucht ihr denn?", frug ich die Krieger.
"Jesus, den aus Nazareth!"
"In Person vor euch stehend, mit euch redend!"
Die hatten voll die Angst vor mir, und wichen zurück. Aber an den Hinterköpfen hatten sie keine Augen, deshalb purzelten alle übereinander, was wahrlich ein Bild für die GÖTTER (sorry, PAPS) war. Ich wiederholte also, nachdem sich die feigen Helden wieder aufgerappelt hatten, freundlich meine Frage: "Wen sucht ihr denn?"
"Jesus, immer noch, daran hat sich trotz unseres Strauchelns nichts geändert."
"Na, dann nehmt ihn doch fest ...", sagte ich, ihnen meine Hände entgegenstreckend, "... macht hinne, ich hab auch nicht die ganze Nacht Zeit!"
Dieser Provokation konnten sie nicht widerstehen: einer der Pariknechte stürzte sich auf mich, ergriff mich beim Halse und schrie: "Ich hab ihn, ich hab ihn!"
Trotzdem der gute - so wurde er mir hinterher vorgestellt - Malchus (GRUNDGÜTIGER, was für ein Name!) sich so dicht an meinem Halse befand, zog Simonpetrusundder*leibhaftige* sein Schwert (hatte ich es versäumt, meinen Jüngern zu erzählen, das solche Waffen *gefährlich* sind?) und hieb dem demnächst zum Manne reifenden Knaben das rechte Ohr ab! (Vielleicht hatte es ihm ja Ärgernis bereitet; durch wen, *das* zu entscheiden überlasse ich Euch! Ich sag nur: "Paß auf, kleines Ohr, was du hörst!") Natürlich ließ sich Malchus durch das Abtrennen seines Höro(h)r (einen hatte ich noch)gans (oder zwei, wenn man das liebe Federvieh berücksichtigt) dazu bewegen, von mir abzulassen, denn jetzt benötigte er beide Hände, um sich die schmerzende Stelle der "Maladie de van Gogh" zuzuhalten.
"Wahrscheinlich ist das Sprudeln des Blutes zu laut", vermutete ich.
Bevor ich mich um den verwundeten Krieger kümmerte, fuhr ich - völlig selbstlos - Petrusdingsbums an: "Bist du denn noch zu retten?"
"Äh, ja; *ich* schon!" (Wo hatte er bloß diesen Egoismus her - also, von mir nicht, soviel war mal sicher!!!)
"Sach mal, bist du denn von allen guten GEISTern verlassen?! Ich hab hier voll den Knecht am Hals, und du säbelst dem ein Ohr - sogar das rechte! - hernieder? Stell dir mal vor, du hättest mich getroffen, dann wärest jetzt du zu traurigem, und ich zu gar keinem Ruhm gelangt! Steck dein Schwert doch lieber in irgendeine x-beliebige Scheide, denn wer das Schwert zieht, könnte damit nicht nur sich selbst verletzen, sondern auch sogar dadurch umkommen!"
"Ich aber nicht!"
"Das ist nicht deine letzte Lüge heute abend ...", erinnerte ich ihn, "... du wirst noch ganz schön den Vogel mit dem langen Hals machen (gegen den *du* dann was haben wirst), glaub mir!"
Kleinlaut schob er sein Schneideutensil dorthin zurück, wo es hingehörte. Ich konnte mich unterdes um Malchus´ Ohr kümmern.
"Kommt der Doktor Nasemann, klebt das Ohr mit Spucke an. Und halt das die nächsten Stunden - ach was rede ich - *Tage* gut fest, damit es dir nicht wieder runterplumpst!"

Danach banden sie mir die Hände; ich wurde abgeführt und vor diverse Geistliche und Richter gezerrt. Irgendwie waren diese Leute doch matschig im Brägen! Den ganzen lieben langen Tag hatte ich im Tempel gepredigt - jetzt machten sie einen Staatsakt aus meiner Verhaftung. Das wäre doch viel unkomplizierter gewesen - allerdings auch weniger theatralisch; Menschensohn kann eben nicht alles haben; er muß auch mal verzichten können!
"Gezerrt" zu werden war erst der Anfang dieser wirklich rabenschwarzen (im wahrlichsten Sinne des Wortes) Ereignisse, die meiner harrten. Nach meiner Verurteilung steckten sie mich sogar in eine "Grüne Minna", mit der ich zur Hinrichtungsstätte "gekarrt" wurde. Deshalb heißt dieser Tag seitdem ja auch "Karr" - Freitag! (Harr, harr - der Tag des freien Karr - ich brüll mich hinweg!)
Meine Jünger waren, als ich mich wieder umsah über alle (Öl-) Berge hinweggenommen worden, vor *meinen* (Adler-)Augen. Na, spitze! Der Tag konnte ja heiter werden - nachdem er *so* begonnen hatte ....
Wenn ich gewußt, oder auch nur geahnt hätte, wie der nächste Tag ablaufen sollte, hätte ich mich gleich selber ans Kreuz genagelt! Aber so war´s damit eben ein Satz mit "X" ....
Ich wurde von Pontius zu Pilatus gerannt - ehrlich!

Matt.26,47;Mark.14,43;Luk.22,47;Joh.18,3

Siebenundvierzigstes Kapitel

Aphasie, sozusagen ...

Hannas, der Schwiegervater des derzeit amtierenden Hohepriesters Kaiphas, war das so ziemlich größte Dreckschwein, das mir bisher begegnet war. (Und ich kannte viele von seiner Sorte, wahrlich! - Manche hatte ich in meinen besten Zeiten sogar baden gehen lassen.) Ma göll, wie der Lateiner in mir in Zungen zu sagen pflegte! Ein Fanatiker vor dem HERRn, der wahrscheinlich sein eigenes Leben hingegeben hätte, um das meine zu vernichten. Wahrlich, ich sage Euch, das Verhalten Freißlers am Volksgerichtshof gegenüber den Angeklagten war ein Kinkerlitz gegen das Gebaren, das dieser "Knecht GOTTes" mir gegenüber an den Diem, bzw. an die Noctem legte.
Während -zig falsche Zeugen aufgerufen wurden, die nur Schmach und Schande wider mich kundtaten, schrie er in den zwangsläufig entstehenden Pausen Euren Heiland und alten "Schweden" (seltsame Art von Humor – angesichts der Situation) an, als gäbe es sonst keinerlei Phon unter dem Firmament. Schon allein dieses ungebührliche Verhalten ging mir dermaßen gegen den Strich, daß ich nicht gewillt war, auf auch nur einen der mir gemachten Vorwürfe zu reagieren - ich hätte gegen diese Vögel (gegen die ich, wie Ihr Euch sicher denken könnt, ansonsten nichts hatte) sowieso keine Sonne gesehen - ein Omen?
Lieber Ungläubiger und Jünger, was mir alles vorgeworfen wurde, ging auf keine Kuhhaut ... wäre ich schon beerdigt geworden sein gewesen, hätte ich mich bestimmt im Grabe umgedreht. (Aber ich will nichts vorwegnehmen, weil sonst nämlich die Spannung zum *Teufel* ist.)
Man bezichtigte mich der Pädophilie - und das zu einer Zeit, in der es Gang und Gebe war,

Dreizehnjährige (des mit dieser Zahl verbundenen Glückes wegen) zu ehelichen und jüngeres an holder Weiblichkeit in mannigfaltiger Gestalt in sein Schlafgemach zu zitieren, um dort des Fleisches Lüsten zu frönen! Ferner hieß es, hätte ich gegebene Versprechen nicht gehalten, was zwar zugegebenermaßen schon damals als unfein galt, aber weißGOTT kein Grund für eine Hinrichtung war! Und auf eine solche hatten es meine Widersacher ja abgesehen: "Fernziel - Exekution", lautete die Devise, die einem Damoklesschwert gleich über der ganzen "Verhandlung" und über meinem Haupte hing.

Es hieß, ich hätte etwas gegen die Architektur des Tempels einzuwenden gehabt, ja sogar damit angegeben, das betreffende Objekt abzureißen und in nur drei (!) Tagen wieder zu errichten. (In drei Tagen – daß ich nicht lache! In *dreizehn*, frühestens! War ich Architekt, Zimmermann oder Prophet?) Außerdem widersprachen sich die sogenannten Zeugen aufs Ungeheuerlichste: hatte der eine gerade noch behauptet, ich sei auf Männer scharf, so fand sich kurz darauf eine (frisch rasierte) Frau die vorgab, einst meine Jüngerin gewesen und während dieser Zeit von mir geschwängert worden zu sein. Diesen Humbug tat selbst Hannas mit einem Handwinken (was glaubt Ihr, womit der Mann allem winken konnte? Zaunpfähle waren eine seiner leichtesten Übungen ...) und der Bemerkung ab, das Kind wäre, den bisherigen Zeugenaussagen zufolge eher vom Heiligen Geist als vom Angeklagten (damit war *ich* gemeint, boa) gezeugt worden.

Ein weiterer wollte sogar wissen, daß ich auf die ornithologische Variante der Sodomie stünde, allerdings aber auch in dieser Hinsicht als homosexuell orientierter Menschensohn angesehen werden müsse.

Er hätte mich nie im Puff gesehen, wußte ein Blinder zu bezeugen, den ich vermutlich seiner *tatsächlichen* Blindheit wegen nicht geheilt hatte. Ein Schweinepriester warf mir vor, seine gesamte Herde erst in den Wahnsinn, und anschließend in einen See getrieben zu haben. ("Und glaubt mir, Euer Ehren, so unrein waren die Tierchen wirklich nicht!")

"Meinem Schwager einer seiner Bekannten wurde auf Geheiß dieses Mannes hin, das Dach abgedeckt, nur um ein schlafendes Mädchen zu "erwecken", wie der Heiland (ohne den von mir angeordneten zackigen Gruß!) sich damals ausdrückte!", verdrehte ein anderer die Tatsachen.

"Er hat einen Zöllner bestochen, indem er sich von ihm zum Essen einladen ließ!", rief jemand dazwischen, der vermutlich anonym bleiben wollte. "Und wir alle wissen, wie gern man bei einem Zöllner ist, äh, ißt!" (Na, der kannte sich aber gut aus ....)

"Ich habe gesehen, wie er einen Blinden bespuckte; außerdem hat er Aussätzige in und über den Jordan geschickt!" (Selbst Hannas mußte zugegeben, daß das ja nun echt nichts Verwerfliches, sondern eher normal sei.)

"Ich habe von einem gehört - und der hat es von der Schwiegermutter seines Schwippschwagers erfahren - er sei sogar mal übers Wasser gewandelt, nachdem er einen Sturm gestillt hatte. "Surfen", nannte er das hinterher - und ein solches Wort, daß keiner von uns versteht, sagt ja wohl schon alles!"

"Er macht die Landwirtschaft kaputt, indem er eine Milliarde Leute mit einem halben Brot sättigte ..."

..." und mit der Schwanzflosse eines Herings! Auch die Fischereibetriebe leiden unter seinen sogenannten Wohltaten! Wo kämen wir denn da hin, wenn das, so wie er das will, jeder täte?"

So ging es weiter, Stunde um Stunde. Es mußte so gegen cirka fast beinahe ungefähr drei Uhr gewesen sein, als endlich einer einen "stichhaltigen" Beweis für meine "Schuld" erbrachte: **"Er**

hat gesagt, er sei der Sohn GOTTes!"
Hoppala! Da hättet Ihr Hannas mal sehen sollen! Der sprang nämlich wie von der heiligen spanischen Fliege gestochen auf und, anstatt mich wie bisher nur wieder anzubrüllen, blieb er diesmal gefährlich ruhig: "Sag, bist du wirklich GOTTes Sohn?"
Ich hatte den ganzen Zirkus mehr als satt; ich wollte nur endlich schlafen. Schlafen, solange es nur irgend möglich war. Kurzum, ich war hundemüde. (Außerdem hatte ich nun auch nicht die ganze Nacht lang Zeit (wie Ihr wißt). HYPNOS (sorry, PAPI!) warf geradezu ganze Säcke voll Sand in meine strahleblauen Adleraugen!)
"Du sagst es!", erwiderte mein (ehemals) vorlautes Mundwerk ihm, meine vorgetäuschte Aphasie ignorierend. Damit hatte ich natürlich mein Todesurteil so gut wie unterschrieben. Seisdrum - ich wollte diesem ganzen Kasperkram endlich ein Ende setzen. Was ich zu sagen hatte, hatte ich in den letzten paar Jährchen unters Volk gestreut; mir war die Zunge müde und ich des Lebens schläfrig geworden. Ich glaubte damals, ich wäre ohnehin alt genug. - Alt genug, um den Löffel abzugeben; einzugehen, in die ewigen Jagdgründe. Vor allem aber hoffte ich, daß dieses Affentheater jetzt ein Ende hätte, und ich mich irgendwo abpacken könnte - weit gefehlt! Hannas drehte nun völlig ab! Ich konnte ihm, da ich ihm just der Nächste war, seinen Triumph von den Augen ablesen, aber der Rest der Anwesenden nicht. (Sie verfügten ja nicht über die Augen eines Falken (oder Adlers), welcher über die Einöde lautlos hinwegschwebt, auf der steten Suche, Nahrhaftes zu erhaschen.)
"Jesus! Maria und Joseph und beim Barte des Propheten ...", rief Hannas aus, "... was brauchen wir noch weiter verlogene Zeugen?! Er hat JEHOVA gelästert! Ich denke, das sollte als Grund für eine akkurat ausgeführte Hinrichtung ausreichen!"
Und voll der gespielten Trauer ob meines Vergehens, zerriß er sein Gewand, was mich wiederum meinen Blick angewidert senken machte. Er aber rief: "Ha, jetzt haben wir dich, Bürschchen!" Und zum Pöbel: "Seht nur, wie schuldbewußt er seinen Blick ´gen Erdboden richtet!"
"Tu ich ja gar nicht!", entgegnete ich trotzig, meinen Blick auf seinen Intimbereich heftend.
ZACK, erhielt ich einen gar heftigen Streich auf die Wange. "Spricht man so mit dem Schwiegerpapa des Hohepriesters?", wollte dessen Knecht wissen. Ich sagte lieber nichts mehr, sondern hüllte mich stattdessen vorzugsweise in erneutes Schweigen. Nicht, daß ich mich noch um Knopf am und Kragen (haha) redete, bevor die Zeit reif sei ... ich wollte doch erhöht werden, menno! Zudem füllten sich meine Augen mit Wasser, das ich zum Wein´ brauchte. (Dennoch, immer einen kleinen Scherz auf den Lippen, Euer Heiland.) Selbst verstärkt auftretendes Reiben mit dem Handrücken sorgte nicht für die erhoffte klare Sicht, weshalb ich mich genötigt sah (in diesem Zusammenhang eine wahrlich paradoxe Wortwahl), mich, wie es alle Blinden tun, verstärkt auf meine Argusohren (lach mal wieder) zu verlassen. Und während ich so vor mich hinbuhute und die ganze Welt zum *Leibhaftigen* wünschte, sandte ER mir ein Zeichen, wessentwegen ich mich kurzweilig zu trösten vermochte, in all meiner Pein: Ich wurde an Petrus erinnert: draußen krähte irgendwo ein Hahn – dreimal! Wer hatte an dem Hahn gedreht - war es wirklich schon so spät? Dämmerte es schon, oder bloß mir, daß ich aus dieser Geschichte nicht heilen Fußes (von heilen(den) Händes gänzlich der Aphasie zu verfallen) herauskam? Tränenverschwommenen Blickes sah ich in jene Richtung, in der sich das Fenster zum Hof befand. Ach, was hätte ich darum gegeben, jetzt in Petrus Augen blicken zu können (falls er

überhaupt anwesend war), um sehen zu können, ob er mit der von mir prophezeiten Lügerei schon durch wäre.
Bevor ich wieder klar sah, fror ich erbärmlich, aber das machte den Leuten nichts aus. Sie ergriffen mich erneut: "Du kommst jetzt erstmal zu Kaiphas und ein paar anderen wichtigen Leuten!" Ich fror immer noch, denn in den Morgenstunden war zu meiner Zeit nicht viel los mit Sonnenschein. Deswegen frug ich auch nicht danach. Was hätte ich jetzt für Johnboys Gegenwart gegeben; es war kühl, so ganz ohne warmen Bruder im HERRn in meiner Nähe. Meistens merkt man eben erst was hatte, wenn man´s nicht mehr hat!
Kaiphas saß im Richtgebäude. Ich durfte nicht rein, denn sie hatten gewaltigen Hunger, und wollten doch bald der Völlerei frönen. (Alte jüdische Sitte; die Zeit der ungesäuerten Brote und - na Ihr wißt schon; Euch brauche ich ja nichts zu erzählen ....)
Am Hofe des Kaiphas herrschte ein ziemliches Tohuwabohu. Keiner der Anwesenden wußte so recht, was mit mir anzufangen sei. Um sich die Zeit zu vertreiben, trieben die Leute ihren Schabernack mit mir. Sie stülpten mir einen Sack über den Kopf und begannen, hemmungslos auf mich einzuprügeln. Natürlich sollte ich ihnen weissagen, wer mir den letzten Hieb verpaßt hatte. Leider war ich nur der Meister des gesprochenen Wortes, nicht aber der des Hellsehens - wie von Anbeginn der Zeitrechnung schon! Also ließ ich sie machen; immerhin brachten die Schläge meinen Kreislauf in Schwung, weshalb ich wenigstens nicht mehr so GOTTerbärmlich fror.
Schließlich - es mochte eine Ewigkeit gedauert haben - wurde ich zu Kaiphas zitiert. Man führte mich ins Innere des Richthauses, wo ich nach endlosen Gängen durch endlose Gänge endlich Kaiphas gegenübergestellt wurde. Ich freute mich schon auf ein bißchen Abwechslung, stets getreu an dem alten Motto hangend: andre Priester, andre Sitten. Aber diese meine Hoffnung erwies sich binnen kürzester Zeit als Griff in die Katakomben und sonstige Kanäle der Fäkalienentsorgung. Kaiphas war keinen Deut besser als sein Schwiegerpapa, genauer gesagt, zog er sogar die identische Show ab, mit dicke Eier schwenken und allem inklusive. Anschließend schleppten sich mich zu Pontius Pilatus. Der war, meines Wissens nach, so was wie die rechte Hand des Kaisers in unseren Breitengraden. Wieder ließ man mich erst nicht ins Haus, aber immerhin bequemte sich Pilatus vor die Tür. Die Anklagestrategie der Hohepriester hatte sich grundlegend geändert, da sie wußten, daß ihres religiösen Firlefanzes wegen mich kein aufrechter Römer an die Balken schlagen lassen würde. Also verfielen sie auf eine List, indem sie dem Stadthalter mitteilten, ich hätte das Volk dahin gehend aufgewiegelt, in Zukunft keine Steuern mehr zu zahlen; ferner hätte ich behauptet, ich sei der König der Juden - und wer der wahre König und Kaiser des gesamten jüdischen Reiches wäre, das wüßte ja nun wirklich jedes Kind! Pilatus fragte mich, ob ich denn wirklich glaube, der König der Juden zu sein, was ich, um das Verfahren zu beschleunigen, bejahte. Das reichte ihm aber anscheinend nicht. Trotzdem hatte ich irgendwie das Gefühl, der gute Mann wollte sich so schnell wie möglich aus der Affäre ziehen, denn eines der mutigsten Geschöpfe schien er fürwahr nicht zu sein. "Also *ich* finde keine Schuld an ihm ...", bemerkte er. Die Priester schrien entsetzt auf: "Er hat das Volk aufgewiegelt, Jordan auf und Jordan ab, im ganzen Land! Angefangen hat er damit in Galiläa!" Pilatus wurde hellhörig: "Ei gell, wie denn dieses? Ist jener welcher letzten Endes sogar ein Galiläer?" Nachdem ihm diese Vermutung bestätigt worden war, wusch er sich die Hände, und ordnete an, mich sofort meinem alten Erzfeind (der ja laut des Zimmermanns Aussage schon

Wurmfutter war) auszuliefern: Herodes. Immerhin fiele das Problemchen mit mir ja in dessen Zuständigkeitsbereich.
- Ach du mein Exkrement, da gingen mir meine vier Buchstaben aber gewaltig auf Grundeis, because weil "I didn´t expect a kind of hebrew inqisition".
Ich mußte also gefesselter Maßen wieder auf die Piste, hatte aber noch Glück im Unglück, denn Herodes hielt sich, wie es hieß, gerade in Jerusalem auf.
Er freute sich wie ein kleines Kind, als er meiner gegenwärtig wurde. Ungeachtet der Beschuldigungen, die die Paris erneut gegen mich vorbrachten, musterte er mich vom (spärlichen, aber ungekämmten) Scheitel bis zur (mittlerweile fast durchgelaufenen) Sohle. Schließlich schien selbst ihm das Geseiber der Schriftgelehrten auf den Senkel zu gehen, denn er bedeutete ihnen, doch nun endlich mal die Klappe zu halten. Augenblicklich schwiegen sie stille, ehrfurchtsvoll die Häupter vor einer solch geballten Ladung an Autorität senkend. "Nun ...", wandte er sich meiner HERRlichkeit zu, "... sag an, du bist also der vielbesungene Jesus, ja?"
Ich nickte (vor Müdigkeit fast ein). Er interpretierte Zustimmung in diese meine Bewegung. "So, das ist ja schön, nicht? Ich wollte dich schon lange mal kennenlernen, weißt du?" (Wieso mußte dieser Mann eigentlich aus jedem Satz eine Frage machen, häh? Aaaaaargh, ich glaube, so was ist ansteckend!)
"Du hast also hier in der Gegend schon das eine oder andere Wunder vollbracht, oder bin ich diesbezüglich einer Narretei aufgesessen?" (Der machte mich wahnsinnig!) "Der "Jerusalemer Stadtanzeiger" ist voll von deinen Taten; manche davon waren sehr, sehr ungezogen, findest du nicht? Ich las da was von einer Geißelung im Tempel, wie? Aber weißt du was; ich bin bereit, diese kleine Gaunerei unter den Teppich zu kehren, wenn du mir dafür einen Gefallen tust, was hältst du davon?" Resigniert hob ich die Schultern, um sie anschließend wieder sinken zu lassen.
"Gut!" (Die erste konkrete Aussage, ich war fürbaß erstaunt!) "Siehst du die Krone hier? Wie wäre es, wenn du ...", er überlegte kurz, "... einen niedlichen kleinen Vierbeiner aus ihr hervorzaubern könntest? Sagen wir, ein Kaninchen?"
So also lief der Hase; er hielt mich für eine Art Jesus Copperfield. Da hatte er sich aber geschnitten! Nicht mit mir! Ich war doch nicht der Pausenclown am Hofe seiner Majestät! Ich schüttelte den Kopf.
"Na schön ...", willigte er ein, "... wie wäre es, wenn du ein bißchen Wasser in Wein verwandeln würdest?" Ich verneinte wieder.
"Kannst du wenigstens aus Scheiße Bonbons machen? - Nicht? - Oder wie wäre es mit dem zersägen einer Jungfrau - da fällt mir ein, wir haben gar keine hier - könntest du nicht aus einer meiner Frauen wieder eine Jungfrau machen?"
Der Mann brauchte einen Arzt, aber dringend! Warum war nie ein Wunderheiler zur Stelle, wenn *ich* einen brauchte?
"Hier ...", sagte er, "... reiche ich dir einen Stoß aus zweiunddreißig handtellergroßen mit unterschlichen Motiven bemalten Kartonagen. Würdest du wenigstens so gnädig sein, uns einen kleinen Kartentrick vorzuführen?"
Nachdem ich wieder verneint hatte, verhöhnte er mich ein bißchen, indem er mir einen weißen Umhang über die Schultern legte und mich, zu allem Überfluß, auch noch von seinen Dienern zusammenschlagen ließ. Danach schickte er die blutrünstige Meute zurück zu Pilatus: "MfG,

denn ich fand es sehr nett von Ponti, mir ein wenig Kurzweil und Amüsement während meines ansonsten trostlosen Aufenthaltes in Jerusalem zu gewähren. Der Mann weiß, wie man Könige behandelt. Ich könnte mir vorstellen, daß wir beide noch die dicksten Kumpel werden ... gell?"
(Aaaaaaaaaaaaaaaaaaaaaaaaaaaaaaaaaaaaaaaaaaaaaaaaaaaaaaaaaaaaaaaaah!)
Bei meinem zweiten Besuch durfte ich sogar in Pilatus´ Haus. Ich traute meinen Augen kaum: die Decken, die Wände, die Böden - alles blitzte und blinkte, daß es einen blendete. In jeder Ecke stand (mindestens) ein Sklave, der eifrig damit beschäftigt war, die zur Schau gestellte Sauberkeit als solche auf Hochglanz zu wienern und/oder zu bohnern. Emsige Mamsellchen putzen das Tafelsilber und mannigfaltige andere Kleinodien, die einfach in den Haushalt eines Stadthalters zu gehören schienen. Ich kam mir richtig schäbig vor, denn aus dem Gastgebergeschenk des Herodes rieselte unaufhörlich Staub zu Boden, was die eben erwähnten Sklaven erst in einen schockähnlichen Zustand versetzte, sie aber anschließend nur umso eifriger ihrer Beschäftigung nachgehen ließ. Wahre kleine Putz*teufel*chen waren das. Es herrschte ein so reger Betrieb, daß ich mich frug, ob ich nicht in dem römisch - humanistischem Äquivalent zu einem Ameisenhaufen geraten war. Wir mußten einen langen Flur durchqueren, der wohl frisch gebohnert worden war; auf jeden Fall legte ich mich schwungvoll auf die Kauapparatur (Euer Papst hätte bei diesem Anblick die hellste aller Freuden empfunden!!!), was meinen ohnehin geschundenen Laib (Christi) wenig himmelhoch jauchzen ließ. Schließlich und endlich landete unser Stoßtrupp aber doch beim "Chef": Er hatte, wie es schien, gerade die Mittagstoilette abgeschlossen, denn er war frisch rasiert, die Haare waren zu einem (mit dem Beil gezogenen) Scheitel gekämmt, ein Sklave räumte gerade seine Zahnbürste auf und der "Chef" selbst wusch sich gerade erfolgreich die Hände. Pilatus, den Herodes so freundschaftlich "Ponti" nannte, erschuf einen neuen Begriff, indem er Faxen machte; will sagen, er kam einfach nicht auf den Punkt, lediglich von der Hoffnung beseelt, sich irgendwie aus diesem Schlamassel herauszuwinden, in den ich und die Paris ihn gebracht hatten. Also maß er sich an, den Paris folgendes mitzuteilen: "Ich habe eure Anklagen gehört, kann aber keinerlei Schuld an ihm finden! Ich mache euch also einen Vorschlag zur Güte, der absolut nichts mit dieser zu tun hat: ich lasse Jesus erst ein wenig geißeln und dann laufen. Was haltet ihr davon?"
Die Paris waren hocherfreut. So wurde ich aufs Übelste ausgegeißelt - nun konnte ich mal selber sehen, wie das ist!
Nach einer scheinbar nicht enden wollenden Tortour, glich mein Äußeres mittlerweile mehr dem eines Leprakranken im Endstadium, denn dem eines frischen Schnitzels, alldiweil ich ganz schön "auf" war. (Die Folterkammer wurde nach meiner "Behandlung" selbstverständlich sofort wieder auf Hochglanz gebracht; eine so gepflegte Folterkammer hatte ich noch nie gesehen. Genaugenommen hatte ich überhaupt noch nie eine Folterkammer gesehen. Aber wie sagte schon ein altes jüdisches Sprichwort: "Beim ersten Mal tut´s immer weh! Und beim zweiten, und beim dritten, ...)
Selbstredend wollten mich die Paris dennoch nicht freigeben lassen - wäre ja auch ein Wunder gewesen. Ponti, der mir gerade quasi wie zum Abschied die Hand geschüttelt hatte und sie sich nun des Blutes wegen wusch, geriet immer mehr in die Bredouille, was ihn aber nicht davon abhielt, einen der Sklaven einen Feudel holen zu lassen, auf den ich mich stellen sollte, bevor ich das schöne Mosaik vollblutete. Dann, mitten im Abtrocknen seiner Patschehändchen, schien ihm eine Idee gekommen zu sein, denn sein feistes Antlitz begann zu strahlen wie das eines

Unschuldigen am jüngsten Tag. "Heureka, ich hab´s; ja, das müßte klappen!" Während er diese Worte erfreut ausrief, schnipste er mit den Fingern und sein Kopf sprühte Sternchen, die natürlich sofort aufgefegt wurden.
"Wickie - toria! Wir haben ja gerade Passahfest!"
Er wandte sich an den Pöbel, wozu er auf seinen Balkon trat. Dort schob er die ihm im Weg stehende Kiste mit den Pfandamphoren vermittels des rechten Fußes beiseite (bei ihm schien der Balkon die Funktion der "Rumpelkammer" zu übernehmen), und gebot dem Volk, ihm zu lauschen. Aufgrund der (zwar nur zögerlich, aber immerhin) entstehenden Ruhe, war es mir möglich zu verstehen, was sein Verstand denn da für ein "Ei des Kolumbus" (Ihr wißt noch – Propis Freund) gelegt hatte.
"Liebes Volk von Jerusalem... ", hob er an, "... selbst uns Römern - als an und für sich feindlicher Besatzungsmacht - ist es zu Ohren gekommen, daß ihr eine, wie ich finde, saubere, weil nette Sitte habt. Ist es nicht so, daß ihr jedes Jahr um diese Zeit die Freigabe eines bösen Menschen fordern dürft? Nun, ich habe hier einen von Schuld reinen Menschen, den ihr den König des Judentums nennt und einen, der wahrlich ein grausiger und schmutziger Schurke ist! Er hat schon gemordet, verraten, verkauft, vergewaltigt und - haltet euch fest - Schweinefleisch gegessen! Ist das nicht eine Verurteilung zum Tode wert?"
Na, der Mann war mir ja eine große Hilfe! Wie nicht anders zu erwarten, rief das Volk, er solle den Übeltäter von der Leine lassen, und mich an seiner statt kreuzigen lassen. Niedergeschlagen kehrte der Pontifax(enmacher – *eigentlich* war mir ja nicht zum Lachen zumute) wieder in seine Gemächer zurück, wo ihm einer der Diener sofort eine Schüssel voller Wasser brachte, damit er sich den Staub der Balkonbrüstung von den Fingern spülen konnte. Während der Waschung wandte er sich an mich: "Jesus, Jesus, du bist wirklich mein Sorgenjesus. Was soll ich bloß mit dir machen? Bist du so sehr davon überzeugt der König der Juden zu sein? Widerrufe doch einfach, und nichts kann dir geschehen."
Na, so hatten wir aber nicht gewettet! "Haben dir das die Paris erzählt, oder fragst du dich wirklich, ob ich der Judenkönig bin?", frug ich ihn.
"Deine Leute haben dich mir überantwortet ...", wich er niedergeschlagen meiner Frage aus, "... was hast du denn bloß angestellt?"
Na, das konnte ich auch! Einfach nicht auf Fragen antworten!
"Mein Reich ist nicht von dieser Welt! Wäre dem so, hätte mich niemand dir überantworten können, soviel ist mal klar!"
"Ach was?! Und dennoch bist du ein König, oder sehe ich da irgendwas falsch?"
"Nee. Ich sage die Wahrheit und damit basta!"
"Und was ist Wahrheit?"
Ich hatte par tout keine Lust dazu, mit ihm eine tiefenphilosophische Diskussion zu beginnen, sondern schwieg. Er trat erneut auf den Balkon, um sich zu vergewissern, daß sich das Volk auch ganz sicher wäre, meiner Kreuzigung bezüglich. Aber da gab es nichts zu rütteln. Wieder betrat er den Raum und wusch sich die Hände. (Der Mann schien einen Reinlichkeitsfimmel zu haben.) Er ließ mir den (mittlerweile nicht mehr ganz) reinweißen Umhang abnehmen. Ich sollte mich auf diesen stellen, denn der Feudel war schon total von meinem Blut durchtränkt. Ich ließ mir einen Purpurmantel umlegen, was ich irrtümlicher Weise für eine "saubere" Sache hielt. Anschließend wurde mir eine Dornenkrone aufgesetzt, die vermittels eines Rohres, das

man mir später als "Zepter" reichte, auf und in mein Haupt geprügelt wurde. (Am meisten schmerzte mich dabei der Dorn, der sich in meinen Gehörgang verirrte - immerhin wurden so Kinder- und Jugendtraumata wieder auferweckt.) Dann wurde ich zur Abwechslung mal ein bißchen bespuckt, "behuldigt" und - logisch - geschlagen, während einige der Sklaven einen roten Läufer in Richtung Terrasse ausrollten, auf dem ich hinterher zu wandeln hatte, um dem Mob gezeigt zu werden. Geknickt, aber "teilerhöht" stand ich über der Menge. Pilatus versuchte, an das Mitleid der Bestien zu appellieren: "Seht ihn euch an! Soll ich ihn ehrlich kreuzigen lassen? Überlegt euch das gut!"
"Kreuzigen, kreuzigen!", krakeelte die (von den Paris - oder von Propi?) aufgestachelte Masse. Einer meiner Bewacher piekste mich mit einer Nadel in meine Vierbuchstaben. Mir blieb heute aber auch wirklich nichts erspart! Dank meiner Argusohren konnte ich vernehmen, welch wichtige Botschaft der Bedienstete, der sich nun zu unserer illustren Runde gesellte, für Pilatus hatte: "Deine Frau schickt mich, oh Pontius. Sie sagt, Mittagessen sei fertig. Du sollst reinkommen, dir die Hände waschen und essen, bevor das gute Mahl kalt wird."
Inzwischen hatten die Paris bemerkt, daß sie Ponti weichgekocht hatten. Sie riefen: "Wenn du den da laufen läß´, dann krichste aber Streß mit´m Kaiser, dat kannste uns aber glauben!"
Pilatus hatte Hunger. Pilatus hatte Angst, es könne ein Tumult entstehen. Pilatus sah, daß ich ihm das kostbare Terassenmosaik vollblutete und er hatte Angst, er würde die Flecken nie wieder rauskriegen; Pilatus hatte Angst, seine Frau würde ihn steinigen lassen, wenn er nicht rechtzeitig zum Essen reinkäme - kurzum, Pilatus schwitzte vor lauter Angst schon fast Blut - und das hätte ihm seine Toga versaut.
"Sein Blut ruiniert mir meine Gabbatha ...", rief er, "... also sollt ihr ihn haben und dann ist Schicht im Schacht!"
"Sein Blut soll über unsere Kinder kommen!", brüllte der Pöbel. Na, damit war dann ja alles nötige gesagt! (Aber den Spruch des Pöbels merkte ich mir!)
Pilatus wusch sich noch mal flink die Hände, dann übergab er mich der aufgebrachten Masse, die noch ihren Spaß mit mir hatte, bevor ich endlich meinen letzten Weg antreten durfte.
Mir fehlten die Worte. Was hätte ich auch noch sagen sollen ....
Matt.26,57-27,2;27,11-30;Mark.14,53-15,19;Luk.22,54-23,25;Joh.18,12-19,16

Achtundvierzigstes Kapitel

<u>Kanossa? Ach Kinder, mein Gedächtnis ...!</u>

Ich war völlig übermüdet - wie lange war ich jetzt schon auf den Beinen?
Sie hatten mir den schönen Purpurumhang abgenommen und mich wieder in meine Freitagabendausgehklamotten gezwängt. Immerhin durfte ich die Dornenkrone behalten ... *das* fand ich aber richtig *nett*!
Nee, mal in wahrlich, das entsprach ja nun ganz und gar nicht der feinen römischen Art: einem erst Sachen zu schenken, um sie einem dann nach kurzer Zeit wieder wegzunehmen, während man das Zeug, das sowieso keiner haben wollte, behalten durfte! Ich wäre, hätte ich nicht gegen

die Müdigkeit ankämpfen müssen, stinksauer gewesen, das könnt Ihr mir glauben! Ferner hatten sie mir einen mächtig schweren Holzbalken aufgeladen, den sie mich nun zu meiner Hinrichtungsstätte zu tragen zwangen. Mein geschundener Körper protestierte mit jeder noch unbeschädigten Faser gegen diese Pein. Meine Schulter begann erst zu kribbeln, dann fing sie an zu jucken und zu guter letzt brannte sie wie das Höllenfeuer höchstpersönlich! Mir war klar, daß, wenn ich diesen verdammten Balken nur noch hundert Meter weiter tragen müßte, sie wie eine aufgepustete Lämmerblase anschwellen würde. Und dann hätte ich mal die Fachleute sehen wollen, wenn sie mich dann mit einer einem Buckel gleichenden Geschwulst auf dem Rücken, hätten am Kreuz festmachen müssen! Aber selbst in dieser schweren Stunde dachte ich noch an meine Mitmenschen, deshalb tat ich so, als könne ich das Holz keinen Meter mehr weiterschleppen und ließ mich straucheln.

Pech für einen der Wegelagerer, die natürlich zuhauf den Straßenrand säumten, um dieses Schauspiel der rohen, praktizierten Gewalt mitzuerleben. Meine Schinder zogen sich einen x-beliebigen Mann aus der Menge, der nun an meiner statt mein Kreuz zu tragen hatte. Er murrte anfangs zwar erst rum, aber ich beruhigte ihn schnell, indem ich ihm erzählte, daß jeder, der mein Kreuz auf sich nähme, garantiert ins Himmelreich käme. Die Römer konnten sich, nachdem ich dieses Versprechen abgegeben hatte, vor freiwilligen Trägern kaum noch retten: sie mussten sogar die Schar der freiwilligen Helfer mit Knüppeln und Peitschen auseinandertreiben, um das Leben dessen, den *sie* zum Träger erkoren hatten, zu schützen. Dieser verteidigte sein "Erstgetragsrecht" mit Zähnen und Klauen, aber schließlich zog unsere Prozession ruhig weiter unter der mittäglich glühenden Sonne dahin. (Den restlichen Weg durfte ich sogar in einem mit Gras ausgelegten *Karr*en fahren, weil ich armer Messias doch nicht mehr wandeln konnte - der "Grünen Minna".)

Es standen nicht nur Männer am Wegesrand; Frauen, rasierte wie unrasierte, weinten sich fast ihre Äuglein aus, daß ein so hübscher und adretter Mensch(ensohn) wie ich einer war (Verzeihung, *bin*), getötet werden sollte. Für Frauen hatte ich ja von je(sus) her nur selten was (übrig) gehabt.

"Nu heult ma nich so rum, wa ...", sagte ich zu ihnen, "... es jibt apselut keenen Jrund, sich wejen mir Sorjen zu machen. Wenn ihr schon plärrn wollt, den heult ma lieba wejen euch selba und eure Kinda, denn es wird der Tach komm´, an dem se die sejnen werd´n, die unfruchtbar sind. In diesen Tag´n werd´n se ooch mein´, det die Berje über se herfallen und se decken sollten, denn wenn de so mit dem jrienen Holz umspringst, wat willste am dürren werden?" (Erstaunlicher Weise haben die Evangelisten das sogar (wenn auch ohne Dialekt) direkt in die HS übernommen; ich muß Euch nicht schon wieder erklären, daß HS "Heilige Schrift" bedeutet?) - Das waren eindeutig die bedeutensten Worte, die je meine Kehle verlassen hatten; ich selbst hatte absolut keine Ahnung - ach was, ich hatte *keinen blassen Schimmer*, ob ich jetzt in Zungen geredet, oder ob mir ZEBAOTH einfach so etwas aus dem Stehgreif Ersonnenes eingegeben hatte. War jetzt aber auch egal, viel Zeit blieb mir ohnehin nicht mehr, denn in der Ferne sah ich Golgatha. (Ach ja, richtig, das war´s - nicht Kanossa!) Ich fühlte mich plötzlich jäh an die schönen Zeiten mit meinen Jüngern erinnert, denn dem Helden der mein Kreuz trug, schien langsam die Puste auszugehen. Den Blick auf den Weg geheftet stieß er mühsam hervor: "Duhu, Jesus, sind wir schon da?"

Matt.27,31-33;Mark.15,20-22;Luk.23,26-31;Joh.19,17

Neunundvierzigstes Kapitel

Schöne Aussichten

Ich war entsetzt! Und das hatte mehrere Gründe.
Mein Kreuz war schon besetzt! Ich beschwerte mich auch sofort darüber, denn eine solche organisatorische Schlamperei wäre Propi nie unterlaufen. Unter ein paar Stockhieben wurde ich dann darüber aufgeklärt, daß mein Vorhänger nur den Platz für mich hatte freihalten sollen. Ich beruhigte mich vorübergehend. Während sie meinen "Stammhalter" (haha) abnahmen, befestigten sie auch eine Platte mit einem von Pilatus höchstpersönlich in Zungen verfaßtem Wort oben am Kreuz. Ich sah mich genötigt, erneut zu protestieren:
"Das ist nicht mein Kreuz! Ich heiße nicht "INRI"!"
Pilatus zeigte keine Nachsicht: "Was ich geschrieben habe, das habe ich geschrieben, und dabei bleibt´s!"
Na toll, das konnte ja eine heitere Kreuzigung werden!
(Ich entwickelte, wie selbst mir auffiel, so kurz vor dem Tod doch einen ziemlichen Galgenhumor, wenn dieser auch meiner Hinrichtungsart wenig adäquat war.)
Kurz danach mußte ich mich schon wieder aufregen: die Römer wollten, nachdem sie mir lediglich meinen Lendenschurz gelassen hatten (also, die klauten wie die Raben, gegen die ich ja eigentlich ... na, Ihr wißt schon), mich ans Kreuz *binden*! Und das mit Knoten, die mich unmöglich hätten oben halten können.
Ich beschwerte mich erneut: "Meint ihr vielleicht ...", krächzte ich (wegen der trockenen Kehle, wißt Ihr) die beiden an, "... ich habe Lust darauf, nachher auf halb acht da oben windschief in den Seilen zu hängen? Könnt ihr eure grausige Arbeit nicht anständig verrichten? Dann könnte ich nachher wenigstens ein bißchen in Ruhe abhängen! Mein GOTT, muß man hier denn *alles* selber machen? Und außerdem: wie sieht das denn später auf den "Kreuzigungsbildern" aus?"
Die Römer stellten sich dumm: "Ach, und wie sollen wir das sonst machen ...", fragte der, der verzweifelt an seiner schlechten Imitation eines Seemannsknotens herumwerkelte, "... hast du vielleicht eine bessere Idee, wie wir dich bekreuzigen sollen?"
Ich seufzte ein Stoßgebet, vor allem als ich der dilettantisch gebundenen Schleife an meinem anderen Handgelenk gewahr wurde: "VATER vergib ihnen, denn sie wissen nicht was sie tun!"
Anschließend schlug ich den beiden vor, es doch einmal mit Nägeln zu versuchen.
"Du hast gut Reden ...", bemerkte der eine lakonisch, "... woher nehmen, ohne zu stehlen?"
"HERRje(sus), es werden sich doch auf einer so schmucken Hinrichtungsstätte wie dieser vier Nägel auftreiben lassen! Stell dich doch nicht dümmer, als du bist!"
Es dauerte eine Weile, bis einer der beiden mit den Nägeln zurückkam. Sein Arbeitskollege bot mir meanwhile (hach, Kinder GOTTes!) einen Drogencocktail aus Wein, Myrrhe, Galle und was-weiß-ich-noch-allem an, damit es nicht so weh tun sollte - beim ersten Mal ... Aus Unwissenheit (ich war (anscheinend?) eben wohl doch nicht allwissend!) lehnte ich dankend ab, einen kleinen Deflorationswitz gebrauchend: "Beim ersten Mal tut´s doch immer weh, denke ich."
Er zuckte mit den Achseln und kippte das Gebräu in den Staub.
"Hier!", rief der andere, uns stolz seinen Fund präsentierend. "Ich habe aber nur drei Nägel gefunden, ist das sehr schlimm?"

- Schlimm? - Es war zum Verzweifeln, aber ich blieb cool. Dann nimm doch einen Nagel, um beide Füße zu fixieren, oder möchtest du mich vielleicht auf´s Kreuz *legen*?"
"Das nun nicht gerade ...", entgegnete er, "... aber wo hängt der Hammer?"
Ich prustete los: "Waaaas?! Ihr habt hier nicht mal einen Hammer? Ich könnte mich ja totlachen!"
"Das güldet aber nicht ...!"
"Na gut!"
Die nun folgende Suche nach einem Hammer erwies sich als sehr zeitaufwendig, aber so hatte ich Zeit, mir die "Nägel" genauer zu betrachten: sie waren krumm und schief. Der angelernte Zimmermann in mir schrie vor Entsetzten auf; mit solchen Materialien konnte man doch keine vernünftige Arbeit abliefern! Außerdem waren die Eisenbolzen verrostet, bis zum es-geht-nicht-mehr. Heute blieb mir tatsächlich nichts erspart ..! Mit etwas Pech holte ich mir noch eine Blutvergiftung!
(Der Anzahl der Nägel wegen) forderte ich die Römer auf, dreimal auf Holz zu klopfen, damit die Kreuzigung gelingen möge.
Und dann war der große Augenblick endlich da: ich vergaß meine Holzallergie für ein paar Augenblicke, was nicht schwerfiel, denn der Schmerz, der mich beim Einschlagen des ersten Nagels durchfuhr, war mörderisch. Nicht, daß mir das durch mein Handgelenk geschlagene Eisen so viel Pein bereitete, nein, das war, wie ich hinterher feststellte, nur halb so wild. Der Idiot von einem Besatzer schlug *mir* zuerst einmal mit voller Wucht auf den Daumen! (Jetzt bereute ich es, den Betäubungstrunk abgelehnt zu haben, wahrlich!)
Aber Stunden später hielt ich endlich. Jetzt galt es, das Kreuz aufzurichten; mir schwante nichts Gutes, das kann ich Euch flüstern. Mehrmals kippte die ganze Konstruktion seitlich weg, die Löcher in mir fingen bereits an, auszuleiern, was natürlich von heftigen Schmerzen begleitet wurde. (Ich tröstete mich mit dem Gedanken, daß ich, wenn ich das alles hier vollbracht hätte und ich wieder bei PAPS war, wir alle, Engel inklusive, HERRzlich würden darüber lachen können, wie es ja häufig in Situationen ist, die man, solange man sich darin befindet, für unerträglich hält. Aber wenn man es dann überstanden hat, lacht man ja meistens doch, wenn man sich daran erinnert.) Einmal kippte das Kreuz sogar vornüber. ("Vom Himmel hoch, da komm ich her", oder was!?) Ich mit dem Gesicht voll in den Staub und Schmutz unserer Zeit. (Wahrlich: "Hardcore extreme papsting"!!!) Daß ich mir dabei nicht sämtliche Rippen brach, war *wirklich* ein Wunder! Schließlich hatten sie es doch geschafft: ich stand, bzw. hing aufrecht und bereicherte somit auf makabere Art die Skyline der suburbanen Gegend Jerusalems. Endlich hatte ich meine Ruhe! Entspannt wollte ich noch einmal tief durchatmen, bevor ich mich zu einem kleinen Nickerchen aufs Kreuz legte (oder stellte - wie sagt man in einer solchen Situation eigentlich?). Aber mit Durchatmen war nicht! Irgendwie blieb mir die Luft weg, vor allem als mir auffiel, daß sie noch zwei weitere Kreuze, eins links, eins rechts von mir aufstellten. Einer der beiden Mitverurteilten fing auch, kaum daß er auf Augenhöhe hing, an, mich zu verhöhnen: "Na, du Sohn des Allmächtigen, warum hilfst du nicht uns beiden - und dir meinetwegen auch - vom Kreuz runter? Zeig den Römern doch mal, was ´n Heiland ist!"
Ich hatte nicht übel Lust gehabt, ihm eine zu "hämmern" (Ihr lacht?), allein die Nägel und die Entfernung zwischen unseren Kreuzen verurteilten dieses Vorhaben von vornherein zum Scheitern. Der andere der verurteilten Übeltäter kam mir aber zu Hilfe. Er rügte den anderen ob

seiner unziemlichen Ausdrucksweise, verwies auf den GRUNDGÜTIGEN in all SEINER Pracht und bat mich abschließend, doch seiner zu gedenken, wenn ich im Himmelreich wäre. "Wir beide werden uns heute noch Nektar und Ambrosia in den Schädel schieben ...", versprach ich, "... daß es nur so raucht!"
Im "leere Versprechungen" machen war ich immer noch ein A(a)s, denn er glaubte mir, aber der andere hielt einfach nicht den Mund: "Ich dachte, rauchen sei voll ungesund und so ...", stichelte er, "... hast nicht du selbst mal was diesbezügliches verlauten lassen?"
"Stimmt ...", HERRschte ich ihn an, ".... aber während wir beiden Hübschen heute abend im Himmel "rauchen", schmorst du in der Hölle! Rauchen ist für wiedergeborene Seelen nicht halb so gesundheitsschädlich wie schmoren! Na, was sagste jetzt?" Er schwieg betreten – endlich HERRschte "Stille am Stamm".
Aaah, diese Ruhe war (nicht nur der Höhe wegen) einfach himmlisch!
Zu meinen Füßen (genauer gesagt: ungefähr zwei Meter darunter) brach gerade ein Streit vom Zaun, wer meine Klamotten bekommen sollte. Sie beschlossen, ein Würfelspiel zu wagen, denn mein Gewand war am Stück gewoben, komplett, ohne eine einzige Naht - feinste jüdische Handarbeit. Gerade als es spannend wurde, wurde ich abgelenkt. Meine Mutter und Johnboy standen am Kreuz und heulten Rotz und Wasser. Meine Mutter ganz besonders, denn immerhin war ich ihr Erstgeborener, ihr eigen Fleisch und Blut, Frucht ihres Leibes und so weiter. Sie machte mir die bittersten Vorwürfe, daß ich mir diese Hinrichrichtungsart ausgesucht hatte - ob ich mich denn nicht mehr an meine angeborene Akrophobie erinnern würde. Sofort wurde mir schwindelig, und ich sah ´gen Himmel. Alte Regel unter Gekreuzigten: bloß nicht nach unten sehen! Ich stieß leise Verwünschungen aus, die aber von den unten Stehenden als Gebete angesehen wurden.
Na und - *das* war nun wirklich nicht mein Problem! Als ich den Kopf wieder frei hatte, befahl ich Johnboy, meine Mutter bei sich aufzunehmen, denn der Zimmermann sei auf die Dauer nichts für sie. Außerdem wußte ich, daß er meine Ma(ria) nicht anrühren würde.
Maria Magdalena und eine meiner Schwestern verabschiedeten sich auch noch artig von mir, dann endlich konnte ich meinen Gedanken nachhängen. Da war ein Ding, das mich sehr verwunderte: mein Laib reagierte nicht auf die für ihn sonst typische Art auf den Holzkontakt. Was war denn nun schon wieder los? Mein Körper gab mir selbst in meiner Todesstunde noch Rätsel auf ... naja, so hatte ich wenigstens etwas zu tun, denn (so hatte ich gehört), die Zeit am Kreuz konnte schon verdammt langweilig sein, so ganz ohne Unterhaltungselektronik. (Walkman, Fernseher, Gameboy - Ihr wißt schon, was ich meine ...) Aber ich hatte diesbezüglich echt Glück, will sagen: der HERR war mit mir, denn unter meinem Kreuz war immer was los:
Das Gespött des Volkes, der Paris und der Römer ging zum einen Ohr rein, zum anderen wieder raus, ohne daß sich meine Gehirnwindungen damit beschäftigt hätten. Eine seltsame Ruhe überkam mich, ich ließ einfach nur mich und meine Gedanken locker durchhängen, quasi im Winde baumeln. Ich gedachte der lustigen Geschichten und Abenteuer die ich mit meinen Jüngern erlebt hatte und fühlte mich einfach nur dem HERRn nahe. Zudem war die Aussicht von hier oben berauschend. Gerade als ich mich ganz auf sie konzentrieren wollte, wurde mir schwarz vor Augen - dennoch verlor ich nicht das Bewußtsein; irgendwie dubios.
Ich wollte mir die Augen reiben, was meine Handgelenke mit heftigen Schmerzen honorierten. Der ganze Berg schrie Zeter und Mordio, anscheinend waren auch sie alle erblindet. Ich konnte

nur noch verschwommene Silhouetten wahrnehmen, schließlich dämmerte es mir: die Sonne hatte ihr gülden Antlitz verhüllt, gerade als ich die Aussicht genießen wollte, in der Hoffnung, von hier oben sogar das Haus des einen oder anderen lieb gewonnenen Menschen erspähen zu können ....

Danke, DAD, war ja echt 'ne tolle Idee, mir auch den letzten Spaß zu verderben! Also rief ich: "ELI, ELI lama asabthani?" Das sollte eigentlich heißen: "Mein GOTT, mein GOTT, kannst du mich nicht mal in Ruhe sterben lassen?", hieß aber: "Mein GOTT, mein GOTT, warum hast du mich verlassen?" Meine Fähigkeit in Zungen zu sprechen, war auch nicht mehr der Weisheit letzter Backenzahn ... seisdrum!

Dennoch erhörte der HERR mein Stoßgebet, denn ER flüsterte mir ein, daß ER MIR, SEINEM SOHN, doch nur einen Gefallen hatte tun wollen, wegen MEINER Höhenangst. ER wäre jetzt aber zu beschäftigt, um die Paranoia zu heilen, wenn ICH dann aber im Himmel sei, würde ER SICH sofort darum kümmern, bevor ICH IHM den ganzen Himmel vollkotzte, ER wüßte ja auch von MEINEN Magenproblemen. ICH war erhöh(r)t (das waren ja immerhin zwei Wünsche auf einmal gewesen) worden! Von IHM HÖCHSTPERSÖNLICH!

MIR wurde etwas feuchtes, schwammiges an die Backe gedrückt. Erst wollte ICH es MIR gepflegt von derselben putzen, aber reibt Ihr Euch mal in MEINER Position was aus dem Gesicht. ICH wandte MEINEN Blick in die maßgebliche Urheberrichtung, und sah einen Schwamm vor MEINEN Lippen tanzen, der von Flüssigkeit nur so tropfte. Das traf sich gut, denn ICH hatte gerade ganz schönen Durst. Gierig begann ICH an dem nassen Gubbel zu saugen - hoffentlich holte ICH MIR damit nicht die *Grippe* oder sonstewas aus dieser Richtung; MAN wußte ja nie, wer den Schwamm als letzter ausgelutscht hatte ....

Hätte ICH MICH auf Wein oder etwas ähnlich Wohlschmeckendes gefreut, so wäre ICH herbe enttäuscht worden! Mit leckerem Geschmack war es bei diesem Trunk seit ewigen Zeiten (im wahrlichsten Sinne des Wortes) Essig ....

ICH erbrach MICH flauschig vom Kreuz herab und konnte MIR hinterher nicht mal den Mund abwischen. ICH muß einen sehr appetitlich - frischen Anblick dargeboten haben, als ICH rief: "Das hat´s ja voll gebracht!"

Danach wurde es zappenduster und ICH versank in einem wenig rührseligen Traum.

                        Matt.27,34-56;Mark.15,23-41;Luk.24,32-49;Joh.19,18-30

Fünfzigstes Kapitel

<u>Hypersomnie</u>

"DADDY, bist DU das?"
"Das kannsTE aber tippen!"
"Was anderes wird mir kaum übrig bleiben, bei dieser Finsternis rings umher."
"SOHN, stelle DEIN Licht nicht unter den Scheffel; DU hast es SELBST oft genug gepredigt, oder habe ICH MICH da verhört?"
"Nein PAPS, entschuldige. Also, was anderes als zu tippen wird *MIR* - so besser? - wohl kaum

übrig bleiben, bei all dieser Finsternis, rings um UNS her."
"So ist´s brav. Es werde Licht!"
ICH rieb MIR die Augen - zu MEINER großen Überraschung - denn als ICH MEINE Hände das letzte Mal sah, waren sie noch an einem Holzbalken festgenagelt. ICH spähte durch eines der Löcher hindurch und sah IHN.
"Oh VATI, DU bist´s ja wirklich! Gepriesen sei DEIN Name!"
ER bestand aus nichts anderem, denn purer Energie. (Das ist jetzt natürlich nicht die lautere Wahrheit, aber ICH will Euch nicht dazu verleiten, das Erste Gebot zu brechen. Nicht mal indem ich Euer inneres Auge dazu verführe, Euch Ärgernis zu bereiten, indem es ein Bildnis des HERRn entstehen läßt.) ICH spürte das Gras auf dem ICH stand *in* MEINEN Füßen kitzeln, was MICH lachend von einem Fuß auf den anderen hüpfen machte. Schließlich konnte ICH nicht mehr, und warf MICH, einem Kinde gleich ins hohe Grün der Wiesen, die aber im Lichte des HERRn gülden erstrahlten. MEIN VATER warf MIR etwas Rundes, Ledernes zu:
"Und JUNGE, wie wär´s - hast DU Lust auf ein kleines Fußballspielchen mit DEINEM alten HERRn? ICH stelle MICH ins Tor und DU haust einfach drauf. Mal sehen, wie viele ICH halten kann."
ICH war zwar Feuer und Flamme, gab aber zu bedenken, daß ein Spiel mit zwei Mannschaften viel mehr Spaß machen würde: "WIR BEIDE gegen den Rest der Engel!"
"Zur Zeit verfügen WIR nur über neun Cherubimen, die anderen treiben gerade Schabernack mit den Sterblichen, und ICH weiß doch, daß DEINE persönliche Glückszahl die Dreizehn ist. Wie wär´s; der *gefallene Engel* würde *sich* bestimmt gut als Torwart der Gegner machen."
"Nee, weißt DU ...", quengelte ICH, "... *der* will immer nur betrügen. Erinnerst DU DICH noch an *seine* Schote mit der Abseitsregel? ICH weiß mittlerweile, daß es diese Regel gar nicht gibt - zumindest nicht auf dem Bolzplatz. Im Abseits befindet sich immer nur der, der weiter weg steht und auf einen Abstauber hofft, damit er plötzlich im Mittelpunkt des öffentlichen Interesses steht. Aber WIR stehen da ja sowieso immer, also ist diese Regel für UNS völlig irrelevant ... was hieltest DU davon, wenn WIR UNS je einen Propheten als Kontrahenten aussuchten?"
ER erwählte Elia, ICH Johannes (ER war dessen Seele gnädig gewesen!) ins gegnerische Team.
WIR gewannen tempelhochdietür mit dreizehn zu null. ICH wollte eigentlich noch weiterspielen, bekam aber plötzlich, aus MIR unerfindlichen Gründen Seitenstechen. Ungeachtet MEINER Schmerzen erhöhte MICH die gegnerische Mannschaft und rief: "Hosiannah, gepriesen sei der HERR!" MIR wurde schlecht, und ICH hing schlaff über den Flügeln der Engel, zu keiner Regung mehr fähig.
VATI merkte, daß etwas mit MIR nicht stimmte.
"Dann wollen WIR den BENGEL mal kurieren!", rief ER, SICH lachend die Finger vermittels Verbiegens nach außen geschmeidig machend. Es knackte so furchtbar, daß ICH meinte, das Geräusch brechender Knochen zu vernehmen (oder war nur THOR zu UNS in den Himmel umgezogen?). Zuerst heilte ER MEIN Seitenstechen. Danach wurde ICH von der Höhenangst befreit. Schließlich versuchte ER noch, MEINE Löcher in den Händen und Füßen zu kurieren. Aber ER war ein alter MANN geworden, und demzufolge waren SEINE Kräfte auch nicht mehr die jüngsten - es reichte lediglich zu einer Verschorfung.
"DAD ...", hub ICH an, "... wie wäre es denn - ICH meine, weil DU gerade dabei bist - wenn

DU MICH auch gleich noch von MEINER Holzallergie befreien würdest?"
ER lachte schallend: "Holzallergie? JUNGE, DU hattest nie eine Holzallergie!"
"-----?".
MEINEN Gemütszustand ob dieser SEINER Aussage als "verwirrt" zu bezeichnen, wäre die Untertreibung der Ewigkeit gewesen! IHMseidank fand ER aber Zeit, MIR die Zusammenhänge zu erklären:
"Ist DIR denn nie aufgefallen ...", fragte ER, "... daß DU DEINE allergischen Reaktionen immer nur dann bekamst, wenn DU mit Holz *arbeitstechnisch* in Berührung kamst? JUNGE-JUNGE, ICH muß schon sagen - ICH hatte DICH eigentlich für cleverer gehalten! DU hast ganz schlicht und ergreifend keine Lust zu arbeiten. Aufgrund dieser psychosomatisch bedingten Abneigung reagiert DEIN Laib eben allergisch auf jedwede Form von körperlicher Schufterei. So einfach ist das!"
"Also, ICH muß schon sagen, wenn ICH das früher gewußt hätte ...!"
"Hast DU aber nicht!"
Und mit diesen Worten entschwand ER und die Luft wurde muffig; lediglich durchzogen vom penetranten Geruch verschiedenster Salben und Öle, der von Aasgeruch durchsetzt war. So was hatte ICH das letzte Mal gerochen, als ICH den guten alten Lazi "erweckte". ICH tastete MICH stolpernd durch die Finsternis, bekam einen, über MIR befestigten Stofffetzen zu fassen, den ICH, über eine Holzkiste stolpernd, im verzweifelten Versuch, das Gleichgewicht zu halten, der Länge nach in der Mitte zerriß. Der Stoff begann lebendig zu werden - er war es auch, der diesen penetranten Geruch ausströmte! Er begann MICH einzuwickeln, immer mehr und mehr, bis ICH schließlich zu ersticken drohte. "Nicht so fest!", donnerte eine Stimme, und MIR wurde das Tuch vom Gesicht genommen, so daß ICH wenigstens wieder atmen und sehen konnte. Nun konnte ICH erkennen, an welchem Ort ICH MICH befand: in den Katakomben, deren Grabstätten alle geöffnet standen. Tausende von Zombies, die vertrackte Ähnlichkeit mit Verstorbenen aufwiesen, versuchten MICH immer mehr einzuhüllen. Der Verwesungsgestank war bestialisch, wurde aber wohltuender weise von den Gerüchen des Vorhangs entschärft. In der Ferne erblickte ICH ein Licht am Ende des Tunnels. Obwohl MEINE Füße wie über Nägel liefen, war ICH angestrengt bemüht, dieses Licht zu erreichen! Das einfallende Licht wurde immer weniger; zuerst glich es einem Halbmond, schließlich einer Sichel, die immer schmaler wurde. Kurz bevor ICH endlich am vermeintlichen Ausgang angekommen war, sah ICH lediglich noch einen dünnen Lichtkranz, der um die, die Lichtquelle verdunkelnde Scheibe herum erstrahlte, einer Korona gleich. Mit letzter Kraft erreichte ICH den "Ausgang", lief aber gegen eine Wand. So sehr ICH auch drückte, schob und MICH dagegen lehnte, ICH hatte keine Chance zu entkommen. Die Untoten legten MIR ihre Hände an und die Stoffbahnen um. ICH sah keine Sonne - nicht gegen ihre Übermacht - gegen sie war ICH machtlos. Nachdem sie MICH eingewickelt hatten, warfen sie MICH unsanft auf einen in der Grotte befindlichen Felsen und verschwanden lachend in der Dunkelheit.
"Mutter!"
Sie saß neben MIR, sah sich aber nicht genötigt, MICH aus MEINEN Fesseln zu befreien. "Ick werde uff dir warten!", tröstete sie MICH.
"Ma(ria) ...", rief ICH, "... ICH bin jetzt *wahrlich* der SOHN GOTTes, also rede MICH in Zukunft gefälligst in Großbuchstaben an, sonst kommst du auch nicht in den Himmel - von

einer Heiligsprechung mal ganz zu schweigen!
"Is´ ja jut, meen KLEENA, allet watTE wills´!"
Dann kamen die Zombies wieder und nahmen sie vor MEINEN Augen hinweg.
ICH versuchte, MEIN Grab mit telepathischen Kräften zu öffnen. Aber draußen stand irgendein "Torwart".
ICH schrie - mit den Beinen strampelnd - und schlug wie wild um MICH:
"Neiiiiiiiiiiin!"

Matt.27,57-66; Mark.15,42-47;Luk.23,50-56;Joh.19,31-42

Einundfünfzigstes Kapitel

Neuigkeiten (Let´s go Ostern)

"Nun bleib doch entspannt!", sagte eine MIR wohlvertraute Stimme. ICH öffnete die Augen und erkannte im fahlen Licht des vergehenden (?) Tages ....
"*Propi*, alter Freund und Kupferstecher!"
MEINE Begeisterung ließ sich nur durch ihn zügeln: "Pssst, nicht so laut; es ist noch zu früh! Es gibt da ein paar Dinge, die du wissen mußt ...."
"Moooment!", unterbrach ICH ihn. "ICH habe den HERRn gesehen, mit IHM gekickt und bin von IHM geheilt worden. Außerdem erklärte ER MICH offiziell zu SEINEM SOHN, was bedeutet, daß du MICH in Zukunft dementsprechend behandelst. Alles klar?!"
Er nickte. ICH konnte also zum Wesentlichen kommen: "ICH fühle MICH wie neu geboren! Was ist passiert, während ICH weg war? Warum bin ICH überhaupt noch hier? ICH glaube, du schuldest MIR einige Erklärungen!"
"Die Erklärungen schenke ich mir, die kannst DU demnächst in meinem Evangelium nachlesen!", tat Markus MEINE Forderung nach Aufklärung ab. ICH gab aber keine Ruhe, sondern quängelte so lange rum, bis MEINE Neugier befriedigt wurde.
"Tja ...", überlegte er, "... wo fange ich denn am besten mal an? Also, als du - oh, entschuldige - DU am Hof des Kaiphas residiertest, lungerten Petrus und ich unten am Lagerfeuer herum. Dort wurde er auch ziemlich schnell von einigen Angestellten erkannt, leugnete aber vehement die Dazugehörigkeit zu DEINER Truppe. Genau, jetzt fällt es mir wieder so genau ein, als wäre es vorgestern gewesen: erst sprach ihn eine Magd, anschließend einer der Wachposten an. Ich hatte mitbekommen, daß der Hahn bald krähen würde, also beschuldigte ich ihn, bevor das Federvieh zum Krähen kam, auch noch geschwind der Zugehörigkeit zu DEINEN Jüngern. Er hatte gerade fertiggelogen, als auch schon der Hofhahn sein "Kikeriki" zum Besten gab. Du - Verzeihung - DU sahst just in diesem Moment aus dem Fenster, was Petrus ungemein frustrierte. Ich schätze, der hat wegen seines dreimaligen Leugnens noch immer voll das schlechte Gewissen.- Dann war da ja auch noch die Schote mit Judas. Als der mitkriegte, daß sie DICH zum Tode verurteilt hatten, wollte er die dreißig Silbertaler, die er für den Verrat an DIR ausgehändigt bekommen hatte, wieder zurückgeben, was die Paris aber kategorisch ablehnten.

Die Zahnprothese die sie ihm zusätzlich spendiert hatten, scheint er aber weggeworfen zu haben, denn sie ist bis heute nicht wieder aufgetaucht. Dann warf er dem Hörensagen nach das Geld in den Tempel und hängte sich am Baume auf. Zumindest habe ich ihn seit jener schicksalhaften Nacht nicht mehr zu Gesicht bekommen. Wahrscheinlich haben ihn die Raben gefressen. Die Paris heißt es, hätten von der Kohle einen Blutacker gekauft, auf dem sie in Zukunft tote Pilger zu verscharren gedächten."
Und was war mit MIR nach MEINEM glanzvollen Dahinscheiden geschehen? Das interessierte MICH ja nun doch brennend - auch wenn ICH zugeben mußte, daß es MIR schon eine gewisse Art von Genugtuung verschaffte, von dem Versagen MEINER Apostel zu hören.
"Bevor DU den Stecken endgültig abgegeben hattest, lief Joseph von Arimathia auf meinen Tipp hin zu Pilatus und fragte, ob er DICH nicht vom Kreuze holen dürfe, weil es doch gegen die guten Sitten verstoßen hätte, DICH über den Sabbat, der übrigens gestern war, da oben baumeln zu lassen. Pilatus gestattete es, unter der Bedingung, daß vor der Abnahme allen Verschiedenen die Beine gebrochen würden. Die römischen Wachen taten dies auch mit Vergnügen, nur ein beherztes Einschreiten meiner Person verhinderte, daß sie mit DIR genauso verfuhren: ich lieh mir einen Pilum und stach DICH ein bißchen in die Seite, damit sie glauben sollten, DU seiest tatsächlich hinüber. Joseph war übrigens auch so freundlich, uns seine Grabhöhle zur Verfügung zu stellen, in der DU DICH momentan auch befindest. - Sie sieht genau so aus wie die, die Lazi damals hatte - do you remember?"
"Auch in Zungen sprichst du MICH gefälligst in Großbuchstaben an!"
"In der englischen Zunge spricht man aber alles Kleingeschrieben aus!"
"Warum flüsterst du eigentlich ständig?", frug ICH MEINEN Propagandachef.
"Pssssst! Die Römer haben draußen Wachen postiert, da sie sich DEINER Worte erinnerten, DU würdest am dritten Tage von den Toten auferstehen; nicht daß sie das glauben würden, aber sie rechnen damit, daß ein paar clevere DEINER Anhänger DEINEN Leichnam stehlen könnten, um so die Gerüchteküche mit dem DEINER Auferstehung zu füllen."
"Ach! Und ICH soll jetzt den Rest MEINER Tage in dieser muffigen Grotte verbringen, oder wie stellst du dir das vor?", frug ich angenervt.
"Schrei doch nicht so! Wie ich schon sagte, ist heute Ostersonntag, also der Tag nach dem Sabbat. Gleich bist DU frei und kannst DEINEN Aposteln noch ein paar Mal erscheinen, bevor ich DICH unsterblich mache. Hast DU denn meinen schönen Plan vergessen, den wir vor DEINER Hinrichtung ersannen?"
"Muß ICH dir etwas über MEINE Gedächtnislücken erzählen? Wer von uNs BEIden leidet denn an den ersten Anzeichen von Alzheimer? ICH nicht!"
Und das stimmte! Anscheinend hatte MICH der HERR auch von diesem überflüssigen Übel geheilt. Danke, DAD!
Bevor Markus antworten konnte, entstand draußen vor der Höhle ein kleiner Tumult. Propi sah auf seine Sanduhr. "Ah, es geht los ... zieh DICH schon mal an, da drüben liegen frische Sachen. Sie sind frisch gewaschen und ich rate DIR, sie in diesem reinweißen Zustand zu halten, da eine Erscheinung DEINER Person natürlich in strahlend weißen Klamotten wesentlich besser beim Publikum ankommt, als wenn DU den DEINEN in demselben Gammellook erschienst, dessen DU DICH der letzten Jahre bequemtest."
ICH hatte MIR gerade das Gewand übergeworfen, als auch schon der Stein von dem Eingang

der Grotte beiseite gerollt wurde. Gleißendes Sonnenlicht stach MIR erst in die Augen, aber als sie sich an die ungewohnte Helligkeit gewöhnt hatten, glaubte ICH, zwei, nein, drei Engel vor MIR stehen zu sehen. Einer dieser Himmelskörper sagte, zackig salutierend: "´n Morgen Heiland, wie geht´s, wie steht´s?" Und der andere: "Alter Welterlöser, schön dich wiederzusehen!" Der dritte im Bunde der Cherubimen trieb MICH zur Eile: "Los JESUS, mach hinne, bevor die Wachen kapieren, was gerade geschehen ist."
"Propi?"
"Ja, wir haben uns alle zu diesem besonderen Anlaß in Schale geschmissen, damit die Römer glauben, wir seien tatsächlich Engel. Und jetzt mach DICH dünne!"
ICH tat, wie MIR geheißen war. Immerhin ging es hier doch um MEINE Unsterblichkeit! Einem geölten Blitze gleich schoß ICH aus der Höhle und verschwand im Unterholz des das Grab umgebenden Gärtchens. Dort verbarg ICH MICH geschickt, gespannt der Dinge harrend, die da kommen sollten.
Nach ein paar Minuten berappelten sich die beiden (nicht!) verwundeten römischen Krieger. Benommen näherten sie sich wankenden Fußes dem Höhleneingang. Die zwei "Engel" traten aus dem Eingang und bauten sich mit verschränkten Armen, zudem locker auf den Zehen wippend, vor ihnen auf. Trotz seiner schlotternden Knie, nahm einer der beiden Wachmänner seinen ganzen Mut zusammen. MEIN Gehör hatte durch die Dornenkrone keinerlei Schaden genommen, und so konnte ICH ausgezeichnet verstehen, was er zu den "Engeln" sagte.
"O.K., Jungs. Wir wollen keinen Streß. Ergebt euch, oder wir ziehen andere Seiten auf!" Seine Gegenüber wippten noch einmal lässig auf und ab, dann warfen sie unvermittelt die Arme in die Höhe und riefen: "Buh!"
Hals über Kopf flohen die beiden Rüstungsträger. ICH lachte. Zwar verhalten - aber HERRzlich.

Matt.27,3-10; annähernd Mark.28,2-4

Zweiundfünfzigstes Kapitel

Schabernack

Kurze Zeit später beobachtete ICH, wie Maria Magdalena und noch ein paar andere Zippen zu dem offen stehenden Grab kamen. Sie machten sich - Frauen eben: erst zum Grab gehen, sich dann erst überlegen, wie sie es aufkriegen sollen - voll den Kopf, wer ihnen wohl den Stein wegrollen sollte. Mit der Unterstützung der Wachen rechneten sie nicht, weshalb ICH ihnen doch noch ein gewisses Maß an Intelligenz zusprach. Magdalena war, wie ICH der lebhaften Unterhaltung entnehmen konnte, ganz wild darauf, MIR MEINE Füße einzubalsamieren - manche Leute änderten sich wohl nie ....
ICH verkniff es MIR, MEINER spontanen Eingebung, nämlich der, sofort aus dem Unterholz hervorzupreschen um sie alle tüchtig zu erschrecken, zu folgen. Erstmal wollte ICH beobachten, was Propi sich ausgedacht hatte.
Am Höhleneingang stoppte der Trupp erst verwundert, dann schlichen die Frauen, eine nach

der anderen, in die Dunkelheit. Propis "Engel" tauchten hinter der Höhle aus ihrem Versteck auf und betraten ebenfalls die Grabkammer. Kurz danach stürmten alle aus der Grotte heraus, die vermeintlichen Cherubimen nutzen die allgemeine Verwirrung, um sich erneut hinter der Höhle zu verstecken, Propi brach aus dem nahestehenden Gebüsch aus, und setzte sich, die Beine übereinanderschlagend, auf den "Türstein". Versonnen blickte er in Richtung Himmel, als eine Nachzüglerin aus der Grotte trat. ICH hatte ja gedacht, daß alle getürmt waren, aber Propi hatte gewissenhafter mitgezählt. Einmal mehr machte sich der Mann "bezahlt"; ICH hatte fürwahr gut daran getan, ihn damals zu MEINEM Propagandachef zu ernennen. Außerdem wußte er auch den Namen der Frau. (Der Mann hatte seine Hausaufgaben gemacht, *Teufel auch!*)
"Maria ...", sprach er sie an, "... weshalb heulst du hier so rum?"
"Ach ...", entgegnete sie, "... irjendwer hat meen Schatzebobbelsche jeklaut, und ick hab keene Ahnung, wo er nu is."
"Tja, Frau ...", erwiderte Propi und begann, lässig mit den Beinen zu baumeln, "... was suchst du auch den LEBENDEN bei den Toten? DERdendusuchst ist auferstanden von den Toten. Mach dich vom Acker, und erzähle das den anderen Jüngern, genauso, wie es meine Kollegen schon in der Grotte zu dir und den anderen sagten. Oder mußt du IHN erst höchstPERSÖNLICH treffen?!"
Das war MEIN Stichwort. ICH trat, über dürre Äste latschend, aus MEINEM Versteck. Sie drehte sich zwar um, erkannte MICH aber nicht.
"Warum machst du hier einen auf Heulsuse?", frug ich. "Wen suchste denn?"
"Ach Järtner ...", schluchzte sie, MICH immer noch nicht erkennend, "... wenn du sein´ Kadaver wegjenommen hast, denn sach mir doch, wo du´n hinjelegt hast, dammit ick´n mir untern Najel reißen kann."
ICH: "Maria! Mitt´m najeln machste in MEINE Jejeenwart aber keene Scherze, wah?! Und jetz entspannste dia ers´ma´ - wah!"
In diesem Moment erkannte sie, mit wem sie es zu tun hatte. "Rabbi und alta Weltalösa!" Wie vom Blitz getroffen fiel sie auf die Knie, um MEINEN Füßen zu huldigen. Hastig, weil ICH damit gerechnet hatte, sprang ICH zurück, weshalb sie den "Papst machte".
"Faß´ MA nich´an! Ers´ma´ muß ICK MIR vaHERRlichen lassen, denn sehn wA ma weiter! Ocke, jocke Gummiglocke?"
"Ocke!"
"Jut. Und da ICK jrade dabei bin: ab sofort redeste MIR in Jroßbuchstaben an, denn ICK bin jetz *offiziell* JOTTes SOHN. Und jetz loof zu die annern Jüngers, und vaklicker den´, det ICK sie in Jallilea treffen will. Allet Paletti?"
"Is´ jebongt!", sagte sie. "DU, ick find´ det echt knorcke, detTE wieder fit bist. Echt dufte!" Mit diesen Worten erhob sie sich, und lief eilends von dannen, um den anderen Jüngern kundzutun, was ihr widerfahren war. ICH dachte, ICH könnte MICH jetzt von diesem Ort verziehen, aber Propi bedeutete MIR, MICH erneut zu verbergen. Da schienen ja größere Sachen zu laufen. Schaun WIR mal, dachte ICH, und verbarg MEIN Antlitz erneut vor der Welt.
Bald darauf tauchten Petrus und Johannes - der immer noch so süüüß war - auf, aber ICH sah keinerlei Veranlassung, MICH ihnen zu offenbaren. Propi handelte allso. Na, da hätte ich mir die elende Warterei auch schenken können ....

Matt.28,1;28,5-10;Mark.16,1-11;24,1-12;Joh.20,1-18

Dreiundfünfzigstes Kapitel

Neckereien

... und dann waren da noch die beiden, die ICH auf dem Weg nach Emmaus verkohlte. ICH hatte MIR inzwischen als Zeichen MEINES "Wie-neu-geboren-seins" den Schädel kahl rasiert, denn MEIN Bart und die (wenn auch spärlich vorhandenen) langen Haare hatten MIR schon seit längerem Ärgernis bereitet. So verkleidet konnte ICH natürlich supidupi inkognito lustwandeln. Wie ICH so übers Land lustwandelte, begab es sich, daß zwei MIR wohlbekannte Menschenkinder vorausliefen. Langsam aber sicher näherte ICH MICH ihnen, ihr Gespräch belauschend.
"Dühü, Jacko; wos gloobst´n dü, wie longe wir nöch ladsch´n müssn?"
Phils Dialekt, machte MEINEN Gehörgängen wenig Freude, bereitete ihnen aber auch kein Ärgernis, denn an dieser seiner Aussprache konnte ICH doch erkennen, daß Naddel nicht aus der Wüste zurückgekehrt war. Da hatte Phil aber noch mal Schwein gehabt. Aber Jacko war nicht nur traurig, sondern auch überraschend schlecht informiert.
"Was weiß denn ich ...", gab er zur Antwort, "... bin ich der Heiland oder was?"
"Oooch nü nörgel döch nisch sö rüm. Isch wöllt döch nür´n bischen Kömmünikatiön mochn."
ICH gesellte MICH dazu und konnte umgehenst feststellen, daß meine Verkleidung perfekt war. "Nun ...", frug ICH, "... was ist es denn, dessentwegen ihr euch eure hübschen Köpfchen zerbrecht?"
Natürlich war ICH auch der ultimative KehlkopfAKROBAT, was es MIR ermöglichte, MEINE Stimme bis zur absoluten Unkenntlichkeit zu verstellen. Im Moment war MIR nach der "Eunuchenstimme", auch wenn MIR die dafür eigentlich erforderliche Fettlaibigkeit abging. Jacko musterte MICH auch gleich mißtrauisch: "Bist du nicht etwas zu schlank für einen Eunuchen? Und was hast du da für gar garstige Narben um die Schädeldecke herum. Man könnte ja glauben, jemand hätte dir eine Krone falsch herum aufgesetzt und dich über den Kamm barbiert."
(An die, durch die Dornenkrone verursachten Wundmale, hatte ICH nicht mehr gedacht. Verdammte Kacke! - Seit MEINER Wiedergeburt hatte ICH MIR auch eine andere Ausdrucksweise zugelegt - irgendwie direkter ...!)
ICH quiekte etwas von einer stumpfen Schere und einem noch stumpferen Rasiermesser.
"Außerdem ...", fug ICH hinzu, Jackos kritischen Blick ob MEINER Figur entschärfend, "... heute MEIN erster Tag als Eunuch. Ist alles noch ganz frisch! Willste mal guckn?"
Jacko wich, entsetzt die abwehrenden Hände schüttelnd, ein paar Schritte zurück. Phil tat es ihm gleich, und beantwortete MEINE Frage:
"Nü, wa ham üns nür kefrocht, wie waid´s wöhl nöch noch Ämmerüs is."
"Nicht mehr sehr ...", fiepte ICH, "... das könnt ihr MIR glauben!"
Jacko war noch misstrauisch: "Warum sprichst du die dich betreffenden Personalpronomen so merkwürdig aus?"

"Ein GENbedingter Sprachfehler, mütterlicherseits ...", log ich, "... aber sagt MIR doch, warum ihr so betrübt ausseht. Bevor ICH´s vergesse, MEIN Name ist Xylograph, was frei übersetzt ungefähr die Bedeutung von "Der vom Holz Geschnittene" hat, oder, in der Kurzform, "Der Holzschneider" heißt. MEINE Freunde nennen mich aber Bond ... Dschäyms Bond. Aber da ihr ab jetzt MEINE Kumpel seid, dürft ihr MICH Öle Pelle Lasseström nennen, denn MEIN VATER ist unter anderem ein alter SCHWEDE." (Trotz dieser Anspielung erkannten MICH die beiden nicht!) "ICH würde aber vorschlagen, ihr sprecht MICH der Einfachheit halber kurz und knapp mit "FRITZ" an, denn ICH fischte in MEINER Jugend so manchen frischen Fisch."
Jacko war genervt: "Also wie denn nun?"
"AVA MARIE - nein halt, anders rum - EVA MARIA! So lautet MEIN tatsächlicher Name. Nennt MICH aber nicht EVI oder EVCHEN, das kann ICH nicht leiden! - Also gut, weil ihr MIR so sympathisch seid, dürft ihr MICH KLAUSBÄRBEL nennen - was auch MEINE geschlechtslose Identität gut reflektiert. Und wie heißt ihr?"
"Jäköbüs ünd Klääpäs!", schwindelte Phil, dem die ganze Angelegenheit nicht besonders geheuer war. Jacko schüttelte schmunzelnd sein Haupt, ohne jedoch die ausgesprochene Unwahrheit zu korrigieren.
"Wir sind so betrübt weil ..., weil ..." - er begann hemmungslos zu schluchzen.
"Weeßte denn nisch, wos die Taache in Järüsolem bassierd is? Do hom se döch´n Hailond ons Greuz schenaachelt. Bisser döt wor."
"Autsche ...", entfuhr es MIR, "... das tat aber bestimmt weh."
Wir setzten UNSeren Weg fort, und Jacko erzählte MIR alles über die Auspeitschungen, die Dornenkrone, Judas und die Kreuzigung. Wenn MAN ihm zuhörte, konnte MAN glauben, ICH hätte ein wahres Martyrium durchlitten, bevor ICH dann endlich verschied. Er wußte auch von den Frauen und den Engeln, weshalb sie sich schon mal auf den Weg nach Emmaus aufgemacht hätten, wie er erklärte, um baldmöglichst in Galiläa zu sein.
Nachdem ICH MIR all dieses (überflüssige) Geseiber angehört hatte, war ICH am Zug: ICH verfiel in einen MEINER allseits beliebten Endlosmonologe, in dem ICH, angefangen bei Mose bis hin zu den Propheten der Neuzeit alle Bibelstellen zitierte, die mit JESUS zu tun hatten. Natürlich erklärte ICH den beiden auch die geschichtlichen Hintergründe und erläuterte ihnen den Zwangzusammenhang zwischen Prophezeiung und Schrifterfüllung. Im Gegensatz zu UNSeren alten Tagen hörten sie MIR aufmerksam zu. Schneller als MIR lieb war, standen Wir plötzlich vor der Tür ihrer Herberge. ICH tat zwar so, als wolle ICH weiter MEINES Weges ziehen, aber sie nötigten MICH, doch noch "auf einen Sprung" mit herein zu kommen. ICH ließ MICH breitschlagen, beschloß aber, MICH baldestmöglichst zu verdünnisieren, denn ICH hatte für diesen Abend noch einen vollen Terminkalender. Bevor sie MIR mit weiteren theologischen Spitzfindigkeiten den letzten Nerv raubten, schlug ICH vor, doch erst zu Abend zu mahlen.
Wir setzten Uns, ICH nahm das Brot, dankte, brach´s in Stücke und wünschte ihnen mit MEINER normalen Stimme "einen guten Appetit". Während sie begriffen, nahm ICH MICH vor ihren Augen hinfort und sprintete den ganzen Weg nach Jerusalem zurück.
Am Stadttor wartete Propi auf MICH. Er wies MIR den Weg zu dem Haus, in dem sich die anderen Jünger aufhielten. Unterwegs erzählte er MIR, daß er sich kurz Simon offenbart, sich dabei aber für MICH ausgegeben hatte, "... um die Verwirrung zu steigern!" Das hatte er fein hingedeichselt, fand ICH.

Leider GOTTes fanden WIr die Türe der Hütte, in der sich MEINE Apostel aufhielten, verschlossen. Aber Propi hatte natürlich vorgesorgt: Hinten war ein Fenster nur angelehnt, durch das ICH bequem einsteigen konnte. ICH betrat den Raum, in dem sich außer MEINEN Aposteln auch noch etliche Jünger aufhielten. ICH schmetterte ein "Peace sei mit euch, Leute; wie geht´s denn?" in den Raum und präsentierte mit einer unglaublich gut gelungenen "Trara - Geste" MEINE Wundmale. Sie hoben gerade an sich zu verwundern und zu entsetzen, als stürmisch an die Tür geklopft wurde.
"Aüfmochn, Pölizai!", bellte Phils Stimme von draußen. Die Jünger lachten, Petrus ging die Tür öffnen. ICH verschwand augenblicklich wieder.
Dann gingen Propi und ICH in die nächstbeste Pinte, und knallten UNs die Schädel dicht.
Luk.24,13-34

Vierundfünfzigstes Kapitel

Verarsche

Mit einem kleinen Schwips hatte MAN wahrlich selten gute Ideen; nicht so Propi. Er schlug vor, noch einen draufzusetzen. "Geh doch noch mal bei DEINEN Jüngern vorbei, und hetze sie wieder mal kreuz und quer durchs Land - aber stetig Richtung Galiläa."
"Einsame Spitze!"
Gesagt, getan!
Meine Jünger erschraken, als sähen sie einen Geist. "Peace mit euch!", sagte ICH, damit sie MICH wiedererkennen sollten - mit durchschlagendem Erfolg, wie ICH in aller Bescheidenheit hinzufügen möchte.
"Seht her MEINE Hände, seht her MEINE Schuh."
Zum Glück trug ICH nur Sandalen, sodaß die Löcher in MEINEN Füßen gut sichtbar waren.
Dennoch zweifelten sie ein bißchen, ob ICH nicht vielleicht doch nur ein Geist wäre. Also schob ICH MIR Piscis und Honigseim rein, die auf dem Tisch lagen. Da glaubten sie MIR - bis auf Thomas! "Glaubt diesem Manne nicht!", rief er. "Seid ihr denn blind? - Gut ...", räumte er ein, "... eine gewisse Ähnlichkeit läßt sich nicht leugnen, aber ihr wollt doch nicht einem Wildfremden hinterherlaufen; ich meine, den Fehler haben wir alle vor Jahren schon einmal gemacht und wir sehen jetzt ja, wohin uns das gebracht hat: wir sind arbeitslose Jünger, haben keinerlei Versicherungsschutz, und unser Chef ist tot. Und welcher Prophet sollte uns alternde Jünger jetzt noch einstellen wollen?"
"Thomas, Thomas ...", schüttelte ICH bedauernd den Kopf, "... ICH habe euch doch schon damals zu Aposteln ernannt. Ihr seid viel mehr wert als gemeine Jünger, denn ihr seid doch geMEINE Jünger – so viel zum Thema "Wortwitz". Ihr dürft jetzt selbst- und ständig - haha - durch die Lande ziehen, Kranke heilen, predigen und so´n Zeugs. Ihr habt sogar die Vollmacht von MIR und DAD, ab sofort selbst Jünger einstellen zu dürfen. Ist das vielleicht nichts?"
"Wer´s glaubt wird selig ...", rief Thomas zornig, "... solltest du wirklich der Heiland sein, was wäre dann dein Versprechen wert? Wir wissen doch, daß du deine Versprechen konsequent

brichst! Solltest du aber die Wahrheit sagen, so kannst du nicht der Messias sein! Na, was sagste jetzt? Jetzt steckste nämlich ganz schön in der Zwickmühle, was?"
"Scheinbar schon, mein Lieber, aber du hast einen entscheidenden Punkt außer Acht gelassen! Wie jeder in diesem Raum unschwer bezeugen kann, bin ICH von den Toten auferstanden. Dieses Versprechen habe ICH also gehalten. Außerdem fühle ICH MICH seit diesem Tag praktisch wie neu geboren - was sich auch positiv auf die Einhaltung der von MIR gemachten Versprechen auswirkt. Um dich aber vollends davon zu überzeugen, daß ICH es bin, zeige ICH euch nun ein paar kleine Zaubertricks."
ICH machte, daß die Luft stinkt, und alle meine Jünger erkannten MEINEN Duft sofort - nur Thomas zweifelte weiter.
"Thomas, komm her!", forderte ICH ihn auf. "Leg deine Finger in MEINE Wundmale!" Zögernd tat er, wie ihm geheißen. Danach fiel er vor MIR auf die Knie und rief: "MEISTER! Verzeih mir!" Großzügig kam ICH seiner Bitte nach, merkte aber an, daß die selig seien, die nicht säen (oder ernten - kleiner Scherz - ICH war nicht *total* verändert aus der Grotte gekommen!) und doch glaubten, und an denen solle er sich mal ein Beispiel nehmen - "... und das gilt auch für die anderen".
Alle senkten schuldbewußt die Häupter.
"Jetzt macht hier nicht auf betroffen; was meint ihr, wollen Wir noch ein bißchen an die frische Luft? Wie wär´s, wenn Wir nach Bethanien scharwenzelten?"
Unterwegs verzog ICH MICH in die Büsche; "zum Pinkeln", wie ICH sagte. ICH kam aber nicht zurück, so daß sie glaubten, ICH sei vor ihren Augen hinweggenommen.
Hatte ICH nicht schon immer gesagt, daß es so und nicht anders abliefe?

Mark.16,12-14;Luk.24,36-51;Joh.21,19-31

Fünfundfünfzigstes Kapitel

Back to the roots and more

Die anderen schliefen noch. Das Gras war vom Tau benetzt, GOTTes Liebe kroch langsam über den Horizont. Eins, zwei, drei, vier und fünf ... nanu? Petrus, Thomas, Nathanael und Johannes fehlten. Überflüssiger weise schlich ICH auf Zehenspitzen weiter bis an die Gestade des im Morgengrauen friedlich daliegenden Sees. Die liegengelassenen, maroden Körper einiger Bötchen am Strande wurden sanft von leise plätschernden Wellen umspült. Hier und da wiegte sich eines im Takt der stetig kommenden und gehenden Wellen. ICH ließ MEINEN Blick über das Idyll "Tiberias im Morgenrot" schweifen und machte vereinzelte Fischerboote aus, die verträumt auf der glitzernden Oberfläche vor sich hin zu dümpeln schienen. Unwillkürlich fühlte ich mich an ein Buch aus meiner Kindheit erinnert, in dem sich in eben diesem See ein Schatz zu verbergen die Frechheit genommen hatte. Gab es hier womöglich auch einen solchen? Es gab! Wenn auch nicht im, dann doch wenigstens auf dem See: Das sich spiegelnde Rot der aufgehenden Sonne ... Von Ferne hörte ICH die Rufe der einzelnen Fischer, die sich "Petrus, heil" für den bevorstehenden Fischzug zuriefen. (Ein Gruß, der MICH noch vor ein paar Wochen kirre gemacht, und MEINEN Jüngern eine Tracht Prügel beschert hätte.) Aber die Zeiten des Jäh(süs –lach ich, oder wer?)zorns waren vorbei. Stattdessen genoß ICH weiterhin die Ruhe des erwachenden Tages, während eines der Boote sich dem Ufer zu nähern begann. Gleichmäßig wurden die Ruder ins Wasser getaucht, durchgezogen, über dem Wasser nach hinten gezogen und wieder eingetaucht, um erneut "gepullt" zu werden. Knirschenden Buges schob sich das Boot auf den Strand, der Fischer vertäute sein Gefährt ordnungsgemäß und kam auf MICH zu.

"Morjen HEILAND!", grüßte MICH Propi. "Ist nicht viel, dürfte aber reichen. Heute Nacht lief es irgendwie nicht ganz so toll."

ICH besah MIR den spärlichen Erfolg seiner nächtlichen Aktivitäten.

"Das sollte reichen!", sagte ICH, nachdem ICH zwanzig Fische gezählt hatte.

"Ich habe auch noch sechs Brote organisieren können ...", erklärte Propi, "... damit müßtest DU doch eigentlich hinkommen, oder?"

ICH nickte versonnen. Dann bemerkte ICH grinsend: "Komm schon, WIr haben mit weniger schon mehr Leute satt gekriegt! Für die paar Jünger dürfte das wohl allemal langen."

Auch er grinste: "Wir wollen ja keine dreizehn Trilliarden speisen ...."

Schnell hatten WIr ein Feuerchen entfacht, die Fische ausgenommen und auf Steckchen gespießt.

"Zur Feier des Tages gibt´s heute mal was anderes am Stecken als Dreck, was JESUS?" ICH nickte kichernd. Anschließend deckte ICH den "Tisch". ICH brach das Brot (dankbar war ICH neuerdings *grundsätzlich*) und verteilte die Brocken gerecht. Propi und MEINE HEILIGKEIT pfiffen UNs schnell etwas von dem Frühstück rein, denn es war an der Zeit, daß die übrigen Fischerboote bald an Land zurückkehren würden; Propi würde sich deshalb verdrücken müssen. ICH hingegen stellte MICH wieder ans Ufer. Endlich konnte ICH das Boot von Petrus und den anderen ausmachen. (ICH schuldete Petrus noch was, seit seinem nächtlichen Angeleinsatz damals.)

"Und, Kinder, habt ihr was gefangen?", rief ICH, diesmal MEINE Seniorenstimme benutzend, damit sie MICH nicht gleich erkannten.

"Nei - hein!" (Anscheinend hatte Petrus wieder im Trüben gefischt ... manche Leute lernten es wohl nie ...!)

"Dann werft das Netz doch mal auf der rechten Seite aus!"

Das hatten sie aber schon getan, wie sie MIR versicherten.

"Auf der *rechten* ...", wiederholte ICH, "... anstatt auf der falschen!"

Endlich hatten sie begriffen! Sie fuhren noch einmal hinaus, um ihr Glück jetzt an der Stelle zu probieren, die sie für die rechte hielten. Erstaunlicher Weise war es dieselbe Stelle, die auch Propi vorher entdeckt hatte. Er hatte extra ein Zeichen des HERRn zu Wasser gelassen, nämlich eine kleine Boje, auf der "PISCOS" stand. Wie durch ein Wunder füllten sich die Netze im Nu. Plötzlich herrschte wilde Aufregung im Boot, denn Petrus, der vorher nackt gewesen war, kleidete sich an, und sprang ins Wasser. Freistil bis ans Ufer.

"Petrus ...", sagte ICH, "... du scheinst da etwas Grundlegendes nicht verstanden zu haben: zum Fischen zieht man sich *an*, zum Schwimmen hingegen *aus*! Merke dir diese MEINE Worte, dann wirst du in Zukunft gegen wesentlich weniger grippale Infekte anzukämpfen haben. Betrachte diese MEINE Worte als Vorbeuge, die im weitesten Sinne auch als Heilung - aber im

Voraus - durchgehen könnten."
Da ihm die nassen Klamotten an den Beinen klebten und somit seinen Schritt behinderten, dauerte es nur ein paar Schritte, bis er "den Papst machte".
"RABBI, DEINE Wege sind so ergründlich, ich könnte glatt den "Thomas machen", und es nicht glauben wollen."
"So mache ICH jetzt den Judasch ...", sagte ICH, ihm lachend auf die Schulter klopfend, "... und verrate dir Folgendesch: ICH mache jetzt - exklusiv für dich - den Herodes, denn ICH habe da einen Fragebogen für dich vorbereiten wollen; allein in Ermangelung eines Bogens sehe ICH MICH nun genötigt, die ganze Sache in einer Art Quiz mit dir durchzuspielen. Paß gut auf."
ICH erklärte ihm kurz die Spielregeln, die besagten, bei den richtigen Antworten käme er dem Himmel ein gutes Stück näher, was sich bei den falschen Antworten natürlich au contrair verhielte. Er bestätigte, begriffen zu haben. In diesem Moment legten die anderen an, und forderten Petrus auf, ihnen doch beim Einholen des Fanges zu helfen. Gnädig entließ ICH ihn.
Verschlafen kamen die anderen aus ihren Kiesbetten gekrochen, geweckt vom Duft gebratenen Fisches. Also legten Wir erstmal ein gepflegtes "Fischerfrühstück" auf den Strand. Es blieben fünf Körbe mit Brot und Fisch übrig! (Na schön, da habe ICH jetzt ein wenig geflunkert ....) ICH schickte die anderen weg, zum Fische zählen, damit ICH endlich das "Petrusquiz" durchziehen konnte.
"Simon, hast du MICH viel doller lieb als die anderen?"
"JESUS, ich heiße Petrus - glaube ich - aber davon mal ganz ab: ja!"
"Dann darfst du auch MEINE Lämmer weiden."
ICH machte es spannend, und wartete deshalb ein paar Minütchen, bevor ICH ihm die zweite Frage stellte: "Petrus, hast du MICH wahrlich lieb?"
"Ja MEISTER, DU weißt, daß ich DICH lieb habe."
ICH ließ ihn schmoren, spannte ihn auf die Folter, dann fragte ICH ihn die dritte Frage, die besonders kniffelig werden sollte: "Petrus, hast du MICH ganz in echt und ehrlich volle Kanne heftig lieb?"
Petrus wurde traurig, weil ICH das Ratespiel nicht abwechslungsreicher gestaltete. Vielleicht vermutete er auch eine Fangfrage, denn es verstrichen ein paar Sekunden, in denen er angestrengt nachzudenken schien. Schließlich antwortete er aber doch: "RABBI, DU weißt alle Dinge und deshalb auch, daß ich DICH lieb habe wie ein Verrückter."
"Gut gemacht!", lobte ICH ihn. Nun die letzte Frage: "Wenn deine Mutter dich zum See schickt, fünf Fische zu fangen, und du das tust, auf dem Weg nach Hause aber zwei davon verlierst, einen einem Bettler schenkst und dann beim Kaufmann auf dem Markt sieben dazukaufst, zu einem Preis von je drei Sperlingen das Stück, du aber dreißig Fische fangen mußt, um die erforderliche Anzahl an Spatzen zu verdienen, wie lange braucht dann, nachdem du vor lauter Hunger drei der Fische roh gegessen hast bevor du in eure Hütte kommst, deine Mutter, um das Fischbrät (unbedingt mit "ä", alldiweil es ja kein wildes Bret(t) ist – wißt Ihr?!) zuzubereiten, inklusive Feuerholz sammeln und den Herd anmachen?"
Petrus hob resigniert die Schultern: "CHEF, da muß ich raten! Dreizehn Minuten?"
Soviel Cleverness hatte ICH ihm nicht zugetraut, aber dennoch sagte ICH: "Nein, tut MIR Leid. Diese Antwort kann ICH nicht gelten lassen. Weil du aber sooo knapp dran warst (ICH maß zwischen Daumen und Zeigefinger die Spanne, um die er an der richtigen Lösung vorbeige-

schlittert war), sollst du dennoch in den Himmel kommen. Zu Lebzeiten, und das ist immerhin der zweite Preis, sollst du dich aber in jungen Jahren selbst anziehen und hingehen können, wohin es dir beliebt. Wenn du dann älter geworden bist, sollst du aber in ein Pflegeheim kommen, in dem sich ein Zivi um dich kümmern muß, der keine Lust zu dieser Arbeit hat, und dich gürtet und dich hinführt, wohin du nicht unbedingt willst. Aber danach lebst du bei UNS ewiglich - na, ist das nicht *pitze*?" (ICH sprang in die Luft und verweilte in diesem abgehobenen Zustand Sekundenbruchteile, danach fiel ICH den Kräften der Schwerkraft anheim. Petrus glaubte aber dennoch, seine Augen hätten ihm einen Streich gespielt, weshalb er sie sich erst rieb, und dann ausreißen wollte, bevor sein Körper doch noch in der Hölle verfaulte. Aber ICH hielt ihn von seinem Unterfangen ab - ICH war ja jetzt ein GNÄDIGER!)
"Komm mal mit ...", sagte ICH, "... und folge MIR nach."
"Hundertdreiundfünfzig!", erklang hinter UNs die Stimme des Jüngers, den ICH (ge)lieb(t) hatte.
"Boa ey, so viele Fische haben wir schon lange nicht mehr gefangen. Beim letzten Mal waren's sechs auf einen Streich!"
"Sieben ...", korrigierte ihn Petrus, "... es waren sieben. Ich weiß das so genau, weil wir uns hinterher noch in die Wolle kriegten, ob diese Zahl, da sie ja fast einen Bruchteil von Dreizehn ausmacht, ein Zeichen des HERRn sei, wie lange wir auf die Wiederauferstehung unseres *geliebten* MEISTERS warten müssten." Er wandte sich MIR zu: "Was ist eigentlich mit dem da ...", wollte er, mit ausgestrecktem Finger auf Johannes zeigend, wissen, "... kommt der auch ins Seniorenstift?"
"Erstens zeigt man nicht mit nacktem Finger auf angezogene Leute ...", belehrte ICH ihn, "... und zweitens geht dich das doch wohl einen feuchten Kehricht an, findest du nicht?"
Ja, das fand er allerdings!
"Wenn ICH will, dann lebt Johnny noch am Tage MEINER Rückkehr oder von MIR aus auch noch länger!"
Johannes hatte nicht genau zugehört und begann, mit den anderen zu tuscheln: "Habt ihr gehört; ich lebe ewiglich! Super, was?"
"Wenn *ICH* will!", bremste ICH seine Euphorie, aber da hörte MIR sowieso schon niemand mehr zu - fast wie in alten Tagen. Es wurde Zeit, MICH ein für alle Mal von MEINEN Jüngern zu verabschieden. Diesen Streß wollte ICH nicht noch mal durchstehen müssen.
"Sag uns doch, wie das ist ...", wollten die anderen von Johnboy wissen, "... wie fühlt man sich, wenn man ewig lebt? Was sieht man da alles? Wird es die Menschheit je schaffen, Systeme zu entwickeln, die das eklige Plumpsklo, welches man nur über den Hof erreichen kann, abzuschaffen? Werden die Römer ewig herrschen? Und sag, was passiert am Tag des "Jüngsten Gerichts"?"
Oh, Hauer-Ha, da war Johnny in seinem Element. Er fing an, aus "seiner Offenbarung" zu zitieren, und die anderen klebten an seinen Lippen. ICH unterbrach ihn unwirsch:
"Wir sehen Uns in dreizehn Tagen am Ölberg, bis dahin geht ihr wieder nach Jerusalem. Dort bleibt ihr, bis Wir Uns dann an besagtem Berge treffen; ICH habe da noch eine kleine Überraschung für euch in petto. Und was deine Offenbarung anbelangt, schreib sie doch einfach noch mal ordentlich auf. Die Sauklaue deines Entwurfes kann ja kein MENSCHENSOHN entziffern!"

Danach machte ICH MICH aus dem Staub; zum Glück brauchte ICH MIR diesbezüglich nichts theatralisches zu überlegen, denn alle Anwesenden klebten schon wieder an Johannes´ Lippen. In der Nähe wartete Propi auf MICH, er hatte zwei Pferde organisiert, auf denen WIr in Richtung Jerusalem ritten. MICH überkamen die ersten melancholischen Gefühle; immerhin würde ICH MICH bald von vielen alten Bekannten verabschieden müssen.
Ein Abschied auf Nimmerwiedersehen sollte es werden ....

Joh.21,1-23

Sechsundfünfzigstes Kapitel

Kommando: Himmelfahrt

*PERSÖNLICHes Horror*skop, Donnerstag 13. Mai 33 a.D.
Beruf: Meiden SIE den Kontakt zu ungeliebten Personen, verlassen SIE SICH ganz auf IHRE Ausstrahlung wenn SIE einen *Frei*tag haben wollen.
Liebe: Haben SIE den MUT, mal auszubrechen und IHRER Wege zu gehen.
Gesundheit: Die Zeit heilt alle Wunden. Vorsicht am Abend: "Wind von vorne" sorgt für Kopfschmerzen.
Sonstiges: SIE lernen neue, IHNEN ähnliche Menschen kennen.
Übliches: Lies die Bibel, bet jeden Tag, wenn DU wi – äh, nee – wachsen willst.

ICH zerknüllte den Schnipsel, den MIR Propi liebenswerter weise aus der "Jerusalemer Gazette" ausgeschnitten hatte und warf ihn weg. ICH war doch noch niiiiiiiiiiiie abergläubig gewesen! Was dachte sich der Mann eigentlich dabei? Dennoch stauchte ICH ihn nicht zusammen, sondern beGUTachtete mit ihm zusammen die Ergebnisse UNSERer Vorbereitungen: die letzten Tage hatten WIr Staub gesammelt, in Töpfe und Körbe gefüllt und diese im Schweiße unseres Angesichts auf einen der vielen Ölberge geschleppt. Anschließend hatten WIr alle an ihren Henkeln mit einen Tau verbunden und schief aufgestellt. Ein leiser Windhauch hätte genügt, sie alle umzuwerfen, aber Propi war Perfektionist.
"Ich will nichts dem Zufall überlassen ...", hatte er gesagt; "... denn wenn bloß das kleinste bißchen danebengeht, ist die Show zum ***Teufel***, und eine zweite Chance bekommen wir nicht!"
Ferner hatten WIr diverse Schilde der Römer aus deren Katakomben "geliehen", die ebenfalls mit dem Strick verbunden waren, der die "Staubgefäße" sowohl halten, als auch umkippen sollte. Die Schilde waren so an Stangen festgebunden, daß sie, so hatte es Propi MIR (wie auch alles andere) am Modell gezeigt, aneinander schlugen, sobald man am Strick zog. Ferner bewirkte ein Ruck am "Auslöser", daß mannigfaltige Amphoren zu Bruch gingen. Markus hatte außerdem einen großen Trichter aus Papyrus gerollt, der, wenn man in die schmalere der beiden Öffnungen hineinsprach, die Stimme um ein vielfaches verstärkte. "Das ist meine "Flüstertüte". Ich habe sie schon bei den alten Griechen getestet."
Auf dem "Gipfel" hatten WIr ein Pferd für MICH festgebunden, das ICH nach getaner "Arbeit"

benutzen konnte, um eine nette Schlucht in der Ferne zu erreichen. In dieser Schlucht gab es, wie Propi auskundschaftet hatte, einen klaren Quell, aus dem ununterbrochen frisches Wasser sprudelte. Es gab Wildschweine ("Falls DU Lust auf Spanferkel bekommst ..."), Heuschrecken, im Bach tummelten sich munter die Fischlein, Wein konnte ICH MIR in der nahegelegenen Kelterei "besorgen", ein Bäcker zog jeden Morgen in der Nähe vorbei, ("... auf dem Weg zum Markt ...") und Propi hatte ein Rohr mit verschiedenen "Glas"linsen versehen:
"Zum Beobachten der Vögel, von denen es in diesem Tal nur so wimmelt. Das Tal ist gänzlich unbewohnt, weil das Gerücht umgeht, dort hätten vor vielen Jahren die Aussätzigen gelebt. Niemand traut sich wegen der Ansteckungsgefahr auch nur in die Nähe des Tales, außer natürlich dem unwissenden Bäcker und der Kelterei, die erst später zugezogen sind. Aber ...", so hatte Propi ausgeführt, "... ich habe meine Erfahrungen mit Aussatz; selbst wenn man die Zahl der Jahre, die vergangen sind, seitdem dort der letzte Aussätzige gesehen worden sein soll, durch dreizehn teilt, ist die Inkubationszeit seit Jah-ren-den abgelaufen."
Das einzige Handicap mit dem ICH MICH abzufinden hatte, war die Einsamkeit. "Vielleicht schau ich mal auf eine kleine Amphore vorbei, oder so. Ich glaube aber, in der nächsten Zeit werde ich dieselbe kaum finden, denn wie DU ja weißt, habe ich ein Evangelium zu schreiben; man muß ja sehen, wo Mann bleibt."
"Weißt du ...", erwiderte ICH, "... vielleicht fröne ICH auch demnächst der Herstellung von Lektüre; eventuell schreibe ICH irgendwann mal MEINE Memoiren, wer weiß? Zeit habe ICH ja wahrlich genug!"
WIr redeten noch weiterhin bangloses Zeug, wie MAn es häufig gerne tut, wenn MAn eine unangenehme Situation, wie zum Beispiel einen Abschied auf Lebenszeit, hinauszögern will, weil EINem Sentimentalität nicht abgeht. Unterdes kam MEIN Publikum. Langsam aber unaufhörlich strömte es herbei, aus vier ebenerdigen Himmelsrichtungen, setzte sich an den Fuß des Berges und harrte der Dinge, die da kommen sollten. Einige der Leute standen allein, mit vor der Brust verschränkten Armen, andere ließen sich in kleinen Grüppchen auf dem Rasen nieder und tauschten belegte Butterfladen und den neuesten Tratsch aus der Nachbarschaft untereinander aus. Wieder andere hatten sich schon gut des Weines zu Gemüte geführt, und schwelgten nun im Rausch ausführlich und lautstark der MICH betreffenden Erinnerungen:
"Also *ich* habe IHN damals gesehen, als ER ...", oder, "Wißt ihr noch, wie ER damals die Paris ..."
"Ich glaube, es wird langsam Zeit für DICH ...", sagte Propi, "... DU solltest DEIN Publikum nicht warten lassen. Außerdem muß ich ja auch auf meinen Posten. Also, mach´s Jud!"
Er wollte MICH in den Arm nehmen, aber ICH hatte einen glorreicheren Abschied für MEI-NEN getreuesten Diener (und Freund, wie ICH wohl sagen darf) vorbereitet. ICH überreichte ihm eine Amphore des kostbarsten Tropfens, den das römische Imperium zu dieser Zeit zu bieten hatte: "Gaudium Caesaris". Anschließend schüttelte ICH ihm die eine Hand, MEINE andere legte ICH anerkennend auf seine Schulter.
"ohne DICH, mein lieber PROPI, wäre ich nur einer unter vielen straßenpropheten gewesen, die beim volk nur kurzweilig aufsehen erregt hätten; ich danke DIR!"
Danach wandte ICH MICH um, dem Auditorium zu. Es hatte eine Gasse gebildet um MEINE Ma(ria) durchzulassen, die, von den Aposteln umringt, Sich Ihren Weg durch die Massen zu bahnen suchte. Auch war es augenblicklich Stille geworden - richtig unheimlich! ICH erreichte

die Stelle, an der MIR Propi ein kleines Kreuzchen (der Schelm!) ins Gras gemäht hatte. Zeige - und Mittelfinger spreizend erhob ICH MEINE Arme zum Gruß.
"Peace will be with you!" (ICH sprach in Zungen; ICH sprach tatsächlich in Zungen!)
MEINE Begrüßung wurde frenetisch gefeiert - ähnlich MEINES Einzugs in Jerusalem. Es wurde wahrlich Zeit, SICH zu verzeihen!
"GOD bless you all! Liebe Mutter, Apostel, Jünger und Dahergelaufene! Lasset die Kindlein zu MIR kommen!"
Die Masse tobte: "DSCHIE - SAS, DSCHIE - SAS, ... Hallowed be THEI NAME!"
(Mist! Die fingen viel zu früh an, vom Geist der Glossolalie befallen zu werden! Das sollte doch erst zu Pfingsten kommen - und dann auch nur bei den Aposteln - ach, was regte ICH MICH künstlich auf? Wichtig war, daß sie MIR zuhörten, also ließ ICH sie schweigen.)
"Show ME your cigarette-lighters!"
Während alle verzweifelt nach ihren Äquivalenten zu Streichhölzern suchten, begann ICH MEINE Rede:
"Shut up, and listen to what I have to say."
ICH verzichtete erstmal auf die "Zungen", damit jeder mitbekam, was ICH kundzutun hatte.
"Ihr alle wißt, daß ICH leiden mußte, um die Schrift zu erfüllen! ICH hatte zwar die Wahl, dieses Holz an MIR vorübergehen zu lassen, aber dennoch entschied ICH MICH aus freiem Willen heraus, die Sünde von euch allen - und damit bist auch Du gemeint, Ma - auf MEINE Schultern zu nehmen! Und jetzt sagt: war´s das wert, daß ihr erst die Schuld MEINER Kreuzigung auf eurem Gewissen brauchtet, damit ICH sie wieder hinfort nähme?"
"Jaaaaaaaaaaa!"
(Also, da mußte ICH ihnen Recht geben; MIR wäre es diesen Spaß auch wert gewesen!)
"So gehet hinaus in alle Welt, zu verkündigen die Dinge, die ICH gesagt und getan habe. Wollt ihr das für MICH tun?"
"Ja HERR, das wollen wir gerne für DICH tun!", kam es unisono zurück.
ICH durfte ihnen nicht mehr so oft die Möglichkeit geben, MICH zu unterbrechen. Ganz weit hinten tauchten schon die ersten Paris und römischen Ordnungskräfte auf.
"Alle die da glauben, werden in MEINEM NAMEN große Zeichen tun: sie werden Geister austreiben, Leute bekehren, Kranke heilen - wie auch immer - , Schlangen verscheuchen und - last not least - wenn sie etwas Tödliches trinken, so wird es ihnen nichts ausmachen! Versprochen!"
(ICH konnte es MIR einfach nicht verkneifen, ein bißchen "Zweiflernahrung" in MEINE Rede zu mischen.)
"Suuuuuuuuuuuper!", schallte das Volk, den Posaunen von Jericho gleich.
"Taufet alle Völker im Namen des VATERS, des SOHNES und des heiligen Geistes, den ICH übrigens nie kennengelernt habe, aber egal. ICH bin bei euch, bis ans Ende der Welt, auch wenn ihr vielleicht manchmal nicht das Gefühl haben solltet! Amen!"
"A - men, A - men, A - men!"
"Da ICH heute zu MEINEM VATER heimkehre, sollt ihr diesen Tag von nun an und für immerdar als "VATERtag" feiern!"
"Jaaaaaaaaaaaaaaaaaaaaaaaaaaaaaaaaaaaaaa!"
Der Mob geriet langsam in Extase, die Römer wurden immer mehr.

"Apostel, euch allen soll in zirka sechs Wochen die Gabe verliehen werden, *perfekt* in Zungen zu reden - auch dir, Nathanael! Wie findste das?"
Er kritzelte schnell was auf seine Tafel, dann hielt er sie hoch: "Subba, HERRGÖTTLE! - Aber weisch, i bin halt scho´ der Thaddäus!"
(Der hatte wohl einen Clown oder eine Buchstabensuppe gefrühstückt!)
"Dieses Pfest sollt ihr von da an bis in alle Ewigkeit Pfüngsten nennen, denn es sind vom (P)VATERtag bis zu diesem Datum genau pfünfzig Tage verstrichen!" (Hui, so konkret waren MEINE P(f)rophezeiungen (ich kann es einfach nicht lassen) noch nie gewesen!)
"MIR ist gegeben alle Gewalt im Himmel und auf Erden!", rief ICH. "Also, bevor ICH böse werde; wen wollt ihr anbeten bis ans Ende eurer Tage?"
"DSCHIE - SAS, DSCHIE - SAS, DSCHIE - SAS!"
"Was reimt SICH auf MESSIAS?"
"DSCHIE - SAS, DSCHIE - SAS, DSCHIE - SAS!"
"Gebt MIR ein Äydsch!"
"H"
"Gebt MIR ein I!"
"E"
Gebt MIR ein EI!
"I" (Trotzdem bekam ICH eines an den Kopf; von einem der Römer, die nicht in Zungen reden konnten, wahrscheinlich ....)
"Gimme an al!"
"L"
"Gimme one ay!"
"A"
"Donnez moi une enn!"
"N"
"Et pourquoi not uno dé aussi?"
"D"
"And qu´ est-ce que c´est ca want to dire en hebraisch?"
"HEI - LAND, HEI - LAND, HEIL - AND, ... --- aaaaaaaaaahhhhh!"
(Heidewitzka! Die lernten aber schnell! ICH erinnerte MICH aber an den Eintrag in MEINEM Terminkalenderchen! Seit "Nain" stand da drin: "Im Falle einer Wiedergeburt - lustigere, aber *dümmere* Jünger erwählen!)
Der Mob raste wie ein Berserker auf MICH zu. Manchmal konnten Fans echt lästig werden! Wieder hob ICH zum Segnen die Arme, die Finger zum "Siegeszeichen" geformt und rief: "Ciaolom, ihr alle! Ihr ward ein phantastisches Publikum! HERR, in DEINE Hände befehle ICH MEINEN Geist!"
Das war Propis Zeichen!
Die (Fan-) Gemeinde war noch ungefähr 200 Meter von MIR entfernt, als hinter MIR ein gewaltiges Donnern ertönte, fast zeitgleich wurde ICH von einer sich den Hang herunterwälzenden Staubwolke eingehüllt. ICH hielt MIR, wie Propi es MIR geraten hatte, den Ärmel MEINES Gewandes vor den Mund, um nicht den ganzen Staub einatmen zu müssen. Um MICH herum zuckten plötzlich Lichtblitze, von deren Herkunft ICH nicht die Bohne einer

Ahnung hatte. Wie machte Propi das bloß? Der Mann war ein Künstler vor dem HERRn! Wie verabredet nutze ICH die im Volk entstandene Verwirrung, um MICH schleunigst zu entfernen. Während ICH MEIN am Gipfel geparktes Equus bestieg, ertönte hinter MIR Propis gewaltige Stimme:
"Dies ist MEIN geliebter SOHN, und DER soll jetzt nach Hause kommen!"
Auch er konnte sich eine Verhohnepoplelung (noch einmal ein letzter Scherz!) nicht verkneifen, denn er fügte hinzu: "MEIN rechter, rechter Platz ist leer, ICH wünsch MIR MEINEN SOHN hierher!"
Dann hörte ICH nichts mehr, denn MEIN Pferd trug MICH in Windeseile von dannen. Alles was ICH hinter MIR ließ, waren MEINE Erinnerungen und eine Staubwolke. So wurde ICH ein letztes Mal vor aller Augen hinweggenommen.
Endlich, die Noctem dämmerte bereits, erreichte ICH MEIN Ziel: die grüne Au; MEINE Ruhestätte nach all den Strapazen, die ICH durchlitten hatte.
ICH flezte MICH an einen Abhang und genoß die wohltuende Ruhe der Abgeschiedenheit. Die Sonne versank hinter einer Otannepalme und es schien, als hätte sie auf jedem ihrer Zweiglein ein kleines Lichtlein entflammt. Es war HERRlich. Den Staub und Schmutz des Tages wollte ICH MIR zu fortgeschrittener Stunde abspülen. Ein erquicklich Bad hatte ICH eingeplant ....
Töpfeklappern, Kindergeschrei - träumte ICH noch, oder war ICH schon wach? ICH kniff MICH in meine unangestochene Seite, aber der Lärm blieb. Dann schlug MIR jemand kräftig ins Kreuz - autsch!

Matt.28,16-20;Mark.16,15-19;

Epilog

"Und, alter Schwede, kreuztechnisch wieder alles im Lot?!"
ICH wandte MICH um, und glaubte MEINEN Augen kaum bis gar nicht.
"Judas?"
"Gell, da biste baff!"
Wieder einmal schaffte es der Mann, MICH sprachlos zu machen.
"Ich weiß, du dachtest, ich sei tot. Ist das nicht eine Ironie des Schicksals? Das dachte ich nämlich auch fast von dir!"
ICH hatte MICH wieder unter Kontrolle: "Du ...", fuhr ICH ihn an, "... Scharlatan und Verräter! Du redest MICH jetzt ab sofort in Großbuchstaben an, denn - bevor du hier den Thomas raushängst - ICH bin ab sofort ein unsterblicher JESUS! Also erbitte ICH den MIR gebührenden Respekt!"
Judas winkte lässig ab: "Nu bleib ma auffm Boden, Heilandchen. Du hast deinen Film gehabt - ich den meinen. Wo wärest du ohne mich? Hätte ich dich nicht verraten, würdest du heute noch durch die Lande tingeltangeln, müßtest dich mit alten und kranken Leuten rumprügeln, die du - sei mal ganz ehrlich - im Leben nicht heilen könntest. Früher oder später würden dich die Menschen vergessen, du würdest in irgendeiner versüfften Höhle vor dich hindarben und verrotten. Niemand würde sich deiner Worte und "Wundertaten" erinnern, die du ohne diesen komischen Typen – "Propi", der alles für dich organisierte, nie auf die Reihe gekriegt hättest. Und ich hätte mein schönes Gebiß nicht bekommen!"
"Ja aber ...", stammelte ICH,"... du hast doch schon immer sabotiert. Dein Verrat war doch nur die Folge deines vor lauter unterdrücktem Ego nicht mehr klar denken könnenden Verstandes; immerhin haßtest du MICH von Anfang an!"
"Das stimmt so nicht ganz ...", räumte er ein, "... aber du hast mir ja nun wo immer es ging die Arschkarte zugeschoben! Außerdem begriff ich nach ziemlich kurzer Zeit, daß keiner von uns beiden ohne den anderen existieren könne. Wir sind *wahrlich* füreinander geschaffen! Warum glaubst du, habe ich nichts von deiner Homosexualität preisgegeben? Aus Desinteresse? Weil ich nichts davon wußte? Nein! Ich habe bloß meinen Mund gehalten, um dich nicht allzu früh in der Öffentlichkeit zu diskreditieren!"
ICH nickte, blickte ihn aber fragend an: "Wieso, ICH dachte ...."
"Jetzt gewöhn dir erstmal dieses großkotzerische "ICH" und "MEIN" und "DIESEN-GANZENSCHMUS" ab! Du mußt dich hier nicht mehr produzieren. *Hier* gibt es niemanden, den du bekehren mußt. Hier weiß jeder, wo er hingehört!"
"Ja genau ...", fiel ICh ihm ins Wort, "... und IcH gehöre nicht hierher!"
(MeIn Selbstbewußtsein zerbröckelte ziemlich schnell, angesichts dieser geballten Ladung von Selbstvertrauen.) Judas redete - MeINe Einwände ignorierend, einfach weiter:
"Du hast meine nie öffentlich publik gemachte EHE mit Christiane zerstören wollen, hast es nicht ertragen können, daß vielleicht noch jemand neben dir geliebt werden kann, ohne sich bei jeder Gelegenheit aufzuspielen, auf Teufel komm raus. Aber jetzt will ich dir gegenüber mal "meinemnamenalleehremachen" und *dir* etwas verraten: wenn du so weiter machst, stirbst du als verdammt armes Schwein - und sag jetzt nicht schon wieder, ich solle nicht fluchen! Du hast, auch wenn es dir vielleicht nicht aufgefallen sein sollte, alle sieben Todsünden in deinem

Leben mehr als einmal begangen! Vor allem aber hast du einen Fehler gemacht! Bei deiner ganzen Klugscheißerei über den Sinn des Lebens und über den korrekten Umgang mit den Mitmenschen hast du eines vergessen: **dein Nächster ist nicht ein Produkt deiner Phantasie, sondern ein existierendes Individuum, dessen Ego sich nicht allein damit zufrieden gibt, für deine verdrehten Geschichtchen als Sündenbock herzuhalten!** Verstehst du ...", fügte er, jetzt wieder ruhiger, hinzu, "... es geht um die Person, nicht um die Menschheit an und für sich. Du brauchst niemanden zu erretten, der nicht errettet werden will, weil er die Gesetze der Humanität aus dem FF kennt und befolgt."
"Ja, und MeinE Lehre ...", frug Ich, "... hat die den Menschen denn nichts gebracht?"
"Aber natürlich hat sie das ...", lachte er, "... allen, die dir gefolgt sind - meine Person inbegriffen! Ich werde bis in alle Zeiten für den Verrat schlechthin stehen; ich werde sogar sprichwörtlich werden, solange die Menschheit dumm genug ist, an deine Lebensgeschichte zu glauben, und, weißGOTTwasalles hineininterpretiert! Erinnere dich an Pilatus! Eine Hand wäscht die andere! Reg dich nicht auf! Keiner von uns beiden wäre ohne den anderen das, was er heute ist!"
Das saß! War Ich - Verzeihung, ich - doch nur ausgenutzt worden, damit sich andere in meinem Schatten, bzw. unter dem Schatten meines Kreuzes sollten bereichern und andere quälen und ausnützen, ja sogar verraten können? Würden auch andere Leute auf die Idee kommen, in meinem Namen andere zu verfolgen und zu töten, bloß um des eigenen sozialen Status´ willen? Mir wurde schlecht bei dem Gedanken, mein Gehirn weigerte sich, dies glauben.
"Ich wollte doch für alle nur das Beste!", rief ich. "Das schwöre ich!"
"Du hast "bei deinem Leben" auch schon Jairus Töchterlein was geschworen - weißt du noch? Und was hat es dir eingebracht?!"
"Ja, aber meine "Lebensweisheiten" ... die waren doch sinnvoll!"
"Verallgemeinerte Theorien gehen im allgemeinen immer nach hinten los ...", konterte Judas, "... weil sie den Einzelnen außer Acht lassen. Du sagtest, du liebst die Menschen, verachtetst dich doch aber selbst so sehr, daß du dich widerspruchslos von ihnen töten ließest. Hättest du Propi nicht gehabt ...."
"Woher kennst du diesen Namen?", fuhr ich ihn an. "Du erwähntest ihn vorher schon."
"Meinst du, ich sei einer von deinen blinden Jüngern gewesen, bei denen ein paar schlaue Sprüche und simpel formulierte Gleichnisse genauso gezogen hätten, wie legitimierter Gruppenehebruch? Wie naiv bist *DU* eigentlich? Wer glaubst du, hat mir dieses idyllische Fleckchen Erde besorgt? JEHOVA? Propi hat es mir beschafft, damit ich dich für dreißig Silberlinge an die Paris verrate. Für so wenig Geld hätte ich noch nicht einmal einen Fisch verkauft, geschweige denn verraten, daß er Jona im Maul mit sich führte. Über das Geld, das du mir seit dem Verrat an Naddel und Phil schuldest, will ich gar nicht reden! Glaubst du wirklich, ich wäre jedes Mal, wenn ich nicht bei dir und deinen Jüngern war, in den Puff gegangen? Mein GOTT! Ich habe es mir hier schnuckelig gemacht - genauer gesagt - mir *und* meiner FAMILIE."
Er pfiff auf den Fingern, und ein ganzer Tross Kinder eilte herbei.
"Hast du nicht mal gesagt, lasset die Kindlein zu mir kommen? Nun, hier sind sie! Darf ich vorstellen ...."
Die Namen rieselten an meiner Ohren vorbei: Mohammed, Buddha, Konfuzius, Tao, Bagwahn,

Adolf, Elvis, Saddam ... es nahm kein Ende ... bis:
" ... und er ist der Verwirrteste von allen: Jockel!"
Das war´s also zum Thema "*falsche* Propheten und Volksverhetzer".
Zu guter Letzt stellte er mir seine Frau vor: "... und sie kennst du ja schon!"
"*CHRISTI*ANE!"
"Hei, Jess, lange nicht gesehen - was macht das Kreuz?"
Sie warf mir einen intensiven und durchdringenden Blick zu.
ich war am

ENDE

... oder?
ICH bin doch das Alpha und Omega! (ICH habe MEIN Alpha, Beta, Delta doch nicht umsonst gelernt!) Es heißt also gefälligst: ICH war am

ANFANG!

Basta, denn so steht es (jetzt) geschrieben, bis in alle Ewigkeit!

P.S. ER meint, es reiche jetzt!

P.P.S. ... vorerst ...

P.P.P.S. ... ICH glaub, ICH schreib MEINE Autobiographie ...

    ... vielleicht mal später ...

        ... in so zirka zweitausend Jahren ...

            ... eventuell ...

Bis dann, Euer Heiland, "Schwede", Erlöser, Messias und

Jesus *(Unterschrift)*